„Bücher sind wie Fallschirme. Sie nützen uns nichts, wenn wir sie nicht öffnen.“

Gröls Verlag

Redaktionelle Hinweise und Impressum

Das vorliegende Werk wurde zugunsten der Authentizität sehr zurückhaltend bearbeitet. So wurden etwa ursprüngliche Rechtschreibfehler *nicht* systematisch behoben, denn kleine Unvollkommenheiten machen das Buch – wie im Übrigen den Menschen – erst authentisch. Mitunter wurden jedoch zum Beispiel Absätze behutsam neu getrennt, um den Lesefluss zu erleichtern.

Um die Texte zu rekonstruieren, werden antiquarische Bücher von Lesegeräten gescannt und dann durch eine Software lesbar gemacht. Der so entstandene Text wird von Menschen gegengelesen und korrigiert – hierbei treten auch Fehler auf. Wenn Sie ebenfalls antiquarische Texte einreichen möchten, finden Sie weitere Informationen auf www.groels.de

Viel Freude bei der Lektüre wünscht Ihnen das Team des Gröls-Verlags.

Adressen

Verleger: Sophia Gröls, Im Borngrund 26, 61440 Oberursel

Externer Dienstleister für Distribution & Herstellung: BoD, In de Tarpen 42, 22848 Norderstedt

Unsere „Edition | Werke der Weltliteratur“ hat den Anspruch, eine der größten und vollständigsten Sammlungen klassischer Literatur in deutscher Sprache zu sein. Nach und nach versammeln wir hier nicht nur die „üblichen Verdächtigen“ von Goethe bis Schiller, sondern auch Kleinode der vergangenen Jahrhunderte, die – zu Unrecht – drohen, in Vergessenheit zu geraten. Wir kultivieren und kuratieren damit einen der wertvollsten Bereiche der abendländischen Kultur. Kleine Auswahl:

Francis Bacon • Neues Organon • **Balzac** • Glanz und Elend der Kurtisanen • **Joachim H. Campe** • Robinson der Jüngere • **Dante Alighieri** • Die Göttliche Komödie • **Daniel Defoe** • Robinson Crusoe • **Charles Dickens** • Oliver Twist • **Denis Diderot** • Jacques der Fatalist • **Fjodor Dostojewski** • Schuld und Sühne • **Arthur Conan Doyle** • Der Hund von Baskerville • **Marie von Ebner-Eschenbach** • Das Gemeindekind • **Elisabeth von Österreich** • Das Poetische Tagebuch • **Friedrich Engels** • Die Lage der arbeitenden Klasse • **Ludwig Feuerbach** • Das Wesen des Christentums • **Johann G. Fichte** • Reden an die deutsche Nation • **Fitzgerald** • Zärtlich ist die Nacht • **Flaubert** • Madame Bovary • **Gorch Fock** • Seefahrt ist not! • **Theodor Fontane** • Effi Briest • **Robert Musil** • Über die Dummheit • **Edgar Wallace** • Der Frosch mit der Maske • **Jakob Wassermann** • Der Fall Maurizius • **Oscar Wilde** • Das Bildnis des Dorian Grey • **Émile Zola** • Germinal • **Stefan Zweig** • Schachnovelle • **Hugo von Hofmannsthal** • Der Tor und der Tod • **Anton Tschechow** • Ein Heiratsantrag • **Arthur Schnitzler** • Reigen • **Friedrich Schiller** • Kabale und Liebe • **Nicolo Machiavelli** • Der Fürst • **Gotthold E. Lessing** • Nathan der Weise • **Augustinus** • Die Bekenntnisse des heiligen Augustinus • **Marcus Aurelius** • Selbstbetrachtungen • **Charles Baudelaire** • Die Blumen des Bösen • **Harriett Stowe** • Onkel Toms Hütte • **Walter Benjamin** • Deutsche Menschen • **Hugo Bettauer** • Die Stadt ohne Juden • **Lewis Caroll** • *und viele mehr....*

Karl May

Das Vermächtnis des Inka

Inhalt

Vater Jaguar

„Corrida de toros, corrida de toros!“ ertönte es aus dem Munde der Ausrufer, welche, mit bunten Schleifen und Bändern geschmückt, die rechtwinkelig sich kreuzenden Straßen von Buenos Ayres durchzogen. *Corrida de toros* war das Thema, welches seit mehreren Tagen alle Blätter der Stadt ausführlich behandelten, und *Corrida de toros* bildete den Gegenstand des Gesprächs in allen öffentlichen und Privatlokalen.

Corrida de toros, zu deutsch Stiergefecht, ist ein Wort, welches jeden Spanier und jeden, dem ein Tropfen spanischen Blutes in den Adern fließt, zu begeistern vermag. Er bekümmert sich nicht um die Argumente, welche die Gegner dieser seiner Lieblingsvergnügung vorbringen, um zu beweisen, daß dieselbe nicht nur moralisch, sondern auch anderweit verwerflich ist; er eilt zur Arena, um der Tierquälerei aus voller Kehle zuzujauchzen, und gerät vor Entzücken gar außer sich, wenn ein mannhafter Stier einem Pferde den Leib aufschlitzt oder einen der Toreadores auf die Hörner spießt.

Ja, *Corrida de toros*! Wie lange hatte man in Buenos Ayres kein Stiergefecht gegeben; seit welcher Zeit war in der Plaza de toros das Wiehern der Pferde, das Brüllen der Stiere, das Geschrei der Kämpfer und das jauchzen der Zuschauer nicht mehr vernommen worden! Es war eine ganze lange Reihe von Jahren her, seit das letzte Stiergefecht stattgefunden hatte. Und daran waren die leidigen politischen Verhältnisse des Landes schuld.

Der Krieg, in welchen Lopez, der Diktator von Paraguay, die argentinische Konföderation gezogen, hatte der letzteren bis jetzt vierzig Millionen Dollar und fünfzigtausend Menschenleben gekostet, ganz abgesehen von den zweimalhunderttausend Opfern, welche die, infolge des Krieges eingeschleppte Cholera noch forderte. Da war an Vergnügungen nicht zu denken gewesen. Das argentinische Heer befand sich gegen Lopez stets im Nachteile; in voriger Woche aber hatte es einen bedeutenden Erfolg errungen. Derselbe wurde in Buenos Ayres durch Illumination und festliche Umzüge gefeiert, und um sich bei der Bevölkerung beliebt zu machen, ergriff der neu erwählte Präsident Sarmiento diese Gelegenheit, die Erlaubnis zu einem Stiergefechte zu erteilen.

Obgleich es zur Vorbereitung für dasselbe nur wenig Zeit gegeben hatte, waren zufälligerweise günstige Umstände eingetreten, welche erwarten ließen, daß diese *Corrida de toros* eine ungewöhnlich interessante sein werde. Buenos Ayres besaß nämlich selbst mehrere Stierkämpfer, welche sich einen Namen erworben hatten und noch von keinem *toro* (Stier) geworfen worden waren. Voller Eifersucht gegeneinander, brannten sie darauf, jetzt zu entscheiden, welcher von ihnen der geschickteste sei. Da meldete sich ein Fremder, ein Spanier aus Madrid, welcher seit einigen Tagen im Hotel Labastie wohnte, und bat um die Erlaubnis, sich mit um den Preis bewerben zu dürfen. Als er seinen Namen nannte und seinen Beruf angab, waren die Herren des Komitees mit

Freuden bereit, ihre Einwilligung zu erteilen, denn dieser Mann war kein andrer als Señor Crusada, der berühmteste Espada im ganzen spanischen Königreiche.

Die Kunde davon war geeignet, die Einwohnerschaft der Stadt in Erregung zu versetzen, und doch sollte es noch viel besser kommen. Es meldeten sich nämlich noch zwei Señores, deren Anerbietungen diese Erregung auf das höchste steigerten. Der eine war der Besitzer großer Viehherden. Er hatte vor einiger Zeit unter bedeutendem Kostenaufwande mehrere nordamerikanische Bisons kommen lassen, um zu versuchen, ob eine Kreuzung derselben mit der einheimischen Rinderrasse zu erzielen sei; aber diese mächtigen Tiere hatten sich als so wild und unzähmbar erwiesen, daß er zu dem Entschlusse gekommen war, sie, um sie unschädlich zu machen, erschießen zu lassen. Er erbot sich, den stärksten dieser Bisons kostenfrei zum Stiergefechte zu liefern. Der andre Señor war Besitzer einer Hacienda in der Gegend von San Nicolas. Seine Peons (Knechte) hatten, um einen Jaguar, welcher seine Schafherde lichtete, zu fangen, Gruben gegraben und waren so glücklich gewesen, das Raubtier lebendig und unverletzt in ihre Hände zu bekommen. Um es an einen Händler verkaufen zu können, hatte man es nicht getötet, und nun erklärte der Haciendero, daß er den Jaguar bringen lassen werde, um ihn dem Komitee zu schenken.

Es läßt sich denken, daß diese Umstände, die Anwesenheit des berühmten Stierkämpfers und die Aussicht auf einen Kampf mit dem Büffel und dem Jaguar nicht allein für das Publikum, sondern vor allen Dingen auch für die einheimischen Toreadores von höchstem Interesse war.

Toreadores oder Toreros werden die Stierfechter im allgemeinen genannt. Das Wort kommt von *toro*, der Stier, her. Sie gliedern sich in mehrere besondere Abteilungen, von denen jede ihre eigene, bestimmte Aufgabe zu lösen hat. Da sind zunächst die Picadores, welche, auf Pferden sitzend, den Stier mit ihren Lanzen zu reizen haben. Sodann die Chulos oder Banderilleros, denen es obliegt, falls ein Picador in Gefahr kommen sollte, die Aufmerksamkeit des Stieres durch bunte Schärpen von demselben ab- und auf sich zu lenken und ihm dünne, mit Widerhaken versehene Stäbe in den Nacken zu stecken. Endlich die Espadas, die eigentlichen Kämpfer, welche den Stier mit dem Degen zu erlegen haben. Sie haben ihren Namen von dem Worte espada, Degen, erhalten. Zu erwähnen sind noch die Matadores, nach dem Worte *matar*, schlachten, so genannt. Diese Schlächter gehören nicht zu den eigentlichen Stierkämpfern; sie sind Zirkusknechte und haben dem Stier, falls derselbe von dem Espada nicht tödlich getroffen wird, aber doch niederstürzt, den Gnadenstoß zu geben.

Wie bereits erwähnt, durchzogen Ausrufer die Straßen von Buenos Ayres, um zu verkünden, daß der Stierkampf morgen stattfinden werde. Zuweilen blieben sie stehen, um den Passanten mit weithin schallender Stimme das Programm und alle nähern Umstände mitzuteilen. Es war gegen Abend. Wer es thun konnte, der schloß sein Geschäft, um eine Restauration, ein Café oder eine Confiteria aufzusuchen und dort sich

über das Ereignis des Tages auszusprechen. Confiterias sind öffentliche Lokale, in denen man nur Kuchen und Eis genießt.
Das Café de Paris, welches als das feinste in Buenos Ayres gilt, war so von Gästen gefüllt, daß fast kein leerer Stuhl zu sehen war. Es ging da sehr lebhaft her, besonders an einem Tische, zu welchem die Blicke der Anwesenden immer und immer wiederkehrten, denn dort saßen die drei argentinischen Espadas, welche morgen ihre Geschicklichkeit zu zeigen hatten. Unter sich voller gegenseitiger, heimlicher Eifersucht, zeigten sie sich in ihren Worten darin einig, daß es ein geradezu unverzeihlicher Fehler des Komitees sei, den Spanier zugelassen zu haben. Sie nahmen sich vor, alles mögliche zu thun, ihm seinen bisherigen Ruhm zu entreißen. Einer von ihnen, welcher das große Wort führte, vermaß sich, den nordamerikanischen Bison gleich mit dem ersten Stoße zu erlegen, und wendete sich an die Anwesenden, indem er sich erbot, mit jedem zu wetten, daß er sein Wort halten werde.
In seiner Nähe saßen an einem andern Tische vier feingekleidete Herren, von denen besonders einer in die Augen fiel. Er war von beinahe riesiger Gestalt und trug, obgleich er nicht viel über fünfzig Jahre alt sein konnte, einen langen, dichten Vollbart, welcher fast die Weiße des Schnees hatte. Sein Haupthaar besaß dieselbe Farbe. Infolge seines sonnverbrannten Gesichtes hätte man ihn für einen Gaucho oder überhaupt einen Mann halten sollen, der nur im Freien, auf der Pampa oder gar in der Wildnis lebe, aber sein eleganter, nach dem neuesten Pariser Schnitte gefertigter Anzug sprach vom Gegenteile. Seine drei Nachbarn waren ebenso sonnverbrannt wie er. Einer derselben wendete sich mit den Worten an ihn:
„Hast du den Großsprecher gehört, Carlos?“
Der Weißbärtige nickte mit dem Kopfe.
„Was sagst du dazu?“
Der Gefragte zuckte mit der Achsel, indem ein leichtes, geringschätziges Lächeln über sein ernstes Gesicht glitt.
„Ganz deiner Meinung!“ fuhr der andre fort. „Es gehört schon etwas dazu, einen hiesigen Toro, bevor er abgemattet ist, mit dem Degen zu erlegen. Du wirst besser wissen als wir, was ein nordamerikanischer Büffel zu bedeuten hat, denn du bist jahrelang dort oben gewesen und hast Bisons gejagt. Dieser Espada hier wird wohl schwerlich im stande sein, sein Versprechen zu halten.“
„Das meine ich auch. Mit dem Munde tötet man keinen Büffel.“
Er hatte diese Worte lauter gesprochen, als es von ihm wohl beabsichtigt worden war. Der Espada hörte sie, sprang von seinem Stuhle auf, trat herbei und sagte in fast befehlendemTone:
„Señor, wollen Sie mir wohl sagen, wie Sie heißen?“
Der Weißbärtige maß ihn mit einem unendlich gleichgültigen Blicke und antwortete dann:
„Warum nicht, wenn ich vorher Ihren Namen kennen gelernt habe.“

„Mein Name ist weithin berühmt. Ich heiße Antonio Perillo."
Da leuchteten die Augen des Riesen für einen Augenblick ganz eigentümlich auf, doch ließ er schnell die Lider sinken und meinte in demselben Tone wie vorher:
„Mein Name ist schwerlich so berühmt wie der Ihrige. Ich heiße Hammer."
„Ist das ein deutscher Name?"
„Ja."
„So sind Sie ein Deutscher?"
„Allerdings."
„So halten Sie gefälligst den Mund, wenn es sich um hiesige Angelegenheiten handelt! Ich bin ein Porteño, verstanden?"
Er sagte dieses Wort mit scharfer Betonung und blickte dem andern dabei von oben herab stolz in das Gesicht. Porteños nennen sich die eingeborenen Bewohner des Landes im Gegensatze zu den Eingewanderten. Sie halten sich, doch ohne allen Grund, für besser, als dieselben. Wenn der Espada glaubte, mit diesem Worte Eindruck zu machen, so hatte er sich geirrt, denn der Riese that gar nicht, als ob er die Bedeutung desselben kenne. Darum fuhr der Espada in noch zornigerem Tone fort:
„Sie haben mit Geringschätzung von mir gesprochen. Wollen Sie Ihren Ausdruck zurücknehmen?"
„Nein. Ich habe gesagt, daß man einen Büffel nicht mit Worten tötet, und weil ich eben ein Deutscher bin, pflege ich stets zu wissen, was ich sage."
„Carracho! Das ist stark! ich, der berühmteste Espada dieses Landes, soll mich von einem Deutschen verhöhnen lassen! Mann, wenn ich Sie nun vor meine Klinge fordre, was werden Sie da sagen?"
„Nichts, gar nichts werde ich sagen, da es ja der Rede gar nicht wert ist," antwortete Hammer, indem er sich auf seinem Stuhle behaglich zurücklehnte und dem Espada einen Blick zuwarf, welcher auf alles andre, aber nur nicht auf Furcht schließen ließ. Das erregte diesen noch mehr. Er trat mit vor Zorn funkelnden Augen noch einen halben Schritt näher, hob den Arm wie zum Schlage und rief:
„Wie, Sie wollen mir die Beleidigung nicht abbitten und mir auch keine Genugthuung geben?"
„Nein."
„Gut, so werde ich Sie als einen ehrlosen Feigling kennzeichnen. Hier haben Sie das!"
Er wollte dem Deutschen mit der Faust in das Gesicht schlagen; dieser aber parierte den Hieb von unten herauf mit dem Arme, fuhr schnell empor, nahm den Espada bei den beiden Armen, drückte sie ihm an den Leib, hob ihn in die Höhe und warf ihn, als ob er ein federleichter Gegenstand sei, an die Wand, daß es krachte.
Alle Gäste erhoben sich von ihren Sitzen, um zu sehen, was nun geschehen werde. Der Espada war, wie überhaupt alle Anwesenden, von denen keiner das Gewand der Pampa trug, auf französische Art gekleidet, und es stand also nicht zu erwarten, daß er eine Waffe bei sich tragen werde, doch griff er, nachdem er sich rasch aufgerafft hatte, unter

den Rock, zog ein langes Gauchomesser hervor und drang wutbrüllend mit demselben auf den Deutschen ein. Dieser wich keinen Zoll zurück, sondern sah ihm mit scharfem Auge entgegen, packte ihn mit raschem Griffe an dem das Messer hochhaltenden Arm und drückte ihm denselben so, daß er die Waffe mit einem Schmerzensschrei fallen ließ. Dann gebot er ihm in drohendem Tone:
„Gib Ruhe, Antonio Perillo! Mir kommt man nicht in dieser Weise. Wir befinden uns in Buenos Ayres, nicht aber in der Salina del Condor. Verstanden?“
Bei diesen Worten nahm er seinen Gegner so scharf in das Auge, als ob er ihm in das innerste Herz blicken wolle. Perillo fuhr zurück und starrte den Sprecher erschrocken an. Er war bleich, sehr bleich geworden; sein Auge flimmerte in einem ungewissen Scheine und seine Stimme zitterte beinahe, als er antwortete:
„Die Salina del Condor? Was ist's mit dieser? Ich kenne sie nicht.“
„Du kennst sie nur zu gut; ich sehe es dir an.“
„Ich bin nie, niemals dort gewesen. Was wollen Sie mit dem Namen dieses Ortes sagen?“
„Ganz dasselbe, was du dir jetzt im stillen sagst, freilich ohne es laut werden zu lassen. Aber es wird laut werden, früher oder später; das versichere ich dir!“
„Ich weiß nicht, was Sie reden und was Sie wollen. Ich mag mit Ihnen nichts zu thun haben.“
„Dazu hast du allen Grund; also hüte dich davor, daß ich einmal mit dir zu thun bekomme, denn du würdest da schwerlich so gut davonkommen wie heute!“
Er griff in die Tasche, warf, um das Genossene zu bezahlen, eine Anzahl von Papierthalern auf den Tisch, nahm den Hut vom Nagel und schritt der Thüre zu, ohne daß jemand es wagte, ihn anzuhalten. Seit er nicht mehr auf dem Stuhle saß, sondern sich aufgerichtet hatte, sah jeder ein, daß mit diesem Goliath nicht gut anzubinden sei. Seine drei Gefährten folgten ihm.
Erst als die Thüre sich hinter ihnen geschlossen hatte, kehrte dem Espada der Mut zurück. Er wendete sich an seine Gefährten, um seine Niederlage zu beschönigen, denn einer derselben rief ihm höhnisch zu:
„Welch eine Blamage, Antonio Perillo! Er hat dich geworfen!“
„Laufe ihm doch nach und binde mit ihm an! Gegen so einen Riesen kann kein Mensch aufkommen.“
„Das mag sein. Aber er nannte dich Du. Welche Verächtlichkeit! Und du ließest es dir nicht nur gefallen, sondern nanntest ihn Sie, wie vorher.“
„Ich habe auf das Du gar nicht geachtet.“
„Und was war es mit dieser Salina del Condor? Was meinte er damit?“
„Weiß ich es? Dieser Aleman scheint an einer fixen Idee zu leiden. Ihr wißt ja, daß die Deutschen alle Träumer oder mondsüchtig sind. Sprechen wir nicht mehr davon.“
Vielleicht hätte man dieses Thema doch nicht fallen lassen, wenn nicht eben jetzt eine Person eingetreten wäre, welche die Blicke aller auf sich zog. Es war ein Gaucho, aber von so kleiner, schmächtiger Gestalt, wie keiner der Anwesenden in seinem Leben jemals

einen Gaucho gesehen hatte. Das Männchen trug eine sehr weiße und sehr weite Hose, welche ihm nur bis an die Kniee reichte, und eine rote, baumwollene Chiripa. Das ist eine Decke, welche der Bewohner der Pampa schräg um die Hüften schlägt, vorn und hinten emporzieht und dann um den Leib legt, wo sie von einem Gürtel festgehalten wird. Die Ärmel des Hemdes, welches ebenso rein und weiß wie die Hose war, hatte der kleine Träger bis über die Ellbogen aufgewickelt, so daß seine Vorderarme unbedeckt waren. Über den Gürtel war eine rote Schärpe gebunden, deren Enden an der Seite herunterhingen. Ein ebenfalls roter Poncho bedeckte den Oberkörper. Das ist eine wollene Decke, in deren Mitte sich ein Schnitt befindet, durch welchen man den Kopf steckt. Die Unterschenkel waren mit echten Gauchostiefeln bekleidet, welche folgendermaßen zubereitet werden. Man zieht beim Schlachten eines Pferdes von den unteren Beinen die Haut, doch ohne sie zu zerschneiden, noch lebenswarm herunter und legt sie in heißes Wasser, um die Haare leichter abschaben zu können. Man steckt, während diese Häute noch naß sind, die Füße hindurch und zieht sie wie Strümpfe an. Sobald das Leder trocken wird, legt es sich fest um die Waden und bildet eine sehr wetterfeste Bekleidung, welche man freilich niemals ablegen kann, sondern tragen muß, bis sie von selbst zerreißt und von den Beinen fällt. Natürlich sind da nur die Unterschenkel und der obere Teil des Fußes bedeckt; die Zehen aber sehen vorn heraus und auch die Fußsohle bleibt nackt. Der Gaucho, welcher solche Stiefel trägt, geht also barfuß – wenn er nämlich geht. Von Gehen ist bei ihm nur dann die Rede, wenn er sich im Innern seiner Hütte befindet, sonst aber sitzt er ununterbrochen im Sattel. Daß die Zehen 'nackt sind, kommt ihm bei der Beschaffenheit seiner Steigbügel zu statten, denn dieselben sind so klein, daß er nur die große Zehe hineinzustecken vermag. Desto größer sind die Sporen, welche er trägt. Auch der kleine Mann, welcher jetzt in das Café getreten war, hatte ein paar Räder angeschnallt, welche die Größe eines silbernen Fünfmarkstückes besaßen. Ein graues Filzhütchen, von welchem eine Troddel hing, saß ihm auf dem Kopfe, und unter diesem Hute trug er ein rotseidenes Tuch, dessen hinten herabgehenden Zipfel er vorn am Halse festgebunden hatte. Solche Tücher trägt der Gaucho unter dem Hute, da sie den Nacken vor dem Sonnenbrande schützen und zugleich eine angenehme Kühlung gewähren, weil sie beim Reiten vorn die Luft auffangen und dem Nacken zuführen. In dem Gürtel unter der Schärpe steckte ein langes Messer und eine zweiläufige Pistole, und über die Achsel hing an einem breiten Riemen eine Doppelflinte, welche nicht viel kürzer als der Mann selber war, welcher zwei Bücher in den Händen hatte.

Dieser letztere Umstand war es besonders, welcher die Augen auf ihn zog. Ein Gaucho mit Büchern! Das hatte man noch nicht gesehen. Dazu war er vollständig glatt rasiert, was ebenso auffallen mußte. Auch blieb er vorn an der Thür für einen Augenblick stehen und grüßte, was keinem andern jemals eingefallen wäre, mit einem lauten „Buenos dias – guten Tag!“ Dann schritt er auf den Tisch zu, welcher soeben leer geworden war, setzte sich an demselben nieder, schlug beide Bücher auf und begann, grad so als ob er ganz allein sei, höchst eifrig in denselben zu blättern und zu lesen. Es waren zwei Abhandlungen der königlichen Akademie der Wissenschaften in Berlin, von E. d'Alton und von Weiß.

Der vorhin herrschende Lärm hatte sich in die tiefste Stille verwandelt. Der Kleine frappierte die Leute alle. Sie wußten nicht, was sie von ihm und über ihn denken sollten. Das kümmerte ihn aber nicht im mindesten; ja, er bemerkte es gar nicht; er las und las und fühlte sich auch nicht gestört, als man wieder lauter wurde und von neuem auf das Stiergefecht zu sprechen kam. Nur als einer der Kellner, ein ebenso kleiner Bursche wie er selbst, zu ihm trat, um ihn zu fragen, was er wünsche, blickte er auf und fragte im reinsten Spanisch:

„Haben Sie Bier? Ich meine nämlich *Cerevisia*, wie es lateinisch heißt."

„Ja, Señor, Bier haben wir, die Flasche zu sechs Papierthalern."

„Bringen Sie eine Flasche, eine *Ampulla* oder *Lagena* auf lateinisch."

Der Kellner sah ihn verwundert an, brachte Flasche und Glas und goß das letztere aus der ersteren voll. Der Gast trank aber nicht und sah nicht von den Büchern auf. Man beschäftigte sich, einen ausgenommen, nicht mehr mit ihm, und dieser eine war Antonio Perillo, der Espada. Er ließ den Kleinen fast nicht aus den Augen; er schien sich innerlich nur mit ihm zu beschäftigen und beteiligte sich gar nicht mehr an der Unterhaltung. Endlich stand er gar auf, kam herbei, verbeugte sich und sagte in sehr höflichem Tone:

„Entschuldigung, Señor! Wir scheinen uns zu kennen?"

Der kleine, rote Gaucho blickte überrascht von seiner Lektüre auf, erhob sich und antwortete in ebenso höflicher Weise:

„Es thut mir leid, Señor, Ihnen sagen zu müssen, daß Sie sich irren. Ich kenne Sie nicht."

„So müssen Sie Gründe haben, dies jetzt zu sagen. Aber ich kann einen solchen Grund nicht einsehen!"

„Einen solchen Grund? Auf lateinisch Causa? Ich habe ja gar keinen Grund, zu sagen, daß ich Sie kenne. Es wäre eine Lüge."

„Aber ich bin überzeugt, daß wir uns oben am Flusse schon begegnet sind."

„Nein, denn ich bin noch gar nicht da oben gewesen. Ich befinde mich erst seit einer Woche hier im Lande und habe Buenos Ayres noch mit keinem Schritte verlassen."

„So darf ich vielleicht fragen, wo Sie eigentlich zu Hause sind?"

„In Jyterbogk, welches auch Jüterbog oder Jüterbock geschrieben wird. Es ist bis jetzt unentschieden geblieben, welche Schreibweise die richtige ist. Ich entscheide mich aber unbedingt für Jüterbogk, weil da bog und bock vereinigt ist."

„Dieser Ort ist mir vollständig unbekannt. Würden Sie die Güte haben, mir Ihren Namen zu sagen?"

„Ganz gern. Morgenstern, *Dr*. Morgenstern."

„Und Ihr Stand?"

„Ich bin Gelehrter oder, genauer ausgedrückt, Privatgelehrter."

„Und womit beschäftigen Sie sich?"

„Mit Zoologie, Señor Gegenwärtig bin ich nach Argentinien gekommen, um das Glyptodon, das Megatherium und das Mastodon aufzusuchen.“
„Das verstehe ich nicht. Ich habe diese Worte noch nie gehört.“
„Ich meine das Riesenarmadill, das Riesenfaultier und den Riesenelefanten.“
Der Espada machte ein langes Gesicht, sah den Kleinen mit prüfendem Blicke an und fragte dann:
„Sprechen Sie im Ernste, Señor?“
„Natürlich!“
„Und wo wollen Sie diese Tiere suchen?“
„Natürlich in der Pampasformation, von welcher man leider noch nicht genau sagen kann, ob sie sich schon vor oder gleichzeitig mit dem Diluvium gebildet hat.“
„Diluvium? Señor, ich verstehe l Sie bewegen sich in dieser unverständlichen Sprache, um mir anzudeuten, daß ich Ihnen unbequem bin.“
„Diese Sprache ist keineswegs so unverständlich, wie Sie meinen. Sehen Sie in diese beiden Bücher, deren Verfasser sehr tüchtige Kenner des Diluviums sind! Weiß und d'Alton; sie müssen Ihnen unbedingt bekannt sein, und – – –“
„Nein, gar nicht, gar nicht,“ unterbrach ihn der Stierkämpfer. „Diese beiden Herren kenne ich nicht. Von Ihnen aber möchte ich selbst jetzt noch behaupten, daß ich Sie kenne, und zwar genauer noch, als Sie denken. Hoffentlich geben Sie doch zu, daß der Anzug, welchen Sie jetzt tragen, eine Verkleidung ist?“
„Eine Verkleidung? Hm! Wenn ich wahr sein will, so muß ich allerdings zugeben, daß ich sonst nicht gewohnt bin, als Gaucho zu gehen.“
„Aber Sie reiten doch ausgezeichnet, wie ich gesehen habe!“
„Das ist ein Irrtum, Señor. Ich habe zwar schon einigemal nicht bloß die Veranlassung, sondern auch die Gelegenheit gehabt, ein Roß, lateinisch *Equus*, zu besteigen, was aber der Lateiner *equo vehi* nennt, nämlich die Kunst des Reitens, ist mir doch zu vollen neun Zehnteilen fremd geblieben.“
Perillo konnte sich, obgleich er seiner Sache vollständig sicher war, eines Kopfschüttelns nicht erwehren. Er zog sein Gesicht in ein diplomatisches Lächeln und meinte, indem er sich verbeugte:
„Ich darf nicht weiter in Sie dringen, Señor, denn jedes Ihrer Worte sagt mir, daß Sie unerkannt bleiben wollen. Haben Sie die Güte, meine Zudringlichkeit zu verzeihen! Ich bin überzeugt, daß die Zeit kommt, in welcher Sie Ihre gegenwärtige Maske fallen lassen werden.“
Er begab sich nun an seinen Tisch zurück. Der rote Gaucho schüttelte nun seinerseits den Kopf, setzte sich nieder und murmelte:
„Maske! Fallen lassen! Dieser Señor scheint sehr zerstreut zu sein.“
Dann beugte er sich wieder über seine Bücher nieder. Aber er sollte bald wieder gestört werden, denn der kleine Kellner, welcher in der Nähe gestanden und die Unterhaltung gehört hatte, kam näher und sagte:

„Señor, wollen Sie nicht trinken? Es ist schade um das Bier, es so lange offen stehen zu lassen."
Der Gaucho blickte zu ihm auf, griff nach dem Glase, that einen Zug und meinte dann in freundlichem Tone:
„Ich danke Ihnen, Señor. Man soll sich gewöhnen, über dem Notwendigen nicht das Angenehme zu vergessen. Und das Trinken, lateinisch *potio*, ist nicht nur angenehm, sondern sogar notwendig."
Er wollte weiter lesen, da er aber bemerkte, daß der Kellner noch stehen blieb, fragte er:
„Belieben Sie noch eine Bemerkung, Señor?"
„Wenn Sie gestatten, ja. Sie sprachen vorher von Jüterbogk. Kennen Sie diese Stadt?"
„Natürlich kenne ich sie; ich wohne nämlich dort."
„Sie wohnen dort? Sollten Sie ein Deutscher sein?"
„Der bin ich allerdings, wie auch mein Name Morgenstern beweist. Wäre ich ein Römer, so würde ich lateinisch *jubar* heißen."
„Das freut mich ungeheuer, Señor! Darf ich deutsch mit Ihnen reden?"
„Deutsch? Sind Sie denn ein Deutscher?"
„Na, und wat for einer! Ick bin in Stralau bei Berlin jeboren, also een näherer Landsmann von Sie, Herr Doktor. Denn dat Sie ooch Doktor sind, dat habe ick vorhin jehört."
„Ein Stralauer! Wer hätte das gedacht! Ich habe Sie für einen Argentiner gehalten. Wie kommen Sie denn über die See herüber?"
„Als jeborene Wasserjungfer, wat man sonne Libelle nennt. Sie wissen doch, von wejen dem Stralauer Fischzug und dem Rummelsburger See. Da ist man dat Wasser jewöhnt und jeht dem Wasser nach. So bin ick nach Hamburg jekommen und dann weiter ins Südamerika."
„Was wollten Sie hier?"
„Reich werden wollte ick natürlich."
„Nun, und?"
„Ja, nun, und! Das Reichwerden jeht nicht so schnell, wie ick mich's jedacht hatte. Es kommen auch arme Zeiten mit mang, und wenn die nicht wieder uffhören, da bringt man die Million, von welcher ick jeschwärmt habe, eben nicht zusammen."
„Haben Sie Verwandte zu Hause?"
„Nee. Hätte ick so wen oder wat jehabt, so wäre ick daheim jeblieben. Dann wollt' ick jern beis Militär, denn mein Herz ist stets jut patriotisch jestimmt jewesen; aber da ick um zwei Zoll zu kurz jewesen bin, haben sie mir nicht assentiert, sondern for untauglich erklärt. Darüber bin ick so ergrimmt jewesen, daß ich in die Fremde jegangen bin, um zu sehen, ob man mir da für tauglich halten wird."
„Wie lange sind Sie nun schon hier?"
„Fünf Jahre, wat mit die fünfundzwanzig Lenze stimmt, die ich bisher in Blüte jestanden habe."
„Und womit haben Sie sich während dieser Zeit beschäftigt?"

„Mit allem möglichen, wat ehrlich war, doch ohne es zu wat zu bringen. Jetzt bin ick Kellner hier, doch auch nicht fest, sondern nur zur Aushilfe für heute, weil man viel Jäste erwartet hat. Zuletzt habe ick mir mit Hafenarbeit beschäftigt."
„Waren Sie schon im Innern des Landes? Ich frage nämlich nicht ohne Ursache."
„Damit kann ick auch dienen. Ick bin schon zweimal bis nach Tucuman hinein jewesen, und zwar als Pferdeknecht."
„So können Sie reiten?"
„Wie im Löwenritt von Freiligrath. So wat lernt sich hier zu Lande oft und manchmal schneller, als man's vorher jedacht hat."
„Das ist gut, sehr gut! Und nun die Hauptsache. Es soll hier in Argentinien sehr viel Knochen geben?"
„Massenhaft!"
„Ausgezeichnet! Ich suche welche."
„Knochen? Weshalb?"
„Aus Interesse für die Sache."
„So? Dat ist freilich ein Interesse, wie ick noch keins jefunden habe. Aber da kann ick Ihnen trösten. Wenn Sie Knochen haben wollen, so kann ick Ihnen janze Schiffsladungen voll verschaffen."
„Antediluvianische?"
„Dat verstehe ick nicht; ick sage nur, dat sie von allen Sorten zu haben sind."
„Vom Mastodon?"
„Von Mastrindern? Soviel Sie haben wollen."
„Ich meine, ob vom Riesenelefanten."
„Dat wohl weniger, denn ick habe noch nicht jehört, daß hier Riesenelefanten jemästet und jeschlachtet werden."
„Aber vom Megatherium?"
„Wahrscheinlich auch."
„Und vom Glyptodon?"
„Dieses Vieh kenne ick nicht."
„Das ist begreiflich, da es schon vor der Sündflut gelebt hat."
„Dann ist's futsch und hat keine Knochen mehr. Hier jibt's nach der Sündflut nur noch Knochen von Rindern, Pferden und Schafen."
„Sie verstehen mich nicht. Ich suche nach Knochen von vorweltlichen Tieren, wie man sie im hiesigen naturhistorischen Museum findet."
„Ah, ick verstehe! Von Professor Burmeistern jesammelt? Die stecken in der Erde, wo man sie herausbuddeln muß. Habe ick ooch jesehen. Die sind in der janzen Pampa zu finden. Man soll sogar vorsündflutliche Pferde jefunden haben."
„Sehr richtig! Das ist übrigens aus dem Grunde sehr interessant, weil bisher behauptet worden ist, daß das Pferd nur der alten Welt angehört."
„Also sonne Sachens wollen Sie suchen und ausgraben?"

„Ja, dazu brauche ich Leute. Ich werde Gauchos engagieren, und habe deshalb, um ihnen gleich von vornherein als ein sympathischer Mensch zu erscheinen, mich so wie sie gekleidet. Vor allen Dingen brauche ich einen Diener, auf den ich mich verlassen kann. Sie gefallen mir, Sie haben ein ehrliches und zugleich pfiffiges Gesicht und scheinen nicht an Dummheit zu leiden, was der Lateiner Vecordia nennt. Haben Sie nicht Lust, sich von mir engagieren zu lassen?“

„Warum nicht, wenn Sie mir jut behandeln und mir auch sonst oft und manchmal so stellen, daß ick nicht zu klagen brauche.“

„So kommen Sie morgen früh zu mir, damit wir das Nötige besprechen können. Kennen Sie den Bankier Salido?“

„Ja. Er hat sein Jeschäft hier janz in der Nähe, wohnt aber in seiner Quinta draußen vor der Stadt.“

„Da wohne auch ich, denn ich bin ihm empfohlen und sein Gast. jetzt lassen Sie mich weiter lesen.“

„Jut, lesen Sie man immer weiter, Herr Doktor. Morjen werde ick mir einstellen, und ick denke, daß wir beide dabei ein jutes Jeschäft machen werden. Ich schaffe Ihnen jeden Knochen aus der Erde, und wenn er noch so groß ist.“

Er zog sich zurück, und man sah es ihm an, daß er sich über die zu erhoffende Stellung freute. Er besaß, wie Morgenstern ganz richtig gesagt hatte, ein ehrliches Gesicht und jenen gesunden Mutterwitz, welcher den Bewohnern seiner Heimat angeboren zu sein pflegt.

Der Inhalt dieses Gespräches schien Morgenstern noch weiter zu beschäftigen, denn er las nun weniger aufmerksam als vorher und vergaß auch das Trinken nicht. Als er seine Flasche ziemlich geleert hatte, stand Antonio Perillo auf, um zu bezahlen und fort zu gehen. Einige Zeit später brach auch Morgenstern auf. Er bezahlte seine sechs Papierthaler. Das klingt sehr hoch, ist aber nicht so gefährlich, wie es scheint, da der Papierthaler einen Wert von sechzehn deutschen Pfennig hatte. Dennoch aber ist der Preis von sechsundneunzig Pfennig für eine Flasche Bier kein niedriger zu nennen, aber das Bier, wenigstens das aus Europa eingeführte, galt damals noch mehr als heute als Luxusgetränk.

Als er das Café verlassen hatte, wendete er sich links in die Straße, welche direkt und in schnurgerader Richtung nach der Quinta des Bankiers führte. Er war zu sehr mit seinen gelehrten Gedanken beschäftigt, um die zwei Gestalten zu sehen, welche gegenüber wartend an den Pfeilern einer Thür lehnten. Sie wären ihm aber wohl auch dann nicht aufgefallen, wenn er weniger an seine vorsündflutlichen Tiere gedacht hätte. Und doch war gerade er es, auf den sie es abgesehen hatten. Es war nämlich Antonio Perillo und ein andrer, der sich vorhin nicht mit im Café befunden hatte. Als sie den Doktor erscheinen sahen, flüsterte der erstere dem letzteren zu:

„Schau ihn genau an, ob er es nicht ist!“

Als der andre die Züge des deutschen Gelehrten im Lichte der Fenster des Café, an denen dieser vorüberging, deutlich erkannte, antwortete er:
„Gar keine Zweifel; er ist's, und wenn er noch so sehr geleugnet hat."
„Er hat sich nur den Bart scheren lassen und die Tracht eines Gaucho angelegt. Damit macht er doch Leute, wie wir sind, nicht irre. Ich muß wissen, wo er wohnt. Schleiche ihm nach!"
„Gehst du nicht mit?"
„Nein. Er könnte sich umdrehen und mich erkennen. Dann würde er Verdacht fassen. Ich trete in die Confiteria hier rechts, um auf deine Rückkehr zu warten."
Perillo ging in die Kuchenstube, und der andre folgte dem Deutschen heimlich nach. Die Straße, welche dieser langsam hinaufschritt, führte, wie bereits gesagt, in schnurgerader Linie fort, denn Buenos Ayres ist höchst regelmäßig gebaut. Es besteht aus lauter Häuservierecken, zwischen denen die Straßen sich genau rechtwinkelicht kreuzen. Man kann also den Plan der Stadt mit einem Schachbrette vergleichen.
Die Umgebung derselben ist landschaftlich ganz und gar unbedeutend. Es gibt keine Abwechselung, keine Höhen und Thäler, keine Büsche und Wälder. Hat man die Stadt hinter sich, so steht man auf der offenen, ebenen Pampa, und am Horizonte schwimmen Himmel und Erde so zusammen, daß von einer Grenzlinie zwischen beiden keine Rede ist.
Der Hafen ist schlecht, und das Wasser des Plata hat eine lehmichte, schmutzige Farbe, so daß auch er der Stadt keinen Reiz verleiht.
Buenos Ayres bedeckt ungefähr den gleichen Flächenraum wie Paris. Man kann sich also denken, wie weitläufig alles ist. Es gibt mehrere sehr schöne Straßen und Plätze, kommt man aber über den Kern der Stadt hinaus, so trifft man auf roh gemauerte Magazine, häßliche Hütten und Schuttplätze. Einige der Außenstraßen freilich haben ein elegantes Aussehen, da an ihnen die Villen der reichen Einwohner stehen. Eine solche Villa wird hier Quinta genannt.
In den innern und belebtesten Vierteln der Stadt findet man zwei-, drei- und wohl auch vierstöckige Häuser; sonst aber bestehen die Gebäude nur aus dem Erdgeschosse; sie ragen nicht in die Höhe, dehnen sich aber desto mehr in die Breite und Tiefe. Diese Gebäude haben flache, mit Ziegelsteinen belegte Dächer, über denen sich kleine Warttürme erheben, die man Miradores nennt. Die Dächer sind ein klein wenig geneigt, damit der Regen in den Hof und die in demselben befindliche Zisterne ablaufen kann. Denn bis vor kurzem trank man nur dieses Zisternenwasser.
Wenn von dem Hofe die Rede ist, so haben nur die ärmeren Leute einen einzigen solchen. Bessere Häuser aber schließen drei, vier und auch noch mehr Höfe ein. Steht man vor der in durchbrochener Eisenarbeit künstlerisch modellirten Thüre eines solchen Gebäudes, so kann man durch dieselbe eine ganze Reihe von saubern, mit Springbrunnen und Blumen geschmückten Marmorhöfen sehen. Denn Marmor ist das Material, aus welchem die Häuser der Wohlhabenden gebaut werden.

Wird gefragt, warum es in Buenos Ayres nur flache Dächer gibt, so ist die Antwort sehr einfach. Zunächst erfordern schräge, hohe Dächer weit mehr Material und sind nur in solchen Gegenden notwendig, wo eine durchschnittlich große Regenmenge fällt. In Buenos Ayres aber fällt bedeutend weniger Regen als bei uns. Sodann würden hohe Dächer und Giebel dem Pampero, dem gewaltigen, verheerenden Sturme, welcher von den Cordilleren niederstreicht, viel zu große Flächen bieten. Und endlich bieten flache Dächer die Annehmlichkeit, daß man auf ihnen des Abends spazieren gehen und frische Luft schöpfen kann.
Wer da glaubt, daß man auf den Straßen von Buenos Ayres eine Menge dahergaloppierender Gauchos sehen kann, hat sich sehr geirrt. Man möchte vielmehr glauben, sich in einer europäischen Stadt zu befinden. Alles kleidet sich hier in französische Tracht. Auch ist die Zahl der Europäer, welche hier wohnen, eine ganz beträchtliche. Nur die Hälfte der Bevölkerung sind Argentiner. Es gibt 4000 Deutsche, 15000 Franzosen, 20000 Spanier und 50000 Italiener, außerdem viele Engländer und noch mehr Schweizer. Dieses Durcheinander so vieler Nationalitäten hat eine ungewöhnliche Sprachgewandtheit zur Folge. Leute, ja sogar junge Personen, welche mit vollster Fertigkeit drei, vier und wohl noch mehr Sprachen beherrschen, finden sich hier mehr als selbst in Paris, London und New York.
Was nun den Namen der Stadt betrifft, so trägt sie denselben wohl kaum mit vollem Rechte. Buenos Ayres heißt „gute Lüfte", aber wenn die Sonne heiß auf die platten Dächer der tiefliegenden Stadt brennt, so vermag man es in den dumpfen, drückenden Räumen kaum auszuhalten. Und Bäume, die eigentlichen Luftverbesserer, gibt es ja nicht, wenigstens nicht das, was man bei uns unter Baumwuchs versteht. Schon Zitronen und Apfelsinen gedeihen hier nicht mehr, Tropenfrüchte noch weniger. Für Äpfel, Pflaumen, Kirschen und andre Obstsorten ist das Klima zu heiß, und so trifft man nur Wein, Birnen, Pfirsiche und Aprikosen an, diese aber allerdings in vortrefflicher Qualität. Wälder aber gibt es in dem östlichen Teile des Landes gar nicht. Höchstens hat einmal hier oder da der reiche Besitzer einer Quinta den Garten, in welcher sie steht, so dicht bepflanzt, daß man unter den Bäumen eine wirkliche Kühlung verspürt.
Eine der schönsten Quinten war diejenige des Bankiers Salido, eines höchst gastfreundlichen Mannes, welcher nicht allein nur auf den Erwerb bedacht war, sondern auch die Künste und die Wissenschaften liebte und selbst mit europäischen Jüngern derselben in Briefwechsel stand. Infolge dieses letzteren Umstandes war Doktor Morgenstern an ihn empfohlen worden und hatte eine freundliche Aufnahme bei ihm gefunden. Die Quinta lag am südlichen Ende der Stadt, so daß der Gelehrte einen weiten Weg zurückzulegen hatte, infolgedessen Antonio Perillo sehr lange auf die Rückkehr seines Verbündeten zu warten hatte.
Die Zeit wurde ihm aber nicht lang, denn es waren auch hier zahlreiche Gäste vorhanden, denen das morgen stattzufindende Stiergefecht einen reichen Stoff der Unterhaltung bot. Perillo kannte keinen dieser Leute, und ebensowenig war er ihnen bekannt. Man

sprach von Señor Crusada, dem fremden Stierkämpfer, und war überzeugt, daß ihn die hiesigen Espadas nicht erreichen würden. Das ärgerte Perillo gewaltig, doch hütete er sich, zu sagen, daß er einer dieser Espadas sei. Man erwähnte natürlich auch den Jaguar und den wilden Bison und war der Meinung, daß die Kämpfer einen schweren Stand haben würden.

„Blut wird auf alle Fälle fließen," meinte einer, „und zwar auch Menschenblut. Von dem Büffel will ich nicht sprechen, denn ich habe noch kein solches Tier gesehen; aber der Jaguar ist ein schlimmer Gesell, der ein zähes Leben hat und nicht gleich beim ersten Streiche liegen bleibt."

Da konnte Perilio sich doch nicht enthalten, einzuwerfen:

„Ein Feigling ist der Jaguar! Ich mache mich anheischig, ihm nur mit dem Messer in der Hand zu Leibe zu gehen."

„Und dann von ihm zerrissen zu werden!" lachte der andre.

„Ich spreche im Ernste. Habt Ihr denn noch nicht gehört, daß der Jaguar flieht, wenn er einen Menschen sieht, und daß es Gauchos gibt, die ihn mit dem Lasso fangen?"

Da antwortete ein alter, sonnverbrannter Mann, welcher allein saß und sich bis jetzt nicht mit an dem Gespräch beteiligt hatte:

„Da haben Sie sehr recht, Señor. Der Jaguar flieht den Menschen und ist auch schon von Gauchos mit dem Lasso gefangen worden. Aber welcher Jaguar war das? Der Jaguar des Flusses."

„Gibt es denn auch andre Jaguare?"

„Mehrere Arten gibt es nicht, denn Jaguar ist Jaguar; aber vergleicht einmal den am Flusse wohnenden mit demjenigen, welcher über die Pampas streift oder gar droben in den Schluchten des Gebirges wohnt. Der Fluß bietet Nahrung in Hülle und Fülle. Da leben Tausende von Wasserschweinen, an denen sich der Jaguar satt fressen kann. Die Jagd auf diese dummen Tiere fällt ihm nicht schwer; er frißt sich satt und wird faul und feig. Wenn er den Menschen sieht, nimmt er Reißaus. Der Jaguar auf den Pampas aber hat es nicht so leicht. Er hat mit den Rindern, den Pferden und, wenn er sich ein Schaf holen will, mit den Hirten zu kämpfen; der ist gewiß nicht feig. Oder wohnt er gar in den Bergen, so muß er die wilden Lamas jagen, welche schneller sind als er und sich nicht so leicht erwischen lassen. Da muß er hungern, und Hunger macht wütend. So ein Gebirgsjaguar fällt am hellen, lichten Tage offen über den bewaffneten Menschen her. Das, Señores, ist die Sache, welche ich gern richtig stellen wollte."

Da meinte Antonio Perillo in spöttischem Tone:

„Sie scheinen in diesem Fache sehr große Kenntnisse zu besitzen, Señor. Sind Sie denn schon einmal über die Grenzen der Stadt hinausgekommen?"

„Zuweilen, ja."

„Bis wohin denn?"

„Bis nach Bolivia hinauf und auch nach Peru hinüber. Auch bin ich im Gran Chaco gewesen."

„Bei den wilden Indianern?“
„Ja.“
„Und die Indianer haben Sie nicht aufgefressen, wie der Jaguar das Wasserschwein auffrißt?“
„Entweder bin ich ihnen nicht fett genug gewesen, oder sie haben sich nicht an mich herangetraut, Señor. Wahrscheinlich hat der letztere Grund vorgelegen, denn ich bin all mein Lebtag nicht der Mann gewesen, den man so leicht auffressen kann. Und selbst jetzt in meinen alten Tagen habe ich Kraft genug im Arme, einen, der sich über mich lustig machen will, auf das lose Maul zu schlagen. Merken Sie sich das, Señor!“
„Nur nicht gleich so hitzig, Alter! Es war ja gar nicht so gemeint,“ lenkte Perillo ein, denn die Scene im Café de Paris hatte ihn vorsichtig gemacht. „Ich wollte nur sagen, daß ich den Jaguar nicht für gefährlich halte.“
„Er ist gefährlich für jeden Menschen, nur für einen einzigen nicht.“
„Wer ist das?“
„Das können Sie sich denken. Es hat doch jeder von ihm gehört, und sein Name beweist das, was ich von ihm behaupte.“
„So meinen Sie den Vater Jaguar?“
„Ja.“
„Man sagt von ihm freilich, daß er dem wildesten Jaguar mit unbewaffneten Händen zu Leibe gehe, aber ich glaube es nicht.“
„Und ich glaube es, denn ich habe es gesehen.“
„Gesehen? Hm!“
„Mit diesen meinen Augen gesehen. Señor, Sie können es glauben.“
„Wo ist denn das gewesen?“
„Im Gran Chaco.“
„Da sind Sie mit diesem Manne zusammengetroffen?“
„Nicht zusammengetroffen, sondern mit ihm hingeritten. Er ist unser Anführer, und ich gehöre noch heute zu seinen Leuten.“
Kaum hatte der Alte diese Worte gesagt, so wurden rundum Ausrufe des Staunens, der Verwunderung laut. Man sprang auf, um an seinen Tisch zu kommen und ihm die Hand zu drücken. Man wollte aus mehreren zusammengeschobenen Tischen eine lange Tafel bilden, an welche er sich mit setzen sollte, um von dem berühmten Manne zu erzählen, dessen Namen und Thaten in aller Munde waren. Er aber wehrte ab und begründete seine Weigerung mit den Worten:
„Der Vater Jaguar liebt es nicht, daß wir von ihm sprechen. Er hat uns geradezu verboten, von ihm zu erzählen, und Sie dürfen es mir nicht übelnehmen, Señores, wenn ich sage, daß ich ihm Gehorsam schulde.“
„Wie sieht er denn eigentlich aus?“ erkundigte sich Perillo.
„Wie jeder andre Mensch.“
„Und wie alt ist er?“

„Vielleicht fünfzig Jahre."
„Ein Eingeborener?"
„Ich habe seinen Geburtsschein noch nicht in der Hand gehabt, Señor."
„So sagen Sie mir wenigstens, ob er wirklich so ungeheuer stark ist, wie man von ihm erzählt!"
„Was das betrifft, so habe ich gesehen, daß er einen Ochsen bei den Hörnern packte und ihm den Kopf fest auf die Erde drückte."
„*Caramba*! Das wäre stark! Sie übertreiben doch nicht?"
„Ihretwegen mache ich keine Lüge. Darauf können Sie sich verlassen. Ich kann nur einem jeden wünschen, nicht einmal in die Lage zu kommen, die Fäuste des Vaters Jaguar zu fühlen."
„Darf man denn nicht erfahren, was er eigentlich treibt? Bald sagt man, er sei ein Yerbatero; bald nennt man ihn einen Goldsucher, bald einen Sendador, welcher die Karawanen über die Anden führt. Ich habe sogar schon gehört, daß er ein politischer Parteigänger sei, welcher sein Gewehr bald diesem und bald jenem Aufrührer leihe."
Yerbateros sind Theesammler, welche in die Urwälder ziehen, um den bekannten Paraguaythee zu suchen. Ihr Leben ist mit vielen Gefahren verknüpft. Sendador heißt Pfadfinder, bedeutet also genau dasselbe, was das nordamerikanische Wort Scout bedeutet. Der Alte antwortete:
„Was er eigentlich ist, das kann ich Ihnen wohl sagen: Er ist ein Mann, und zwar ein ganzer Mann, wie es wohl selten einen zweiten gibt, auch Sie nicht ausgenommen. Aufrührern hat er noch nicht gedient und wird er auch nie dienen. Er ist ein Freund aller guten und ein Feind aller schlechten Leute. Sollten Sie vielleicht nicht zu den ersteren gehören, so hüten Sie sich ja, ihm einmal zu begegnen."
„Sie werden immer schärfer und anzüglicher, mein alter Señor! Hat es Sie denn gar so sehr verdrossen, daß ich den Jaguar für ein feiges Tier gehalten habe?"
„Das nicht. Aber daß Sie behaupteten, ihm nur mit dem Messer zu Leibe gehen zu wollen, sagte mir, daß Sie entweder ein Aufschneider oder ein unwissender Mensch seien, und beide kann ich nicht leiden. Der Jaguar, den wir morgen sehen werden, hat wahrscheinlich am Flusse gewohnt, kann aber auch aus der Pampa gekommen sein. Wir werden ja erfahren, wie er sich benimmt. Was mich betrifft, so bin ich auf ihn nicht im geringsten neugierig. Viel eher verlangt es mich, ob sich einer der Espadas an den Büffel wagen wird."
„Alle werden sich an ihn wagen, alle; das versichere ich Ihnen!"
„Wollen sehen. So ein Bison ist, wenn er gereizt wird, ein gefährliches Tier."
„Woher wissen Sie das denn?"
„Vom Vater Jaguar, welcher Hunderte erschossen hat."
„Auf der Pampa etwa?" lachte Perillo.
„Nein, sondern in den Prairieen von Nordamerika, wo er früher gejagt hat."

„Auch dort ist er gewesen? So ist er also kein Porteño, sondern ein Fremder? Das ist ein Umstand, der mir freilich nicht zu imponieren vermag."
„Nicht? Nun, was das betrifft, so glaube ich nicht, daß der Vater Jaguar viel danach fragt, ob er Ihnen imponiert oder nicht."
„Weil er mich nicht kennt. Würde er aber meinen Namen erfahren, so würde er es wohl für eine Ehre halten, mir die Hand drücken zu können."
„So? Wie lautet denn dieser Ihr berühmter Name?"
„Perillo."
„Ah! Sind Sie etwa Antonio Perillo, der Espada, welcher morgen mit auftreten wird?"
„Der bin ich allerdings."
Er sah den Alten mit einem Blicke an, aus welchem zu ersehen war, daß er erwartete, jetzt eine ehrerbietige Lobesüberhebung zu hören. Aber die Worte, welche er zu hören bekam, waren ganz andre, nämlich:
„So sagen Sie mir einmal, Señor, warum Sie mit den Stieren kämpfen!"
„Um sie zu töten natürlich."
„Und warum töten Sie dieselben?"
„Welch eine Frage! Wir erstechen sie, um unsre Kunst zu zeigen."
„Eine schöne Kunst! Es ist nicht etwa ein Heldenstück, einen vorher matt gehetzten Ochsen zu erstechen. Ich töte ein Tier, weil ich das Fleisch desselben brauche, um leben zu können; aber es um einer so fadenscheinigen Ehre willen erstechen, das ist Mord. Und wenn man es gar vorher mit Stichen quält und halb zu Tode hetzt, das ist Schinderei. Sie sollten sich also nicht einen Espada, sondern viel richtiger einen Desoflador (Schinder) nennen."
Da fuhr Perillo, wie von einer Feder geschnellt, von seinem Stuhle auf. Er wollte auf den Alten eindringen. Glücklicherweise wurde gerade in diesem Augenblick die Thüre geöffnet, und sein Verbündeter trat ein. Er besann sich eines andern, setzte sich wieder nieder und warf dem Alten nur die Worte hin:
„Sie wollen sich an mir reiben, können mich aber nicht beleidigen, weil Sie so tief unter mir stehen, daß es Ihnen unmöglich ist, zu mir aufzusehen."
„Geradeso sagte die Fliege zum Löwen, als sie über ihm summte. Da aber kam ein Vogel und verschluckte sie."
Perillo that so, als ob er diese Worte nicht höre. Sein Kamerad setzte sich zu ihm und flüsterte ihm zu:
„Schon wieder Streit? Nimm dich in acht! Unser stilles Handwerk erfordert Vorsicht. Zehn Freunde können uns nicht so viel nützen, wie ein einziger Feind uns zu schaden vermag."
„Schweig! Dieser alte Schwätzer kann uns gar nicht schaden. Sag mir lieber, was du erfahren hast!"

Sie sprachen natürlich so leise miteinander, daß sie von den übrigen Gästen nicht gehört werden konnten. Trotzdem blickte der andre sich vorsichtig um, und als er sah, daß jetzt niemand auf sie achtete, sagte er:
„Er ist's wirklich, ganz gewiß. Und wenn ich noch darüber im Zweifel gewesen wäre, hätte derselbe schwinden müssen, als ich sah, bei wem er wohnt."
„Nun, wo?"
„Bei Salido, dem Bankier."
„*Todos demonios!* Bei Salido? Wer hätte das geahnt l Das ist ja ganz und gar gefährlich für uns!"
„Leider! Er wird ihm alles erzählen."
„Natürlich! Aus welchem andern Grunde könnte er gerade ihn aufgesucht haben."
„Bist du überzeugt, daß er dich wieder erkannt hat?"
„Ich möchte darauf schwören. Warum gab er sich für einen andern aus, als er ist? Doch nur, um mich in Sicherheit zu wiegen."
„So müssen wir nach einem Mittel suchen, ihn zum Schweigen zu bringen."
„Das müssen wir, und zwar schnell."
„Wird Geld helfen?"
„Nein, denn dieser kleine Halunke ist reich genug."
„So gibt es nur noch eins."
„Was?"
„Frage doch nicht! Du weißt es selbst so gut wie ich."
„Hm! Ich verstehe dich: ein Stich mit dem Messer oder eine Kugel in den Kopf. Und zwar darf keine Zeit verloren werden. Morgen früh wäre es vielleicht schon zu spät. Er darf gar nicht bis vor die Polizei kommen. Wenn man erfahren könnte, welches Zimmer er bewohnt!"
„Ich weiß es."
„Nun?"
„Ich wartete, bis er in das Haus getreten war, und stieg dann über den Zaun in den Garten. Glücklicherweise hat die Quinta keine Höfe und Mauern; sie steht mitten im Garten, so daß man rund um sie gehen kann. Bald nachdem er in der Thür verschwunden war, wurde auf der hintern Seite des Hauses ein oberes Zimmer hell. Er hatte seine Lampe angebrannt."
„Das kann auch eine andre Person gewesen sein."
„Nein, denn er kam an das offene Fenster, um es zu verschließen. Ich sah ihn deutlich stehen."
„Wie viele Fenster hatte das Zimmer?"
„Zwei."
„Ließ er die Rouleaux herab?"
„Nein."
„Ob irgendwo eine Leiter in der Nähe ist?"

„Auch daran habe ich gedacht und sah mich nach einer solchen um. In der Ecke des Gartens steht ein Baum, welcher verschnitten worden ist; die Leiter lehnte noch an demselben. Sie ist lang genug, um an das Fenster zu reichen."
„Schön, sehr schön! Leider aber können wir jetzt noch nicht an das Werk gehen. Es ist zu früh. Die Straßen sind noch zu belebt. Man könnte uns sehen."
„Wir müssen bis gegen Mitternacht warten."
„Aber ob er dann noch wach sein wird!"
„Wach oder nicht, das bleibt sich gleich. Er darf den morgenden Tag nicht sehen. Ist er noch wach, so bekommt er durch das Fenster eine Kugel. Schläft er schon, so steigen wir ein. Jetzt aber wollen wir gehen. Es gefällt mir hier nicht."
Perillo bezahlte das Eis, welches er genossen hatte, und dann entfernten sich die beiden Menschen, welche so leichten Herzens bereit waren, ein Menschenleben zu zerstören, um die Entdeckung eines frühern Verbrechens zu verhüten.
Die Straßen und öffentlichen Lokale waren heute länger belebt als sonst. Der Bewohner von Buenos Ayres ist häuslich gewöhnt und legt sich gewöhnlich zeitig schlafen; heut aber hatte es elf Uhr geschlagen, als der letzte der Gäste das Café de Paris verließ. Der deutsche Lohnkellner erhielt sein Tagessalär und konnte gehen. Draußen vor der Thür blieb er stehen. Es gab noch Passanten in den Straßen. Wenige Laternen brannten, denn im Kalender stand Vollmond. Es war anfangs Dezember, ein schöner, lauer Frühlingsabend. Der Kellner hatte noch nicht Lust, schlafen zu gehen. Ihm lag das neue Engagement im Sinne, und die Freude, einen deutschen Herrn gefunden zu haben, ließ keine Müdigkeit in ihm aufkommen. Er beschloß, noch einen Spaziergang zu unternehmen, und lenkte seine Schritte ganz unwillkürlich in diejenige Richtung, von welcher er wußte, daß Dr. Morgenstern in derselben wohne. Er kannte die Quinta, ohne sich aber vorzunehmen, sie jetzt aufzusuchen. Jedoch das Handeln des Menschen wird oft durch innere Vorgänge bestimmt, über welche er sich nicht selbst klar wird, und so kam es, daß der Deutsche plötzlich vor der Quinta stand und selbst ganz überrascht darüber war.
Hier, fern vom Mittelpunkte des Verkehres, brannten keine Laternen mehr. Es war dunkel; nur die Sterne verbreiteten einen ungewissen Schimmer, bei welchem man einige Schritte weit zu sehen vermochte. Schon wollte er umkehren, als es ihm war, als ob er das Geräusch leise schleichender Schritte vernehme. Das kam ihm verdächtig vor. Warum so leise? Wer ein gutes Gewissen hat, kann fest auftreten. Er drückte sich eng an den Zaun und wartete.
Ein Mensch kam drüben mitten auf der Straße, ging vorüber und blieb dann stehen; ein zweiter folgte und hielt bei dem ersten an. Sie sprachen leise miteinander, näherten sich dann dem Zaune und stiegen mit großer Gewandtheit über denselben in den Garten.
„Also Diebe!" dachte der Deutsche. Aber was wollten sie stehlen? Nur Gartenfrüchte? Oder galt es gar vielleicht einen Einbruch bei dem reichen Bankier? Von Früchten konnte jetzt, im Frühjahre, keine Rede sein, das sagte er sich doch; also galt es einem

wertvolleren Gegenstande. Er mußte folgen und schwang sich also auch so leise wie möglich über den Zaun. Jenseits desselben gab es Rasen, welcher die Schritte unhörbar machte. Er schlich zu der Villa hin und an der schmalen Seite derselben vorüber. Da sah er an der Ecke einen der Männer stehen und blieb halten, um ihn zu beobachten. Er sah, daß der Mensch nach einiger Zeit um die Ecke auf die hintere Seite des Hauses verschwand. Er bückte sich nieder und kroch auf den Händen und Füßen zu der Ecke hin. Da stand der Kerl und blickte nach zwei erleuchteten Fenstern des ersten Stockes empor. Und jetzt kam der zweite Gesell von der Seite herbeigeschlichen; er trug eine Leiter, welche so an die Mauer gelehnt wurde, daß ihr oberes Ende an den Stock des einen Fensters zu liegen kam.
Was beabsichtigten diese Menschen eigentlich? Man bricht doch nicht in eine erleuchtete Wohnung ein? Sollte vielleicht nur ein Scherz oder etwas Ähnliches beabsichtigt werden? Dann wäre es Thorheit gewesen, Lärm zu schlagen. Doch hielt der Deutsche die Augen scharf auf die beiden Männer gerichtet. Jetzt stieg der eine derselben empor, während der andre die Leiter hielt. Oben angekommen, sah er in das Zimmer, kam dann einige Sprossen herab und raunte dem Untenstehenden einige Worte zu. Es schien dem Kellner, als ob der Sprecher einen leise metallisch glänzenden Gegenstand in der Hand halte. Dann gab es ein zweimaliges Knacken, wie wenn die Hähne einer Doppelpistole aufgezogen werden. Nun wurde ihm himmelangst; er schlich schnell näher. Noch flüsterten die beiden miteinander. Sie konnten ihn nicht sehen, weil er sich tief an der Erde bewegte. Er hörte die Worte:
„Er sitzt und liest."
„In welcher Lage?"
„Die linke Seite dem Fenster zugekehrt."
„Ist sein Gesicht frei?"
„Ja. Er hat die andre Seite des Kopfes in die Hand gelegt."
„Dann schieße ihn in die Schläfe; das ist die sicherste Stelle."
Also um einen Mord handelte es sich! Der Kellner erschrak so, daß er sich für einige Augenblicke nicht zu bewegen vermochte. Und da stieg der Kerl wieder aufwärts und richtete den Lauf der Pistole, welche er in der Rechten hielt, in das Zimmer. Das gab dem Lauscher seine Beweglichkeit zurück. Er schrie laut auf, sprang zur Leiter, warf den Untenstehenden zur Seite und stieß sie um, so daß der Obenstehende, welcher soeben abdrückte, gerade beim Krachen des Schusses jäh zum Sturze kam. Der Kellner warf sich auf ihn, um ihn festzuhalten.
„Laß los, Hund, sonst erschieße ich dich!" knirschte der Mörder.
Der Schuß ging los, und der Deutsche fühlte einen stechenden Ruck im linken Arme. Er war getroffen worden und konnte den Menschen nicht mehr halten, welcher aufsprang und schnell in der Dunkelheit verschwand. Der andre war schon vorher davongerannt.

Die beiden Schüsse hatten die Bewohner des Hauses geweckt. Es begann in demselben lebendig zu werden. Zugleich wurde droben in dem erleuchteten Zimmer eines der Fenster geöffnet; der Doktor steckte den Kopf heraus und rief:
„Welcher Mordbube schießt denn da nach mir! Warum läßt man mich nicht ruhig lesen?“
Da erschrak der Kellner von neuem und antwortete:
„O jerum, jerum! Sind denn Sie's, Herr Doktor, welcher umgebracht hat werden sollen?“
„Wer ist denn da unten? Diese Stimme kommt mir bekannt vor.“
„Ick bin es, ick, Fritze Kiesewetter, Herr Doktor.“
„Fritze Kiesewetter? Mir ist ein Individuum dieses Namens noch nicht vorgekommen.“
„O doch! Heute, im Café de Paris haben Sie mir kennen jelernt. Sie wollten mir wegen die Sündflutsknochen engagieren.“
„Ah, der Kellner! Aber, Mensch, wie kommen Sie denn auf die Idee, nach mir zu schießen?“
„Als wie ick? Dat ist stark! Da hört nun oft und manchmal allens auf! Ick soll es jewesen sind, der jeschossen hat?“
„Wer denn? Oder sind Sie nicht allein?“
„Ick bin janz allein, nach Schiller die einzige fühlende Larve hier in dem Jarden.“
„Wohnen Sie denn hier im Hause?“
„Auch nicht.“
„Aber was wollen Sie da denn hier?“
„Ihnen retten. Und nun, da Sie mich dat Leben zu verdanken haben, halten Sie mir für den reinen Meuchelmord. Dat kränkt mir in die Seele!“
Er sollte nicht von dem Doktor allein, sondern auch von noch andern verkannt werden. Die Hausbewohner kamen mit Lichtern und Laternen, mit allen möglichen Waffen in den Händen heraus, um den Missethäter zu ergreifen. Da half kein Bitten und Reden; Fritze Kiesewetter wurde festgenommen und hineingeschafft, wobei es nicht ohne einige kräftige Stöße abging, deren Spuren er noch später fühlte. Man wollte nach Polizei senden, um ihn abholen zu lassen, doch bat er, ihn doch erst ruhig anzuhören. Der Doktor unterstützte diese Bitte durch die Erklärung:
„Der Mensch ist ein vorzugsweise denkendes Geschöpf; lassen Sie uns also denken, da wir Menschen sind. Ich habe diesem jungen Manne kein Leid gethan, ihn vielmehr in meinen Dienst nehmen wollen. Ist das ein Grund, mich zu erschießen? Nein. Auch hat er kein Mörder-, sondern ein ehrliches Gesicht. Und selbst wenn er ein Meuchler wäre, so ist das noch kein Grund, ihm das Sprechen zu verbieten. Ich beantrage also, ihm die Erlaubnis zu erteilen, seine Verteidigung, lateinisch *Defensio*, vorzubringen.“
Der erzürnte Bankier war eigentlich dagegen, mußte aber seinem Gaste schon aus Höflichkeit zu Willen sein. Fritze erzählte den Hergang der Sache, konnte aber damit seine Unschuld nicht beweisen, denn es sprach ebensoviel für wie gegen ihn. Da verlangte er, daß man die Spuren untersuche. Man willfahrte ihm und kam da allerdings

zu der Überzeugung, daß er nicht gelogen hatte. Man sah die Fußeindrücke nicht nur an der Stelle, wo die Mörder über den Zaun hereingestiegen waren, sondern es wurden auch die Stellen entdeckt, wo sie wieder hinausgesprungen waren. Schließlich fand man hinter dem Hause den Hut des einen, den er während des Sturzes oder beim Ringen mit Fritze verloren hatte. Dieser letztere blutete. Seine Wunde wurde untersucht; sie war nicht gefährlich; die Kugel hatte den Arm nur gestreift.

Man wußte jetzt, daß zwei Menschen eingestiegen waren, um den deutschen Doktor zu erschießen; nur durch das Eingreifen Fritzens hatte die Kugel eine andre Richtung erhalten. Wer aber waren die Mörder, und welchen Grund konnten sie haben, einen Menschen zu töten, der sich erst eine Woche lang im Lande befand und ganz gewiß niemand beleidigt hatte?

„Konnten Sie denn nicht wenigstens eins der Gesichter erkennen?“ fragte der Bankier.

„Nicht vollständig,“ antwortete Fritze; „aber als der eine auf der Leiter stand und die Pistole nach dem Zimmer richtete, befand sich sein Kopf im Lichte der Lampe; ich konnte sein Gesicht halb von der Seite sehen, und da kam es mir vor, als ob es Ähnlichkeit mit demjenigen des Espada Antonio Perillo habe.“

Das machte die Angelegenheit nur noch verwickelter.' Perillo war zwar ein Mann ziemlich zweideutigen Rufes, doch eines Mordes, selbst auch nur von der Fama, noch nicht geziehen worden. Und wollte man ihm ein solches Verbrechen zutrauen, was hätte er für einen Grund haben können, den Doktor mittels einer Kugel zu beseitigen? Er hatte im Café sogar freundlich mit ihm gesprochen. Allerdings gab der Umstand zu bedenken, daß er ihn offenbar für einen andern gehalten und von einer Maske gesprochen hatte, welche noch fallen werde. Aus diesem letzteren Grunde ließ der Bankier die Polizei doch benachrichtigen. Sie stellte sich in Gestalt zweier Oberbeamten der blau gekleideten Vigilantes ein, von denen Buenos Ayres gerade tausend besitzt. Sie betrachteten die Spuren, erwogen alle Thatsachen und meinten schließlich, daß man zunächst heimlich erfahren müsse, wo Perillo sich zur Zeit der That befunden habe. Keinesfalls aber könne vor dem Stiergefecht gegen ihn eingeschritten werden, da er als Espada unentbehrlich sei und seine Arretur auf das Publikum einen unerwünschten Eindruck machen könne.

Was Fritze Kiesewetter betrifft, so war es ganz unzweifelhaft, daß er dem Doktor das Leben gerettet hatte. Dieser nahm ihn sofort in Dienst, und zwar unter Bedingungen, welche vorteilhafter gar nicht hätten sein können. Er durfte gleich in der Quinta bleiben.

Am andern Morgen war jedermann bestrebt, Billette zu guten Plätzen für die Vorstellung zu erhalten. Die Kasse wurde förmlich belagert. Der Bankier hatte für vier Plätze zu sorgen, drei für sich, seine Gattin und seinen Gast, den Doktor, und den vierten für einen jungen Neffen, welcher während der Herbst- und Wintermonate bei ihm zu Besuch war. Die Frau des Bankiers war nämlich eine Deutsche, deren Bruder in Lima, der Hauptstadt von Peru, wohnte. Er hieß Engelhardt und hatte zwei Söhne, denen voraussichtlich später einmal das Erbe des kinderlosen Bankiers zufallen mußte. Aus diesem Grunde hatte der letztere gewünscht, einmal einen der Brüder auf längere Zeit bei sich zu haben, und so war ihm der jüngere derselben, Namens Anton, zugeschickt worden. Der sechzehnjährige Knabe hatte die Reise zur See um Kap Horn gemacht und eine sehr unglückliche Überfahrt gehabt. Darum sollte eine zweite Seereise vermieden und die Heimkehr zu Lande über die Anden vorgenommen werden. Nun galt es, eine passende Gelegenheit dazu zu finden. Eine Reise quer durch Südamerika ist mit ungewöhnlichen Gefahren und Entbehrungen verknüpft, und nicht jeder Maultiertreiber ist der Mann, dem man für eine solche Tour einen hoffnungsvollen Knaben anvertraut.

Das Stiergefecht sollte Punkt ein Uhr beginnen; die Plaza de Toros, wie der Cirkus genannt wird, hatte sich aber schon zwei Stunden vorher so gefüllt, daß es für keinen Zuschauer Raum mehr gab. Nur die Logen des Präsidenten und der oberen Behörden waren noch leer.

Auf riesigen Plakaten war in fußlangen Buchstaben das Programm zu lesen. Mehrere Musikkapellen konzertierten, indem sie einander ablösten. Das Publikum suchte sich durch Plaudern die Zeit bis zum Beginn der Vorstellung zu vertreiben. Die Matadores glätteten mit Rechen und Besen den Sand der Arena, und zuweilen erschien aus irgend einer Thür ein bunt gekleideter Kämpfer, welcher langsam und gravitätisch über die Bühne schritt, um sich bewundern zu lassen.

Die Arena war von dem Zuschauerraume durch eine Bretterwand getrennt, welche stark genug war, den Stößen eines Stieres zu widerstehen, doch nicht zu hoch, damit es den Toreadores, welche in Gefahr kamen, möglich war, sich dadurch zu retten, daß sie sich über diese Wand wegschwangen. Vorn war die Thür, aus welcher man die Stiere, hinten diejenige, aus welcher man den Jaguar zu erwarten hatte. Es wurde erzählt, daß man betreffs des nordamerikanischen Bisons zu ganz ungewöhnlichen Vorsichtsmaßregeln gezwungen gewesen sei. Jetzt konnte man das Tier zwar noch nicht sehen, aber man hörte es brüllen, und diese Stimme ließ gar wohl ahnen, daß es sich nicht ohne Widerstand abschlachten lassen werde.

Diejenigen Plätze, welche hinter der erwähnten Bretterwand begannen, waren die billigen. Da saß Fritze Kiesewetter, welcher von seinem neuen Herrn ein Billet geschenkt bekommen hatte. Die höher liegenden Plätze waren bedeutend teurer. Da saßen die reichen Leute, unter ihnen der Bankier mit seinen drei Begleitern. Der Zufall hatte es gefügt, daß der weißbärtige Herr, welcher sich gestern im Café de Paris Hammer genannt hatte, nebst seinem gestrigen Kameraden die nebenanliegenden Sitze erhalten hatte. Er saß neben *Dr.* Morgenstern, welcher sich Mühe gab, seinem Nachbar, dem jungen Peruaner, das Ungebührliche und Verwerfliche solcher Tierkämpfe zu demonstrieren.

„Haben Sie schon einmal einen solchen Kampf mit angesehen, mein lieber, kleiner Señor?“ fragte er.

„Nein,“ antwortete Anton Engelhardt, welcher trotz seiner sechzehn Jahre und trotzdem er von dem Doktor „klein“ genannt wurde, schon ebenso lang wie dieser war.

„Dann muß ich Ihnen sagen, daß diese Tierquälereien nichts Neues sind. Sie fanden schon bei den alten Griechen, namentlich in Thessalien, und bei den Römern unter den

Kaisein statt. Das waren Heiden, die man entschuldigen kann. Wir aber sind Christen und sollten solche Abscheulichkeiten unterlassen."
„Aber, Señor, Sie sind ja selbst auch mitgekommen, um sie sich mit anzusehen!"
Diese Bemerkung des Knaben brachte den Gelehrten sichtlich in Verlegenheit; er rettete sich aber durch die Antwort:
„Würde das Gefecht unterbleiben, wenn ich nicht mit hier säße?"
„Nein."
„So ist mir also kein Vorwurf zu machen. Außerdem bin ich gekommen, um Studien zu machen; ich habe also eine doppelte Entschuldigung, *Excusatio*, wie der Lateiner sagt. Ich bin Zoolog, und es ist ein zoologisches Schauspiel, welches uns erwartet. Ein reichlicher Fund im Diluvium würde mir aber doch weit lieber sein."
„Hat es vor der Diluvialzeit auch schon solche Tiergefechte gegeben?" fragte Anton, indem er ein schelmisches Lächeln kaum zu unterdrücken vermochte.
Der Doktor warf ihm einen forschenden Seitenblick zu und antwortete:
„Diese Frage läßt sich nicht so ohne weiteres mit einem kurzen ja oder Nein abthun. Man spricht von einem antediluvianischen, ja von einem sogar noch älteren Menschen. Hat es diesen wirklich gegeben, so ist bei der damaligen niedrigen sittlichen Bildungsstufe anzunehmen, daß dieser Mensch allerdings die Saurier gegeneinander und das Mastodon auf das Megatherium gehetzt haben kann. Es ist das sehr beklagenswert, aber wir leben in einer zu späten Zeit, um es ändern zu können. Wir haben uns – – –"
Er wurde unterbrochen, denn die Musik blies einen schmetternden Tusch; der Präsident hatte seine Loge betreten und mit der Hand das Zeichen gegeben, daß das Kampfspiel beginnen möge. Waren vorher die Stimmen der miteinander sprechenden Zuschauer wie ein dumpfes Brausen erklungen, so trat jetzt mit einemmal eine Stille ein, daß man den Nachbar Atem holen hörte. Ein abermaliger Wink des allgebietenden Herrn, die Musik begann einen Marsch zu blasen, und es öffnete sich ein Thor, um zunächst die Picadores einzulassen. Sie ritten schlechte Pferde, da man wertvollere Tiere den Hörnern der Stiere nicht aussetzen mag. Ihnen folgten zu Fuße die Banderilleros und Espadas, um einmal rund um die Arena zu ziehen. Dann nahmen die Picadores in der Mitte des Platzes dem Thore, aus welchem die Stiere erwartet wurden, gegenüber Aufstellung, da sie den ersten Angriff an- oder vorzunehmen hatten. Die Banderilleros und Espadas zogen sich hinter Pfeilern und in die Nischen zurück, welche zu diesem Zwecke angebracht waren. Nun gab der Präsident einen dritten Wink, als Zeichen, daß der erste Stier eingelassen werden solle. Die Barriere wurde geöffnet, und er kam.
Es war ein Rappstier mit spitzen und nach vorn gebogenen Hörnern. Plötzlich aus dem engen Pferch befreit, wollte er die Freiheit genießen und kam in weiten Sätzen angejagt. Da erblickte er die Picadores, stutzte einen Augenblick und rannte dann gerade auf sie zu. Sie stoben auseinander, aber er nahm doch das Pferd des einen von der Seite und schlitzte ihm den Leib auf. Der Reiter wollte abspringen, blieb aber mit dem Fuße im Bügel hängen und wurde von seinem Pferde mit niedergerissen. Er schien verloren zu

sein, denn schon senkte der Stier den Kopf zum zweiten Stoße, da waren aber auch schon die Banderilleros da, ihn zu retten. Sie warfen dem Stier mit blitzartiger Geschwindigkeit drei, vier buntseidene Schärpen über den Kopf und die Augen. Er stutzte, und das gab dem Picador Zeit, sich zu retten, während sein Pferd mit heraustretenden Eingeweiden sich schnaubend am Boden hinschob und dann stöhnend liegen blieb.

Dies war so schnell geschehen, daß man die einzelnen Bewegungen kaum voneinander zu unterscheiden vermochte. Die Picadores waren in altspanische Rittertracht gekleidet, während die Banderilleros modern spanische, mit vielen Tressen und Bändern geschmückte Anzüge trugen. Sie waren nur mit den Schärpen und den schon erwähnten Stäben mit Widerhaken, welche Banderillas genannt werden, versehen.

Der schwarze Stier schüttelte den Kopf, um die Schärpen loszuwerden, und als ihm dies nicht sofort gelang, brüllte er vor Wut. Es war vorauszusehen, daß sein nächster Angriff ein sehr gefährlicher sein werde. Darum hielten sich die Banderilleros zur Hilfe bereit. Da ertönte hinter ihnen einen helle Stimme:

„Weg mit euch! Laßt mich heran!"

Es war Crusada, der Espada aus Madrid. Sie zögerten, ihm zu gehorchen, denn das Wagnis, welches er unternahm, war ein großes; aber auf ein zweites gebieterisches Wort von ihm wichen sie zurück. Er war, um den Stier zu reizen, ganz in roten Sammet gekleidet, natürlich nach spanischem Schnitte. In der linken Hand hielt er die Muleta, ein Stück glänzendes Seidenzeug, welches an einem Stabe hing, und in der rechten den blanken, blitzenden Degen. So stand er auf zehn Schritt Entfernung dem Stier gegenüber, eine große Kühnheit, da das Tier noch nicht ermattet war. Er schien gleich am Anfange seine hiesigen Kollegen durch diesen Bravourstreich schlagen zu wollen. Jetzt bekam der Ochse das Gesicht frei und sein erster Blick fiel auf den Feind, welcher herausfordernd die Muleta schwang. Er senkte den Kopf und stürmte auf ihn zu, um ihn aufzuspießen. Der Espada blieb stehen, bis die Hörnerspitzen ihm bis auf zwei Zoll nahe waren; dann schwang er sich leicht zur Seite und stieß dem vorüberschießenden Stier mit erstaunenswerter Sicherheit und Eleganz den Degen in die Brust. Das Tier lief nur eine kurze Strecke weit und brach dann tot zusammen. Der Espada zog ihm den Degen aus der Brust und schwang ihn unter den brausenden Beifallsrufen der entzückten Menge über seinem Haupte. Er hatte ein Meisterstück gezeigt.

Nun kamen die Matadores, um die Tierleiche und das noch immer stöhnende Pferd hinauszuschleifen. Dann gab der Präsident das Zeichen, den zweiten Stier einzulassen. Es sei nur gesagt, daß er einen Banderillero und einen Espada verwundete und dann von dem Spanier erlegt wurde. Der nächste Stier riß zwei Pferde über den Haufen und verwundete Antonio Perillo leicht. Der bisherige Sieger tötete auch ihn. Er hatte seine hiesigen Konkurrenten geschlagen und wurde mit Jubel, von den Damen aber mit Blumen und Taschentüchern überschüttet. Perillo war am Beine verwundet und mußte sich zurückziehen. Sein Ärger schien ungeheuer zu sein.

Jetzt folgte die Hauptnummer des zwar kurzen aber sehr interessanten Programmes, nämlich der Kampf des Jaguars mit dem Büffel. Der Sieger sollte es dann zum Schlusse mit den Toreadores aufzunehmen haben.
Zunächst wurde die hintere Thüre geöffnet, aus welcher der Jaguar hervorschoß. Er kam nicht weit, da er an ein langes Lasso gefesselt war, dessen anderes Ende an einem eisernen Haken hing. Er bemühte sich vergeblich, loszukommen, und legte sich dann unzufrieden nieder. So lag er, scheinbar unbekümmert um das große Publikum. Die weit geöffneten Nüstern zitterten. Er hatte einige Tage gehungert und roch das Blut, welches hier geflossen war. Er war ein ungewöhnlich starkes, doch nicht zu altes Tier.
Nun wurde auch vom geöffnet. Man erwartete, daß der Büffel hereinstürmen werde; aber das that er nicht, sondern er kam langsam hergeschritten, als ob er sich bewußt sei, daß man ihn anstaunen werde. Er war ein wirklicher Riese seiner Gattung, fast drei Meter lang und sehr gut genährt, so daß er leicht gegen dreißig Zentner wiegen konnte. Nach einigen Schritten stehen bleibend, schüttelte er sich das lange Stirnhaar aus den Augen und sah den Jaguar. Man war aufs äußerste gespannt, was nun geschehen werde. Der Jaguar war aufgesprungen und begann zu heulen. Hätte er auch angreifen wollen, der Lasso hielt ihn fest. Der Büffel neigte den Kopf zur Seite und musterte ihn mit dem einen Auge. Er schien zu überlegen, ob es sich der Mühe lohne, mit diesem Gegner anzubinden. Sein Entschluß war gefaßt; er wendete sich ab und trollte von dannen, einen Rundgang um den Cirkus unternehmend. Natürlich mußte er auf der andern Seite dem Jaguar nahekommen. Dieser ließ ihn weit genug heran und duckte sich zum Sprunge nieder. Da senkte der Büffel den Kopf, zeigte die Hörner und den mächtigen Nacken und ließ ein warnendes Brummen hören. Das war genug gesagt; der Jaguar zog sich zurück und der Bison trottete an ihm vorüber, doch vorsichtigerweise so, daß er ihm im Vorbeigehen die Vorderseite zukehrte. Der Jaguar blieb wider alles Erwarten eingeschüchtert liegen; ohne Zweifel fürchtete er sich.
Während dieser Art von Waffenstillstand zwischen den beiden Tieren erklärte der Privatgelehrte seinem jungen Nachbar:
„Der nordamerikanische Bison bildet im Vereine mit dem europäischen Auerochsen, auch Wisent genannt, eine Unterabteilung des Geschlechtes der Ochsen, lateinisch Bos geheißen. Diese Untergattung zeichnet sich aus durch einen sehr gewölbten Schädel, breite Stirn, kurze, runde, aufwärts gekrümmte und vorn auf die Stirn gestellte Hörner, zottige Mähne um Hals und Brust, einen Höcker und den verhältnismäßig sehr stark entwickelten Vorderkörper. Der Bison hat einen dickeren Kopf, eine stärkere Mähne und kürzere Beine als der Auerochs. Er ist eigentlich ein geselliges Tier, was der Lateiner mit dem Worte *congregabilis* bezeichnet und – – –“
Seine weiteren Worte blieben unhörbar; sie wurden durch das Geschrei und die stürmischen Rufe des Publikums verschlungen, welches sich bei dem friedlichen Verhalten der beiden Kampftiere zu langweilen begann und nun verlangte, daß der Jaguar gegen den Büffel aufgereizt werde.

„*Tirad los buscapies, tirad los buscapies* – werft die Schwärmer, werft die Schwärmer!“ brüllte einer der Zuschauer, und die andern riefen es ihm nach.

Der Präsident gab mit der Hand das Zeichen, daß man diesem Wunsche willfahren möge. Da wendete sich derjenige Kamerad des Weißbärtigen, welcher ihm zur Rechten saß, mit der Frage an ihn:

„Meinst du, daß er sich reizen lassen wird, Carlos? Ich glaube, daß er den Büffel mehr fürchtet, als das Feuerwerk.“

„Und ich glaube, daß es leicht ein Unglück geben kann,“ antwortete der Gefragte. „Siehst du nicht, daß er den Lasso, an welchem er hängt, im Rachen hat? Wenn er ihn zerkaut, so kommt er los und wird nicht den Bison, sondern Menschen anfallen.“

Das im Sande hingestreckte Tier kaute allerdings an dem Lasso, was aber von den Cirkusbediensteten gar nicht beachtet wurde. Sie brannten, im sichern Hinterhalte sich befindend, Schwärmer an und warfen dieselben nach dem Jaguar.

Dieser wurde getroffen, sprang auf und ließ den Lasso aus dem Maule fallen; der Riemen war fast ganz zerbissen. Da erreichten die Zündfunken den Pulversatz, und das Feuer begann zu sprühen. Der Jaguar brüllte vor Schreck und that einen weiten Sprung; der Lasso wurde angespannt und zerriß an der zerbissenen Stelle; das Raubtier war frei.

Das Publikum begrüßte dieses unerwartete Ereignis mit jauchzendem Beifalle, denn man war überzeugt, daß der Jaguar seine Freiheit nun sofort zu einem Angriffe auf den Bison benutzen werde. Er rannte allerdings auf diesen zu, wendete sich aber, als der Büffel ihm die Hörner zeigte und sich gar anschickte, auf ihn loszugehen, zur Seite, jagte in wenigen Sätzen in der Arena hin und her und duckte sich dann nieder, die rollenden Augen empor nach den ihm gegenüberliegenden Sitzplätzen richtend.

„*Estad atento* – aufgepaßt!“ rief der Weißbärtige. „Jetzt kommt es so, wie ich vermutet habe. Das Tier wird über die Schutzwand gehen.“

„*Por amor de Dios* – um Gottes willen, das wird er doch nicht!“ schrie der Privatgelehrte, als er diese Worte hörte. „Die Bestie schaut gerade direkt zu mir herauf, als ob sie mich verschlingen wolle.“

Er fuhr von seinem Sitze empor und machte eine Bewegung, als ob er fliehen wolle, was aber bei der Enge der Plätze ganz unmöglich war. Diese hastige Bewegung des kleinen, noch dazu rot gekleideten Männchens zog die Aufmerksamkeit des Jaguars erst recht auf sich. Das Tier hob den Hinterkörper halb empor, stieß ein kurzes, heiseres Brüllen aus und flog dann in einem weiten Satze gegen die hölzerne Scheidewand. Es gelang ihm, den obern Rand derselben mit den Vordertatzen zu erreichen und den Körper nachzuziehen.

In diesem Augenblicke verstummte alles Geschrei; es trat eine so tiefe Stille ein, daß man das Kratzen der Klauen des Raubtieres an den Balken deutlich hörte. Jedermann sah, daß der Jaguar es auf das rote Männchen abgesehen habe. Alle, die in der Nähe desselben saßen, waren hoch gefährdet. Welche Verwüstung mußten die Pranken und Zähne des wilden, vor Hunger knirschenden Tieres unter diesen so dicht sitzenden Personen anrichten! Man war überzeugt, daß der Jaguar sofort den zweiten Sprung thun werde; er that ihn nicht; er blieb noch auf der Scheidewand hängen, denn sein Auge wurde durch einen andern Gegenstand angezogen, und dieser Gegenstand war der graubärtige Señor, welcher sich gestern Hammer genannt hatte.

Dieser war nämlich, als das Tier zum Sprunge angesetzt hatte, von seinem Sitze aufgefahren und hatte dem Gelehrten den Poncho von den Schultern und das Messer aus dem Gürtel gerissen. Das letztere in der rechten Hand haltend, wickelte er sich den ersteren um den linken Arm und sprang auf die Vorderlehne seines Sitzes. Das war so blitzschnell geschehen, daß er diesen Fußhalt in demselben Augenblick erreichte, in welchem der Jaguar auf die Bretterwand gelangte.

„*Punto en boca*,“ gebot er mit seiner kräftigen, weithin schallenden Stimme; „*ninguno menease* – still, niemand bewege sich!“

Dann sprang er auf die Scheidewand des nächsten und zweitnächsten Vordersitzes, welche leer zu sein schienen, aber es nicht waren; die Inhaber derselben waren vor Entsetzen unter dieselben gekrochen. Noch ein Schritt, und Hammer stand auf dem vordersten Sitze, dem Jaguar so nahe gegenüber, daß er ihn mit der Hand erlangen konnte. Das Tier hatte die Bewegungen des riesenhaften Deutschen mit glühenden Augen verfolgt, ohne dieselben durch den erwarteten zweiten Sprung zu verhindern; es sah sich angegriffen, ohne aber den Gegenangriff zu wagen; es hielt sich mit drei Tatzen fest, riß den Rachen auf und hob die eine Vorderpranke zum abwehrenden Schlage empor. So hielten Mensch und Tier, die Augen ineinander gebohrt, einige Sekunden einander gegenüber. Da nahm Hammer, um die rechte Hand frei zu bekommen, das Messer zwischen die Zähne und stieß dem Jaguar die Faust mit solcher Kraft gegen den Hinterkörper, daß dieser den Halt verlor; seine hinteren Pranken glitten von der Bretterwand; er suchte sich mit den vordern festzuhalten und fauchte den Feind wütend an, erhielt aber von diesem einen solchen Hieb auf die Nase, daß er auch vorn abglitt und in die Arena zurückstürzte. Diejenigen, welche sich in Gefahr befunden hatten, waren gerettet.

Aber damit begnügte sich der Deutsche nicht. Er sprang auf die Wand und, zum Schreck aller Zuschauer, in die Arena hinab. Ein vielstimmiger Schrei erscholl rundum, denn der kühne Mann kam gerade vor den Jaguar zu stehen, welcher sich laut brüllend zum Sprunge niederduckte.

Nun geschah etwas, was niemand für möglich gehalten hätte. Hammer nahm das Messer aus dem Mund, setzte den linken Fuß vor und hielt dem Tiere den linken, durch den Poncho geschützten Arm entgegen. War es diese sichere Haltung, oder war es die Macht des weit geöffneten grauen Auges, dessen nicht zuckenden Blick der Jaguar auf sich gerichtet sah – – er unterließ nicht nur den Sprung, sondern setzte die Pranken langsam hinter sich, um sich in schleichender Haltung zurückzuziehen. So allmählich, wie er wich, folgte ihm der Deutsche Schritt um Schritt, ohne ihn auch nur für einen Moment aus dem Auge zu lassen. Das Raubtier nahm wie ein geprügelter Hund den Schwanz

zwischen die Beine und retirierte immer schneller, in die Flucht getrieben durch die Macht eines furchtlosen Menschenauges, welcher es nicht zu widerstehen vermochte. Da ertönte von einem der entferntesten Plätze herab der Ruf:
„*Que maravilla! Este caballero es el padre Jaguar* – welch ein Wunder! Dieser Herr ist der Vater Jaguar!“
„Ist das wahr?“ fragte eine andre laute Stimme.
„Es ist wahr. Ich kenne ihn sehr genau. Er ist es.“
Hatte man bis jetzt vor banger Erwartung kaum zu atmen gewagt, so fühlte man sich beim Klange dieses berühmten Namens von aller Sorge befreit. Man hatte ja so oft gehört, daß es nur des Auges dieses Mannes bedürfe, um einen Jaguar in die Flucht zu treiben. Es erhob sich ein Beifallssturm, wie er selbst hier wohl nur selten gehört worden war.
„*El padre Jaguar, el padre Jaguar*!“ so riefen alle Lippen.
Es war ein wahres Brausen von Stimmen in allen möglichen Tonlagen. Dieser unbeschreibliche Lärm schüchterte das Raubtier noch mehr ein. War es bisher nur rückwärts geschritten, so wendete es sich jetzt um und rannte davon, der Thür entgegen, aus welcher es vorhin gekommen war. Sie war verschlossen worden. Der Deutsche folgte mit schnellen Schritten und gebot mit selbst in diesem Lärm noch hörbarer Stimme:
„*Abrid la puerta, presto, presto* – öffnet die Thür, schnell, schnell!“
Der mit diesem Dienste betraute Peon zog von seinem sichern Standorte aus die Fallthür empor und ließ sie, als der Jaguar in den nun offenen Käfig sprang, wieder nieder. Das Raubtier war unschädlich gemacht.
jetzt brach ein Applaus los, welcher gar kein Ende nehmen wollte. Der Vater Jaguar schritt nach der Mitte der Arena, verbeugte sich rundum und ging dann nach der Schutzwand, von welcher er vorhin den Jaguar getrieben hatte, schwang sich hinauf und stieg dann von Lehne zu Lehne, bis er seinen Sitz erreichte. Dort gab er dem Privatgelehrten den Poncho und das Messer zurück und sagte:
„Dank, Señor! Und Verzeihung, daß ich nicht Zeit hatte, Sie erst um Erlaubnis zu bitten!“
„Hat nichts zu sagen, obgleich Sie mir mit dem Poncho auch den Hut und das Kopftuch herabgerissen haben,“ antwortete der Kleine. „Wozu Sie das Messer brauchten, kann ich begreifen; aber bitte, mir zu sagen, warum Sie die Decke mitnahmen?“
„Um meinen Arm, den ich als Schild benutzen wollte, vor den Zähnen und Krallen des Jaguars zu schützen.“
„Señor, Sie sind ein Held, lateinisch, doch in griechischer Abstammung, Heros genannt. Ihre Tapferkeit, die, ohne aus dem Griechischen zu stammen, lateinisch *Fortitudo, Virtus bellica* und auch *Strenuitas* heißt, bewundere ich aus vollem Herzen. Sie haben das Untier wie eine Hauskatze vor sich hergetrieben. Was wird aber nun mit dem Büffel, *Bison americanus*, werden?“
„Das können Sie sofort sehen, wenn Sie Ihre Aufmerksamkeit nach der Arena richten wollen.“

Der Bison hatte sich in den Sand gestreckt und war da auch vorhin ruhig liegen geblieben, als der Vater Jaguar den Kampfplatz betreten hatte. An einen Kampf zwischen ihm und dem „Tiger“, wie der Gaucho den Jaguar nennt, war nun nicht mehr zu denken. Darum verlangte das Publikum jetzt das abermalige Auftreten der Stierkämpfer, die sich mit dem Bison messen sollten. Diese Aufforderung geschah in so stürmischer Weise, daß man ihr nachkommen mußte. Die Toreadores kamen nach kurzer Zeit in der schon beschriebenen Weise herein, um den Kampf mit diesem letzten und gefährlichsten Gegner aufzunehmen. Dieses Mal war nur ein Espada vorhanden, nämlich Crusada aus Madrid, doch kam nach einigen Minuten Antonio Perillo nach. Er hinkte infolge seiner Verwundung, die allerdings nur eine leichte war, hielt es aber für ein Gebot der Ehre, trotz dieser Verletzung an dem Schauspiele mit teilzunehmen.

Der Bison wurde zunächst von den Picadores umringt. Er blieb liegen, als ob sie gar nicht vorhanden wären. Da schleuderte einer von ihnen seine Lanze nach ihm. Sie fuhr einige Zoll tief in den Höcker. Da er sich so gleichgültig gezeigt hatte, hielten die Picadores es nicht für nötig, sich nach diesem Lanzenwurfe schnell zurückzuziehen; sie hatten sich geirrt. Kaum fühlte er die Verwundung, so sprang er zu gleichen Beinen und viel schneller auf, als man es bei seinem schwerfälligen Körperbau hätte für möglich halten können, und schoß auf den Angreifer los. Ehe dieser Zeit fand, sein Pferd zu wenden, hatte dieses die Hörner des Bison schon in den Weichen und wurde aufgehoben und so zur Seite geworfen, daß es auf seinen Reiter zu liegen kam. Mit derselben Schnelligkeit machte der Büffel eine Seitenbewegung, um auf den nächsten Picador einzudringen. Dieser floh; aber es zeigte sich, daß sein Pferd nicht schneller als der Bison war. Dieser stürmte hinterdrein, ohne auf die andern Picadores und Banderilleros zu achten, welche ihn mit ihren Lanzen und Stäben stören wollten. Er erreichte das Pferd und stieß ihm das eine Horn in die Seite, so daß es zum Stürzen kam und den Reiter aus dem Sattel warf. Der Büffel hatte es mehr auf den Mann als auf das Pferd abgesehen; ehe sich derselbe aufraffen konnte, war er erreicht, schwebte auf den Hörnern des ergrimmten Tieres, wurde in die Luft geworfen, wieder aufgefangen, abermals emporgeschleudert und dann unter den Füßen zerstampft. Der Mann schrie nicht, sondern brüllte um Hilfe; man wollte sie ihm bringen, aber der Büffel achtete nicht auf die neuen Angreifer und auf die Lanzen, die ihm durch die dicke Haut drangen; er ließ nicht vom dem Picador ab, bis dieser eine formlose Leiche war. Dann trat er um einige Schritte zurück und stieß ein Gebrüll aus, gegen welches dasjenige des Jaguars ein Kindergeschrei zu nennen war. Von allen Seiten wurde ihm Beifall zugerufen. Wer noch eine Blume hatte, warf sie ihm zu, und das Klatschen so vieler Hände machte einen beinahe betäubenden Eindruck auf die wenigen Personen, welche sich durch eine so wilde und blutige Scene abgestoßen fühlten.

Der Bison schüttelte die Speere ab und sah sich nach einem neuen Opfer um. Er fand es nur zu bald und leicht. Der erste Picador war von einigen Banderilleros unter seinem Pferde hervorgezogen worden; er sollte fliehen, konnte es aber nicht, da er das Bein gebrochen hatte. Man mußte ihn, um ihn zu retten, forttragen. Drei Banderilleros hoben ihn auf, um sich schnell mit ihm zu entfernen; aber noch schneller war der Büffel hinter ihnen drein, und was nun folgte, geschah in noch viel kürzerer Zeit, als man zur Beschreibung desselben bedarf. Man sah den wütenden Stier mit Kopf und Nacken in die Gruppe fahren und dieselbe auseinander schleudern; dann folgten Hörnerstöße nach rechts und links, ein schrecklich zu vernehmendes Stampfen der Füße – einer der Banderilleros vermochte sich zu retten; zwei blieben liegen, und auch der Picador war tot. Ein junger, mutiger Banderillero riß einem Picador die Lanze aus der Hand und sprang von hinten auf den Büffel ein, um sie ihm in den Leib zu rennen. Das Tier aber hatte seine Absicht bemerkt, warf sich blitzschnell herum und senkte den Kopf zum Stoße. Die Lanze glitt an dem eisenfesten Hörnergrunde ab, und im nächsten Augenblicke wurde der tapfere Fechter in die Luft geschleudert, um dann unter die Hufe des Siegers zu kommen.

Dann rannte der Bison im Galopp, und nach neuen Opfern brüllend, in der Arena umher. Entsetzen packte die Toreadores. Sie flohen nach allen Seiten. Wer nicht durch das rasch geöffnete Thor entkommen konnte, schwang sich auf und über die Rettungswand. Die Toreadores warfen sich von ihren Pferden, die armen Tiere preisgebend, um nur sich in Sicherheit zu bringen. Einige Pferde entkamen durch das Thor; die übrigen wurden niedergerannt. Dazu das Beifallsgebrüll der hochbegeisterten Menge. So einen toro hatte man noch nicht gehabt, überhaupt noch nie gesehen. Daß seine Tapferkeit und ungeheure Stärke so viele Opfer gefordert hatten, wurde nicht beklagt, sondern bejubelt; man gab sich mit seinem bisherigen Erfolge keineswegs zufrieden, sondern die erregte Zuschauermenge schrie in einem fort:

„*Los espadas, los espadas; fuera, adelante los espadas* – die Espadas, die Espadas; heraus, vorwärts die Espadas!"

Es waren, wie erwähnt, nur zwei Espadas erschienen, Antonio Perillo und der berühmte Crusada aus Madrid; die andern waren vorher kampfunfähig gemacht worden. Crusada hatte sich durch die Thür geflüchtet, und Perillo war, durch seine Verwundung an schnellem Laufen verhindert, auf die Holzwand geklettert. Dort saß er jetzt und entgegnete, als man seinen Namen rief und dann auf seine Antwort wartete:

„*Este bufalo es un demonio; el diablo debe combatir contra. esta bestia, mas yo eso no* – dieser Büffel ist ein Dämon; der Teufel mag mit ihm kämpfen, aber ich nicht!"

Ein verächtliches Gelächter war sein Lohn; dann rief man nach Crusada, dieser war noch unverletzt und mußte sich sagen, daß sein Ruhm dahin sei, wenn er sich jetzt als ein Feigling zeige. Aber ganz allein konnte er sich unmöglich an den Büffel wagen; er mußte Helfer haben, welche die Aufgabe hatten, im Falle der Gefahr die Aufmerksamkeit des Tieres von ihm ab und auf sich zu lenken. Aber nur gegen das Versprechen einer hohen Belohnung ließen sich drei Banderilleros bereit finden, den schlimmen Gang mit ihm zu wagen.

Als die vier in die Arena traten, wurden sie mit beifälligen Bravorufen empfangen.

Der Bison hatte sich noch keineswegs beruhigt. Er ging von einer Tier- und Menschenleiche zur andern, um zu untersuchen, ob etwa noch Leben vorhanden sei, und warf dabei die Körper und Kadaver mit den Hörnern hin und her. Er blutete aus mehreren Wunden, welche jedoch nicht tief und gefährlich waren. Als er die neuen Angreifer sah, richtete er den zottigen Kopf gegen sie, stampfte den Boden mit den Füßen und ließ ein herausforderndes Brüllen hören.

„Was meinst du, Carlos, was geschehen wird?" wurde Vater Jaguar von seinem Nachbar gefragt.

„Wer von ihnen nicht flieht, ist verloren," lautete die Antwort. „Es ist Menschenmord, diese Leute auf den Bison zu hetzen."

„Meinst du, daß er unüberwindbar ist?"

„Nein; aber es gibt hier nur einen einzigen Menschen, der es wagen darf, mit ihm anzubinden."

„Wer ist dieser Mann? Meinst du dich selbst?"

„Vielleicht wirst du nachher sehen, wen ich meine. Jetzt sei aufmerksam, denn sie beginnen eben!"

Crusada näherte sich von der Seite her mit langsamen, fast zaghaften Schritten dem Büffel. Er hielt die Muleta, den Stab mit dem seidenen Tuche, in der linken, und den blanken Degen in der rechten Hand. Sein kräftiger und schöner Körperbau, welcher durch die reich geschmückte Kleidung noch hervorgehoben wurde, ließ beinahe erwarten, daß er auch jetzt wie schon vorher Sieger bleiben werde. Während die drei Banderilleros sich auf der andern Seite herbeischlichen, hielt der Bison, ohne auf sie zu achten, den Blick nur auf Crusada gerichtet, in dem er seinen eigentlichen Feind erkannte.

Das Tier war nicht nur stark und mutig, sondern auch schlau. Es schien die Absicht seines Gegners zu ahnen und bewegte sich nicht von der Stelle. Es stand, ohne den Kopf zu senken, da und erwartete den Angriff. Crusada war bis auf nur fünf Schritte herangekommen und fühlte sich, da ihm dies gelungen war, des leichten Sieges gewiß. Er sah die breite Brust des Stieres nahe vor sich, ein Ziel, welches nun gar nicht zu verfehlen war. Er schwang also die bunte Muleta, um das Auge des Büffels von sich ab und auf diese zu lenken und sprang auf das Tier ein; es war ein Sprung ins Verderben, in den Tod. Der Stier achtete der Muleta nicht, sondern nur des Mannes. Als der gezückte Degen ihm in die Brust fahren sollte, senkte er den Kopf und fing den Stoß zwischen den Hörnern auf; eine kurze, kaum bemerkbare Bewegung seines Kopfes, und das eine Horn saß dem Espada tief im Leibe; Crusada wurde empor und nach hinten geschleudert. Die drei Banderilleros wollten aus dieser Richtung auf den Bison eindringen; dieser aber machte Kehrt, um Crusada von neuem zu packen, erblickte sie und senkte die Hörner; da rannten sie laut schreiend davon; der Bison aber nahm Crusada nochmals auf die Hörner und schleuderte ihn in die Höhe, um ihn dann unter die Füße zu treten.

„*Vaya, quita, soga! Que cobardia, que bajeza, que infamia* – pfui, pfui, pfui, welche Feigheit, welche Niederträchtigkeit, welche Ehrlosigkeit!" rief man von allen Seiten den Banderilleros zu, da sie den Espada so schmachvoll im Stiche ließen.
Das hatte die Wirkung, daß sie umkehrten und sich dem Büffel wieder näherten, ohne aber Crusada retten zu können, denn er war bereits tot. Aus diesem Grunde schenkte ihnen der Stier mehr Aufmerksamkeit als vorher; er machte Miene, zum Angriff überzugehen; da ergriffen sie zum zweitenmal die Flucht. Es war, als ob er genau wisse, auf welche Weise er ihr Entkommen verhindern könne, denn er rannte nach der Thür, wie um ihnen den Weg abzuschneiden. Sie konnten sich also nur auf die Bretterwand retten und eilten auf dieselbe zu; er sah das und hielt nun von seitwärts her dieselbe Richtung ein. Der erste von ihnen gelangte glücklich hinauf; der zweite auch; der dritte aber war nicht schnell genug; er that den Sprung und ergriff die obere Kante der Wand, doch ehe er den Leib emporzuziehen vermochte, war der Büffel hinter ihm und traf ihn mit dem einen Horn in den Schenkel. Glücklicherweise zog er das Horn zu einem neuen Stoße zurück; dadurch kam der Mann frei, und konnte sich, wenn auch blutend aber doch lebend, durch eine Anstrengung, zu welcher ihm die Todesangst doppelte Kräfte verlieh, vollends emporschwingen. Der zweite Stoß des Tieres traf die Wand so, daß das betreffende Brett zerbrach. Das Tier wußte, wo es die Feinde zu suchen hatte, und stieß von neuem gegen die Wand, glücklicherweise an einer Stelle, welche durch die dahinter befindliche Säule einen festern Halt besaß. Aber die Säule erzitterte unter den fortgesetzten, wuchtigen Stößen; die Wand krachte in allen Fugen; sie mußte, wenn der Büffel nicht abließ, zusammenbrechen, und dann waren alle, die hinter derselben saßen, seinen Hörnern preisgegeben.
Es war also kein Wunder, wenn auf dieser Seite des Cirkus eine Panik eintrat, welche schnell weiter um sich griff. Man schrie und zeterte. Jeder, der sich bedroht sah, wollte sich retten. Man sprang auf die Sitze und Scheidewände, um nach den hintern Plätzen zu flüchten, und doch waren alle Plätze besetzt. Einer sprang auf und über den andern; man stürzte heulend und fluchend übereinander weg. Welche Unglücksfälle, welche Verletzungen mußte das ergeben! Da übertönte eine laute Stimme das wüste Geschrei:
„*Quedad sentado* – bleibt sitzen, Señores! Es ist keine Gefahr vorhanden. Ich nehme den Büffel auf mich."
Der Vater Jaguar war es, der diese Worte rief. Er zog seinen Rock aus, um nicht von ihm gehindert zu werden, riß das Messer des Privatgelehrten abermals an sich und sprang gerade so, wie er es vorhin auf die Veranlassung des Jaguars gethan hatte, von Platz zu Platz auf die Scheidewand und von da in die Arena hinab.
Nicht auf seiner Seite, sondern auf der entgegengesetzten drohte die Gefahr. Darum rannte er über die Arena hinüber und stieß jenes Geschrei aus, welches die Indianer Nordamerikas bei ihren Jagd- und Kriegsangriffen hören lassen. Es ist das ein langgedehntes, in hohem Fisteltone gegebenes Hiiiiiih, bei welchem man die Finger

möglichst schnell vibrierend gegen die Lippen bewegt, wodurch ein durchdringendes Tremolo entsteht, welches durch Buchstaben nicht bezeichnet werden kann.
Der aus den nördlichen Prairien stammende Bison kannte diesen Jagdruf; er hatte ihn aus dem Munde jagender Indianer wohl oft gehört. Als er ihn jetzt vernahm, fuhr er rasch herum; er sah den Vaterjaguar und ließ von der Wand ab, um den neuen Gegner zu erwarten.
Aber Hammer zeigte keine Eile, das Tier anzugreifen; das Messer in der Rechten, blieb er mitten in der Arena stehen. Da, wo noch vor einigen Augenblicken das wildeste Durcheinander geherrscht hatte, trat jetzt tiefe Stille ein. Nur eins war zu hören: der Name „Vater Jaguar“ ging leise und erwartungsvoll von Mund zu Munde. Wollte dieser Mann sich wirklich nur mit dem Messer an das riesige Tier wagen? Riese gegen Riese! Aber was ist die Kraft selbst eines Athleten gegen die Stärke eines Bisons, zumal eines Bisons von dieser ausgewachsenen Größe! Es läßt sich denken, welch hohe Spannung sich jedes Zuschauers jetzt bemächtigte.
Der Büffel stierte den Vater Jaguar mit heimtückischem Blicke an; dieser wiederum hielt sein Auge ebenso scharf und offen und ohne Zucken auf ihn gerichtet wie vorhin auf den Jaguar. Das Tier begann sich in Bewegung zu setzen, langsam, Schritt um Schritt, als ob es wisse, daß es jetzt einen ganz andern, weit gefährlichern Feind vor sich habe. Hammer folgte dem gegebenen Beispiele und schritt auch vorwärts, ebenso langsam wie der Büffel. So näherten sie sich einander mehr und mehr, bis nur der Raum von wenigen Ellen sie noch trennte. Da war es mit der Zurückhaltung des Büffels zu Ende; er hob den Kopf, um ein zorniges Brüllen hören zu lassen, und senkte ihn dann tief zu Boden nieder, um zum Angriff überzugehen.
Alle Welt meinte, daß der Vater Jaguar zur Seite weichen werde; er that dies zum allgemeinen Entsetzen aber nicht, sondern blieb stehen, wo er stand. Jetzt war der Büffel da; seine Hörner mußten den Mann treffen, den eine plötzliche Angst bewegungslos gemacht zu haben schien. Der Vater Jaguar wurde in die Höhe geschleudert – ein einziger, aber vielstimmiger Schrei erscholl im Zuschauerraume. Aber was war denn das? Der Vater Jaguar war in aufrechter Haltung durch die Luft geflogen, kam hinter dem wütenden Bison auf die Füße und blieb da so ruhig stehen, als ob er seinen vorigen Platz gar nicht verlassen habe! Das Tier wendete sich und drang wieder auf ihn ein, warf ihn abermals in die Luft und hinter sich, drehte sich dann wieder um und schleuderte ihn in die Höhe, um ganz dasselbe Spiel immer wiederholen zu müssen.
Nun sah man allerdings, daß dieses fürchterlich gewagte Spiel vom Vater Jaguar beabsichtigt und mit ebenso großer Kühnheit wie Gewandtheit ausgeführt wurde. So oft der Stier die Hörner zum tödlichen Stoße hob, setzte ihm, allerdings keinen Augenblick zu früh oder zu spät, der verwegene Mann den rechten Fuß zwischen dieselben und ließ sich von ihm emporwerfen, um in einem weiten Sprunge hinter dem Tiere den Boden zu erreichen. Wäre vorher den Zuschauern erzählt worden, daß so etwas möglich sei, kein einziger hätte es geglaubt. Ihr Erstaunen war grenzenlos. Welche Kraft, Geschicklichkeit

und Eleganz lag in jeder Bewegung Hammers! Es ging auf Leben oder Tod, und dennoch sah man seine Lippen lächeln, und dennoch führte er jede seiner Bewegungen mit einer Leichtigkeit und Sicherheit, mit einer Ruhe aus, als ob es sich um eine harmlose Unterhaltung handle.

je ruhiger er blieb, desto unruhiger wurde der Stier. Daß er den Feind nicht zu beschädigen vermochte, sondern ihn immer und immer wieder unverletzt hinter sich stehend fand, brachte ihn in Wut. Er brüllte vor Grimm; seine Bewegungen und Wendungen wurden hastiger und unsicher; seine Augen unterliefen mit Blut, wodurch er am Sehen verhindert wurde. Schon kam es vor, daß er den Gegner nicht deutlich stehen sah und mit den Hörnern in die Luft stieß. Das hatte der Vater Jaguar abwarten wollen. Wieder war er emporgeworfen worden, und wieder kam er hinter dem Stiere zu stehen; da blieb er dieses Mal nicht halten, sondern sprang schnell seitwärts nach vorn. Der Büffel, eben im Begriff, sich umzudrehen, kehrte ihm dabei die Seite zu – ein kühner, federkräftiger Sprung, und Hammer saß ihm auf dem Rücken. Das Messer blitzte in seiner Hand; die Klinge desselben drang genau da ein, wo der letzte Hals- an den ersten Rückenwirbel stößt. Der Büffel blieb mehrere Sekunden, ja fast eine Minute, starr und völlig bewegungslos stehen; dann ging ein Zittern durch seine mächtigen Glieder, und er brach, ohne einen Laut hören zu lassen, da, wo er stand, leblos zusammen, wobei der Vater Jaguar von seinem Rücken glitt, um dann dem gestürzten Tiere das Messer aus dem Nacken zu ziehen.

Es war, als ob niemand glauben könne, daß dies keine Täuschung sei. Keine Lippe bewegte sich; aller Augen warteten, daß der Büffel aufspringen und den Angriff wieder beginnen werde. Dem Vater Jaguar war es sehr gleichgültig, ob man ihm applaudierte oder nicht. Er gab seinen drei Kameraden, welche neben ihm gesessen hatten, einen Wink, den sie verstanden. Sie kamen mit gewandten Sprüngen auf demselben Wege, den er selbst vorhin eingeschlagen hatte, zu ihm in die Arena herab und brachten ihm seinen Rock. Sie entwickelten dabei gerade wie er eine Elasticität der Gliedmaßen, welche man wohl eher bei einem Seiltänzer als bei so feingekleideten Señores gesucht hätte. Nachdem Hammer seinen Rock wieder angelegt hatte, verließ er mit ihnen die Arena durch die Thür, welche für das Publikum bestimmt war.

jetzt wagten sich mehrere Campeadores herein. Sie sahen den Büffel liegen und näherten sich ihm in sehr vorsichtiger Weise, um ihn zu untersuchen. Die Toreadores, welche sich auf und über die Rettungswand geflüchtet hatten, folgten diesem Beispiele. Noch regten sich die Zuschauer nicht, so sehr standen sie unter dem Einflusse staunender Überraschung, aber der Präsident fragte von seiner Loge herab:

„*Esta el bufalo muerto* – ist der Büffel tot?“

„*Si, Vuestra merced; esta muerto* – ja, Ew. Gnaden; er ist tot,“ wurde ihm geantwortet.

„*Esta en verdad muerto, todo muerto* – ist er wirklich tot, ganz tot?“ erkundigte er sich besorgt.

„*Completamente difunto, indudablemente finado* – vollständig tot, ohne allen Zweifel verendet. *Por medio de un golpe de cuchillo en la nuca* – infolge eines Messerstiches in das Genick.“
Diese Fragen und Antworten waren so laut gegeben worden, daß jeder sie verstehen konnte; sie brachen den Bann, in welchem das Publikum sich befunden hatte. Auf das bisherige Schweigen folgte ein Schreien, Klatschen und Stampfen, daß man hätte meinen mögen, der Cirkus breche zusammen.
„*Donde esta el padre Jaguar? Aca, venid aca, entre, el padre Jaguar* – wo ist der Vater Jaguar? Herbei, herein, der Vater Jaguar!“ so riefen hunderte, ja tausend Stimmen durcheinander.
Man wollte den Sieger sehen, ihm den verdienten Beifall zujubeln. Die Peons eilten fort, ihn zu suchen, kehrten aber mit dem Bescheide zurück, daß er nicht zu sehen sei, sich also schon entfernt habe. Es dauerte lange Zeit, ehe das Publikum sich beruhigte. Inzwischen kamen die Matadores, um die Menschen- und Pferdeleichen fortzuschaffen. Zuletzt sollte auch der Büffel hinausgeschleift werden; aber das gab man nicht zu. Man wollte ihn sehen, ihn genau betrachten, seine Größenverhältnisse ausmessen und die kleine, fast unsichtbare Wunde bewundern, durch welche das mächtige Tier gefällt worden war. Alles drängte nach der Arena, und die eigentlichen Cirkusbediensteten mußten sich die Hilfe der Toreadores erbitten, um nur einigermaßen Ordnung in den Wirrwarr zu bringen und schwere Unglücksfälle zu vermeiden.
Von keinem der Espadas wurde gesprochen, weder von Crusada aus Madrid, noch gar von Antonio Perillo. Der Vater Jaguar war der Held des Tages; sein Name lebte heute in aller Mund, und wo dann später, nachdem der Cirkus sich geleert hatte, zwei oder mehrere miteinander gingen oder beisammen saßen, war er der Gegenstand nicht nur ihres Gespräches, sondern auch ihrer Bewunderung.
Sonderbar, wie vollständig er verschwunden war! Niemand wußte zu sagen, wo er zu finden sei. Und doch war aus seiner Kleidung zu schließen, daß er nicht im Freien kampiere, sondern sich in der Stadt aufhalte. Er und seine Begleiter, die jedenfalls Kameraden von ihm waren, hatten Anzüge getragen, welche man ablegt, bevor man hinaus in die Pampas geht.
Es versteht sich ganz von selbst, daß man auch im Hause des Bankiers Salido von ihm sprach; hatte er doch die Glieder der Familie von dem Tode errettet oder wenigstens vor schweren und schlimmen Verwundungen bewahrt. Salido sandte einige Peons aus, um den Aufenthalt des berühmten Mannes zu erfahren; sie kehrten aber alle unverrichteter Sache zurück. Das war dem Bankier im höchsten Grade unangenehm.
„Ich muß ihm doch unbedingt meinen Dank abstatten,“ sagte er. „Am liebsten hätte ich es gleich, als er vom Jaguar zurückkehrte, gethan, aber es gab keine Zeit dazu.“
„Und ich habe eine noch viel größere Unterlassungssünde begangen,“ meinte *Dr.* Morgenstern. „Er hat sich bei mir für die Decke und das Messer bedankt, und ich habe ihm mit keinem Worte Dank, lateinisch *Gratia*, gesagt, obgleich ich es war, auf den

dieser blutdürstige Jaguar die Augen gerichtet hatte. Was mag er von mir denken! Fast jedes Tier besitzt die Tugend der Dankbarkeit, obgleich es einige Individuen und sogar Ordnungen gibt, welche, wie die Zoologie und speziell die Lehre von den Insekten, Mollusken, Würmern und Bacillen beweist, dieser schönen Eigenschaft wenigstens teilweise zu entbehren scheinen; ein Mensch aber, in Griechenland *Anthropos* und in Rom *Homo* geheißen und nach diesen beiden Worten in allen zivilisierten Ländern so genannt, sollte sich von den Tieren, die doch nach der Klassifikation der Lebewesen unter ihm stehen, nicht beschämen lassen. Ich danke dem Vater Jaguar mein Leben und werde ihm dies, sobald ich ihn sehe, offen eingestehen. Denn daß er mir mein Messer nicht wiedergegeben hat, dadurch werde ich doch wohl nicht quitt mit ihm."

Da kam ein Diener und meldete, daß ein fremder Señor gefragt habe, ob der Hausherr zu sprechen sei, und gab eine Karte ab, auf welcher der einfache Name Carlos Hammer zu lesen war. Der Bankier begab sich nach dem Sprechzimmer und war nicht nur sehr erstaunt, sondern auf das freudigste überrascht, in dem Fremden den – – Vater Jaguar zu erkennen. Er trat schnell auf ihn zu, streckte ihm beide Hände entgegen und sagte:

„Sie sind es, Señor, Sie, nach dem man so vergeblich sucht

Erlauben Sie mir, Ihnen die Hand zu drücken und Sie herzlichst willkommen zu heißen! Wie brav und liebenswürdig, daß Sie uns Gelegenheit geben, Ihnen wenigstens sagen zu dürfen, daß wir Ihnen tief, sehr tief verpflichtet sind!"

Über das ernste Gesicht Hammers glitt ein leises Lächeln, als er antwortete:

„Bitte, Señor, ja nicht zu glauben, daß dies der Grund ist, welcher mich zu Ihnen führt. Es ist vielmehr eine geschäftliche Angelegenheit, in welcher ich Sie für eine Minute zu stören gezwungen bin."

Während dieser Worte zog er eine Brieftasche heraus, der er ein Papier entnahm, welches er dem Bankier überreichte. Dieser warf einen Blick darauf und sagte:

„Eine Anweisung von meinem Geschäftsfreunde in Cordova. Die Summe steht Ihnen sofort zur Verfügung, obgleich mein Geschäft des Stiergefechtes wegen heute geschlossen ist."

„Solche Eile hat es nicht. Ich hielt es für angezeigt, mich Ihnen vorzustellen, und bitte um die Erlaubnis, den Betrag in den nächsten Tagen erheben zu dürfen."

Er machte eine Verbeugung und wollte sich entfernen; da ergriff ihn der Bankier am Arme und bat:

„Bleiben Sie noch, Señor! Ich kann Sie unmöglich jetzt schon gehen lassen. Sie retteten uns das Leben; ich bitte dringend um die Erlaubnis, Sie meiner Frau vorstellen zu dürfen!"

„Und ich bitte sehr, davon absehen zu wollen, Señor. Gerade der Dank, von welchem Sie sprechen, verschließt mir Ihre Thür. Ich darf mir unmöglich ein Verdienst anmaßen, welches nur dem Zufalle zuzuschreiben ist."

Man sah ihm an und hörte es auch aus seinem Tone, daß die Bescheidenheit, welche ihm diese Worte diktierte, eine wahre und keine gemachte war. Infolge dieses Eindruckes, den auch er empfand, antwortete Salido:
„Señor, Sie haben über den Wert dessen, was Sie thaten, eine andre Ansicht, als die meinige ist; dennoch muß ich sie achten und verspreche Ihnen, daß dieselbe berücksichtigt wird. Ich versichere Ihnen, daß Sie von mir und den Meinigen das Wort Dank nicht hören werden, und denke, daß Sie unter dieser Bedingung Ihren Entschluß ändern werden."
„Unter dieser Bedingung, ja; da bin ich allerdings bereit, auf Ihr freundliches Anerbieten einzugehen."
Der darüber hoch erfreute Bankier führte ihn in das Familienzimmer, wo das so unerwartete Erscheinen des Vater Jaguar ebenso große Überraschung wie Freude hervorrief. Ganz besonders entzückt war der Privatgelehrte, welcher sich zunächst von seinem Erstaunen gar nicht erholen zu können schien, dann aber, Hammer die Hand entgegenstreckend, ausrief:
„Señor, ich bin voller Freude, lateinisch *Gaudium* oder auch *Laetitia* genannt, Sie hier begrüßen zu können, zumal ich es für meine Pflicht halte, Ihnen meinen Dank dafür abzustatten, daß – –"
„Halt!" fiel der Bankier ihm in die Rede. „Señor Hammer ist nur unter der Bedingung mitgekommen, daß wir nicht von Dank sprechen. Bitte also, dieses Wort wenigstens jetzt nicht mehr zu erwähnen."
„Aber, wenn ich nicht von Dank sprechen soll, wovon denn sonst?"
„Von allem möglichen, zum Beispiel von Ihren antediluvianischen Tieren."
Das hatte Salido scherzhaft gemeint; der kleine, rote Gelehrte ergriff aber sofort die Gelegenheit, von seinem Lieblingsthema zu sprechen, und antwortete hastig, damit ihm ja niemand mit einer Frage zuvorkomme:
„Das ist wahr; das ist allerdings sehr richtig! Señor Hammer, haben Sie schon einmal ein Megatherium oder gar ein Mastodon gesehen?"
„Schon wiederholt," antwortete der Gefragte.
„Wo denn, wo?"
„In den Pampas. Wer ein gutes Auge für dergleichen Fundorte hat, braucht gar nicht lange zu suchen."
„Wirklich, wirklich? Haben etwa Sie ein solches Auge?"
„Ich will es zwar nicht mit einem ja behaupten, doch hatte ich zuweilen Gelegenheit, gelehrten Herren als Führer durch die Pampas zu dienen."
„Waren diese Herren mit Ihnen zufrieden?"
„Ihren Versicherungen nach glaube ich nicht, dies verneinen zu müssen."
„So! Aber es gehört doch ein gewisser paläontologischer Blick dazu, einem Orte anzusehen, daß er vorweltliche Pflanzen oder Tiere birgt. Die fossilen Überreste

vorsündflutlicher Faunen und Floren sind uns in sehr verschiedenen Zuständen überliefert."
„Allerdings," antwortete Hammer lächelnd. „Man spricht von Verkohlung, Auslaugung, Inkrustation, von Petrifizierung und endlich auch von Abformung."
Der Kleine trat einen Schritt zurück, betrachtete den Riesen erstaunt und sagte:
„Señor, Sie sprechen da wie ein Professor der Paläontologie! Das ist meine Lieblingswissenschaft. Ich beabsichtige, ein größeres Werk über diejenigen Tiere zu schreiben, welche man bis in die Silurzeit zurückdatieren muß."
„Es hat schon vorher eine ungeheure Menge von Tieren existiert, denn aus dem Silur allein sind uns wohl zehntausend Arten bekannt."
„Zehntau – – – !" Dem Kleinen blieb vor Erstaunen das Wort im Munde stecken, dann fuhr er fort – – „send Arten! Das wissen Sie? Welche Arten sind das?"
„Cölenteraten, Stachelhäuter, Würmer, Gliedertiere, Mollusken und in den obern Schichten sogar Wirbeltiere, z.B. Haifische. Die Landbewohner aber treten erst im Devon auf. Insekten und Reptilien treffen wir in der Steinkohlen- und Diasperiode, im Trias, Jura und in der Kreide."
„Und Säugetiere?" fragte der Gelehrte erwartungsvoll.
„Im obersten Trias findet man schon Beuteltiere, den ersten Vogel im obern Jura; im Tertiär aber spielen sie die leitende Rolle, welche vorher den Reptilien zukam."
„Und der Mensch?"
„Dieser erscheint frühestens in der jungtertiären Zeit."
Da that der Kleine vor Freude einen Luftsprung und rief aus:
„Sollte man so etwas für möglich halten! Und gar hier in Buenos Ayres! Sie sind ja wahrhaftig der reine Professor Giebel, der ein berühmtes Handbuch über die Fauna der Vorwelt geschrieben hat! Setzen Sie sich, setzen Sie sich schnell! Ich muß Ihnen einige sehr wichtige zoopaläontologische Fragen vorlegen. Warum ist der Schwanz bei allen Fischen bis in die Jurazeit hinauf heterocerk wie jetzt noch bei den Rochen und Haien? Warum traten die echten Ammoniten, die im obern Jura und in der untern Kreide zur höchsten Entfaltung gelangen, im alpinen Trias so vereinzelt auf? Findet da eine Epacme statt oder nicht? Aus welchem Grunde rechnen Sie Nautilus und Lingula zu den Dauertypen, und wie wollen Sie auf eine Differenzierung der Tierwelt hinweisen, wenn man Ihnen sagt, daß – – –"
„*Valgame Dios* – Gott stehe mir bei!" unterbrach ihn da der Bankier, indem er sich die beiden Hände an die Ohren legte. „Señores, ich bitte Sie, zu bedenken, daß Sie sich nicht in der vorsündflutlichen Kreide, sondern hier bei mir befinden, der ich von solchen Dingen leider nicht das mindeste verstehe. Haben Sie die Gnade, dieses Thema, welches ja ganz interessant sein mag, für später aufzusparen. Ich würde Ihnen das sehr, sehr hoch anrechnen."
Der Vater Jaguar erklärte sich lachend einverstanden; dem Kleinen aber war es ganz und gar nicht heb, daß er abbrechen mußte. Man sprach wohl noch eine Viertelstunde lang

von verschiedenem, und dann wollte Hammer aufbrechen. Er sagte erst jetzt, daß seine drei Kameraden auf der Straße auf ihn warteten, da er nicht geahnt habe, daß er sich hier so lange verweilen werde. Der Bankier ließ ihn aber nicht fort, sondern eilte hinaus, um die drei Männer selbst herbeizuholen.
Sie kamen; ein Diener brachte Wein, und die Unterhaltung wurde nun viel lebhafter, als sie vorher gewesen war.
Der Vater Jaguar behandelte seine Gefährten mit freundschaftlicher Vertraulichkeit; sie aber wagten nicht, eine solche Vertraulichkeit auch ihrerseits zu zeigen. Man sah und hörte aus allem, was sie sagten und wie sie es sagten, daß sie ihn als hoch über sich stehend anerkannten und einen großen Respekt vor ihm hatten.
Da nicht von Dank gesprochen werden sollte, hatte man es bisher vermieden, das heutige Stiergefecht zu erwähnen, doch war es nicht zu umgehen, daß das Gespräch später dennoch darauf kam. Doktor Morgenstern war es, welcher es zuerst in Erwähnung brachte, um einige kulturhistorische Bemerkungen daran zu knüpfen. Er sprach von den römischen Gladiatoren und nahm dabei Gelegenheit, dem Vater Jaguar das Kompliment zu machen:
„Sie wären jedenfalls ein ausgezeichneter Forumkämpfer gewesen, Señor, und hätten sowohl unter den Retiarii, Velites und Secutores, als auch unter den Galli, Thraces und Hoplomachi Großes geleistet. Es ist wirklich jammerschade, daß Sie nicht schon damals gelebt haben!“
„Warum jammerschade?“ fragte Hammer still belustigt,
„Weil Sie dann jedenfalls in Friedländers „Darstellungen aus der Sittengeschichte Roms“ und in Marquardts „Römische Staatsverwaltung“ auf das rühmlichste erwähnt worden wären.“
„Ich danke, Señor. Hätte ich damals gelebt, so wäre ich schon über tausend Jahre tot. Lieber ist mir's, daß ich lebe und in den Büchern dieser beiden Herren nicht erwähnt werde.“
Mag sein! Aber der Erwähnung werden Sie auf keinen Fall entgehen. Sie werden in den Werken über die Stiergefechte als einer der größten Toreadores angeführt werden. Wie ist es Ihnen nur möglich gewesen, diesen gräßliche *Bison americanus* mit einem einzigen Messerstiche zu erlegen?“
„Das ist nur eine Folge der Übung. Ich habe schon viele Büffel auf dieselbe Weise getötet.“
„Ich denke, es gibt hier in Argentinien keine Bisons. Oder hätte sich die Wissenschaft, die sonst untrüglich ist, einmal geirrt?“
„Sie irrt sich nicht. Ich habe die Büffel, von denen ich sprach, in den Vereinigten Staaten erlegt.“
An den Vereinigten Staaten? Ah, da muß ich Sie sogleich fragen, ob Sie die berühmte Mammutshöhle in Kentucky kennen, und vielleicht gar ein Ohiotier gesehen haben?“

„Davon vielleicht ein andres Mal, lieber Señor, da wir nicht von antediluvianischen Dingen sprechen sollen."
„Also weder von dem Danke, den wir Ihnen schuldig sind, noch von petrefakten Tieren darf man sprechen. Nun frage ich Sie bloß, wovon man da reden soll! Ich als Deutscher bin gewöhnt, zu reden – – –"
„Ein Deutscher sind Sie?" fiel da der Vater Jaguar ein.
„Allerdings, wie Sie schon aus dem Namen Morgenstern ersehen, den Sie vorhin wohl nicht genau vernommen haben. Ich bin Privatgelehrter und studiere die Vorwelt."
„Und ich bin Laie und studiere die Mitwelt. Mein Name Hammer mag Ihnen sagen, daß wir Landsleute sind."
„Wie, auch Sie sind ein Deutscher? Ich stamme aus Jüterbogk. Und Sie, wenn ich fragen darf?"
„Ich wurde im goldenen Mainz geboren."
„Ah, in Mainz, dem von Drusus erbauten Moguntiacum! Castel liegt auf der andern Seite, *ulterior*, jenseits, wie der Lateiner sagt. Was hat Sie von da nach Nordamerika getrieben?"
„Die Thatenlust."
„Und von da nach Südamerika?"
„Eine Veranlassung, über welche ich lieber schweige, als spreche."
Sein bisher so freundliches Gesicht wurde bei diesen Worten plötzlich tiefernst. Der zartfühlende Bankier ahnte, daß der berühmte Mann an einer wunden Stelle berührt worden sei, und gab dem Gespräch eine andre Richtung, indem er sich in höflichem Tone erkundigte:
„Man hat Sie allenthalben gesucht, Señor. Daraus schließe ich, daß Sie nicht in einem Hotel wohnen, denn Sie sind nicht gefunden worden."
„Wir besitzen Freunde in Buenos Ayres, bei denen wir ungestört wohnen können," lächelte der Deutsche.
„Und werden Sie längere Zeit hier verweilen?"
„Nein. Ich werde ich kurzer Zeit nach den Anden gehen."
An welcher Richtung?"
„Über Tucuman wahrscheinlich nach Peru hinüber."
Der Bankier horchte auf und fragte schnell:
„Kommen Sie da vielleicht bis Lima?"
„Möglich."
„Ich habe nämlich einen sehr triftigen Grund zu dieser Erkundigung, Señor. Es ist ein Neffe bei mir zu Besuch, welcher nur auf eine günstige Gelegenheit wartet, um über die Anden nach Lima zu gehen."
„Wie alt?"
„Sechzehn Jahre."
„Dann soll er lieber hier bleiben!"

„Er muß hinüber. Er wäre schon längst fort, wenn ich einen tüchtigen und zuverlässigen Sendador (Wegweiser, Pfadfinder) gefunden hätte, dem ich den Knaben anvertrauen kann. Übrigens ist er für seine Jahre körperlich und geistig sehr gut entwickelt."
„Aber, Señor, bedenken Sie die Gefahren, welche des Reisenden auf diesem Wege lauern!"
„Ich habe es bedacht. Diese Gefahren werden desto geringer, je zuverlässiger und erfahrener die Reisenden sind. Sie wollen über die Anden. Fast möchte ich eine Frage aussprechen und eine Bitte an dieselbe knüpfen."
Er sah den Vater Jaguar erwartungsvoll an und fügte, als dieser schweigend vor sich niederblickte, hinzu:
„Natürlich würde ich eine solche Gefälligkeit so reichlich honorieren, wie meine Mittel es mir erlauben."
Hammer schüttelte leise den Kopf, indem er antwortete:
„So etwas läßt sich nicht honorieren. Ich bin als Yerbatero (Theesucher) im Gran Chaco, als Gambusino (Goldsucher) in Peru, als Chinchillero (Pelzjäger auf Chinchillas) in den Anden und als Cascarillero (Chinarindensammler) in Brasilien herumgestiegen. Meine Gefährten haben mich überall begleitet. Gefahren fürchten wir nicht, denn wir sind ihnen gewachsen, nämlich solange wir uns unter uns befinden. Die Gegenwart eines andern aber, zumal eines unerwachsenen, also unerfahrenen Begleiters würde uns nicht nur unsrer innern, sondern infolgedessen auch unsrer äußern Sicherheit berauben, so daß wir kaum im stande sein möchten, das Vertrauen, welches man in uns zu setzen hätte, zu rechtfertigen."
„Sie sprechen, wie ein vorsichtiger und ehrenwerter Mann sprechen muß, Señor; aber so unerfahren, wie Sie meinen, ist mein Antonio nicht. Er reitet und schießt ausgezeichnet und ist schon zweimal über die Anden herüber in Bolivia gewesen, die Seereise von Peru hierher gar nicht gerechnet. Er ist kräftig, ausdauernd, unternehmend und anspruchslos, so daß er Entbehrungen und Anstrengungen nicht sehr achtet. Da ist er ja. Sehen Sie ihn sich an, und sprechen Sie mit ihm, Señor! Seine Eltern sind auch Deutsche. Ich denke, dieser letztere Umstand wird geeignet sein, als Fürsprache bei Ihnen zu gelten. Komm her, Antonio! Dieser Señor will nach Peru hinüber. Möchtest du mit ihm gehen?"
. „Mit keinem so gern wie mit ihm!" antwortete der Knabe sofort und in freudigem Tone. Er war wirklich ein ungewöhnlich starker und auch hübscher junge. Sein von der Sonne bräunlich gefärbtes Gesicht hatte charakteristische Züge, welche auf selbständiges Denken und Handeln schließen ließen. Sein Haar war dunkel, aber das Blau seiner Augen und der ehrliche, offene Blick derselben ließen die germanische Abstammung deutlich erkennen. Er selbst schien dem Vater Jaguar ebenso sehr wie seine Antwort zu gefallen, denn dieser streckte ihm die Hand entgegen, zog ihn näher zu sich heran, strich ihm liebkosend über den Kopf und sagte:
„Also gern würden Sie mitgehen? Aber die Anstrengungen, das lange Reiten?"
„O, das halte ich nicht nur aus, sondern ich habe es sogar sehr gern."

„Und der Weg durch den fürchterlichen Gran Chaco, die Jaguare und die Indianer?“
„Die fürchte ich nicht. Ich weiß mein Gewehr und mein Messer zu führen,“ antwortete der Knabe, indem seine Augen blitzten und seine Wangen sich röteten.
„So! Also mutig ist man. Was hat man denn sonst gelernt, mein verwegener junger Señor?“
Bei dieser Frage bemächtigte sich des Jünglings eine kleine, sichtbare Verlegenheit; er antwortete aber, sie schnell überwindend:
„Ich weiß gar wohl, Señor, daß die Knaben meines Alters drüben in Deutschland schneller vorwärts schreiten und ihre Ziele leichter erreichen als wir, da sie bessere Schulen und Lehrer haben. Aber ich besuche das Institut für Kunst und Gewerbe, da ich der Nachfolger meines Onkels werden soll; Vater hält mir und dem Bruder einen deutschen Hauslehrer, und später werde ich eine deutsche Universität besuchen. Wollen Sie mich examinieren, so will ich sehr gern antworten.“
„Das will mir wohl gefallen, denn so spricht keiner, welcher der Letzte auf der Schulbank ist. Zum Examinator bin ich nicht berufen; aber für den Ritt über die Pampas und die Anden würden Sie wohl gute Lehrer an uns haben. Und ein Deutscher sind Sie? Aber freilich wohl nur der Abstammung nach?“
„Nein, Señor, sondern mit meinem ganzen Herzen. Ich bin nicht drüben geboren, halte aber doch das schöne Deutschland für mein Vaterland. Um ein Deutscher und zwar ein ganzer Deutscher zu sein, braucht man nicht drüben zu wohnen, denn Alldeutschland ist an jedem Orte, da wo die deutsche Zunge klingt und Gott im Himmel Lieder singt.“
Er hatte dies aus vollstem Herzen gesagt. Der kleine, rote Privatgelehrte sprang begeistert auf, breitete die Arme aus und rief:
„Ja, wo des Deutschen Zunge klingt und Gott im Himmel Lieder singt! Das Lied ist gedichtet von Ernst Moritz Arndt, am 26. Dezember 1769 in Schoritz auf Rügen geboren und am 29. Januar 1860 in Bonn gestorben. Komponiert wurde es von vielen Tonsetzern. Meine Lieblingsmelodie ist diejenige von Heinrich Marschner, für vierstimmigen Männerchor in *C dur* gesetzt. Ich bin Mitglied des Jüterbogker Gesangvereins „Deutsche Lyra“ und singe ersten Baß, vom großen *As* bis zum eingestrichenen *e* hinauf und habe bei Konzerten die Noten auszugeben, da ich Bücherwart des Vereins bin. Hurra! „Was ist des Deutschen Vaterland? Allüberall wird es genannt. O Gott vom Himmel sieh darein: Der ganze Erdkreis wird's noch sein!“ So ungefähr wird's wohl lauten, denn auswendig kann ich es nicht, da es keine vorsündflutliche Ausgrabung ist.“
Die Begeisterung des Kleinen nahm sich höchst possierlich aus, und doch war sie sehr ernsthaft gemeint. Der Vater Jaguar nickte dem Knaben freundlich zu und sagte:
„Recht So, mein lieber Señorito! (Kleiner Herr, Herrchen). Es geht auch älteren Leuten, als Sie sind, das Herz auf, wenn vom heiligen Vaterlande die Rede ist. Sie scheinen ein braver Knabe zu sein, und so will ich es mir überlegen, ob es möglich sein wird, den Wunsch Ihres Oheims zu erfüllen.“

„Thun Sie es, Señor, thun Sie es!“ bat der Knabe. „Ich werde Ihnen gern gehorchen und mich in alles schicken.“

„Ja, thun Sie es!“ bat auch der Bankier. „Sie erweisen mir damit einen großen, sehr großen Dienst.“

„Es kommt nicht nur auf mich, sondern auch auf meine Gefährten an,“ antwortete der Vater Jaguar. „Wir werden uns besprechen. Bange dürfen Sie um den Knaben nicht sein, denn von Santa Fe aus, wo der Ritt beginnen würde, sind wir vierundzwanzig Mann, von denen kein einziger sich vor dem Schlimmsten fürchtet. Freilich würde die Reise anders, besonders langsamer, vor sich gehen, als Sie sich denken. Ihren Neffen glücklich hinüberzubringen, das kann für uns nur nebensächlich sein, da wir andre Aufgaben zu lösen haben, die sich nicht aufschieben lassen. Eine Abteilung von uns wird im Gran Chaco bleiben, um dort Thee zu sammeln.“

„Im Gran Chaco?“ fragte da der kleine Gelehrte. „Gibt es dort nicht auch Versteinerungen, Señor Hammer?“

„Erst recht! Mehr als anderswo! In der Pampa hat man schon überall gesucht, im Chaco aber nicht, weil sich wegen der dortigen Indianer kein Forscher hingetraute.“

„So ist der Boden dort noch jungfräulich in dieser Beziehung?“

„Ja. Ich weiß Orte, an denen man nur nachzugraben braucht, um ausgezeichnete Funde zu machen.“

„Hurra! Da lasse ich Pampa Pampa sein, und gehe mit nach dem Gran Chaco! Einen solchen Vorteil, lateinisch Fructus und auch *Commodum* genannt, darf ich mir unmöglich entgehen lassen!“

„Nicht so rasch, mein Lieber! Von Buenos Ayres bis in den wilden Chaco kommt man nicht so leicht, wie von Jüterbogk nach Berlin. Und dort gibt's auch keine deutschen Männergesangvereine. Sie könnten leicht mit Ihrem schönen ersten Baß den Todesgesang anstimmen müssen.“

„Wenn auch! Geben mir die Indianer die Noten dazu, so singe ich ihn vom Blatte, *prima vista*, wie wir Deutschen sagen, wenn wir etwas gelernt haben. Sie nehmen mich doch hoffentlich mit?“

„Hoffentlich?“ brummte der Vater Jaguar, indem er ein bedenkliches Gesicht machte. „Hm! Sie sprechen doch wohl nur im Scherze?“

„Es ist mein völliger Ernst, *asseverare* oder *serio*, wie der Lateiner sich ausdrücken würde.“

„Bitte, lieber Señor Morgenstern, gehen Sie in sich, und fragen Sie sich, ob Sie der Mann zu einem so gewagten Unternehmen sind!“

„Für ein Mastodon oder ein Glyptodon wage ich alles, selbst mein Leben. Sie werden doch einem Landsmann aus Jüterbogk seine Bitte nicht abschlagen!“

„Vom Abschlagen kann jetzt noch keine Rede sein, da ich Señor Salido noch nicht zugesagt habe. Es ist noch nicht genau bestimmt, wann wir abreisen, und bis dahin kann sich vieles ändern.“

Es war ihm ganz und gar nicht übel zu nehmen, daß er auf seinem gefährlichen Ritte nur zuverlässige Leute bei sich haben wollte. Man sah es ihm an, daß ihm der Antrag nicht angenehm war. Darum brachte der Wirt das Gespräch auf ein andres Thema, infolgedessen sich das Gesicht des Vaters Jaguar schnell wieder aufheiterte. Er glaubte, dem kleinen roten Gelehrten entgangen zu sein, hatte aber wohl noch nicht erfahren, mit welcher Beharrlichkeit solche Herren an einem einmal gefaßten Gedanken festhalten.

Die Gäste blieben bis nach dem eingenommenen Abendmahle. Als sie sich dann verabschiedeten, war der Wirt so zartfühlend, seinen Wunsch nicht zur Sprache zu bringen. Er wußte, daß der Vater Jaguar wiederkommen werde, um seine Anweisung zu präsentieren, und dann konnte über die Angelegenheit ja nochmals gesprochen werden. Doktor Morgenstern aber war weniger skrupulös; er nahm Hammer beim Arme und fragte in bestimmtem Tone:

„Also, Señor, wieviel Pferde soll ich mir kaufen?"

„Pferde? Wozu?"

„Nun, zu unsrer Reise. Ich muß doch Pferde haben und Hacken und Schaufeln und sonstige Werkzeuge."

„Weiter nichts?" fragte der Vater Jaguar in beinahe zornigem Tone.

„Was sonst noch?"

„Einen Eisenbahngüterzug. Oder meinen Sie, wenn Sie den Riesenelefanten ausgegraben haben, laufe er allein nach Jüterbogk, um dort Mitglied Ihrer „Deutschen Lyra" zu werden?"

„Mein Himmel! Verstehen Sie es aber, einen anzublitzen und anzudonnern!" rief der Kleine, indem er erschrocken zurückfuhr. „Wir wollen doch in Ruhe und Freundlichkeit verhandeln, Señor. Ich werde Ihnen gar nicht zur Last fallen. Ich bin nicht allein; ich nehme einen Diener mit."

„Ah! Was für einen?"

„Einen guten Germanen. Er heißt Fritz Kiesewetter und ist aus Stralau am Rummelsburger See."

„So! Das soll ein Trost für mich sein? Lassen Sie Ihren Rummelsburger nur getrost dort, wo er ist. Da befindet er sich jedenfalls besser als im Gran Chaco, wo es keinen Stralauer Fischzug mit Eisbein und Weißbier gibt."

Bei diesen Worten ging Hammer zur Thür hinaus und ließ den Kleinen stehen. Seine Gefährten folgten ihm und der Bankier begleitete sie bis an den Ausgang. Eben als sie im Begriff standen, sich dort zu verabschieden, kam der Kriminalbeamte, welcher den gestrigen Vorfall zu untersuchen hatte, und meldete, daß der Espada Antonio Perillo der Thäter nicht gewesen sein könne, da er im stande sei, seine Unschuld durch ein unanfechtbares Alibi zu beweisen.

Die Herren sprachen noch einige Zeit über diese Angelegenheit. Sie wurden dabei von dem Licht, welches ein Peon hielt, hell beleuchtet und bemerkten nicht, daß sie mehrere, wenn auch nicht Ohren-, so doch Augenzeugen hatten.
Als der Polizist vorhin in die Straße, in welcher die Quinta stand, eingebogen war, hatte er dieselbe nicht allein betreten, sondern es waren ihm zwei Männer gefolgt, so heimlich und so leise, daß ihm ihre Gegenwart entging. Jetzt standen sie drüben auf der andern Seite der Straße. Es war dunkler Abend; aber selbst wenn es heller gewesen wäre, hätte man sie schwerlich sehen können, da sie sich dicht an das Gebüsch des Oleanderzaunes schmiegten. Bei mehr Beleuchtung hätte ein Lauscher bemerken können, daß von diesen beiden Männern der eine älter als der andre war. Der jüngere aber war – Antonio Perillo, der heute leicht verwundete Espada.
„Dachte es mir, daß dieser Vigilant zum Bankier gehen würde," flüsterte er seinem Begleiter zu. „Wir haben also nicht umsonst vor seiner Wohnung gelauert. Möchte wissen, was er zu sagen hat."
„Das weiß ich sehr genau," antwortete der andre ebenso leise. „Er wird ihm sagen, daß du gestern um die betreffende Zeit bei mir gewesen bist."
„Und wenn man es nicht glaubt und die Untersuchung einleitet?"
„So werde ich es schon einzurichten wissen, daß meinen Aussagen Glauben beigemessen wird."
„Nun, ich wünsche, daß es gelinge, vorläufig glaube ich nicht daran. Bist du denn plötzlich fromm geworden, obgleich es auch dir an den werten Kragen gehen kann? Es war eine Dummheit von euch, die Sache in dieser Weise abmachen zu wollen. Der Kleine war gestern doch nicht zum letztenmal auf der Straße, und dann hätte ein stiller Messerstich viel leichter und besser gewirkt als eure unsinnige Schießerei. Ich bin – – *Tempestad* – Donnerwetter!" unterbrach er sich. „Wer ist denn der Kerl?"
„Welcher?"
„Der Riese, welcher neben dem Bankier steht."
Der Schein des Lichtes war soeben hell auf Hammers Gesicht gefallen.
„Den kennst du nicht?" fragte Antonio Perillo. „Ah, ich vergaß, daß du heute nicht mit beim Stiergefecht warst. Das ist der Vater Jaguar, der Halunke, der uns alle so blamiert hat. *El diabolo se le lleve* – der Teufel hole ihn!"
„Der – Va – ter – Ja – gu – ar?" fragte der Ältere, indem er die einzelnen Silben weit auseinander dehnte. „Der also ist der Vater Jaguar! Der!"
„So kennst du ihn?"
„Und ob ich ihn kenne! Also so lange Jahre habe ich mich gesehnt, den Vater Jaguar zu sehen, und der Zufall, oder vielmehr mein gutes Glück hat mir diesen Wunsch stets versagt. Und nun ich ihn sehe, glücklicherweise ohne daß er mich sieht, muß ich erfahren, daß es dieser – dieser – dieser ist! Welch eine Neuigkeit! Welch eine Erfahrung, die ich da mache!"

Er flüsterte diese Worte abgebrochen, lang gedehnt und doch wie abwesend. Antonio Perillo konnte sich dieses Verhalten seines Gefährten nicht erklären; darum fragte er:
„Was ist's denn mit dir? Wie redest du? Wer ist er denn?"
„Wer er ist, das will ich dir sagen; du kennst ja die Geschichte. Dieser Mann wurde bei den nordamerikanischen Indianern Metana Mu genannt."
„Dieses Wort verstehe ich nicht."
„Die englisch sprechenden Jäger, nennen ihn *Lightning-hand*."
„Auch Englisch verstehe ich nicht."
„So sollst du hören, daß er bei den spanisch redenden Mexikanern *El Mano relampagueando* hieß."
„Wie? Was? Ist das möglich?" fragte Perillo betroffen. „So ist er also der Bruder jenes – jenes – – den du damals – –?"
„Ja, ja, jenes – – jenes – – den ich damals – –! Dieser Lightning-hand befindet sich schon so lange hier unter dem Namen des Vater Jaguar. Er ist also gleich darauf nach Argentinien gekommen. Er hat meine Fährte entdeckt und ist mir gefolgt, um den Tod seines Bruders zu rächen, hat mich aber nie getroffen, ebenso aus Zufall, wie ich ihn auch nie gesehen habe."
„So ist es; ja, so ist es; anders kann es nicht sein. Nimm dich in acht!"
„Das werde ich. Nun ich die große Gefahr kenne, in welcher ich so lange geschwebt habe, ohne es zu ahnen, werde ich ihr in meiner Weise begegnen. Er sucht mich und hat mich nicht gefunden; ich aber habe ihn gefunden, ohne ihn zu suchen. Er wird mir nicht entkommen."
„Du willst ihn – – – ?"
„Ja."
„Gerade wie seinen Bruder?"
„Geradeso! Oder meinst du etwa, daß ich ihn leben lassen soll, um ihm in die Hände zu laufen? Übrigens was thut er hier bei diesem Bankier Salido, bei dem der kleine Rote wohnt, der sich wie ein Gaucho kleidet, ohne einer zu sein?"
„Das ist allerdings ein Umstand, welcher auch mir auffällt."
„Sollten beide befreundet sein? Dieser Zwerg und dieser Riese? Sie müssen beide verschwinden. Willst du mir helfen?"
„Frage nicht erst! Es versteht sich ganz von selbst, daß meine Hand, mein Messer und meine Kugel dir gehören. Wir sind verwandt und haben gleiche Interessen."
„So müssen wir zunächst erfahren, wo dieser Vater Jaguar wohnt. Horch!"
Der Gerichtsbeamte entfernte sich zuerst. Er wiederholte zu Perillos Freude mit lauter Stimme, daß dieser unschuldig sei. Dann ging, nachdem er mit dem Bankier noch einige höfliche Worte gewechselt hatte, auch der Vater Jaguar mit seinen drei Gefährten.
„Jetzt ihm nach!" flüsterte der Kamerad Perillos. „Wir müssen unbedingt erfahren, wo er sich aufhält. Lassen wir ihn also ja nicht aus den Augen!" –

Die Gigantochelonia

Es war ungefähr vierzehn Tage später, als ein aus Rozario kommender Dampfer an der Landestelle von Santa Fe anlegte. Die Gehbretter wurden ausgeworfen, und die Passagiere beeilten sich, an das Land zu kommen. Am Ufer gingen mehrere Offiziere auf und ab, denen bei der Leblosigkeit der innern Stadt die Landung der Fremden ein willkommenes Schauspiel bot.

Die letzten beiden an das Land Gehenden waren zwei kleine Gestalten, als Gauchos ganz in Rot gekleidet und zwar so ähnlich, daß man sie in Beziehung auf ihre Anzüge sehr leicht hätte verwechseln können. Sie trugen beide auch genau dieselben Waffen, nämlich jeder ein Gewehr, zwei Revolver, deren Griffe aus dem Gürtel blickten, und ein Messer. Als die Offiziere diese zwei Männer erblickten, schienen sie sehr überrascht zu sein. Einer von ihnen, ein Kapitän, sagte zu den andern:

„Was ist das? Da kommt Coronel (Oberst) Glotino, und zwar verkleidet! Will er unerkannt bleiben, oder machen wir ihm die Honneurs?"

„Warten wir ab, ob er uns beachtet," meinte ein Oberlieutenant.

Die beiden Roten kamen langsam näher und zwar gerade auf die Offiziere zu. Diese schlugen also die Füße sporenklirrend zusammen und erhoben die Hände zum Salut.

„*Buenos mañanas* – guten Morgen!" dankte der kleine Gelehrte, denn dieser war es, indem er Zeig- und Mittelfinger seiner rechten Hand an die Hutkrempe legte. Sein Begleiter, Fritz Kiesewetter aus Stralau, that dasselbe. „Schönes Wetter heute, Señores. Nicht?"

„Allerdings, mein Oberst," antwortete der Hauptmann. „Euer Gnaden haben eine gute Fahrt gehabt. Werden der Herr Oberst heute hier bleiben?"

„Vielleicht."

„Befehlen Euer Gnaden die Dienstwohnung?"

„Ich befehle nichts."

„Ich verstehe," nickte der Hauptmann verständnisinnig. „Aber die Wohnung steht trotzdem zur augenblicklichen Verfügung."

„Schön! Ich nehme sie gern an."

„Erlauben der Herr Oberst, Sie zu begleiten?"

„Ich erlaube es gern, bin aber nicht Oberst."

„Zu Befehl! Wir begreifen! Diplomatische Sendung oder vielleicht auch gar private militärische Inspektion. Welchen Charakter dürfen wir Euer Gnaden erteilen?"

„Sie meinen, welchen Namen? Ich bin Zoolog und heiße Doktor Morgenstern aus Jüterbogk."

„Ganz recht! Je fremder und unaussprechlicher die Namen, desto tiefer und undurchdringlicher ist das Inkognito. Und dieser Señor neben Euer Gnaden?"

„Ist Fritz Kiesewetter, mein Diener, aus Stralau am Rummelsburger See."

„Das ist noch unaussprechlicher, also noch undurchdringlicher. Gestatten Euer Gnaden, nach dem Cuartel!"

Die Gruppe setzte sich in Schritt, voran der Gelehrte, zu seiner Linken, respektvoll einen Schritt zurück, der Hauptmann, hinter ihnen Fritz Kiesewetter mit den andern Offizieren zu beiden Seiten.
Das Cuartel von Santa Fé war ein noch aus der alten spanischen Zeit stammendes, mehrstöckiges Gebäude mit Turm. Die Fenster und selbst die Balkone waren mit starken Eisengittern versehen. Vor der Fassade dieses Gebäudes standen einige Kanonen; Soldaten standen oder saßen vor den Thüren, und zahlreiche Arrestanten schauten durch die vergitterten Fenster.
„Sapperlot!“ meinte der Gelehrte in deutscher Sprache zu seinem Diener. „Das ist ja ein Gefängnis. Hält man uns etwa für Räuber und Diebe, was der Lateiner einen Expilator und Vulturius nennt?“
„Det jloobe ick nicht,“ antwortete Fritz. „Nach sonne freundliche und höfliche Empfänglichkeit werden sie uns doch nich insperren! Ick bin vielmehr von diejenigte Ansicht, dat man mit uns die nobelsten Absichten kultiviert. Jehen wir also man rin! Raus werden wir schon wiederkommen, und wenn's jeschmissen anstatt jejangen ist.“
Die anwesenden Soldaten salutierten nach Vorschrift, und die Herren traten ein. Die beiden Deutschen wurden über einen Innenhof und eine Treppe nach einigen ganz komfortabel eingerichteten Zimmern geführt, an deren Eingang sich die Offiziere verabschiedeten. Dabei bemerkte der Hauptmann:
„Ein Imbiß wird unverzüglich besorgt und ebenso eine Ordonnanz kommandiert werden. Bin heute Kommandant, da der Herr Major nach Parana mußte. Haben der Herr Oberst – Pardon, wollte sagen der Herr Zoolog einen Befehl?“
„Keinen Befehl, sondern eine Bitte. Lassen Sie doch schnell nachfragen, ob ein Yerbatero, der zugleich Sendador ist und schlechthin Vater Jaguar genannt wird, vorgestern oder gestern hier in Santa F& ankam. Ich muß wissen, wo er logiert.“
„Kam er mit dem Schiff, Euer Gnaden?“
„Ja, aus Buenos Ayres.“
„Dann hoffe ich binnen einer halben Stunde rapportieren zu können.“
Er trat ab, und kurze Zeit später meldete sich ein Unteroffizier zum persönlichen Dienst und servierte zugleich Fleisch, Brot, Früchte und Bordeauxwein, welcher am La Plata viel getrunken wird.
„Dat muß man sagen,“ meinte Fritz, „dat Militär hat doch immer Lebensart. Ick ärgere mir noch heut, daß ick nicht assentiert worden bin. Bei meine moralische Veranlagung hätte ick mir jewiß bald weit in die Höhe afanziert und könnte heut auch mit dem Schleppsäbel und Portepee rasseln. Jreifen wir zu, Herr Doktor; ick werde injießen.“
Er füllte die Gläser. Die beiden aßen und tranken, gemütlich nebeneinander sitzend, woraus der Unteroffizier natürlich schloß, daß Fritze Kiesewetter nicht ein Diener, sondern auch ein höherer Offizier sei. Fritze genoß das Gebotene mit heiterem Mute, dem Doktor aber kam die Sache doch nicht ganz geheuer vor; er meinte in bedenklichem Tone:

„Man nannte mich Coronel, also Oberst. Ich bin ein Jünger der friedlichen Wissenschaft und kein argentinischer Partisan. Wie also komme ich zu diesem militärischen Grade?"
„Jedenfalls wie der Pudel zur sauren Jurke, indem er sie für eine Wurst jehalten hat. Machen Sie sich nur keine Jedanken! Mir können sie meinetwejen Jeneral nennen, ick bleibe, wat ick bin und esse mit Vergnüjen, was uns die Ordonnanz aufjetafelt hat."
„Aber, Fritze, scheint es nicht, daß ich mit einem Offizier verwechselt werde?"
„Dat ist die Möglichkeit, aber noch kein Fehler, solange Sie sich nicht selbst mit sich verwechseln."
„Aber dieser Irrtum, lateinisch *Error* genannt, kann uns sehr leicht in Verlegenheit bringen."
„Zunächst hat er uns zu dieses Jabelfrühstück jebracht, wat ick keinen Irrtum nennen möchte. Man hat sich im Jegenteile in mich jar nicht jeirrt, sondern ick jreife zu, so lange wat zu haben ist."
„Aber die Folgen! Fritze, Fritze, du scheinst ein wenig von der Eigenschaft zu besitzen, welche der Lateiner mit dem Worte *Levitas* bezeichnet."
„Wie wird dieses Wort ins Deutsche überjesetzt?"
„Leichtsinn."
„Dat kann nicht stimmen, Herr Doktor. Haben die Römer jehungert, wenn sie wat zu essen bekamen?"
„Ich glaube nicht."
„So kann mir auch kein Römer *Levitas* nennen, wenn ick mir dahin setze, wo ick jespeist werden soll."
Da erschien der Hauptmann und meldete in strammer Haltung:
„Der Vater Jaguar ist gestern nachmittag hier angekommen und heute früh mit dreiundzwanzig Erwachsenen und einem Knaben nach der Laguna Porongos aufgebrochen."
„Zu Pferde?"
„Ja. Zwanzig seiner Begleiter haben einige Tage lang hier auf ihn gewartet."
„Ich muß ihm nach. Können Sie uns Pferde verschaffen?"
„Ganz zu Befehl! Wie viele, Euer Gnaden?"
„Zwei als Reserve, also vier Stück."
„Auf Requisition oder vom Regimente?"
„Vom Regimente nicht, da ich nicht soldatenmäßig zu reiten verstehe."
„Also auf Requisition," meinte der Offizier mit einem feinen Lächeln, da der angebliche Oberst sagte, daß er nicht reiten könne. „Wann befehlen Euer Gnaden, daß die Pferde gesattelt bereitstehen?"
„In einer Stunde."
Der Hauptmann entfernte sich salutierend. Als kurz darauf die Ordonnanz erschien, um Zigaretten zu bringen und die Speisereste abzuräumen, fragte Morgenstern:

„Könnte ich nicht meine Sachen bekommen, mein Lieber? Da das Schiff erst am Nachmittag von hier abgeht und ich nicht wußte, wo ich bleiben würde, haben wir unser Gepäck einstweilen an Bord gelassen. Es ist ein Bündel, lateinisch *Sarcina* genannt, in welchem sich Werkzeuge befinden, und ein Paket, mit Leder umwickelt, *Fascis* geheißen, welches Bücher enthält."

„Wird sofort geholt, Señor Coronel!" Mit diesen Worten eilte der Unteroffizier hinaus.

Nach einer Viertelstunde kehrte der Hauptmann zurück und meldete, daß die Pferde bereit ständen.

„Was kosten sie?" fragte Morgenstern.

„Natürlich nichts, Euer Gnaden," lächelte der Offizier.

„Aber ich will sie ja bezahlen!"

„Ein Zoolog braucht nicht zu zahlen."

„Warum nicht?"

„Es ist die Sitte dieses Landes, Señor."

„Sonderbar! Dieses Land wurde doch von den Spaniern zivilisiert, welche ihre Sprache und Sitten von den Römern bekamen; ich habe aber nirgends gelesen, daß bei diesen letzteren die Gelehrten resp. Zoologen die Pferde gratis erhielten. Ich werde später eifrig darüber nachschlagen, da es sich dabei um ein kulturhistorisches Moment von bedeutendem Werte handelt. Es scheint, Argentinien ist das einzige Land, welches diesen schönen Gebrauch beibehalten hat. Es ist auch in andrer Beziehung höchst konservativ. Bewahrt es uns doch in seinen Pampas die Zeugen und Beweise eines längst untergegangenen Lebens auf! Ich will nicht vom Mastodon und Megatherium sprechen, aber fragen muß ich Sie doch, Señor, ob auch Sie schon so glücklich gewesen sind, hier einen tertiären Menschen zu sehen?"

„Tertiär?" antwortete der Hauptmann verlegen. „Wollen Euer Gnaden befehlen, was für eine Person ich mir unter einem tertiären Menschen vorstellen soll?"

„Ich befehle nicht, sondern ich bitte bloß. Man hat schon in den älteren Pliocänschichten Feuerspuren und Steinwerkzeuge gefunden. Später entdeckte man da gar drei menschliche Skelette. Es hat also in den Pampas schon zur mittleren Tertiärzeit Menschen gegeben, welche sonderbarerweise ein durchbohrtes Brustbein und dreizehn Rückenwirbel anstatt zwölf besaßen. Möglich, daß wir nach Jahrtausenden deren nur noch elf oder zehn oder auch noch weniger besitzen, was mich gar nicht wundern würde."

„Woraus zu schließen ist," fiel Fritze sehr ernst in spanischer Sprache ein, „daß der noch spätere Mensch gar keine Knochen haben wird."

„Möglich," nickte der Doktor. „Die Umbildung der Lebewesen nimmt ihren ununterbrochenen Gang; wenn wir uns die kommenden Formen auch nicht vorzustellen vermögen. Nehmen wir, um von einem interessanten Beispiel zu sprechen, den Zahn eines Höhlenbären an. Haben Sie schon einen solchen gesehen, Señor Kapitän?"

„Nein," schüttelte der Gefragte, der jetzt allerdings nicht wußte, was er von dem „Oberst" halten solle.

„Dieser Zahn, nämlich der Backzahn, ist in der Weise – – –"

Er wurde unterbrochen. Es traten mehrere Soldaten herein, welche das Gepäck brachten und auf den Boden niederlegten, um sich dann zu entfernen. Das eine Bündel enthielt, wie man sah, zwei Hacken, zwei Spaten und zwei Schaufeln; das andre war aufgeplatzt, so daß ihm einige Bücher entfielen. Der Hauptmann bückte sich dienstbereit, um sie aufzuheben und auf den Tisch zu legen. Dabei fiel, da sich eins derselben öffnete, sein Blick auf den Titel desselben. Da stand gedruckt „*Nuestros predecesores de los Pampas*" – die Vorwelt in den Pampas. Und drüben auf der Innenseite des Einbandes war der Name Dr. Morgenstern, Jüterbogk zu lesen. Schnell öffnete der Offizier das zweite, dritte und vierte Buch; sie waren alle mit demselben Namen gezeichnet. Da fragte er in hastiger Weise:

„Wie nannten Sie sich vorhin, Señor – – Zoolog?" „Doktor Morgenstern aus Jüterbogk." „Ist das etwa Ihr wirklicher Name?" „Allerdings." „Können Sie das beweisen?" „Sehr leicht." „Womit?" „Mit meinem Paß." „Her damit!"

Das klang befehlend, zornig. Der Gelehrte zog seine Brieftasche mit dem Passe hervor und gab den letzteren dem Offizier. Kaum hatte dieser einen Blick hineingeworfen, so rief er aus:

„*Que yerro y que desvergüenza! Mas aun que semejanza! Sois bribones, sois embusteros* – welcher Irrtum und welche Frechheit! Aber auch welche Ähnlichkeit! Ihr seid Schurken, seid Betrüger!"

„Schurken? Und Betrüger? Wir?" fragte Morgenstern. „Señor, wollen Sie gefälligst uns sagen, wie Sie zu einem Urteile gelangen, welches völlig unbegründet ist, *inaniter* würde der Lateiner sagen."

„Lassen Sie mich mit Ihrem Lateiner in Ruhe! Was werfen Sie überhaupt mit dem Latein um sich, da Sie, wie ich aus Ihrem Passe ersehe, ein Deutscher sind! Wie können Sie uns belügen und sich für den Obersten Glotino, den Schwager unsres Generals Mitre ausgeben?"

„Habe ich das?" fuhr Morgenstern nun seinerseits scharf auf. „Wie können Sie es wagen, mich, einen deutschen Unterthan, einen Lügner zu nennen? Haben Sie mich für irgend wen gehalten, so ist das Ihre, aber nicht meine Sache!"

„Schweigen Sie! Wissen Sie, daß ich Sie sofort einsperren kann?"

„Das können Sie; aber sich dann rechtfertigen, das können Sie nicht. Und ein Deutscher läßt sich nicht einsperren, ohne den Betreffenden dann zur Verantwortung ziehen zu lassen!"

„Es sind Ihnen Honneurs erwiesen worden; ich habe Ihnen zu essen und zu trinken gegeben, und meine Soldaten haben sich mit den Gauchos herumgestritten, um Ihnen Pferde zu verschaffen. Und nun stellt es sich heraus, daß Sie ein Gringo (verächtliche Bezeichnung für Ausländer), ein deutscher Bücherwurm sind!"

Morgenstern trat kräftiger auf, als von ihm zu erwarten gewesen war. Fritze hatte bis jetzt geschwiegen, nun aber antwortete auch er, und zwar nicht in höflichem Tone:

„Mäßigen Sie sich, Señor, sonst können Sie in Erfahrung bringen, daß ein deutscher Gelehrter, den Sie Gringo und Bücherwurm schimpfen, kein so unbedeutender Mensch ist, wie Sie zu denken scheinen. Es läuft vielleicht mancher hier herum, mit dem zu tauschen uns gar nicht einfallen würde."

„Meinen Sie etwa mich?" fragte der Hauptmann scharf.

„Wen ich meine, brauche ich nicht zu sagen. Wollen Sie meine Worte auf irgendwen beziehen, so habe ich gar nichts dagegen. Ich wundere mich über die Vorwürfe, welche Sie uns machen. Sie haben uns eingeladen, weil Sie uns verkannten; uns aber ist es nicht eingefallen, Sie zu täuschen. Was wir genossen haben, werden wir bezahlen. In Beziehung auf die uns erwiesenen Honneurs sind wir quitt, denn wir haben auch gegrüßt. Und was die Pferde betrifft, so können Sie dieselben ihren rechtmäßigen Eigentümern zurückstellen, denn wir kaufen uns andre. Was kostet das Essen, und was kostet der Wein, dem man es anschmeckt, daß er kein echter Bordeaux ist, sondern aus einer hiesigen Fabrik stammt?"

Er zog den Beutel, um zu bezahlen. Da aber fuhr der Kapitän zornig auf:

„Was? Ich soll von einem Bedienten Geld annehmen? Bist du toll, Kerl!"

Da trat Fritze einen Schritt auf ihn zu und drohte:

„Kerl? Ich ein Kerl? Ich heiße Friedrich Kiesewetter und bin ein Preuße. Verstanden? Und wer mich du nennt, der macht mit mir Bruderschaft und wird von mir auch geduzt."

„Welch ein frecher Patron! Mensch, ich stecke dich unter meine Soldaten und werde dafür sorgen, daß dein Rücken für ein ganzes Jahr die schönste blaue Farbe annimmt!"

„Versuche es! Ich bin ein Unterthan des Königs von Preußen, dessen Arm gar wohl so weit reicht, dich zu fassen und zu bestrafen, wenn du es wagst, dich an mir zu vergreifen!"

Diese Worte entflammten den Zorn des Offiziers auf das höchste. Er sagte sich zwar, daß er nicht wagen dürfe, seine Drohung auszuführen, wollte aber das Verhalten des Preußen nicht unbestraft lassen; darum eilte er zur Thür, hinter welcher die Ordonnanz stehen mußte, öffnete sie und rief hinaus:

„Herein! Werft mir schnell diesen Menschen hinaus, bis vor das Thor, und greift so fest wie möglich zu! je mehr blaue Flecke er bekommt, desto besser ist es."

Es standen auch noch diejenigen Soldaten draußen, welche die Pakete gebracht hatten. Sie waren durch die lauten Stimmen, welche sie gehört hatten, zurückgehalten worden und kamen schnell herein, um den Befehl auszuführen. Es war ein Gaudium für sie, einen Fremden hinauszuwerfen, und es kam bei ihnen gar nicht in Betracht, daß sie ihn noch vor wenigen Minuten für einen Offizier gehalten hatten.

Fritze griff nach seinem Gewehre, um sich zu verteidigen, war aber klug genug, diese Absicht wieder aufzugeben. Er warf es am Riemen über den Rücken und sagte:

„Rührt mich nicht an; ich gehe selbst! Kommen Sie, Señor Doktor!"

Indem er diese Worte sprach, hob er das Bündel mit den Werkzeugen auf, hob es auf die Achsel und schritt der Thür zu. Man hätte dem kleinen Kerlchen gar nicht zugetraut, daß es ihm gelingen werde, das schwere Paket mit solcher Leichtigkeit zu bewältigen. Seine drohende Haltung imponierte den Soldaten; sie wichen vor ihm zurück und ließen ihn zur Thür hinaus. Da aber herrschte sie der Kapitän an:

„Nennt ihr das Hinauswerfen, ihr Halunken? Sofort ihm nach, sonst setzt es Arrest!"

Sie gehorchten diesem Befehle; der Hauptmann aber wendete sich an den Gelehrten:

„Sie sehen, Señor, wie weit man kommt, wenn man einem Offizier nicht diejenige Höflichkeit erweist, welche er unbedingt zu fordern hat. Was werden Sie thun, wenn ich Sie einsperren lasse?"

„Mich mit Hilfe des Vertreters meines Monarchen an Ihren Präsidenten wenden," antwortete Morgenstern ruhig. „Dann würden Sie ebenso eingesperrt, um zu erfahren, wie weit man kommt, wenn man einem deutschen Unterthan diejenige Rücksicht versagt, welche er unbedingt zu fordern hat."

„Ich finde, daß Sie sehr hochtrabend sprechen."

„Ich spreche stets so, wie die Umstände es erfordern."

„Dann sollten Sie weniger zuversichtlich sein. Die Lage, in welcher Sie sich gegenwärtig befinden, ist keineswegs eine ehrenvolle."

„Die Ihrige noch weniger. Wer einen Señor, den er einsperren will, vorher Oberst genannt und Euer Gnaden tituliert hat, muß befürchten, schwer blamiert zu werden. Ich hoffe, wir sind miteinander fertig. Die Bücher, welche hier liegen, werde ich durch einen Boten holen lassen. Leben Sie wohl, Señor."

Er wendete sich nach der Thür und ging, ohne daß der Kapitän Miene machte, ihn zurückzuhalten, hinaus. Als er die Treppe hinabstieg, hörte er auf dem Hofe einen Lärm, und als er diesen erreichte, sah er ein dichtes Knäuel von Soldaten, in welchem Fritze steckte. Sie hatten die Fäuste erhoben und wollten ihn schlagen, wagten dies aber nicht, da er den Revolver gezogen hatte und drohte, auf jeden zu schießen, der es wagen würde, sich an ihm zu vergreifen. So räsonnierten sie nur und schoben hinter ihm her, auf welche Weise sie ihn im Trab bis vor das Thor brachten, wo er stolperte und mit seinem Bündel niederfiel. Da packten sie ihn, rissen ihm den Revolver aus der Hand und gaben ihm ihre Fäuste zu fühlen. Er wehrte sich mit Händen und Füßen gegen sie und schlug und stieß wacker um sich, bis Morgenstern kam und einige von ihnen mit dem Kolben seines Gewehres zurückstieß.

„Zurück, ihr Halunken!" gebot er. „Habt ihr vergessen, daß ich Offizier bin! Euer Kapitän ist verrückt geworden, daß er es wagt, euch auf den Begleiter eines Coronel zu hetzen. Lauft schnell zum *Medico militar* (Militärarzt)! Ich befehle ihm, den Kapitän sofort zu untersuchen und in Behandlung zu nehmen."

Diese List wirkte sofort. Sie zogen sich verblüfft zurück, und einige von ihnen liefen wirklich fort, um nach dem Arzte zu suchen. Fritze sprang auf, teilte schnell noch einige kräftige Rippenstöße aus, nahm dann sein Bündel wieder auf die Achsel und folgte dem

Doktor, welcher sich mit ziemlich raschen Schritten entfernte. Er ging wieder nach der Stadt zurück und that dies so eilig, um möglichst schnell aus der Nähe der Soldaten zu kommen. Als Fritze ihn eingeholt hatte, schimpfte er:
„Sonne Rotte Korah ist mich auch noch nicht vorjekommen! Dat will Soldat sind? Schönes Heldentum! Dreißig gejen einen einzigen, der noch dazu den Pack tragen muß! Sie wollten mir verhauen!“
„Haben sie dir wehe gethan?“ fragte sein Herr besorgt.
„Dat weiß ick nicht. Ick muß es erst untersuchen. Fühlen thu ick jetzt noch nichts. Hoffentlich kommt dat Zartjefühl nicht noch hinterher. Es ist also doch so jekommen, wie ick sagte: Jehen wir herein, heraus kommen wir allemal wieder; ist es nicht jegangen, so ist es jeschmissen. Und herausjeschmissen haben sie mir, dat kann ick Ihnen schwarz auf weiß bestätigen.“
„Gott sei Dank, daß es nicht noch schlimmer geworden ist! Es war wirklich leichtsinnig von uns, in eine solche Gefahr, lateinisch *Dimicatio*, sich zu begeben. Was thun wir nun? Was schlägst du vor?“
„Wir jehen in ein Hotel.“
„Gibt es hier Hotels?“
„Höchst wahrscheinlich; aber sie werden auch danach sind, so was Sie antediluvianisch zu nennen pflegen. Vielleicht jraben wir eins aus.“
Sie gingen suchend durch einige Straßen und kamen an ein Haus, über dessen Thür auf einem Schild zu lesen war: *„Posada por pasageros*, Gasthaus für Fremde.“ Diese Posada sah freilich gar nicht einladend aus. Das Gebäude bestand aus gestampfter Erde und hatte nur ein Erdgeschoß mit einer breiten, niedrigen Thür und zwei Öffnungen, in denen keine Fenster waren. Nebenan gab es einen von einer Mauer umgebenen Hof, in welchem man Pferde stampfen und wiehern hörte.
„Da hinein?“ fragte der Doktor, indem er ein bedenkliches Gesicht zog.
„Ja,“ antwortete Fritze.
„Es sieht aber genau wie eine Spelunke aus!“
„Det schadet nichts, wenn wir nur nicht wieder herausjeworfen werden, hier ist alles Spelunke. Also man wieder rin ins Vergnüjen!“
Als sie eingetreten waren, sahen sie, daß das Innere dieses Gasthauses aus nur einem Zimmer bestand. Tische und Stühle gab es nicht, dafür aber mehrere Hängematten und niedrige Schemel. Auf einem derselben saß der Wirt, ein hagerer, schmutziger Mensch, welcher sich erhob und unter tiefen Verneigungen nach den Wünschen der Señores fragte. Fritze warf sein Bündel auf den Boden, der aus gestampftem Lehm bestand, und antwortete an Stelle seines Herrn:
„Können Sie uns vier Pferde, zwei Reit- und zwei Packsättel verschaffen?“
„Mieten?“
„Nein, kaufen.“
„Wohin wollen Sie?“

„Nach dem Gran Chaco, nach Tucuman, vielleicht noch weiter."
„Ich habe sehr feine Pferde zum Verkauf. Bemühen sich Euer Gnaden mit in den Hof!"
Er öffnete eine Seitenthür, welche in den Hof führte. Die beiden folgten ihm hinaus. In einer der Hängematten hatte ein Mann gelegen, den sie gar nicht beachteten. Als dieser von dem Pferdehandel hörte, sprang er aus der Matte und folgte ihnen. Draußen standen zwölf abgetriebene und halb verhungerte Gäule, deren Aussehen ein so verkümmertes war, daß selbst der Doktor, obgleich er nichts von Pferden verstand, kopfschüttelnd meinte:
„Das sollen Pferde sein? Ich würde so ein Tier viel eher für das halten, was der Lateiner *Caper* oder *Hircus* nennt."
„Was ist das, Señor?" fragte der Wirt.
„Ein Ziegenbock."
„So sind wir fertig. Meine Pferde sind keine Ziegenböcke."
Er wendete sich stolz ab, um in die Stube zurückzukehren. Da stand der Gast, welcher in der Hängematte gelegen hatte. Dieser betrachtete die beiden Kleinen mit neugierigen Augen, während sie ihn mit derselben Neugierde ansahen. Er war ebenso rot gekleidet wie sie und trug aber lange Stiefel, deren Schäfte seine Oberschenkel bedeckten. Sein Gesicht war so bärtig, daß man von demselben nur die Nase und die Augen sah. Sein Haar hing unter dem Hute, welcher auf dem schon beschriebenen Kopftuche saß, lang bis auf den Rücken herab. Dennoch machte er den Eindruck eines Menschen, vor dem man sich nicht zu hüten brauchte. Er verbeugte sich und sagte:
„Señores, ich höre, daß Euer Gnaden nach dem Gran Chaco wollen, und kann Ihnen vielleicht mit meinem Rate dienen. Wo kommen Sie her?"
„Von Buenos Ayres."
„Wohnen Sie dort?"
„Nein. Ich bin fremd im Lande."
„Ein Fremder? Wo haben Sie Ihre Heimat?"
„In Deutschland."
„Also ein Deutscher! Und was sind Sie? Nehmen Sie mir meine Fragen nicht übel! Ich habe eine gute Absicht dabei."
„Ich bin ein Privatgelehrter, ein Zoolog, und will nach dem Gran Chaco, um dort vorweltliche Tiere auszugraben."
„Ah! Vielleicht ein Mastodon?"
„Hoffentlich!"
„Oder ein Megatherium?"
„Sie kennen die Namen dieser Tiere?"
„Natürlich! Ich bin ein Kollege von Ihnen."
„Was? Auch ein Gelehrter?" fragte Morgenstern verwundert, denn dieser Mann sah wie ein echter Gaucho, nicht aber wie ein Gelehrter aus.
„Allerdings bin ich einer," antwortete er stolz, indem er sich in die Brust schlug.

„Wohl auch Zoolog?“
„Auch, denn ich habe alles studiert. Eigentlich aber bin ich Ciruiano (Chirurg), wenn Euer Gnaden gestatten.“
„Also ein Arzt!“
„Ja. Ich erlaube mir, mich Euer Gnaden vorzustellen. Man kennt mich überall, und Sie werden nur deshalb, weil Sie fremd sind, meinen berühmten Namen noch nicht gehört haben. Ich bin nämlich Doktor Parmesan Rui el Iberio de Sargunna y Castelguardiante.“
„Danke! Ich heiße Doktor Morgenstern, und der Name meines Dieners ist Kiesewetter.“
„Zwei schöne Namen, doch darf ich wohl behaupten, daß der meinige wohlklingender ist und sich auch viel leichter aussprechen läßt. Ich bin einer altkastilianischen Adelsfamilie entsprossen. Was sagen Sie zu einer Amputation des ganzen Beines, und zwar in der Weise, daß man erst die Weichteile abschneidet und dann den Kopf des Oberschenkelknochens sehr einfach aus dem Pfannengelenk des Beckens nimmt?“
„Oberschenkelknochen, *Os femoris* genannt? Und Becken, *Pelvis* geheißen? Ich verstehe Sie nicht, Señor. Warum soll denn dem unglücklichen Manne das Bein amputiert werden? Ist er verwundet? Hat er schon den Brand darin?“
„Keineswegs. Das Bein ist kerngesund.“
„Aber weshalb soll es ihm da abgeschnitten werden?“
„Weshalb? *Cielo!* Welche Frage! Der Mann ist ja ganz munter und wohl; es fehlt ihm nichts, gar nichts. Ich denke überhaupt gar nicht an einen bestimmten Menschen, sondern ich setze nur den Fall, verstehen Sie wohl, den Fall, daß ich ein Bein abzunehmen hätte. Würden Sie mir die nötige Geschicklichkeit zutrauen?“
„Ganz gern, ganz gern, Señor. Aber dennoch bin ich herzensfroh, daß Sie nur den Fall setzen. Ich glaubte schon, ich sollte Ihnen helfen und das Bein des Unglücklichen halten.“
„Das ist gar nicht notwendig, denn ich bedarf keiner Hilfe. Ich verfahre mit solchem Geschick und solcher Schnelligkeit, daß der Patient gar nichts davon empfindet. Erst dann, wenn er geheilt das Lager verläßt, bemerkt er, daß er nur noch ein Bein hat. Und das thue ich nicht nur beim Beine, sondern bei allen Gliedern. Ich sage Ihnen, Señor, ich säble alles, alles herunter!“
Er machte dabei so energische Armbewegungen, daß der Doktor erschrocken ausrief:
„Mein Himmel! Ich bin gesund, vollständig gesund!. Mir brauchen Sie nichts zu amputieren!“
„Leider, leider! Es ist wirklich jammerschade, daß Sie nicht verwundet sind oder einen hübschen Knochenfraß haben. Sie würden sich königlich über die Kunst freuen, mit welcher ich Ihren Körper von dem betreffenden Gliede befreie. Ich habe meine Werkzeuge stets bei mir. Was meinen Sie wohl zum Beispiel vom Heraussägen des Ellenbogengelenkes? Haben Sie diese wunderbare Operation schon einmal gesehen?“
„Nein. Und ich versichere Sie, daß sich meine beiden Ellbogen in vollster Ordnung befinden.“

„O, was das betrifft, so würde es gar nichts schaden, wenn sie durch Schüsse zerschmettert worden oder durch eine komplizierte und veraltete Verrenkung unbrauchbar geworden wären. Ich sägte sie Ihnen zu Ihrem eigenen Entzücken heraus, und dann könnten Sie sich Ihrer Arme ganz leidlich wieder bedienen."
„Das will ich nicht bezweifeln, Señor; aber dennoch ist es mir lieber, gar nicht in die Lage zu kommen, sie mir heraussägen lassen zu müssen."
„So sind Sie zwar ein gelehrter Mann, besitzen aber nicht den Mut, der Wissenschaft ein Opfer zu bringen. Und das ist jammerschade, denn ich säble wirklich alles, alles herunter."
„Ich bewundere Ihre Geschicklichkeit, Señor, habe aber leider keine Zeit, mich weiter über dieses interessante Thema zu verbreiten. Ich suche Pferde für meine Reise, und da ich hier keine passenden gefunden habe, so muß ich jetzt weiter, um –"
„Machen Sie sich keine Sorge," unterbrach ihn der Chirurg. „Ich stelle mich Ihnen zur Verfügung."
„Sie? Wissen Sie vielleicht, wo vier kräftige und ausdauernde Tiere zu haben sind?"
„Ich weiß es nicht nur, sondern ich stehe selbst auch im Begriff, mir eins zu kaufen."
„Wo ist das?"
„Auf einer kleinen Estancia, welche eine halbe Stunde von der Stadt entfernt liegt."
„Wie kommt man da hinaus? Hier geht kein Mensch so weit zu Fuße."
„Wir borgen uns Pferde von dem Wirte, bei dem wir uns jetzt befinden. Diese kurze Strecke vermögen sie uns zu tragen. Er gibt uns einen Peon mit, welcher sie ihm zurückbringt."
„So lassen Sie uns aufbrechen, Señor!"
„Bitte, das hat keine solche Eile. Wir können den Handel erst morgen früh machen. Ich habe mich erkundigt und da erfahren, daß der Estanciero verreist ist und erst heute abend wiederkommt."
„So muß ich mich nach einer andern Stelle umsehen, denn ich habe keine Zeit zu verlieren."
„Warum? Die vorsündflutlichen Skelette laufen Ihnen doch nicht fort."
„Nein; aber ich will eine Gesellschaft von Männern einholen, welche nach der Laguna Porongos vorausgeritten sind."
Der Chirurg horchte auf und erkundigte sich dann:
„Wer ist das? Meinen Sie etwa den Vater Jaguar mit seinen Leuten?"
„Ja, den meine ich. Kennen Sie ihn vielleicht?"
„So genau wie mich selbst. Ich gehöre ja zu ihm. Wir hatten uns hier zu versammeln; ich wurde aber droben in Puerto Antonio unvermutet aufgehalten, so daß ich zu spät kam. Sie sind schon fort. Ich konnte mir freilich hier sofort ein Pferd kaufen, um ihnen nachzureiten; aber in dieser Stadt findet man kein brauchbares Tier. Darum warte ich lieber bis morgen früh, wo ich ein gutes bekomme und nicht Gefahr laufe, es unter mir zusammenbrechen zu sehen."

Doktor Morgenstern hatte ein gelindes Grauen vor diesem Manne gefühlt, der „alles, alles heruntersäbelte“; jetzt aber freute er sich, ihn getroffen zu haben. Darum fragte er: „Sie glauben, daß Sie den Vater Jaguar noch einholen werden?“
„Natürlich! Ich kenne die Route, welche er einschlägt, ganz genau.“
„Das freut mich außerordentlich. Würden Sie uns die Erlaubnis, lateinisch *Concessio*, erteilen, uns Ihnen anzuschließen?“
„Herzlich gern, Señor, da wir beide Jünger der Wissenschaft, also Kollegen sind und ich mich darauf freue, doch vielleicht eine Gelegenheit zu finden, Ihnen zeigen zu können, daß ich mich selbst vor der schwierigsten Amputation nicht fürchte. Hoffentlich stoßen wir mit feindlichen Indianern zusammen; ich nehme natürlich mit Bestimmtheit an, daß dabei einigen von uns mehrere Glieder zerschmettert werden; dann sollen Sie sehen, wie ich meines Amtes walten werde. Das wird nur so fliegen, denn ich säble wirklich alles, alles herunter!“
Er fuhr dabei mit beiden Armen und in einer eigenartigen Weise durch die Luft, um anzudeuten, daß die Knochen und Fleischfetzen „nur so fliegen“ würden. Dieser Mann schien dem blutigen Teile seines Berufes mit außerordentlicher Leidenschaft anzuhängen. Trotzdem fühlte sich Morgenstern jetzt nicht mehr dadurch zurückgestoßen oder gar, wie vorher, eingeschüchtert. Er begann zu ahnen, daß er es hier mit einer zwar krankhaften, doch ganz ungefährlichen Idee zu thun habe. Darum antwortete er lächelnd:
„So bin ich bereit, mit Ihnen bis morgen zu warten. Aber was thun wir bis dahin? Und wo halten wir uns auf?“
„Wir reiten nach der Estancia, wo man uns gastfreundlich aufnehmen wird. Dort essen, trinken, rauchen und schlafen wir. Das ist mehr Beschäftigung, als wir brauchen, um uns zu langweilen. Sie rauchen doch auch, Señor?“
„Nein.“
„Welch ein Wunder! Hier raucht alles, Mann und Weib, Kind und Kegel. Warum Sie nicht?“
„Weil ich eine Nikotinvergiftung befürchte. Hat doch die Wissenschaft nachgewiesen, daß man vom vielen Rauchen den schwarzen Star, *Amaurosis* genannt, bekommen kann.“
„Da müßte man die Zigaretten nicht rauchen, sondern scheffelweise hinunterschlingen. Und selbst da kämen sie doch nur in den Magen, nicht aber in die Augen. Ich könnte ohne das Rauchen nicht existieren. Es regt die Nerven an, erhöht die Lebenskraft, begeistert den Menschen für alles Gute und Schöne und gibt eine so sichere Hand, daß man selbst die schwerste und komplizierteste Amputation mit Leichtigkeit auszuführen vermag. Haben Sie hier in Santa Fé noch viel zu schaffen, oder können wir bald aufbrechen?“
Morgenstern erzählte ihm in kurzen Worten das hier erlebte Abenteuer und sagte ihm, daß er nur noch seiner Bücher bedürfe, um reisefertig zu sein.

„Die werde ich Ihnen sofort holen, Señor," meinte „Doktor" Parmesan.
„Sie? Damit darf ich Sie doch unmöglich belästigen, Señor."
„Warum nicht? Zahlen Sie mir zwei Papierthaler, so thue ich es gern. Übrigens bin ich den Soldaten und Offizieren bekannt. Man wird keinem andern Ihre Bücher so gewiß übergeben wie mir."
Also dieser Mann mit dem langen und wohlklingenden altkastilianischen Namen, der sich „Doktor" nannte, war bereit, für zwei Papierthaler, also für zweiunddreißig deutsche Pfennige, Gepäckträgerdienste zu leisten! Als er von Morgenstern diesen Betrag erhalten hatte, ging er fort und brachte schon nach kurzer Zeit die Bücher getragen. Dann entfernte er sich abermals, um Papier und Tabak zu Zigaretten einzukaufen. Er nahm zu diesem Zwecke einen Ledersack mit, den er gefüllt zurückbrachte. Er hatte ganz richtig gesagt, daß hier jeder rauche. Man wird in der Pampa selten einen Menschen sehen, der nicht eine selbstgedrehte Zigarette im Munde hat.
Der Wirt war gern bereit, gegen geringe Bezahlung Pferde und einen Peon herzuleihen. Eins dieser Tiere bekam Morgensterns Pakete zu tragen; dann stiegen die Männer auf, um nach der Estancia zu reiten. Als sie langsam durch die erste Gasse kamen, standen einige Kinder da beisammen; sie sahen den Chirurgen und rannten augenblicklich in das nächste Haus, indem sie schrieen:
„El carnicero, el carnicero! Huid, huid, de la contrario os amputa – der Fleischhacker, der Fleischhacker! Flieht, flieht, sonst amputiert er euch!"
Er schien also nicht nur überhaupt, sondern den Kindern sogar als abschreckender Popanz bekannt zu sein. Das ärgerte ihn aber keineswegs, sondern er sagte in stolzem Tone:
„Hören Sie es, Señor? O, man kennt mich und meine Fertigkeiten sehr genau. Mein Ruhm ist über sämtliche La Plata-Staaten verbreitet!"
Der Ritt ging an dem Cuartel vorüber, in welchem Morgenstern vorhin die so kurze Rolle eines Obersten gespielt hatte, dann an dem Kirchhofe und mehreren kleinen Ranchos, bis man endlich das Stadtgebiet hinter sich hatte. Zur Linken sahen die Reiter den seeartig ausgedehnten Rio Salado fließen, und vor ihnen lag ein ausgedehntes, hügelig unebenes Heideland. Auf demselben stand, rechts nach dem See hinüber, welchen der Rio Saladillo hier bildet, die Hacienda, von welcher der „Fleischhacker" gesprochen hatte. Sie war nicht sehr groß, dennoch gab es da nicht unbeträchtliche Herden. Man sah wohl an die tausend Schafe weiden; auf der andern Seite grasten, von einigen Gauchos bewacht, mehrere hundert Stück Rinder, und in den Corrals gab es Pferde genug, eine ganze Schwadron Kavallerie beritten zu machen.
Wer über die Pampa oder den Campo, das Feld, reitet, bekommt dreierlei Ansiedelungen zu sehen. Die erste Art derselben sind die Ranchos (sprich Rantschos), kleine Hütten, welche meist aus gestampfter Erde hergestellt sind und Stroh- oder Schilfdächer haben. Oft stehen sie nicht zu ebener Erde, sondern sind mehrere Fuß tief in den ausgegrabenen Boden eingelassen. Von Möbeln nach unsrem Sinne ist keine Rede. Eine Hängematte gilt

als Luxusartikel. Das Mahl wird auf einem Feuerherde bereitet, welcher auch aus Lehm hergestellt ist, denn Steine gibt es in den Pampas nicht. Ein Schornstein ist nicht vorhanden; der Rauch zieht durch die Öffnungen ab, welche als Thür und Fenster bezeichnet werden, doch ist die Thür nicht verschließbar, und in den Fensteröffnungen gibt es weder Glas noch Rahmen. Höchstens vertritt ein Stück geöltes Papier die Stelle der Scheiben.

In diesen Ranchos wohnen die armen Leute, welche auf den Haciendas und Estancien bedienstet sind – die Gauchos.

Dieses letztere Wort ist der Indianersprache entlehnt; die beiden Buchstaben a u bilden keinen Diphthong, sondern werden getrennt ausgesprochen; man muß also Ga-utscho sagen. Der Ga-utschos gehören meist der Klasse der Mestizen an; sie betrachten sich zwar als Weiße und sind auf diese Bezeichnung ungemein Stolz, stammen aber von Indianerinnen und den früher eingewanderten Spaniern ab. Es gibt verschiedene Ansichten über dieselben; der eine lobt und der andre tadelt sie. Das Richtige ist, daß man sie nach den verschiedenen Gegenden, in denen sie leben, auch verschieden beurteilt.

Die Ga-utschos besitzen alle den Stolz des Spaniers und, infolge ihres eigenartigen Lebens, eine ungemeine Freiheitsliebe. Jeder hält sich für einen Caballero und ist sehr höflich gegen andre, um selbst höflich behandelt zu werden. Der ärmste Teufel, ja selbst der Bettler wird „Euer Gnaden" genannt. Derjenige Fremde, welcher glaubt, er dürfe auf einen Gaucho von oben herabblicken, weil er reicher oder gebildeter als dieser ist, wird bald so zurechtgewiesen werden, daß ihm der Hochmut vergeht. Herablassung beantwortet der Gaucho mit der ausgesuchtesten Grobheit oder, falls dies nichts fruchtet, gar mit dem Messer. Behandelt man ihn aber höflich, läßt man ihn als einen menschlich vollständig Gleichberechtigten gelten, so wird man bald einen treuen und aufopfernden Freund an ihm haben. Zu rühmen ist vor allen Dingen seine Ehrlichkeit. So wie er seine Hütte nie verschließt, so wird er selbst auch niemals stehlen. Findet er etwas, so gibt er es, falls die Möglichkeit vorhanden ist, dem Verlustträger ganz gewiß zurück. Ein Gaucho zum Beispiel, welcher so arm war, daß er nicht einmal einen Schemel besaß und das Gerippe eines Pferdekopfes als Stuhl benutzte, fand auf offener Pampa eine Uhr, welche einem ausländischen Reisenden aus der Tasche geglitten war. Er jagte einen Tag lang Von einem Nachbar zum andern, um zu erfahren, wem die Uhr wohl gehören könne, und als er von dem Fremden hörte und nun vermuten mußte, daß dieser sie verloren habe, ritt er ihm zwei Tage lang nach, um sie ihm zu bringen. Als ihm der Reisende eine Geldbelohnung geben wollte, warf er sie ihm verächtlich vor die Füße und kehrte, ohne ein Wort zu sagen, um.

Von Jugend auf an das Pferd gewöhnt, sind die Gauchos ebenso kühne wie unermüdliche Reiter. Sie gleichen darin den Westmännern und Indianern Nordamerikas. Eine Strecke von hundert Schritten zu gehen, fällt dem Gaucho gar nicht ein. Sobald er seinen Rancho verläßt, sitzt er zu Pferde. Zweijährige Kinder sprengen auf halbwilden Pferden jubelnd in die Pampa hinein. Auch die Frauen reiten, und zwar nach Männerart, nicht die Beine auf einer Seite des Pferdes. Oftmals sieht man Mann und Weib zusammen auf einem Pferde sitzen, die Frau dann stets verkehrt auf dem Hinterteile des Pferdes, ohne allen Halt, ihren Rücken an denjenigen des Mannes lehnend. Und doch fällt sie selbst im schnellsten Galopp nicht herab.

Eine Untugend, und zwar eine große, besitzt der Gaucho. Er ist nämlich vollständig gefühllos gegen sein Pferd. Er schnallt den Sattel auf den wunden, eiternden Rücken seines Tieres und gräbt demselben mit den großen, scharfen Sporen tiefe Löcher in die Weichen, ohne daran zu denken, welche Schmerzen er dem armen Geschöpf bereitet. Darum fürchten die Pferde ihren Herrn und gebärden sich wie toll, wenn er sie zusammentreibt, um sich für den Ritt eins mit dem Lasso aus der Herde zu fangen. Bricht es unter ihm zusammen, so läßt er es, noch lebend, für die Geier liegen und holt sich ein andres. Bei den ungezählten Herden, die es im Lande gibt, ist ein Pferd so billig, daß man sich zum Tode eines solchen Tieres vollständig gleichgültig verhält. Daher die zahllosen Pferdegerippe, denen man allüberall begegnet. Man kann, ohne zu übertreiben, sagen, daß die weiten, endlosen Pampas mit Pferdeknochen geradezu gedüngt sind.

Das eigenartige Leben, welches der Gaucho führt, der vollständige Mangel aller Schulen und sonstigen Bildungsmittel und der fortwährende Umgang mit halbwilden Tieren, das sind die Ursachen davon, daß der Gaucho zarteren Regungen vollständig unzugänglich ist. Dazu kommen die traurigen politischen Zustände des Landes. Ein Geschichtsschreiber hat gesagt, daß in den La Plata-Staaten es kein Jahr ohne wenigstens eine kleine Empörung gebe, und es ist wahr, daß seit Menschengedenken dort eine Revolution der andern folgte. Das verroht den Menschen. Der Gaucho, dem ruhigen Leben abgeneigt und durch seinen Beruf abgehärtet, ist jederzeit bereit, sich einem Pronunciamiento – das ist der Ausdruck für Revolte – anzuschließen. Je öfters dies geschieht, desto tiefer drückt die Unbotmäßigkeit sich seinem Wesen ein, und die Folge davon ist, daß die Bewohner derjenigen Distrikte, welche sich öfters gegen die öffentliche Gewalt auflehnen, in Beziehung auf gute Eigenschaften weit hinter den andern zurückstehen. Daher die Verschiedenheit, mit welcher die Bewohner der Pampas beurteilt werden.

Die zweite Art der Niederlassung wird Hacienda genannt. Ein Haciendero betreibt Feld- und Viehwirtschaft zugleich, wird also selten große Herden besitzen. Die dritte Art wird Estancia genannt. Der Estanciero gibt sich nicht mit Ackerbau ab; er züchtet nur Vieh, um dasselbe in die Schlachthäuser zu liefern. Es gibt Estancieros, welche mehrere hunderttausend Stück besitzen.

Diese Tiere befinden sich sowohl im Sommer als auch im Winter stets im Freien. Obgleich sie von reitenden Gauchos beaufsichtigt werden, kommt es häufig vor, daß sie über die Grenze laufen und unter die Herden des nächsten, ja des zweiten und dritten Nachbars gelangen. Um dadurch verursachten Verlusten vorzubeugen, brennt jeder Besitzer seinen Tieren einen Stempel ein, welcher bei der Behörde für ihn registriert worden ist. So kennt jeder sein Eigentum und liefert von Zeit zu Zeit den zugelaufenen Bestand den rechtmäßigen Eigentümern zurück. Beim Verkaufe eines Pferdes oder Rindes wird das Zeichen dadurch ungültig gemacht, daß man es nochmals, und zwar verkehrt, auf das vorherige einbrennt, eine schmerzhafte Manipulation, welcher sich die Tiere natürlich mit aller Anstrengung widersetzen.

Eine solche Zeichnung der noch nicht mit einem Stempel versehenen jungen Rinder war eben im Gange, als die Reiter die Estancia erreichten. Eine Anzahl berittener Gauchos war beschäftigt, die Tiere draußen auf dem Campo zusammen und dann in den dazu bestimmten Corral zu treiben. Unter Corral ist hier ein freier Platz zu verstehen, welcher von hohen, stachelichten Kaktushecken umgeben ist.

Die Rinder wissen ganz genau, daß stets etwas Ungewöhnliches bevorsteht, wenn man sie nach dem Corral bringen will, und weigern sich infolgedessen, ihren Hirten zu gehorchen. So auch hier. Sie versuchten, auszubrechen, stets aber waren die kühnen Reiter da, sie mit hochgeschwungenem Lasso oder kreisender Bola daran zu hindern.

Die Bola ist ein Wurfgeschoß, welches aus drei Blei- oder Eisenkugeln besteht. Jede dieser Kugeln hängt an einem starken, unzerreißbaren Riemen; die Enden dieser Riemen sind zusammengebunden. Der Gaucho nimmt eine der Kugeln in die Hand, schwingt die beiden andern einigemal zielend um den Kopf und schleudert dann die Bola nach dem Tiere, welches er fangen will. Er verfährt dabei mit einer solchen Geschicklichkeit, daß die Bola sich um die Hinterbeine des Pferdes oder Rindes schlingt, und dieses zum Falle bringt.

Die Tiere kennen diese Schleuderkugeln sehr genau und fürchten sie ebensosehr, wie sie den Lasso scheuen. So oft sie ausbrechen wollten, trieb die Angst vor diesen Waffen sie wieder zurück. So kamen sie, zu beiden Seiten und hinter sich die schreienden Gauchos, mit donnerndem Gestampfe herangebraust. Am offenen Corral angekommen, stutzten sie; als aber ein alter, erfahrener Bulle, welcher wohl wußte, daß er für sich nichts zu befürchten hatte, hineinrannte, folgten die andern hinter ihm drein, und die Umzäunung wurde sofort geschlossen.

Da sahen die Gauchos die vier Reiter halten. Sie kamen herbeigeritten. Der vorderste rief, als er den Chirurg erblickte, fröhlich lachend:

„*Cielo*, beim Himmel, das ist *el Carnicero*, der Fleischhauer! Willkommen, Señor! Wollen Sie bei uns vielleicht etwas heruntersäbeln? Wir sind alle gesund und munter. Lassen Sie also Ihre Instrumente stecken!“

Dieser Empfang schien den Doktor Parmesan zu verdrießen, denn er antwortete:

„Lassen Sie solche Scherze, wenn Sie mit einem Caballero sprechen! Wie können Sie mich Carnicero nennen! Ich verbitte mir das! Meine Ahnen wohnten auf altkastilianischen Burgen und Schlössern und haben siegreich gegen die Mauren gekämpft, als von Ihren Vorfahren noch keine Rede war. Für Sie bin ich Don Parmesan Rui el Iberio de Sargunna y Castelguardiante. Das merken Sie sich, Euer Gnaden!“

„Schön, Don Parmesan, ich merke es mir. Übrigens wollte ich Sie keineswegs beleidigen. Sie wissen ja, welche Wertschätzung wir Ihnen widmen, und werden es mir also verzeihen, wenn ich in der Freude über Ihre Ankunft den rechten Ausdruck verfehlte!"
„Das lasse ich mir eher gefallen. Die Reue findet bei mir stets ein versöhnliches Herz. Ich verzeihe Ihnen, zumal ich allerdings weiß, daß Sie meine chirurgische Geschicklichkeit anerkannt haben. Ich mache Sie bei dieser Gelegenheit darauf aufmerksam, daß man bei einer Trepanation der Hirnschale jetzt nicht mehr mit dem zirkelförmigen Trepanum, sondern mit dem Meißel arbeitet. Und was die Heilung des Krebses betrifft, so darf man nicht zu lange bei Umschlägen von Cicuta, rotem Fingerhut und Belladonna verweilen, sondern soll sobald wie möglich zur Exstirpation schreiten. Heraus mit dem Krebs! Man muß das Messer nehmen und schnell – –"
„Bitte, davon später!" unterbrach ihn der Gaucho. „Sie wissen, Don Parmesan, daß wir uns sehr gern von Ihnen belehren lassen, denn es gibt keinen, der ein solches Messer führt wie Sie; aber Sie haben da Señores bei sich, gegen welche wir unhöflich sein würden, wollten wir vom Krebse weiter sprechen oder ihnen gar Löcher in den Schädel meißeln. Darf ich Euer Gnaden um ihre Namen bitten?"
„Die Señores sind neue Bekannte von mir, welche nach dem Gran Chaco wollen, gelehrte, hochstudierte Leute, infolgedessen ihre Namen so schwer auszusprechen sind, daß es mir unmöglich ist, sie Ihnen zu sagen."
„Ich heiße Morgenstern und mein Begleiter Kiesewetter," erklärte der Privatgelehrte. „Wir sind gekommen, um einige Pferde zu kaufen. Hoffentlich sind welche übrig, was der Lateiner *supersum* oder nach Umständen auch *reliquus* nennt."
„Nun, Reliquien sind unsre Pferde nicht; aber der Estanciero wird Ihnen doch gern einige verkaufen. Leider kommt er erst heute abend heim. Sie werden bis dahin unsre Gäste sein und können, wenn Sie sich unterhalten wollen, an der Zeichnung unsrer Rinder teilnehmen."
„Außerordentlich gern! Ich habe so etwas noch nicht gesehen."
„So kommen Sie! Ich werde Sie dem Majordomus vorstellen."
Er ritt ihnen voran nach dem Wohngebäude und rief den Majordomus heraus, welcher die Herren willkommen hieß und in das Zimmer führte. Der Peon aus Santa Fe wurde abgelohnt und kehrte mit den Pferden nach der Stadt zurück.
Der Besitzer der Estancia war gewiß ein wohlhabender Mann, dennoch konnte die Einrichtung seiner Wohnung nicht einmal mit derjenigen eines einfachen deutschen Arbeiters verglichen werden. Die vier Lehmwände waren nackt und leer. Es gab einen alten Tisch, zwei noch ältere Stühle und mehrere niedrige Schemel. Eine Guitarre hing in der Ecke. Das war alles. Der Majordomus lud zum Sitzen ein und begab sich nach der Küche, um den üblichen Mate zu holen, welcher jedem Gaste sofort vorgesetzt wird.
Mate ist Paraguay-Thee; er wird aus den Blättern und Stengeln von *Ilex paraguyensis* gewonnen und hat die Form eines groben Pulvers. Man thut eine Prise desselben in einen kleinen, ausgehöhlten Flaschenkürbis und gießt kochendes Wasser

darauf. Der Thee wird nicht getrunken, sondern mittels einer dünnen, metallenen Röhre, Bombilla genannt, die man in den Mund nimmt, aus dem Kürbis gesogen. Da die Bombilla sehr heiß wird, verbrennen sich Ausländer, welche diese Art des Trinkens nicht gewöhnt sind, gewöhnlich Lippen und Zunge, bis sie gelernt haben, vorsichtig zu sein.
Solchen Mate bekamen die drei Gäste. Der Chirurg sog das Getränk mit Vorsicht in den Mund, Fritze war lange genug im Lande gewesen, um zu wissen, daß er sich in acht zu nehmen habe; der Doktor aber brachte dem Mate sofort den Tribut, welchen in der Regel jeder Ausländer ihm bringt. Die Bombilla war heiß, und er sog zu kräftig, infolgedessen er zu viel des wohl achtzig Grad nach Reaumur haltenden Thees in den Mund bekam. Er verbrannte sich, und da er es für unanständig hielt, den Mate auszuspucken, schluckte er ihn hinab –Natürlich verbrannte er sich auch den Schlund und rief, indem er sein Gesicht schmerzlich verzog:
„O weh, meine Lippen, mein Gaumen, mein Schlund, lateinisch *Labia, Palatum* und *Gluttus* genannt! Das ist ja der reine Teufelstrank, ganz geeignet, die Verdammten in der Hölle innerlich zu martern! Ich danke ganz ergebenst für dieses Ilex-Wasser!"
„Dat habe ick bei die ersten Versuche ooch Jesagt," meinte Fritze. „Bei zu kräftige Anziehungskraft verfeuerwerkert man sich die Jeschmacksorgane, doch dauert's nicht lange, bis man sich injerichtet und den richtigen Manometerdruck anjewöhnt hat. Trinken Sie man weiter, Herr Doktor!"
„Fällt mir gar nicht ein! Ich glaube, mein Schlund ist eine einzige Brandblase!"
Er war durch kein Zureden zu bewegen, noch einen Zug zu thun. Die beiden andern aber hatten ihre Calabazas (Flaschenkürbisse) bald ausgeleert, und dann wurden sie von dem Majordomus aufgefordert, sich mit nach dem Corral zu begeben, um dem hochinteressanten Zeichnen der Rinder beizuwohnen. Don Parmesan legte seinen roten Poncho, sein Kopftuch und die Chiripa ab, welche beide von derselben Farbe waren. Von Morgenstern nach dem Grunde befragt, antwortete er:
„Wissen Euer Gnaden noch nicht, daß die rote Farbe diese halbwilden Rinder reizt? Wer rot gekleidet ist, soll sich hüten, einem Toro nahe zu kommen."
„Meinen Sie? Meines Wissens ist es nur vom Puter wissenschaftlich festgestellt, daß er gegen diese schöne Farbe idiosynkrasiert. Aber daß auch das Rind, *Bos* auf lateinisch, denselben Widerwillen besitzt, ist wohl hie und da geäußert, aber noch von keinem Zoologen mit unumstößlichen Beispielen belegt worden. Da ich nun Zoolog bin und hier eine so vortreffliche Gelegenheit finde, mir hier den Stoff zu einer gelehrten Abhandlung über dieses Thema zu sammeln, so würde es eine Sünde gegen die Wissenschaft sein, wenn ich meine roten Kleidungsstücke ablegen wollte."
„Aber Sie begeben sich in Gefahr, Señor!"
„Der echte Jünger der Wissenschaft darf, wenn es gilt, ein Problem zu lösen, nicht fragen, ob eine Gefahr damit verbunden ist. Ich bleibe also angekleidet, wie ich bin."

„Ick ooch," stimmte Fritze bei. „Da ich der Diener eines Zoologen bin, darf mir selbst der größte Ochse nichts andres als nur ein Gegenstand dieser edlen Wissenschaft sein."

Der Majordomus hatte jedenfalls seine eigenen Gedanken, hielt es aber nicht für nötig, auch seinerseits eine Warnung auszusprechen, die doch auch ohne Erfolg gewesen wäre.

Man ging hinaus. Der Haupteingang des Corrals war zu, doch gab es neben demselben eine kleine, schmale Öffnung, durch welche ein Mensch schlüpfen konnte; diese benutzten die drei Gäste, um in den Corral zu kommen. Der Majordomus blieb außerhalb desselben.

Der Rodeo, wie man das Zusammentreiben einer Herde in die Corrals nennt, war im vollsten Gange. Die Masse der Rinder hielt eingeschüchtert im hintern Teile des umzäunten Platzes; das Jungvieh aber, welches gezeichnet werden sollte, jagte, von den Gauchos verfolgt, auf dem freien Raume umher. Jedes Rind, welchem die Marke aufgebrannt werden sollte, mußte eingefangen und so gefesselt werden, daß es keinen Widerstand zu leisten vermochte. Dazu gehörten, wie es hier auf dieser Estancia gehandhabt wurde, fünf Gauchos. Andre waren beschäftigt, ein Feuer zu unterhalten, in welchem die Stempel glühend gemacht wurden.

Der ganze Vorgang ging folgendermaßen vor sich: Das betreffende Rind wurde zunächst von den übrigen geschieden. Während es dann über den Platz rannte, jagte ihm ein Gaucho nach, um ihm den Lasso über den Kopf zu werfen. Die Schlinge zog sich stets mit unfehlbarer Sicherheit um den Hals zusammen, benahm dem Tiere den Atem und riß es nieder. Sofort waren die vier andern Gauchos bei der Hand, um ihre Schlingen um die Beine zu werfen. Die Pferde, auf denen diese fünf Reiter saßen, und an deren Sattelknöpfe die Enden der Lassos befestigt waren, kannten das, was sie zu thun hatten, sehr genau; sie zogen, jedes in der betreffenden Richtung, die Lassos straff an, wodurch die Beine des Rindes scharf ausgestreckt wurden, und in diesem Augenblicke sprang ein sechster Gaucho mit dem glühenden Stempel herbei, um ihn dem Tiere auf den linken Oberschenkel zu drücken. War dies geschehen, so ließ man es frei; es sprang auf, rannte, vor Schmerz und Aufregung brüllend, einige Male hin und her und kehrte dann zur Herde zurück, um sich in derselben zu verstecken.

Diese Prozedur lief nicht immer glatt ab. Zuweilen saß ein Lasso nicht an der gewünschten Stelle fest; das Tier konnte sich also bewegen und sich wehren. Dann war Hilfe oder doppelte Anstrengung notwendig, und das ging nicht ohne Rufen und Schreien, ohne Scenen ab, bei denen es einem Europäer hätte angst und bange werden mögen. Das gequälte Rind sträubte sich brüllend; die andern stimmten ein und stoben schnaubend auseinander, um auf dem Platze umherzujagen, bis sie von den Gauchos mit hochgeschwungenen Lassos und Bolas wieder zusammengetrieben wurden. Da kam es vor, daß ein widerspenstiger Ochse sich zur Wehr setzte und der angegriffene Reiter sich nur durch Aufbietung aller seiner Geschicklichkeit zu retten vermochte.

„Dat ist allerdings hochinteressant," sagte Fritze nach einer solchen Scene zu seinem Herrn. „Ick habe doch auch schon zu Pferde jesessen, aber sonne Jelenkigkeit, wie hier

erforderlich ist, kann ick nicht aufweisen. Ick bin überzogen, daß dat erste beste Rind mir über den Haufen rennen würde, Ihnen nicht auch, Herr Doktor?"
„Mit mathematischer Gewißheit kann ich diese Frage nicht beantworten," meinte bedachtsam der Doktor. „Ich habe noch keine Erfahrungen darüber, und man soll, wie die Wissenschaft lehrt, nur das behaupten, was man beweisen kann. Übrigens liegt mir an dem Beweise, daß ich umgerannt würde, bedeutend weniger als an demjenigen, daß der Wiederkäuer, welchen wir mit dem Worte Rind bezeichnen, wirklich einen so großen Widerwillen gegen die rote Farbe hat, wie vorhin behauptet wurde. Ich hoffe, du wirst mir behilflich sein, einen darauf bezüglichen Versuch anzustellen."
„Sehr jerne, wenn es nämlich ohne zerbrochene Gliedmaßen jeschehen kann."
„Ohne allen Zweifel!"
„So? Denken Sie doch an den Büffel beim Stierjefecht!"
„Das war ein *Bison americanus*, während wir es hier mit einfachen argentinischen Rindern zu thun haben. Ich beabsichtige eine Probe zu machen, und zwar eine Doppelprobe. Wir sind beide rot gekleidet; ich nähere mich einem Ochsen, und du bemühst dich, an eine Kuh zu kommen. Auf diese Weise erfahren wir nicht nur, ob das Rind im allgemeinen die betreffende Abneigung besitzt, sondern es wird zugleich auch die besondere und sehr wichtige Frage beantwortet, bei welchem *Genus* diese Aversion bedeutender ist, ob beim *Genus masculinum* oder bei dem *Genus femininum*."
„Jut, aber wenn ick nun jrad an den bösern *Genus* jerate!"
„Das steht nicht zu erwarten, da ich den Ochsen auf mich nehmen werde und jede Eigenschaft, also voraussichtlich auch dieser Widerwille, beim männlichen Geschlechte schärfer ausgeprägt ist, als beim weiblichen, welches ja bekanntermaßen stets die schwächere Hälfte bildet. Also, bist du bereit?"
„Ja, ick will mir Ihnen zu Jefallen für diese zoologische Frage interessieren."
„Es ist nicht eigentlich eine allgemein zoologische, sondern eine besonders zoopsychologische."
„Dat ist eins und dasselbe. Ob ick zoologisch oder zoopsychologisch niederjerannt werde, bleibt sich gleich. Beides ist gleich unanjenehm, soll aber für Ihnen jewagt werden."
„So nimm du die Kuh, welche eben jetzt gebrannt wird."
Er zeigte auf das Tier, welches eben jetzt gefesselt an der Erde lag, um die Marke zu erhalten. Die beiden Deutschen hatten bisher an der Umzäunung und hinter den Gauchos gestanden, welche das Feuer unterhalten mußten, und dies war wohl der Grund, weshalb den Tieren die rote Farbe ihrer Kleidung noch nicht aufgefallen war. Fritze folgte der Aufforderung seines Herrn und ging schnell nach der Stelle, wo die Kuh soeben von ihren Fesseln befreit wurde. Als die Gauchos dies sahen, riefen sie ihm von mehreren Seiten zu:
„Arredro, arredro! Que demencia, que locura – zurück, zurück! Welch ein Wahnsinn, welch eine Verrücktheit!"

Er ließ sich nicht aufhalten und ging weiter. Eben löste sich der letzte Lasso und zwar vom Halse der Kuh. Sie sprang auf und wendete sich zur Flucht. Da fiel ihr Auge auf den unvorsichtigen Deutschen. Durch die rote Farbe seines Anzuges gereizt, senkte sie den Kopf zum Angriffe; aber die Behandlung, welche sie vor wenigen Augenblicken erfahren hatte, übte doch noch eine einschüchternde Wirkung; das Tier stand einige Augenblicke mit gesenkten Hörnern, warf dann den Kopf empor und rannte davon.
„Welch ein Glück!“ ertönte es von den Lippen der Gauchos. „Eilen Sie zurück, eilen Sie, Señor! Bleiben Sie dort am Zaune! Wissen Sie denn nicht, daß die rote Farbe diesen Tieren zuwider ist?“
„Ich wußte es nicht genau und wollte deshalb versuchen, ob es wahr ist,“ antwortete er, indem er langsam zurückkehrte.
„Versuchen Sie es nicht noch einmal; es könnte Ihnen nicht wieder so glücken, wie das jetzt der Fall war!“
Aus ihren Worten sprach nicht nur die Besorgnis um ihn, sondern auch der Unwille darüber, daß er es ohne ihre Erlaubnis gewagt hatte, sich der Kuh zu nähern, um sie zu reizen. Er wäre von ihnen wohl weiter zurechtgewiesen worden, wenn sie Zeit gehabt hätten, sich länger mit ihm zu beschäftigen. Er aber trat siegesfroh zu Morgenstern und sagte:
„Nun, sind Sie mit mich zufrieden? Die Probe ist, denke ich, jenügend ausjefallen.“
„Allerdings,“ nickte der Doktor. „Die Kuh wollte auf Sie losgehen, besann sich aber eines andern. Es ist daraus mit Sicherheit zu schließen, daß ihr die rote Farbe unangenehm war, doch nicht in einem Grade, der sie zum wirklichen Angriffe, lateinisch *Aggressio* geheißen, veranlaßt hätte. Wir haben es also bei diesem *Genus femininum* mit einer Abneigung geringen Grades zu thun, und ich werde mir nun ein *Masculinum* suchen, um einen vergleichenden Beweis erbringen zu können.“
Während dieser kurzen Unterhaltung waren einige Gauchos in die Herde eingedrungen, um wieder ein Stück zwischen ihre Lassos zu nehmen. Die Färse, auf welche sie es abgesehen hatten, hielt ganz in der Nähe des alten Bullen, welcher als erster in den Corral gegangen war. Er hatte sich bisher ruhig verhalten; als aber jetzt die Riemen so nahe bei ihm geschwungen wurden, glaubte er, es sei auf ihn abgesehen, brach mit Gewalt aus dem Rebaño (Herde) und galoppierte brüllend über den freien Platz gerade auf das Feuer zu. Die dort befindlichen Gauchos warfen die Arme in die Luft und schrieen ihm entgegen, um ihn dadurch zur Umkehr zu bewegen. Er blieb auch wirklich kurz vor ihnen halten und glotzte sie mit stieren Augen an. Einer riß einen Brand aus dem Feuer und warf ihm denselben an den Kopf; da drehte sich der Stier um, jedenfalls um zurückzukehren, hielt aber schon bei halber Wendung inne und ließ ein zorniges Brummen hören.
Die Ursache dazu hatte ihm Morgenstern gegeben, welcher ihm entgegengetreten war und jetzt kaum vier Schritte entfernt vor ihm stand.
„*Lugar, lugar* – auf die Seite, auf die Seite!“ schrieen die Gauchos.

Der Bulle drang nämlich mit einem ganz plötzlichen Sprunge auf den kleinen Gelehrten ein, und es war für diesen ein Glück, daß er den Warnungsrufen augenblicklich Folge leistete und eine schnelle Wendung nach rechts machte, denn nur dadurch entging er den Hörnern des Tieres, welches an seiner linken Seite vorüberschoß, sich aber rasch umwendete, um ihn wieder anzunehmen.
„*Lugar, lugar*!" riefen die Gauchos von neuem. Dabei sprengten die Reiter heran, um die Aufmerksamkeit des Angreifers von dem Deutschen ab, und auf sich zu lenken.
Morgenstern wich abermals glücklich aus, doch ging die ihn bedrohende Hornspitze nicht weiter als drei Zoll an ihm vorüber. Erst jetzt blitzte in ihm die Einsicht auf, daß er sich in eine große Gefahr begeben habe, und die Sorge um sein Leben gab ihm einen ebenso plötzlichen wie eigenartigen Gedanken ein. Er konnte sich nur retten, wenn es ihm gelang, den gefährlichen Hörnern auszuweichen; der Ochse hatte die Hörner vorn, und so war also nur hinter ihm Sicherheit zu finden. Dieser Gedanke wurde von dem kleinen Männchen ebenso schnell ausgeführt, wie er gekommen war: Morgenstern sprang hinter dem Ochsen drein. Dieser wendete sich wieder um und sah seinen Gegner nicht mehr stehen, wo er gestanden hatte, bemerkte ihn aber hinter sich. Sich abermals umdrehend, suchte er ihn zu erreichen; aber der Gelehrte war behend und machte die Schwenkung mit, um hinter dem Feinde zu bleiben. Dies wiederholte sich mehrere Male, und zwar so schnell, daß die Gauchos ihre Bolas und Lassos nicht anwenden konnten, ohne den Deutschen zu gefährden. Aber diese Schnelligkeit verschlimmerte seine Lage; er fühlte, daß er derselben nicht gewachsen sei und bald ermüden werde. Gab es denn gar keine Rettung, keinen Halt? Gewiß gab es einen Halt, ganz nahe da vor ihm! Er griff mit beiden Händen zu und hielt sich an dem Schwanz des Ochsen fest. Solange er da hängen blieb, konnten ihn die Hörner nicht erreichen.
Als der Stier sich da ergriffen fühlte, wo ihn noch niemals eine solche Realinjurie getroffen hatte, blieb er zunächst einige Sekunden lang in sprachlosem Erstaunen stehen; dann sprang er mit beiden Hinterbeinen zur Seite, um das Anhängsel abzuschleudern, was ihm aber nicht gelang, da Morgenstern auf Tod und Leben festhielt. Hierdurch an allen seinen Einsichten, Kenntnissen und Erfahrungen erst recht irre geworden, hielt der verblüffte Bulle es für das klügste, die Partie vollständig aufzugeben, selbst wenn der Schwanz dabei verloren gehen sollte. Er ließ ein klägliches Brüllen hören und rannte spornstreichs seiner Herde zu.
Hatten die Gauchos erst gebrüllt, was die Lungen nur hergaben, um das Tier von dem Gelehrten abzuhalten, so lachten sie jetzt ebensosehr über den Anblick, der sich ihnen bot. Der Stier schien vor Entsetzen ganz außer sich zu sein; er machte die tollsten, bockbeinigsten Sprünge, bald nach rechts und bald nach links den Hinterkörper werfend. Man hörte seinem Gebrüll die Angst, welche er empfand, ganz deutlich an. In dieser Weise hatte noch kein Gaucho einen Ochsen brüllen hören. Morgenstern hielt fest. Er konnte nicht so schnell laufen wie sein Vordermann, verlor infolgedessen die Erde unter den Füßen und wurde fortgeschleift, bis seine Kräfte nachließen und er den

Schwanz losließ, was einen Purzelbaum zur Folge hatte, wie er ihn so ungeheuer wohl noch nie im Leben geschlagen hatte.

Da erreichte das Gelächter der Gauchos eine Stärke, daß man hätte meinen mögen, es sei eine ganze Armee in Lachkrampf gefallen, wodurch die Angst des Bullen derart vergrößert wurde, daß er wie ein Pfeil zwischen seinesgleichen hinein- und hindurchfuhr, bis er die hinterste Ecke erreichte, wo er schnaubend stehen blieb und da jedenfalls das stille Gelübde that, niemals wieder mit einem Zoologen aus Jüterbogk anzubinden.

Morgenstern war ganz ohne alle Verletzung davongekommen. Er erhob sich vom Boden, befühlte einige seiner Gliedmaßen und kehrte dann langsam dahin zurück, wo er vorhin gestanden hatte. Die Gauchos kamen, noch immer lachend, herbei, um ihm zu gratulieren. Derjenige aber von ihnen, der die Reisenden bei ihrer Ankunft angeredet und nach dem Wohnhause geführt hatte – er mochte wohl der Oberpeon sein – sagte sehr ernst:

„Sie sind im höchsten Grade unvorsichtig gewesen, Señores, und scheinen selbst jetzt noch nicht zu wissen, daß Sie Ihr Leben auf das Spiel gesetzt haben. Wie kommen Sie, und zwar beide, denn eigentlich dazu, sich in dieser Weise an die Rinder zu wagen?“

„Infolge eines zoopsychologischen Problems,“ antwortete Morgenstern.

„Diese Worte verstehe ich nicht.“

„Ich wollte erfahren, ob die rote Farbe wirklich im stande ist, diese Familie der Wiederkäuer so in Zorn zu bringen.“

„Ah! Und deshalb wagten Sie Ihr Leben? Das konnten Sie billiger haben. Hätten Sie uns gefragt, so wären wir gern bereit gewesen, Ihnen alle Auskunft zu erteilen.“

„Sind Sie Zoolog?“

„Nein; ich bin Gaucho.“

„So hätte Ihre Aussage mir nicht genügen können. Hier gelten nur anerkannte Autoritäten.“

„Señor, wenn ich auch nicht zu den Autoritäten zähle, so bin ich doch jedenfalls ein Caballero!“ meinte der Mann beleidigt. „Glauben Sie, daß ich Sie belügen würde?“

„Nein. Sie würden mir sagen, was Sie für wahr halten; aber das kann doch kein Grund sein, Ihre Ansicht als eine wissenschaftliche Wahrheit einzuführen. Eine solche Wahrheit kann nur von Fachmännern festgestellt werden.“

„Ich bin kein Gelehrter und will nicht annehmen, daß Sie mich beleidigen wollen, denn Sie sind unser Gast. Sie sind jedenfalls Fachmann, und es freut mich, daß Sie nun auf Grund eigener Erfahrung eine Wahrheit, die wir längst kannten, feststellen können. Aber Ihre Unvorsichtigkeit hat auch uns in Gefahr gebracht. Das sehen Sie wohl ein?“

„Wieso Sie in Gefahr?“

„So wissen Sie wohl gar nicht, was eine Estampeda ist?“

„Nein.“

„Eine Estampeda ist eine durchbrechende, durchgehende, aufgeregte, fliehende Pferde- oder Rinderherde. Infolge Ihrer Unvorsichtigkeit konnten wir alle sehr leicht unter die Hufe gestampft werden. Hoffentlich geben Sie mir wenigstens in dieser Beziehung recht und haben die Güte, dafür zu sorgen, daß weder Sie selbst noch wir durch Ihre roten Anzüge wieder in Verlegenheit gebracht werden."

Er wendete sich ab, und die andern Gauchos folgten diesem Beispiele. Sie fühlten sich beleidigt, daß ihr Anführer nicht als „Autorität" anerkannt worden war. Die beiden Deutschen verstanden den ihnen gegebenen Wink und entfernten sich durch die Lücke aus dem Corral. Draußen vor der Umzäunung meinte Fritze:

„Dat jing jrad wie im Cuartel von Santa Fe. Nicht?"

„Wieso?"

„Wir sind herausjeworfen worden, hier moralisch und dort auf unmoralische Weise. Ick muß sagen, daß unser Ritt sehr jut anfängt. Wir haben noch nicht mal Pferde und sind gleich am ersten Tage zweimal ex jeliefert worden. Wenn dat in diese Weise fortjeht, so werden wir aus dem Gran Chaco jeworfen, aus Peru jestoßen, aus Amerika jeschmissen und sitzen dann im jroßen Ozean, wat man dat Stille Weltmeer nennt, und warten dort, bis wir durch eine neue Sündflut als vorjeschichtliche Walfische herausjebuddelt werden. Man hat unsre Ambition beschädigt; wir aber besitzen wenigstens den Trost, daß die wissenschaftliche Wahrheit festjestellt worden ist: Der Puter ärjert sich nicht alleine über die rote Farbe."

„Ja," nickte der Doktor. „Ich werde der Akademie der Wissenschaften eine Abhandlung über diesen Gegenstand einsenden. Es ist nun heutigestags unwiderleglich bewiesen, daß die Rinder einen Widerwillen gegen die rote Farbe haben."

„Und zwar beide Jeschlechter."

„Allerdings, aber doch in verschiedenem Grade. Das *Masculinum* war empfindlicher als das *Femininum*. Du wurdest nicht angegriffen, während der Stier mich in eine beinahe unkomfortable Lage brachte."

„Aber woher denn diese Aversion gejen diese Farbe, welche jrade meine Lieblingsfarbe ist?"

„Das läßt sich jetzt nicht sagen. Die Thatsache ist festgestellt; den Gründen muß man noch nachspüren. Ob es vielleicht darin liegt, daß die roten Farbenstrahlen im Sonnenspektrum durch das Prisma am schwächsten gebrochen werden? Die roten Strahlen schwingen in einer Sekunde nur fünfhundert Billionen mal."

„Sollte dat dem Bullen aufjefallen sind?"

„Von dieser Zahl hat er höchst wahrscheinlich keine Vorstellung. Aber wenn z. B. das Violett in der Sekunde achthundert Billionen Schwingungen macht, so ergibt das einen Unterschied von dreihundert Billionen, welcher so groß ist, daß er selbst auch dem Auge eines Wiederkäuers wohl aufzufallen vermag. Doch bedarf das jedenfalls noch der Aufklärung. Ich habe meinen nächsten Zweck erreicht und dabei zugleich eine

Entdeckung gemacht, über welche jeder Menageriebesitzer in Entzücken geraten wird, wenn ich sie veröffentliche."
„So? Welche denn?"
„Wie selbst das wildeste Tier sofort zu bändigen ist. Man hängt sich einfach an den Schwanz desselben. Die Situation ist zwar nicht übermäßig bequem, doch wird das einen Tierbändiger nicht hindern, meinem Beispiele zu folgen; ich bin überzeugt, daß es jeder wenigstens einmal versuchen wird."
„Hm! Dat ist nun sonne Sache! Ick möchte mir zum Beispiel nicht an den Schwanz eines Löwen oder einer Riesenschlange hängen."
„Es kommt auf den Versuch an, und ich bin der Wissenschaft zuliebe jederzeit bereit, ihn zu machen. Das Sprichwort sagt so wahr: Probieren geht über studieren."
„Wat mir betrifft, so möchte ick diese Anjelejenheit doch weit lieber in einem Buch studieren, als mit so 'nem indischen Königstiger."
Sie waren während dieses gelehrten Gespräches langsam weitergegangen und hatten nicht bemerkt, daß der Chirurg ihnen gefolgt war. Jetzt holte er sie ein und sagte:
„Señores, die Gauchos sind sehr erzürnt auf Sie. Ich warnte, doch Sie achteten meiner Worte nicht und kamen in Gefahr. Leider aber ließ der Bulle sich ins Bockshorn jagen."
„Leider?" fragte Morgenstern verwundert.
„Ja, leider! Denn wenn er nicht so erschrocken wäre, hätte ich Gelegenheit gehabt, Ihnen meine Kunst zu zeigen."
„Wieso?"
„Er hätte Sie entweder aufgespießt oder Ihnen einige Knochen zerbrochen. Wie glücklich hätte es mich gemacht, Euer Gnaden beweisen zu können, daß ich ein Meister in der Behandlung jeder Art von Wunden und Knochenbrüchen bin. Ich ziehe den längsten Splitter heraus, ohne daß die Blutung sich vergrößert. Ich bin in jedem Augenblicke zur subtilsten Operation bereit. Was sagen Sie zum Beispiel zur Exstirpation der Nasenknochen?"
„Der Nasenknochen?" fragte Fritze, indem er unwillkürlich und schnell an seine Nase griff. „Hoffentlich haben Sie es nicht auf mein Gesicht abgesehen. Exstirpieren Sie wen und was und wo und wann Sie wollen, aber mich lassen Sie in Ruhe! Sie sind ja ein ganz gefährlicher Mensch! Uns, die wir Ihre Freunde sind oder wenigstens werden sollen, wünschen Sie zerstoßene Leiber und zerbrochene Knochen! Ist so etwas erhört? Das ist eine Unhöflichkeit, welche Ihnen nicht zur Ehre gereicht, Señor."
„Was das betrifft, Señor Federico (Friedrich), so haben Sie mir keine Vorwürfe zu machen, denn auch Sie sind unhöflich gewesen, nämlich gegen die Gauchos. Man sagt keinem Caballero, daß er nicht Fachmann sei. Das hat die Caballeros so beleidigt, daß Sie von ihnen kein Entgegenkommen zu erwarten haben. Sie werden das bemerken; doch sprechen wir nicht weiter über diesen Gegenstand; gehen wir lieber nach dem Corral der Pferde, um zu sehen, welche Art von Tieren wir da zu kaufen bekommen werden."

Der Corral war leer. Um die Pferde zu sehen, mußten sie hinaus auf den Camp gehen, wo dieselben weideten. Die Estancia gehörte, wie bereits gesagt, nicht zu den größeren, und dennoch war es erstaunlich, welch eine Menge des Weideviehes es hier gab.
Das Hauptprodukt der La Plata-Staaten ist das Vieh; die Estancieros züchten Pferde, Rinder und Schafe. Das europäische Pferd wurde 1536 durch Mendoza, das Schaf 1550 aus Peru und das Rind 1553 von Brasilien her eingeführt. Nur selten reitet man eine Stunde lang durch das Land, ohne ganze Majados (Herden) dieser Tiere zu erblicken. Man rechnet, daß eine Quadratlegua 20000 Schafe oder 300 Stück Hornvieh, welch letzteres sich in guten Jahren um bis 800 Stück vermehrt, zu ernähren vermöge.
Den Schafen wird, der Wolle wegen, das bessere Weideland überlassen; ihnen widmet man einige Sorgfalt. Um die Pferde und Rinder kümmert man sich weniger. Sie stehen unter der Aufsicht von Gauchos und Hunden, und der Besitzer nimmt nur dann Notiz von ihnen, wenn sie entweder gezeichnet oder verkauft werden sollen. Für eine Stute zahlt man höchstens 16, für ein gutes Reitpferd nicht mehr als 60 Mark. Ein Stück Hornvieh, welches nach dem Saladero verkauft wird, kostet meist weniger als 50 Mark. Saladeros sind große Schlachthäuser, in denen die Rinder in Massen getötet werden. Das Wort leitet sich von dem spanischen *salar*, einsalzen, ab. In diesen Etablissements werden die Häute eingesalzen und ungeheuere Talgmengen gewonnen. Einer der berühmtesten Saladeros ist derjenige zu Fray Bentos, wo Liebigscher Fleischextrakt gewonnen wird. Man schlachtet da täglich bis 900 Stück Rinder und zerkleinert die Muskeln mit Maschinen, von denen jede in der Stunde das Fleisch von 200 Ochsen zerschneidet. Das gesamte Fleisch eines Ochsen liefert nur drei Kilogramm Extrakt.
Als die drei Männer sich überzeugt hatten, daß es hier bessere Pferde gab als im Gasthofe zu Santa Fé, kehrten sie nach der Estancia zurück. Dort war man indessen mit dem Zeichnen der Rinder fertig geworden; der Corral wurde geöffnet und die Tiere stürmten, froh, der Gefangenschaft entronnen zu sein, in das Freie. Zwei hatte man zurückgehalten, um sie zu schlachten. Die Reisenden näherten sich, um zuzusehen, in welcher Weise dies geschah.
Der Anblick, welcher sich ihnen bot, war ein höchst widerwärtiger. Die Kühe ahnten, was ihnen bevorstand und brüllten vor Angst. Sie wurden, um ihr Blut zu erhitzen, weil nach der Meinung der Gauchos das Fleisch dann besser schmeckt, eine Zeitlang im Corral umhergehetzt und dann ganz in der oben beschriebenen Weise, als ob sie gezeichnet werden sollten, mit Hilfe der Lassos niedergerissen. Nachdem ihnen einfach die Gurgel durchschnitten worden war, warfen sich die rohen Menschen auf die noch lebenden und vor Schmerz sich bäumenden und mit den Beinen um sich arbeitenden Tiere und schnitten ihnen ganze, lange Stücke rauchenden und zuckenden Fleisches mitsamt der Haut aus den Leibern. Das Todesröcheln, welches sich aus den offenen Gurgeln drängte, war, verbunden mit den gierigen Zurufen der Gauchos, für ein zivilisiertes Ohr nicht anzuhören. Morgenstern ging mit Fritz davon. Der Chirurg aber

blieb und zog sein Messer, um sich auch eine Portion zu nehmen. Das unmenschliche Schauspiel war ihm etwas Gewohntes.

Der Gaucho spießt dieses Fleisch an Hölzer oder gleich an sein Messer und hält es über das Feuer, um die angebratene Seite in den Mund zu stecken, den Bissen unter der Nase abzuschneiden und es dann weiter zu braten. Asado nennt er dieses noch im Blute geröstete Fleisch. Sitzt aber gar noch die Haut (*cuero*) daran, so bildet der Braten seine allergrößte Delikatesse und wird *Asado con cuero*, Asado mit der Haut genannt.

Bald brannten die Feuer, an denen die Gauchos und andern Bediensteten saßen, um ihr Lieblingsgericht zu verzehren. Um die beiden Deutschen kümmerten sie sich nicht, ganz so, wie der Chirurg gesagt hatte. Dieser aber leistete ihnen bei ihrem Mahle und bei ihrer Unterhaltung Gesellschaft, obgleich sie ihn nicht etwa mit großer Hochachtung behandelten. Seine Versessenheit auf die Chirurgie hinderte ihn, zu bemerken, daß sie mehr ironisch, als ernsthaft mit ihm verkehrten.

Doktor Morgenstern wäre ganz verlassen gewesen, wenn der Majordomus es nicht für seine Pflicht gehalten hätte, sich seiner anzunehmen. Er widmete ihm einige freie Viertelstunden und sorgte dafür, daß es nicht an Speise und Trank gebrach.

So verging der Tag, und der Abend kam, mit ihm der Estanziero, der sich sofort bereit erklärte, fünf Pferde zu dem landläufigen Preise zu verkaufen. Er war erfreut, Europäer bei sich zu finden, von denen wenigstens der eine so kurze Zeit im Lande weilte, daß er über die jüngsten Ereignisse von drüben zu berichten vermochte. Die Gauchos saßen draußen bei ihren Feuern, aßen immer noch oder wenigstens schon wieder, denn so ein Mensch vermag ungeheuere Mengen Fleisch zu verzehren, und füllten die Pausen mit kräftigen Scherzen, leidenschaftlichen Erzählungen und patriotischen Liedern, welche sie mit ihren Guitarren begleiteten. Es gibt selten einen Gaucho, der nicht eine Guitarre besitzt.

Der Estanziero hatte bei seiner Ankunft von ihnen erfahren, was im Corral geschehen war, und schon da den Kopf dazu geschüttelt, daß ein Mensch es wagen könne, mit einem Bullen anzubinden, um sich zu überzeugen, ob derselbe zur roten Farbe gleichgültig sei oder nicht. Nun erkannte er im Laufe der Unterhaltung mehr und mehr, daß Morgenstern ein Original und zugleich ein seelenguter Mensch sei, der nur an sein besonderes Fach denke, von dem gewöhnlichen Leben und dessen Anforderungen wenig oder gar nichts verstehe und überall eher hinpasse, als in die Pampas oder gar in den Gran Chaco, wo der Reisende während des Tages und der Nacht von vielfältigen Gefahren umgeben ist. Darum sagte er endlich, nachdem alle seine teilnehmenden Fragen beantwortet worden waren:

„Aber, liebster Señor, meinen Sie denn wirklich, daß Sie Ihre Zwecke erreichen, ohne in der Wildnis umzukommen? Sie haben keine Ahnung dessen, was Sie im Gran Chaco und in den Cordilleras erwartet."

„Was das betrifft, so weiß ich sehr wohl, woran ich bin," antwortete der Gelehrte. „Ich habe ja das Buch *Excursion au Rio Salado et dans le Chaco, par Amédée Jacques* gelesen."

„Ich kenne dieses Buch nicht und brauche es nicht zu kennen, denn ich weiß, daß das Lesen eines Buches einen Menschen, selbst den gelehrtesten, noch lange nicht befähigt, die Entbehrungen und Gefahren zu bestehen, welche Ihrer warten. Oder meinen Sie, daß Sie sich auf diesen sogenannten Don Parmesan verlassen können?"
„Warum nicht? Er ist doch ein gelehrter Mann."
„Ein Narr ist er, weiter nichts!"
„Aber doch ein bedeutender Chirurg?"
„Fällt ihm nicht ein. Die Chirurgie ist sein fixer Gedanke. Dieser Señor hat noch keinem Menschen ein Haar oder einen Fingernagel gekürzt, obgleich er einen Sack voll chirurgischer Instrumente im Lande herumschleppt."
„Also nur eine fixe Idee? Sollte man so etwas denken!"
„Warum nicht. Es gibt viele Menschen, welche an einer solchen Monomanie laborieren, ohne, wie es scheint, eine Ahnung davon zu haben, daß sie krank sind. Ich habe da zum Beispiel einen kennen gelernt, der sich mit der fixen Idee herumträgt, nach Knochen von Tieren zu suchen, welche vor Tausenden von Jahren gelebt haben. Hätte Noah geglaubt, daß diese Kreaturen etwas wert seien, so hätte er sie ganz gewiß mit in seine Arche aufgenommen."
„Señor, das ist keine fixe Idee, sondern der Mann ist jedenfalls ein sehr kluger Kopf, ein Zoopaläontolog, gerade wie ich!" rief Morgenstern begeistert. „Lebt der Mann hier?"
„Jetzt, ja."
„Wo denn, wo? Karin ich ihn vielleicht kennen lernen?"
„Kennen lernen? Das ist gar nicht nötig. Sie kennen ihn längst, denn Sie sind es selbst."
„Ich? Ah! Oh!" dehnte der Gelehrte, indem er den Mund weit offen ließ. „Mich meinen Sie, mich? So leide ich nach Ihrer Ansicht also an einer fixen, an einer krankhaften Idee?"
„Allerdings. Nehmen Sie es mir nicht übel, Señor; aber es ist so, es ist wirklich so. Was können Ihnen die vorweltlichen Eidechsen nützen?"
„Was sie mir nützen können? Oh, eine einzige solche Eidechse, lateinisch *Lacerta* genannt, kann mich zum berühmten Manne machen."
„Das verstehe ich nicht, will es aber glauben. Doch was hilft Ihnen eine Berühmtheit, welche Sie gar nicht erreichen können, weil Sie unterwegs umkommen werden?"
„Umkommen? Halten Sie denn das für so gewiß und sicher, *indubitatus*, wie der Lateiner sagen würde?"
„Ja, denn Sie sorgen sich um diese vorweltlichen Geschöpfe, aber nicht um Ihr Wohlergehen. Wie ich vernehme, sind Sie zu einer solchen Reise, wie die ist, welche Sie jetzt beabsichtigen, ja gar nicht ausgerüstet."
„O doch! Ich besitze Waffen, Bücher, Hacken und Schaufeln. Und die Pferde, welche mir nötig sind, werden Sie mir verkaufen. Außerdem ist Señor Parmesan bei mir, der den Chaco kennt."
„Ich sage Ihnen, daß er ihn nicht kennt, daß er höchstens einmal bis an die Grenze desselben gekommen ist."

„Aber er gehört doch zur Gesellschaft des Vaters Jaguar!“
„Das glaube ich nicht. Der Vater Jaguar braucht keine Narren.“
„Welchen Grund hätte er denn, es zu behaupten, wenn es nicht wahr wäre?“
„Das will ich Ihnen sagen, Señor. Der Mensch schwärmt bei Tage und träumt des Nachts nur von seiner Chirurgie; aus welchem Grunde, das weiß ich nicht; vielleicht sagt er es Ihnen einmal. Er rennt von einem Orte zum andern, um Knochenbrüche und andre Verletzungen zu finden. Sie haben ihm gesagt, daß Sie nach dem Gran Chaco wollen; da ist er denn sofort überzeugt gewesen, daß es Brüche, Stiche, Kugeln und Wunden geben wird, und hat sich Ihnen zur Begleitung angeboten. Der rettet Sie nicht, wenn Sie in Gefahr kommen.“
Der Estanziero meinte es aufrichtig gut. Morgenstern blickte still und nachdenklich vor sich nieder. Da sagte Fritze, der bei ihnen saß:
„Señor, machen Sie uns nicht bange! Wir sind Preußen, und ein Preuße kommt überall durch. Ich bin schon oben in Tucuman gewesen und denke, daß wir auch jetzt ganz gut hinaufkommen werden. Unsre Ideen sind nicht fix und krankhaft, sondern sehr gesund; darauf können Sie sich verlassen!“
Er sprach in dieser Weise, um die Besorgnis seines Herrn zu zerstreuen, nicht um den Estanziero zu beleidigen. Dieser aber mochte die zuversichtlichen Worte doch nicht recht am Platze finden, verzichtete darauf, guten Rat zu erteilen, und antwortete,
„Ganz wie Sie denken! Sie tragen nicht meine, sondern Ihre Haut zu Markte; es thut mir also nicht weh, wenn sie Ihnen abgezogen wird. Ich wünsche Ihnen aber alles Gute.“
Er stand auf und fragte, ob er ihnen ihre Lagerplätze anweisen dürfe. Man geht in jenen Gegenden gewöhnlich sehr früh schlafen, um zeitig aufzustehen. Die beiden Gäste wurden auf weiche Fellunterlagen gebettet und schliefen bei den Klängen der draußen noch ertönenden Lieder ein.
Als sie erwachten, ging eben die Sonne auf. Die Gauchos waren alle schon munter, obgleich sie sich viel später zur Ruhe niedergelegt hatten. Der Chirurg hatte in einem ihrer kleinen Ranchos geschlafen. Auch der Estanziero war aufgestanden. Über dem Herde brodelte in einem Kessel der Puchero, ein Gemisch von Kochfleisch, Maiskolben, Mandioca, Speck, Kohl und Rüben. Dazu gab es Mate zu trinken, von dem der Doktor aber, um sich nicht wieder zu verbrennen, nichts genoß.
Nach dem Essen ging man nach dem Kamp zu den Pferden. Der Estanziero war trotz der von Fritze erhaltenen Zurechtweisung so uneigennützig, vier seiner besten Pferde selbst auszusuchen und sie Morgenstern zum Gesamtpreise von zweihundert Mark nach deutschem Gelde zu überlassen. Gegen den Chirurgen war er nicht so zuvorkommend; er schien ihm nicht hold zu sein. Dieser mußte selbst wählen und auch mehr bezahlen, obgleich seine Wahl keine für ihn günstige zu nennen war. Für das, was genossen worden war, eine Bezahlung anzubieten, wäre eine Beleidigung gewesen. Don Parmesan kaufte sich von einem Gaucho einen alten Sattel. Den beiden Deutschen ließ der Wirt zwei Pack- und zwei Reitsättel ab. Die letzteren waren von derjenigen Art, welche man Recado

nennt und aus mehreren zusammenhängenden Teilen bestehen, die man des Nachts auseinanderschlagen und zur Herstellung des Lagers benutzen kann.

Als dies alles geschehen war, brachen die drei Reisenden auf.

„*La enhora buena de la vuelta* – Glück auf der Reise!“ rief ihnen der Estanziero nach. „Nehmen Sie sich vor den Indianern des Gran Chaco in acht, welche mit vergifteten Pfeilen schießen. Die sind weit gefährlicher als Flintenkugeln!“

Diese sehr gut gemeinte Warnung war nicht unbegründet. Die Indianer Südamerikas bedienen sich noch heut kleiner, spitzer Pfeile, welche sie aus langen Blaserohren schießen. Das dazu nötige Gift bereiten sie aus dem Safte des Strychnosbaumes und einer Lianenart, welche sie Maracuri nennen. Zu diesem Safte kommen noch Pfeffer, Zwiebeln, Kockelskörner und andre, uns unbekannte Pflanzenstoffe. Er wird dick eingekocht und behält seine verderbliche Wirkung jahrelang, obgleich er frisch am schnellsten wirkt. Die kleinste Verwundung mit einem dadurch vergifteten Pfeile führt den unabänderlichen und sichern Tod von Mensch und Tier herbei, doch ist das Curare nur dann schädlich, wenn es direkt in das Blut kommt, gerade wie das Schlangengift. Die Indianer erlegen damit alle jagdbaren Tiere und verzehren dieselben, ohne Schaden davon zu haben. Der eigentlich wirksame Stoff dieses Giftes ist das Curarin, ein in der Rinde der genannten Pflanzen enthaltenes Alkaloid, welches dadurch tötet, daß es die Brustmuskeln lähmt und den Blutumlauf ins Stocken bringt. Wie stark es ist, wird dadurch bewiesen, daß ein Jaguar, von einem solchen winzigen Pfeile so leicht in die Haut getroffen, daß er es gar nicht fühlt, schon nach zwei Minuten tot zusammenbricht.

Der Weg führte, wie gestern, zunächst gerade nach Norden, zwischen dem Rio Salado und dem Rio Saladillo hin, hinter denen dichte Waldungen lagen. Nach nicht ganz einer Stunde führte eine hölzerne Brücke über den erstgenannten Fluß und dann erreichten die Reiter die meist von Deutschen bewohnte Kolonie Esperanza. Da sie den Vater Jaguar einholen wollten und also keine Zeit zu verlieren hatten, hielten sie hier gar nicht an, sondern jagten auf der Straße nach Cordova weiter.

Jagten! Ja, ein Jagen war es allerdings zu nennen, denn der Chirurg ritt in der hier zu Lande gebräuchlichen Schnelligkeit voran, und die beiden andern mußten folgen. In Argentinien legt man im Postwagen in der Stunde durchschnittlich zwanzig Kilometer zurück; ein Reiter aber macht wenigstens fünf Kilometer mehr. Wie lange das Pferd aushält, wird nicht gefragt. Dem Chirurgen fiel es auch nicht ein, sich diese Frage vorzulegen. Er bedachte nicht, daß er einer Gegend entgegenritt, in welcher es keine Estanzien gab, wo man Gelegenheit hat, ein abgetriebenes Pferd gegen Nachzahlung mit einem frischen zu vertauschen. Seine Sporen wühlten förmlich im Fleische seines armen Tieres, und wenn die Deutschen ihn baten, doch weniger grausam zu sein, lachte er gefühllos auf und trieb es nur noch ärger. Er war übrigens ein guter und, wie es schien, auch ausdauernder Reiter.

Fritze Kiesewetter saß auch nicht übel zu Pferde. Er hatte hier im Lande Gelegenheit gehabt, sich an den Sattel zu gewöhnen. Leider aber war dies bei dem kleinen Zoologen nicht der Fall. Zwar hatte er keine Angst vor dem Sattel verraten, jetzt aber zog er ein Gesicht, als ob sein Gaul mit ihm durch alle Wolken fliege. Er gab sich alle Mühe, im Gleichgewicht zu bleiben, und das gelang ihm auch recht leidlich, doch zeigten seine fest zusammengekniffenen Lippen, daß es ihm nicht allzu wohl dabei sei. Hätte er auf einem englischen Sattel gesessen, wäre es ihm wohl viel schwerer geworden, sich zu halten. Übrigens hatte sein Pferd einen weichen, gleichmäßigen Gang, und da man meist in Carriere ritt, wurde derselbe auf das Beste zur Geltung gebracht. Dennoch war der gelehrte Paläontolog nach einem Stundenritte hinter Esperanza schon so ermüdet, daß er sein Pferd anhielt und den beiden andern zurief:

„Halt! Mein Pferd kann nicht weiter. Die Beine thun ihm weh! Es muß Ruhe haben, was der Lateiner *Tranquillitas* nennt."

„Schön!" meinte Fritze, indem er halten blieb. „Ik bin's sehr zufrieden, wenn wir eine Viertelstunde Ferien machen. Wenn wir in sonne Weise weiterjagen, kommen wir bis gegen Abend drüben in China an, und so weit wollen wir doch jar nicht."

Der Chirurg aber wollte von einem Aufenthalte nichts wissen. Er gab als Grund an:

„Wir müssen heut noch bis Fort Tio kommen, und das sind wohl noch hundert Kilometer. Nur in diesem Falle können wir die Laguna Porongos bis morgen abend erreichen. Ich reite weiter!"

„In Gottes Namen!" antwortete Morgenstern, indem er abstieg und sich ins weiche Camposgras setzte. „Wenn Sie Ihr Pferd zu Tode hetzen wollen, so thun Sie es. Wo nehmen Sie dann ein andres her? Ein Pferd ist auch ein Geschöpf Gottes. Sehen Sie nur, wie Sie es in diesen zwei Stunden zugerichtet haben! Es blutet an beiden Seiten. Sie sind von einer fürchterlichen Grausamkeit, lateinisch *Atravitas* oder *Crudelitas*, auch *Duritas* oder *Immanitas*, sogar Saevitia genannt."

„Was ich mit meinem Pferde thue, das ist meine Sache, denn ich bin es, der es bezahlt hat, Señor."

„Was das betrifft, so werden wir Ihnen nicht widersprechen," meinte Fritze, „obgleich wir behaupten könnten, daß der Umstand, daß Sie es bezahlten, Ihnen noch nicht das Recht gibt, es zu martern. Wir quälen unsre Pferde nicht, sondern gönnen ihnen und uns die nötige Ruhe. Wir können Sie, wenn Sie partout weiter wollen, nicht halten."

Er setzte sich neben seinen Herrn nieder. Der Chirurg brummte einige unwillige Bemerkungen in den Bart, hielt es aber doch für besser, sich zu fügen anstatt weiter zu reiten. Schon nach einer halben Stunde aber drängte er wieder zum Aufbruche, und die beiden andern thaten nach seinem Willen, nachdem sie vorher den ihrigen durchgesetzt gehabt hatten.

Der weite Campo, durch den sie ritten, war vollständig eben und nur mit Gras bewachsen. Nirgends zeigte sich ein Strauch oder gar ein Baum; Wälder und Buschwerk findet man nur da, wo es Wasser gibt. Als sie eine Weile geritten waren, vernahmen sie einen wüsten Lärm hinter sich. Sich nach demselben umdrehend, gewahrten sie, daß die

Diligence, welcher die Post- und Passagierverbindung zwischen Santa Fé und Cordova oblag, ihnen folgte.

Eine solche Diligencereise ist etwas ganz andres als eine Fahrt mit einer ehrbaren deutschen Postkutsche. Der Unterschied zwischen beiden ist dem Kontraste zwischen einem linden Mailüftchen und einem rasenden Pamperosturm zu vergleichen.

Man spricht oder sprach zwar auch in den La Platastaaten von Straßen; aber bei diesem Worte darf man nicht etwa an chaussierte Wege, welche von Baumreihen eingesäumt werden, denken. Landstraßen oder gut und regelmäßig unterhaltene Wege gibt es dort nicht, da das Material zum Bau derselben vollständig mangelt. Holz ist selten, und Stein findet man gar nirgends. Ein jeder reitet oder fährt in der Richtung, welche ihn zum Ziele bringt, ganz gleich, ob dabei einen oder einige Kilometer weit nach rechts oder nach links abgewichen wird.

Das, was man Straße nennt, besteht aus einer mehr oder weniger breiten Reihe von Spuren und Geleisen, welche in beliebiger Art und Weise über die Pampas führen. Bald hat man einem Bodeneinschnitte zu folgen, bald einen Sumpftümpel zu umgehen oder einen jener kleinen aber steiluferigen Flüsse zu durchqueren, welche hie oder da vorkommen, um ohne alle Verbindung mit einem größeren Strome oder Flusse in der Pampa nach und nach zu verlaufen.

Genau so mangelhaft wie diese Straßen sind auch die Stationen, an denen die Pferde gewechselt werden, meist armselige Ranchos, in welchen der Reisende nicht eine Spur von jenen Bequemlichkeiten findet, auf welche bei uns jeder Passagier Anspruch machen zu müssen glaubt.

Und die Postwagen erst! Diese Fahrzeuge scheinen aus einer Zeit zu stammen, in welcher der Mensch mit dem Höhlenbären auf du und du verkehrte. Sie sind so roh gearbeitet und von so unbehilflicher Form, daß ihr Anblick einem zivilisierten Reisenden, der gezwungen ist, sich ihrer zu bedienen, Grauen einflößt. Das Innere derselben faßt gewöhnlich acht Menschen, während nach unsern Begriffen nur vier Platz hätten. Und dazu müssen diese acht all ihr Reisegepäck bei sich haben. Draußen, hinter dem Kutscher oder Mayoral, gibt es noch zwei Plätze. Das Verdeck wird mit Poststücken und andern Dingen so hoch beladen, daß man glaubt, die Diligence könne unmöglich im Gleichgewichte bleiben und müsse schon bei den ersten Schritten der Pferde umstürzen. Und doch kommt es vor, daß überzählige Reisende noch da oben auf diesem Turmbaue Platz nehmen.

Zu dieser Kutsche gehören acht Pferde. Vier sind vor den Wagen nebeneinander gespannt, vor ihnen zwei und vor diesen eins, auf welchem der Vorreiter sitzt. Auf dem achten „Rößli“ sitzt ein Peon, welcher nebenher reitet und die Aufgabe hat, die Pferde anzutreiben und etwa herab- oder herausfallende Gegenstände aufzulesen.

Die Geschirre sind im höchsten Grade primitiv. Jedes Zugpferd bekommt einen Ledergurt um den Leib geschnallt, an welchem ein Lasso befestigt ist, mit dem es an dem Wagen hängt.

Der Mayoral hat einen spitzen Stock, mit dem er die hintern Pferde anstachelt und eine lange Peitsche, mit welcher er die vordern Tiere erreichen kann. Auch der Vorreiter und der Peon sind im Besitze von je einer Peitsche, so daß also an Mitteln, den Pferden „gütlich" zuzureden, kein Mangel ist. Oft sitzt auf einem der beiden Mittelpferde noch ein Gaucho, welcher natürlich auch mit einer Peitsche versehen ist.

Diese vier Bediensteten der Diligence haben, mit unsern Postillonen verglichen, das Aussehen von Räubern, denen man sein Eigentum und Leben für keinen Augenblick anvertrauen möchte, sind aber brave und ehrliche Leute, die ihr Fach verstehen und ihren Verpflichtungen in einer Weise nachkommen, daß einem Hören und Sehen vergehen möchte.

Nehmen wir an, die Kutsche ist beladen und die Passagiere sind eingestiegen. Sie haben sich nach Möglichkeit zurechtgesetzt und sind überzeugt, daß die Fahrt nun beginnen werde. Sie beginnt auch, denn der Mayoral stößt ein tigerartiges Gebrüll aus und stößt den hintern Pferden die Spitze seines Stockes in die offenen Wunden, welche von früher zurückgeblieben sind, und handhabt zu gleicher Zeit die Peitsche, als ob er die vordern Pferde erschlagen wolle. Der Mittelreiter, der Vorreiter und der Peon brüllen ebenso und hauen mit ihren Peitschen auf die Tiere ein. Diese springen an; der schwerfällige Wagen thut einen Ruck nach vorn, neigt sich nach rechts, nach links und wird dann von den gepeitschten Pferden vorwärts gerissen. Die Passagiere stoßen bei dem gewaltigen Rucke die Köpfe zusammen und verlieren ihre Hüte; ihr Gepäck rollt ihnen auf den Schoß oder zwischen die Beine; sie strecken die Arme aus, um sich gegenseitig aneinander festzuhalten; der eine erfaßt den andern beim Barte und dieser ihn an der Uhrkette.

„Was wollen Sie mit meinem Barte, Señor?" fragt dieser.

„Und was haben Sie mit meiner Kette?" fragt jener.

„Es geschah ohne Absicht. Entschuldigen Euer Gnaden!"

„Bitte ebenso um Verzeihung, Señor. Ich hatte wirklich keine Absicht auf Ihren Bart."

Die Diligence fliegt aus der Station hinaus. Da thut es hinten einen Krach.

„Anhalten, anhalten!" schreit der Peon. „Bei San Jago, Mayoral, wir müssen halten!"

Dieser zügelt die Pferde und brüllt:

„Was geht mich dein San Jago an! Ich habe zu fahren, nicht aber zu beten. Was störst du mich?"

„Es ist eine Kiste heruntergefallen. Da hinten liegt sie."

„So hole sie und wirf sie wieder hinauf!"

„Sie scheint zerbrochen zu sein."

„Kann ich dafür? Warum nimmt man kein stärkeres Holz zu diesen Kisten. Was ist denn drin?"

„Werde nachsehen."

Er steigt ab und bringt die Kiste herbei. Der Deckel ist losgesprungen. Auf demselben ist die Adresse eines Professors an der Universität von Cordova zu lesen. Die Kiste enthält

Flaschen, von denen einige zerbrochen sind. Eine rote Flüssigkeit tropft heraus und duftet angenehm in die Nase des Peons.

„Bei meiner Seligkeit, es ist Rotwein!“ ruft er aus. „Vier Flaschen sind zerbrochen, glücklicherweise nur oben an den Hälsen.“

„Nimm sie heraus! jedem von uns eine. Man wird dieses Labsal doch nicht zur Erde laufen lassen.“

Die leeren Flaschen werden ausgetrunken, worauf man die Kiste mit einem Riemen zuschnürt und oben auf dem Verdeck anbindet. Dann geht die Fahrt weiter, wobei die Passagiere wieder aneinander geraten.

„Entschuldigen Euer Gnaden! Das ist mein Bein!“ sagt einer derselben, der an seinem Beine gezerrt wird.

„O Verzeihung, Señor! Ich hielt es für das meinige, welches ich zwischen diesen Paketen hervorziehen wollte. Wo haben Sie Ihren Hut?“

„Auf Ihrem Kopfe. Euer Gnaden haben ihn soeben aufgesetzt. Der Ihrige ist aus dem Fenster gefallen.“

„Himmel! Zum Fenster hinaus? So ist er verloren. Woher bekomme ich einen andern! Schreckliche Geschichte, so eine Fahrt mit der Diligence!“

Glücklicherweise ist der Hut nicht verloren. Der Peon hat ihn fliegen sehen, ist umgekehrt, hat ihn, ohne abzusteigen, aufgehoben und bringt ihn jetzt zurück. Indem er ihn zum offenen Fenster hereinwirft, ruft er:

„Hüte festhalten oder anbinden, Señores! Wir haben fast dreißig Kilometer in der Stunde zurückzulegen und können auf Ihre Hüte keine Rücksicht nehmen.“

Dann reitet er wieder vor, um die Zugpferde mit Gebrüll und Peitschenhieben anzutreiben. Gelangt man zufälligerweise an einen ausgetrockneten Bach oder kleinen Fluß, so geht es in Carriere hüben hinab, hindurch und drüben wieder hinauf. Der Peon aber springt vom Pferde, um im Bette des Flusses nach Rollkieseln, den einzigen Steinen, welche es in den Pampas gibt, zu suchen. Er füllt seine Taschen damit und sprengt der Diligence nach, um, wenn die Hiebe nicht genug fruchten, die Pferde dadurch anzutreiben, daß er sie mit Kieseln bombardiert.

Dieser Peon ist ein Meister im Reiten, wird aber von dem Vorreiter womöglich noch übertroffen. Dem letzteren liegt es ob, die Richtung anzugeben. Er hat das Gelände zu überschauen, um mit sicherem Blicke die zu vermeidenden Stellen zu entdecken. Dazu gehört, da man stets in Carriere fährt, eine große Übung. Oft muß er, um eine gefährliche Stelle zu umgehen, eine ganz plötzliche Wendung machen. Dann schreit er wie verrückt; der Mayoral brüllt und haut und sticht auf die Pferde ein, und der Mittelreiter und der nebenher jagende Peon heulen ebenso laut. Die Passagiere, denen himmelangst wird, lassen ihre Stimmen auch hören. Das Gefährt wird in die betreffende Richtung gerissen, um dann gleich wieder auf die andre Seite gezerrt zu werden, was sich besonders dadurch so gefährlich ausnimmt, daß der Vorreiter jede Abweichung von der geraden Linie übertreiben muß.

Will er, daß der Wagen in einem Winkel von zehn Grad abweiche, so reitet er selbst in einem Winkel von dreißig Grad nach der betreffenden Seite. Kommt dann eine ebenso große und ebenso rasche Biegung nach der andern Seite vor, so hat er sein Pferd auf einer Strecke von nur wenigen Metern in einem Winkel von sechzig Graden hin und her gerissen, wobei dem angstvoll zuschauenden Passagiere sich die Haare auf dem Kopfe sträuben möchten.

Man legt, wie bereits erwähnt, auf diese Weise wohl fünfundzwanzig Kilometer in der Stunde zurück, doch nur mit frischen Pferden, welche durch das unsinnige Jagen bald so ermatten, daß dieses Resultat nach und nach ein geringeres wird.

Nähert man sich einer Station, auf welcher Pferdewechsel stattfindet, so jagt der Peon voraus, um die Leute dort zu benachrichtigen. Die Diligencegesellschaften haben nämlich mit denjenigen Estancieros, Hacienderos und Rancheros, deren Besitzungen in der Nähe des Weges liegen, Kontrakte abgeschlossen. Sobald der Peon kommt, werden die Pferde in den Corral getrieben, um da gefangen zu werden. Man hält sie fest und legt ihnen den Gurt an. Die Tiere wissen, welche Anstrengungen und Mißhandlungen ihnen bevorstehen, und wehren sich aus Leibeskräften. Das führt dann wieder zu Scenen, von denen der gebildete Mann sich mit Unwillen abwendet. Die gebrauchten Pferde werden frei gelassen und rennen, vor Freude wiehernd, davon; die frischen werden, indem sie sich bäumen und schnaubend um sich schlagen, an den Wagen gehängt, und dann geht die tolle Fahrt von neuem an.

In den Jahreszeiten des fetten Graswuchses sind die Pferde besser genährt und vermögen solche Anstrengungen leidlich auszuhalten. Ist aber die Weide mangelhaft, oder liegen die Pampas gar dürr, so sind die armen Tiere ausgehungert und vermögen den schweren Wagen kaum zu schleppen. Sollen sie dann noch in rasender Carriere laufen, so können sie es nicht aushalten und brechen schließlich mitten im Rennen zusammen. Das thut aber nichts. Man hat Reservepferde mitgenommen. Man schnallt dem Gurt einem derselben um und läßt das gestürzte Pferd einfach liegen. Es lebt noch, ist aber so abgehetzt und ermattet, daß es nicht aufstehen kann. Seine Flanken schlagen; seine Extremitäten zucken krampfhaft; seine Augen sind mit Blut unterlaufen, und die Zunge hängt ihm weit aus dem geöffneten Maule. Die Geier, welche in Menge auf den Pampas vorhanden sind, und denen niemand etwas thut, weil sie die Gesundheitspolizei bilden, nähern sich und reißen dem armen Tiere das Fleisch fetzenweise vom Leibe. Nach wenigen Stunden ist von dem Pferde nur das vollständig fleischlose Gerippe noch vorhanden. Daher kommt es, daß man fast bei jedem Schritte gebleichten Knochen begegnet. Das Leben eines Pferdes hat eben für den Gaucho keinen Wert. Und wollte man ihn auf die moralische Seite dieser Behandlung eines Geschöpfes Gottes aufmerksam machen, so würde er erstaunt auflachen, weil er nicht das mindeste Verständnis dafür besitzt.

Eine solche Diligence kam jetzt hinter den drei Reitern her. Sie fuhr schneller, als diese ritten und hatte sie also sehr bald eingeholt. Im Vorüberjagen rief der Peon fragend:

„Wohin, Señores?“
„Nach Fort Tio, Euer Gnaden,“ antwortete der Chirurg.
„Wir kommen dort vorüber. Soll ich für Euer Gnaden Quartier bestellen?“
„Ja, ich bitte Sie darum, Señor!“
Die wilde Jagd ging weiter und war sehr bald am Horizonte verschwunden.
„Ist so etwas erhört?“ meinte Fritze kopfschüttelnd. „Bei uns zu Hause würde diesen Leuten sehr bald dat Handwerk jelegt werden. Und da soll man sie noch mit Euer Gnaden titulieren! Wat sagen Sie zu sonne Tierquälerei, Herr Doktor?“
„Gar nichts, als daß man diese Menschen einmal so behandeln sollte, wie sie ihre Pferde behandeln. Dann würden sie vielleicht zur Einsicht kommen, was der Lateiner *Intelligentia* oder auch *Perspicientia* nennt.“
Morgenstern hatte die Ruhepause nur wegen sich selbst, nicht aber seines Pferdes wegen gehalten. Dieses war noch gar nicht ermüdet gewesen, und so ging es jetzt im fröhlichen Galopp weiter. Er freilich machte kein sehr fröhliches Gesicht dazu, denn das Reiten strengte ihn an. Er gab sich alle Mühe, dies nicht merken zu lassen, doch mußte am Nachmittage noch ein längerer Halt gemacht werden, und so war es beinahe Abend geworden, als sie das Fort vor sich liegen sahen. Es war ihnen leicht gewesen, den Weg zu demselben zu finden. Das Geleise der Diligence war ein zuverlässiger Führer gewesen.
Unter einem Fort an der argentinischen Indianergrenze darf man sich nicht das denken, was man hier bei uns unter einem Fort versteht. Fort Tio bestand aus einer von dichten, stachelichten Kaktushecken eingefriedigten Fläche, welche von einem Graben umgeben war. Auf dieser Fläche standen einige Ranchos, in denen jetzt wohl zwanzig Soldaten lagen, deren Kommandeur ein Lieutenant war. Der Eingang stand weit offen. Als die drei Männer hineinritten, kam ihnen dieser Lieutenant entgegen.
„Willkommen!“ rief er ihnen zu. „Wir freuen uns, Señores, Sie bei uns zu – – –“
Er hielt inne. Sein Auge war auf den Chirurgen gefallen. Da lachte er fröhlich auf und fuhr fort:
„*El Carnicero*! Ah, sehen wir uns einmal wieder? Welche Operationen haben Sie ausgeführt, seit wir uns in Rosario zum letztenmal sahen?“
Dies war in einem einigermaßen spöttischen Tone gesprochen. „Don“ Parmesan fühlte sich beleidigt und antwortete spitz:
„Ich liebe es, daß sich für meine Operationen nur diejenigen Leute interessieren, welche ich operiert habe oder operieren soll. Soll ich Ihnen oder einem Ihrer Untergebenen ein Bein oder einen Arm abnehmen?“
„Nein, Señor, wir sind glücklicherweise alle sehr gesund und wohl.“
„So lassen Sie uns nicht von solchen Sachen sprechen, obgleich ich Sie wohl fragen könnte, was Sie zum Beispiel zu einer Entfernung der untern Kinnlade sagen. Würde der Patient auch ohne dieselbe leben können?“
„Das vermag ich nicht zu sagen. Ich weiß nur, daß ich ohne die meinige nicht leben möchte. Was für Señores darf ich neben Ihnen begrüßen?“

„Zwei deutsche Gelehrte, von denen der eine der Diener des andern ist. Ihre Namen mögen sie selbst sagen; meine Zunge ist nicht im stande, sie auszusprechen. Ich will lieber einem Elefanten alle beide Zähne ziehen, als mich an diesen beiden Namen vergreifen, welche mit Mor – Mor – und –Kies – Kies – anfangen und sodann mit Silben enden, welche mir höchst unbegreiflich sind.“
Morgenstern nannte seinen und Fritzens Namen und wurde mit diesem nach dem Rancho geführt, welchen der Lieutenant bewohnte. Der letztere hatte schon einige Male nach ihnen ausgeschaut, da der Peon sein Versprechen wirklich gehalten und sie angemeldet hatte.
Die Soldaten besaßen Pferde und Rinder, welche sie am Tage im Freien weiden ließen und abends in das Innere des Forts trieben. Die Rinder gehörten mit zur Verproviantierung des Ortes. Fleisch gab es also genug. Es wurde den Gästen so viel vorgelegt, daß diese es gar nicht zu bewältigen vermochten.
Im Laufe der Unterhaltung bemerkte der Offizier gar bald, wes Geistes Kinder er vor sich hatte. Ein Mensch, der in die Pampas oder gar in den Gran Chaco ritt, um Knochen auszugraben, mußte seiner Ansicht nach wenn nicht ganz, so doch wenigstens halb wahnsinnig sein. Er sah ein, daß gegen diese Idee nichts zu machen sei; aber in Beziehung auf die Ausführung derselben wollte er denn doch einige Bemerkungen machen, welche er für notwendig hielt. Er sah, in welch unvollkommener Weise diese drei Männer ihre Vorbereitungen zu einer so beschwerlichen und gefährlichen Reise getroffen hatten, und fragte deshalb in wirklich neugierigem Tone Morgenstern:
„Sie verweilen jedenfalls einige Zeit hier, um Gefährten oder Diener zu erwarten, welche noch zu Ihnen stoßen werden, Señor?“
„Nein. Ich habe nur einen Gefährten; das ist Señor Parmesan, und auch nur einen Diener; das ist Fritze Kiesewetter, den Sie hier vor sich sehen.“
Parmesan hielt sich nämlich nicht beim Lieutenant, sondern bei dessen Soldaten auf.
„Wie?“ meinte der Offizier verwundert. „So kommt niemand, der Ihnen diejenigen Gegenstände nachbringt, die Ihnen im Gran Chaco unentbehrlich sind?“
„Niemand. Was ich brauche, das habe ich bereits.“
„Sie irren, Señor. Wovon wollen Sie dann leben? Haben Sie Mehl?“
„Nein.“
„Dürrfleisch, Fett und Speck?“
„Nein.“
„Kaffee und Thee? Kakao und Tabak?“
„Nein.“
„Pulver, Zündhölzer und alle diejenigen Kleinigkeiten, welche ein gebildeter Mann nicht entbehren kann? Kleider, Schuhzeug, Scheren und andres Handwerkszeug?“
„Meine Kleider habe ich an. Pulver habe ich einen ganzen Lederbeutel voll.“
„Das ist nicht genug. Und das andre alles fehlt Ihnen auch. Was wollen Sie trinken und essen? Haben Sie Geschirr zum Kochen?“

„Das brauche ich nicht, da ich nicht kochen werde. Trinken werde ich Wasser, und essen werde ich Fleisch."
„Aber das finden Sie nicht überall."
„O doch. Wasser gibt's an allen Orten, und Fleisch werde ich mir schießen."
„Sind Sie ein guter Schütze?"
„Fritze schießt ausgezeichnet."
„So will ich Ihnen sagen, daß es Wasser nicht überall gibt. Jenseits des Rio Salado kommen Sie in *Montes impenetrabiles sin agua*, in die undurchdringlichen und wasserlosen Waldungen. Da können Sie wochenlang dürsten, ohne einen Schluck Wasser zu finden. Und Fleisch? Wenn Sie kein guter Jäger sind, müssen Sie verhungern."
„Schwerlich! Ich habe gelesen, daß Hunderte von Trappern und Fallenstellern in Nordamerika von dem Fleische wilder Tiere leben. Hunger, was der Lateiner *Fames* nennt, werden wir nicht leiden."
„Südamerika ist nicht Nordamerika. Dann die Indianer!"
„Die werden mir nichts thun, weil ich ihnen nichts thue."
„Sie irren. Wir müssen ihnen zu bestimmten Zeiten einen Tribut – wir nennen es freilich Geschenk – an Pferden, Rindern und Schafen geben, damit sie unsre Herden nicht lichten und uns unsre Tiere nicht stehlen. Dennoch kommen sie häufig über die Grenze, und treiben uns das Vieh zu Hunderten von Stücken weg. Dabei nehmen sie auch Menschen gefangen und schaffen sie nach dem Chaco, um sie nur gegen Geld freizugeben. Sie kommen dann ganz offen in unsre Städte und zu unsern Behörden, um das Lösegeld zu fordern."
„So gebt es ihnen nicht, sondern bestraft sie!"
„Das geht nicht, Señor. Würden wir einen solchen Boten von ihnen züchtigen, so wären die weißen Gefangenen, um welche es sich handelt, verloren. Wie nun, wenn Sie auch von ihnen festgenommen werden?"
„Mich bekommen sie nicht. Ich bin außerordentlich schlau und vorsichtig, was der Lateiner *astutus* und *catus* oder *prudens* nennt."
„Mag sein. Ich will das nicht untersuchen. Aber Ihre Kleidung! Wie lange wird sie bleiben, wie sie ist? In der Wildnis geht sie bald in Stücke."
„Ich nehme sie in acht."
„Und die Stiefel. Sie haben ja Gauchostiefel ohne Sohlen an. Meinen Sie, daß Ihre Füße über die Dornen und Stacheln des Gran Chaco auch kommen werden?"
„Ich reite ja!"
„Ihr Pferd kann krepieren!"
„So haben wir Reservepferde. O, ich habe an alles gedacht. Übrigens sind wir nicht ganz allein auf uns angewiesen. Wir werden Freunde finden."
„Wer ist das?"
„Die Truppe des Vaters Jaguar."
„Ah! Kennen Sie diesen?"

„Ja. Wir haben uns in Buenos Ayres getroffen. Er ist uns vorangeritten, und wir werden ihn einholen.“

„Wenn das der Fall ist, so werden Sie sich allerdings in sehr guten Händen befinden. Er war hier; er wollte nach der Laguna Porongos, um dort zwei Tage zu bleiben.“

„Dann treffen wir ihn gewiß, denn wenn wir morgen zeitig aufbrechen, kommen wir gegen Abend bei der Laguna an.“

„Weiß er denn, daß Sie vorweltliche Tiere ausgraben wollen?“

„Ja. Er hat mir versichert, daß im Chaco welche zu finden sind.“

„Und hat Sie aufgefordert, dorthin ihm nachzukommen?“ fragte der Offizier ungläubig.

„Das nicht. Ich bat ihn, mich mitzunehmen; er aber verweigerte es mir.“

„Das konnte ich mir denken. Er hat andres zu thun, als mit Ihnen nach alten Knochen zu suchen. Und so sind Sie ihm also heimlich gefolgt, ohne daß er es weiß?“

„Ja, heimlich, was der Lateiner *clanculum* oder *clandestinus*, auch *furtinus* und *latito* nennt.“

„Ich befürchte, Sie sind des Lateinischen sicherer, als einer freundlichen Aufnahme von seiten dieses berühmten Mannes. Kehren Sie um! Graben Sie auf der Pampa nach alten Resten! Das ist nicht so gefährlich, wie eine Reise durch den Chaco, wo hinter jedem Baume ein Jaguar oder Indianer lauern kann!“

„Daß ich mich vor den Indianern nicht fürchte, habe ich Ihnen bereits gesagt, und sollte mir ein Jaguar begegnen, so würde ich mich nur darüber freuen.“

„Freuen? Warum? Eine solche Begegnung kommt nicht jedermann erfreulich vor.“

„Aber mir als Zoopsychologen würde es außerordentlich lieb sein, einmal einem solchen Tiere zu begegnen. Ich möchte nämlich gern ein schönes Experiment mit demselben probieren. Ich habe ein sehr probates Mittel entdeckt, jedes wilde Tier, also auch jeden Jaguar, sofort in die Flucht zu schlagen.“

„Ein solches Mittel gibt es nicht.“

„O doch, Señor.“

„Dann möchte ich es kennen lernen!“

„Nun, es ist zwar noch Geheimnis, aber da Sie uns so freundlich aufgenommen haben, will ich es Ihnen mitteilen. Werden Sie von einem wilden Tiere angefallen, so hängen Sie sich an den Schwanz desselben, bei den Lateinern Cauda genannt. Selbst die blutdürstigste Bestie wird auf der Stelle die Flucht ergreifen.“

Der Lieutenant öffnete den Mund, brachte aber keine Silbe hervor, sondern sah dem Sprecher wortlos in das Gesicht.

„Sie staunen?“ fragte dieser lächelnd. „Nicht wahr, das hatten Sie nicht erwartet?“

„Nein, wahrhaftig nicht!“ antwortete der Offizier, indem er in ein lautes Gelächter ausbrach.

„Lachen Sie nicht, es ist wahr.“

„Einen Jaguar beim Schwanz fassen! Welch ein Gedanke!“

„Ein sehr pfiffiger, ein sehr schlauer Gedanke! Und doch so einfach, daß man bei demselben an das Ei des Kolumbus erinnert wird. Wenn ich ein Tier hinten habe, kann es mich doch nicht vorn beißen."
„Aber der Jaguar wird sich blitzschnell herumdrehen und Sie zerfleischen!"
„Fällt ihm ganz und gar nicht ein. Er wird vor Angst brüllen und schleunigst ausreißen. Ich weiß es sehr genau."
„Das ist ein geradezu wahnsinniger Gedanke! Unterlassen Sie es um Gottes willen, diesen Versuch zu machen! Er würde Ihnen das Leben kosten."
„Nein, nein! Ich bin meiner Sache sicher und weiß, daß so eine Bestie viel ungefährlicher ist, als mancher Mensch, zum Beispiel dieser Hauptmann in Santa Fé, welcher uns einsperren oder unters Militär stecken lassen wollte."
Der Lieutenant horchte auf und fragte:
„Ein Kapitän in Santa Fé? Wann war das?"
„Gestern."
„Zu dieser Zeit gibt es dort nur einen Kapitän, nämlich den Kapitän Pellejo. Der hat Sie einsperren lassen wollen?"
„Allerdings."
„Weshalb?"
„Eines Mißverständnisses wegen, an welchem wir nicht die mindeste Schuld gehabt haben. Soll ich es Ihnen vielleicht erzählen?"
„Ich bitte Sie sehr darum!" antwortete der Gefragte, indem sein Gesicht den Ausdruck großer Spannung annahm.
Der unvorsichtige Gelehrte, welcher das unangenehme Abenteuer gar nicht hätte erwähnen sollen, erzählte dasselbe. Im Laufe seines Berichtes nahm das Gesicht des Offiziers einen immer ernsteren Ausdruck an, und als derselbe zu Ende war, sagte er in einem viel weniger freundlichen Tone als bisher:
„Das thut mir leid, Señor. Kapitän Pellejo ist mein nächster Vorgesetzter, und ich muß Ihnen sagen, daß er sich heut in Fort Uchales befindet und morgen hierher kommen wird. Glücklicherweise werden Sie uns bei seinem Eintreffen schon verlassen haben. Er hat, wie ich genau weiß, heute mit dem Frühesten eine Reise angetreten, um die Befestigungen, welche längs der Indianergrenze liegen, zu inspizieren. Hüten Sie sich, ihm zu begegnen!"
„Haben Sie keine Sorge um mich! Ich fürchte ihn nicht."
„Ob Sie Veranlassung haben, ihn zu scheuen oder nicht, muß mir gleichgültig sein. Ich bin ihm als sein Untergebener für alles, was ich thue, verantwortlich, und wenn er erfährt, daß ich Sie hier aufgenommen habe, wird mich sein Zorn treffen. Es fällt mir natürlich nicht ein, Ihnen das Obdach zu verweigern, aber in einem und demselben Raume darf ich nicht mit Ihnen wohnen. Sie sollten hier bei mir schlafen; nun aber bin ich gezwungen, Ihnen einen andern Rancho anzuweisen."

Er stand auf und ging hinaus. Nach kurzer Zeit kam an seiner Stelle der Chirurg und meldete, daß er den Señores ihre Schlafplätze anzuweisen habe.
„Kommt der Lieutenant denn nicht wieder?“ fragte Morgenstern.
„Nicht eher wohl, als bis Sie sich entfernt haben, Señor. Er war plötzlich ganz anders geworden und schien zornig auf Sie zu sein. Haben Sie sich mit ihm gezankt?“
„Nein; aber meine Erzählung, *Commemoratio* oder *Oratio* genannt, schien ihm nicht zu gefallen. Legen wir uns schlafen, um morgen mit dem Frühesten aufzubrechen!“
Der Chirurg führte sie nach einem andern Rancho, welchen der Bewohner verlassen hatte, um ihnen Platz zu machen. Kein Mensch bekümmerte sich um sie. Ein Talglicht, in einen kleinen Kürbis gesteckt, erleuchtete die aus aufeinander gelegten Rasenstücken gebildete Hütte. Dürres Gras war das Lager, doch schliefen die drei während der ganzen Nacht so gut, als ob sie auf Daunen lägen. Beim Morgengrauen waren sie schon wach. Die Soldaten schliefen noch. Sie fingen ihre Pferde ein, sattelten sie, öffneten den während der Nacht verschlossen gewesenen Eingang und ritten davon, ohne die Besatzung des Forts zu wecken, um von ihr Abschied zu nehmen.
Fritze kannte die Richtung genau, in welcher die Laguna Porongos von Fort Tio liegt, und der Chirurg war auch schon dort gewesen. Darum stand nicht zu befürchten, daß man sich verirren werde.
Das Reiten kam dem kleinen Gelehrten heute viel leichter vor als gestern. Er hielt es aus bis Mittag; dann aber mußte man ausruhen, nicht nur der Menschen, sondern auch der Pferde wegen, welche man grasen ließ. Wasser gab es nicht; aber das Gras war so frisch und grün, daß die Pferde nicht zu trinken brauchten.
Nun hatten die Herren Hunger bekommen, und es stellte sich heraus, daß die Warnungen des Lieutenants gestern Abend doch nicht aus der Luft gegriffen waren. Man hatte während des ganzen Vormittages außer einigen Geiern kein Tier, am allerwenigsten aber ein jagd- und eßbares gesehen. Glücklicherweise besaß der Chirurg ein großes Stück Fleisch, welches er gestern klugerweise von einem der Soldaten eingehandelt hatte. Er war so rücksichtsvoll, dasselbe in drei gleich große Teile zu zerschneiden und zwei davon seinen Reisegenossen abzulassen, allerdings nur gegen bare Bezahlung, ein Umstand, welcher ihnen sagte, was für einen Kameraden sie an ihm haben würden.
Man brannte von vertrocknetem Grase ein Feuerchen an, um das Fleisch zu braten. Es reichte gerade aus, um die Männer zu sättigen. Nachdem man dann wieder aufgebrochen war, hielt man die Augen ungemein offen, um aufzupassen, ob sich nicht ein Wild sehen lasse. Fritze und der Chirurg hielten ihre Gewehre schußbereit. Die Sorge um die Nahrung hatte begonnen, und man wollte sich heute doch nicht hungrig schlafen legen.
Der Nachmittag verging, und es wollte Abend werden, ohne daß man eine Jagdbeute erlangt hatte. Der Hunger stellte sich wieder ein. Da rief plötzlich der Chirurg erfreut aus:
„Ich hab's, ich hab's gesehen! Wir werden zu essen bekommen.“

„Was denn? Was haben Sie gesehen?“ fragte der Gelehrte.
„Ein Vizcacha, ein Pampaskaninchen. Wir graben es aus.“
„Wo?“
„Da drüben links. Es kam aus seinem Bau, verschwand aber sogleich wieder, als es uns erblickte.“
Das Vizcacha ist größer als unser wildes Kaninchen und demselben zwar ähnlich, weshalb es eben Pampaskaninchen genannt wird, gehört aber nicht zu den Hasen, sondern zu den Wollmäusen. Man ißt es nur in dem Falle, daß man hungert und nichts andres hat. Der Bau dieses Tieres ist ein flach gewölbter, in der Mitte geöffneter Hügel, welcher sich stets nur in lehmiger Gegend befindet. Es wohnen meist mehrere Familien bei einander, weshalb der Bau außer dem Haupteingange noch mehrere Schlupflöcher hat.
So war es auch hier. Es gab vier Löcher, welche sorgfältig verstopft wurden. Während die Pferde sich im Grase gütlich thaten, gruben Morgenstern und der Chirurg den Hügel auf, und Fritze stand mit angelegtem Gewehre bereit, sofort zu schießen, falls eins der Vizcachas sich durch ein verschlossenes Loch die Flucht erzwingen wolle. Das war grundfalsch. Ein erfahrener Jäger hätte es ganz anders angefangen. Dennoch aber hatte es Erfolg. Kaum waren fünf Minuten vergangen und die Spaten waren einige Fuß tief in den Boden eingedrungen, so schoß Fritz nicht nur ein-, sondern zweimal hintereinander und stieß dann einen Freudenruf aus. Die beiden andern blickten von ihrer Arbeit auf und sahen, daß er zwei Vizcachas erschossen hatte. Das war genug. Die Spaten wurden den Packpferden wieder aufgeladen, die Kaninchen, welche sehr groß und fett waren, dazu, und dann ritt man weiter.
Bald wurde das Gras saftiger und der Boden weicher als bisher. Im Norden zeigten sich einzelne Bäume, ein sicheres Zeichen, daß man sich an der Laguna Porongos befand. Dieser Name bedeutet soviel wie See oder Sumpf der wilden Zitronenbäume, und solche Bäume waren es, welche man jetzt vor sich hatte. Die Sonne stieg eben hinter dem Horizonte hinab, als die drei Reiter das Wasser der Laguna vor sich glänzen sahen.
Sie waren zuletzt einer Fährte von so zahlreichen Reitern gefolgt, daß sie annehmen mußten, die Spur der Truppe des Vaters Jaguar vor sich zu haben. Gern wären sie weiter geritten; aber es wurde schnell dunkel, und so hielten sie es für geraten, anzuhalten und Lager zu machen.
Sie stiegen also ab und entsattelten ihre Pferde. Sie banden ihnen mit den Lassos die Vorderbeine in der Weise zusammen, daß die Tiere zwar weiden aber nur kleine Schritte machen konnten, um sich nicht weit zu entfernen. Die Pampaspferde leben in Herden und bleiben stets beisammen; daher stand nicht zu befürchten, daß man sie früh nach verschiedenen Richtungen zu suchen habe.
Dann wurde dürres Holz zum Feuer gesammelt. Die wilden Zitronenbäume lieferten genug davon. Als die Flamme lustig flackerte, wurden die beiden Vizcachas abgezogen und ausgeschlachtet. Sie gaben genug Fleisch für heute abend und für morgen früh.

Wasser war freilich nicht vorhanden, da das salzhaltige der Laguna nicht zu genießen war.

Nach dem Essen wickelten die drei sich in ihre Ponchos und legten sich am Feuer zum Schlafen nieder. Man hatte heute wieder über hundert Kilometer zurückgelegt, und war also so ermüdet, daß keiner trotz der scharfen Luft, welche während der Nacht wehte, erwachte.

Am Morgen fand es sich, daß die Pferde ganz in der Nähe geblieben waren. Der Rest des Fleisches wurde gebraten und verzehrt; dann brach man wieder auf.

Die Reiter befanden sich auf der östlichen Seite der Laguna, in welche von Osten her der Rio Dulce fließt. Dieser Name wurde dem Flusse gegeben, weil er ein wohlschmeckendes, süßes Wasser führt. Nachdem er aber durch die Salzwüste geflossen ist, hat er so viel Salz angenommen, daß sein Wasser im untern Teile seines Laufes ungenießbar geworden ist.

Die gestrige Spur führte an der Lagune hin und dann ein Stück von derselben ab. Dort hatte man Halt und jedenfalls auch Lager gemacht, denn der Boden war zerstampft; es gab mehrere ausgekohlte Feuerstätten und das Gras war in einem weiten Umkreise von den weidenden Pferden niedergetreten. Aber wann man hier ausgeruht hatte, das zu erraten oder gar zu bestimmen, dazu waren die drei nicht erfahren genug. Wald- oder Prairieläufer war keiner von ihnen.

Von dieser Stelle aus führte die Fährte in nordöstlicher Richtung weiter. Der Chirurg blieb halten und sagte in bedenklichem Tone:

„Señores, meinen Sie wirklich, daß diese Spuren von den Leuten des Vaters Jaguar herrühren?"

„Ja," antwortete Fritze Kiesewetter. „Er hat vierundzwanzig Mann bei sich, und ungefähr so viele sind es gewesen, welche hier geritten sind."

„Das ist wahr; aber der Vater Jaguar will nach dem Gran Chaco, welcher von hier aus im Norden und Nordwesten liegt, und diese Spur zeigt nach Nordosten."

„So wird er wohl einen triftigen Grund gehabt haben, von der geraden Richtung abzuweichen. So etwas kann oft und manchmal vorkommen."

„Hm! Euer Gnaden schlagen also vor, daß wir dieser Fährte folgen?"

„Ja. Ich denke nicht, daß ich mich irre. Der Vater Jaguar ist sicherlich nach dieser Laguna geritten. Wir haben die einzige Spur vor uns, welche es hier gibt, folglich ist sie die seinige. O, ich verstehe mich darauf, denn ich habe früher einmal eine Indianergeschichte gelesen, in welcher sehr viel von Stapfen, Spuren und Fährten die Rede war."

Sie ritten also auch nach Nordost. Der Weg führte über einen ebenen Kamp, auf welchem nichts als Himmel und Gras zu sehen war. Die Spuren waren ganz deutlich zu sehen. Gegen Mittag fanden sie eine klare Quelle, an welcher der Trupp, den sie für denjenigen des Vaters Jaguar hielten, gelagert hatte. Sie stiegen auch ab, um endlich einmal sich satt

zu trinken und dann auch ihre Pferde Wasser nehmen und ruhen zu lassen. Nach einer guten Stunde wurde wieder aufgebrochen.
Doktor Morgenstern hatte einen kleinen, aber guten Kompaß an seiner Uhrkette hängen. Diesen zu Rate ziehend, sah er, daß die Fährte eine immer mehr örtliche Richtung nahm. Sie lief nicht mehr nach Nordost, sondern schon nach Ostnordost. Das fiel dem Chirurgen noch mehr auf. Er schüttelte den Kopf und sagte:
„Wenn wir in dieser Weise weiterreiten, kommen wir im ganzen Leben nicht nach dem Chaco. Wenn ich mich nicht irre, so reiten wir auf diejenige Gegend des Rio Salado los, in welcher Paso de las Cañas oder gar Paso Quebracho liegt. Sollten wir den Vater Jaguar wirklich vor uns haben? Ich habe große Lust, umzukehren oder mich nach links zu wenden."
„Und ich reite dorthin, wo die Spur hinzeigt," antwortete Morgenstern. „Wo Spuren sind, da findet man Menschen; und wo Menschen sind, da gibt es etwas zu essen."
Dieses Argument machte einen guten Eindruck auf Don Parmesan, denn er meinte, indem er zustimmend mit dem Kopfe nickte:
„Das ist freilich wahr. Wir werden heute vielleicht hungern müssen, denn es hat sich noch kein einziges Tier sehen lassen, diese Geier ausgenommen, die überall sind und leider nicht verzehrt werden können. Reiten wir also der Fährte nach!"
Wieder ging es weiter. Der Hunger stellte sich ein, denn das Reiten und die Luft erzeugen Appetit. Es war um die Mitte des Nachmittages, da zeigte der Chirurg mit der Hand geradeaus und sagte in leisem Tone, als ob er befürchte, gehört zu werden:
„*Un avestruz, un avestruz,* – ein Strauß, ein Strauß!"
Die beiden andern blickten in die angegebene Richtung und sahen wirklich einen Strauß, welcher, allerdings eine bedeutende Strecke entfernt, den Boden eifrig mit dem Schnabel bearbeitete und die Reiter nicht bemerkte, da er ihnen den Rücken zukehrte.
„Das gibt Fleisch, das gibt Fleisch!" fuhr Don Parmesan fort. „Wir werden unsern Hunger stillen."
„Aber erst dann, wenn wir den Vogel haben," meinte Fritze. „Ich habe gehört, daß der Strauß sehr schwer zu jagen ist."
„Da hat man Euer Gnaden allerdings recht berichtet. Er wird uns entgehen."
Da legte der Doktor den Finger auf die Nase und sagte in gewichtigem Tone:
„Señores, ich hab's, ich hab's! Die Wissenschaft ist's, welche dem Menschen in jeder Verlegenheit zu Hilfe kommt. Ich bin ein Jünger der Wissenschaft, speciell der Zoologie, zu welcher ja auch der Strauß gehört, und werde Ihnen ein Mittel sagen, wie wir ihn fangen können."
„Nun? Sagen Sie es schnell!" forderte Parmesan ihn begierig auf.
„Die Wissenschaft lehrt, daß der Strauß den Kopf in die Erde steckt."
„Davon habe ich auch gehört."
„Auch? Nun, so kennen Sie mein Mittel."
„Wieso?"

„Veranlassen Sie ihn, den Kopf in die Erde zu stecken, so sieht er uns nicht, und wir können über ihn kommen wie David über die Philister."
„Señor, wollen Sie sich über mich lustig machen?"
„Fällt mir nicht ein! Ich spreche im vollen Ernste."
„So reiten Sie doch hin, und bitten Sie ihn, den Kopf zu verstecken!"
„Das würde voraussichtlicherweise den entgegengesetzten Erfolg haben."
„Das denke ich auch. Wie soll man ihn veranlassen, den Kopf zu verbergen?"
„Das ist Ihre Sache, Señor. Ich habe Ihnen mein Mittel gesagt. Wenn Sie kein Mittel kennen, es auszuführen, so ist das nicht meine Sache, obgleich ich es tief beklage, da wir nun doch noch Hunger leiden werden."
Er hatte wirklich im vollsten Ernste gesprochen. Parmesan wollte eine noch derbere Antwort geben, aber Fritze kam ihm zuvor:
„Streiten Sie sich nicht, Señores! Ich glaube, einen guten Gedanken zu haben. Glauben Sie, Señor Parmesan, daß – –"
„Don Parmesan, bitte!" unterbrach ihn der andre stolz.
„Gut! Also, Don Parmesan, glauben Sie, daß der Strauß vor einem Pferde flieht?"
„Nein. Es kommt im Gegenteile vor, daß man grasende Strauße mitten unter weidenden Pferde- oder Rinderherden findet."
„Gut! Ich steige ab und lege mich mit meiner Flinte hier in das Gras. Sie reiten von hier aus in einem weiten Bogen nach rechts und links, über den Strauß hinaus und versuchen, ihn mir zuzutreiben. Ist das Glück uns günstig, so ist es möglich, daß ich den Vogel vielleicht doch erlege."
Dieser Vorschlag fand Anklang und wurde sofort ausgeführt. Morgenstern ritt rechts- und Parmesan linksab, in einem Bogen in den Campo hinaus, um dann den Vogel zu veranlassen, seine Flucht auf Fritze zuzunehmen.
Der amerikanische Strauß oder Nandu wird mit der Bola, welche man ihm um die Beine wirft, gefangen. Zu schießen ist er nicht leicht, weil der Jäger, um schießen zu können, sein Pferd anhalten muß und der schnelle Vogel, bis das Pferd ruhig steht, gewöhnlich schon außer Schußweite gekommen ist. Wenn der Vorschlag des pfiffigen Preußen zum Ziele führte, war es jedenfalls nur dem Zufalle zuzuschreiben.
Um keine Zeit zu verlieren und dem Vogel den Weg möglichst bald abzuschneiden, trieben die beiden Reiter ihre Tiere zur größten Eile an. Der Nandu schien für nichts außer seiner Beschäftigung Augen zu haben. Er hackte mit dem Schnabel und scharrte mit den kräftigen, dreizehigen Füßen den Boden und drehte sich dabei jetzt immerwährend um seine eigene Achse, ohne auf die beiden Reiter draußen oder das hier ruhig weidende ledige Pferd achtzugeben.
„Ick jlaube jar, er will Eier lejen und baut sich sein Nest dazu!" brummte der im Grase liegende Fritze vergnügt vor sich hin. „Wenn ick dat jewiß jewußt hätte, so hätte ick ihm Zeit jelassen, um sonne Dutzender viere Eier von sich zu jeben. Wat für eine Omelette wäre dat jewesen!"

Jetzt waren die Reiter hinter dem Nandu angelangt und wendeten ihm ihre Pferde zu. Er war so beschäftigt, daß er sie erst bemerkte, als sie höchstens noch zweihundert Ellen von ihm entfernt waren. Da machte er einen weiten Satz und rannte fort, gerade vor ihnen her und auf die Stelle zu, an welcher Fritze lag. Nun sah er das Pferd, stutzte, setzte aber dann seine Flucht in der einmal eingeschlagenen Richtung fort. Das Pferd schien ihm nicht gefährlich zu sein.

Fritze fühlte, daß ihm das Herz vor Freude höher schlug. Er stemmte den linken Ellbogen fest auf die Erde, um einen guten Halt für sein Gewehr zu haben, legte an und zielte. Als der Vogel noch ungefähr sechzig Sprünge entfernt war, drückte er ab. Der Schuß krachte; der Nandu that einen Sprung kerzengerade in die Höhe, taumelte dann einige Male hin und her und fiel darauf nieder.

Fritze sprang jubelnd auf, nahm sein Pferd beim Zügel und führte es zu der Stelle hin, an welcher er mit den beiden andern zu gleicher Zeit anlangte.

„Es ist gelungen, vortrefflich gelungen!“ rief Don Parmesan, indem er vom Pferde sprang und zu dem Vogel trat, um sich bei demselben niederzubücken.

Aber der Nandu war noch nicht ganz tot. Er nahm seine letzte Kraft zusammen und versetzte dem Chirurgen einen so kräftigen Schnabelhieb, daß er ihm den Poncho zerriß und ein Stück Fleisch aus dem Oberarme hackte.

„O Himmel, o Hölle!“ schrie der Verwundete, indem er auf und weit zurück sprang. „Dieser Teufel lebt ja noch! Er hat mir eine Wunde beigefügt, an welcher ich höchst wahrscheinlich sterben werde!“

„Sie sind selbst schuld, Señor,“ antwortete Fritze. „Man nähert sich einem so kräftigen Tiere nicht eher, als bis man genau weiß, daß es tot ist.“

Er hielt dem Nandu den zweiten, noch nicht abgeschossenen Lauf nahe an den Kopf und jagte ihm die Ladung in denselben. Dann wendete er sich zu dem Chirurgen, um zu sehen, ob dieser leicht oder schwer verwundet sei. Der Biß war nicht gefährlich. Der Muskel blutete zwar heftig, doch fehlte nicht mehr als ein walnußgroßes Stückchen Fleisch, welches der Vogel noch im Schnabel hatte. Fritze nahm es heraus, hielt es dem „Don“ hin und sagte:

„Hier haben Sie, was Ihnen fehlt, Señor. Euer Gnaden sind ein so berühmter und geschickter Chirurg, daß es Ihnen nicht schwer werden kann, dieses Stück Rindfleisch wieder anwachsen zu lassen.“

„Rindfleisch?“ fuhr der Angeredete auf, emsig beschäftigt, die Blutung zu stillen. „Ich hoffe, daß Sie dieses Wort zurücknehmen, sonst müßte ich mich mit Euer Gnaden auf Leben und Tod schießen.“

„Gut, ich nehme es zurück und bitte um Entschuldigung. Wird das Stück wieder anwachsen?“

„Es wäre mir eine Leichtigkeit, es einzusetzen, so daß es haften bleibt; aber dazu bedarf ich meiner beiden Hände, und ich habe nur die eine. Wollen Sie mir helfen?“

„Gern.“

„So drücken Sie das Stückchen Fleisch fest in die Wunde, aber so, wie es vorher im Muskel gelegen hat, und schlingen Sie mir dann meine Schärpe so fest wie möglich um den Arm!"
Morgenstern half auch mit, und so war die kleine Wunde sehr bald verbunden. Nun hatte man Zeit, den Vogel zu betrachten. Es war eine Henne, wohl anderthalb Meter lang und gegen sechzig Pfund schwer. Sie wurde auf das eine Packpferd geladen, und dann stiegen die glücklichen Jäger wieder auf, um den unterbrochenen Ritt fortzusetzen. Als sie an der Stelle, wo der Nandu zuerst gesehen worden war, vorüberkamen, sahen sie, daß er wirklich im Begriff gestanden hatte, den Boden rund und schüsselförmig auszuhöhlen, jedenfalls um Eier zu legen, gar nicht weit entfernt von einer so sichtbaren Menschenfährte, kein gutes Zeugnis für die Intelligenz der straußartigen Vögel!
Nach einem kurzen Ritte wurden die drei Reiter von der Spur wieder mehr nordöstlich, und bald darauf gerade nördlich geführt.
„Nun, sind Euer Gnaden jetzt zufrieden?" fragte Fritze den Chirurgen. „Wir befinden uns nun in der Richtung, welche gerade nach dem Chaco führt."
„Hier ist's schlimmer als vorher," antwortete der Gefragte mißmutig, da sein Arm ihn schmerzte. „Auf diese Weise kommen wir nach dem *Monte de los palos Negros*, und von dieser Waldung habe ich gehört, daß sie fast undurchdringlich ist. Hätten wir uns vorher mehr links gehalten, so würden wir bis zum Rio Salado und noch darüber hinaus stets freies, offenes Land haben."
„Sind Sie denn wirklich schon über denselben hinausgekommen?"
„Zweifeln Sie etwa daran?"
Diese Frage sollte unwillig und zurechtweisend klingen, hatte aber einen so unsichern Ton, daß man meinen sollte, er hätte lieber mit einem aufrichtigen Nein geantwortet.
Bald darauf gab es einen Anblick, welcher ganz geeignet war, die drei hungrigen Reiter zu elektrisieren. Sie sahen vor sich, doch rechts von der eingeschlagenen Richtung, ein Rudel der kleinen Pampashirsche sich äsen. Ohne daß einer den andern dazu aufgefordert hätte, nahmen sie ihre Pferde nach rechts herüber und jagten auf das Wild zu, ohne sich zu sagen, daß es ganz unmöglich sei, eins der windesschnellen Tiere zum Schusse zu bekommen.
Der Hirsch sah die Gefahr und eilte mit seinem Gefolge fort, nicht allzu rasch, da er wohl wußte, daß ein Pferd ihn nicht erreichen könne. Eine Zeitlang ließ er die gleiche Entfernung zwischen sich und den Verfolgern liegen; aber als diese ihre Pferde zur schnellsten Carriere antrieben, griff auch er weiter aus, und seine Familie folgte ihm mit graziöser Leichtigkeit, die Jäger immer weiter und weiter hinter sich zurücklassend.
Dennoch setzten diese die Verfolgung fort, bis ein dunkler Streifen Waldes am Horizont auftauchte, dem der Hirsch zujagte. Bald darauf verschwand das Rudel zwischen den Bäumen. Die Reiter hielten in einiger Entfernung von dem Walde an. Am Rande desselben glänzte ein Wasser.

„Der Braten ist uns entgangen," seufzte Don Parmesan. „Ein Hirschrücken ist etwas Besseres als ein Stück zähes Straußenfleisch. Haben die Señores schon einmal welches gegessen?"
„Ich nicht," antwortete der Doktor. „Wie schmeckt es?"
„Wie Stiefelsohle. Man kann es nicht beißen und muß es ganz verschlingen. Nur der Hunger treibt es hinein."
„Bringt man es denn nicht weich, indem man es in Butter, lateinisch *Butyrum*, schmort?"
„Das habe ich noch nicht versucht, Señor. Jedenfalls wäre es um die Butter schade. Aber haben wir denn etwa welche?"
„Nein. Wir müssen den Vogel also in seinem eigenen Fette braten."
„Fett? Straußenfett? Meinen Sie wirklich, daß ein Strauß auch nur eine Spur von Fett hat?"
„Ja, das meine ich. Die Wissenschaft beweist, daß in jedem tierischen Körper Fett, *Adeps* genannt, vorhanden ist. Da nun der Strauß einen solchen Körper besitzt, so bezweifle ich es nicht, daß wir bei einiger Aufmerksamkeit wenigstens eine bemerkbare Spur dessen finden, was ich soeben mit *Adeps* bezeichnet habe."
„Und wenn Sie den schweren Vogel in dieser „Spur" von Fett braten, wird er dennoch trocken bleiben wie die Rückenlehne eines Strohsessels. Lassen wir das! Wir haben andres zu bedenken. Was thun wir jetzt? Wir sind von unsrer Fährte abgekommen. Suchen wir sie wieder auf?"
„Dazu ist's zu spät," antwortete Fritze. „Es wird gleich Abend sein. Hier haben wir Gras für die Pferde und dort am Waldesrande Wasser für Mensch und Tier. Es wird wohl geraten sein, hier zu bleiben und die Fährte morgen früh wieder aufzusuchen."
Der gute, kleine Mann bedachte nicht, daß das niedergetretene Gras sich während der Nacht aufrichten und die Spur dann am Morgen nicht mehr zu sehen sein werde.
Sie ritten vollends bis zum Walde hin, wo sie von den Pferden stiegen und diese von dem Sattel- und Zaumzeuge befreiten. Der Wald war sehr dicht. Er bestand hier an dieser Stelle aus Quebrachos, hohem Kaktus, Mistol, Chañars, Vinals und andern Leguminosen. Zwischen den ersten Bäumen drang ein Quell aus dem Boden und floß vielleicht zehn Ellen weit in eine Vertiefung, wo er einen kleinen, hellen Weiher bildete. An diesem lagerten sich die Reisenden. Holz zu einem Feuer war genug vorhanden. Bald loderte es hoch auf und nun machten sich die drei an die Zubereitung des heutigen Bratens. Es wäre unmöglich gewesen, den Strauß zu rupfen wie einen kleinern Vogel. Man zog ihm das Fell mitsamt den Federn ab wie einem behaarten Tiere. Dann wurde er aufgebrochen. Der Magen enthielt Pflanzenüberreste, Sand, Steine, einen hörnenen Messergriff und einen eisernen Reitsporen mit thalergroßem Rade. Der Strauß verschlingt eben alles, was ihm in die Augen sticht. Das Fleisch sah gar nicht übel aus und ließ sich auch ganz leidlich schneiden. Bei der weitern Zerlegung stellte es sich heraus, daß der Vogel allerdings nötig gehabt hatte, ein Nest zu formen; es waren Eier vorhanden, eins immer kleiner als das andre, von der Größe einer Erbse bis zu derjenigen

einer Männerfaust. Die größeren wurden in heiße Asche gelegt, um zu rösten und schmeckten dann gar nicht übel. Dann versuchte man, das Brustfleisch, als das zarteste, wie Asado vom Rind zu behandeln. Als Fritze das erste Stück in den Mund nahm und es zwischen den Zähnen probiert hatte, spuckte er es wieder heraus und sagte zu seinem Herrn:

„Pfui! Dat ist wirklich die reine Stiebelsohle, ohne Kraft und Jeschmack und nicht zu kauen. Versuchen Sie's doch mal!“

Dem Gelehrten ging es nicht anders. Das Fleisch war so zähe, daß man es trotz allen Hungers nicht genießen konnte.

„Klopfen wir es!“ meinte Fritze.

Er legte ein Stück auf den Boden und bearbeitete es mit dem Gewehrkolben, um es mürbe zu machen. Es fühlte sich jetzt weicher an, wurde aber im Feuer härter als das vorige Stück.

„Dat ist auch sonne falsche Berechnung in die Natur!“ räsonnierte er. „Rebhühner und Krammetsvögel, welche so delikat sind, wachsen klein, und diejenigen Vögel, welche die jewünschte Jröße besitzen, sind nicht zu jenießen. Mir dauert mein Pulver, welches ick verschossen habe. Hätte ick die harte Natur dieses Straußes jekannt, so hätte ick mich seinen Tod nicht auf mein Jewissen jeladen. Wat essen wir nun?“

Die Antwort folgte ganz unvermutet und auf der Stelle. Es raschelte hinter dem Sprecher. Er drehte sich um und sah ein langes, eidechsenartiges Tier am Stamme des nächsten Baumes.

„Still!“ flüsterte er. „Rührt euch nicht. Wenn es glückt, gibt es doch noch einen Braten.“

Er hatte sein Gewehr wieder geladen. Es enthielt einen Schrot- und einen Kugelschuß. Er nahm es, hinter sich greifend, in die Hand und zog es langsam nach vorn und an sich. Das Feuer war für das Tier eine ungewöhnliche Erscheinung. Es saß am Stamme des Baumes, langgestreckt wie eine Schlange, sich mit den Füßen festhaltend, und starrte mit hellen Augen in die Flamme. Da riß Fritz sein Gewehr mit einem plötzlichen Rucke in den Anschlag empor, zielte kurz und drückte ab. Der Schuß krachte; das Tier war weg.

„Was war's? Was gab's?“ fragte Morgenstern, welcher ebenso wie der Chirurg mit dem Rücken gegen den Baum gesessen hatte.

„Einen Iguan,“ antwortete Fritz.

„Iguan?“ rief Don Parmesan, indem er aufsprang. „Einen Iguan! Das ist ja die größte Delikatesse, welche es auf Erden gibt! Haben Sie ihn getroffen, Señor? Ich hoffe, ja?“

„Weiß es nicht. Wollen sehen.“

Er stand auf, um nach dem Baume zu gehen.

„Nehmen Sie sich in acht!“ warnte der Chirurg. „Die Iguans sind fürchterlich bissig. Wenn er noch nicht tot ist, dürfen Sie ihn ja nicht anfassen.“

Als Fritz zum Baume kam, ließ er einen Ruf der Freude hören. Das Tier war doch getroffen worden. Es lag unten auf dem Boden und bewegte sich nicht. Dennoch war der Deutsche so vorsichtig, es nicht eher anzugreifen, als bis er ihm einige kräftige

Kolbenhiebe auf den Kopf gegeben hatte. Don Parmesan kam dann auch herbei, um den Iguan nach dem Feuer bringen zu helfen.
Der Iguan, auch Leguan genannt, ist eine große südamerikanische Baumeidechse mit einem breiten Kopfe, an den Rändern gezähnelten Zähnen, großem Stachelkamme auf dem Rücken und einem sehr langen Schwanze. Die Beine sind ungemein kräftig und haben sehr lange Zehen; unter der Kehle hängt ein häutiger Sack. Die Iguana schwimmen ausgezeichnet und klettern ungemein behend auf Bäumen und nähren sich von Vogeleiern, Insekten, jungen Baumsprossen und saftigen Blättern und Blüten. Sie sind bei Gegenwehr mutig und außerordentlich bissig. Der gemeine Leguan wird anderthalb Meter lang, wovon allerdings ein Meter allein auf den Schwanz zu rechnen ist. Man stellt ihm sehr eifrig nach, da er ein besonders wohlschmeckendes, zartes und leicht verdauliches Fleisch besitzt.
Das Tier hat ein höchst häßliches Aussehen, darum rief Morgenstern, als er es erblickte, aus:
„Ja, das ist ein Iguan; ich sehe es. Aber wollen Sie dieses Viehzeug wirklich essen?“
„Natürlich!“ antwortete Don Parmesan. „Es gibt nichts Feineres als Iguanfleisch, gleich in der Haut, in den Schuppen gebraten. Wissen Sie das noch nicht?“
„Welch eine Frage? Sie an mich, einen Zoologen zu richten! Die Wissenschaft lehrt, daß der Iguan Fleisch besitzt, und die Erfahrung fügt hinzu, daß es gegessen wird. Mir aber kommen Sie ja nicht mit einem solchen Braten! Ich will doch lieber mit den Chinesen geschmorte Regenwürmer, Trepang und Holothurien verzehren als meine Zähne an einer solchen Echse versuchen.“
„Euer Gnaden lassen es sicher nicht liegen. Ich werde mir sofort ein Stück abschneiden.“
Er zog das Messer, um zu thun, was er gesagt hatte. Da aber hielt ihm Fritze die Hand abwehrend entgegen und sagte:
„Halt, Señor! Wer hat den Iguan geschossen?“
„Sie natürlich.“
„Ich; das ist sehr richtig, und also ist er mein Eigentum. Wer ein Stück haben will, muß es mir abkaufen.“
„Abkaufen? Wie kommen Euer Gnaden zu dieser lächerlichen Ansicht?“
„Ganz so, wie Euer Gnaden auf den Gedanken kamen, sich Ihr Rindfleisch von uns bezahlen zu lassen.“
„Aber das hatte ich doch auch bezahlen müssen!“
„Ob bezahlt oder geschossen, das ist gleich. Sie kamen durch das Bezahlen zu Ihrem Eigentum und ich durch das Schießen zu dem meinigen. Sie ließen sich Ihr Eigentum bezahlen; warum soll ich das meinige verschenken, zumal mein Iguan weit delikater ist als Ihr Rindfleisch. Bei mir kostet das Pfund Iguan heute Abend fünfzig Papierthaler.“
„Aber Señor, Sie scherzen!“
„Es ist mein Ernst. Wer unter Kameraden verkauft, darf nicht erwarten, daß man freigebiger ist als er.“

Er schnitt sich ein tüchtiges Stück herab, spießte es an einen zugespitzten Zweig und hielt es an das Feuer. Sofort war ein äußerst feiner und zarter Bratenduft zu bemerken.
„Hm! Nicht übel!“ meinte Morgenstern. „Wenn diese Echse so schmeckt, wie sie riecht, so könnte man wirklich beinahe und einigermaßen Appetit bekommen.“
Fritz antwortete nicht und briet weiter. Er hatte schon Iguan gegessen und wußte, was geschehen würde. Als sein Stück gar war, erfüllte es den ganzen Umkreis des Weihers mit seinem Dufte. Nun schnitt er es in Stücke und begann zu essen. Das schlaue, schadenfrohe Kerlchen machte dabei ein äußerst wonnevolles Gesicht. Da konnte sich Don Parmesan nicht länger halten. Er fragte –
„Señor, wollen Euer Gnaden wirklich kein Stück verschenken?“
„Nein.“
„Auch kein kleines Stückchen?“
„Nein.“
„Ganz dünn und nur so groß wie das Innere meiner Hand?“
„Nein.“
„Was kostet ein Stück, an welchem man sich satt essen kann?“
„Sie sind ein starker Esser, also hundert Papierthaler.“
„*Que ca-restia!* Und was fordern Sie für ein Stück, aus welchem man etwa zehn Bissen schneiden kann?“
„Sie machen sehr große Bissen. Zehn Bissen werden ein Pfund sein, also fünfzig Papierthaler.“
„*Cuanto costa eso* – wie teuer ist das! Bedenken Sie doch, daß ich ein armer Verwundeter bin!“
„Auch das bedenke ich. Ein Verwundeter soll Diät halten und einige Tage gar nicht essen.“
„Das ist vollständig unmöglich, wenn man gebratenen Iguan riecht. Señor, denken Euer Gnaden an das Vorbild so vieler frommer und erleuchteter Männer! Ich will Ihnen Ihr Geld zurückgeben.“
Er zog den Beutel aus der Tasche.
„Lassen Sie!“ wehrte Fritze ab. „Ich nehme nichts zurück. Sie werden jetzt aber einsehen, wie falsch es ist, sich von Kameraden, mit denen man Sorgen, Entbehrungen, Gefahren und vielleicht gar den Tod zu teilen hat, ein Stückchen Fleisch bezahlen zu lassen. Zu dieser Einsicht wollte ich Sie oft und manchmal bringen. Es versteht sich ganz von selbst, daß ich es nicht machen werde wie Sie. Was einer von uns hat, gehört auch den andern. Der Iguan ist unser gemeinschaftliches Eigentum. Schneiden Sie sich also so viel herab, wie Sie essen wollen!“
Das ließ Don Parmesan sich nicht zweimal sagen. Er rückte schnell herbei, steckte den Beutel wieder ein und nahm Fleisch von der Stelle, von welcher er wußte, daß es da am besten sei. Auch Fritz nahm sich noch ein Stück. Der Gelehrte sah ihnen noch eine kleine Weile zu, dann fragte er:

„Fritz, schmeckt es denn wirklich gar so ausgezeichnet?“
„Hochfein, sage ick Ihnen!“
„So möchte ich es wirklich einmal kosten. Es ist nur, daß man sagen kann, man habe einmal Iguan gegessen.“
„Dat müssen Sie allerdings sagen können. Wat soll man in Jüterbogk von Sie denken, wenn Sie in Südamerika jewesen sind und von keiner Eidechse jekostet haben! Soll ick Sie einen kleinen Happen zurecht machen?“
„Ja, thue es!“
Fritz spießte einen Bissen an, ließ ihn braten und reichte ihm denselben dann hin. Morgenstern kostete erst zaghaft, kaute dann bedächtig und die Augenbrauen emporziehend, schluckte ihn hinab, rückte heran, zog das Messer, schnitt sich ein derbes Stück ab und sagte:
„Wer hätte das gedacht! So eine Eidechse verdient es eigentlich, in eine viel höhere Tierklasse versetzt zu werden. Es gibt weder einen Fisch noch einen Vogel oder ein Säugetier, dessen Fleisch von einer solchen Zartheit ist. Ich werde das in meinem spätern Werke ganz besonders hervorheben und mit fetter Schrift drucken lassen, daß die Iguana ganz außerordentlich wohlschmeckend, lateinisch *sapidus*, sind.“
So schmausten die drei noch eine ganze Weile. Sie hatten heute beides gekostet, das härteste und das weichste und zarteste Fleisch, Strauß und Iguan, und als sie endlich aufhörten, war noch der ganze Strauß, vom Iguan aber nur der Schwanz übrig, den sie sich für morgen früh aufheben wollten. Dann fesselten sie die Pferde so wie gestern und hüllten sich in ihre Decken, um zu schlafen.
Als Fritz früh erwachte, schlief Morgenstern noch; der „Don“ aber hatte schon ein Feuer angezündet und machte sich mit dem Iguanschwanze zu schaffen.
„Halt!“ meinte der kleine Deutsche. „Lassen Sie mich teilen, Señor! Wir haben gleiche Rechte.“
Durch diese Worte wurde der Privatgelehrte aufgeweckt, und er zögerte nicht, seinen Anteil von dem Eidechsenschwanze sofort in das Feuer zu halten. Nun sahen sie, daß es in dem Weiher auch Fische gab, Fische, und zwar wie viele und wie große! Aber wie dieselben fangen? Man hatte weder Netze noch Angelzeug.
„Ick weiß, wat wir machen,“ sagte Fritz. „Wir jagen sie mit unsern Ponchos aus dem Wasser. Wollen Sie mich helfen, Herr Doktor?“
Der Gefragte erklärte sich sofort bereit dazu. Sie stiegen in das Wasser und nahmen einen Poncho in die Hand. Der eine hielt denselben an dem einen, und der andre an dem andern Ende. Der Weiher war nicht tief. Sie tauchten die Decke bis auf den Boden nieder und trieben, indem sie vorwärts schritten, die Fische nach dem Ufer zu. Es gelang ihnen gleich beim ersten Male, einige an das Land zu schnellen. Als sie dieses Experiment wiederholt hatten, besaßen sie so viel Fleisch, daß sie für zwei Tage auszureichen vermochten.

Während sie dann beschäftigt waren, die Fische erst auszunehmen und in grüne Blätter zu wickeln, fiel das Auge Morgensterns auf eine gar nicht weit von dem Weiher entfernte Stelle des Grases, wo dieses äußerst klein und spärlich wuchs; auch hatte es eine gelbe anstatt eine gr ' üne Farbe. Zog schon dieser Umstand das Auge auf sich, so war es noch viel auffälliger, daß diese Stelle genau zirkelrund war, und daß es an der Peripherie dieses Kreises einen Punkt gab, wo Sand lag und gar nichts wuchs, kein einziger Halm. Auch diese kleine, sandige Stelle in dem Lehmboden mußte auffallen.
Morgenstern stand von seinem Platz auf und näherte sich diesem eigentümlichen Kreise, um denselben genauer in Augenschein zu nehmen. Da sah er zunächst, daß derselbe konvex wie eine umgestürzte Schale war.
„Konvex und zirkelrund," sagte er sich. „Das ist höchst sonderbar. Warum gedeiht das Gras hier nicht? Der Boden besteht ebenso aus Lehm, wie derjenige der Umgebung. Sollten Steine oder ein andrer steriler Grund darunter liegen, so daß die Wurzeln des Grases nicht tief einzudringen vermögen und also nicht genug Nahrung erlangen können?"
Um das zu untersuchen, zog er sein Messer und stach dasselbe in die Erde. Die Klinge drang höchstens fünf Zoll tief ein und traf dann auf einen harten Gegenstand. Er probierte an andern Stellen und zwar mit genau demselben Erfolge. Der eigentümliche Kreis hatte eine sehr harte Unterlage, auf welcher eine überall fünf Zoll hohe Lehmschicht lag, welche dem Grase nicht genug Nahrung gewährte, so daß dieses nur spärlich stand, nicht hoch wurde und eine krankhafte, gelbe Farbe besaß. Diese Regelmäßigkeiten mußten eine Ursache und zwar eine ganz eigenartige und ungewöhnliche Ursache haben.
Und woher der schmale Sandfleck an der einen Stelle des Kreisumfanges? Es gab, so weit das Auge reichte, keinen Sand. Er bückte sich wieder nieder und begann, mit dem Messer in den Sand zu bohren und denselben aufzuwerfen. Die beiden andern hatten ihm verwundert über sein sonderbares Gebaren zugeschaut. Jetzt kam Fritze herbei und fragte:
„Wat jibt es hier, Herr Doktor? Wat haben Sie mit dat Messer? Wollen Sie unsre jute Mutter Erde totstechen?"
Wenn er mit dem Doktor allein und nicht auch mit dem Chirurgen redete, bediente er sich stets der deutschen Sprache.
„Mach keine dummen Witze!" antwortete Morgenstern. „Es handelt sich hier um eine ernste und vielleicht hochwichtige Angelegenheit. Hast du vielleicht einmal von sogenannten Hexenringen gehört?"
„Sehr oft. Dat sind kreisrunde Stellen auf Wiesen, auf denen in der Walpurgisnacht die Hexen hippelschottisch jetanzt haben."
„Unsinn! Diese Kreise verdanken ihre Entstehung verschiedenen Arten von Hutpilzen, deren Mycelium sich zentrifugal vermehrt. Vertilgt man diese Pilze, so hören auch die Ringe auf."

„Ick verstehe! Hier haben Sie auch so 'nen Hexenring jefunden."
„Ja; aber er ist ganz eigentümlicher Art. Während die bekannten Hexenringe von einem üppig grünenden Kreise umschlossen werden, ist dies hier nicht der Fall. Auch wächst hier Gras, während dort das Innere der Ringe vollständig kahl liegt. Das fällt mir auf. Und nun woher dieser Sand? Es ist sonst nirgends welcher zu sehen."
„Den haben die Hexen herjetragen."
„Rede keinen Blödsinn! An Hexen glaubst du doch ja selber nicht."
„Nein. Seit man ihnen verbrannt hat, jibt es keine mehr. Aber diese Stelle kommt mich auch sehr sonderbar vor. Sollte hier ein Schatz verjraben liejen? Dat wäre mich lieber, als wenn wir ein urweltliches Riesenjeschöpf herausbuddelten."
„Vorweltliches Riesengeschöpf!" rief Morgenstern aus, indem er den Sprecher mit freudiger Überraschung anblickte. „Fritze, vielleicht hast du das Richtige getroffen!"
„Mit dem Jeschöpf oder mit dem Schatz?"
„Mit beiden, denn wenn ich hier ein Mastodon oder so etwas finde, so ist das ein Schatz für mich, und du würdest auch nicht leer ausgehen."
„Dat läßt sich hören, sagte der Taube, als er eine Ohrfeige bekam. Aber im Ernste jesprochen, hier mitten in der Urwildnis so 'ne Stelle, dat muß doch einen Jrund haben. Und, nur man Jeduld, ick denke, wir finden diesen Jrund, wenn wir nur erst mal da den Sand fortschaffen."
„Ganz dasselbe dachte auch ich. Hole die Spaten, die Hacken und die Schaufeln! Wir müssen schleunigst nachgraben."
Fritze folgte dieser Aufforderung. Als die beiden den Sand aufzugraben begannen, kam Don Parmesan herbei und drang zum Aufbruche, da man heute doch den Vater Jaguar einholen müsse. Morgenstern gab ihm eine Erklärung der Gründe, welche ihn veranlaßten, noch hier zu bleiben, doch wollte der Chirurg nichts davon hören. Er machte aber sofort ein andres, viel freundlicheres Gesicht, als der Doktor ihm sagte:
„Wenn wir ein Megatherium hier finden oder ein ähnliches Riesentier und Sie helfen mit, so schenke ich Ihnen tausend Papierthaler."
Da fragte er rasch:
„Sind Sie denn so reich, Señor?"
„Ich bin wohlhabend und kann es geben."
„So helfe ich mit, und wenn es eine ganze Woche dauert!"
Er ergriff sofort einen Spaten und begann mitzuarbeiten, denn tausend Papierthaler, so viel wie hundertsechzig deutsche Reichsmark, waren für ihn eine sehr wünschenswerte Summe.
Während er mit Fritze in der sandigen Stelle in den Boden eindrang, nahm Morgenstern eine Schaufel, um einen Punkt der harten Unterlage von der darauf liegenden dünnen Lehmschicht und dem in derselben wachsenden Grase zu befreien. Er kratzte diese Schicht ab und schob sie zur Seite; da kam eine undurchdringliche, glatte und schildpattähnliche Masse zum Vorschein, welche, als er darauf schlug, einen dumpfen,

hohlen Ton erzeugte. Da that er vor Freude einen Luftsprung trotz des geschicktesten Harlekins und rief jauchzend aus:
„Heureka, heureka! Ich hab's, ich hab's gefunden! Diese glasharte und panzerartige Masse! Ich hab's, ich hab's!“
„Wat haben Sie denn?“ fragte Fritze, indem er von seiner Arbeit aufsah.
„Das Tier, das Riesentier. Es ist ein Glyptodon, ganz gewiß ein Glyptodon!“
„Wer soll dat Wort verstehen! Wie würde man es in Stralau oder Jüterbogk titulieren?“
„Riesenarmadill, oder noch deutscher, Riesenpanzertier!“
„Also ein Tier mit riesige Armatur! Wird es sich jegen unsre Annäherung wehren?“
„Was fällt dir ein! Es ist ja tot; es ist ein vorsündflutliches Geschöpf!“
„Also in der Sündflut umjekommen und schmählich ertrunken? Da kann mich dat arme Beest wirklich leid thun. Ist es jroß?“
„Wie ein Tapir oder Nashorn, anderthalb Meter lang.“
„Also nicht auf den Arm oder in die hohle Hand zu nehmen. Na, dat schadet nichts; wir holen ihm dennoch heraus!“
„Natürlich muß es heraus! Aber nehmt euch in acht, daß ihr es nicht beschädigt! jede, auch die kleinste Beschädigung, lateinisch *Laesio* genannt, vermindert den Wert dieses kostbaren Fundes!“
„Jut! Werden ihm so sanft wie möglich zu Leibe jehen, wat mich aber von wejen seine Riesenarmatur jar nicht als so notwendig erscheint.“
Er grub mit dem Chirurgen weiter. Auch der Doktor arbeitete mit dem größten Eifer, mit der Schaufel die obere Lehmkruste von dem Panzer des vorweltlichen Tieres abzukratzen. Seine Augen strahlten; seine Wangen glühten, und seine Hände zitterten; er befand sich wie im Fieber. Dabei hielt er seinen beiden Gefährten einen Vortrag über die Urzeiten und die Wesen, welche in denselben existierten. Fritze und Don Parmesan warfen den Sand nach rechts und links heraus und drangen immer tiefer ein. Da gab der Sand plötzlich nach; Fritze stieß einen Schrei aus und verschwand in der Erde. Sein Gefährte sprang schnell aus dem Loche, sonst wäre er ihm nachgestürzt.
„Um des Himmels willen, was ist geschehen!“ rief Morgenstern. „Hoffentlich kein Unglück, lateinisch *Infortunium* geheißen!“
„Er ist verschwunden, vollständig verschwunden,“ antwortete Parmesan. „Die Erde wich unter ihm, und da war er fort.“
Der Doktor trat vorsichtig an das Loch und rief hinab:
„Fritze, lieber Fritze, lebst du noch?“
„Ja, ick lebe und bin verjnügt in meine Seele,“ erklang es von unten herauf.
„Wie ist das gekommen, und wohin bist du geraten?“
Ick habe mit die Balance dat neunzehnte Jahrhundert verloren und bin herunter ins Diluvium jerutscht.“
„Bist du verletzt?“

„Nein. Dat Panzervieh verhält sich sehr jebildet. Es ist janz still und hat mir nicht beschädigt."
„So komm schnell herauf! Es könnten gefährliche Gase vorhanden sein."
„Im Jejenteil! Es ist hier vor der Sündflutszeit janz mollig. Kommen Sie herunter! Ick habe jrad noch zwei schöne Sitzplätze zu vermieten, zwei Plätze in der Urwelt. Immer rrrrunter, meine Herren!"
Dieses lustige Gebaren des kleinen Dieners verscheuchte alle Besorgnisse des Doktors. Es konnte da unten doch wohl keine Gefahr vorhanden sein. Und da seine Wißbegierde so groß war, daß er sie kaum beherrschen konnte, folgte er der Aufforderung Fritzes und stieg vorsichtig in das Loch. Dieses führte zunächst gegen vier Fuß senkrecht hinab und ging dann in einem stumpfen Winkel schief nach innen weiter. Der Diener war also nicht senkrecht hinuntergestürzt, sondern in geneigter Richtung vorwärts gerutscht. Jetzt rief er von innen heraus:
„Da sind Sie ja! Ick sehe Ihre Beine. Sie befinden sich jrad vor dem Bauch des Riesentieres. Setzen Sie sich nieder, so ziehe ich Ihnen an die Füße herein zu mich."
„Ist's etwa gefährlich?" erkundigte sich der vorsichtige Gelehrte.
„Keineswegs. Die Passage ist so bequem wie möglich. Warten Sie, ick werde Ihnen unterstützen."
In diesem Augenblicke fühlte Morgenstern sich bei den Füßen ergriffen und fortgezogen; er kam in ein sanftes Gleiten und saß dann zu seinem Erstaunen neben Fritzen in einer kleinen niedrigen Höhle, welche infolge des Loches, durch welches er soeben gekommen war, so viel Helligkeit besaß, daß man sich darin umsehen konnte. Sie war länglichrund, ungefähr zwei Ellen hoch und so groß, daß drei Personen bequem nebeneinander sitzen konnten. Die Decke war gewölbt, nicht sehr, sondern ungefähr wie das Innere eines Tellers, und von dunkelmelierter, matt glänzender Farbe. Der Boden der Höhle war eben und von dem hereingebrochenen Sande teilweise bedeckt. An den unbedeckten Stellen sah man, daß er aus hartem Lehm bestand.
Als Fritze seinen Herrn neben sich hatte, lachte er auf und sagte in fröhlichem Tone:
„Da sitzen Sie neben mich, jrade wie Frau Lanziette, jeborene Huhn! So kann man aus die Ober- in die Unterwelt und aus die Jejenwart in die Verjangenheit jeraten. Wat sagen Sie zu diese schöne Mammuthöhle?"
„Von einem Mammut ist hier keine Rede. Wir befinden uns höchst wahrscheinlich im Leibe eines Glyptodon, also desjenigen Tieres, welches ich vorhin Riesenarmadill nannte."
„Haben diese Tiere Leiber aus Lehm jehabt?"
„Natürlich nein. Du kannst dir doch denken, daß der Leib mitsamt den Knochen nach und nach verwest ist und daß nur der unzerstörbare Panzer übrig geblieben ist. Im Innern desselben sitzen wir jetzt."
„Also mitten in der Armatur?"

„Ja. Man hat diesen Panzer auch wohl, aber irrtümlicherweise, für die Bedeckung des Megatherium gehalten, weil auch Knochen dieses letzteren Tieres in der Nähe solcher Fundorte angetroffen wurden. Das Glyptodon ist aber für den Kenner unmöglich mit dem Megatherium zu verwechseln, lateinisch *permuto*, obgleich es ebenso wie dieses einen runden, abgestutzten Kopf und am Jochbeine einen absteigenden Fortsatz hatte. Der Panzer, welcher das Tier vom Halse bis zum Schwanze umschloß und nur am Bauche offen war, bildete keine Ringe, sondern bestand aus einzelnen, sechseckigen Knochenstücken, welche eine einzige starke und zusammenhängende Decke bildeten. Der Schwanz steckte in einer besondern Panzerröhre, die wir jedenfalls auch finden werden. Wir müssen den Panzer zunächst freilegen; wenn sich dann ergibt, welches der hintere und welches der vordere Teil desselben ist, läßt sich leicht sagen, wo die Schwanzröhre liegt."

Er betastete und beklopfte die Decke der Höhle und fand seine Vermutung, daß dieselbe der Panzer eines fossilen Riesentieres sei, vollkommen bestätigt. Fritze aber schüttelte den Kopf und sagte:

„Wenn dat janze Tier im Panzer jesteckt hat, so daß nur der Bauch unbedeckt war, so muß derselbe doch eine unten offene Höhlung bilden; die Seiten sind auch bepanzert jewesen, hier haben wir nur oben Panzer und an den beiden Seiten Lehm."

„Der ist durch den Druck eingedrungen. Wenn wir ihn entfernen, werden die Seiten des Panzers zum Vorschein kommen. Ich werde dir den Chirurgen herabschicken. Ihr beide schafft diesen Lehm hinaus, während ich von oben graben werde, um das Glyptodon von außen bloßzulegen. So arbeiten wir uns in die Hände und werden jedenfalls noch vor der Abenddämmerung, lateinisch *Crepusculum* genannt, fertig sein."

Er stieg aus der Höhle empor und schickte Don Parmesan mit Hacke und Schaufel hinab. Während die beiden nun unten fleißig arbeiteten, drang er selbst oben mit der Hacke in die Erde ein, um die Erde rund um den Panzer aufzugraben und denselben bloßzulegen. Er strengte sich so an, daß ihm der Schweiß über das Gesicht lief. Er war ganz begeistert für seine Arbeit. Er dachte an den Ruhm, den es ihm bringen würde, wenn es ihm gelänge, ein fossiles Riesenarmadill in seiner heimatlichen Wohnung aufzustellen. Denn daß es sich hier um ein Glyptodon handelte, davon war er vollständig überzeugt, bis er gegen Mittag die Entdeckung machte, daß der Panzer nicht eine Röhre, sondern eine Schale bilde, welche wie eine plattgewölbte Decke auf der unter ihr befindlichen Höhle lag; sie wurde von den Lehmwänden der letzteren getragen. Fritze und Don Parmesan drangen mit ihren Werkzeugen durch diese Wände, und da der Gelehrte ihnen von außen mit seiner Hacke entgegenkam, dauerte es gar nicht lange, so war die eine Seite der Panzerdecke, welche einer umgestürzten Schale glich, freigelegt, und Fritze kam mit dem Chirurgen herausgekrochen.

„Sehen Sie, daß Sie sich jeirrt haben," sagte der erstere zu Morgenstern. „Es ist kein Jürteltier, denn die Seiten dieses Jeschöpfes sind oft und manchmal unbepanzert jewesen; es hat nur oben auf dem Rücken einen Schild jehabt."

Der Gelehrte war einigermaßen enttäuscht. Er blickte nachdenklich vor sich nieder. Dann aber erhellte sich sein Gesicht plötzlich wieder; er stieß einen Jubelruf aus und antwortete dann:

„Fritze, du machst mir das Herz wieder leicht. Schon glaubte ich, daß unsre Arbeit eine vergebliche gewesen sei. Deine Worte aber überzeugen mich vom Gegenteile. Du hast das Richtige getroffen. Es hat oben auf dem Rücken einen Schild gehabt, Schild, Schild, ein runder Schild, lateinisch *Clypeus* genannt. Kannst du mir ein Tier, ein berühmtes Tier nennen, dessen Namen mit Schild- beginnt?“

„Ja.“

„Nun?“

„Ein Schildbürjer.“

„Unsinn! Ich meine natürlich die Schildkröte, lateinisch *Testudo* geheißen. Dieses Tier ist kein Armadill, sondern eine Schildkröte, und zwar eine Riesenschildkröte von ganz außerordentlichen Dimensionen gewesen. Hast du einmal von einer fossilen Riesenschildkröte gehört oder gar eine solche gesehen?“

„Nein.“

„Ich auch nicht. Hier nun finde ich ein solches Tier. Welch ein Glück, welch eine Wonne! Welch ein Ruhm wartet meiner, wenn die Kunde durch die gelehrten Kreise aller Länder geht, daß ich eine fossile Riesenschildkröte ausgegraben habe!“

„Wenn es wirklich eine ist!“

„Jedenfalls. Ich werde es gleich untersuchen.“

Er holte in seinem Hute Wasser herbei und wusch mit Hilfe eines Graswisches eine Stelle des Panzers rein.

„Siehst du,“ rief er dann aus, „daß ich recht habe. Diese Masse ist nichts andres als Horn, starkes, dickes Horn. Diese konvexe Platte ist nicht der Panzer eines Gürteltieres, sondern das Rückenschild einer Riesenschildkröte, lateinisch *Chelonia Midas* genannt.“

„Soll mir aufrichtig freuen, wenn nicht etwa wieder ein Irrtum vorliegt, so daß dat einstige Jürteltier und jetzige Schildkröte nachher der Abwechslung wejen für einen vorweltlichen Laubfrosch jehalten wird.“

„Laubfrosch, *Hyla* genannt! Du bist nicht bei Sinnen! Ich bin bereit, es mit einem Eide zu belegen, daß wir es mit den Überresten einer Riesenschildkröte zu thun haben.“

„Aber haben die Schildkröten nicht zwei Schilde?“

„Ja, einen Rücken- und einen Bauchschild.“

„Dieses Tier hat aber doch nur eins jehabt!“

„Wer behauptet das?“

„Sollte sie dat andre verloren oder in der Lotterie verspielt haben?“

„Keinen dummen Witz, Fritze! Der Brustschild muß auch da sein. Das Fleisch, welches zwischen beiden gelegen hat, ist verwest. Dadurch entstand die Höhle, welche wir hier vor uns sehen. Der Boden derselben wird jedenfalls von dem Bauchschilde gebildet. Wir werden es sofort finden, wenn wir den Lehm, welcher eingedrungen ist, wegräumen.“

„Dat leuchtet mich eher ein. Und wissen Sie, als wir da drin hockten, habe ich jehört, daß der Boden hohl klang."

„Hoh!? Wirklich? Siehst du, Fritze, daß ich ganz richtig vermute! Du hast auf dem Bauchschilde gestanden, und das klingt hohl, *cavus* auf lateinisch. Wir werden ihn ausgraben."

„Aber nicht jetzt, sondern nach dem Essen. Es ist Mittag jeworden, und wir müssen etwas jenießen. Wir haben ja Fische, welche wir uns backen oder braten können."

Die beiden andern stimmten ein, der kleine Gelehrte freilich nur ungern. Er war so entzückt über seinen Fund, daß er keinen Hunger fühlte und von dieser Arbeitspause abgesehen hätte. Es fiel ihm auch gar nicht ein, sich an der Zubereitung der Fische zu beteiligen; er scharrte und kratzte vielmehr an der Schildkrötenschale herum, klopfte sie an, um zu hören, was für einen Ton sie hatte, prüfte, ob der Boden unter ihr wirklich hohl klang, was allerdings der Fall war, und kam erst dann zu den beiden andern, als die Fische zum Essen fertig waren. Während sie tüchtig zulangten, nahm er sich nur ein kleines Stück, sprang, als er dieses gegessen hatte, wieder auf und sagte –

„Ich kann nicht essen; es läßt mir keine Ruhe, bis ich auch den Bauchschild gefunden habe. Der Magen, *Ventriculus* oder *Stomachus* geheißen, ist mir wie zugeschnürt. Ich kann nicht schlingen."

„Dat ist nicht jesund," bemerkte Fritze. „Der Mensch muß essen können. Wenn ick mir über was freue, esse ick doppelt. Wenn Ihr Magen so zujeschnürt bleibt, werden Sie durch diese Schildkröte Ihr schönes, junges Leben verlieren. Man darf nicht so aufjeregt sein."

„Ist's denn ein Wunder? Ein solcher Fund ist gradezu großartig und steht ganz einzig da. Man freut sich, daß man sich kaum zu lassen weiß, und hat doch schwere Sorge, lateinisch *Cura* genannt, dabei."

„Dat bejreife ick nicht. Mir hat noch keine Kröte Sorje jemacht. Um wat sorjen Sie sich denn?"

„Um Verschiedenes. Vor allen Dingen um den Namen, den ich ihr geben muß."

„Den hat sie ja schon. Sie wird ja Schildkröte jenannt. Oder ist dat nicht ihr rechtmäßiger Name?"

„Es ist der deutsche Name. Ich muß ihr aber doch auch einen wissenschaftlichen, einen lateinischen Namen geben!"

„Und dat macht Ihnen Sorje? Wie ist dat möglich? Sie verstehen ja Lateinisch."

„Allerdings; aber es ist doch schwierig, den passenden Ausdruck zu finden."

„So werde ick Ihnen helfen. Dieser wissenschaftliche Name soll sofort jefunden werden. Wie heißt Schildkröte auf lateinisch?"

„*Testudo*. Aber es gibt Arten, welche wissenschaftlich mit *Cistudo*, *Emys*, *Chelydra*, *Trionychida*, *Sphargis* und *Chelonia* bezeichnet werden. *Chelonia Midas* zum Beispiel ist die Riesenschildkröte."

„So haben Sie ja den jesuchten Namen. Eine Riesenschildkröte ist's ja, die wir jefunden haben.“
„Richtig! Aber ich darf sie doch nicht so nennen, da mit *Chelonia Midas* die jetzt noch lebenden gemeint sind; unsre aber ist eine vorsündflutliche und viel, viel größer als die heute noch existierenden.“
„Dat ist wahr. Sie ist ein wahrer Goliath, ein richtiger Gigant, und – –“
„Halt, halt!“ unterbrach ihn der Gelehrte. „Ich hab's, ich hab's! Du hast es eben gesagt. Du bist ein ganz tüchtiger Kerl, Fritze, Gigant! Das gibt eine ganz ausgezeichnete Zusammensetzung. Denke an Gigantomachie, an Gigantologie oder an Gigantosteologie! Gigant und *Chelonia*, das läßt sich ganz ausgezeichnet verbinden und gibt einen Namen, der gar nicht vortrefflicher gewählt werden könnte. Ich werde dieses riesige Tier *Gigantochelonia* nennen. Ja, *Gigantochelonia*, welch ein prachtvoller Name! Vielleicht fügt man später, um mich als den Entdecker zu feiern, noch meinen Namen bei, was ich der gebotenen Bescheidenheit wegen heute nicht thun will. Ja, ja, der Name ist fertig. Diese fossile Riesenschildkröte wird *Gigantochelonia* genannt. Ich werde diesen Namen sofort notieren und dazu den wichtigen Tag, an welchem ich diesen unvergleichlichen Fund gemacht habe.“
Er zog sein Notizbuch hervor und trug den Namen ein. Fritze aber meinte kopfschüttelnd:
„Diese jelehrten Herren sind doch sonderbare Individuummers! Objleich der schönste deutsche Name vorhanden ist, muß doch ein lateinischer jesucht werden. Dieses Tier ist jedenfalls zu Noahs Zeit ins Diluvium jeraten; darum würde ick sie einfach Riesen-Noah-Kröte nennen. Dat würde für jedermann sofort verständlich sein. Schade nur, daß dat Fleisch nicht mehr vorhanden ist! Wieviel Turtlesuppen könnte man da machen!“
„Ja, bedenkt man, wie weit die beiden Schilder voneinander liegen, so kann man sich einen Begriff davon machen, wie stark und dick das Tier gewesen ist. Es muß eine wahre Unmasse von Fleisch, lateinisch Caro genannt, gehabt haben. Aber ihr seid nun endlich fertig mit essen. Beeilt euch nun! Wir müssen den Bauchschild ausgraben. Ihr hackt also den Boden auf, während ich fortfahren werde, die obere Schale los zu machen.“
Fritze stieg mit Don Parmesan wieder in die Höhle, um der Anweisung seines Herrn nachzukommen, während dieser oben die begonnene Arbeit fortsetzte. Er war mit einem solchen Eifer bei derselben, daß er für nichts andres Auge hatte und also auch nicht bemerkte, daß er der Gegenstand einer Beobachtung war, welche für ihn und seine Genossen leicht schlimme Folgen haben konnte.
Im Osten von der Stelle, an welcher die drei mit so großem Fleiße beschäftigt waren, erschien nämlich ein Trupp von vielleicht fünfzig Reitern, deren Ziel allem Anscheine nach das Wasser war, in dessen Nähe sich der Fundort der berühmten Gigantochelonia befand. Und zugleich erschienen im Süden fünf andre Reiter, welche aber noch so entfernt waren, daß man sie nur als kleine, bewegliche Punkte zu erkennen vermochte.

Der erstere Trupp befand sich in größerer Nähe. Er bestand aus Indianern, bei denen sich zwei Weiße befanden. Die Roten waren mit Pfeil und Bogen, langen Lanzen und Blasrohren bewaffnet; ein einziger von ihnen, welcher ihr Anführer zu sein schien, hatte eine Flinte. Die beiden Weißen waren wie Gauchos gekleidet und in rot und blau gestreifte Ponchos gehüllt. Als Waffen führten sie Messer, Revolver und Doppelflinten bei sich. Der eine von ihnen war Antonio Perillo, der Stierkämpfer aus Buenos Ayres, der andre aber der ältere Mann, welcher mit Perillo am Abende nach dem Stierkampfe an der Quinta des Bankiers den Vater Jaguar beobachtet hatte.
Sie kamen im Trabe längs des Waldrandes dahergeritten. Nahe genug herangekommen, erblickten sie den kleinen Gelehrten, welcher, ihnen den Rücken zukehrend, ganz in seine Arbeit vertieft war. Die beiden Weißen ritten mit dem Häuptlinge an der Spitze. Der ältere von ihnen hob die Hand, um das Zeichen zum Halten zu geben, parierte sein Pferd und sagte, sich an den Häuptling wendend:
„Was ist das! Wir sind nicht allein! Dort am Wasser ist ein Mann! Siehst du ihn? Er hackt die Erde auf."
Der Rote blickte in die angedeutete Richtung und antwortete in zwar gebrochenem aber doch geläufigem Spanisch:
„*Holá*, ein Weißer bei unsrer Quelle, bei unserm Escondite (Versteck)! Er hat es entdeckt und gräbt es auf. *Vaya*! Auf, und hin zu ihm!"
Er wollte sein Pferd antreiben; der Weiße aber ergriff seinen Arm und sagte:
„Halt, nicht so eilig! Laß uns ihn vorher beobachten. Er kann uns nicht entgehen. Er ist ja allein, ein einzelner."
„Ob er allein ist oder ob sich viele bei ihm befinden, das ist mir gleich. Ihr nennt mich *el Brazo valiente* (der „tapfere Arm"); ich bin der Kriegshäuptling der Abipones und fürchte mich vor keinem Feinde."
„Ich weiß es. Meine Worte enthielten keine Zweifel über deine Tapferkeit. Wer mag dieser Mensch sein, welcher Werkzeuge zum Graben bei sich führt, und durch welchen Verrat hat er *Euer Almacen de polvora* (Pulvermagazin) entdeckt? Er ist übrigens nicht allein hier; er hat Gesellschaft bei sich, denn ich zähle fünf Pferde, welche dort am Wasser weiden."
„Quedo – still!" rief da Antonio Perillo. „Er ist von kleiner Gestalt und ganz rot gekleidet. Sollte es möglich sein? Wenn mich meine Augen nicht trügen, so machen wir einen höchst wichtigen Fang. Es ist der Oberst, der sich in Buenos Ayres für einen deutschen Gelehrten ausgab!"
„*Demonio*! Ist's wahr?" fragte der ältere von Perillos Begleitern.
„Ich möchte es beschwören. Jetzt haben wir den Beweis, daß ich mich nicht irrte, daß es sich nicht um eine Ähnlichkeit, sondern um die vollste Identität handelt. Wie käme ein harmloser deutscher Bücherwurm an die geheime Pulverkammer, welche wir für unsre roten Verbündeten anlegten, damit sie im Augenblicke des Losschlagens die nötige Munition besitzen? Es ist der Oberst Glotino, dieser Schurke, der sich über alle unsere

Wege schleicht. In Buenos Ayres traf ihn unsre Kugel nicht; hier aber soll sie ihn nicht fehlen!“

Er zog den Revolver drohend aus dem Gürtel.

„Still!“ beruhigte ihn sein älterer Gefährte. „Keine Übereilung! Wir dürfen ihn nicht töten; er muß uns sagen, was er in dieser Gegend will und wie er zur Kenntnis unsres Versteckes gelangt ist. Schießen wir ihn nieder, so sind wir ihn los, ja; aber behalten wir ihn lebend in unsern Händen, so haben wir in ihm einen Geisel, welcher uns vom größten Vorteile werden kann. Und wer kommt da drüben? Sind das nicht Reiter?“

Er deutete nach Süden, wo die fünf Punkte indessen größer und deutlicher geworden waren. Die Blicke der andern richteten sich dorthin. Antonio Perillo antwortete:

„Das kann kein andrer als der Hauptmann Pellejo sein, mit dem wir hier zusammentreffen wollen. Unsre List ist also gelungen. Er hat den Auftrag erhalten, die Grenze zu inspizieren, er, unser Kumpan! Man bestellt den Bock zum Gärtner. Wir bekommen dadurch die Grenze und alle Niederlassungen am Flusse in die Hand. Dadurch sind unsern roten Verbündeten, wenn der Augenblick des Handelns kommt, sämtliche Einfallspforten geöffnet. Er ist's gewiß, ganz gewiß. Ich denke, wir überlassen es nicht ihm, den Kerl dort zu fangen, sondern thun das selbst, noch ehe er herangekommen ist. Seht, der Halunke steigt hinab ins Magazin! Das ist der beste Augenblick. Wir umzingeln die Stelle. Vorwärts! Einige setzen sich augenblicklich in den Besitz der Pferde; dann gibt es kein Entrinnen für den Schurken.“

Der Trupp setzte sich in rasche Bewegung gegen das Pulvermagazin, welches Doktor Morgenstern für den Einbettungsort eines vorweltlichen Tieres gehalten.

Fritze hatte mit dem Chirurgen den Lehm, welcher den Boden der Höhle bildete, aufgegraben. Jeder Hieb oder Stoß, den die beiden thaten, war von einem dumpfen Tone begleitet, ein Beweis, daß es unter diesem Boden einen zweiten hohlen Raum gab. Als sie ungefähr einen Fuß tief gekommen waren, stießen sie zu ihrem Erstaunen auf starke Hölzer, aus abgeschnittenen Ästen gebildet, welche nebeneinander gelegt waren und die Träger des Lehmbodens bildeten. Sie zogen mehrere derselben heraus, und so entstand eine große Öffnung, durch welche sie hinabblicken konnten. Sie sahen da unter sich eine weit größere Höhle als die obere gewesen war. Da standen oder lagen viele kleine, sorgfältig in geharztes Leder gehüllte Fässer und längliche, ebenso gegen die Feuchtigkeit geschützte Pakete. Fritze kniete nieder, um eins der letzteren herauszulangen; es war schwer, so daß der Chirurg ihm helfen mußte. Als sie es oben hatten, zerschnitt Fritze die Riemen, mit denen es zusammengebunden war; es enthielt – Gewehre, sehr wohlerhaltene Gewehre.

„Welche Überraschung!“ rief er aus. „Das sind ja Flinten! So steht zu erwarten, daß die Fässer Pulver und Blei enthalten!“ Und in deutscher Sprache fortfahrend, rief er dem draußen hastig arbeitenden Privatgelehrten zu:

„Herr Doktor, kommen Sie doch mal herein! Wir haben etwas sehr Kurioses jefunden.“

„Etwas Kurioses?“ fragte der Angerufene. „Der Bauchschild einer *Gigantochelonia* ist etwas sehr Wichtiges, sehr Interessantes, aber doch nichts Kurioses. Habt Ihr ihn?“

„Den Schild leider nicht, sondern eine janz andre Art von Armatur. Haben Sie doch die Jewogenheit, verehrter Herr Doktor, uns mit Ihren jütigen Besuche zu bejlücken!“

Morgenstern legte die Hacke weg und folgte der Aufforderung. Das war der Augenblick, in welchem Antonio Perillo sagte: „Seht, der Halunke steigt hinab ins Magazin!“

„Schauen Sie her!“ meinte Fritze. „Es hat vor der Sündflut auch schon Pulver und Flinten jegeben. Diese Entdeckung jeht doch wohl noch über Ihre *Gijantochelonia*. Haben Sie schon mal mit einem Herrn jesprochen, der Flinten im Diluvium jefunden hat?“

Der kleine Gelehrte machte ein ganz unbeschreibliches Gesicht. Sein Mund stand offen; seine Augen öffneten sich, so weit es möglich war, und seine Brauen stiegen hoch empor. „Flinten? Flinten?“ stotterte er. „Ja wahrhaftig, Flinten!

Das ist freilich ein Fall, welcher mir noch nicht vorgekommen ist, der sich aber jedenfalls erklären lassen muß. Es ist gewiß, daß es weder im Silurium oder gar vorher, noch in der nächstfolgenden Zeit Schießgewehre gegeben hat. Wenn diese Waffen sich hier unter dem Rückenschilde meiner *Gigantochelonia* vorfinden, so sind sie von menschlichen Individuen, welche höchst wahrscheinlich der geschichtlichen Zeit angehören, hergebracht worden. Diese Menschen haben keine zoopaläontologischen Kenntnisse gehabt, sonst hätten sie erkennen müssen, daß sie ihre nachsündflutlichen Waffen an einen vorsündflutlichen Ort brachten, dessen Bedeutung für die Verhältnisse urweltlicher –“

Er kam nicht weiter. Nahendes, starkes Pferdegetrappel brachte ihn aus der Urwelt in die Gegenwart zurück. Laute Stimmen ertönten, und als er den Kopf aus dem Loche steckte, um zu sehen, was draußen vorgehe, sah er, daß mehrere Indianer die Pferde ergriffen und andre die Waffen, welche er und seine beiden Begleiter abgelegt hatten, an sich nahmen. Zwei Weiße hielten ihm ihre Revolver entgegen, und einer von ihnen rief ihm in gebieterischem Tone zu:

„Kommen Sie mit Ihren Genossen heraus, Señor! Wir haben ein Wörtchen mit Ihnen zu reden. Aber versuchen Sie nicht etwa, sich zu wehren; das würde Ihren augenblicklichen Tod nach sich ziehen.“

„Antonio Perillo!“ rief der Gelehrte aus, der den Sprechenden erkannte.

„Ja, ich bin es. Gehorchen Sie, und kommen Sie schnell, sonst zwingen Sie uns, Gewalt anzuwenden.“

„Der Gewalt bedarf es nicht. Ich habe ein gutes Gewissen und kann mich vor jedem Menschen sehen lassen.“

Er kam herausgestiegen und seine beiden Gefährten folgten ihm. Als Perillo den Chirurgen erblickte, rief er erstaunt aus:

„Der Camicero! Señor, was thun Sie denn hier in dieser Gesellschaft?“

„Ich führe die Herren nach dem Gran Chaco,“ antwortete der Gefragte.

„Zu welchem Zwecke?“

„Um Tiere auszugraben."
„Tiere? Ausgraben? Was denn für welche?"
„Vorsündflutliche Urtiere."
„Das lassen Sie sich weiß machen? Señor Parmesan, ich habe Sie bisher als einen Menschen gekannt, der zwar seine Schrullen hat, sonst aber ungefährlich ist und ganz besonders sich niemals mit Politik befaßt. Heut aber lerne ich anders von Ihnen denken!"
„Politik? Was geht mich diese an! Ich bin Chirurg und habe vollständig genug an meiner Wissenschaft. Sie wissen ja, es ist mir keine Operation und kein Schnitt zu schwierig; ich säble alles herunter."
„Diesmal aber scheinen Sie unter Säbel nicht Ihr Operiermesser, sondern einen wirklichen Degen zu verstehen. Sie wissen doch, daß Ihre Begleiter politisch höchst verdächtige, ja sogar gefährliche Menschen sind?"
„Gefährliche Menschen? Davon habe ich keine Ahnung;' das ist nicht wahr. Diese Señores sind gelehrte Leute aus Deutschland; sie wollen Riesentiere ausgraben; mit der Politik aber haben sie nichts zu thun."
„Wenn das wirklich Ihre Überzeugung ist, so sind Sie von ihnen getäuscht worden. Wir aber wissen besser, woran wir mit ihnen sind. Sie haben eine Rolle übernommen, welche ihnen leicht das Leben kosten kann. Glücklicherweise für uns ist sie jetzt ausgespielt, da wir diese so ehrenwerten Señores hier bei dem Diebstahle ertappt haben."
„Diebstahl?" fuhr da Fritze auf. „Wir sind keine Diebe, wohl aber können wir Sie eines Verbrechens zeihen, welches noch schlimmer als Diebstahl ist."
„So?" lachte Perillo höhnisch auf. „Welches Verbrechen meinen Sie denn?"
„Den Mord. Sie haben in Buenos Ayres meinen Herrn zu erschießen versucht!"
„So? Es dürfte Ihnen schwer werden, dies zu beweisen; wohl aber werden wir Ihnen den Beweis führen, daß Sie sich in Dinge eingelassen haben, durch welche Ihr Kopf in die größte Gefahr gebracht wird. Ich erkläre Ihnen beiden, daß Sie unsre Gefangenen sind."
„Dazu haben Sie kein Recht. Oder gehören Sie etwa oft und manchmal zur Polizei?"
„Das geht Sie nichts an! Übrigens gehört Ihre Angelegenheit nicht vor das Zivil- sondern vor das Kriegsgericht. Man wird Sie standrechtlich erschießen. Hier kommt der Offizier, welcher Sie ins Verhör nehmen wird."
Er deutete auf die fünf Reiter, welche jetzt von Süden her am Platze angekommen waren, vier Kavalleristen, angeführt von dem Hauptmann, welcher Morgenstern und Fritze in Santa Fe erst bewirtet und dann fortgewiesen hatte. Dieser sprang vom Pferde, nickte den Indianern zu, reichte dem Stierkämpfer wie einem alten Freunde die Hand und gab sie dann auch dem Begleiter dieses letzteren, indem er sich sehr höflich verbeugte und in beinahe ehrerbietigem Tone sagte:
„Viel Ehre für mich, Señor Benito, den berühmtesten Gambusino (Goldsucher) des Landes wiederzusehen! Sie bemerken, daß ich Wort gehalten und mich zur rechten Zeit eingestellt habe. Aber welche Menschen finde ich bei Ihnen? Da ist ja der famose

Deutsche, den ich wegen seiner großen Ähnlichkeit für den Obersten Glotino hielt und dann –“

„Hielt? Nur hielt?“ unterbrach ihn der Angeredete, welcher bis jetzt noch nicht gesprochen hatte. „Lassen Sie sich durch die Verkleidung nicht irre machen! Er ist es wirklich. Wo haben Sie ihn gesehen?“

Kapitän Pellejo erzählte kurz die Begegnung in Santa F&EACUTE;, worauf der als Gambusino bezeichnete achselzuckend meinte: „Da haben Sie ja den Beweis, daß wir es mit dem richtigen Glotino zu thun haben. In Buenos Ayres logierte er bei dem Bankier Salido, welcher als Anhänger des Generales Mitre bekannt ist; in Santa Fe geht er nach dem Cuartel, um die Besatzung desselben zu kontrollieren, und dann reitet er direkt hierher, um unser Magazin auszunehmen. Er wird uns zu sagen haben, wer ihm die Lage desselben verraten hat.“

„Mir hat niemand etwas verraten,“ bemerkte da der kleine, rote Gelehrte. „Ich heiße Morgenstern und bin aus Deutschland. Wir wollen nach dem Gran Chaco, um vorweltliche Tiere auszugraben, und hier, wo wir Lager machten, entdeckte ich zufällig, lateinisch *fortuito*, die obere Schale einer vorsündflutlichen Riesenschildkröte, welcher ich den Namen *Gigantochelonia* gegeben habe.“

„Die Schale einer Schildkröte? Wo ist sie denn?“

„Hier doch,“ antwortete der Kleine, indem er auf den vermeintlichen Panzer zeigte. „Sie werden doch zugeben, daß wir es hier mit dem Rückenschilde einer Riesenschildkröte zu thun haben!“

„Herr, halten Sie uns nicht für verrückt!“ fuhr der Gambusino auf. „Sie wissen sehr genau, in welcher Weise man derartige heimliche Magazine anlegt und daß man die Waffen und das Pulver dadurch vor der Feuchtigkeit schützt, daß man dem Verstecke eine mit Harz durchdrängte Lehmdecke gibt. Halten Sie uns etwa für so dumm, zu glauben, daß Sie eine solche Decke für den Panzer einer Schildkröte angesehen haben?“

„Aber, Señor, das ist ja wirklich der Fall! Die Annahme, daß dies eine durchharzte Lehmdecke sei, beruht auf einem gewaltigen Irrtume. Ich bin Kenner und gebe Ihnen die Versicherung, daß wir es mit den Überresten einer ganz einzig dastehenden zoopaläontologischen Existenz zu thun haben. Darauf können Sie sich verlassen, lateinisch durch *fidus* ausgedrückt.“

„Verstellen Sie sich doch nicht auf eine so lächerliche Weise! Wir werden Ihnen ein Latein vorsagen, welches Sie wohl schwerlich nachsprechen können. – Señor Capitan, bemächtigen Sie sich dieser beiden sogenannten Deutschen! Der Carnicero ist ungefährlich; ihn wollen wir laufen lassen, da er, wenn wir ihn bei uns behielten, uns nur hinderlich sein würde. Er mag sein Pferd und seine Waffen nehmen und reiten, wohin es ihm beliebt.“

Nichts konnte dem Chirurgen lieber sein als diese Entscheidung. Er sattelte schnell sein Pferd, nahm seine Flinte und stieg auf, um davonzureiten. Aber wohin? Als er der Truppe aus den Augen war, hielt er an, um zu überlegen.

„Eine tolle Geschichte!“ brummte er in den Bart. „Dieser deutsche Knochensucher soll der Oberst Glotino sein. Fällt ihm gar nicht ein! Er hat das Waffenversteck wirklich für das Lager eines uralten Tieres gehalten. Diese Kerls, welche uns überraschten, wollen sich mit den Indianern verbinden, um sich gegen die Regierung zu empören. Sie sind Halunken. Sie sprachen davon, den Deutschen töten zu wollen. Er ist ein guter Mensch, und ich möchte ihn retten. Aber wie?“

Er dachte nach, fuhr dann plötzlich aus seinem Sinnen auf und meinte zu sich selbst: „Ich hab's! Ich brauche ja nur dem Vater Jaguar nachzueilen und ihm zu erzählen, was geschehen ist. Seine Spur wird nicht mehr zu sehen sein, aber ich weiß ja die Richtung, die er eingeschlagen hat. Also schnell vorwärts!“

Er jagte mit seinem Pferde von dannen.

El Hijo del Inka

Ungefähr zwanzig Kilometer im Norden von der Stelle, an welcher sich das soeben Erzählte ereignete, liegt jenseits des Rio Salado die Laguna Tostado. Der schon erwähnte Monte impenetrabile, d. i. undurchdringliche Wald, schickt seine Ausläufer bis an das Ufer der Lagune. Er dehnt sich längs des Rio Salado in nordwestlicher Richtung aus und ist nur da zu durchqueren, wo durch irgend welche Einflüsse oder Zufälle eine natürliche Öffnung entstanden ist. Diese Öffnungen bilden die Ausfallspforten, durch welche die Indianer des Chaco ihre Raubzüge in das bewohnte Land unternehmen.

Am Nachmittage desselben Tages schritten zwei Personen langsam und wie suchend an dem Rande des Waldes hin. Die eine, welche voranschritt, war ein sehr alter Mann, dessen Gesicht so viele Falten und Fältchen hatte, daß man sie nicht zu zählen vermochte. Er schien nur aus Haut und Knochen zu bestehen, doch waren seine Bewegungen so kräftig und sicher, daß man ihn für viel jünger hätte halten mögen, als er wirklich war. Seine Kleidung bestand aus einer langen Hose von weichgegerbtem Leder und einem kurzen Hemde aus demselben Stoffe. Das letztere wurde über den Hüften von einem schmalen Gürtel zusammengehalten, in welchem ein Messer steckte. Die Füße staken in niedrigen, sandalenartigen Schuhen, denen man es ansah, daß er sie wohl selbst gefertigt hatte. Ein über der Schulter hängender Riemen trug ein großes Pulverhorn, einen ledernen Bleibeutel und eine eiserne Kugelform. Den Kopf trug der Alte unbedeckt oder vielmehr nur bedeckt von dem dichten, langen, wie Silber glänzenden Haare, welches wie eine Mähne hinten bis zum Gürtel herniederhing. Von einem Barte aber war keine Spur zu sehen. Auf dem Rücken trug er eine Art Jagdtasche, welche aus dem Felle eines Silberlöwen gefertigt war, und in der Hand ein starkes, einläufiges Gewehr.

Die andere Person war ganz genau so gekleidet und bewaffnet wie dieser Mann, trug eine ganz gleiche Tasche auf dem Rücken und das Haar auch lang bis auf den Gürtel hinab, war ihm aber in andrer Beziehung um so mehr unähnlich. Dieser andre war nämlich ein Jüngling, welcher kaum achtzehn Jahre zählen mochte, nicht lang, aber stark und untersetzt gebaut und von einer auffallenden Gewandtheit in seinen Bewegungen. Sein Haar besaß die tiefste Schwärze; sein Gesicht war jugendlich frisch und vom Gehen jetzt leicht gerötet. Man mußte ihn ebenso wie den Alten für einen Indianer halten, und doch hätte man aus einigen Anzeichen schließen mögen, daß er kein solcher sei. Seine dunkeln Augen standen nicht schief gegen einander; die Backenknochen traten nicht hervor; die Lippen waren fein, und die kleine Nase hatte keineswegs die aufgeworfene Gestalt, welche den Nasen der Indianer Südamerikas eigen ist; sie besaß vielmehr eine edle Form, sie war schmal und leicht gekrümmt. Sein Gesicht war zwar jetzt von der Sonne verbrannt, hatte aber jedenfalls ursprünglich eine viel hellere als die gewöhnliche Indianerfarbe.

Beide schritten zwischen dem Wasser der Lagune und dem Waldesrande hin, um den letzteren mit scharfen Augen zu mustern. Da erhob der Jüngling die Hand, deutete vor sich hin und sagte im Kaltschakidialekte der Ketschuasprache:

„Schau, Anciano, dort scheint der Baum zu stehen. Ich weiß genau, daß es ein Ombu von dieser Größe war."

Aus dem Umstande, daß der junge Mann sich dieser Sprache bediente, war mit Sicherheit zu schließen, daß seine Heimat nicht hier in dieser Gegend zu suchen sei. Der Ombu (Phytolacca dioeca) ist ein mächtiger Baum, dessen Blätter mit denjenigen des Maulbeerbaums große Ähnlichkeit haben. Das merkwürdigste an ihm ist sein Stamm, ein dicker Holzkörper vom Umfange einer mächtigen Eiche, der sich nach unten schnell ausdehnt und in gewaltige Wurzeläste teilt, die in Windungen eine Strecke über der Erde fortlaufen und erst dann in den Boden eindringen. Auf diese Wurzeln setzt man sich, wenn man den Schatten benutzen will, welchen die weit ausgebreitete Krone spendet. Aber dieser kolossale Stamm hat ein so lockeres Holz, daß es, wenn man hineinstößt, wie Zunder bricht. Darum ist der Ombu zu nichts zu gebrauchen, denn sein Holz ist nicht einmal zum Verbrennen tauglich. Man pflanzt ihn nur an, um einen Schattenspender zu haben.

„Du kannst recht haben, o Herr," antwortete der Alte in derselben Sprache. „Der Ombu, unter welchem wir unsre Sachen vergruben, ehe wir die Gegenden der Spanier besuchten, hatte ganz dieselbe Gestalt wie dieser. Laß uns nachsehen!"

Der Alte nannte den jungen „Herr", bei Indianern ein ganz und gar unmöglicher Brauch. Diese beiden Personen schienen in einem ganz eigentümlichen Verhältnisse zu einander zu stehen. Sie schritten auf den Ombu zu, blieben unter demselben halten und legten ihre Taschen und Gewehre ab. Dann untersuchte der Alte den Boden. Auf eine Stelle deutend, an welcher das Gras im Wachsen zurückgeblieben war, sagte er:

„Du hast richtig vermutet, Herr. Wir sind an Ort und Stelle. Weil wir damals den Rasen hier aufgruben, hat dem Grase die Ernährung gefehlt. Ich werde suchen. Hoffentlich hat niemand diesen Ort entdeckt."
Er kniete nieder und zog das Messer, um die Erde aufzugraben. Der Jüngling wollte dasselbe thun; der Alte aber bat:
„Laß es mich allein thun, o Herr! Du bist zum Herrschen geschaffen, nicht aber zu dieser Arbeit eines Untergebenen."
„Und dennoch helfe ich dir, lieber Anciano. Du weißt ja, ich thue es gern, denn du bist alt, und ich bin jung."
Aber Anciano schob ihn mit dem Arme sanft zurück und antwortete:
„Alt? Ich bin noch nicht alt. Ich zähle erst ein einziges über hundert Jahre; meine Vorfahren aber sind viel, viel älter geworden."
Während der Alte emsig grub, fuhr er fort:
„Ja, weit über hundert Jahre! Mein Vater zählte hundertzehn, mein Großvater hundertelf und dessen Vater gar hundertzwanzig. Und dessen Vorgänger war es, der deinen Urahnen aus der Hand der Spanier rettete, als sie den großen Inka Atahualpa ermordeten und seine ganze Familie ausrotten wollten. Haukaropora hieß dieser dein göttlicher Vorfahre, und denselben Namen hast du auch erhalten. Er war der jüngste Sohn von Atahualpa und in der Ferne geboren, so daß Pizarro, der Mörder, nichts von seinem Dasein wußte. Unser großes Reich wurde zerstört, mit dem Schwerte und dem Feuer, durch List, Betrug und Verrat. Man meint, die Inkas seien ausgestorben, aber du lebst, der letzte der Sonnensöhne, und es wird die Zeit kommen, in welcher du die Spanier bestrafen und dein Reich zurückerobern wirst."
Haukaropora hatte sich in das Gras gestreckt und, den Kopf in die Hand gestützt, den Worten des Alten zugehört. Sein Gesicht hatte einen tief wehmütigen, ja melancholischen Ausdruck angenommen. Er seufzte auf und sagte, als Anciano jetzt schwieg:
„Das hast du mir schon so oft gesagt, aber ich glaube es nicht. Ich glaube dir alles, alles, nur dieses nicht."
„Wie? Du glaubst nicht, daß du ein Inka, ein Sohn der Sonne bist?" fragte der Alte erstaunt.
„Das glaube ich, denn du hast es mir bewiesen, und ich selbst fühle in mir etwas ganz Unbeschreibliches, was mir sagt, daß ich nicht so bin wie andre. Aber, daß das Reich meiner Ahnen wieder erstehen könne, das glaube ich nicht."
Da richtete sich der Alte aus seiner gebückten Haltung auf und antwortete in feierlichem Tone:
„Du sollst und mußt es aber glauben, denn es gibt eine Gerechtigkeit, welche jede Sünde, jede Missethat bestraft und dem Unschuldigen das wiedergibt, was ihm genommen wurde. Du wirst das Reich deiner Väter wieder aufrichten; ich sage es dir, und mein Wort ist immer wie ein Schwur. Kein Mensch ahnt, wer du bist, denn wir haben es geheim

gehalten. Nur wenn wir allein sind, bedienen wir uns der Sprache unsrer Ahnen und ich nenne dich Herr. Wenn aber andre bei uns sind, bin ich ein armer Indianer, und du bist mein Enkelsohn. Es wird aber die Stunde schlagen, in welcher dieses Geheimnis gelüftet wird."

„Aber ohne Erfolg, mein Vater! Ich hatte Lust, die Länder und Städte der Spanier kennen zu lernen, und du hast mich aus meiner Einsamkeit genommen und nach Osten geführt. Ich habe diese Städte, diese Pampas und ihre Bewohner gesehen, und nun wir zurückkehren, weiß ich, daß unsre Hoffnungen sich nie erfüllen werden."

„Nie? Warum?"

„Weil sie zu mächtig und listig sind und wir keine Mittel besitzen, den Kampf mit ihnen siegreich aufzunehmen und auszuhalten."

„Mächtig und listig!" lachte der Alte rauh auf. „Sie bethätigen ihre Macht, indem sie sich unter einander zerfleischen. Und ihre List ist nichts als Heimtücke, welche den eigenen Herrn vernichtet. Steht nicht das Land in immerwährender Empörung? Warte noch eine kleine Weile, dann wird man sich nach dem Erlöser sehnen, und der wirst du sein, o Herr."

„Woher soll ich Soldaten nehmen, um zu siegen?"

„Alle roten Männer werden mit dir sein!"

„Und woher das Geld, welches ein Heerführer haben muß? Die Völker der Roten sind alle arm."

„Aber du bist reich, reich wie kein andrer!"

„Ich? Reich?" fragte der Jüngling in ungläubigem Tone.,

„Ja reich, unendlich reich," antwortete der Alte. Und indem er mit der flachen Hand auf seine Silberlöwentasche schlug, fuhr er fort.

„Hier steckt es, das Vermächtnis des Inka, dessen rechtmäßiger und einziger Erbe du bist. Seit dem Tode deines Vaters habe ich es bei mir herumgetragen, und zu seiner Zeit wird es von mir geöffnet werden. Doch schau, o Herr, die Grube ist geöffnet, und unsre Waffen kommen zum Vorschein."

Er hatte die Erde ausgeworfen und nahm die Gegenstände, welche das Loch enthielt, heraus. Es waren zwei lederne Köcher, mit Pfeilen gefüllt, zwei lange Lanzen und zwei Bogen, von denen der eine ganz aus durchsichtigem Horn bestand und von fremder, eigenartiger Arbeit war. Zuletzt brachte er noch einen Streitkolben heraus, welcher eine schwarze Farbe hatte und aus gefirnißtem Eisen zu sein schien. Jeder erhielt einen Speer, einen Köcher und einen Bogen; der des jungen Inka war derjenige von Horn, welcher eine Länge von beinahe drei Ellen hatte. Dazu bekam er den Streitkolben, den er sich an den Gürtel hing, und zwar an der linken Seite, an der Stelle, an welcher man den Säbel zu tragen pflegt. Die Art und Weise, wie er dabei mit dem Kolben hantierte, ließ vermuten, daß derselbe von bedeutendem Gewichte sei.

Der Alte hatte sich erhoben, nickte dem Jünglinge ernst zu und sagte:

„Dieser Bogen und der Humantschuay sind die einzigen Gegenstände, welche von den Söhnen der Sonne auf dich übergegangen sind. Halte sie lieb und wert, o Herr! Du glaubtest vorhin, du seist arm; darum will ich dir etwas sagen, was ich dir bisher verschwiegen habe. Im Heere der Sonnensöhne trug jeder Obere, auch der Inka, außer den andern Waffen auch einen schweren, zackigen Streitkolben, Humantschuay genannt. Die gewöhnlichen Kämpfer hatten Streitäxte aus Bronze; der Streitkolben der Heerführer war aus Silber, derjenige des Inka aber aus purem, reinem Golde. Dieser Humantschuay, der hier an deiner Seite hängt, war die Waffe eines Inka; er besteht aus gediegenem Golde."

„Aus Gold?" fragte der Jüngling erstaunt, indem er den Kolben aufnahm und betrachtete. „Er ist ja schwarz wie Eisen!"

„Weil er einen dünnen Überzug aus Lack besitzt. Eine goldflimmernde Waffe darfst du jetzt nicht sehen lassen. Später aber wird sie in deiner starken Hand deinen Kriegern voranleuchten. Sie ist bei der Flucht deines Ahnen gerettet worden. Wenn du bedenkst, wie schwer sie ist, wirst du er kennen, welchen Wert du in den Händen hast. Und ich bin überzeugt, daß noch ganz andre Reichtümer für dich verborgen liegen."

„Mag er von Gold sein," meinte der Jüngling kopfschüttelnd, „dieser Streitkolben; er wird jetzt keinem Feinde mehr gefährlich. Man hat ganz andre Waffen als damals. Was sind tausend Streitkolben gegen fünfzig Flinten oder eine einzige Kanone! Seit du drüben in Montevideo diese beiden Flinten gekauft hast, weiß ich, wie schwach unsre bisherigen Waffen waren."

„Das glaube nicht! Der Klang des Pulvers verrät dich deinem Feinde; der Pfeil aber ist verschwiegen. Du tötest mit ihm viele Feinde, bevor man erkennt, wo du dich befindest. Jetzt aber komm, o Herr, damit wir bis zum Abend ein Wasser erreichen, an welchem wir unsern Durst zu stillen vermögen!"

Sie hatten, ehe sie vor Monaten die Wildnis verließen, ihre Waffen außer den Messern hier vergraben und befanden sich nun wieder im Besitze derselben. Da sie es nicht für nötig fanden, das Loch wieder zuzufüllen, ließen sie es offen und nahmen ihre vorhin unterbrochene Wanderung wieder auf. Pferde besaßen sie nicht; sie kehrten zu Fuße in ihre ferne Heimat zurück.

Die Lagune verlassend, marschierten sie am Waldesrande hin. Sie hatten viel zu tragen, was aber auf die Schnelligkeit ihrer Schritte von gar keinem Einflusse war. Der über hundert Jahre alte Greis schritt rüstig wie ein junger, dreißigjähriger Mann neben seinem Begleiter her. Er war von diesem Anciano genannt worden, ein spanisches Wort, welches der Alte, der Hochbetagte, der Greis bedeutet. Es ist übrigens bekannt, daß man bei den Indianern der Cordilleren oft Personen findet, welche über hundert Jahre zählen.

Da, wo die beiden jetzt gingen, entfernte sich der Wald vom Flusse, so daß zwischen beiden ein ziemlich breiter Campo blieb, in dessen niedrigem Grase leicht zu gehen war. Sie suchten sich eine der erwähnten natürlichen Öffnungen im Walde, um eine andre Richtung einzuschlagen. Nach ungefähr einer Stunde gelangten sie an eine solche,

welche gerade nordwärts durch den Wald zu führen schien. Sie war schmal, höchstens vierzig Schritte breit. Sie folgten ihr.
Noch aber waren sie nicht weit vorwärts gekommen, als der Inka, welcher doch schärfere Augen als der Alte hatte, diesen plötzlich am Arme faßte und ihn schnell seitwärts unter die Bäume zog.
„Was ist's? Was gibt's?“ fragte Anciano. „Hast du etwas gesehen? Vielleicht ein Tier, welches wir schießen können, um frisches Fleisch zu erhalten?“
„Nicht nur ein Tier, sondern viele habe ich gesehen,“ antwortete der Gefragte.
„Wo?“
„Gerade vor uns in der Lichtung.“
„Welcher Art?“
„Pferde, und auch Menschen waren dabei.“
„Pferde und Menschen? Wer könnte das sein? Was wollen die hier? Wie viele waren es?“
„Das kann ich nicht sagen, da ich sie nur einen Augenblick lang sah und dann mich hier verstecken mußte.“
„Das hast du klug gemacht, o Herr. Wir befinden uns hier im Gebiete der Abipones, welche unsre Todfeinde sind; da können wir nicht vorsichtig genug sein. Was thaten sie? Ritten sie vor uns her oder auf uns zu?“
„Sie ritten nicht, sondern sie lagerten.“
„Dann werde ich mich hinschleichen, um sie zu beobachten.“
„Laß mich das thun, lieber Anciano! Es ist zu gefährlich, und du bist so alt.“
„Ich bin nicht zu alt, du aber bist zu jung dazu. Und wie könnte ich dich, Herr, einer solchen Gefahr überantworten!“
„So gehen wir beide!“
„Nein. Einer genügt; aber zwei sind zu viel.“
Sie stritten sich noch eine kurze Zeit, da jeder die Gefahr auf sich nehmen wollte; aber der Alte setzte in aller Liebe seinen Willen durch und entfernte sich, nachdem er dem Jünglinge angedeutet hatte, den Ort auf keinen Fall zu verlassen. Es dauerte wohl eine halbe Stunde, bevor er zurückkehrte; dann kam er geschlichen und meldete:
„Es sind wirklich Abipones. Ich zählte fünfzig Pferde und ebensoviele Leute.“
„Woher mögen diese Menschen die Pferde haben?“
„Gestohlen natürlich.“
„Wie waren sie bewaffnet?“
„Mit Lanzen, Bogen, Pfeilen und Blasrohren.“
„So haben sie Giftpfeile bei sich und man muß sich in acht nehmen. Was thun wir? Können wir vorüber?“
„Nein. Die Öffnung des Waldes ist zu schmal.“
„So schleichen wir unter den Bäumen an ihnen vorbei.“
„Auch das geht nicht. Der Wald ist undurchdringlich. Die Schlingpflanzen bilden eine dichte Masse, durch welche man nicht gelangen kann. Schon jetzt war es mir unmöglich,

wenigstens am Saume hin mich soweit anzuschleichen, daß ich die Leute sehen und genau zählen konnte."
„So kommen wir also gar nicht weiter vorwärts?"
„Nein. Wir müssen zurück und uns eine andre Öffnung des Waldes suchen. Komm, o Herr!"
Sie gingen zurück, bis sie den Campo wieder erreichten, und schritten dann wieder in der vorigen Richtung am Walde hin. Dieser machte nach einiger Zeit einen Bogen nach Norden, den sie dadurch abschnitten, daß sie die dadurch entstehende halbkreisförmige Prairie geradeswegs überschritten. Die erste Hälfte des Nachmittages war vergangen, und die Sonne neigte sich stark dem westlichen Horizonte entgegen.
Indem sie über diese offene Prairie marschierten, erblickten sie plötzlich links von sich, also im Süden und dem Flusse zu, einen einzelnen Reiter, welcher in gestrecktem Galopp näher kam. Und zu gleicher Zeit bemerkten sie vor sich im Grase eine dunkle Linie, eine breite Spur, die nach Nordwest führte, und welcher dieser Reiter zu folgen schien. Sie blieben überlegend stehen.
„Was thun wir?" fragte der Inka. „Weichen wir ihm aus?"
„Das ist unmöglich," meinte der Alte. „Er ist schneller als wir und würde uns einholen. Übrigens brauchen wir uns vor einem einzelnen Mann doch nicht zu fürchten."
„Auch nicht, wenn er zu den Abipones gehört?"
„Auch dann nicht; denn ehe er sie herbeiholen könnte, wären wir schon weit fort. Übrigens glaube ich zu sehen, daß er ein Weißer ist."
Der Reiter hatte natürlich auch sie gesehen und kam auf sie zu. Bei ihnen angekommen, hielt er sein Pferd an, grüßte und fragte in spanischer Sprache:
„Darf ich erfahren, Señores, woher Sie kommen?"
„Wir kommen vom Parana her," antwortete Anciano höflich in derselben Sprache.
„Und wohin wollen Sie?"
„Durch den Gran Chaco hinauf in die Berge."
„Wer sind Sie?"
„Wir sind Indianer, die zu keiner Partei gehören und mit den Weißen in Frieden leben."
„Das freut mich. Ich bin Doktor Parmesan Rui el Iberio de Sargunna y Castelguardianta."
„Ein sehr langer und wohl auch sehr vornehmer Name, Señor, nicht?"
„Ja. Ich stamme aus Altkastilien, wo meine Ahnen auf Burgen und Schlössern wohnten. Aber da Sie durch den Chaco und nach den Bergen wollen, so fällt mir ein – – gehören Sie etwa zur Gesellschaft des Vaters Jaguar?"
„Des Vaters Jaguar? Ist dieser berühmte Mann denn hier?"
„Allerdings. Ich suche ihn. Ich glaube, die Fährte, die Sie da vor sich sehen, ist die seinige. Also Sie gehören nicht zu ihm?"
„Nein; aber wir würden uns sehr freuen, wenn wir ihn treffen könnten; denn er würde uns gewiß erlauben, uns ihm anzuschließen. Also Sie meinen, daß dies seine Spur ist?"

„Ja. Wir hatten seine Fährte schon einmal, ritten aber nicht auf derselben fort, weil wir bei einem vorweltlichen Tiere halten blieben. Dann als ich die Fährte brauchte, war sie verschwunden. Nachher aber erreichte ich eine Stelle, wo der Vater Jaguar Halt gemacht haben muß, und von da aus ist die Spur wieder zu sehen."
„So bitten wir, derselben mit Ihnen folgen zu können!"
„Gern, wenn Sie nicht zu langsam gehen. Ich habe nämlich Eile."
„Wir gehen schnell.
„So kommen Sie!"
Er ritt in ziemlich schnellem Schritte weiter, und sie waren so gute Läufer, daß es ihnen nicht schwer wurde, sich an seiner Seite zu halten. Dabei meinte er, sie noch genauer als bisher betrachtend:
„Sie kennen meinen Namen und meine edle Abstammung, Señores. Darf ich nun auch wissen, wie ich Sie zu nennen habe?"
„Ich heiße Anciano, und der Name meines Enkelsohnes ist Haukaropora. Wem dieser Name zu lang ist, der pflegt gewöhnlich nur Hauka zu sagen."
„Das werde auch ich thun, denn es findet da eine Amputation der letzten drei Silben statt, und ich liebe solche Operationen. Ich bin nämlich Chirurg. Was sagen Sie zu einer operativen Entfernung der Kniescheibe? Wird der Patient dann noch gehen können?"
„Wohl schwerlich, Señor."
„Schwerlich? Sehr leicht sogar, Señor Anciano. Man muß es nur richtig zu machen verstehen. Ein Schnitt zur rechten Zeit und in der richtigen Weise. Mir würde er sicher gelingen. Es wäre zwar eigentlich kein Schnitt, sondern eine Arbeit mit der Knochensäge; aber das schadet nichts, denn ich säble bekanntlich alles herunter!"
Der Alte strich sich das lange Haar aus der Stirn und sah den Sprecher mit einer gewissen Befangenheit an, da er nicht wußte, was er von dessen Worten denken und auf dieselben antworten solle. Der Chirurg bemerkte das und fragte:
„Sie glauben es vielleicht nicht? O, ich habe Operationen ausgeführt, bei denen es eine wahre Wonne war, die Knochensäge arbeiten zu hören! Was halten Sie vom Klumpfuße? Ist er durch eine Operation zu heilen?"
„Das kann ich leider nicht sagen, Señor."
„Nicht Señor, sondern Don! Ein solcher Edelmann, wie ich bin, wird Don genannt. Sagen Sie also einfach Don Parmesan. Wie es scheint, kennen Euer Gnaden den Vater Jaguar?"
„Ja; ich habe ihn nicht nur schon gesehen, sondern auch mit ihm gesprochen."
„Das ist mir lieb! Ich lerne also in Ihnen einen Bekannten von ihm kennen. Glauben Sie, daß er bereit sein wird, zwei deutsche Señores zu retten?"
„Deutsche? Was ist das?" „Leute aus Deutschland." „Das kenne ich nicht."
„Da scheint es mit Ihren geographischen Kenntnissen schlecht zu stehen, Señor Anciano. Deutschland ist ein Land, welches jenseits des Meeres liegt, westlich von Spanien, nördlich von Rußland, südlich von England und östlich von Italien. Da haben Sie seine

Grenzen. Die Leute dort sind des Teufels darauf, Riesentiere auszugraben. Bei einem solchen Geschäft sind wir von den Abipones erwischt worden."

„Von den Abipones? Wo war das?"

„Jenseits des Rio Salado, aber diesseits der Laguna Porongos."

„Auch dort waren Abipones? Seltsam! Wie viele?" „Vielleicht fünfzig." „Grad so viele, wie auch wir gesehen haben." „Wo?" „Da hinter uns im Walde."

„Das ist kein gutes Zeichen. Sollten diese Kerls etwa einen Einfall planen? Ich wünsche sehr, den Vater Jaguar zu finden, damit der lateinische Deutsche und sein Diener baldigst gerettet werden."

Er erzählte den beiden in seiner Weise das erlebte Abenteuer. Dabei gelangten sie wieder in den Wald und wurden von der Fährte, welcher sie folgten, am Saume desselben hingeführt, bis er eine kleine Bucht bildete, vor welcher sie überrascht halten blieben, denn auf derselben grasten wohl über zwanzig Pferde, und ebensoviele Männer lagen in den verschiedensten Gruppierungen umher. Sie waren wohlbewaffnet und alle, ohne Ausnahme, ganz und gar in Leder gekleidet. Als sie die Ankömmlinge erblickten, sprangen sie auf, und einer, welcher von riesiger Gestalt war und einen dichten, grauen Bart trug, kam auf sie zu.

„Das ist der Vater Jaguar," flüsterte Anciano dem Chirurgen zu.

Der Genannte bildete heute eine ganz andre Figur als in Buenos Ayres. Dort hatte er einen feinen Anzug nach französischem Schnitte getragen und auch schon so einen jeden mit seiner gewaltigen Figur imponiert. Hier aber in dem Lederanzuge und in den langen Stiefeln sah er noch ganz anders aus. Es war, als ob diese Gestalt gar nicht ohne dieses Habit gesehen werden dürfe. Er nahm zunächst keine Notiz von dem Chirurgen, sondern wendete sich an dessen Begleiter und rief sichtlich erfreut, indem er ihnen die Hände entgegenstreckte:

„Anciano und Hauka! Hier unten im Chaco! Was hat denn euch bewogen, von euern Bergen herabzusteigen, und welcher Zufall führt euch grade heut an diesen Ort?"

Sie drückten ihm die Hände, und Anciano antwortete:

„Davon später, Señor. Es gibt Notwendigeres zu besprechen. Sie sollen zwei gefangene Männer retten."

„Wie? Zwei Gefangene retten? Das klingt ja sehr nach Abenteuer! Wer sind diese Leute?"

„Don Parmesan wird es Ihnen sagen."

Der Vater Jaguar wendete sich jetzt dem Genannten zu. Seine Augenwinkel zogen sich ein wenig mißmutig zusammen, als er zu ihm sagte:

„Don Parmesan? Diesen Namen habe ich schon gehört, und ich denke, Sie auch schon gesehen zu haben. Werden Sie nicht zuweilen El Carnicero genannt?"

„Allerdings," antwortete der Gefragte; „aber ich dulde es nicht, daß man mir diesen Namen gibt. Ich bin der Doktor Parmesan Rui el Iberio de Sargunna y Cast – – – –"

„Schon gut!" unterbrach ihn der Vater Jaguar. „Sie wollen mir sagen, wer die Männer sind, welche meiner Hilfe bedürfen?"

„Es sind zwei deutsche Señores."
„Deutsche? Ist's möglich?"
„Ja. Sie wollten Ihnen nach, um im Chaco alte Tiere auszugraben._
„Alte Tiere? Meinen Sie etwa vorweltliche?" fragte der Riese, indem er die Brauen in mißmutiger Erwartung höher zog.
„Ja, vorweltliche; das stimmt. Es war eine Gigantochelonia."
„Diesen Namen habe ich noch nicht gehört; mein Latein sagt mir aber, daß es sich wahrscheinlich um eine Riesenschildkröte handelt."
„Richtig, Señor! Bei der Schale der Kröte war es, wo wir erwischt wurden."
„Wie hießen diese Deutschen?"
„Der Kukuk kann sich solche Namen merken! Einer war Doktor und der andre sein Diener."
„Doktor Morgenstern?"
„Ja, ja, so klang es."
„Und Fritze Kiesewetter?"
„Ganz recht, ganz recht! Kiese – – war's, Kiese –!"
„Welche Menschen! Ich glaube, die sind mir von Buenos Ayres bis hierher nachgelaufen!"
„Das nicht; aber per Dampfer nachgefahren und dann von Santa Fé aus nachgeritten. Dieser Doktor Mor – Mor – oder wie er heißt, ist ein ganz lieber Señor, hat aber seine Schrullen. Er will nur von seinen Tierknochen hören und ist auf nichts andres zu bringen. Mit der Chirurgie zum Beispiel darf man ihm gar nicht kommen, und das ist doch das interessanteste Feld, welches es nur geben kann. Was sagen Sie wohl zu einer Operation des Zungenkrebses in Komplikation mit Nasenpolypen? Das müßte doch ein – –"
„Lassen wir den Krebs und die Polypen!" fiel ihm der Vater Jaguar in die Rede. „Erzählen Sie mir in Kürze, was geschehen ist!"
Der Chirurg gehorchte dieser Aufforderung. Während er sprach, traten die Gefährten des Vater Jaguar herzu, um ihm zuzuhören. Es waren lauter kräftige Gestalten, denen man es ansah, daß sie schon manches erlebt hatten und wohl vor keiner Anstrengung und keiner Gefahr zurückschreckten. Die drei, welche mit ihm in Buenos Ayres gewesen waren, befanden sich auch dabei. Auch sie machten jetzt einen ganz andern Eindruck als damals, wo sie im Gesellschaftsanzuge steckten. Als Don Parmesan seinen Bericht beendet hatte, trat zunächst tiefe Stille ein. Keiner wollte reden, bevor der Anführer das Wort ergriffen hatte. Dieser sah eine kleine Weile nachdenklich vor sich nieder und fragte dann, sich direkt an einen seiner Gefährten wendend.
„Was meinst du dazu, Geronimo? Hast du dir die Sache schon zurechtgelegt?"
Dieser Geronimo war ein nicht zu hoher, aber sehr breitschulteriger Mann mit dichtem schwarzem Vollbarte und einer bedeutenden Habichtsnase. Er hätte für das Urbild eines Räuberhauptmanns genommen werden können, war aber ein sehr ehrlicher Kerl und der Liebling des Vaterjaguar, dessen Lehren und Unterweisungen er sich am meisten zu nutze gemacht hatte. Er zuckte leicht die Achsel und antwortete:

„Zunächst kommt es wohl darauf an, ob du denkst, daß wir diese unvorsichtigen Leute stecken lassen sollen oder nicht."
„Sie müssen heraus aus der Falle, in welche sie geraten sind. Sie sind Landsleute von mir. Ich habe diesem Doktor Morgenstern wohl fünfzigmal gesagt, daß ich ihn nicht mitnehmen kann, und konnte unmöglich ahnen, daß er mir dennoch folgen werde. Eine kleine Strafe könnte ihm nichts schaden; aber befreien muß ich ihn, sonst kann ihm seine Ähnlichkeit mit dem Obersten, den ich noch nie gesehen, verhängnisvoll werden."
„So fragt es sich, ob sich die Abipones noch dort befinden. Wäre dies der Fall, so ritten wir einfach hin."
„Sie sind wohl nicht mehr dort," fiel da der alte Anciano ein. „Die Señores müssen mir verzeihen, wenn ich mir diese Bemerkung erlaube. Ich habe Gründe dazu."
Er erzählte von den Abipones, welche er gesehen hatte, und beschrieb die Stelle, wo er an sie geschlichen war.
„Befanden sich Weiße bei ihnen?" fragte der Vater Jaguar. „Nein."
„Dennoch möchte ich überzeugt sein, daß die beiden Indianertrupps zusammengehören. Es handelt sich sehr wahrscheinlich um ein Pronunciamiento. Die Abipones sollen aufgewiegelt werden. Man hat Verstecke angelegt, um sie genügend bewaffnen zu können. Die Schutzdecke eines solchen Magazins hat der Doktor für das Rückenschild seiner wunderbaren Gigantochelonia gehalten. Selbst wenn man sich überzeugt, daß er nicht der Oberst ist, hat er so viel gesehen und erfahren, daß man sich leicht veranlaßt sehen kann, ihn schweigsam zu machen. Hier zu Lande gilt ein Menschenleben nichts, und das eines Ausländers noch weniger als dasjenige eines Inländers. Und also Antonio Perillo war dabei? Dieser Stierkämpfer und notorische Schurke ist also auch mit in die Revolte verwickelt. Ich habe ein Wort mit ihm zu reden. Der Hauptmann Pellejo ist ein Verräter. Und der dritte? Wer war er? Wie wurde er genannt?"
„Wie er heißt, das weiß ich nicht, denn sein Name blieb verschwiegen," antwortete der Chirurg.
„Beschreiben Sie ihn mir."
„Er war von langer und starker Gestalt, wenn auch nicht so sehr wie Sie, Señor Jaguar."
„Alt oder jung?"
„Älter als die andern."
„Welche Rolle schien er zu spielen? Diejenige eines Untergebenen?"
„Nein, ganz und gar nicht. Er schien vielmehr der Vornehmste von allen zu sein. Er sprach so, als ob er es sei, der zu befehlen habe."
„Was er ist, ein Offizier, ein Estanziero, ein Gaucho, das konnten Sie wohl nicht erraten?"
„Nein. Er sah ganz wie einer aus, der sich stets im Freien bewegt, wie ein Yerbatero, ein Cascarillero oder ein Garnbus – – –"
Er hielt inne und besann sich wie einer, dem etwas Wichtiges einfällt.
„Nun, was ist's? Warum schweigen Sie? Wollten Sie Gambusino sagen?"

„Ja, ja, Gambusino. Da fällt mir doch noch ein, daß er von dem Kapitän der größte Gambusino genannt wurde.“
„Das ist schon etwas. Also ein Namen wurde aber nicht genannt?“
„Nein. Und wurde er genannt, so habe ich nicht darauf geachtet.“
„Der größte Gambusino!“ fiel da Geronimo ein. „Sollte es etwa gar Benito Pajaro sein, der sich ja den größten Gambusino nennen läßt?“
„Möglich,“ antwortete der Vater Jaguar. „Ich bin diesem Manne sonderbarerweise noch nicht begegnet, habe aber gehört, daß er von langer und starker Gestalt ist. Nun, jedenfalls werden wir erfahren, mit wem wir es zu thun haben, denn ich bin sehr entschlossen, diesen Señores einen Strich durch ihre Rechnung zu machen. Sie wollen sich gegen Mitre empören, einen General, den ich achte und sehr wertschätze. Schon deshalb möchte ich ein Wort mit ihnen reden. Dazu kommt, daß sie sich an meinen Landsleuten vergriffen haben. Ich hoffe, ihr seid mit von der Partie und werdet mich nicht im Stiche lassen!“
„Nein, nein; das versteht sich ganz von selbst!“ rief es im Kreise.
„So will ich euch sagen, wie ich mir die Sache denke. Die beiden Trupps gehören zusammen. Die Indianer, welche die Deutschen gefangen genommen haben, werden den andern Trupp aufsuchen, und zwar höchst wahrscheinlich noch heut. Sie werden alle da lagern, wo dieser unser Señor Anciano die Roten beobachtet hat, und die Gefangenen befinden sich natürlich bei ihnen. Wir reiten jetzt hin und kommen dort an, wenn es Abend geworden ist. Die Waldesöffnung wird trotz der Dunkelheit zu finden sein, und dann werden uns die Lagerfeuer als Führer dienen. Was wir thun werden, um die Gefangenen zu befreien, weiß ich jetzt noch nicht; aber wenn ich mich an sie geschlichen und sie beobachtet habe, wird sich leicht ergeben, in welcher Weise wir zu handeln haben. Also auf, zu den Pferden! Die Sonne berührt schon den Horizont, und in einer Viertelstunde ist es dunkel.“
Die Männer sattelten ihre Pferde. Anciano und Hauka waren zu Fuße gekommen; sie mußten also hinter zwei andern Reitern aufsteigen. Anton, der Neffe des Bankiers, hatte sofort eine Zuneigung zu dem jungen, hübschen Inka gewonnen; er kam zu ihm und sagte in der höflichen spanischen Weise:
„Señor, Sie werden gezwungen sein, zu zweien zu reiten. Darf ich Ihnen einen Sitz bei mir anbieten?“
Über das ernste Gesicht des Inka, auf welchem gewöhnlich der den südlichen Indianern eigentümliche wehmütige Zug zu beobachten war, glitt ein freundliches, dankbares Lächeln, und er antwortete:
„Ich werde Ihnen beschwerlich fallen, Señor, nehme aber Ihr Anerbieten an. Vielleicht ist es mir möglich, Ihnen einen andern Dienst zu erweisen. Ich heiße Hauka; wie darf ich Sie nennen?“

„Mein Name ist Antonio. Sie werden mir nicht lästig fallen; ich freue mich im Gegenteile darauf, mit Ihnen reiten zu dürfen. Sie werden wohl besser zu Pferde sitzen als ich; darum bitte ich Sie, mir den Sattel zu überlassen."
Er stieg auf, und Hauka sprang hinter ihm flink auf das Pferd. Anciano leistete einem der andern Reiter Gesellschaft. Dann ging der Ritt an dem Rande des Waldes hin, ganz denselben Weg zurück, den die beiden gekommen waren. Die Sonne senkte sich hinter dem Horizonte hinab, und der kurzen Dämmerung folgte der Abend.
Der alte Anciano ritt mit seinem Sattelgefährten neben dem Vater Jaguar voran. Ihnen folgten Anton Engelhardt und der junge Inka mit Geronimo, dem Lieblinge des Vater Jaguar. Man bemühte sich, alles Geräusch zu vermeiden, und da der Boden weich und grasig war, so drang der Hufschlag nicht weit, und es war nur hie oder da das Schnauben eines Pferdes zu vernehmen. So ging es weiter und weiter, bis Anciano halten blieb und den Inka in spanischer Sprache, so daß die andern es verstehen konnten, mit unterdrückter Stimme fragte:
„Ich denke, wir müssen den Einschnitt sofort erreichen. Was meinst du, mein Sohn?"
"Eben wollte ich dich auf dasselbe aufmerksam machen, mein Vater," antwortete der Gefragte. „Ich sehe trotz des Dunkels hier links einen hohen Laureliabaum, welcher mir auffiel, als wir aus dem Einschnitte kamen. Er ist nicht weit von dem letzteren entfernt."
„So werden wir absteigen und die Pferde etwas zurückschaffen müssen. Ihr Schnauben könnte uns verraten, denn wir wissen nicht, ob die zweite Truppe, bei welcher sich die Gefangenen befinden, schon da ist oder erst noch ankommen wird."
Diese Worte zeigten, daß der alte Indianer ein sehr um- und vorsichtiger Mann war, und da der Vater Jaguar keine Einwendung machte, so ritten die Männer eine kleine Strecke zurück und stiegen dann ab, um ihre Pferde an die den Waldesrand bildenden Bäume und Sträucher zu binden. Während dies geschah, hörte man die zwar leise, aber doch allen vernehmliche Stimme des Indianerknaben:
„Still, Señores! Ich höre etwas."
Keiner bewegte sich. Der Inka lag auf der Erde, das Ohr fest auf dieselbe gelegt.
„Es kommen Reiter," meldete er. „Sorgen Sie dafür, daß unsre Pferde nicht schnauben!"
jeder trat zu seinem Tiere, um demselben die Nüstern mit der Hand zu bedecken. Ja, es kamen Reiter. Zunächst hörte man den im Grase dumpf klingenden Hufschlag ihrer Pferde; sodann vernahm man auch die Stimmen derer von ihnen, welche miteinander sprachen. Sie kamen von rechts, vom Flusse her und ritten dem Walde entgegen.
„Wirst du uns auch richtig führen, Brazo valiente?" hörte man jemand fragen. „Es ist kein Vergnügen, des Nachts eine schmale Lücke des Waldes zu suchen."
„Das war Antonio Perillo," flüsterte der Vater Jaguar seinem Geronimo zu. „Ich kenne seine Stimme."
„Ich kenne jeden Pferdeschritt in dieser Gegend," antwortete ein zweiter in gebrochenem, aber deutlichem Spanisch. „Wir sind genau in der Richtung. Eine hohe Laurelia steht da, wo der Wald sich trennt. Wir müssen sie sofort sehen."

jetzt waren die Reiter so nahe, daß sie, obgleich es ziemlich finster war, den Wald erkennen konnten.
„Da ist das Holz," rief die zweite Stimme, „und da ist die Laurelia. Sie sehen, daß ich die Richtung gerade wie eine Schnur genommen habe. Einige Schritte nach rechts, und wir werden auf den Einschnitt treffen."
Sie lenkten nach der angedeuteten Richtung und waren dann nicht mehr zu sehen und zu hören.
„Wie gut, daß wir nicht dort bei der Laurelia halten geblieben sind!" sagte Geronimo. „Sie hätten uns ertappt. Was thun wir jetzt?"
„Warten!" antwortete der Vater Jaguar. „Wir können nicht eher handeln, als bis der eine Trupp zu dem andern gestoßen ist und sie sich alle gelagert haben. Kanntest du die zweite Stimme, welche wir hörten?"
„Es war mir freilich so, als ob ich sie schon einmal vernommen hätte, aber ich weiß nicht, wo und von wem."
„So will ich es dir sagen. Der, welcher Antonio Perillo antwortete und den Weg so genau kannte, war El Brazo valiente, der „tapfere Arm", der Häuptling der Abipones."
„Caramba! Das ist wahr; jetzt besinne ich mich. Es war der „tapfere Arm". Wir haben doch schon einige Male mit ihm gesprochen. Also er ist es, der die Deutschen gefangen genommen hat! Er gibt sie nicht freiwillig heraus."
„Nein. Früher waren wir mit ihm befreundet; da hätte er sie mir zuliebe losgelassen; jetzt aber wird es ihm nicht einfallen, dies zu thun."
„So zwingen wir ihn!"
„Zunächst nicht zwingen, keine Gewalt anwenden. Wozu Blut vergießen, wenn uns die List viel leichter, viel sicherer und ohne alle Verluste zum Ziele zu führen vermag."
„Ah! Also wieder eins deiner Kunststücke?" lachte Geronimo fröhlich auf.
„Ja. Du thust doch mit?"
„Natürlich! Frage doch nicht erst! Du weißt ja, wie gern ich dabei bin. Du meinst also, daß wir sie herausholen werden?"
„Wir werden wenigstens den Versuch machen. Es kommt ganz auf die Örtlichkeit an und auf die Art und Weise, wie sie lagern."
„Und wenn es uns gelingt? Was dann?"
„Dann reiten wir ruhig weiter."
„So! Denkst du nicht an das Pronunciamiento, an die Revolution, welche sie planen?"
„Die geht uns eigentlich nichts an."
„O doch! Wir sind gute und treue Unterthanen unsres Präsidenten. Wollen wir ruhig zusehen, daß er abgesetzt, vielleicht gar getötet wird?"
„Dazu kann es nicht kommen. Ich weiß zwar nicht, wer an der Spitze dieser Meuterer steht, keinesfalls aber ist es ein Bursche, der es mit Mitre aufzunehmen vermag."

„Möglich, sogar sehr wahrscheinlich; aber selbst den Fall gesetzt, daß die Empörung niedergedrückt wird, so steht es doch fest, daß sie vielen, vielen Menschen das Leben und das Eigentum kosten wird. Haben wir das dann nicht auf unsrem Gewissen?"

„Hm!" brummte der Vater Jaguar, welcher ganz der Meinung seines Gefährten war, diesen aber ein wenig warm werden lassen wollte. „Sollen wir, um andre zu retten, uns selbst in Gefahr begeben?"

„Natürlich! Das versteht sich ganz von selbst! Das ist unsre Pflicht und Schuldigkeit! Ich begreife dich nicht. Du fürchtest dich doch sonst vor keinem Menschen, und jetzt sprichst du von Gefahr! Als ob von einer großen, schrecklichen Gefahr die Rede sein könnte, wenn man sich zwischen diese Abipones schleicht, um ihnen in aller Stille zwei Gefangene abzunehmen. Und selbst wenn du recht hättest, verdienen diese Burschen eine Züchtigung dafür, daß sie sich ohne alles Recht an deinen Landsleuten vergriffen haben. Oder nicht?"

„Das gebe ich zu."

„Also dürfen wir uns nicht so heimlich davonschleichen, sondern wir müssen ihnen eine scharfe Lehre geben."

„Das kann doch nur dadurch geschehen, daß wir unsre Waffen brauchen?"

„Ja. Wir schießen einige von ihnen nieder."

„Nein. Das thue ich nicht. Wenn es nicht unbedingt notwendig ist, töte ich keinen Menschen."

„Das ist wieder eine jener Ansichten und Meinungen, welche du aus dem Norden mitgebracht hast. Es thut dir leid um die dortigen roten Völker, welche so elendiglich umkommen müssen. In Beziehung auf sie magst du recht haben, denn es ist wirklich schade um die tapfern, kühnen Männer, von denen du uns erzählt hast. Aber unsre südlichen Indianer besitzen diese Tugenden nicht; sie sind feig, mutlos und niederträchtig. Sie brechen aus ihren Wäldern hervor, um nächtlicherweise zu stehlen und die Schläfer zu ermorden. Finden sie aber Gegenwehr, oder werden sie gar selbst angegriffen, so rennen sie davon wie geprügelte Hunde. Leute, welche mit vergifteten Pfeilen schießen, kann man weder achten noch bemitleiden. Es juckt mich wirklich in den Händen, ihnen zu zeigen, was es heißt, sich mit dem Vater Jaguar und seinen Männern zu verfeinden."

„Laß es jucken! Heute wollen wir froh sein, wenn es uns gelingt, die beiden unschuldigen Menschen frei zu machen. Ist das geschehen, so wollen wir sehen, was weiter zu thun sein wird."

„Wie viele Leute nimmst du mit?"

„Zunächst nur dich. Die andern bleiben hier. Je weniger wir sind, desto schwerer werden wir bemerkt."

Obgleich diese Unterhaltung so laut geführt worden war, daß alle diese letzte Bestimmung zu hören vermochten, fiel es doch keinem ein, sich gegen dieselbe aufzulehnen. Die Gesellschaft hatte zwar kein eigentliches Oberhaupt, und ein jeder

besaß dasselbe Recht wie der andre, aber die Persönlichkeit des deutschen Riesen, der nicht nur körperlich, sondern auch geistig alle überragte, brachte dennoch den Eindruck vor, daß jeder ihn schweigend als den Führer, welchem man Gehorsam schuldete, anerkannte.
Also seine Leute erklärten sich durch ihr Schweigen mit seinen Worten einverstanden; aber ein andrer sprach dagegen, nämlich der alte Anciano. Er sagte:
„Señor, warum wollen Sie allein gehen? Nehmen Sie mich und meinen Enkelsohn mit! Sie kennen uns und wissen, daß wir Ihnen keinen Schaden bereiten werden."
Der Vater Jaguar schwieg eine Weile überlegend; dann antwortete er:
„Ja, ich kenne Euch. Ihr versteht es, das wilde Lama zu beschleichen und den Kondor fast auf seinem Neste zu fangen. Zwar habe ich noch nicht gesehen, ob Ihr es auch vermögt, Euch einem Menschen unbemerkt zu nähern, aber es ist Nacht, und diese Abipones sind nicht so scharfsinnig wie die Sioux oder Apachen und Komantschen Nordamerikas. Sodann wißt ja gerade ihr beide, wo diese Menschen lagern. Also wollen wir euch mitnehmen. Macht euch fertig!"
„Sollen wir unsre Flinten oder die Lanzen und Pfeile mitnehmen?"
„Nur die Messer. Schießen werden wir nicht, und zur Abwehr werden, falls uns einer anfällt, die Messer genügen."
Die beiden Indianer legten ihre Waffen und auch die Silberlöwentaschen ab, um sich leichter und freier bewegen zu können.
„Und euer langes Haar?" meinte der Vater Jaguar. „Wir werden zwischen und unter Sträuchern, Dornen und Schlingpflanzen hinkriechen müssen. Da bleibt ihr hängen."
„Wir wissen schon, was wir thun müssen, um nicht hängen zu bleiben."
Er nahm sein langes, graues Haar halb rechts und halb links nach vorn und band es unter dem Kinn in einen Knoten zusammen. Der Inka that mit dem seinigen ebenso, und dann brachen sie auf.
Anciano ging voran. An der Laurelia angekommen, wendete er sich nach links, wo der Einschnitt den Wald teilte. Indem sie leise durch das Dunkel schritten, flüsterte der Inka dem Vater Jaguar zu:
„Señor, Sie denken, daß es Ihnen gelingen wird, diese Männer zu befreien?"
„Ja, wenn nicht jetzt durch List, dann später mit Gewalt."
„Dann müssen wir uns auch noch etwas andres holen."
„Was?"
„Pferde."
„Dachte es, daß du das bringen würdest, du kleiner, listiger Held. Wir brauchen vier Pferde."
„Ja. Für Ihre beiden Landsleute, für Anciano und für mich."
„Ich hatte es mir natürlich auch schon vorgenommen, denn wenn wir nicht genug Pferde haben, sind wir in allem, was wir thun, gehindert."
„So holen Sie mit Geronimo die Menschen, und ich nehme mit Anciano die Tiere!"

„Nicht so schnell! jetzt läßt sich eine solche Einteilung noch nicht treffen. Wir müssen uns nach den Verhältnissen richten, welche wir vorfinden."
Die beiden Weißen verstanden es, mit vollständig unhörbaren Schritten zu gehen, und was die zwei Indianer betraf, so hätte man, wenn das nicht ein sprachlicher Fehler gewesen wäre, sagen mögen, daß ihre Schritte noch unhörbarer seien.
Als sie eine Weile hintereinander hergegangen waren, tauchte Lichtschein vor ihnen auf. Sie mußten nun noch vorsichtiger als bisher sein und hielten sich so dicht am Rande des Einschnittes, daß sie im Schatten der Bäume unsichtbar blieben.
Es wurde bereits erwähnt, daß dieser Einschnitt eine nur geringe Breite besaß; aber da, woher der Lichtschein kam, buchtete er sich nach rechts aus und bildete eine Art kleiner Waldwiese, welche von sehr dicht stehenden Bäumen und Sträuchern umgeben war. Am Eingange zu dieser Wiese und im Hintergrunde rechts weideten die Pferde. Vorn links lagerten die Menschen an einigen Feuern, denn es war kühl geworden. Der Unterschied zwischen der Tages- und Nachttemperatur beträgt in jenen Gegenden oft bis fünfzehn, ja sogar zuweilen achtzehn Grad nach R6aumur.
Die vier Anschleicher hatten sich auf die Erde gelegt und krochen auf Händen und Füßen näher, jetzt nicht mehr Anciano, sondern der Vater Jaguar voran. Ihre von Sonne, Wind und Wetter dunkel gegerbte Kleidung stach nicht im mindesten von ihrer Umgebung ab; nur das lange, graue Haar des Alten hätte, wenn man in Nordamerika und auf einer Streife gegen die dortigen Indianer oder weißen Jäger gewesen wäre, zum Verräter werden können; aber die Leute, mit denen man es hier zu thun hatte, besaßen nicht so scharfe Augen.
jetzt hatte man die Einbuchtung erreicht. Das nächst grasende Pferd stand kaum sechs Schritte von dem Vater Jaguar entfernt. Es mußte die Fremden sehen oder wenigstens riechen; es wedelte mit dem Schwanze und warf die Ohren hin und her, gab aber kein hörbares Zeichen der Unruhe, des Verdachtes oder gar der Warnung von sich.
„Dumme Geschöpfe!" flüsterte der Deutsche Geronimo zu. „Ein Komantschenpferd würde so laut schnauben und so auffällig zurückweichen, daß wir sicher entdeckt wären. Dennoch aber müßten diese Kerle es sehen, daß es den Schwanz und die Ohren in einer Weise bewegt, die auf etwas Ungewöhnliches schließen läßt. Wir werden leichtes Spiel haben."
„Denke es auch," antwortete der andre. „Siehst du, wie es steht?"
„Freilich! Die Feuer brennen ja so hell, daß man an jedem einen Ochsen braten könnte."
Es war allerdings so hell, daß die kleine Lichtung wie am Tage vor den acht scharf ausschauenden Augen lag.
Die Abipones mochten gegen hundert Mann zählen. Sie waren teils mit Blasrohren, Lanzen, Bogen und Pfeilen, teils auch mit Gewehren bewaffnet. Diese letzteren stammten jedenfalls aus dem Versteck, in welchem Doktor Morgenstern seine berühmte Gigantochelonia gesucht hatte. Es gab sechs Feuer. An dem einen lagerten die Weißen und ein Indianer, an den anderen fünf die übrigen Roten. Die ersteren saßen so, daß man

die Gesichter des Indianers, Antonio Perillos, des Hauptmanns Pellejo und zweier Soldaten sehen konnte. Die andern zwei Soldaten kehrten den Lauschern die Rücken zu, und der Gambusino saß nicht, sondern er hatte sich niedergelegt und den Hut tief in das Gesicht gezogen, um nicht von dem Scheine der Feuer geblendet zu werden. Diejenigen, welche zu dem schon vorher hier lagernden Trupp gehörten, mochten schon gegessen haben; die Neuangekommenen aber waren noch damit beschäftigt, das mitgebrachte harte Dürrfleisch mühsam mit den Zähnen zu verkleinern. Dabei unterhielten sie sich so laut, daß man jedes Wort hätte verstehen können, wenn nicht zu viele auf einmal gesprochen hätten.

Zufälligerweise war das Feuer, an welchem die Weißen lagerten, dasjenige, welches dem Rande der Lichtung am nächsten lag, und das hatte seinen guten Grund. An diesem Rande nämlich standen zwei halbstarke Bäume nebeneinander, und an diese hatte man Doktor Morgenstern und seinen Diener mit Hilfe zweier Lassos gebunden, so daß sie zwar aufrecht standen, aber weder Arme noch Beine bewegen konnten.

Als der Vater Jaguar diese Situation überblickt hatte, gab er seinen drei Gefährten mit der Hand ein Zeichen, sich noch tiefer ins Gezweig zu drücken, drehte sich zu ihnen um, damit sie ihn leichter verstehen könnten, und sagte –

„Es wird gehen, und zwar viel leichter, als ich dachte. Ich will nicht sagen, daß diese Menschen dümmer sind als dumm, denn sie haben keine Ahnung davon, daß wir hier sind. Sie halten es wohl überhaupt für unmöglich, daß ein menschliches Wesen sich hier in ihrer Nähe befinden könne. Es würden zwei von uns genügen, die Gefangenen zu befreien, dennoch ist es gut, daß Anciano mit Hauka sich uns angeschlossen hat. Habt ihr Feuerzeug?“

„Ja, dasjenige, welches bei uns gebräuchlich ist.“

„Das genügt nicht; es würde zu viel Zeit erfordern.“

Er zog eine kleine Schachtel Zündhölzer aus seiner Tasche und fuhr fort:

„Hier ist etwas Besseres, um Feuer zu machen – – –“

„Feuer?“ unterbrach ihn Geronimo erstaunt. „Soll Feuer angebrannt werden?“

„Ja,“ nickte der Vater Jaguar.

„Wozu? Das begreife ich nicht. Brennen diese sechs Feuer etwa nicht hell genug? Willst du ein siebentes anzünden, damit wir entdeckt werden?“

„Damit die Leute dort erschrecken, das ist meine Absicht. Du hast alles abgelegt, Anciano, zu meiner Freude aber sehe ich, daß du das Pulverhorn noch bei dir hast. Ist es leer?“

„Nein, Señor, sondern es ist bis an die Spitze gefüllt.“

„Das ist gut. Höre, was ich dir sagen werde! Ihr kehrt um und geht, wenn ihr aus dem Bereiche des Feuerscheines gelangt seid, auf die andre Seite des Waldeinschnittes und schleicht euch dann wieder nach der Lichtung hin. Dort angekommen, kriechst du, Anciano, immer am Rande derselben hin. Siehst du das abgestorbene, hohe, vorjährige Gras? Es ist so dürr, daß es wie Papier brennen wird. Bist du weit genug in dasselbe vorgedrungen, so ziehst Du dich wieder zurück und schüttest, aber höchst sorgfältig, damit die Flamme keine Unterbrechung findet und schnell weiterläuft, einen dünnen aber zusammenhängenden Streifen Pulver in dieses Gras. Ist das Pulverhorn leer, so nimmst du ein Zündholz und brennst das Gras an, worauf Du schnell zu Hauka eilst. Dieser hat indessen vier Sättel zusammengetragen, was ihm sehr leicht sein wird, da sie da drüben alle, und zwar ohne Aufsicht, liegen. Wenn du Feuer machst, mußt du deinen Rücken, den Feinden zukehren, damit – – –"

„Weiß schon, Señor," unterbrach ihn der Alte. „Ich werde keinen Fehler begehen. Wenn das kleine Flämmchen die Pulverschnur erreicht, werde ich schon so weit fort sein, daß sie mich nicht sehen können und also gar nicht wissen, woher das Feuer kommt, welches plötzlich viele Schritte lang hoch emporlodern wird. Sie werden hinzueilen, um es auszulöschen. Ich begreife Ihren Plan, Señor."

„Ja. Während du das Pulver schüttest, während Hauka die Sättel holt, wird Geronimo sich um die Pferde bekümmern. Er ist ein schlauer, gewandter, aber auch vorsichtiger Patron, und ich bin überzeugt, daß im geeigneten Augenblicke vier Pferde bereitstehen werden. Indessen schleiche ich mich zu den Bäumen hin. Sobald dein Pulver Feuer fängt und das alte Gras in Brand setzt, wird man, wie du richtig sagst, hinzueilen, um es auszulöschen. Diesen Augenblick der allgemeinen Verwirrung benutze ich, die zwei Gefangenen loszuschneiden. Wir kommen hierhergesprungen; jeder nimmt einen Sattel und ein Pferd und – – –"

„Und zwei nehmen die Pakete, welche da drüben liegen," fiel ihm der junge Inka in die Rede.

„Welche Pakete? Wozu?" fragte der Vater Jaguar.

„Als der Mann, den Ihr den Carnicero nennt, von der Gefangennahme seiner Gefährten erzählte, sagte er auch, daß der gelehrte kleine Mann seine Bücher und andern Sachen in zwei Paketen bei sich habe. Dort liegen nun zwei Pakete, von denen ich vermute, daß sie die seinigen sind, denn es giebt weiter kein Gepäck. Wenn wir ihn befreien, soll er auch sein Eigentum erhalten."

„Wenn wir Zeit dazu haben, dann meinetwegen ja, obgleich ich es nicht für bequem halte, Bücher und ähnliche Dinge im Gran Chaco herumzuschleppen."

„Wir finden sicher Zeit, Señor. Ich kann mir vorstellen, welche Aufregung entstehen wird, wenn der Platz zu brennen beginnt."

„Gut! Es weiß also ein jeder, welche Aufgabe er zu lösen hat. Gehen wir jetzt an das Werk."

Er drehte sich wieder um und kroch am Rande der Lichtung weiter. Es war das keine leichte Arbeit, da er dem bereits erwähnten Feuer so nahe kam, daß er, um nicht von dem Scheine desselben beleuchtet zu werden, in das Gebüsch eindringen mußte, und dies war so dicht, daß er nur höchst langsam vorwärts kam.

Endlich hatte er sein Ziel erreicht. Er lag hinter den beiden Bäumen, vor denen der Doktor mit seinem Fritze angebunden standen, und konnte hören, was an dem Feuer gesprochen wurde. Was er vernahm, bezog sich auf das heutige Ereignis.

„Es war doch eigentlich ein Fehler, daß wir den Carnicero laufen ließen," sagte Kapitän Pellejo. „Er wird später alles erzählen."

„Was schadet das?" antwortete Antonio Perillo. „Erstens fragt es sich, ob man ihm glaubt, und wenn dies der Fall sein Sollte, so mache ich mir gar nichts daraus, wenn man mir nachrühmt, daß ich diesen Colonel Glotino unschädlich gemacht habe."

„Wenn unser Vorhaben gelingt, ja, gelingt es aber nicht, so wird das, was Sie jetzt einen Ruhm nennen, eine Schande für uns werden."

„Es muß gelingen, denken Sie, daß unser roter Freund hier, der sich den Ehrennamen Brazo Valiente erworben hat, uns mehrere tausend Abiponeskrieger verspricht."

„Ich habe sie versprochen und werde sie bringen," erklärte da der Häuptling, „wenn auch Sie die Bedingungen erfüllen, welche ich Ihnen gestellt habe."

„Wir erfüllen sie."

„Sie zeigen mir alle Waffenverstecke, welche Sie angelegt haben, und schenken uns alles, was darinnen liegt?"

„Ja."

„Und Sie unterstützen mich jetzt gegen unsre Todfeinde, die Cambas, indem Sie Ihre Soldaten von der Grenze holen und an dem Lago mit uns zusammentreffen?"

„Gewiß! Ich habe ja einige meiner Leute schon bis hinauf nach Fort Brancho geschickt, um alle verfügbaren Kräfte zusammen zu rufen."

„Dann schlagen wir los, die Cambas sind die Freunde des weißen Regenten; sie wissen, daß wir seine Feinde sind, und thun uns immerwährend Schaden. Sind sie gezüchtigt, und haben wir ihnen alles abgenommen, so sind wir reich, alle andern Stämme werden zu uns eilen, und dann habe ich so viele Krieger beisammen, daß der weiße Regent vor mir erbeben wird."

Das Gespräch stockte für kurze Zeit.

Was der Vater Jaguar da hörte, war für jeden wichtig, für ihn aber, den großen und erfahrenen Kenner aller Verhältnisse des Landes, waren diese Worte von doppelter Wichtigkeit. Gern hätte er noch mehr gehört; aber er hatte keine Zeit, länger zu lauschen, zumal er nicht wußte, wie lange die jetzige Pause dauern werde. Gern hätte er auch das Gesicht des Mannes gesehen, der da lang ausgestreckt am Feuer lag. Allem Vermuten nach war er der berühmte Goldsucher, den man kurzweg nur den Gambusino nannte. Alle Welt kannte ihn, alle Welt hatte ihn gesehen; nur er allein war ihm noch nicht begegnet. Aber er konnte nicht warten, bis dieser Mann sich aufrichtete oder doch wenigstens einmal den Hut vom Gesichte nahm. In jedem Augenblicke konnte drüben auf der anderen Seite Ancianos Feuergarbe aufleuchten, und dann war es leicht möglich, daß die beiden Gefangenen Dummheiten machten, oder wenigstens sich falsch verhielten, wenn sie nicht vorher von dem, was sie zu thun hatten, unterrichtet waren.

Darum schob der Vater Jaguar sich jetzt so nahe wie möglich an die beiden Bäume hin, richtete sich an dem Strauche, welcher hinter denselben stand und ihm Deckung gab, empor und sagte in gedämpftem Tone und zwar in deutscher Sprache:

„Herr Doktor, bewegen Sie sich nicht! Es ist ein Retter hinter Ihnen."

Der Angeredete war nicht geübt, in einer solchen Lage bewegungslos zu bleiben; er zuckte zusammen und wendete den Kopf halb zur Seite. Auch Fritze machte eine kleine Bewegung, doch nicht so weit, wie seine Fesseln ihm wohl zugelassen hätten. Er besaß mehr Selbstbeherrschung als sein Herr.

„Still, keinen Laut! Stehen Sie gerade und starr, und wenden Sie nicht den Kopf!" fuhr der Vater Jaguar fort. „Sie haben mir nichts zu antworten als „ja" oder „nein". Zucken Sie leise die rechte Achsel, so heißt das „ja"; zucken Sie die linke, so heißt es „nein". Ich bin Karl Hammer, der Vater Jaguar, den Sie beim Bankier Salido in Buenos Ayres kennen gelernt haben. Verstehen Sie, was ich sage?"

Beide zuckten die rechte Achsel.

„Sind Sie so fest angebunden, daß die Riemen Ihnen Schmerzen verursachen?"

Zucken links, also „nein".

„So ist Ihr Blutumlauf also nicht gestört, und Sie werden sich leicht und rasch bewegen können, falls ich Sie losschneide?"

Rechts gezuckt bedeutete „ja".

„Das ist gut. Ich habe bereits das Messer in der Hand. Ein Gefährte von mir wird drüben am Saume der Lichtung ein Pulverfeuer aufleuchten lassen, welches das hohe, dichte und trocken Gras sofort in hohen Brand versetzt. Die Leute hier werden erschrocken hineilen, um das Feuer auszulöschen, und für einige Augenblicke wird man sich nicht um Sie kümmern. Verstehen Sie mich auch jetzt?" fragte er, da am Feuer wieder laut gesprochen wurde.

Beide zuckten die rechte Achsel zum Zeichen der Bejahung.

„In der so entstehenden Verwirrung schneide ich Sie los und nehme Sie bei der Hand. Wir springen hier am Rande rechts hin bis dahin, wo Sie jetzt vier Pferde nebeneinander stehen sehen, welche, wie ich zu meiner Genugthuung bemerke, ein andrer Gefährte von mir unbemerkt zusammengelockt hat. Unweit davon sehen Sie vier Sättel liegen, von denen jeder einen nimmt und – –"

Er konnte nicht aussprechen, denn er sah da drüben, wohin er den alten Anciano geschickt hatte, ein kleines, kleines Flämmchen blitzen; dieses Flämmchen fraß sich einige Fuß weiter, bis es das Pulver erreichte; ein lauter Fffffffft-ähnlicher Laut wurde hörbar, und in demselben Augenblicke stieg eine wohl zehn Ellen lange Feuerwand kerzengerade in die Höhe.

Zunächst gab es einen Augenblick lautlosen Schreckens. Dann sprangen alle Roten und Weißen schreiend auf, der Häuptling war der einzige, der ruhig blieb.

„Schlagt es mit den Ponchos aus!" rief er laut.

jeder beeilte sich, dieser Weisung augenblicklich nachzukommen, aber der erwartete Erfolg war nicht so leicht zu erreichen, denn hoch über das junge, grüne Gras stand das alte verdorrte; es brannte wie Papier, und wenn man an einer Stelle die Flamme nieder hatte, stieg sie im nächsten Augenblicke wieder empor. Die Pferde wurden unruhig und schnaubten ängstlich; kein Mensch achtete auf sie. Kein Mensch achtete auch auf die Gefangenen.

Sobald der erste Schreckensruf erschollen war, war der Vater Jaguar aufgesprungen, hatte die beiden Gefangenen losgeschnitten und sie, einen rechts und einen links an die Hand nehmend, in eiligstem Laufe mit sich fortgezogen, dahin, wo die vier Pferde standen. Dort tauchte Geronimo hinter den Tieren auf und rief ihnen zu:

„Hab's Ihnen leicht gemacht, die Pferde zusammengebunden; nehme sie alle mit. Bringen Sie die Sättel nach!"

Er sprang auf eins der Tiere und jagte mit ihnen davon. Der starke Vater Jaguar nahm zwei Sättel mit dem dazu gehörigen Riemenzeug vom Boden auf.

„Meine Bücher, meine Bücher!" rief der Doktor, das Paket an sich reißend.

„Und die Hacken und Schaufeln!" fügte Fritze hinzu, indem er das andre Paket sich über die Achsel warf.

„Hacken? Schaufeln?" fragte der Vater Jaguar. „Weg damit! Warum uns mit ihnen schleppen!"

„Nein," antwortete der Doktor; „sie müssen mit. Ich brauche sie!"

Anciano nahm einen Sattel und der junge Inka auch einen. Als dies der Vater Jaguar sah, meinte er:

„Nun gut, so haben wir also vier; mehr sind nicht nötig. Nun fort, scharf hinter mir her!"

Er warf einen Blick auf das Lager zurück. Dort kämpfte man noch tapfer mit dem Feuer, und niemand sah, was indessen auf der andren Seite vorgegangen war. Die Fliehenden eilten fort. Noch waren sie nicht allzu weit gekommen, da klang ihnen eine mächtige Baßstimme vom Lager aus nach:

„Tormenta! Wo sind die Gefangenen? Sie sind fort!"

Beim Klange dieser Stimme blieb der Vater Jaguar wie gebannt stehen und lauschte. Die andern hielten infolge dessen auch im Laufe inne.

„Sie sind entflohen!" ertönte dieselbe Stimme nach einigen Sekunden. „Man hat sie befreit, man hat sie losgeschnitten; ich sehe es hier an den Lassos."

„Welch eine Stimme!" sagte der Vater Jaguar. „Die muß ich kennen; das ist ja – –"

Was er weiter sagen wollte, blieb unausgesprochen, denn vom Lager her erklang es wieder.

„Das Feuer ist ausgelöscht. Auf, zu den Waffen! Da links hinaus können sie nicht sein; da brannte ja die Flamme. In den Wald hinein konnten sie auch nicht, denn er ist zu dicht; also sind sie nach rechts fort. Ihnen nach! Zwanzig bleiben bei den Pferden. Die andern kommen mit!"

Zurückblickend, gewahrte man ein wirres Durcheinander von Personen, in welchem die einzelne nicht zu unterscheiden war.
„Fort, fort!“ mahnte Geronimo. „Warum bleibst du stehen, Carlos?“
Der Sprecher hatte unterwegs halten bleiben müssen, weil eins der zusammengekoppelten Pferde ihm nicht gehorchen wollte.
„Diese Stimme, diese Stimme!“ antwortete der Vater Jaguar. „Ihr Klang geht mir durch das – –“
„Ach was, Stimme! Laß sie doch schreien wie sie will! Wir müssen fort, sonst holen sie uns ein.“
„Aber ich muß ihn sehen, muß –“
Der sonst so bedachtsame Mann wollte die beiden Sättel weglegen, aber Geronimo herrschte ihn, wohl zum erstenmal, seit er ihn kannte, in strengem Tone an:
„Was fällt dir ein! Bist du toll! Willst du dein Leben wagen, so thue es; aber das unsrige bringe nicht in Gefahr. Auf mich kannst du nicht rechnen!“
Er trieb seine Pferde von neuem an, und jetzt gehorchte das widerspenstige; er galoppierte weiter.
„Er hat recht!“ meinte der Vater Jaguar in einem Tone, wie einer, der aus einem tiefen Sinnen erwacht. „Ich täusche mich wohl; aber ich werde diese Sache nicht ununtersucht lassen. Eilen wir weiter!“
Er schoß jetzt förmlich in so langen Schritten davon, daß die andern die größte Mühe hatten, ihn nicht aus den Augen zu verlieren, zumal ihnen jetzt, nachdem sie die Feuer gesehen, die Dunkelheit viel tiefer als vorher vorkam. Der kleine Gelehrte hatte den schwersten Pack, die Bücher, erwischt. Er keuchte unter ihrer Last atemlos dahin, bis er die Bürde niederwarf und ausrief:
„Fritze, ich kann nicht mehr. Es wird mir zu schwer. Wollen tauschen; gib mir die Werkzeuge!“
„Jut,“ antwortete dieser. „Hier haben Sie die Schlüssel zu die Vorwelt, und ik nehme mich die jedruckte Jelehrsamkeit. Aber sputen Sie Ihnen, denn da hinten kommen sie schon anjepfiffen.“
Sie eilten weiter, so schnell sie mit ihren Lasten vermochten, aber doch nicht schnell genug, denn als sie den Ausgang des Waldeinschnittes erreichten, waren die vordersten der Verfolger schon nahe hinter ihnen. Ein Schuß krachte und noch einer, glücklicherweise aber ohne zu treffen.
Die beiden hatten noch gesehen, daß Anciano und der Inka sich rechts gewendet hatten; sie folgten also dieser Richtung auch. Aber ganz nahe hinter ihnen kam einer gesprungen, der sie in tiefem Baßtone anrief:
„Halten bleiben, ihr Halunken, sonst schieße auch ich!“
„Der Gambusino!“ schrie der Doktor auf. „Ich bin verloren!“
„Nein, noch nicht!“ antwortete Fritze. „Laufen Sie fort; ik werde Ihnen retten, indem ik ihm ein Hindernis in die hohle Gasse werfe, durch welche er kommen muß.“

Bei diesen Worten blieb er stehen, ließ seinen Herrn vorüber und warf, als die hohe, breite Gestalt des Gambusino aus dem Dunkel tauchte, diesem das Bücherpaket entgegen und rannte dann weiter. Der Gambusino strauchelte über den Pack und stürzte hin; er raffte sich zwar rasch wieder auf und wollte weiter; da aber hörte er eine gebieterische Stimme vor sich:

„Halt! hier steht der Vater Jaguar mit seinen Leuten. Wer ohne meinen Willen naht, bekommt die Kugel."

Das veranlaßte ihn, den Schritt anzuhalten. Wollte man ihn mit dem Namen des berühmten Mannes täuschen? Er duckte sich nieder und kroch mehrere Schritte vorwärts. Da sah er allerdings eine ganze Schar von Männern vor sich halten. Wenn man an einem Gegenstande empor nach dem Himmel sieht, so kann man diesen Gegenstand, obgleich er ganz im Finstern steht, selbst in dunkler Nacht erkennen. Auf diese Weise sah der Gambusino, daß diese Männer ganz in Leder gekleidet waren und breitrandige Hüte aufhatten, was in den Pampas und den angrenzenden Gegenden eine Seltenheit ist. Daran erkannte er, wen er vor sich hatte.

„Alle Wetter, ich irre mich nicht," sagte er sich. „Man will mich keineswegs täuschen. Es ist wirklich dieser verwünschte Vaterjaguar, den ich lieber in der Hölle als hier wissen möchte. Wenn ich weiter gehe, läßt er Feuer geben; das ist gewiß. Ich muß zurück; aber er soll mir den Streich, den er mir heut spielte, entgelten. Es ist der erste, soll aber auch der letzte sein."

Er kroch wieder retour, erhob sich dann vom Boden und kehrte um die Waldecke zurück, als eben die vordersten seiner Leute, denen er in seinem Verfolgungseifer vorangerannt war, ihm nachkamen.

„Zurück!" gebot er ihnen. „Es ist nichts zu machen."

„Nichts?" fragte Pellejo, der sich bei ihnen befand. „Warum?"

„Sie sind fort und für uns verloren, wenigstens für heut."

„Wieso?"

„Wißt Ihr, welcher Halunke sie losgeschnitten hat?"

„Nun?"

„Der Vater Jaguar."

„Unmöglich! Das muß ein Irrtum sein."

„Nein. Ich habe seine Leute gesehen und auch seine Stimme gehört. Kommt rasch zurück! Wir müssen uns beraten, dabei aber alle Vorkehrungen treffen, daß wir nicht überrascht werden, denn dieser Mensch ist im stande, uns heut noch zu überfallen."

„Schwerlich!"

„Sie glauben es nicht? Warum nicht?"

„Er hat nur die Gefangenen befreien wollen. Hätte er es auf einen Überfall abgesehen, so würde er ihn ja vorhin ausgeführt haben."

„Mag sein; aber ich traue ihm nicht. Ich kenne ihn nicht so, wie Sie ihn kennen, sondern etwas näher und genauer. Und er – na, er kennt mich auch ein wenig – – von früher her.

Ich weiß sogar, daß er meine Stimme kennt. Wenn er mich an dieser erkannt hat, so ist es gewiß und zehnfach, hundertfach gewiß, daß er sich an meine Fersen heftet.“

„Haben Sie eine Rechnung miteinander?“

„Ja, und keine gewöhnliche. Kommen Sie also! Ich weiß, daß wir keine Zeit zu verlieren haben.“

Sie und die Soldaten und Indianer, welche bei ihnen stehen geblieben waren, gingen schleunigst nach dem Lager zurück, wo der Gambusino den Befehl gab, schnell zu satteln und dann die Feuer auszulöschen, da man aufbrechen müsse.

„Fort sollen wir?“ fragte Antonio Perillo. „Ist das notwendig?“

„Ja, wir müssen fort, mindestens so weit, daß dieser Vater Jaguar uns wenigstens während der Nacht nicht finden kann.“

„Er wird es nicht wagen, sich an uns zu machen!“

„Pah! Ich sage Ihnen, daß er es zwar nicht wagen, aber doch thun wird, denn für ihn ist so etwas kein Wagnis.“

Da nahm der Häuptling, ihm beipflichtend, das Wort:

„Wenn der Jaguar es ist, der die Gefangenen befreit hat, so müssen wir fort. Ich kenne ihn. Und nur dieser Jaguar konnte es fertig bringen, diese beiden weißen Männer fortzuholen. Ich durchschaue es. Er hat noch mehr Leute bei sich gehabt und von ihnen das Feuer mit Pulver anbrennen lassen. Während wir es auslöschten und nicht auf die Gefangenen achteten, hat er sie weggenommen.' Er weiß, daß ich ihm den Tod geschworen habe. Wir müssen fort, da wir uns hier nicht verteidigen können. An einem besseren Ort werden wir anhalten, um uns zu beraten.“

Hierauf ließ sich nun nichts mehr sagen. Man sattelte die Pferde und bemerkte nun erst, daß vier derselben samt dem Lederzeuge und den beiden Paketen des Gefangenen fehlten. Glücklicherweise gab es einige Reservepferde, so daß man nicht doppelt zu reiten brauchte. Als die Feuer ausgelöscht worden waren, setzte sich der Zug in Bewegung, indem nach Indianerart ein Reiter immer hinter dem andern ritt.

Der Weg führte immer tiefer in den Einschnitt hinein, welcher nach und nach immer breiter wurde. Hätte derselbe eine Sackgasse gebildet, so wäre es um diese Schar geschehen gewesen, da sie dem Vater Jaguar hätte in die Hände fallen müssen. Aber der Häuptling „Tapfrer Arm“ kannte die Gegend zu genau, als daß er sich hätte irren können. Nach Verlauf von zwei Stunden wich der Wald zu beiden Seiten zurück, und man kam auf einen weiten, offenen Kamp, in welchen man eine Viertelstunde hineinritt, um dann zu einer kurzen Beratung anzuhalten. Die Reiter stiegen von den Pferden und bildeten einen Kreis, in welchem die Weißen mit dem Häuptlinge Platz nahmen.

„Selbst wenn der Jaguar uns bis an das Ende des Waldes gefolgt wäre,“ sagte der letztere, „hier würde er uns nicht finden. Es ist dunkel, und er kann nicht sehen, nach welcher Richtung wir uns gewendet haben. Die Señores mögen beraten, was geschehen soll.“

„Eine Beratung nach Eurer langen und langsamen Weise werden wir nicht halten," antwortete ihm der Gambusino. „Wir werden kurz sein und dann gleich wieder aufbrechen, um einen möglichst weiten Weg zwischen ihn und uns zu legen."
„So denken Sie wirklich, daß dieser gefährliche Mann uns folgen wird?"
„Auf jeden Fall, wenn er mich nämlich an der Stimme erkannt hat."
„Er hat Sie erkannt."
„Woher willst du das wissen?"
„Er braucht Sie gar nicht an der Stimme erkannt zu haben, denn er hat Sie gesehen."
„Nein."
„Er hat Sie gesehen! Denken Sie, daß der Jaguar für sich das Leichteste wählt und seine Leute das Schwere und Gefährliche ausführen läßt?"
„Nein. Wie ich ihn kenne, ist es umgekehrt. Er wird gerade das Allerschwierigste auf sich nehmen."
„Und was war heute das Schwerste?"
„Das Losschneiden der Gefangenen, weil er sich da trotz der hellen Feuer in unsre Nähe wagen mußte."
„So war also er es, der dies vollbracht hat. Er ist nahe bei uns gewesen, hat uns alle gesehen und auch gehört, was wir gesprochen haben."
„Demonio! Das ist allerdings wahrscheinlich. Er hat uns gesehen, denn jedenfalls befand er sich hinter den beiden Bäumen. Das heißt, er hat Euch erblickt, nicht aber mich, wenigstens nicht genau, denn wie ich mich besinne, hatte ich mein Gesicht mit meinem breiten Hute bedeckt."
„Kennt er nicht Ihre Gestalt, Señor?"
„Ja; aber solche Gestalten gibt es viele, und ich bin viel anders gekleidet als damals, wo wir uns sahen. Um mich wirklich zu erkennen, mußte er mein Gesicht sehen oder meine Stimme hören."
„Und meinen Sie, daß dieses letztere geschehen ist?"
„Ja, denn ich habe leider nur allzu laut geschrieen. Hätte ich gewußt, daß dieser Mensch sich in der Nähe befand, so hätte ich freilich geschwiegen. Ich bin überzeugt, daß er mir folgen wird."
„Und wenn er nicht Ihnen folgt, so folgt er mir."
„Warum habt Ihr Euch mit ihm verfeindet?"
„Wir waren bei den Cambas eingefallen, als er sich bei ihnen befand. Er kam zu uns, um Frieden anzubieten; aber wir wollten die Beute, welche wir gemacht hatten, nicht herausgeben. Ja, wir wollten noch mehr Beute machen, und so kam es, daß wir ihn fortschickten. Er ging im Zorne und einer von uns blies ihm einen Giftpfeil nach, der aber in seinem Rocke stecken blieb, denn seine Lederkleidung ist so stark, daß kein Pfeil hindurchdringt. Dann töteten wir zwei Häuptlinge der Cambas und viele ihrer Untergebenen. Wir töteten alle Alten, alle Männer, Kinder und Knaben und nahmen nur

die Frauen und Töchter mit uns. Da stellte er sich an die Spitze der andern Cambasstämme und fiel über uns her.“

„Wer siegte?“

„Er, denn er ist unüberwindlich, wenn er einmal zur Waffe greift. Sein Zorn hat vielen, sehr vielen von uns das Leben gekostet, und die Cambas haben nicht nur das wiederbekommen, was wir ihnen abgenommen hatten, sondern noch mehr dazu. So sind wir Todfeinde geworden. Darum sollt ihr uns Flinten und Pulver geben, damit wir uns rächen können, denn die Krieger der Abipones sind voller Begierde, die Cambas zu züchtigen. Wenn ihr das thut, werdet ihr treue Verbündete an uns gewinnen.“

„Ihr werdet bekommen, was wir euch versprochen haben. Wir befinden uns ja auf dem Wege nach unsern heimlichen Magazinen. Wenn es so steht zwischen euch und ihm, bin ich allerdings überzeugt, daß er schnell hinter uns her sein wird.“

„Und wäre dies nicht der Fall, so würde er mich verfolgen,“ fiel Antonio Perillo ein. „Ihr wißt ja, was in Buenos Ayres geschehen ist. Er hat nicht nur mich, sondern auch die andern Espadas blamiert. Wenn ich ihn in die Hand bekomme, so hat er auf keine Nachsicht zu rechnen, zumal es bekannt ist, daß er ein Anhänger von Mitre ist.“

Da meinte Kapitän Pellejo.

„Ich habe von diesem Manne schon viel gehört, aber nie etwas mit ihm zu thun gehabt. Mir läuft er nicht nach. Soviel ich aber von Ihnen, Señores, vernehme, bin ich freilich überzeugt, daß er Lust haben wird, auf unsrer Spur zu bleiben. Ich denke aber, daß dies nichts Leichtes sein wird.“

„Warum?“ fragte der Gambusino.

„Spuren vergehen.“

„So! Hm! Sie scheinen keinen großen Begriff von der Kunst des Fährtenlesens zu haben. Ich will Ihnen sagen, und zwar im vollsten Ernste, daß dieser Vater Jaguar eines Tages eine Fährte verloren hatte und sie nicht wiederzufinden vermochte. Da blickte er in die Wolken und wußte sofort, woran er war.“

„So waren diejenigen, welche er suchte, wohl in die Wolken geritten?“ lachte der Hauptmann.

„Pah! Sie verstehen das nicht,“ antwortete der Gambusino in verächtlichem Tone. „Wissen Sie nicht, daß der Gang der Wolken die Windrichtung andeutet?“

„Das weiß ich wohl.“

„So denken Sie sich das übrige dazu! Ich habe weder Zeit noch Lust, Ihnen alte Abenteuer zu erzählen, denn ich bin der Überzeugung, daß wir bald sehr neue erleben werden. Ich wollte Ihnen nur sagen, Señor, daß ein Mann wie der Vater Jaguar jede Fährte findet, welche er sucht, und sie dann gewiß nicht wieder verliert, außer er hat es mit einem ebenso erfahrenen Gegner, zum Beispiele mit mir, zu thun. Ich bin im stande das zu thun, was keiner von Ihnen vermag, nämlich diesen Mann irre zu führen oder ihm wenigstens ein Schnippchen zu schlagen.“

„Wir werden durch die Sandwüste, durch Wälder, über Sümpfe und Flüsse reiten. Uns da überall zu folgen, ohne uns doch einmal zu verlieren, dazu gehört doch mehr, als ein Mensch vermag."
„Dazu gehört nichts weiter als Schlauheit und Erfahrung; und diese beide besitzt der Jaguar in hohem Grade. Aber wir brauchen uns ja darüber, ob er unsere Spuren finden wird, gar nicht zu streiten. Er braucht uns gar nicht nachzuspüren, denn er weiß genau, wohin wir wollen."
„Unmöglich! Wer sollte es ihm gesagt haben? Unter den Leitern unsres Planes gibt es keinen Verräter, und die tiefer Gestellten wissen nichts."
„Haben Sie vorhin nicht gehört, daß er uns jedenfalls belauscht hat?"
„Ja. Aber was hat er gehört?"
„Ich habe darüber nachgedacht, und es ist mir eingefallen, worüber die Señores kurz vor dem Ausbruche des Feuers gesprochen haben. Ich selbst aber habe geschwiegen und mich an diesem verräterischen Gespräche nicht beteiligt."
„Nun, worüber sprachen wir? Ich entsinne mich nicht, ein Wort gesprochen zu haben, welches an uns zum Verräter hätte werden können."
„O doch! Sie sprachen von unsern Waffenverstecken."
„Aber nicht davon, wo dieselben liegen!"
„Sodann sprachen Sie davon, daß Sie Boten an die Grenzorte gesandt hätten, um Ihre Soldaten nach dem Lago zu beordern."
„Habe ich den Namen dieses Lago genannt?"
„Nein."
„Nun, es gibt sehr viele Lagos; er mag sich denjenigen, den ich meinte, heraussuchen!"
„Er sucht nicht nach ihm, sondern er kennt ihn in diesem Augenblicke vielleicht schon sehr genau."
„Wieso?"
„Sie vergessen ganz, daß unsre Gefangenen jetzt bei ihm sind. Wir waren ihrer leider so sicher, daß wir in ihrer Gegenwart mehr als genug von Dingen gesprochen haben, welche nicht für fremde Ohren, am allerwenigsten aber für das Ohr eines solchen Feindes sind."
„Kennen sie den Namen des Lago?"
„Sehr genau, Sie selbst haben ihnen damit gedroht, daß sie in dem Wasser dieses Sees ersäuft werden sollen."
„Teufel! Das ist freilich unangenehm! Aber wer konnte wissen, daß sie uns schon nach kurzer Zeit wieder entkommen würden! Nun wird er wohl schleunigst nach diesem Lago de los Carandayes reiten."
„Das würde er allerdings, wenn ich nicht wäre. Ich werde ihn irre führen. Wir sind von Süden her über den Fluß gekommen, um nach dem Norden oder Nordwest zu gehen. Wir werden aber wieder umkehren, um über den Fluß zurückzugehen."
„Welcher Einfall, welcher Umweg!"

„Kein Umweg. Wenn wir jetzt gleich aufbrechen und uns einen andern Einschnitt suchen, durch welchen wir den Wald wieder hinter uns legen können, so sind wir am Morgen am Flusse, reiten hindurch und eine Strecke in das Land hinein. Das wird ein Parforceritt bis heute abend. Da ruhen wir nur zwei oder drei Stunden aus und kehren auf einem andern Wege wieder nach hier zurück."
„Wieder ein Tagesritt, also zwei Tage Verlust!"
„Was bedeutet dieser Verlust, wenn wir dadurch den Vater Jaguar von uns abschütteln!"
„Wird uns das gelingen?"
„Unbedingt. Ich garantiere."
„Und ich möchte es bezweifeln."
„Weil Sie es nicht verstehen. Der Jaguar wird erst am Morgen seine Verfolgung aufnehmen; da sind wir aber schon am Flusse, den er, da er langsam reiten muß, weil er seine ganze Aufmerksamkeit auf die Fährte zu richten hat, erst am Abende erreicht. Am zweiten Abende würde er an die Stelle kommen, an welcher wir wieder umkehren wollen; aber er wird sie gar nicht finden, da die Spur inzwischen verweht oder sonst unkenntlich geworden ist."
„Glauben Sie?"
„Ja. Der Vater Jaguar wird dann überzeugt sein, daß wir über den Fluß zurück sind, und zwar aus Angst vor ihm, und vor Stolz darüber wird er sich so aufblähen, daß ihm der Verstand zerplatzt und er alles glaubt, was wir ihm weisgemacht haben."
„Das wäre allerdings höchst vorteilhaft für uns. Ich wollte es sehr gern gut heißen, wenn ich wüßte, daß es auch gelingen wird."
„Es gelingt."
„So könnten wir doch nach Fort Tio gehen, um uns frisch zu verproviantieren!"
„Ja, das können wir. Ich bin einverstanden."
Antonio Perillo hatte nichts dagegen einzuwenden, und der Häuptling erklärte:
„Der Plan des Gambusino ist sehr scharfsinnig erdacht.
Wir werden den Jaguar irre leiten und seinen Tatzen entgehen. Wie viele Männer hat er denn eigentlich bei sich?"
„Genau kann ich das nicht sagen. Soviel ich in der Dunkelheit zu erkennen vermochte, werden es zwischen zwanzig und dreißig sein."
„Das ist genug für ihn. Wir zählen zwar zehnmal zehn Krieger, aber seine Männer sind waffengeübter als die meinigen. Da ist es auf alle Fälle besser, wir kommen erst dann mit ihm zusammen, wenn noch andre Horden der Abipones zu uns gestoßen sind. Lassen Sie uns also aufbrechen, damit wir ihn baldigst irre leiten. Ich weiß weiter oben einen andern Durchbruch im Walde, der uns nach dem Flusse führen wird."
Man saß wieder auf und ritt von dannen, in einem spitzen Winkel mit der zuletzt eingehaltenen Richtung dem Walde entgegen. Den armen Pferden dieser Menschen stand eine ungeheure Anstrengung bevor.

Der Mann, von welchem bei ihnen die Rede gewesen war, der Vater Jaguar, machte sich in diesem Augenblicke keineswegs so viele Sorgen um sie, wie sie geglaubt hatten, denn er – – schlief so gemütlich und ruhig, als ob er sich in einem Bette zu Buenos Ayres oder Montevideo befunden hätte.

Als der Gambusino sich zurückgezogen hatte, schritt der Vater Jaguar auf den Einschnitt zu und horchte. Er hörte ihn von weitem mit den andern sprechen, konnte aber die Worte nicht verstehen. Dann bemerkte sein scharfes Ohr, daß sie sich entfernten. Hierauf rief er drei zuverlässige Leute herbei und schickte sie hundert Schritte in den Einschnitt hinein, wo sie sich postieren sollten, einer am rechten, einer am linken Waldesrande und der dritte in der Mitte des Weges. Sie sollten scharf aufpassen und bei der geringsten gegen sie gerichteten Bewegung der Feinde ihre Gewehre abschießen.

Er glaubte, damit alles gethan zu haben, was die Klugheit und Vorsicht für geboten hielt. Es fiel ihm gar nicht ein, die Feinde anzugreifen, wenigstens heute, und noch viel weniger dachte er daran, allen seinen Leuten den Schlaf zu rauben, den sie so notwendig brauchten, um für den morgenden, vielleicht anstrengenden Tag frisch und gestärkt zu erwachen.

Darauf kehrte er zu der Stelle zurück, an welcher sie sich befanden, und setzte sich in ihre Mitte, um nun erst Doktor Morgenstern und seinen Fritze vorzunehmen. Er that das in spanischer Sprache, damit seine Gefährten das Gesprochene verstehen könnten.

„Señor, ich weiß nicht, was ich von Ihnen denken soll," sagte er. „Ich bin gern höflich, besonders gegen einen Herrn von Ihrer Bildung und Ihren Kenntnissen, dennoch aber kann ich Ihnen nicht verhehlen, daß Sie weit besser gethan hätten, in Buenos Ayres zu bleiben."

„Was sollte ich dort, Señor?" fragte der kleine Rote.

„Alles, was Sie wollten und konnten."

„Nein. Ich konnte nicht alles, was ich wollte. Ich wollte ein Glyptodon, ein Megatherium oder ein Mastodon haben. Sind solche Tiere in Buenos Ayres auszugraben?"

„Vielleicht, wenn man genau nachforscht."

„Aber die Regierung würde das Nachgraben mitten in der Hauptstadt nicht erlauben."

„So konnten Sie in die Pampas gehen."

„Das habe ich auch gethan."

„Nein. Oder meinen Sie, daß wir uns hier auf einer Pampa befinden?"

„Ja, auf einer Pampa zwischen Fluß und Wald, Fluvius und Silva, wie der Lateiner sagt."

„Aber wie kommt es, daß Sie dieselbe Richtung genommen haben, welche auch ich einschlug?"

„Ich wollte Sie treffen."

„Aber ich hatte Ihnen gesagt, daß ich Sie nicht gebrauchen kann!"

„Señor, es ist jeder Mensch zu gebrauchen!"

„Ja, aber im Gran Chaco nicht. Sie bringen nicht nur mich in Verlegenheit, sondern sind auch selbst in eine große Gefahr geraten."

„Meinen Sie? Die Señores, welche uns gefangen nahmen, befanden sich in einem Irrtum, den sie jedenfalls sehr bald eingesehen hätten."
„Glauben Sie das ja nicht! Ihr Leben schwebte in Gefahr."
„Mein Leben, lateinisch Vita genannt? Das glaube ich kaum."
„Weil Sie ein lieber, guter, harmloser Silberkarpfen sind, welcher keine Ahnung davon hat, was für Hechte es im Teiche gibt. Sie passen überall mehr und besser hin als in den Gran Chaco."
„Und ich bin vom Gegenteile überzeugt, da Sie selbst mir angedeutet haben, daß hier die Reste vorweltlicher Tiere zu finden sind."
„Ich bin auch jetzt noch überzeugt, daß dies der Fall ist; aber wenn Sie diese längst zu ihren Vätern versammelten Kreaturen in den Pulverkammern unsrer Parteiführer suchen, so können Sie sehr leicht einmal ein wenig in die Luft gesprengt werden. Wie Sie gefangen genommen worden sind, das habe ich von dem braven Don Parmesan gehört, dem Sie Ihre Rettung zu verdanken haben. Ich bitte Sie, mir zu erzählen, was sich dann weiter ereignet hat."
„Ereignet? Gar nicht viel, Señor Hammer. Man schüttete das Loch, in welchem meine Gigantochelonia gesteckt hatte, wieder zu, nachdem man den Inhalt herausgenommen hatte, um ihn zu verteilen. Dann band man uns auf die Pferde und ritt mit uns davon. Ich gab herzliche gute Worte, man möge doch das Rückenschild der Gigantochelonia mitnehmen, was mir aber rundweg abgeschlagen wurde. Ich glaube sogar, wenn ich mich recht besinne, auf einigen Gesichtern eine Art von Veränderung bemerkt zu haben, welche den Menschenkenner beinahe zu der leisen Überzeugung bringen könnte, daß es sich dabei um den Anflug einer Spur jenes Muskelspiels gehandelt habe, welches einzutreten pflegt, wenn der Mensch eine heimliche Veranlassung findet, seinen Zügen die heitere Erlaubnis eines sanften, kindlichen Lächelns zu erteilen."
„Das verstehe ich kaum. Wollen Sie damit sagen, daß Sie ausgelacht worden sind?"
„Ausgelacht?" fuhr der Kleine erstaunt auf. „Ich deutete ein leises Lächeln an, und Sie sprechen da gleich von einer vollendeten Auslachung, lateinisch Irrisio genannt? Señor, das könnte mich kränken, wenn ich nicht bei Ihnen so gute paläontologische Kenntnisse entdeckt hätte, daß ich überzeugt bin, Sie halten es für effektiv unmöglich, daß der Entdecker einer Gigantochelonia ausgelacht werden kann."
„Sie glauben also noch immer, daß es sich um eine Schildkröte gehandelt hat?"
„Ich bin überzeugt davon, und zwar war es eine von wirklich riesigen Dimensionen. Was aber das fernere Erlebnis betrifft, so ritten wir durch den Wald, und mittels einer seichten Furt über den Fluß wieder in den Wald, wo wir bei andern Indianern anhielten. Ich und mein Fritze erhielten jeder ein Stück Fleisch, welches wir essen durften. Dann band man uns an die Bäume, bis Sie kamen und uns heimholten. Das ist alles, was ich erzählen kann, eine höchst einfache und prosaische Geschichte."
„Das nennen Sie einfach und prosaisch?" lachte der Vater Jaguar nun wider Willen auf.

„Natürlich! Es war keine Spur von Poesie dabei. Ich wollte dem Gespräche wiederholt eine anheimelndere Wendung geben und begann von dem Diluvium, von dem Höhlenbären, vom Mammut und andern sympathischen Themata zu sprechen, fand aber kein Ohr dafür."
„Das glaube ich!"
„Es fiel sogar, wenn ich mich nicht geirrt habe, einmal eine Bemerkung, welche, wenn auch in entfernter Weise, darauf schließen ließ, daß es hier zu Lande eine Redeweise gibt, welche den Anflug einer Ähnlichkeit mit einem deutschen Worte hat, bei welchem das Verbum halten statt in Beziehung zu dem Hauptworte Os in Verbindung mit dem Substantive Rictus gebracht wird."
„Das heißt, man hat Sie gebeten, nicht nur den Mund, sondern sogar das Maul zu halten?"
„Nun, gebeten eigentlich nicht. Es wurde das vielmehr in einer Weise gesagt, welche auf etwas mehr Schärfe und Energie schließen ließ. Doch will ich gerne dem Betreffenden zu Ehren konstatieren, daß er vielleicht nicht ganz im Stande ist, zwischen Os und Rictus so genau zu unterscheiden, wie es in Hinsicht auf die zarteren Umgangsformen wohl als wünschenswert hätte erscheinen mögen."
„Ich weiß genug, Señor, brechen wir davon ab! Lieb wäre es mir, wenn nun auch Sie genug wüßten."
„Wovon?"
„Von dem, was ich so gern wissen möchte. Was haben diese Leute miteinander gesprochen?"
„Nichts von Bedeutung."
„Gar nichts?"
„Ja, gar nichts, was nur einigermaßen Veranlassung hätte geben können, daß man hingehorcht hätte. Ich habe darum auch nicht darauf geachtet. Sie sprachen von Revolution, von Kavallerie und Kanonen, von Ausfällen und Überfällen der Indianer, lauter Sachen, die unsereinen doch nicht im mindesten interessieren können. Es ist nicht das kleinste, auch nicht das allerkleinste, auch nicht das allerkleinste geologische oder geognostische Wort gefallen."
„Revolution, Artillerie, Kavallerie, Aus- und Überfälle? Und das nennen Sie bedeutungslos? Señor, das alles ist von ungeheurer Wichtigkeit gewesen!"
„Für Sie vielleicht, nicht aber für mich. Ich habe mir kein Wort gemerkt. Übrigens steckte mir noch das Rückenschild meiner Gigantochelonia im Kopfe."
„Dann gratuliere ich Ihnen zu diesem Kopfe, den Sie getrost Gigantocaputus nennen können."
„Danke verbindlichst, Señor. Wenn Sie etwas Eingehenderes über die Gespräche dieser Leute hören wollen, so will ich Sie an meinen Fritze adressieren. Er ist Laie und hat also für diese Kleinigkeiten mehr Aufmerksamkeit gehabt, als ich ihnen zu widmen vermochte."

Fritze hatte bis jetzt kein Wort gesagt, jetzt aber meldete er sich schnell, und zwar in deutscher Sprache:

„Dat ist wahr, Herr Hammer; ik habe ausjezeichnet aufjepaßt und kann Sie mit allens dienen, wat Sie wissen wollen. Aber thun Sie mich den Jefallen, sich mit meine Muttersprache zu bedienen. Wenn ik gezwungen bin, mit einem Deutschen spanisch zu diskurrieren, so fällt mich allemal die Butter vom Brode, und es jiebt mich einen Messerstich ins treue deutsche Herz."

„Wenn Sie es wünschen, ganz gern," lächelte der Vater Jaguar. „Wir können den Andern dann ja spanisch sagen, was wir deutsch gesprochen haben."

„Natürlich! Und ik werde mich erlauben, Ihnen dabei oft und manchmal behülflich zu sein. Also, wat wollen Sie wissen, und wobei soll ik anfangen zu bejinnen?"

„Vor allen Dingen möchte ich wissen, ob Sie erfahren haben, was diese wenigen Weißen bei den Indianern wollen."

„Damit kann ik erjebenst aufwarten. Es kam mich nämlich der Jedanke, daß die Freundschaft zwischen Rot und Weiß doch ihren juten Jrund haben müsse und daß dieser Jrund mehr wert sein könne, als der janze Deckel von unsre Gigantochelonia. Darum hielt ik die Augen offen und die Ohren noch offener. Ik stamme nämlich aus Stralau am Rummelsburjer See, und in diese Jejend pflegt man pfiffig zu sind. Die Kerls glaubten, daß wir ihnen nicht mehr schaden konnten, und redeten, nur um uns zu ärjern, janz offen über ihre jeheimnisse. Sie jehen in den Chaco, um die Abipones jejen die Rejierung aufzuwiejeln und sie zu einem Einfall zu bewejen. Der Häuptling aber, der alte Brazo valiente, ist ein Schlaukopf und hat also seine Bedingungen jestellt. Er will vorher die Cambas überfallen, die Sie, Herr Hammer, jejen ihn kommandiert haben, und dabei sollen ihm die Weißen helfen. Er verlangt Waffen und Soldaten."

„Ach! Hat man ihm beides zugesagt?"

„Versteht sich! Die Soldaten trommelt der Kapitän Pellejo zusammen. Er täuscht dat Vertrauen seiner Vorgesetzten. Sie haben ihn an die Jrenze jeschickt, um die längs derselben angelegten Jarnisonen zu inspizieren; es fällt ihm aber jar nicht ein, hinzujehen, sondern er hat vertraute Boten hinjeschickt, welche den Befehl überbringen, daß diese Militärs sich nach dem Chaco zu bewejen haben, um an einem bestimmten Tage an einem bestimmten Orte dort zusammenzutreffen. Diese Leute sollen den Abipones jejen die Cambas helfen."

„Welch ein Plan! Auf diese Weise werden also dem Häuptlinge die Soldaten geliefert. Wie aber wollen sie ihn in den Besitz der versprochenen Waffen setzen?"

„Halten Sie dat für schwer? O, nichts leichter als diese Schwungfeder! Die Sache ist ja schon von langer Hand her vorbereitet. Man hat schon längst zu diesem Zwecke heimliche Magazine anjelegt und mit Waffen und Munition volljestopft. Unsere Schildkrötenhöhle ist so ein Magazin jewesen. Die werden nun jeöffnet. Auf diese Weise werden die Abipones bewaffnet und jejen die Cambas jeführt. Haben sie sich an diesen

jerächt, so werden sie dann, mehrere tausend Mann stark, über die Jrenze kommen und dat Pronunciamiento jemütvoll unterstützen."
„Dieser Plan entstammt doch nicht etwa Ihrer Phantasie?"
„Nein. Meine Phantasie ist nie so planvoll jewesen. Meine Mitteilungen sind auf dem Boden der Wirklichkeit jewachsen."
„So muß ich freilich sagen, daß dieser Plan entsetzlich ist. Tausende von Roten hereinzubringen, um Mord und Brand loszulassen, damit einige wenige aus dem Blute ihrer Mitbürger Reichtümer und Ämter fischen! Wer steht an der Spitze dieses grausigen Unternehmens?"
„Dat ist mich unbewußt. lk habe weder die Spitze jesehen noch denjenigen, der an ihr steht. Aber der Oberste von die jetzige und hiesige Jesellschaft, dat ist der Jambusino, wie mich der Augenschein bewiesen hat. Er ist der Admiral von dat janze Jeschwader, dem die anderen alle jehorchen müssen."
„Haben Sie etwas Näheres über ihn gehört, über seinen Namen, seine Heimat, seinen eigentlichen Stand, sein früheres Leben?"
„Dat sind viele Fragen in eine einzije zusammencoquiliert. lk werde sehen, ob es mich jelingt, ihnen auseinander zu addieren. Heißen thut er Benito Pajaro, wat zu deutsch bekanntlich Benedictus Vogel heißt. Seine Heimat ist mich rätselhaft; wo sich sein eijentlicher Stand befindet, weiß ik nicht; vielleicht ist er ein Strich- oder Zugvogel, und daß er auch schon vor heut und jestern, also früher jelebt hat, darauf kann man jetrost zehn Pfund Jift nehmen, wenn nämlich dieses Jift nicht jiftig ist. Dat ist allens, wat meine Allwissenheit zu leisten vermag."
„Wurde von mir gesprochen?"
„Und ob! Der Vater Jaguar war allemal dat zweite Wort."
„Gutes natürlich nicht?"
„Nein, man hat es auf Ihnen abjesehen. Jeraten Sie in die Hände dieser Hallunken, so jeht es Ihnen schlecht. Nehmen Sie Ihnen also sehr in Acht!"
Die drastische Ausdrucksweise des Stralauers war nicht etwa eine Folge davon, daß er die Angelegenheit leichtsinnig nahm; o nein, er sprach sehr ernst; er erkannte die vorhandene Gefahr, aber es war nun einmal seine Weise so. Hammer sah eine Weile schweigend vor sich nieder und erkundigte sich dann weiter:
„Konnten Sie vielleicht in Erfahrung bringen, an welchem Orte sich die Soldaten zusammenfinden sollen?"
„Ja. Es war ein See, Lago de los Carandayes, also Palmensee jeheißen."
„Wo liegt er?"
„Dat wurde nicht jesagt."
„Auch ich kenne ihn nicht, will mich aber erkundigen."
Er fragte seine Gefährten, auch den alten Anciano, den jungen Inka und sogar den Chirurgen; aber keiner hatte von diesem See gehört, und noch viel weniger wußte einer die Lage desselben anzugeben.

„Sollte er im Innern des Chaco, vielleicht in der Wüste liegen?“ meinte Hammer nachdenklich.
„Ja, ja, dort wird die traute Heimat seiner Lieben sein,“ antwortete Fritze schnell.
„So hat man also doch davon gesprochen?“
„Nein, aber es fällt mich etwas anderes ein. Als nämlich von die Jewehre und die Magazine die Rede war, wurde davon jesprochen, daß sie alle nach einander in die Wüste hineinjelegt worden sind, und nach dem letzten Magazin kommt man an den Palmensee.“
„Welch eine Unvorsichtigkeit von diesen Leuten, in Ihrer Gegenwart über diese Dinge zu sprechen! Und wie herrlich wäre es, wenn Sie Näheres über diese heimlichen Magazine wüßten!“
„Nur jetrost weiter! Vielleicht fragen Sie noch wat aus mich heraus. Die Namen von diese Magazine habe ik alle jehört.“
„So? Wie heißen sie?“
„Da muß ik mir erst mal besinnen. Es waren lauter Quellen, vier Stück, und daran hing allemal ein Tier, an der vierten aber ein Zwilling. Welche Thiere dat jewesen sind – – da, ik habs jefunden! Die erste war die Fuente de los pescados, die zweite die Fuente de las sanguijuelas, die dritte die Fuente de los crocodilosund die vierte die Fuente gemela.“
Da sprang der Vater Jaguar freudig überrascht vom Boden auf und rief aus:
„Prächtig, prächtig! Diese Namen kenne ich ja alle, und ich bin an jedem dieser Orte gewesen. Fritze, Ihr gutes Gedächtnis hat uns da einen ganz unbezahlbaren Dienst erwiesen!“
„Wirklich? Nun, wenn Sie's nicht an mein Jedächtnis zahlen können, so dann doch lieber an mir selbst! Mein Jedächtnis und ik, wir stehen so jut miteinander, daß ik allens, wat ihm zukommt, inkassieren kann. Ik hab's selbst nicht jewußt, daß ik diese Namen noch im Kopfe hatte. Soll mir freuen, wenn Sie jeschmack an dieselben finden!“
„Sie selbst kennen eine von diesen Quellen. Sie haben da, wo Sie nach der Schildkröte gruben, viel Fische gefangen. Sie waren an der Fuente de los pescados, an der Fischquelle. Die zweite liegt jenseits des Waldes in der Nähe des Lago honda; das Bassin, in welches sie fließt, ist voller Blutegel; daher ihr Name. Die dritte fließt am Ende der undurchdringlichen Waldung in eine Sumpflagune, welche voller Krokodile ist, und die vierte besteht aus zwei Einzelquellen, welche sich bald nach ihrem Austritte vereinigen, daher der Name Zwillingsquelle. Jede dieser Quellen ist von der andern anderthalb Pferdetagereisen entfernt, und sie liegen in einer schnurgeraden Linie. Wenn man diese Linie nach Nordwest verlängert, muß man unbedingt an den Palmensee kommen, den wir nicht kennen und an welchem die Soldaten zusammentreffen sollen. Wie schlau, die Verstecke an diesen Quellen anzulegen! Man kann von einer zur andern durch die Wüste gelangen, ohne daß die Reit- und Transporttiere übermäßig dursten müssen. Fritze, ich danke Ihnen! Nun ist mein Plan fertig. Wir reiten diesen Roten nach den Quellen voraus und nehmen die Nester aus, ehe sie hinkommen. Und dann geht es nach dem Palmensee,

um die Soldaten festzunehmen. Dieser Ort scheint sehr gut gewählt zu sein, da dort oben die zahlreichsten und wohlhabendsten Stämme der Cambas wohnen, Der Gambusino würde also mit seinen Abipones und den weißen Soldaten eine Beute machen, wie sie noch nicht vorgekommen sein dürfte. Aber wir werden ihnen das Handwerk legen!"
„Ja, dat werden wir," stimmte Fritze fröhlich ein. „Wollen Sie zujeben, Herr Hammer, dat so eine Gigantochelonia auch ihre scharmanten Seiten hat? Ohne dieses Riesentier wären Sie nicht hinter dat Jeheimnis jekrochen. Sie wollten uns nicht mitnehmen; nun aber hoffe ik von Ihrer dankbaren Zärtlichkeit, daß Sie uns zwei Sitzplätze an Ihrem Herzen jönnen und uns da, wat Sie „dort oben" nennen, eine Stelle in der Mutter Erde zeijen, wo wir eine bessere Schildkröte finden, als diejenige war, deren Incognito in einer für uns so jrausamen Weise jelüftet worden ist!"
„Ja, Sie sollen mit, und wenn Sie nichts im Diluvium entdecken, so soll die Schuld nicht an mir liegen. Ich schaffe Ihnen den größten Riesenfrosch zur Stelle, den es zu Noahs Zeit gegeben hat, und der nur deshalb von Noah nicht gerettet werden konnte, weil die Arche, selbst wenn sie gar kein Tier aufgenommen hätte, für ihn allein zu klein gewesen wäre."
„Dat läßt sich hören. Meine Hochachtung wächst nun auch so riesenjroß vor Ihnen, wie dieser Frosch jewachsen ist. Bauen Sie sich eine Arche dafür!"
„und ich," versprach der begeisterte Morgenstern, „werde nun auf das Sorgfältigste auf alle Gespräche achten, welche sich auf Revolution und Totschlag beziehen, denn ich sehe ein, daß man dadurch zu großen paläontologischen Errungenschaften gelangen kann."
„Gut, lieber Landsmann! Nun aber rate ich Ihnen an, sich schlafen zu legen, denn Sie sind weidlich maltraitiert worden und bedürfen der Erholung. Morgen früh wird mit Tagesgrauen aufgestanden, und dann erwartet uns wohl ein Ritt, der für Sie anstrengend sein dürfte. Zur guten Nacht aber will ich Ihnen noch das offene Geständnis machen, daß ich mich freue, Ihre Werkzeuge gerettet zu haben. Wir können sie jetzt sehr gut gebrauchen, da wir die Magazine aufzugraben haben."
Dieses Geständnis machte den Gelehrten so stolz, daß er seinem Diener freudig zuflüsterte:
„Hast du es gehört, Fritze, sie brauchen mich und meine Sachen; hast du es auch wirklich gehört? Ein Zoopaläontologe ist zu aller Zeit und an jedem Orte eine vielgesuchte Persönlichkeit. Du wirst immer mehr einsehen, daß kein Mensch ohne die Wissenschaft, lateinisch Scientia genannt, zu existieren vermag."
Er schlief so befriedigt ein, wie seit langen Zeiten nicht. Auch die andern gaben sich der tiefsten Ruhe hin, und nur von Stunde zu Stunde wurden drei geweckt, um die schon erwähnten Wächter abzulösen.
Kaum graute der Morgen, so riefen die letzten Posten ihre Gefährten wach, denn man mußte den Umstand mit in Betracht ziehen, daß der Gambusino mit seinen Indianern noch in der Lichtung stecken und diese Stunde zu einem Überfalle für geeignet halten könne. Man nahm sich vorläufig noch nicht Zeit zu einem Imbisse, sondern der Vater

Jaguar gab den Befehl, zu Pferde zu steigen und gegen die Lichtung vorzurücken. Er war zwar vollständig überzeugt, daß dieselbe während der Nacht geräumt worden sei, hielt aber doch die Vorsichtsmaßregel für angezeigt, einige Mann zu Fuß als Aufklärer vorausgehen zu lassen.
Diese schritten, immer gute Deckung suchend, dem gestrigen Lagerplatze der Indianer zu. Als sie denselben leer fanden, gaben sie ihren Kameraden ein Zeichen, herbeizukommen. Darauf setzten sich auch diese Eclaireurs zu Pferde, und dann ging es in gestrecktem Galopp in dem Einschnitte weiter fort, bis der Wald ein Ende hatte.
Hier sah man die Spuren der Indianer, welche hinaus in den Camp führten. Sie lieferten den Beweis, daß die Feinde den Wald schon gestern abend verlassen hatten. Ob diese die jetzige Richtung eingehalten hatten oder ob dieselbe nur eine Finte sei, das wußte man jetzt noch nicht; jedenfalls aber war es angezeigt, sich auf einen Ritt durch die dürre Wüste gefaßt zu machen. Man brauchte also Wasser. Glücklicherweise kannte der Vaterjaguar gar nicht weit von hier eine Stelle, wo am Waldesrande ein Wässerchen erschien, um schon einige Schritte davon wieder in den Boden einzudringen. Wer in der Wildnis lebt, der merkt sich solche Orte nur zu gut und vergißt gewiß nie einen derselben. Man trank sich satt, ließ auch die Pferde zur Genüge trinken und machte sich dann mit der Überzeugung auf den Weg, anderthalb Tagesreisen weit keinen Tropfen wieder zu sehen zu bekommen.
Man folgte natürlich den noch sichtbaren Spuren der Abipones und gelangte in kurzer Zeit an die Stelle, wo der Trupp gelagert hatte. Der Vater Jaguar ließ da anhalten, um die Stelle zu untersuchen. Auch Geronimo betrachtete das niedergelagerte Gras sehr genau und gab dann sein Urteil ab:
„Hier haben sie bis zum Anbruche des Tages gelegen. Sie sind also vor noch nicht gar langer Zeit erst fort, aber sonderbarerweise wieder nach dem Walde zurück. Welchen Grund können sie dazu gehabt haben?“
„Es gibt zwei Gründe, welche man sich denken kann,“ antwortete der Vater Jaguar. „Nämlich entweder ist ihre Rückkehr nur eine einfache List, welche den Zweck hat, uns irre zu führen und von ihrer Spur abzubringen, oder sie ist eine taktische Maßregel, welcher die Absicht zu Grunde liegt, die gestrige Schlappe auszuwetzen.“
„Inwiefern eine solche Maßregel?“
„Sie nehmen vielleicht an, daß wir uns noch da befinden, wo wir gestern abend gewesen sind, und wollen uns dadurch, daß sie den Wald an einer andern Stelle durchqueren, in den Rücken kommen, um uns plötzlich zu überfallen.“
„Das ist allerdings leicht denkbar. Sie wollen sich empören, und wenn sie noch wie vorher bei der Dummheit beharren, deinen Landsmann für den Obersten Glotino zu halten, so müssen wir freilich annehmen, daß sie alles thun werden, ihn entweder wieder in ihre Hände zu bekommen, oder auf sonst eine Art und Weise unschädlich zu machen. Es ist darum leicht möglich, daß sie einen Überfall planen. Meinst du, daß sie uns

nachreiten werden, wenn sie bemerken, daß wir unsern Lagerplatz schon verlassen haben?“

„Vielleicht thun sie es, vielleicht auch nicht.“

„Sie mögen kommen! Sie sind uns nur dann gefährlich, wenn es ihnen gelingt, uns plötzlich zu überfallen, sonst aber sind wir ihnen überlegen. Es würde mich freuen, wenn sie sich an uns wagen sollten. Unsre Kugeln würden tüchtig unter ihnen aufräumen.“

„Was das betrifft, so bin ich überzeugt, daß sie uns nicht offen angreifen werden. Wir müssen zwar mit der Möglichkeit rechnen, daß sie uns jetzt suchen; ich halte es aber für wahrscheinlicher, daß sie zurückgekehrt sind, um uns von ihrer Fährte abzubringen und uns zu der Ansicht zu verleiten, daß sie es aufgegeben haben, nach dem Palmensee zu gehen.“

„Sollten sie wirklich auf diesen klugen Gedanken geraten sein?“

„Klug, sagst du? Ich nenne es keine Klugheit, mich für so dumm zu halten, daß ich mich von solchen Leuten täuschen lasse. Sie wissen, daß der Doktor und sein Diener alles gehört haben, was gesprochen worden ist; sie können es sich denken, daß diese beiden es uns mitgeteilt haben und daß ich also den Palmensee als das Ziel ihres Rittes kenne. Es erfordert gar keine große List, einzusehen, daß ich den See aufsuchen werde, und wenn sie glauben, daß sie mich durch irgend eine Finte davon abbringen können, so sind sie nicht klug, sondern dumm.“

„Du meinst also, daß wir jetzt weiter reiten und die Richtung, welche sie von hier eingeschlagen haben, gar nicht berücksichtigen?“

„Berücksichtigen muß und werde ich sie, aber nicht in der Weise, wie sie es wahrscheinlich erwarten. Ich muß erfahren, was sie vorhaben, und werde also dieser Fährte so weit nachreiten, bis ich weiß, woran ich bin. Du begleitest mich, die übrigen mögen hier bleiben, um auf uns zu warten.“

Er forderte seine Leute auf, vorsichtig zu sein und acht auf den Weg zu geben, den sie jetzt gekommen waren, da es möglich sei, daß die Gegner die Absicht hegten, ihnen auf demselben zu folgen. Dann ritt er mit Geronimo davon, indem beide in gestrecktem Galopp den Hufstapfen folgten, welche die Pferde der Abipones im Grase zurückgelassen hatten.

Die beiden Reiter erreichten den Wald und die durch denselben führende Blöße, durch welche die Gegner ihnen vorangeritten waren, und jagten über dieselbe hin, bis sie den jenseitigen Ausgang des Waldes erreichten. Da lag der offene Campo wieder vor ihnen, und man sah deutlich, daß die Spuren quer über denselben nach dem Flusse führten. Der Vater Jaguar parierte sein Pferd und sagte:

„Es ist so, wie ich dachte. Hätten sie uns verfolgen wollen, so wären sie hier links eingebogen, um am Rande des Waldes hin die Gegend zu erreichen, in welcher sie uns vermuten mußten. Daß sie das nicht gethan haben, sondern nach dem Flusse gegangen sind, läßt mich mit Sicherheit darauf schließen, daß sie die alberne Absicht hegen, uns irre zu leiten.“

„Auch ich bin jetzt dieser Ansicht, welche freilich kein großes Kompliment für uns ist. Wenn diese Kerls glauben, daß es so leicht ist, uns zu täuschen, so können sie keine große Meinung von uns haben. Uns irre leiten! Wie wäre das möglich, da wir ihre Spur doch stets vor Augen haben würden!“

„Nicht stets. Gerade weil wir dieser Fährte eine immerwährende Aufmerksamkeit widmen müssen, könnten wir nicht so schnell reiten, wie diese Leute jedenfalls geritten sind. Wir müßten am Abende anhalten, da wir in der Nacht die Spur nicht sehen können. Falls sie dann des Abends weiter ritten, würden sie einen solchen Vorsprung vor uns bekommen, daß am nächsten Tage die Fährte wohl schwerlich noch zu erkennen sein würde. Es ist nicht schwer, diese ihre Absicht zu durchschauen. Wir lassen uns freilich nicht täuschen. Wir wissen, daß sie nach dem Palmensee wollen, und wenden uns also stracks dieser Richtung zu. Kehren wir also jetzt um!“

Sie ritten zurück, und als sie bei den Ihrigen anlangten, wurde nach dem Lago de los Carandayes aufgebrochen. Das erste Ziel, die erste Station dorthin war, wie bereits erwähnt, die Fuente de las sanguijuelas, die Blutegelquelle, welche in nordwestlicher Richtung lag und mit anderthalbem Tagesritt erreicht werden konnte.

Der Boden war durchweg eben und zunächst mit dem bekannten Camposgrase bewachsen. Je weiter man sich aber von dem Flusse entfernte, desto spärlicher wurde dieses Grün, und endlich hörte es ganz auf; der Boden wurde sandig und glich später einer Wüste, in welcher keine Spur von organischem Leben vorhanden zu sein schien. Der Sand besaß angenehmerweise eine so geringe Tiefe, daß er die Schnelligkeit des Rittes nicht beeinträchtigte.

Der Vater Jaguar hatte zunächst die Besorgnis, daß Doktor Morgenstern, der kein guter Reiter sein konnte, Veranlassung zu Verzögerungen geben werde, doch erwies diese Befürchtung sich nicht als stichhaltig. Der kleine rote Gelehrte nahm sich zusammen; er saß zwar keineswegs schön zu Pferde, hielt sich aber doch ganz leidlich und begann erst gegen Abend über Müdigkeit zu klagen. Als dann zum Nachtlager mitten in der Wüste angehalten wurde, zeigte es sich, wie wacker er sich gehalten und alle Widerwärtigkeiten still und standhaft ertragen hatte. Er war nämlich so steif, daß man ihn aus dem Sattel heben mußte; er wurde, da er nicht stehen konnte, in den Sand gelegt.

Der Vater Jaguar freute sich über diesen Heroismus des kleinen Mannes und sagte in freundlichem Tone zu ihm:

„Warum haben Sie mir nicht gesagt, daß Sie sich so angegriffen fühlen? Wir hätten doch etwas langsamer reiten können.“

„Danke, Herr Hammer!“ antwortete der Kleine. „Ich habe eingesehen, daß es sich je schneller desto glatter reitet, und da ich mir einmal vorgenommen habe, Ihnen nicht beschwerlich zu fallen, so sollen Sie keine Klage von mir hören. Übrigens haben Sie versprochen, mir zu einem Riesentiere zu verhelfen, und je eher wir dahin kommen, wo es zu finden ist, um so besser ist es. Meine Beine sind zwar steif und haben alles Gefühl verloren, aber ich denke, daß schnell eine Besserung, lateinisch Emendatio genannt, eintreten wird.“

Diese Hoffnung ging bald in Erfüllung, so daß Morgenstern die Dienste, welche der Chirurg ihm anbot, zurückweisen konnte.

Leider gab es für die Pferde keine Weide; sie mußten sogar auf das Wasser verzichten. Die Reiter verzehrten jeder ein Stück Dürrfleisch und legten sich dann schlafen, da mit dem ersten Morgengrauen aufgebrochen werden sollte. Um diese Zeit ging es weiter, gerade wie gestern immer über Sand, bis gegen Mittag am Horizonte ein dunkler Streifen auftauchte. Der Vater Jaguar verkündete, indem er auf denselben deutete:

„Dort ist die Blutegelquelle. Der Name hat zwar keinen guten Klang, doch darf man nicht nach demselben auf die Beschaffenheit des Ortes schließen. Es gibt reines Trinkwasser mehr als genug, auch grüne Bäume und Sträucher, und wie ihr seht, reiten wir schon über Gras, welches bei jedem weiteren Schritte dichter steht und saftiger wird.“

Er hatte recht. Der Gran Chaco war früher als eine sterile, unfruchtbare Gegend verrufen, und es gibt allerdings bedeutende Strecken, welche der Sandwüste Afrikas gleichen; aber wo Wasser vorhanden ist, entwickelt sich eine reiche, ja üppige Vegetation. Die Flüsse treten im November aus und setzen große Flächen unter Wasser, bei ihrem Rücktritt so viel Feuchtigkeit hinterlassend, daß sich der Pflanzenwuchs entwickeln und bis weit in die trockene Jahreszeit ' hinein erhalten kann. An den Ufern dieser Flüsse giebt es Wälder, welche den Urwäldern Brasiliens gleichen, und selbst in der Wüste findet man zahlreiche stehende Gewässer, welche so viele Pflanzen ernähren, daß dadurch auch die Tierwelt angezogen wird.

Ein solches Gewässer war auch die Fuente de las sanguijuelas. Es gab da mitten in der Sandwüste eine Lehmoase, deren Durchmesser mehrere tausend Schritte betrug. Inmitten dieser Oase lag ein kleiner Süßwassersee, welcher durch eine ziemlich reich fließende Quelle gespeist wurde. Da diese am Rande der Oase entsprang, hatte sie bis zum See eine Strecke zurückzulegen, auf der sie einen Graben bildete, welcher sehr wenig Gefälle hatte. Dieser Graben war halb angefüllt von verwesenden Pflanzenresten, welche einen moorartigen Boden bildeten, in dem zahllose Blutegel ihre Entwickelung gefunden hatten. Daher war diese Quelle die Blutegelquelle genannt worden. Übrigens hielten sich diese Tiere nur in dem Graben und nicht in der Quelle selbst auf, infolgedessen das Wasser derselben sich trinken ließ. Auch in dem See, welcher nicht sehr tief war, gab es keine Egel, desto mehr aber Fische, welche den in dieser Gegend schweifenden Roten oder Weißen ein willkommenes Mahl bieten konnten.

Um den See und an den beiden Ufern des Grabens hin zogen sich breite Ränder von Bäumen und Sträuchern, meist Channjars und Algaroten, in deren Laub eine muntere Vogelwelt ihr Wesen trieb. Und so weit der Einfluß der durchsickernden und verdunstenden Feuchtigkeit reichte, hatte sich auch außerhalb der Oase im Sande ein Graswuchs entwickelt, welcher zwar je weiter entfernt, um so spärlicher wurde, aber in

der Nähe der Bäume ein saftiges Grün bildete, welches den Pferden der Truppe mehr als reichlich Nahrung bot.
Hier hielten die Reiter an. Sie tranken sich zunächst selbst erst satt und führten dann auch ihre Pferde zu der Quelle, um ihnen die seit gestern früh entbehrte Labung zu bieten. „Don Parmesan“ hatte ebenso wie die andern dürsten müssen, aber noch entzückter als über das ersehnte Wasser war er über die Blutegel, welche er in dem Graben sah.
„Welch ein Fund!“ rief er aus, indem er sich an Doktor Morgenstern wendete. „Hier könnte man tausend fieberkranken Menschen in einer halben Stunde tausend Liter Blut abzapfen. Freuen Sie sich nicht auch über diese prächtigen, allerliebsten Geschöpfe?“
„Wenn es lauter Mammuths oder Mastodons wären, würde ich mich freuen,“ antwortete der Gefragte; „aber ein Blutegel, lateinisch Hirudo genannt, kann mich nicht in Wonne versetzen.“
„Weil Sie mehr vor als nach der Sündflut leben, Señor. Denken Sie sich irgend einen entzündeten Zustand. Welches Glück, wenn man da Blutegel bei der Hand hat. Jede Geschwulst wird dadurch gehoben, daß man einige Dutzend dieser nützlichen Geschöpfe an dieselbe legt. Ich setze den Fall, Ihre Zunge oder Ihr Zahnfleisch wäre geschwollen, so würde ich Ihnen mit Vergnügen zwanzig oder dreißig Blutegel in den Mund stecken.“
„Danke sehr, Señor – – –“
„Don, Don Parmesan, nicht Señor!“ unterbrach ihn der andre in strafendem Tone.
„Schön! Verzeihen Sie, Don Parmesan! Ich danke für das Vergnügen, einen Egel in den Mund zu nehmen! Und nun gar zwanzig! Nein, niemals!“
„Nicht? Nun, so wünsche ich von ganzem Herzen, Ihre Zunge läge Ihnen so dick wie ein Ochsenfrosch im Munde! Dann würden Sie mit Vergnügen die Egel nehmen.“
„Ich muß bemerken, daß dies kein sehr humaner Wunsch ist, Don Parmesan. Einem Freunde wünscht man keinen Ochsenfrosch in den Mund. Übrigens ist es noch gar nicht erwiesen, ob dies auch die wirklichen medizinischen Blutegel sind.“
„Sie sind es. Ich werde es Ihnen gleich beweisen.“
Er brach einen Zweig ab und schlug mit demselben auf das Wasser, um einige der gleich herbeischwimmenden Blutegel mit seinem Hute herauszufischen. Als er einen derselben in die Hand nahm, formte sich derselbe sofort in Kugelgestalt.
„Sehen Sie, daß er echt ist!“ rief er aus. „Sobald sich der Egel zu einer Kugel zusammenballt, ist er brauchbar. Ich werde Ihnen das noch weiter beweisen. Bitte, stecken Sie einmal die Zunge heraus! Ich will Ihnen diese Egel an dieselbe setzen, und Sie werden sehen, daß sie sofort anbeißen.“
„Warum gerade die Zunge, Don Parmesan?“
„Weil sie der blutreichste Teil Ihres Körpers ist, den Sie augenblicklich zur Verfügung haben.“

„So ersuche ich Sie ergebenst, dieses Experiment an Ihrer eigenen Zunge, lateinisch Lingua genannt, vorzunehmen. Sie befinden sich doch ebenso wie ich in dem Besitze eines solchen Gliedes."

Er wich vor dem Chirurgen zurück. Dieser bemerkte kopfschüttelnd dazu:

„Ich kann nicht begreifen, wie ein Naturforscher, ein Zoolog, eine solche Scheu vor diesen reinlichen Tierchen haben kann. Ich werde diese schöne Gelegenheit benutzen, mir einen Vorrat derselben zu fangen und aufzubewahren. Ich habe glücklicherweise gesehen, daß einer von unsern Leuten einige leere Weinflaschen bei sich hat. Er wollte sie hier mit Wasser füllen; aber ich hoffe, daß er sie mir um des guten Zweckes willen ablassen wird."

Er sprach mit dem betreffenden Manne, welcher ihm seine Bitte gewährte. Dann zog er seine Stiefel aus, setzte sich an den Rand des Grabens und stellte die nackten Füße in das Wasser. Sie bedeckten sich sehr schnell mit Blutegeln, welche er ablas und in die Flaschen that.

Während er sich auf diese Weise beschäftigte, schritt der Vater Jaguar die ganze Oase ab, um das Terrain derselben sehr sorgfältig zu untersuchen. Andere halfen ihm dabei. Da, wo der Strauch- in den Graswuchs überging, fiel ihm eine Stelle auf, welche nur spärlich mit Grün überwachsen war. Als er mit dem Fuße auf dieselbe stampfte, klang sie hohl.

„Ich wette, hier ist das Versteck, welches ich suche!" sagte er.

„Ik bin derselbigen Meinung," antwortete Fritze, welcher daneben stand, in deutscher Sprache.

„Warum?"

„Weil diese Stelle jrad so aussieht wie diejenige, an welcher wir oft und manchmal die Gigantochelonia ausjraben wollten. Dat Jras war dort auch so dünn."

„So graben wir nach. Holen Sie die Werkzeuge, Kiesewetter!"

Fritze brachte dieselben herbei und wollte sich sogleich bereitwillig an die Arbeit machen; aber Hammer wehrte ab, indem er sagte:

„Halt! Nicht in dieser Weise! Wir wollen uns erstens nicht zu viel Arbeit machen und müssen zweitens dieselbe so vornehmen, daß diejenigen, welche hinter uns kommen, nicht mit Sicherheit sagen können, daß wir das Nest ausgeleert haben. So, wie Sie es an der Fischquelle gemacht haben, dürfen wir es also nicht machen. Sie haben dort doch wohl die ganze Decke rund umgraben?"

„Allerdings."

„Und dabei die Erde tief aufgewühlt?"

„Natürlich! Wir haben jedacht, wir hätten ein Riesentier herauszupuddeln. Da mußte dat Loch so jroß wie möglich sind."

„Dies werden wir nicht thun. Nicht wahr, es gab in dem Lehmboden eine sandige Stelle?"

„Ja. Dat war der verschüttete Eingang zu dat Jeheimnis."

„So brauchen wir doch nur den Eingang zu öffnen, um hinabzukommen. Und dies werden wir so vorsichtig thun, daß später niemand bemerken wird, daß man das Versteck geöffnet hat.“
„Aber dann, wenn sie die Jeschichte herausnehmen wollen, werden ihnen die Augen aufjehen!“
„Um so geheimnisvoller wird ihnen die Sache vorkommen, da äußerlich kein Anzeichen vorhanden gewesen ist, daß man das Nest geöffnet hat. Gehen wir ans Werk!“
Vater Jaguar bückte sich, um den Boden zu untersuchen, und fand bald die sandige Stelle, welche noch weniger Gras trug als die Umgebung derselben. Sie wurde sehr sorgfältig, zunächst mit dem Spaten umstochen und ausgehoben. Dann grub man in die Tiefe. Der Vater Jaguar ließ eine Anzahl Ponchos ausbreiten, auf welche das Erdreich geworfen wurde, damit nichts davon im Grase liegen bleibe und dann zum Verräter werden könne.
Als man einige Fuß tief gekommen war, brach der Boden des Loches ein, und der Sand fiel, ganz wie dort an der Fischquelle, nach innen. Das Loch wurde so erweitert, daß Hammer hinabsteigen konnte. Als er unten anlangte, befand er sich in einer kleinen Höhle, welche ganz genau derselben glich, bei deren Öffnen Don Parmesan, Doktor Morgenstern und Fritze so unangenehm überrascht worden waren. Jetzt galt es, den Boden derselben aufzuheben. Als dies geschehen war, erfuhr man, was dieses Versteck enthielt. Da gab es kleine Pulverfässer, welche, um die Erdfeuchtigkeit abzuhalten, in Leder eingenäht waren, Gewehre, Messer und eine Anzahl andrer eiserner Waffen und Werkzeuge.
Diese Gegenstände wurden an das Tageslicht gebracht. Man zählte hundert Gewehre und doppelt so viele Messer. Auch Speer- und Pfeilspitzen waren vorhanden.
„Das alles ist für die Abipones bestimmt, wird aber den Cambas, unsern Freunden, zu gute kommen,“ meinte der Vaterjaguar erfreut. „Schütten wir das Loch wieder zu!“
Die Erde wurde von den Ponchos so in die Öffnung geschüttet, daß kein Krümchen daneben fiel, und festgestampft. Dann legte man den ausgestochenen Rasen darauf und begoß ihn mit Wasser, damit die beschädigten Halme nicht absterben möchten. Als dies geschehen war, konnte man überzeugt sein, daß kein später auf diese Stelle fallendes Auge erraten könne, daß hier schon nachgegraben wurde. Während diese Arbeit beendet worden war, hatten einige andre im See gefischt und reiche Beute gemacht. Der Vater Jaguar hatte seine Expedition mit allem versehen, was zu einem solchen Ritte und zu einem Aufenthalte in der Wildnis nötig war; es waren also auch Angeln und Netze vorhanden, welche sich jetzt vollständig bewährten. Die Pampas sind bei weitem nicht so wildreich wie die Prairien Nordamerikas, aber überall liegen Lagunen und kleine Seen zerstreut, welche, falls sie nicht Salzseen sind, meistens Fische enthalten. Darum wird sich der Kenner stets mit allem versehen, was zum Fange der Fische nötig ist.
Zur Zubereitung derselben wurden Feuer angebrannt, aber nicht auf der Oase, sondern draußen vor derselben auf dem nackten Sande. Dort konnten die Spuren derselben leicht

verwischt werden, während sie im Grase verkohlte Stellen zurückgelassen hätten. Dann begann ein Backen und Braten, daß der appetitliche Duft die ganze Oase erfüllte. Man mußte für Vorrat sorgen, denn man durfte nicht hoffen, morgen auf ein jagdbares Tier zu treffen, und an der Krokodilsquelle, bis zu welcher man wieder anderthalb Tage zu reiten hatte, war auch kein Fang zu erwarten.

Die Pferde thaten sich während des ganzen Nachmittags am Grase gütlich, und ihre Herren aßen sich mehr als satt. Dennoch zeigte es sich, da der Fischzug so reich ausgefallen war, daß man einen Vorrat von wohl fünf Mahlzeiten besaß. Die Zubereitung der Fische war eine höchst einfache. Sie wurden einzeln mit trockenem Schilfe umwickelt und dieses angezündet; war dieses verbrannt, so war der Fisch so schön durchbraten, daß das Fleisch sich leicht von den Gräten löste. Man möchte dabei an den berühmten deutschen Studentenhering denken, dessen Rezept ebenso einfach lautet: Man wickele einen Hering, wie er aus dem Fasse kommt, in Papier und stecke ihn in das Ofenfeuer. Sobald das Papier verbrannt ist, schnell heraus damit; probatum est – – est, est, est! Natürlich aber muß man ihn hernach ausnehmen.

So wurde es Abend, und man saß noch einige Zeit an den Feuern beisammen, um sich zu unterhalten. Die Deutschen hatten sich zusammen gefunden, um sich ihrer Muttersprache bedienen zu können, was ihnen die Argentinier gar nicht übel nahmen. Unter diesen letzteren zeichnete sich ein junger, lebhafter Mensch durch seine Sprachfertigkeit und die Witze aus, welche er unaufhörlich zum Besten gab. So oft er den Mund öffnete, brachte er etwas vor, worüber die andern lachen mußten. Er war der Witzbold der Gesellschaft und wurde darum nicht bei seinem eigentlichen Namen gerufen, sondern El Picaro, der Schalk, genannt.

Später legte man sich zur Ruhe. Obgleich man nicht zu befürchten brauchte, überrascht zu werden, wurden einige Wachen ausgestellt. Hammer unterließ niemals, dies zu thun. Die Pferde brauchten nicht beaufsichtigt oder gar angebunden zu werden, da man sicher sein konnte, daß sie nicht über die Oase hinaus und auf den dürren Sand gehen würden, welcher ihnen kein Futter bot. –

Am Morgen waren sie ausgeruht und von der guten Weide so gekräftigt, daß man für den Weiterritt das Beste von ihnen erwarten konnte. Es wurde zunächst ein kurzes Mahl gehalten. Den Fleischvorrat wickelte man sorgfältig in Decken. Die Beute, welche dem Verstecke entnommen worden war, ließ Hammer so verteilen, daß kein Pferd zu viel zu tragen hatte. Nachdem darauf alle Spuren auf das Sorgfältigste vertilgt worden waren, brach man auf.

Der heutige Ritt ging in derselben Richtung wie der vorherige nach Nordwesten. Es gab wieder Sandwüste, und zwar den ganzen Tag. Einige Male kam man an kleinen Lagunen vorüber, welche Salzwasser enthielten. An den Ufern standen einige kümmerliche Salzpflanzen. Man hielt sich also bei ihnen gar nicht auf. Zur Mittagszeit wurde eine Stunde gerastet und am Abende mitten in der Wüste Lager gemacht, natürlich ohne

Feuer, da kein Material zu einem solchen vorhanden war. Gegen Morgen, als es noch dunkel war, brach man schon wieder auf.
Interessant war es, den Chirurgen zu beobachten, welche Aufmerksamkeit er seinen Blutegeln widmete. Daß er sie überhaupt mitgenommen hatte, dafür gab es keinen bestimmten Grund. Es waren eben offizinelle Tiere, und da er sich für einen berühmten Arzt hielt, wollte er seinen Gefährten mit ihnen imponieren. Er durfte die Flaschen, in denen sie sich befanden, nicht luftdicht verschließen, da sie sonst erstickt wären. Darum hatte er die Ecken seines Kopftuches abgerissen und diese Fetzen um die Flaschenhälse gebunden. Er war ferner der Ansicht, daß seine Schützlinge vor jeder größeren Erschütterung zu bewahren seien, und hatte infolgedessen die Flaschen in seinen Gürtel gesteckt, aus welchem sie wegen ihrer glatten Oberfläche immer unten herausrutschen wollten. Darum war er unausgesetzt damit beschäftigt, sie immer und immer wieder in die Höhe zu schieben; er hatte die Hände nie zu etwas andrem frei, und da sein Pferd nicht das beste war und er es an der Zügelführung mangeln lassen mußte, wurde er tüchtig zusammengerüttelt und war, als man die Krokodilquelle erreichte, so ermüdet, daß er sogleich aus dem Sattel sprang, die Flaschen in das Gras stellte und sich daneben niederlegte.
Diese Quelle trug ihren Namen mit vollem Rechte. Mitten in der Sandwüste lag eine große Lagune, deren Wasser außerordentlich trüb und schlammig war. Sie wurde von einem breiten Schilfrande umsäumt, welcher seinerseits wieder von Tamarinden, Breas und baumartigen Kakteen umgeben war. Dieser Gürtel wurde an verschiedenen Stellen durch grasige Lichtungen unterbrochen, welche den Pferden willkommenes Futter boten. Auf einer dieser Lichtungen drang die Quelle aus dem Boden, um ihr Wasser in nicht allzugroßer Entfernung in die Lagune zu senden, wo es sofort seine Helligkeit verlor und trüber wurde.
Dieser letztere Umstand hatte seinen Grund darin, daß das Wasser der Lagune nie still stand, sondern unausgesetzt bewegt wurde, und zwar von Krokodilen, welche Jagd auf ihres- oder andersgleichen hielten und dabei den Schlamm fortwährend aufwühlten. Es war geradezu erstaunlich, zu sehen, in welcher Menge diese häßlichen Tiere hier vorhanden waren. Als Doktor Morgenstern sie erblickte, rief er erschrocken aus:
„Ist so etwas möglich! Das ist ja entsetzlich! Da sieht man ja dreißig, vierzig, sechzig auf einmal, welche übereinander wegstürzen! Was sagst du dazu, Fritze?“
„Wat ik sage? Jar nichts. Da bleibt mich jradezu der Mund offenstehen, und ik werde ihm wohl erst dann wieder zumachen, wenn mich eins hineinjefahren ist. Die sollte man im Rummelsburger See haben! Wat für ein Stralauer Fischzug müßte dat werden! Ik möchte nur wissen, wovon sie ihren Appetit befriedigen.“
„Wenn Sie aufpassen, werden Sie es baldigst sehen,“ bemerkte der Vater Jaguar. „Wir haben uns dem Rio Salado wieder genähert und befinden uns in einer Gegend, welche von seiner jährlichen Überschwemmung erreicht wird. Das ist die beste Zeit für diese Bestien, welche dann vollauf Fraß finden. Ist die Überschwemmung vorüber, so tritt

Fastenzeit für sie ein. Zunächst fressen sie Fische und andres Getier, welches aus dem Flusse in die Lagune gelangt ist. Hat das aufgehört, so treibt sie der Hunger, sich untereinander zu bekriegen. Die großen fressen die kleinen.“

„Und wenn keine kleinen mehr vorhanden sind, wat thun dann die jroßen?“

„Dann wissen sie sich nicht anders zu helfen, als daß

Da,“ unterbrach er sich, „werden Sie es gleich sehen. Passen Sie auf!“

Gar nicht weit von ihnen waren in der Nähe des Ufers zwei mächtige Krokodile in Kampf geraten. Sie warfen sich gegen- und aufeinander, daß Schlamm und Wasser hoch aufspritzten. Nach kurzem Ringen hatten sie sich gegenseitig an den scharf bewehrten Kinnladen gepackt und so ineinander verbissen, daß sie nicht auseinander zu können schienen. Da schoß ein drittes heran und riß dem einen ein Bein aus dem Leibe, worauf es mit seinem Raube im Wasser verschwand. Das verletzte Untier ließ einen ganz eigenartigen, nicht zu beschreibenden Schmerzenston hören, welcher eigentlich kein Schrei genannt werden konnte, worauf sogleich mehrere andre herbeigeschossen kamen, aber nicht etwa, um' ihm zu helfen, sondern um sich seiner zu bemächtigen. Es wurde förmlich in Stücke zerrissen, wobei ihm seine Rückenschilder nicht den mindesten Schutz gewährten.

„Da sehen Sie, wovon sie leben,“ sagte Hammer. „Hat eins von ihnen, und wenn es das größte und stärkste wäre, einmal eine Verwundung erhalten, so ist es verloren; es wird von den andern aufgefressen. Und dabei sind diese Tiere von einer Feigheit, welche ihresgleichen sucht. Ich will es Ihnen beweisen.“

Er nahm sein Gewehr vom Rücken und drückte ab. Als der Schuß ertönte, verschwanden sämtliche Krokodile wie mit einem Schlage; die Wasser kräuselten noch einige Augenblicke und standen dann so ruhig, als ob in ihnen niemals irgend ein Leben geherrscht habe. Von den Ufern aber erhoben sich schreiend einige Stelzvögel, welche trotz der Krokodile im Schlamm nach Beute gesucht hatten, und aus den Zweigen der Bäume flog kreischend eine Schar von Papageien auf.

Fritze riß sein Gewehr an die Wange und wollte auf die letzteren schießen, Hammer aber schob es ihm weg und fragte:

„Was wollen Sie? Etwa Ihr Pulver unnütz verschwenden?“

„Unnütz? Fällt mir jar nicht ein! Ik wollte mich bloß zu unserm Fisch einen Jeflügelbraten schießen.“

„Lassen Sie das! Wenn Sie keine Krokodilzähne haben, rate ich Ihnen nicht dazu. Der Papagei wird ungeheuer alt, und selbst in jungen Jahren ist sein Fleisch so zähe, daß es nicht genossen werden kann.“

„Etwa wie der schöne Vogel Strauß, von dem wir uns auch so 'nen Braten leisten wollten, wie ik Sie erzählt habe?“

„Ja. Wir müssen uns mit unsern Fischen begnügen. Später, wenn wir wieder in Wälder und zu den mir befreundeten Cambas kommen, werden wir besser leben.“

Die Pferde wurden abgesattelt, getränkt und auf die Weide gelassen. Die Reiter nahmen ihr Mittagsmahl ein und dann wiederholte sich genau das, was sich an der Blutegelquelle zugetragen hatte: Das Waffenversteck wurde gesucht, gefunden, ausgeleert und wieder zugemacht. Während dieser Arbeit war es Abend geworden, und man brannte einige Feuer an. El Picaro, der Schalk, machte wieder seine Witze, und die Deutschen saßen erzählend bei einander.

Der alte Anciano hatte sich diesen letzteren mit dem jungen Inka zugesellt, obgleich beide kein Wort deutsch verstanden. Der Alte hielt es der Abstammung seines Pfleglings wegen für angemessen, bei den vornehmeren Señores zu sitzen. Der Chirurg schien von ganz demselben Stolze beseelt zu sein, denn er gesellte sich auch zu ihnen, obgleich er nur dann, wenn sie spanisch redeten, ein Wort zur Unterhaltung beitragen konnte.

Später wurden die Wachen ausgestellt, und man legte sich zur Ruhe. Die ersteren hatten, da es kühl geworden war, die Aufgabe, die Feuer von Zeit zu Zeit zu schüren.

Ehe Don Parmesan sich zur Ruhe in seinen Poncho hüllte, sah er noch einmal nach seinen Blutegeln, denen er seit Mittag zweimal frisches Wasser gegeben hatte. Er stellte die Flaschen sorgsam zwischen sich und Fritze, welcher neben ihm lag, und wendete sich dann auf die Seite, um einzuschlafen.

Die Nacht verging ohne Störung, ohne daß etwas Ungewöhnliches geschah, außer man wollte das, was einer der Wachtposten gegen Morgen that, ungewöhnlich nennen. Dieser Posten war El Picaro, der Schalk. Eben hatte er wieder einmal die Feuer geschürt, da ging er nicht, wie vorher, wieder fort, sondern er schlich sich auf den Fußspitzen nach der Stelle hin, an welcher der Chirurg so tief schlief, daß man seinen Atemzügen den Ausdruck „schnarchen“ hätte geben mögen. Er betrachtete jede einzelne Person genau, lauschte eine Weile und griff, als niemand sich regte, nach den Blutegelflaschen; es waren ihrer drei. Er öffnete sie, indem er den Baumwollenverschluß losband, und versuchte sodann, die Decke, in welche Don Parmesan sich gewickelt hatte, unten auseinanderzuschlagen. Es gelang. Der Chirurg trug, wie schon früher erwähnt, lange Stiefel, deren Schäfte er heute nicht ganz emporgezogen hatte; sie reichten ihm nur bis an die Kniee und bildeten dort trichterähnliche Öffnungen, in welche El Picaro den Inhalt zweier Flaschen schüttete; dann schlug er die Decke wieder zusammen. Mit der dritten Flasche kroch er zu Fritze Kiesewetter hin. Auch dieser hatte sich in seinen Poncho gewickelt, den El Picaro an einer Stelle auseinanderzog, um dort die Flasche zu entleeren.

Hierauf band er die drei Flaschen wieder zu, genau so, wie sie vorher verschlossen gewesen waren, und stellte sie an ihren Platz zurück. Dann kroch er leise davon, schlangengleich, wie ein Indianer. Erst als er aus dem Kreise, welchen der Schein der Feuer bildete, gekommen war, erhob er sich und ging nun weiter bis dorthin, wo er den andern Wachtposten wußte.

„Nun, ist's gelungen?“ fragte dieser.

„Ja, vollständig,“ kicherte der lustige Bursche.

„Prächtig!“ lachte auch der andere. „Was wird er sagen, wenn er merkt, daß er die Sanguijuelas auf dem Leibe anstatt in den Flaschen hat!“
„Es giebt einen Hauptspaß, zumal ich die Flaschen wieder zugebunden habe. Dann kann er es sich nicht erklären, wie sie herausgekommen sind.“
„Hat er sie alle?“
„Alle nicht, obgleich ich die Flaschen leer gemacht habe. Es war keine leichte Arbeit, diese klebrigen Dinger, nachdem ich das Wasser abgegossen hatte, herauszuschütten. Ein andrer hat auch welche.“
„Ein andrer? Wer?“
„Federico mit dem unaussprechlichen deutschen Namen, der Diener des Gelehrten.“
„Dieser? Das hättest du nicht thun sollen. Er ist ein guter, ein braver Bursche.“
„Nicht nur ein guter und braver, sondern auch ein lustiger Bursche. Ich beabsichtigte es eigentlich nicht; aber als ich ihn so schön nebenan liegen sah, da zuckte es mir so lange in den Fingern, bis er auch sein Teil erhielt. Wenn er später erfährt, wer es gewesen ist, wird er es mir nicht übel nehmen.“
„Wie lange währt es, bis die Würmer angekrochen sind?“
„Wer kann das sagen! Ich bin kein Arzt und habe noch keinen Blutegel beobachtet. Vielleicht eine Stunde. Dann ist es Tag, und es wird so hell, daß wir die Bescherung sehen können.“
„Aber wir sollen doch noch vor Tage wecken!“
„Das thun wir eben nicht. Ich will mich lieber vom Jaguar ein wenig schelten lassen als auf so ein Vergnügen verzichten.“
Die beiden flüsterten und lachten noch eine Weile über diesen Gegenstand und gingen dann auseinander. Sie hatten die letzte Wache übernommen und waren also diejenigen, welche zu wecken hatten. Die Zeit verging, und der Tag begann zu grauen. Sie weckten noch nicht, sondern begaben sich in die Nähe der Schläfer, um, hinter zwei Bäumen versteckt, die beider Opfer ihres Scherzes zu beobachten. Es wurde so hell) daß sie dieselben genau sehen konnten.
Es handelte sich ihrer Ansicht nach nur um einen Spaß, und keiner von ihnen war, was man mit dem Worte schadenfroh bezeichnet. Dennoch mußten sie über das, was sie sahen, lachen, natürlich nicht laut, sondern in sich hinein. Die Blutegel hatten den Weg durch die Kleider gefunden und sich festgesaugt. Die von ihnen Überfallenen fühlten zwar den Angriff, der gegen verschiedene ihrer Körperteile gerichtet war, waren aber vom Schlafe noch so fest umfangen, daß sie nicht erwachten. Sie drehten sich von rechts nach links, von links nach rechts; sie griffen mit den Händen nach ihren 'Armen und Beinen; sie kratzten sich an allen Ecken und Enden und murmelten dabei leise Worte, welche man nicht verstehen konnte. Ihre Unruhe wuchs von Minute zu Minute, so daß El Picaro nun zu seinem Kameraden sagte:
„Wir dürfen nicht länger warten und müssen wecken, sonst erwachen sie von selbst.“

Sie riefen die Schläfer wach, und diese sprangen auf. Als der Vater Jaguar sah, daß es schon heller Tag war, wollte er ihnen Vorwürfe machen, wurde aber von einem lauten Ausrufe des kleinen Gelehrten unterbrochen, welcher, seinen Diener erstaunt anblickend, diesen fragte:
„Fritze, was hast du da im Gesicht? Ich denke, wir befinden uns an der Quelle der Krokodile und nicht an derjenigen der Blutegel!"
„Freilich ist dat richtig," antwortete der Gefragte. „Sie werden doch wissen, wo wir heut alljejenwärtig sind! Wir haben dat Vergnüjen, uns bei die Krokodils zu befinden."
„Aber es ist doch kein Krokodil, sondern ein Blutegel, welcher dir da an der Wange, lateinisch Gena, hängt. Und über der Nase hast du dir einen zweiten zerdrückt!"
„Fällt mich nicht im Traume ein! lk quetsche mich weder einen Blutejel, noch ein Krokodil auf die Nase fest."
„Und doch hast du es gethan. Greif nur an die rechte Wange! Da hängt einer, und was für einer! Er hat sich vollständig dick gesaugt."
Fritze wollte dieser Aufforderung folgen und erhob die Hand. Da fiel sein Blick auf dieselbe; er ließ sie wieder sinken, starrte sie erstaunt an und rief sodann aus:
„Wat ist denn dat? Da hängt ein fremdes Jeschöpf, welches jar nicht zu mich jehört, an meine Hand! Ist dat ein Polyp oder eine jebackene Rettichsbirne?"
Er betrachtete den Egel, welcher allerdings in Birnenform von seiner Handoberfläche herniederhing. Er schüttelte die Hand, aber das Tier hing fest.
„Ein Blutegel ist's," erklärte Morgenstern. „Und der im Gesicht ist noch viel größer und dicker."
Fritze fuhr sich in das Gesicht, fühlte das Tier, faßte es fest, riß es los und warf es von sich. Natürlich begann die Stelle sofort zu bluten.
„Blutejel sind's, wahrhaftig, Blutejel! Fui Spinne!" schrie er auf. „Die habe ik an der letzten Quelle aufjelesen."
Die Argentinier lachten alle, obgleich sie seine Worte nicht verstanden. Er hatte am Halse noch einen Egel und einen andern hinter dem Ohre sitzen. Seitwärts hinter ihm stand Don Parmesan. Diesem hingen zwei Egel am Kinn. Er fühlte sie nicht. Er sah, um was es sich handelte, trat rasch vor und sagte zu Fritze, natürlich in spanischer Sprache:
„Sie haben Sanguijuelas im Gesicht, am Halse und am Ohre, Señor. Ich werde sie Ihnen abnehmen. Ich verstehe das. Halten Sie still; ich thue Ihnen nicht weh. Sie wissen, daß für mich nichts zu schwer ist. Ich nehme alles herunter."
Er griff nach dem Egel am Halse des anderen; dieser aber gab ihm lachend zurück:
„Operieren Sie erst sich selbst, Don Parmesan! Sie haben ja auch zwei Stück am Kinn hängen."
„Ich?" fragte der Chirurg erstaunt. Er griff nach der bezeichneten Stelle und fühlte die Anhängsel. Da fuhr er erfreut fort: „Das ist gut! Die sind mir angelaufen, als ich mit den Füßen im Wasser saß. Ich habe sie hierher getragen, ohne es zu wissen. Ich werde sie

abnehmen, ohne ihnen wehe zu thun und sie dann zu den andern in die Flasche stecken. Warten Sie, Señor! Dann befreie ich Sie auch von den Ihrigen."

Er machte einen leisen Versuch, seine Blutsauger zu entfernen, und da sie voll und satt waren, gelang es ihm sehr leicht. Dann bückte er sich nach seinen Flaschen nieder, hob die eine empor, machte ein verblüfftes Gesicht, nahm die andre und auch die dritte auf und rief dann bestürzt aus:

„Leer! Alle drei sind leer! Wo sind meine Sanguijuelas hin?"

Ein allgemeines lautes Gelächter antwortete ihm. El Picaro hatte seinen Gefährten ein heimliches Zeichen gegeben; sie verstanden ihn und wußten sogleich, woran sie waren. Darum antwortete Geronimo dem erstaunten Chirurgen:

„Wohin sie sind? Das müssen Sie doch fühlen, Don Parmesan. Ich glaube, Sie tragen sie alle an Ihrem Leibe. Und unser lieber Señor Federico mag auch einmal nachsehen, ob diejenigen, welche wir bis jetzt an ihm sehen, die einzigen sind, die sich für ihn interessieren."

Er trat zu dem Genannten, nahm ihm den Gürtel ab, zog die Brustschlitze des Hemdes auseinander und fuhr dann lachend fort:

„Dachte es mir! Eine ganze Kolonie von Blutegeln, einer immer neben dem andern! Señor, die lieben Tiere müssen eine ungemeine Zuneigung für Sie haben!"

„Danke für die Zuneigung!" antwortete Fritze zornig, indem er nach seiner Brust griff, um die Egel abzureißen. Da aber fiel Don Parmesan ihm in die Arme, hielt dieselben fest und schrie entsetzt:

„Halt, halt, Señor! Meine Flaschen sind leer; das sind also meine Sanguijuelas, an denen Sie sich nicht vergreifen dürfen! Sie sind mir entschlüpft, und ich muß sie mir wieder einfangen, einzeln und behutsam, damit ich keinen verletze."

„Ach, was geht es mich an, wem diese Raubtiere gehören!" antwortete Kiesewetter erbost. „Ich lasse mich nicht von ihnen anfallen und auffressen. Herunter mit ihnen!"

Er wollte diesen Vorsatz ausführen, doch der Chirurg hielt ihm die Arme noch immer fest und bat in flehendem Tone:

„Nein, nein, Señor! Ich ersuche Sie inständigst, mir den Gefallen zu thun. Ich lese sie Ihnen ab, und wenn alle an Ihnen hängen sollten!"

„Alle? Das fehlte noch! Ich habe genug an diesen da, und wenn –"

Er hielt inne und machte ein Gesicht, als ob er auf etwas lausche; dann schlug er sich mit den Händen kräftig gegen die Oberarme, die Schenkel und andre Körperteile und wetterte, im höchsten Grade ergrimmt:

„Ja, ich habe sie alle, alle! ich fühle es jetzt ganz deutlich!"

„Ich auch, ich auch!" rief Don Parmesan, von dem sich Fritze losgerissen hatte. Er fuhr sich mit der Hand unter das Gewand, um sich von der Anwesenheit der Blutegel, die er nun auch fühlte, zu überzeugen.

„Ich habe sie am ganzen Leibe sitzen!" fuhr Fritze fort.

„Ich auch, ich auch!"

„An den Armen, an den Beinen!"
„Ich ebenso!"
„Auf dem Rücken, auf dem Leibe!"
„Ich auch, ich auch!"
„Diese Bestien, diese Vampyrs! Ich zerschlage sie, ich zerquetsche sie alle, alle!"
Wieder schlug er sich wie wütend gegen alle seine Körperteile, um die an denselben sitzenden Blutegel auf diese Weise los zu werden.
Da fiel ihm Don Parmesan abermals in die Arme und schrie:
„Halten Sie ein! halten Sie ein! Sie ermorden die Egel ja; Sie zerquetschen sie; Sie schlagen sie tot. Halten Sie still! Ich nehme sie Ihnen so säuberlich ab, daß Sie Ihre Freude daran haben werden!"
„Still halten? Fällt mir gar nicht ein," antwortete Fritze, sich gegen den Chirurgen wehrend. „Sterben müssen sie, elendiglich umkommen!"
„Nein, nein, und abermals nein! Haben Sie Erbarmen! Ich nehme sie alle ab. Sie wissen ja, ich säbele alles herunter! Und wenn einer oder einige nicht wollen, so lassen wir sie hängen, bis sie satt sind; dann fallen sie freiwillig und ganz von selber ab."
„Bis sie satt sind? So lange soll ich warten? Soll ich mich verbluten, Sie Ungeheuer? Soll ich Ihrer Würmer wegen mein Leben auf das Spiel setzen? Fort mit Ihnen! Packen Sie sich! Lassen Sie los, sonst!"
„Señor, Euer Gnaden, vergessen Sie nicht, daß jede Wissenschaft ihre Opfer fordert. Haben Sie die Güte und –"
„Fort, sage ich! Opfer fordert! Sie sind toll, wahnsinnig! Ihrer Egelwissenschaft zulieb opfere ich mich noch lange nicht!"
Es gelang ihm endlich, sich loszureißen. Don Parmesan faßte ihn aber wieder. Sie zerrten hin und her; sie stolperten über die Flaschen und fielen zu Boden. Der eine wollte sich von dem andern befreien, und dieser wollte nicht loslassen; so kam es, daß sie sich überkugelten, sich hin- und herwälzten, sich einmal halb aufrichteten und doch wieder niederzerrten. Dabei schimpfte Fritze in allen Tonarten auf den Chirurgen, und dieser bat ebenso in allen Tonarten um Mitleid für die Wissenschaft und die Blutegel. Der Kampf war kein gefährlicher; er war geradezu komisch zu nennen. Die Argentinier lachten, was sie nur lachen konnten; Doktor Morgenstern hatte wohl Lust, seinem Diener beizustehen, da er aber bemerkte, daß es sich nur um ein lächerliches Zerren und Ringen handelte, sah er davon ab. Der alte Anciano und der Inka standen zwar mit ernsten Gesichtern dabei, doch sah man es ihren lachenden Augen an, daß sie nur mit Anstrengung ihre indianische Würde zu bewahren vermochten. Und was endlich den Vater Jaguar betraf, so warf er zwar diesem schlimmen El Picaro einen strafenden Blick zu, auch wußte er, daß ein einziges Wort von ihm genüge, dem Ringen ein Ende zu machen, aber er sprach dieses Wort doch nicht aus, weil es gar zu komisch war, daß der „Don", um seine Blutegel zu retten, einen Kampf herbeigeführt hatte, durch welchen dieselben gerade vernichtet werden mußten. Sie wurden ja alle zerquetscht und

zerdrückt. Endlich aber, als die beiden gerade im Begriff standen, in das Wasser der Quelle zu kollern, griff Hammer doch zu, zog sie mit starken Armen von der Erde empor, riß sie auseinander und sagte in gebietendem Tone:
„Jetzt mag es zu Ende sein, Señores, Sie thun sich sonst wirklich noch Schaden und laufen Gefahr, aus dem Scherze Ernst zu machen."
„Scherz?" fragte Fritze. „Den habe ich ja gar nicht machen wollen! Es ist mein völliger Ernst gewesen, gleich von Anfang an!"
„Beherrschen Sie sich! Die Sache ist doch eher spaß- als ernsthaft zu nennen."
„Spaßhaft? Soll ich es einen Spaß nennen, daß dieser Señor, der „Alles heruntersäbelt", fünfhundert Blutegel mit sich schleppt, um sie mir bei nachtschlafender Zeit auf den Leib zu setzen?"
„Fünfhundert?" rief Don Parmesan. „Neunzig sind es gewesen, nicht mehr als neunzig. Es waren grade nur dreißig in jeder Flasche!"
„Ist das etwa nicht genug? Neunzig, sage neunzig Blutegel sitzen mir auf der Haut. Sie nagen an meinem Leben; sie entleeren meine Adern; sie trinken den kostbaren Saft meines deutschen Blutes! Rechne ich auf jeden ein halbes Pfund, so habe ich in dieser Nacht fünfundvierzig Pfund Blut verloren!"
„Der Mensch hat ja nicht mehr als zehn Pfund Blut, lateinisch Sanguis genannt," fiel Morgenstern belehrend ein.
„Ja, zehn Pfund lateinisches Sanguis!" fuhr Fritze zornig auf. „Ich aber stamme vom Rummelsburger See, und dort hat das Blut ein ganz andres Gewicht. Wer gibt mir das Quantum, welches ich verloren habe, wieder?"
„Ich, ich!" antwortete der Chirurg sofort und in höchst zuversichtlichem Tone. „Ich gebe Ihnen alles zurück, ja nicht nur alles, sondern noch weit mehr, als Sie verloren haben."
„So? Wie wollen Sie das machen?"
„Nichts ist leichter als das. Es ist mehr Blut, als wir dazu brauchen, vorhanden. Wir schießen einige Krokodile tot, und da können Sie so viel trinken, wie Sie wollen."
Der Mann hatte dies im vollsten Ernste gesprochen, dennoch brachen alle in lautes Gelächter aus, nur Fritze nicht. Dieser schrie ihn vielmehr zornig an:
„Was war das, was Sie mir zumuten? Krokodilsblut soll ich trinken? Soll ich Euer Gnaden mit diesen meinen Fäusten beweisen, daß dies kein Trank für eine deutsche Kehle ist?"
Er wollte den andern wieder packen; der Vater Jaguar aber hielt ihn zurück, indem er freundlich mahnte:
„Bitte, nicht neue Thätlichkeiten. Kommen Sie beide mit mir dort hinter das Gesträuch! Dort wollen wir einmal nachsehen, welchen Schaden die Tiere angerichtet haben."
„Gut, sehen wir nach!" willigte Fritze ein. „Sie werden da erkennen, daß ich nicht nur angezapft, sondern geradezu verzapft worden bin, wie ein Bierfaß, welches nicht mehr läuft."

„Ja, sehen wir nach!“ stimmte auch der Chirurg bei. „Aber sehen wir nicht nach, welchen Schaden meine Blutegel bei ihm verursacht haben, sondern welchen er unter ihnen angerichtet hat!“

Die drei entfernten sich und verschwanden hinter den Büschen. Bald waren laute Ausrufe zu hören; dann kam Fritze plötzlich mit entblößtem Oberleibe aus dem Gesträuch herbeigerannt und rief erbost:

„Señores, sehen Sie mich an! Bin ich noch ein Mensch? Oder bin ich eine Haut, welche ein Blutegelhändler als Musterkarte vorzeigen kann?“

Man hätte diese letztere Frage wohl bejahen mögen, denn so weit man seine „Haut“ zu sehen vermochte, war dieselbe von noch blutenden Saugwunden und zerquetschten Egeln bedeckt. Und der Chirurg kam ihm mit ebenso entblößtem Oberkörper nachgesprungen und schrie:

„Sie sind alle hin, alle, alle! Es ist kein einziger am Leben geblieben. Sehen Sie mich und diesen Mörder an, Señores! Ich hätte sie ihm und mir mit der größten Kunstfertigkeit abgenommen. Er brauchte ihnen nur zu erlauben, sich vollzusaugen. Er aber hat sie erschlagen und sich mit mir so lange im Grase gewälzt, bis auch der allerletzte zerdrückt und zerquetscht worden ist. Wer ersetzt mir nun meine Egel?“

„Und wer mir mein Blut?“ fragte Fritze.

„Niemand; dann sind Sie quitt miteinander,“ antwortete Hammer, der ihnen langsam nachgegangen kam.

„Das nennen Sie quitt?“ entgegnete Kiesewetter. „Ist nicht ein Tropfen meines Blutes tausendmal mehr wert als zehntausend solche Würmer? Und wer reinigt mich? Wer wäscht mich ab? Wer macht mich aus dieser Musterkarte wieder zu einem Menschen?“

„Don Parmesan.“

„Das will ich gelten lassen; das ist das erste gescheite Wort, welches in dieser Angelegenheit gesprochen worden ist!“

„Und wer aber säubert mich?“ fragte der Chirurg dagegen.

„Ich,“ antwortete El Picaro freiwillig. „Ich thue es aus Mitleid um die lieben Tiere, die so mitten in ihrem schönsten Lebensgenusse haben sterben müssen.“

„Hüte dich, daß ich dich nicht auch mitten aus deinem jetzigen Genusse reiße!“ warnte ihn der Vater Jaguar. „Es scheint, daß auch du in vollster Wonne schwelgst.“

jetzt erklärten sich auch noch andre bereit, bei der Prozedur behilflich zu sein. Die beiden „An- und Abgezapften“ wurden an das Wasser gestellt und gehörig eingeweicht und abgerieben. Was sie dabei fühlten, behielten sie für sich, doch wurde es durch ihre schmerzlich bewegten Mienen genugsam verraten. Als es zu Ende war, meinte Fritze, nun endlich einmal lachend:

„Danke, Señores! Die lebhaften Empfindungen, welche Sie mir soeben bereiteten, haben mich überzeugt, daß ich wenigstens noch nicht ganz tot bin und noch Hoffnung haben darf, mich meines Daseins auch fernerhin zu erfreuen. Wer in dieser Weise zu fühlen vermag, der stirbt noch lange nicht. Don Parmesan, reichen Sie mir Ihre Hand! Wir haben miteinander gelitten und wollen uns versöhnen. Ein andres Mal aber lassen Sie Ihre Egels nur dann gegen mich los, wenn ich an einer Geschwulst oder Entzündung laboriere. Hätten Sie Ihre Flaschen besser zugebunden, so wären wir verschont geblieben."

„Ich konnte sie nicht besser zubinden, als es geschehen ist," antwortete der Angeklagte, indem er ihm die Hand schüttelte. „Wie es gekommen ist, daß die Tiere heraus – –"

Er hielt inne. Er hatte bei diesen Worten den Blick zufällig auf die Flaschen gerichtet. Vorhin hatte er in der Eile nur bemerkt, daß sie keine Egel mehr enthielten; jetzt aber sah er, daß der Verschluß noch da war. Er hob sie auf, betrachtete sie und fuhr dann in erstauntem Tone fort:

„Was ist denn das? Sie sind ja genau noch so fest verschlossen, wie ich sie zugebunden habe! Oder sind etwa Löcher darin? Das Wasser ist ja auch heraus!"

Er nahm sie von allen Seiten in Augenschein und schüttelte den Kopf, als er nicht das kleinste Löchlein zu bemerken vermochte.

„Wundern Sie sich nicht, Señor," sagte El Picaro. „Die Sache ist sehr einfach."

„Einfach? Wie denn?"

„Das finden Sie nicht? Der erste Egel, welcher heraus ist, hat die Flasche aufgemacht, und der letzte hat sie, wie ganz in der Ordnung war, wieder zugebunden."

Alle lachten. Der Chirurg sah den Sprecher nachdenklich an; dann blitzte es wie ein Erkennen über sein Gesicht, und er fragte:

„Sind vielleicht Sie dieser letzte Egel gewesen, Señor? Ihnen ist es wohl zuzutrauen, daß Sie eine Flasche gut zuzubinden verstehen! Hoffentlich erfahre ich bald mehr über diese Angelegenheit, und dann werden Sie mir Genugthuung geben müssen!"

„Sehr gern, Don Parmesan, aber nur jetzt noch nicht, denn, wie ich sehe, sattelt der Jaguar schon sein Pferd. Er will aufbrechen, und so haben wir leider zu nichts anderm Zeit."

Es war, wie er sagte. Hammer rüstete sich zum Antritte der Weiterreise, und die andern mußten dasselbe thun. Dieser Ritt verlief genau so wie der vorhergehende. Man übernachtete des Abends in einsamer, sandiger Gegend und kam am nächsten Mittag an der Fuente gemela an.

Dieser Ort hatte, wie bereits erwähnt, seinen Namen daher, daß dort zwei Quellen nahe beieinander entsprangen, um dann bald ihr Wasser zu vereinigen; es war eine „Zwillingsquelle", welche nach dem Zusammenfließen einen kleinen Bach bildete, der seinen Lauf nach einem See von wunderbar klarem, reinem Spiegel nahm. Dieser See war von beinahe kreisrunder Gestalt und konnte einen Durchmesser von wohl tausend Schritten haben.

Man merkte hier, daß man in nordwestlicher Richtung geritten war und sich also dem Äquator um einige Grade genähert hatte, denn die Umgebung des Sees zeigte schon eine mehr tropische Vegetation. Die Ufer waren von Tacuarasrohren umsäumt, welche eine Höhe von bis zu zehn Meter besaßen. Daran schloß sich eine Laurelenwaldung, in welcher einzelne Cribobäume eine angenehme Unterbrechung bewirkten. Sogar Caranday-Palmen waren schon zu sehen, und weiter zurück, wo der Boden weniger Feuchtigkeit besaß, konnte man die phantastischen Gestalten baumhoher Aloes erblicken. Dazwischen stand das Gras so hoch und dicht, daß es den Pferden bis an die Leiber reichte. Verschiedene Vögel, besonders Kolibris, bevölkerten die Zweige; im Grase gewahrte man die Fährten vierfüßiger Tiere, und an den See brauchte man nur zu treten, um zu sehen, daß sein Wasser reich an Fischen war.

„Hier brauchen wir nicht nur Fische zu essen," meinte Geronimo, indem er auf die Fährte eines Hirsches deutete. „Vielleicht gelingt es uns, einen bessern Braten zu schießen."

„Diese Fährte sagt uns, daß die Wüste zu Ende ist," antwortete der Vater Jaguar, „denn der hiesige Hirsch geht nie weit über Wüstenland. Aber sie mahnt uns auch zur Vorsicht. Wo es solches Wild gibt, da kann man auch leicht größeren Raubtieren begegnen, die wir aber" – fügte er lächelnd hinzu – „keineswegs fürchten. Seit Buenos Ayres habe ich keinen Jaguar gesehen, und der dort in der Arena war ein feiger Bursche."

Man entsattelte die Pferde und gab sie zum Weiden frei. Dann wurden zwei Abteilungen gebildet, deren größere dem Fischfange obliegen sollte, während die kleinere mit Hammer ging, um nach dem Waffendepot zu suchen, welches hier wahrscheinlich auch vorhanden war. Gerade die große Üppigkeit der Vegetation erleichterte die Nachforschung. Auf dem Verstecke war sie jedenfalls nicht vorhanden, und so kam es, daß dasselbe sehr bald gefunden wurde, obgleich die Oase, welche der See mit seiner grünen Umgebung in der Wüste bildete, weit größer war, als diejenigen, in denen man bisher gelagert hatte. Die heimliche Niederlage wurde in der bereits beschriebenen Weise geöffnet, ihrer Vorräte beraubt und dann wieder zugemacht.

Nun hatte man drei solche Arsenale entleert, und die Waffen und Munitionsvorräte, welche man infolgedessen jetzt besaß, konnten nur auf die unbequemste Weise noch weiter mitgeführt werden. Es mußte den Pferden schwer fallen, das alles nebst den Reitern zu tragen. Wenigstens war an einen Ritt von derselben Schnelligkeit wie bisher nicht mehr zu denken.

Der heutige Fischzug war auch ein ergiebiger, doch wurden nur die größten und besten Fische den Netzen entnommen; die andern gab man in den See zurück, da man von nun an auch auf andres Fleisch rechnen konnte. In dieser Beziehung von den andern befragt, erklärte der Vater Jaguar:

„Es fliegen hier zahlreiche Kolibris, welche gewöhnt sind, von Blüte zu Blüte zu gaukeln. Sie unternehmen zwar im Herbste und Frühlinge weitere Reisen, fliegen da aber nur durch Gegenden, in denen sie Nahrung finden. Außer diesen Vögeln gibt es hier Vierfüßler, welche selten oder nie in die Wüste gehen und sich meist in dichten Waldungen aufhalten. Aus diesem Grunde steht zu erwarten, daß wir das öde Sandland hinter uns haben. Wenn auch nicht sofort Waldland folgt, so dürfen wir wenigstens auf grasigen und wohl gar blühenden Campo rechnen. Señor Morgenstern und Kiesewetter haben von unsern Feinden gehört, daß man über die Fisch-, Blutegel-, Krokodils- und

Zwillingsquelle muß, um nach dem Palmensee zu gelangen. Wir haben diesen See also jetzt vor uns, und da aus den vorhin angeführten Gründen uns Waldland nahe liegt, so ist daraus zweierlei zu schließen, nämlich erstens, daß wir nicht anderthalbe Tagereise mehr brauchen, um den Palmensee zu erreichen, und zweitens, daß derselbe sich nicht im offenen Lande, sondern im Walde befindet."

„Dann heißt es, doppelt Achtung geben und vorsichtiger sein als bisher," antwortete Geronimo.

„Warum das?" fragte El Picaro. „Meinst du etwa, daß wir wieder Blutegel finden werden?"

„Laß den Scherz! Wir haben Veranlassung ernst zu sein. Du hast doch gehört, daß Kapitän Pellejo die Soldaten nach dem Palmensee beordert hat. Vielleicht befinden sie sich schon dort, wenn wir kommen. Entdecken wir sie aber nicht zur rechten Zeit, so können wir von ihnen ganz unversehens überfallen werden."

„Wären sie schon dort, so hätten wir das allerdings zu befürchten," fiel der Vater Jaguar ein; „ich bin aber überzeugt, daß sie noch nicht angekommen sind."

„Aus welchem Grunde?"

„Weil sie zu weit haben."

„Das glaube ich nicht. Wenigstens haben sie nicht weiter als wir. Seit dem Zusammentreffen an der Fischquelle sind nun fünf Tage vergangen. Diese Zeit reicht sehr gut aus, um von Matara, Cachipampa oder gar Miravilla nach der Gegend zu kommen, in welcher unsrer Vermutung nach der Palmensee zu suchen ist."

„Ganz richtig! Aber du mußt bedenken, daß dies nicht die einzigen Orte sind, von woher wir Soldaten zu erwarten haben. In Cruz grande und ganz besonders in Candelaria stehen auch welche, und diese haben einen längeren Weg zurückzulegen als derjenige ist, den wir glücklicherweise bereits hinter uns haben."

„So kommen diese vielleicht später; die andern aber, die ich vorhin nannte, sind schon da."

„Nein, eine solche Disposition trifft kein Offizier. Es wird dem Kapitän nicht einfallen, in einer so einsamen Gegend, welche noch dazu in der Nähe der feindlichen Grenze liegt, die einen auf die andern warten zu lassen. Er hat jedenfalls die Ausmarschbefehle so gegeben, daß die einzelnen Trupps, welche übrigens nur aus wenigen Mann bestehen können, zu gleicher Zeit am Versammlungsorte eintreffen. Aus den fernliegenden Garnisonen rückt man eher, aus den näherliegenden aber später."

„Hm! Du triffst immer das Richtige und hast jedenfalls auch diesmal recht. Also brauchen wir noch keine Sorge zu haben."

„O doch! Wir haben bisher nur von den Soldaten gesprochen. Die fürchte ich am wenigsten. Unter einer Garnison verstehe ich etwas ganz andres, als was man am Rio Salado darunter versteht. Du hast da Orte, deren Besatzung nicht zehn, ja oft nur fünf Köpfe zählt. Wir haben wohl kaum dreißig Mann zu erwarten, und mit diesen werden wir auf alle Fälle leicht fertig. Ich denke aber auch an die Indianer. Wer gibt uns die

Gewißheit, daß diese nicht schon am Palmensee versammelt sind? Ich bin überzeugt, daß sie die Weißen erwarten, um von ihnen die versprochenen Gewehre zu bekommen. Vielleicht gehen sie ihnen sogar entgegen, um ihnen die Last, welche Pulver und Blei, Messer, Beile und Flinten bilden, noch eher abzunehmen."

„Carlos, das ist wahr! Wir müssen gewärtig sein, heute und hier schon ihren Besuch zu empfangen."

„Wir müssen wenigstens mit dieser Möglichkeit rechnen. Daher habe ich unser Lager hier am nördlichen Ufer des Wassers aufgeschlagen, während das südliche, wie ich weiß, dazu viel geeigneter wäre. Auch dürfen wir heute abend keine Feuer anzünden; sie könnten uns verraten. Die Fische müssen schon jetzt am Tage gebacken werden, und zwar bei kleinen Feuern, welche keinen dichten Rauch erzeugen."

„Und doch dürfte alle diese Vorsicht vergeblich sein, denn ich meine, daß die Roten dennoch gerade hierher kommen würden."

„Warum?"

„Sehr einfach darum, weil die Quellen sich auf dieser Seite befinden. Dem Trinkwasser geht doch jeder nach."

„Sehr wahr; aber ich habe vergessen, zu sagen, daß drüben am andern Ufer sich eine noch viel größere Quelle befindet. Der Ort hat seinen Namen zwar von dieser Zwillingsquelle, die jenseitige aber wird öfters aufgesucht, weil sie viel bequemer liegt und sich an ihren Ufern ein Grasplatz erstreckt, an welchem bedeutend mehr Menschen lagern können als hier."

„Zugegeben! Aber, Carlos, wir müssen alles überlegen. Hier auf unsrer Seite befindet sich der Ort, an welchem die Waffen versteckt waren; also werden die Roten unbedingt hierher kommen."

„Nein. Die Weißen werden sich gehütet haben, ihnen vorher mitzuteilen, wo die Magazine zu suchen sind. Höchstens weiß der Häuptling davon. Und gerade damit das Versteck auch nicht durch Zufall entdeckt werde, steht zu erwarten, daß die Indianer gegebenenfalls von ihren jetzigen Verbündeten an das andre Ufer beordert worden sind."

„Da kann ich dir nicht unrecht geben. Doch was war das jetzt? Habt ihr es gehört?"

Man hatte ein kurzes, scharfes, dreifaches Klingen gehört, und in demselben Momente war alle Anwesenden ein ganz eigentümliches Gefühl angekommen, einem leichten Schüttelfroste ähnlich, der nicht länger als eine Sekunde anhielt.

„Die Aria," antwortete der Vater Jaguar, indem er nach seinem Nacken griff und dabei versuchte, ob er den Hals drehen und den Kopf frei bewegen könne.

„Die Aria," stimmten die andern bei. Auch sie machten dieselben Bewegungen mit der Hand nach dem Nacken, mit dem Halse und dem Kopfe.

Was ist die Aria? Niemand vermag es genau zu sagen. Sie tritt meist folgendermaßen auf: Man sitzt bei einem Glase Wein oder bei einer Tasse Thee; die Flasche oder Kanne steht dabei. Da überkommt die Anwesenden jener kurze, gar nicht unangenehme Schüttelfrost; zugleich erklingen Flasche und Glas, Kanne und Tasse. Sieht man nach, so

sind sie zerbrochen, ohne daß jemand sie angerührt hat. Tiere, welche vorher geschwitzt haben, werden für längere Zeit an den Gliedern steif, und auch Menschen können für mehrere Tage ein steifes Genick davontragen. Das ist die Aria, eine elektrische Erscheinung, wie manche Forscher und Reisende sagen. Wen sie trifft, der pflegt sich sofort zu überzeugen, ob er den Nacken noch zu bewegen vermag.
Woher aber war hier der scharfe, kurze Klang gekommen? Man forschte danach. Don Parmesan hatte die Flaschen, in denen die Blutegel gesteckt hatten, nicht wieder abgegeben, sondern sie in seiner Satteltasche mit sich geführt. Der Sattel lag neben ihm, und als er die Tasche öffnete und nach den Flaschen griff, zeigte es sich, daß sie mitten entzwei gebrochen waren. Das war glücklicherweise der einzige Schaden, den die Aria angerichtet hatte, denn kein Nacken war steif geworden.
Doktor Morgenstern hatte von dieser Erscheinung noch nichts gehört und erkundigte sich darum bei dem Vater Jaguar nach ihr. Dieser antwortete achselzuckend:
„Ich kann Ihnen leider mit keiner Erklärung dienen. Die Sache ist mir selbst auch unbegreiflich. Ich habe aber die Erfahrung gemacht, daß die Aria in dieser Jahreszeit oft plötzlichen und starken Regen mit sich bringt."
Er blickte bei diesen Worten gegen den Himmel, welcher vollständig hell und wolkenlos war und nicht im mindesten so aussah, als ob er heute noch Nässe senden wolle. Kein Lüftchen regte sich und die Oberfläche des Sees lag so ruhig und unbewegt wie festes Krystall vor den Augen da.
jetzt nun wurden alle Vorbereitungen getroffen, welche nötig waren, wenn der Abend und die Nacht ohne Feuer zugebracht werden sollte. Man aß sich tüchtig satt und streckte sich dann im Grase aus, um zu ruhen. Andre saßen in Gruppen beisammen, um sich zu unterhalten, wobei El Picaro wie gewöhnlich die Hauptrolle spielte.
Abseits von allen andern saß Anton Engelhardt mit dem jungen Inka. Beide kannten sich nur seit wenigen Tagen, hatten einander aber doch schon herzlich lieb gewonnen. Der äußere Grund lag wohl in dem Umstande, daß Anton dem Inka so freundlich entgegengekommen war und ihm sein Pferd angeboten hatte; die innere, eigentliche Ursache aber bestand jedenfalls in der Verschiedenheit ihrer seelischen Eigenschaften, welche einander ergänzten.
Anton war warmblütig, leicht erregt, rasch und aufrichtig; auf seinem Gesichte lag immerwährend der Ausdruck herzlicher Zufriedenheit. Das Wesen des Peruaners aber war still, ernst, bedächtig, zurückhaltend, und die Schwermut, welche sich seinen jugendlich schönen Zügen aufgeprägt hatte, wich keinen Augenblick aus denselben. So waren sie also vollständig verschieden veranlagt, und die Verschiedenheit zieht bekanntlich an.
Sie waren seit dem ersten Abende stets nebeneinander geritten und hatten sich auch an den Lagerplätzen zusammengehalten. Da war natürlich viel gesprochen worden; aber die Kosten der Unterhaltung hatte zumeist Anton getragen. Er hatte von allem, was er besaß, kannte und wußte, erzählt und nach und nach sein ganzes Herz ausgeschüttet. Von

Haukaropora aber hatte er noch nichts erfahren. Dieser hörte schweigend zu, ließ nur hier oder da eine kurze Frage, eine einsilbige Antwort hören; aber wer ihn beobachtete, der sah, daß aus seinem dunkeln, tiefgründigen Auge nicht selten ein freundlicher, ja warmer Blick zu seinem jungen deutschen Gefährten hinüberflog.

Wovon sie jetzt wieder miteinander sprachen, das war eigentlich das immer wiederkehrende Hauptthema aller ihrer Gespräche gewesen, nämlich der Vater Jaguar. Anton erblickte in diesem Manne einen Helden ohnegleichen und wünschte sehnlichst, ihm einst ähnlich werden zu können. Auch Hauka sprach mit der größten Hochachtung, ja Verehrung von ihm, konnte aber leider die Neugierde Antons, welcher gern etwas aus dem früheren Leben des riesenhaften Mannes erfahren hätte, nicht befriedigen.

„Aber du hast ihn ja viel eher gekannt,“ sagte der deutsche Knabe, „und mußt also von ihm erzählen können!“

Sie nannten sich nämlich seit der Krokodilsquelle Du.

„Ich kann nichts sagen,“ antwortete der Inka. „Wenn er kam, hat er mit dem Vater gesprochen und nicht mit mir. Und wenn die Alten und Erfahrenen sprechen, so müssen die jungen, Unerfahrenen von fern stehen. So ist es bei uns Gebot.“

„Bei euch? Zu welchem Volke oder Stamme gehörst du denn eigentlich?“

„Zu keinem.“

„Aber du mußt doch einer Nation angehören!“

„Mein Stamm ist untergegangen. Wir leben mit einigen armen Familien hoch oben in den Bergen, wo der Kondor schreit.“

„Da wächst kein Baum, kein Strauch. Wie könnt ihr leben?“

„Wir trinken Wasser und essen das Fleisch der wilden Tiere, welche wir mit Lebensgefahr erlegen.“

„So seid ihr Helden, mit denen ich wohl tauschen möchte. Erzähle mir von eurem Leben, euren Thaten!“

„Von dem Leben und den Thaten der Meinigen?“ Er legte die Hand an die Stirn und blickte düster vor sich nieder. Dann antwortete er weiter: „Vielleicht, doch nein, ganz gewiß erzähle ich dir einmal davon; aber nicht heute, nicht jetzt. Du kommst ja mit in unsre Berge. Dann wirst du nicht nur hören, sondern auch sehen.“

Er stand auf und entfernte sich, um unter den Bäumen zu verschwinden. Die Fragen Antons hatten ihn an seiner wunden Stelle getroffen. Er kehrte erst zurück, als es zu dunkeln begann, und streckte sich, als man sich zur Ruhe legte, wie gewöhnlich neben Anton nieder. Dieser hatte lange darüber nachgedacht, womit er den Freund betrübt haben könne, und schlief darüber ein. Wie lange er geschlafen hatte, wußte er nicht, als er von einer Hand, die ihn leise schüttelte, aufgeweckt wurde. Der Inka war es; er flüsterte ihm in das Ohr:

„Still! Sprich nicht laut! Du hast gewünscht, ein Held wie der Vater Jaguar zu sein. Ich möchte dir Gelegenheit zu einer That geben. Willst du mir folgen?“

„Wohin?“

„Davon nachher. Laß deine Waffen hier und nimm nur das Messer und die Bolas mit! Schleich tief im Grase hinter mir, damit die Wächter uns nicht sehen!“
Anton sah, daß Hauka auf allen Vieren von der Lagerstätte fortkroch, und folgte ihm in derselben Weise. In den letzten Nächten hatten die Sterne geschienen; heute aber war der Himmel dunkel. Da der Neumond kurz vorüber war, herrschte hier unten eine fast vollständige Finsternis. Man konnte kaum zehn Schritte weit sehen, und selbst der See, welcher am Tage so rein und hell geglänzt hatte, lag jetzt wie ein düsteres Geheimnis zu ihrer linken Hand. Sie schlichen langsam und unhörbar am Schilfrande hin, bis Hauka sich aufrichtete und, mit noch immer leiser Stimme, sagte:
„Jetzt sind wir über die Wachen hinaus und können richtig gehen. Ich weiß, du hast Mut und wirst dich freuen, daß ich dich geweckt habe. Schau einmal scharf über den See. Siehst du etwas?“
„Nein,“ antwortete Anton, welcher seine Augen vergeblich anstrengte.
„Oder riechst du etwas?“
„Auch nicht.“
„Anciano und ich, wir leben mit dem Kondor in den Kordilleren; darum haben wir die Sinne des Adlers erhalten. Da drüben jenseits des Wassers lagern Leute.“
„Wie kannst du das wissen?“
„Ich rieche den Rauch und sehe den Schein des Feuers. Ein Weißer sieht und riecht das nicht. Eigentlich sollte ich es den Erfahrenen melden, aber weil du wünschest, eine That zu thun, so habe ich sie nicht geweckt und es auch unterlassen, den Wächtern Meldung zu machen.“
„Und was willst du jetzt thun?“ fragte der junge deutsche Peruaner.
.“Zunächst will ich hinüber, um zu sehen, wer diese Leute sind und was sie hierhergeführt hat. Dann wird es sich zeigen, ob ich still zurückkehre oder mich von den Umständen zu irgend einer Handlung bewegen lasse.“
„Meinst du, daß dir dieses letztere erlaubt wäre? Wie leicht könntest du etwas thun, was der Vater Jaguar dann nicht billigen würde.“
Da legte ihm der Inka die Hand auf die Achsel und sagte in nachdrücklichem Tone:
„Ich bin hier im Lande geboren und kenne es genau. Du brauchst keine Sorge zu haben, daß ich etwas Unrechtes thun werde. Gehst du mit, oder willst du hier bleiben? In diesem letzteren Falle bleibe auch ich und melde dem Vater Jaguar, was ich beobachtet habe. Ich will ja nur hinüber, um dir Gelegenheit zu geben, zu beweisen, daß du ein mutiger Jüngling bist.“
„Natürlich gehe ich mit, ganz natürlich! Ich fragte nur so, weil ich glaubte, zu jung zu sein, um so selbständig handeln zu können.“
So komm und gib mir deine Hand, damit ich dich führe, denn ich glaube, daß meine Augen in der Dunkelheit schärfer als die deinigen sind.“
Er nahm ihn bei der Hand und schritt mit ihm langsam weiter. Das war nicht leicht, denn es ging zwischen Büschen und unter Bäumen hin. Dann hörte der Wald plötzlich auf,

und das Ufer lag baumlos vor ihnen. Haukaropora blieb nachdenklich stehen, überlegte eine kleine Weile und sagte dann:
„Das ist eine Lücke in dem Gürtel, welcher sich als Waldstreifen um das Wasser legt. Dieser Gürtel ist schmal. Gehen wir innerhalb desselben vorwärts, so befinden wir uns stets in der Finsternis, welche unter den Bäumen herrscht, was uns sehr aufhalten muß. Darum denke ich, es ist besser, wenn wir uns weiter rechts halten, um an dem Rande dieses Gürtels hinzugehen. Da können wir viel schneller laufen und haben den freien Himmel über uns, welcher zwar auch dunkel ist, aber doch nicht so finster wie die Wipfel der Bäume."
„Aber werden wir da den Ort finden, wo die Leute sind, welche wir suchen?" warf Anton Engelhardt bedenklich ein.
„Ganz gewiß!"
„Ich denke, wir kommen da viel zu weit nach rechts?"
„Nicht zu sehr, da der Wald ja nicht breit ist. Übrigens ist es sicher, daß diese Leute an der Quelle lagern werden, von welcher der Vater Jaguar sprach. Wenn wir dieselbe erreichen, brauchen wir nur ihrem Wasser zu folgen, um an das Ziel zu gelangen."
„Sie wird sich vielleicht unter den Bäumen befinden!"
„Möglich; aber die Menschen, deren Feuer ich bemerkt habe, lagern jedenfalls nicht unter Bäumen, da das zu unbequem sein würde, sondern auf einer freien Stelle. Verlaß dich auf mich. Wir verirren uns nicht."
Sie setzten ihren Weg fort, schneller als bisher. Ihr Lager hatte sich in der Mitte des nördlichen Seeufers befunden; sie bogen bald um den obern, westlichen Teil des Sees. Dann hörte die Lichtung auf und der Wald begann wieder. Er bildete hier einen dunkeln Streifen, welcher einige hundert Schritte breit sein mochte. Sie ließen ihn linker Hand liegen und eilten an seinem äußern Rande nun in östlicher Richtung hin, denn sie befanden sich nun am südlichen Ufer. Sie waren da noch gar nicht weit gekommen, so blieb der junge Inka mit vorwärts gebeugtem Oberkörper stehen. Er hatte die Haltung eines angestrengt Lauschenden eingenommen. Es hatte sich ein ziemlich scharfer Wind erhoben, welcher ihnen gerade entgegenwehte.
„Hörst du etwas?" fragte Anton.
„Ja,"
„Was?"
„Ich glaube, es ist eine Glocke gewesen."
„Eine Glocke? Es gibt doch hier keine Stadt mit Kirchenglocken."
„Diese Art meinte ich nicht. Komm noch eine kurze Strecke weiter, so wirst du es auch hören."
Sie schritten wieder vorwärts, diesmal aber langsamer als vorher. Bald war ein vom Winde herübergewehter metallener Ton zu hören.
„Horch!" sagte Anton. „Jetzt habe ich es gehört. Es klang beinahe wie die Glocke einer Madrina."

Madrina ist ein dem spanischen Amerika eigentümlicher Ausdruck. Man versteht unter demselben die Stute, welche bei Herden oder auf Reisen die andern Tiere führt. Sie trägt eine Glocke am Halse, deren Ton die übrigen stets folgen.
„Ja, es kann nichts andres sein, als eine Madrina," stimmte der junge Inka bei.
„Sollten sich Arrieros hier im Gran Chaco befinden?"
„Nein, gewiß nicht. Durch diese Gegend ziehen keine Handelskarawanen. Es werden Indianer sein."
„Von welchem Stamme?"
„Ich weiß es nicht, denke aber, es zu erfahren."
„Dann sind diese Menschen sehr unvorsichtig. Die einzelnen Völker leben, wie wir gehört haben, jetzt in Feindschaft miteinander. Da hängt man doch den Tieren keine Glocken um, welche zu Verrätern werden müssen!"
„Die Leute, welche sich hier befinden, werden sich so sicher fühlen, daß sie nicht glauben, solche Vorsicht anwenden zu müssen. Auch müssen sie ihre Tiere weiden lassen und dürfen sie also nicht anbinden. Hätten sie keine Madrina dabei, so würden die Pferde nach allen Richtungen auseinander laufen."
„Wieso? Die unsrigen bleiben doch auch beisammen."
„Das ist etwas ganz andres. Der Indianer ist kein Pferdezüchter; er raubt und stiehlt die Tiere aus allen Gegenden zusammen. Sie kennen sich also nicht, und da sie nicht in Herden gehalten werden, so haben sie keine Anhänglichkeit zu einander. Treffen dann auf einem Kriegszuge viele Reiter zusammen, so müssen sie ihren Pferden eine Madrina geben, denn jedes Roß gehorcht der Glocke unbedingt. Das ist von großem Vorteil für uns, denn der Ton, welchen wir gehört haben, wird uns als Wegweiser dienen."
Es war so, wie er sagte, denn je weiter sie kamen, desto deutlicher war der Ton der Halsschelle zu hören. Bald mußten sie ihre Schritte noch mehr hemmen, da der Klang nun aus großer Nähe kam. Zugleich waren links die Stämme des Waldes zu sehen, da hinter demselben mehrere Feuer brannten, in deren Schein sich die Bäume deutlich hervorhoben.
„Sieh, wie leicht wir das Lager gefunden haben," flüsterte Haukaropora Anton zu.
„Vor uns liegt der sich um den Wald ziehende Grasstreifen; auf ihm weiden die Pferde. Links von uns sticht er in den Wald hinein und bildet da eine offene Stelle, auf welcher sich die Quelle befindet. Wir haben also die Pferde gerade vor uns und die Reiter links hinter den Bäumen."
„So müssen wir in dieser letzteren Richtung weiter?"
„Ja, aber nicht sogleich. Wir haben alle Ursache, vorsichtig zu sein, und so will ich erst sehen, ob sich Wächter bei den Pferden befinden. Warte hier, bis ich zurückkehre!"
Er schlich sich davon, und Anton stand allein, wohl über eine Viertelstunde lang, dennoch wurde ihm um den Inka nicht bange, denn er fühlte ein solches Vertrauen zu dessen Tüchtigkeit, daß es ihm gar nicht beikam, Angst um ihn zu haben. Nach dieser Zeit tauchte der Inka wieder aus dem Dunkel auf und meldete mit leiser Stimme:

„Es war kein einziger Wächter da. Die Pferde waren alle so zutraulich, daß sie sich von mir streicheln ließen. Sie gingen frei im Grase, und nur der Madrina sind die Vorderbeine leicht gefesselt, damit sie keine weiten Schritte machen kann.“
„Wie viele Pferde waren es?“
„Ich konnte sie natürlich nicht zählen, ich merkte aber, daß es nicht wenige sind. Ich fand sie alle mit den Köpfen nach der Madrina gerichtet und habe mich sehr darüber gefreut.“
„Warum?“
„Weil dies ein Zeichen ist, daß sie ihr unbedingt folgen werden.“
„Und darüber freust du dich?“
„Ja, denn wenn es etwa feindliche Indianer, also Abipones sind, so möchte ich ihnen ihre Pferde nehmen.“
„Ist das dein Ernst? So viele Tiere können wir zwei unmöglich fortbringen!“
„Warum nicht? Wenn wir die Madrina mit uns führen, laufen die andern alle hinterdrein.“
„Aber die Indianer würden am Klange der Glocke hören, daß die Stute sich entfernt!“
„Wenn man schläft, hört man das nicht, und du gibst doch wohl zu, daß diese Leute schlafen werden?“
„Ja; aber Wachen haben sie jedenfalls ausgestellt.“
„Allerdings; aber da sie, wie ich vermute, sich hier so sicher fühlen, werden die Wächter nicht zahlreich sein. Wir werden das gleich zu erfahren suchen. Komm, und halte dich stets hinter mir! Wir dürfen nicht mehr gehen, sondern müssen kriechen, damit wir nicht bemerkt werden.“
Sie legten sich auf die Erde nieder und bewegten sich nun mit äußerster Vorsicht von ihrer bisherigen Richtung ab nach links hinüber, um unter die erwähnten Bäume zu gelangen. Als sie dieselben erreicht hatten, befanden sie sich zugleich ganz nahe dem Rande der offenen Waldlücke, in welcher der Inka das Lager vermutet hatte. Diese Lücke war nicht breit, und die Feuer leuchteten von einem Ende derselben bis zum andern. Man sah also genau, was dort vorging. Die beiden Jünglinge lagen hinter zwei nahe beieinander stehenden Bäumen und beobachteten mit scharfen Augen, was da vor ihnen vorging.
Es war eine sehr zahlreiche Schar von Indianern, welche ihr Nachtlager aufgeschlagen hatte. Da, wo die Lichtung sich gegen das freie Land öffnete, drang die Quelle aus dem Boden, um ihr Wasser links nach dem See zu schicken. Zu beiden Seiten dieses Wasserlaufes brannten acht Feuer, um welche sich wohl gegen achtzig Rote bewegten, denn sie waren soeben beschäftigt, sich die bequemsten Stellen zum Schlafen zu suchen. Zwischen zwei Feuern, welche diesseits des Wassers brannten, lagen sechs Gestalten, welche gefesselt zu sein schienen. Fünf von ihnen waren wie Indianer gekleidet; den Sechsten konnte man seinem Anzuge nach für einen Weißen halten. Da sie mit den

Köpfen nach den zwei heimlichen Beobachtern zu lagen, war es diesen unmöglich, die Gesichter zu sehen.
Diese Schar war indianisch bewaffnet. Sie hatte an den in der Erde steckenden langen Lanzen ihre Köcher und Bogen aufgehängt. Daran lehnten die Blasrohre, deren kleine Geschosse, wenn sie vergiftet sind, so schnell tödlich wirken. Drüben stand unter einem Baume der einzige, welcher ein Gewehr besaß; er hatte es neben sich auf seinem Poncho liegen und schien der Häuptling zu sein, denn er erteilte soeben verschiedene Weisungen, denen sofort nachgekommen wurde. Er bediente sich dabei einer Sprache, welche einen singenden Tonfall hatte. Anton verstand kein Wort davon und fragte darum seinen Gefährten leise:
„Das ist nicht Ketschua und auch nichts andres, was ich verstehe. Welche Sprache redet der Mann?“
„Es ist Abiponisch; ich verstehe es ziemlich. Er ist der Anführer dieser Leute, er sagt ihnen, wie sie lagern sollen, und hat soeben befohlen, daß die Nacht in drei Wachen geteilt wird. Jede dieser Wachen betrifft nur zwei Personen, von denen die eine den Pferden und die andre den Gefangenen ihre Aufmerksamkeit zu schenken hat.“
„Also doch Gefangene! Wer mögen sie sein?“
„Warte nur! Wahrscheinlich erfahren wir es noch. Ich kenne den Häuptling nicht, habe ihn noch nie gesehen, aber seiner Sprache nach gehört er mit seinen Leuten den Abipones, also unsern Feinden an.“
„Daraus können wir schließen, daß die Gefangenen Freunde von uns sind.“
„Ja, denn wer gegen sie ist, der muß für uns sein.“
„Wenn wir sie befreien könnten! Denkst du, daß dies möglich ist?“
Der Inka wartete eine kleine Weile, ließ den Blick nachdenklich, aber scharf über die Scene gleiten und antwortete dann:
„Ich halte es für möglich und bin bereit, den Versuch zu machen. Was sagst du dazu?“
„Einverstanden!“ Er hätte fast vor Freude laut gesprochen und fügte nun desto leiser hinzu: „Aber wie wollen wir das anfangen, da wir nur zu Zweien sind? Wir haben nicht einmal unsre Gewehre mit.“
„Die würden uns schaden anstatt uns zu nützen. Du hast gehört, wie oft der Vater Jaguar gesagt hat, daß in den meisten Fällen die Klugheit der Gewalt vorzuziehen ist. Nach diesem Rate werden wir handeln.“
„Ja, handeln werden wir; ich bin bereit dazu. Aber in welcher Weise, das weiß ich noch immer nicht.“
„Warte nur! Erst müssen diese Abipones eingeschlafen sein; eher läßt sich nichts thun. Wir werden dann erfahren, ob die Wächter vorsichtig sind und ob man die Feuer verlöschen läßt oder nicht.“
jetzt kam der Häuptling über den Quell herüber, um persönlich nach den Gefangenen zu sehen. Er warf ihnen drohende und verächtliche Worte zu und stieß sie dabei mit den Füßen. Sie wollten diesen Mißhandlungen ausweichen und veränderten dabei ihre

bisherige Lage. Dabei konnte man das Gesicht des einen deutlich erkennen. Er war wirklich kein Indianer, sondern ein Weißer. Dann bäumte sich ein Zweiter halb empor, um einem nach ihm gerichteten Fußtritte zu entgehen. Er wendete während dieser Bewegung sein Gesicht nur für einen Augenblick zur Seite, doch war das für das scharfe Auge des Inka genug; er hatte ihn erkannt und flüsterte Anton zu:
„Das war der Häuptling der Kambas, welchen die Weißen El Craneo duro, den harten Schädel, nennen. Hast du einmal von ihm gehört?"
„Nein."
„Man hat ihm diesen Namen gegeben, weil er einmal acht oder zehn Kolbenhiebe auf den Kopf erhielt und doch nicht an denselben starb. Als die Feinde, welche ihn für tot hielten, sich entfernt hatten, stand er auf, rieb sich den Kopf ein wenig und ging ihnen dann heimlich nach, um sich zu rächen. Sie waren Abipones und sind von seiner Hand getötet worden."
„So ist er ein Bekannter von dir?"
„Sogar ein Freund. Wir waren bei ihm, und er hat uns oft besucht. Welch ein Glück, daß ich da drüben in unserm Lager das Feuer sah und den Rauch gerochen habe! Ich werde das Leben wagen, um ihn zu befreien."
„Ich das meinige auch!" raunte ihm Anton begeistert zu. „Sage nur, wie wir es anzufangen haben. Ich werde alles thun, was du für richtig hältst."
„Für jetzt hast du nichts zu thun, als still zu sein und dich so hinter deinem Baume zu halten, daß kein Lichtschein auf deinen Körper fällt."
Die Abipones legten sich in Kreisen so um die Feuer, daß sie denselben ihre Füße zukehrten. Sie hüllten sich in ihre Ponchos, von denen viele zwei Stück besaßen. Der Häuptling war über den Quell zurückgekehrt und legte sich da drüben in derselben Weise nieder. Es hatten sich alle gelagert, die beiden Wächter ausgenommen, von denen der eine hinaus zu den Pferden ging, während der andre langsam auf- und abzuschreiten begann. Er hatte sich gegen den scharf wehenden Wind in seine zwei Decken gehüllt. Die eine trug er wie einen Weiberrock um die Hüften, und in die andre hatte er den Kopf in der Weise gehüllt, daß sie vorn nur die Augen frei ließ und ihm hinten lang über den Rücken herunterhing.
Die Umstände, welche von den beiden mutigen und unternehmenden Jünglingen in besondere Betracht gezogen werden mußten, waren folgende: Sie lagen natürlich nicht ganz unter den vordersten Bäumen. Um auf den Lagerplatz zu kommen, mußten sie zehn bis fünfzehn Schritte gehen. Von den äußersten Bäumen bis zu der Stelle, an welcher die Gefangenen lagen, war es ebensoweit. Der Wächter schritt an den Bäumen, also fast genau zwischen diesen beiden Punkten, hin und her, trat im Verlauf der ersten halben Stunde einige Male zu den Gefesselten, um nachzusehen, ob dieselben eingeschlafen seien. Das Lager war durch den Wald nicht vollständig vor dem Winde geschützt; er blies zuweilen so heftig in die Feuer, daß die Funken aufstoben und auf die Decken der Schläfer fielen. Um dieselben vor dem Versengtwerden oder gar Anbrennen

zu bewahren, ging der Posten von Feuer zu Feuer und schob die brennenden Äste und Zweige so zusammen, daß die Flammen bedeutend kleiner und niedriger brannten. Er legte kein neues Material dazu, so daß vorauszusehen war, daß die Feuer bald erlöschen würden. Nur einem von den beiden, zwischen denen die Gefangenen lagen, gab er neue Nahrung, um sein Wächteramt treu ausführen zu können.

Es war fast eine Stunde vergangen, seit die Roten sich niedergelegt hatten. Da wurde Anton das Schweigen doch zu schwer, und er flüsterte seinem Gefährten, welcher während dieser langen Zeit nicht die geringste Bewegung gemacht hatte, zu.

„Ich glaube, sie schlafen jetzt fest, und wir dürfen nicht länger warten. Bedenke, welche Sorgen man drüben bei uns haben wird, wenn man unsre Abwesenheit bemerkt!"

„Man wird nur im ersten Augenblicke bange um uns sein," antwortete der Inka; „dann aber wird mein Anciano die andern beruhigen. Er kennt mich und weiß, was er in diesem Falle zu denken hat. Dennoch bin ich mit deinen Worten einverstanden, wir müssen handeln."

„Hast du dir überlegt, was wir thun werden?"

„Das bedarf keiner Überlegung, sondern es ist ganz selbstverständlich. Ich locke den Wächter hierher."

„Wie ist das möglich?"

„Es ist möglich."

„Womit, wodurch?"

„Das wirst du gleich hören. Paß genau auf, ob einer der Schläfer sich bewegt, wenn ich mich vernehmen lasse! Wenn das, was ich vorhabe, vollständig gelingen soll, darf keiner von ihnen munter sein."

Er legte seine beiden Hände an den Mund und ließ ein leises, müdes Krächzen hören, wie man es wohl von einem Papagei vernimmt, welcher im Schlafe gestört worden ist.

Keiner der Indianer regte sich; aber der Posten blieb stehen, um zu horchen, woher der Ruf kam.

„Sieh, er lauscht," flüsterte der Inka. „Wahrscheinlich kommt er her. Hast du etwas gesehen, daß ein Schläfer wach wurde?"

„Nein."

„Ich auch nicht. Kriech rasch noch um zwei Bäume zurück, und lege dich platt auf die Erde, sonst sieht er dich, wenn er kommt!"

Anton gehorchte dieser Aufforderung, und der Inka ließ das Krächzen zum zweitenmal hören. Der Posten trat näher; beim drittenmal kam er unter die Bäume, und als es sich dann wiederholte, bog er sich zusammen und kam leise und höchst vorsichtig herbeigeschlichen, die Augen mit Spannung auf den Punkt gerichtet, von welchem aus die Töne erschollen waren. Dieser unbefangene Mensch glaubte also wirklich, es mit einem Papagei zu thun zu haben.

Der Inka nahm seinen schweren Streitkolben von der linken Seite und krächzte noch einmal, und als der Posten fast den Stamm erreicht hatte, hinter welchem er sich befand, sprang er blitzschnell hervor und schlug auf ihn ein – ein einziger Hieb, und der Indianer brach zusammen, um sich nicht mehr zu bewegen.

„Mein Gott, du hast ihn erschlagen!“ flüsterte Anton, indem er rasch herbeikam.

„Wahrscheinlich ist er tot; dennoch ist es möglich, daß er noch lebt. Bleib hier bei ihm. Wenn er erwacht, ehe ich zurückkehre, stößest du ihm dein Messer in das Herz. Du hast doch den Mut, dies zu thun?“

„Im Kampfe, ja; aber einem Wehrlosen – – – !“

„Wir befinden uns im Kampfe, und wenn er erwacht, ist er nicht wehrlos. Seine Stimme ist dann eine Waffe, wie es für uns gar keine gefährlichere geben kann. Ich verlange unbedingt, daß du mir gehorchest!“

Der sonst so schweigsame Inka war während ihres abenteuerlichen Ganges ungewöhnlich mitteilsam gewesen, jedenfalls um seinen jungen Gefährten zu belehren. Jetzt zeigte er sich von einer noch andern Seite. Er trat als Herr und Gebieter auf, und obgleich er nur leise sprach, geschah dies doch in einer Weise, welche keine Widerrede duldete.

jetzt nahm er eilends die beiden Ponchos, welche der Posten getragen hatte, und hüllte sich genau in derselben Weise hinein. Dann schritt er langsam und würdevoll unter den Bäumen hinaus und ging dort ebenso wie vorher der Wächter auf und ab. Wer es nicht wußte, was geschehen war, mußte ihn unbedingt für diesen halten.

Anton blieb mit gezogenem Messer bei dem gefallenen Indianer sitzen und beobachtete bald diesen und bald seinen jungen mutigen Freund, dessen jetziges Gebaren er freilich nicht sofort begreifen konnte.

Als Haukaropora eine Zeit lang den Posten nachgeahmt hatte, ging er mit leisen Schritten von einem Feuer zum andern, nicht um sie zu schüren, sondern um die Schläfer zu beobachten. Es war keiner von ihnen wach; dann begab er sich zu den Gefangenen und setzte sich bei ihnen nieder. Sie waren noch wach, denn die Lage, in der sie sich befanden, scheuchte den Schlaf von ihren Augen.

Sie hielten ihn natürlich für den Indianer, welcher sie bewachen sollte, denn er hatte den Poncho so um den Kopf und das Gesicht geschlagen, daß nur seine Augen zu sehen waren. Er kannte auch die roten Begleiter des Häuptlings, den Weißen aber, welcher ein noch ziemlich junger Mann war, hatte er noch nie gesehen. Aus Rücksicht auf diesen letzteren mußte er spanisch sprechen. Dies that er, indem er nach einer Weile den Poncho so weit lüftete, daß man sein Gesicht nicht sehen, aber seine Stimme hören konnte, und sagte in halblautem Tone:

„El Craneo duro ist betrübt; bald aber wird er fröhlich sein. Wenn er mir jetzt antwortet, mag er leise sprechen!“

Der Häuptling hatte halb von ihm abgewendet gelegen; jetzt wendete er ihm das Gesicht voll zu und antwortete, wie ihm geboten war, mit leiser Stimme:

„Was sprichst du zu mir? Willst du mich verhöhnen, indem du freundlich zu uns thust?“

„Es ist nicht Hohn, sondern Aufrichtigkeit. Ihr seid Männer und werdet euch also beherrschen können. Laßt keinen Ton hören, der mich und euch verraten könnte! Ich bin da, um euch zu retten."
„Du, der Abipone?"
„Ich bin kein Abipone, sondern ich heiße Haukaropora und bin der Sohn deines Freundes Anciano."
„Du wärst Haukaro – – –"
Der Name blieb ihm vor Verwunderung auf der Zunge hängen.
„Ja, ich bin es," fuhr der Jüngling fort. „Überzeuge dich!"
Er öffnete jetzt den Poncho so, daß sein Gesicht vollständig zu sehen war. Der Weiße beobachtete die Scene, ohne sich zu regen, die Cambas erkannten den Inka, der sein Gesicht schnell wieder verdeckte. Sie hätten gern vor Freude aufgejubelt, blieben aber still; doch sagte ein nicht zu beherrschendes Zucken und Bewegen ihrer gefesselten Körper deutlich genug, wie freudig sie überrascht waren.
„Habt ihr mich erkannt?" fragte er sie.
„Ja, ja," stieß der Häuptling hervor, „du bist der Sohn unsres Freundes und selbst unser Freund. Es geschehen große Wunder. Wie kommst du unter die Abipones? Ich habe dich bis jetzt noch gar nicht bemerkt."
„Ich gehöre nicht zu ihnen und war nicht bei ihnen; ich bin erst seit kurzer Zeit hier im Walde, um diese unsre Feinde zu beobachten. Ich lagerte mit mehr als zwanzig weißen Männern drüben jenseits des Sees und bemerkte eure Feuer. Da schlich ich mich, ohne daß jemand es bemerkte, mit einem jungen Freunde herüber, um zu erfahren, von wem diese Feuer angezündet seien. Ich sah die Abipones, und ich erkannte dich. Da nahm ich mir vor, euch zu befreien."
„Das ist kühn, außerordentlich kühn! Wo ist denn unser Wächter?"
„Er liegt erschlagen dort unter den Bäumen. Ich habe mich in seine Decken gehüllt, um für ihn gehalten zu werden."
„Welche Klugheit, welche List! Hast du dein Messer mit?"
„Ja."
„So schneide uns los; schnell, schnell!"
„Wer zu viel eilt, kommt zu spät an. Ehe ich euch befreie, müßt ihr wissen, was ihr zu thun habt. Ihr habt Zeit. Und wenn jetzt in diesem Augenblicke alle Abipones erwachten, es würde ihnen doch nicht gelingen, einen von euch zurückzuhalten."
„Du sprichst nur von weißen Männern. Ist Anciano auch dabei?"
„Ja, du weißt, daß ich mich nie von ihm trenne."
„Und wer sind die Weißen?"
„Der Vater Jaguar führt sie an."
„Der Vater Jaguar? O, wenn der hier in der Nähe ist, so befinden wir uns nicht mehr in Gefahr."

„Auch wenn er sich nicht hier befände, wärt ihr jetzt außer Gefahr. Ich zerschneide jetzt eure Banden; aber bleibet trotzdem genau so liegen, wie ihr jetzt liegt!"
Er zog sein Messer hervor und befreite sie in der Weise von ihren Fesseln, daß ein in diesem Augenblick erwachender Abipone doch nicht bemerkt hätte, was vorgenommen wurde. Dabei sprach er weiter:
„Die Feuer verlöschen, und nur dieses eine brennt noch. Wir sehen unsre Feinde nicht mehr genau; sie aber können uns beobachten. Darum müssen wir vorsichtig sein. Ich stehe jetzt auf und gehe wieder an den Bäumen hin und her; auch werde ich nach den Schläfern sehen. Finde ich, daß keiner von ihnen wach ist, so werde ich leise husten, und ihr kommt, einer hinter dem andern, nach der Stelle gekrochen, an welcher ich mich befinde. Unter den Bäumen dort wartet mein junger Freund Antonio. Sind wir bei diesem angelangt, so gehen wir, um die Pferde alle zu holen."
„Ist nicht ein Wächter dort?" fragte der Häuptling.
„Ja, einer."
„Den fürchten wir nicht. Ich habe zwar keine Waffe, aber ich erwürge ihn."
„Du wirst ihn mir überlassen. Hörst du? Ich will euch ganz befreien; ihr sollt nichts dazu thun. Waffen werdet ihr auch haben. Es gibt hier Lanzen, Bogen, Pfeile und Blasrohre genug."
Da nahm der Weiße zum erstenmal das Wort:
„Was nützen mir Bogen und Pfeile! Ich möchte mein Gewehr, mein gutes Gewehr haben."
„Wo ist es?"
„Der Häuptling dort hat es bei sich liegen. Er hat es mir abgenommen. Ich hole es mir."
„Ich kenne dich nicht und weiß nicht, ob du vorsichtig genug sein kannst. Ich werde es selbst holen."
Da meinte El Craneo duro:
„Du darfst diesen Señor nicht Du nennen' denn er ist Offizier. Auch ist er im Leben der Wildnis erfahren, und ich versichere dich, daß er sehr wohl im stande ist, sich sein Gewehr selbst zu holen."
„Und die Patronen dazu," ergänzte der Weiße, indem er mit den Zähnen knirschte. „Dieser Hund hat mir auch die Uhr und den Kompaß abgenommen. Er soll keinen Nutzen davon haben!"
„Thun Sie, was Ihnen beliebt," meinte der Inka; „nur wecken Sie niemand auf!"
„Wird mir nicht einfallen! Ich habe es nur mit einem zu thun, und der wird länger schlafen, als er, da er sich niederlegte, für möglich gehalten hat. Er hat es gewagt, einen Offizier mit Füßen zu treten!"
Der Inka steckte sein Messer wieder zu sich, stand auf und patrouillierte wieder hin und her. Nach einiger Zeit ging er von Feuer zu Feuer und überzeugte sich, daß alle schliefen. Auch zum Häuptling begab er sich. Dieser schnarchte. Er hatte das Gewehr nicht neben sich liegen, sondern zu sich in die Decke gewickelt.

Darauf schritt der Inka wieder nach der andern Seite, stellte sich an dem Rande der Lichtung auf und klatschte leise in die Hand. Infolge dieses Zeichens kamen sie herbeigekrochen, erst der „Harte Schädel", dann seine vier Cambas und endlich der Offizier. Der Inka deutete auf die in der Erde steckenden Spieße und sagte zu dem Weißen, als die Cambas sich beeilten, zu den Waffen zu gelangen:
„Ihr Gewehr ist leider nicht zu erlangen. Der Häuptling hat dasselbe zu sich in die Ponchos gewickelt."
„Unsinn! Ich werde es mir nehmen, ohne ihn darum zu bitten."
Er eilte davon, ehe es möglich war, ihn zurückzuhalten. Ja, dieser Mann mußte, wie der Häuptling gesagt hatte, sich in der Wildnis bewegt haben! Er glitt unhörbar und doch blitzschnell über den Platz hinüber. Man sah, wie er sich auf den Häuptling warf und daß er eine Minute lang auf ihm liegen blieb. Kein Laut war zu hören. Dann erhob er sich wieder und steckte etwas ein. Hierauf kam er ebenso gewandt herüber, sein Gewehr in der Linken und ein bluttriefendes Messer in der Rechten.
„Ich habe alles wieder, was er mir abgenommen hat!" sagte er grimmig. „Die Büchse, das Messer, die Uhr, die Munition, alles, alles; dieser Mann tritt keinem Offizier wieder mit den Füßen gegen den Leib. Aber nun weiter! Wo geht es jetzt hin?"
Der Inka schritt ihnen voran, unter die Bäume hinein bis zu Anton, welcher alles mit angesehen hatte. Der niedergeschmetterte Abipone hatte sich noch nicht geregt. Man ließ ihn natürlich liegen. Von hier aus wendete man sich den Weg zurück, den Hauka und Anton gekommen waren, bis man die Glocke der Madrina hörte. Da blieb der Inka stehen und sagte:
„Wartet hier, bis ich den andern Wächter unschädlich gemacht habe!"
„Nicht du! Das ist meine Sache," entgegnete der „Harte Schädel".
„Nein, sondern die meinige!" fiel der Offizier ein. „Diese Hunde wollten mich morgen im See ersäufen. Nun können sie die Leiche ihres Häuptlings hineinwerfen, und den Posten da bei den Pferden will ich ihnen auch noch liefern."
Hauka wollte das nicht gelten lassen; aber der grimmige Mensch war bei dem letzten Worte auch schon fort. Die andern warteten und lauschten in die Nacht hinein. Es war nichts zu hören, aber nach höchstens zwei Minuten tauchte er wieder vor ihnen auf und berichtete:
„Es ist gut; der Bursche hat kein Wort dazu gesagt. Nun wollen wir uns Pferde nehmen, für jeden eins."
„Nein," antwortete der Inka. „Wir nehmen alle."
„Alle? Wie ist das zu machen?"
„Es ist doch eine Madrina dabei, welcher sie folgen werden."
„Qué pensamiento! Das ist wahr! Dieser Knabe ist kein dummer Kerl; das können wir machen. Also jenseits des Sees lagert der Vater Jaguar? Werdet ihr ihn finden?"
„Ja," antwortete der Inka.

„So steigst du auf die Madrina, um voranzureiten, und wir andern treiben die ganze Herde hinterdrein."

Er hatte etwas Rauhes, Befehlendes, was leicht verletzen konnte, in seiner Ausdrucksweise und seinem Tone. Hauka nahm dies schweigend hin, suchte die Madrina auf, löste ihr den Riemen von den Vorderbeinen, stieg auf und ritt langsam voran. Als die andren Pferde bemerkten, daß ihre Führerin sich in Bewegung setzte, folgten sie ihr sofort. Der Offizier und die fünf Cambas sprangen auf die letzten Tiere, um die Tropa (Herde) zu treiben; Anton aber, welcher selbstverständlich auch ein Pferd bestiegen hatte, hielt sich vorn zu dem Inka. Der Offizier wollte ihm nicht gefallen. In dieser Ordnung ging es um den halben See, und zwar nicht ganz auf demselben Wege zurück, welchen die beiden Jünglinge vorwärts eingeschlagen hatten. Diese waren erst mühsam durch den dichten Wald gegangen; er war bei dieser Finsternis für die Pferde unwegsam, darum wurde er umritten, da man auf diese Weise das Lager auch erreichen konnte.

Dort war nicht alles so still geblieben, wie Hauka und Anton es verlassen hatten. Der Vater Jaguar ließ die Posten alle Stunden ablösen und besaß die Angewohnheit, falls er einmal erwachte, einmal nachzusehen, ob alles in Ordnung sei. So auch heute. Das Zerspringen der Flaschen hatte ihn auf eine jähe Veränderung des Wetters aufmerksam gemacht, und als er sich schlafen legte, war der Himmel schon bewölkt. Die Sorge weckte ihn. Er sah, daß der Himmel ganz schwarz geworden war, und fühlte, daß sich ein eigentümlich scharfer und dabei doch hohler Wind erhoben hatte. Das deutete nach seiner Erfahrung auf einen Orkan, untermischt mit jenen Regenschauern des Gran Chaco, welche so schwer herabfallen, daß sie einen Menschen zu Boden schlagen können.

Was war da zu thun? Hier unter den Bäumen, welche den Blitz anziehen und im Sturme brechen konnten, zu bleiben, war nicht geraten. Aber das Unwetter draußen im offenen Campo oder der ebenso offenen Wüste abzuwarten, das hatte Bedenklichkeiten, welche wenigstens ebenso groß waren. Er rief also die Schläfer wach, um mit ihnen zu beraten, und ließ ein großes Feuer anzünden, damit man sich dabei sehen könne. Da stellte sich denn heraus, daß Anton und der Inka fehlten.

Man rief nach ihnen; aber sie kamen nicht und antworteten nicht. Anton war dem Vater Jaguar anvertraut worden; darum verstand es sich ganz von selbst, daß dieser über das unbegreifliche Verschwinden seines Schützlings in ungewöhnliche Besorgnis geriet. Man stellte allerlei Vermutungen auf, von denen keine sich als stichhaltig erwies, bis der Vater Jaguar auf den sehr natürlichen Gedanken kam, mit Hilfe eines Feuerbrandes nach den Spuren der Vermißten zu suchen. Man wußte ja die Stelle, an welcher sie gelegen hatten.

Ein harziger Ast diente als Fackel. Bei ihrem Scheine entdeckte man, daß die beiden Knaben sich heimlich in den Wald geschlichen hatten. Die Fackel verlöschte, und der Vater Jaguar, Geronimo und Anciano, welche diese Untersuchung vorgenommen hatten,

standen im Dunkeln. Sie riefen wiederholt in den Wald hinein, doch ohne eine Antwort zu bekommen.
„Welch eine Unvorsichtigkeit!“ meinte der Vater Jaguar fast zornig. „Ich habe bei unsrer Ankunft gesagt, daß es hier Jaguars geben kann. Wie nun, wenn sie einem solchen in die Klauen fallen! Sie haben ihre Gewehre zurückgelassen, können also gar nicht schießen.“
„Unvorsichtigkeit?“ meinte Anciano. „Hauka ist nicht unvorsichtig. Er weiß stets, was er thut und warum er es thut. Und daß er seine Waffen nicht mitgenommen, beweist nur, daß er sie für überflüssig oder hinderlich gehalten hat.“
„Überflüssig sind sie in einer solchen Nacht niemals,“ bemerkte Geronimo.
„Aber hinderlich,“ fiel Anciano ein. „Hinderlich sind sie beim Gehen durch den Wald, bei einem heimlichen Schleichen an den Feind, bei – –“
„Beim Schleichen an den Feind?“ unterbrach ihn der Vater Jaguar. „Das ist's, das ist's! Die verwegenen Knaben wollen ein Abenteuer haben, welches ihnen das Leben kosten kann. Wir müssen sofort aufbrechen, um das zu verhindern.“
„Das Leben kosten? Wieso? Vermuten Sie denn, wo sie sind?“
„Ich vermute es nicht nur, sondern ich weiß es sogar. Schaut einmal da rechts über den See hinüber! Da gibt es eine Art Dämmerschein. Da brennt ein Feuer. Das haben die Knaben gesehen, und in ihrer jugendlichen Unbedachtsamkeit sind sie hinüber, um einmal so zu thun, als ob sie Männer seien.“
„Ja, dort gibt's ein Feuer,“ stimmte Anciano bei. „Es ist wirklich möglich, daß sie hinüber sind. Aber wenn dies der Fall ist, so brauchen wir uns nicht zu sorgen. Mein Hauka ist außerordentlich vorsichtig. Ich kann ihm vollständig vertrauen.“
„Das weiß ich freilich auch. Er ist erfahrener und vorsichtiger als mancher erwachsene Mann; heute aber hat er Anton mit, für dessen Wohlergehen ich zu haften habe, und – –
“

Er hielt inne. Sie hatten während dieses Gedankenaustausches den Lagerplatz wieder erreicht, und soeben ließ sich unweit von demselben ein heftiges Pferdegetrappel vernehmen. Dann sah man zwei Gestalten, welche, aus dem Finstern tretend, sich dem Feuer mit raschen Schritten näherten. Es waren die beiden Vermißten.
„Sie suchen uns? Da sind wir,“ rief Anton mit lachendem Gesichte dem Vater Jaguar entgegen, während der Inka still an die Seite seines Anciano trat, als ob es ihm gar nicht einfalle, sich für die Hauptperson des letzten Ereignisses zu halten.
„Ja, da seid ihr! Gott sei Dank, das sehe ich! Aber wo seid ihr denn gewesen?“
„Drüben bei den Abipones.“
„Bei den Abi – – – ? Es sind also welche da drüben?“
„Ja.“
„Und da habt ihr es gewagt, ohne meine Erlaubnis – – –“
„Sechs Gefangene zu befreien und eine ganze Herde von Pferden zu kapern,“ fiel eine Stimme ein.

Der Vater Jaguar drehte sich um und erblickte den Sprecher, welcher jetzt auch hinzugetreten war. Er trat einen Schritt zurück und rief aus, indem er die Stirn leicht in Falten zog:
„Sie, Lieutenant Verano? Wie kommen Sie an die Zwillingsquelle?“
„Wie ich überall hinkam, wo ich gewesen bin, zu Fuße oder im Sattel, Señor.“
„Sie wissen, daß ich auf meine Frage eine andre Antwort erwartete. Ich will also jetzt lieber eine zweite Frage thun: wohin werden Sie von hieraus gehen?“
„Wieder hinüber zu den Abipones, um sie zu züchtigen. Natürlich begleiten Sie mich mit Ihren Leuten. Es darf keiner von diesen Hunden am Leben bleiben!“
„Sie finden meine Begleitung so sehr natürlich? Ich nicht.“
„Es ist ja selbstverständlich, daß Sie mir beistehen müssen.“
„Selbstverständlich? Müssen? Ich sage Ihnen, daß ich niemals muß. Aber wen haben wir denn noch da?“
Sein Gesicht heiterte sich auf. Er sah den „Harten Schädel“ kommen, welcher schnell auf ihn zutrat, ihm die Hand reichte und in ehrfurchtsvollem Tone, aber schlechtem Spanisch antwortete:
„Ich bin es, Señor. Ich brauche Ihnen nicht zu sagen, wie sehr ich mich freue, Sie zu sehen. Sie wissen das, ohne daß ich es Ihnen sage. Nun Sie hier sind, brauchen wir uns nicht zu fürchten.“
„Vor wem?“
„Vor den Abipones, welche sich vorbereiten, von allen Seiten auf uns einzudringen.“
„Ich habe etwas Ähnliches gehört und denke, daß es nicht so schlimm werden wird, wie es den Anschein hat. Du warst heute mit Lieutenant Verano zusammen?“
„Ja, Señor, ich und noch vier von meinen Leuten, welche sich jetzt draußen am Walde bei den Pferden befinden, die wir mitgebracht haben. Wir sechs fielen heute früh den Abipones in die Hände, welche uns nach der Zwillingsquelle schleppten, um uns morgen im See zu ersäufen. Haukaropora und der andre Knabe haben uns errettet.“
„Diese beiden? Wie ist – –“
Er hielt mitten in der Frage inne, denn er sah, daß der dunkle Himmel im Süden eine Stelle zeigte, welche eine ganz eigenartige schwefelgelbe Farbe angenommen hatte. Dann fuhr er hastig fort:
„Wie viele Abipones befinden sich da drüben?“
„Sieben- oder achtmal zehn,“ antwortete der Häuptling. „Und gerade so viel Pferde haben wir mitgebracht, denn wir nahmen ihnen alle weg, sie liefen der Madrina nach.“
„Das ist ein Abenteuer, welches ich mir sofort ausführlich erzählen lassen möchte; aber wir haben nicht die Zeit dazu. Häuptling, siehst du im Süden den gelben Strich, und weißt du, was er bedeutet?“
Der Gefragte antwortete:

„Ich habe ihn schon längst gesehen, Señor. Es naht ein Hurrican, welcher die Wälder zerbricht und das Feuer in großen Ballen vom Himmel wirft. Auch die Pferde fühlen es; sie werden unruhig und wollen nicht stehen."
„Ja, wir befinden uns in Gefahr. Bleiben wir, so können wir von den Bäumen zerschmettert werden; gehen wir fort, so rollt uns der Orkan wie Sandkörner über den Campo. Ich kenne die Gegend nicht. In zwei Stunden wird der Sturm losbrechen. Wir müssen uns also schnell entscheiden."
„Ich kenne die Gegend, Señor. Wir werden reiten, und wenn wir uns beeilen, werden wir uns noch vor dem Ausbruche des Hurricans in Sicherheit befinden."
„Wo soll unser Zufluchtsort sein?"
„Im Asiento de la mortandad"
„Welch ein schlimmer Name. Ich habe ihn noch nie gehört, weil ich in dieser Gegend noch nicht über die Zwillingsquelle hinausgekommen bin. Doch darüber später. Du glaubst also, daß wir diese Ansiedelung noch vor Ausbruch des Sturmes erreichen?"
„Ja."
„Und kennst den Weg?"
„Ich war mehr als hundertmal dort, und auch meine Leute kennen ihn."
„Ob ihr ihn aber in dieser Dunkelheit finden werdet?"
„Wir verfehlen die Richtung nicht, Señor. Sie wissen ja auch, daß es nicht mehr lange so finster bleiben wird, wie es jetzt ist. Der Himmel wird voll Feuer werden."
„Das ist wahr. Rüsten wir also zum schleunigen Aufbruche. Nehmt besonders die Gewehre in acht, daß sie nicht leiden!"
Nach diesen Worten ließ er sich von dem „Harten Schädel" hinaus zu den erbeuteten Pferden führen, welche von den vier Cambas kaum zusammengehalten werden konnten, da sie die Annäherung des Unwetters spürten.
So viele Pferde bekommen zu haben, war eigentlich ein Vorteil, welcher später sehr günstig in die Wagschale fallen konnte; in diesem Augenblicke aber hätte der Vater Jaguar lieber auf denselben verzichtet. Sie waren zwar aufgezäumt, aber nicht gesattelt; man konnte sie also nicht mit den Gegenständen beladen, die man mit sich schleppen mußte. Darum entschied er kurz:
„Wir nehmen sie mit, geben uns aber keine Mühe mit ihnen. Laufen sie gutwillig, kann es uns lieb sein; wo aber nicht, so mögen sie thun, was sie wollen."
Sechs von ihnen wurden von den Cambas und dem Lieutenant Verano bestiegen, und diese Männer erklärten sich bereit, jeder noch zwei an den Zügeln nebenher zu führen. Als der letztere die Gewehre bemerkte, welche die Leute des Vaters Jaguar aufgeladen hatten, fragte er, woher dieselben seien.
„Wir haben sie ausgegraben," antwortete Geronimo.
„Wo?"
„Unterwegs, an verschiedenen Orten."
„Tiempo tonitroso! So sind es die, welche ich suche! Ich konfisziere sie!"

„Aus welchem Grunde?“
„Sie gehören uns. Sie sind aus dem Zeughause gestohlen worden.“
„Wirklich? Das klingt wie ein Kindermärchen. Erzählen Sie es dem Vater Jaguar; der wird Ihnen die Antwort geben, welche ich doch lieber unausgesprochen lassen will.“
„Glauben Sie meinen Worten etwa nicht, Señor?“
„Ich glaube alles, was ich sehe. Bringen Sie mir das Zeughaus und die Spitzbuben hierher, so werde ich sehen, was ich zu denken habe. Übrigens haben wir jetzt auf andres zu achten. Horchen Sie da hinüber!“
Er deutete mit der Hand in der Richtung über den See. Dort war jetzt ein durchdringendes Geheul zu hören. Die Abipones hatten ihren Toten und den Verlust ihrer Pferde entdeckt. Der Vater Jaguar konnte nicht auf sie achten, denn die Gefahr drängte. Er ließ das Feuer auslöschen, und dann wurde der nächtliche Ritt mit den fünf Cambas an der Spitze begonnen.
Es zeigte sich im Verlaufe desselben, daß sie des Weges vollständig kundig waren. Sie hielten genau nach Norden zu, wo der Vater Jaguar eine weite, ununterbrochene Wüste zu finden gedacht hätte. Man ritt nicht Galopp, sondern in vollstem Laufe, und brauchte sich um die ledigen Pferde der Abipones gar nicht mehr zu bekümmern, denn sie kamen freiwillig mit. Ihr Instinkt sagte ihnen, daß das Wetter aus Süden drohe und die Rettung also im Norden zu suchen sei.
Als man nach einer halben Stunde, um die Pferde nicht zu sehr anzugreifen, eine etwas langsamere Gangart einhielt, war der gelbe Streifen am südlichen Himmel schon bedeutend breiter geworden; sein unterer, breiter Teil begann rot zu flammen. Die Folge davon war, daß die Dunkelheit der Nacht weniger tief war als ' vorher. Nach Verlauf von abermals einer halben Stunde hatte der gelbe Streifen mit seiner Basis die ganze Breite des südlichen Horizontes eingenommen und bildete mit seiner bis an den Zenith reichenden Spitze ein Dreieck, in dessen Mittelpunkte sich ein dunkler Fleck zeigte. Dieses Dreieck war so hell, daß unten eine Art von Dämmerung entstand, bei welcher man mehrere hundert Schritte weit ziemlich deutlich sehen konnte.
„Das ist das Loch, aus welchem der Sturm kommen wird,“ sagte der Vater Jaguar, indem er auf den dunklen Fleck deutete, zu Doktor Morgenstern, der mit Fritze ihm zur Seite ritt.
„Wird er gefährlich werden?“ antwortete der Genannte.
„Ob für uns, das kann ich nicht wissen; aber Schaden anrichten wird er sicherlich. So ein Orkan türmt die Wogen bergeshoch auf, reißt große Lücken in die dichtesten Wälder und wirft die festesten Häuser ein.“
„Und da wollen wir uns vor ihm in eine Ansiedelung, also in Häuser, flüchten? Daß sich Gott erbarm! Er wird sie uns über dem Kopf zusammenstürzen, und wir werden unter den Trümmern unsern unvermeidlichen Untergang, lateinisch Exitium genannt, finden.“

„Eigentlich sollte man das freilich denken; aber ich verlasse mich auf den Häuptling, welcher nicht nur die Gewalt des Orkanes, sondern auch die Verhältnisse unsres Zufluchtsortes kennt."

„Wat können uns die Verhältnisse nützen, wenn sie vom Sturm umjeworfen werden," meinte Fritze. „Ik habe schon manchen Pampero mit erlebt; aber so ein Hurrican soll noch wat janz andres sind. Ik jebe in diesem Augenblick vor mein Leben keinen roten Pfifferling. Sehen Sie Ihnen doch mal dat Himmelsjewölbe an! Ist dat noch Himmel zu nennen? Nein, wie die reine Hölle sieht es aus. Allen Respekt vor ein schönes Firmament; aber wenn es sich mit Kupferrot und Schwefeljelb überzieht, so kann's mich bange werden. lk habe auch kein Vertrauen zu die Ansiedelung. Ansiedelung von die Niedermetzelung! Wat haben wir dort zu erwarten? Wat Besseres wohl nicht!"

Es war gar kein Wunder, daß selbst Fritze ein Grauen verspürte, der komische Kauz, welcher sich sonst nicht so leicht aus der Fassung bringen ließ. Der Himmel sah jetzt wirklich höllisch aus. Das Dreieck wuchs immer weiter nach Norden und wurde an seiner Grundfläche breiter und breiter. Dieselbe nahm, als man anderthalb Stunden geritten war, schon die Hälfte des Horizontes ein.

Bei dem jetzt herrschenden Dämmerscheine war zu sehen, daß der Ritt über eine mit kurzem Grase bewachsene Fläche ging, welche sich hier und da zu niedrigen Hügeln erhob. Diese wurden nach und nach häufiger und höher. Meist waren sie von sanft abgerundeter Gestalt, doch kam man auch an einigen vorüber, welche schroffe Felsenbildung zeigten.

„Das beruhigt mich," sagte der Vater Jaguar. „Den besten Schutz können wir an der Nordseite eines festen Felsens finden. Und da ein jeder, der sich hier niederläßt, mit den Verhältnissen des Landes, also auch mit den verheerenden Stürmen zu rechnen hat, so steht zu erwarten, daß die Ansiedelung, welcher wir entgegeneilen, an einer so geschützten Stelle angelegt worden ist."

Es sollte sich bald zeigen, daß er ganz richtig vermutet hatte. Man gelangte zwischen Hügeln hindurch in ein breites Thal, welches auf der südlichen Seite von einer hohen Felsenmauer und auf der nördlichen von sanften, bewaldeten Höhen eingefaßt wurde. Auf der Sohle desselben wuchs niedriges Gebüsch und reiches Gras, und in der Nähe der Felsen standen sechs einzelne Gebäude, welche die frühere Niederlassung gebildet hatten.

Solche Ansiedelungen hat es im Gran Chaco früher viele gegeben. Man stößt noch heutigen Tages auf die Trümmer derselben. Die Weißen kamen in das Land der Roten, setzten sich in demselben fest und benahmen sich als rechtmäßige Eigentümer, ohne an die Zahlung eines Kaufpreises oder an sonst eine Entschädigung zu denken. Sie suchten sich natürlich die besten, schönsten und fruchtbarsten Stellen aus und schossen jeden Roten, der es wagen wollte, ihnen ihr angemaßtes Recht streitig zu machen, einfach nieder. Da aber der Nachschub ausblieb, so waren solche einzelnen Ansiedler doch zu schwach, sich längere Zeit oder gar für immer gegen die zahlreicheren Indianer zu

halten, und so zogen sie sich entweder noch rechtzeitig zurück oder wurden, wenn sie hartnäckig auf der geraubten Scholle sitzen blieben, ausgerottet. Das angebaute Land verwilderte wieder. Der Wind wehte die Pflanzensamen in die Gebäude; die Keime entwickelten sich zu Sträuchern und Bäumen, welche die Mauern und Dächer sprengten. Schlinggewächse krallten sich an den Ziegeln und Balken fest und überzogen sie mit einer dicken, feuchten Blätterdecke, unter welcher sie vermoderten und nach und nach in Staub zerfielen.
In dieser Weise ruinenhaft lag die „Ansiedelung der Niedermetzelung“ nun freilich nicht da. Sie war von neuerem Datum und außergewöhnlich gut erhalten. Die Wände der Gebäude bestanden nicht aus dem hier gewöhnlichen Materiale, sondern aus festen Holzstämmen, welche tief in die Erde gerammt worden waren. Die Dächer waren aus dicken Schilflagen zusammengesetzt, welche von Bastseilen von bedeutender Stärke getragen wurden. Diese Seile hatten ebenso wie das Schilf der Witterung widerstanden. Infolge ihrer Elastizität gaben sie jedem Windstoße nach, so daß selbst der wildeste Orkan, welchem kein Dach widerstanden hätte, ihnen nichts anzuhaben vermocht hatte. Die Plankenwände hatten dieselbe Widerstandsfähigkeit gezeigt. Sie waren zwar auch reich mit Schlinggewächsen und andern Pflanzen überwuchert, von ihnen aber nicht zerstört, ja kaum angegriffen worden, vielmehr hatten diese eine lebendige, dicke Schutzmauer gebildet, durch welche kein Wind und Regen zu dringen vermochte. Fenster gab es nicht, und die Eingänge waren nicht mit Thüren versehen. Vor und zwischen diesen Gebäuden standen Sträucher, aus denen sich uralte Bäume erhoben. Diese hatten manchen Sturm erlebt, wie die am Boden liegenden starken Äste bewiesen, welche abgerissen worden und dann verdorrt waren.
Als die Reiter um die Felsenecke bogen und die sechs Gebäude liegen sahen, rief der Häuptling der Cambas, ihr Führer, aus:
„Wir sind an Ort und Stelle, Señores. Laßt die Pferde laufen, und dann schnell unter die Dächer; der Hurrican kann uns dort nichts anhaben!“
„Nein, nicht so!“ widersprach der Vater Jaguar. „Wer sich vor Schaden bewahren will, der höre auf mich! Haltet hier beim ersten Hause an! Ich kehre gleich zurück.“
Er galoppierte an den Gebäuden hin und dann wieder her, um mit dem Auge ihre Länge und Tiefe zu messen und daraus zu berechnen, wie viele Personen oder Pferde ein jedes aufnehmen könne. Dann fuhr er fort:
„Die Pferde dürfen wir nicht freilassen: sie würden im Orkan davonlaufen. Sie müssen mit in die Häuser. Diese aber müssen erst gereinigt werden.“
„Wovon denn?“ fragte Lieutenant Verano.
„Das können Sie sich nicht denken? Sie sollen es sogleich sehen.“
Er beorderte hinter jedes Gebäude einige seiner Leute und gab ihnen den Auftrag, dort zu schreien, zu lärmen und mehrere Schüsse abzugeben. Als dieser Befehl ausgeführt wurde, sah man, was der Vater Jaguar mit dieser Reinigung gemeint hatte. Der Dämmerschein war hell genug, um allerlei Getier erkennen zu lassen, welches durch das

Lärmen und Schießen aufgeschreckt worden war und nun aus den Thüröffnungen hervorgeschossen kam; sogar ein Puma war dabei.
„Nun sind höchstens noch Schlangen darin, vor denen wir uns zu hüten haben," bemerkte der umsichtige Anführer. „Treibt zunächst die Pferde in die vier nächsten Gebäude! In den zwei andern finden dann wir Unterkunft. Nachher das dürre Holz gesammelt, damit wir Feuer machen können; aber schnell, denn das Unwetter scheint losbrechen zu wollen!"
Starke Windstöße begannen durch das Thal zu pfeifen; sie brachten große, schwere, jetzt noch vereinzelte Wassertropfen mit sich. Die Männer waren fieberhaft thätig; in kaum zehn Minuten waren die Befehle Hammers ausgeführt. Die Pferde, welche sogar noch abgesattelt worden waren, standen in den Räumen, und diejenigen Männer, welche bei ihnen waren, um sie zu beaufsichtigen, brannten Feuer im Innern in der Nähe der Thüren an. Feuer brannten auch in den zwei Gebäuden, welche zur Aufnahme der übrigen Personen bestimmt waren. Dort hinein war auch alles Gepäck geschafft worden, welches die Schar bei sich geführt hatte. Aber es war die höchste Zeit gewesen, daß man damit zu stande gekommen war, denn jetzt brach das Wetter, als ob es nur darauf gewartet hätte, mit einer Gewalt los, welche aller Beschreibung spottete.
Der vorher gelbhelle Himmel hatte sich mit einem Schlage schwarz gefärbt; ein Ächzen, Stöhnen, Dröhnen und Heulen wie von tausend Teufeln ging durch das Thal; der Orkan war da; die Gebäude zitterten unter seiner Gewalt; sie schienen sich zu biegen, wurden aber durch ihre Elastizität gehalten, und dann that es plötzlich einen Krach, als ob ein Berg eingestürzt sei. Das war der Regen, welcher mit einem Male, und zwar nicht in Tropfen, sondern in geschlossener Masse wie ein See herniederstürzte.
Dieser Regen ergoß sich mit dem Getöse eines großen Wasserfalles, wurde aber dennoch von der Stärke der Donnerschläge übertönt. Blitze zuckten durch die tiefdunkle Nacht oder vielmehr durch den Regensee, und auch das Wort Blitze ist nicht der richtige Ausdruck, denn es waren Feuerflammen, welche aus der Erde aufzuckten, und Feuerklumpen, welche aus den Wolken niederfielen. So ging es Schlag auf Schlag, Krach auf Krach, Feuerball auf Feuerball, eine ganze Stunde lang und auch noch eine zweite. Es war ganz unmöglich, sich zu unterhalten, denn niemand konnte sein eigenes Wort verstehen. Die Männer saßen still am Boden, welcher aus festgestampfter Erde bestand, und konnten sich nur durch Pantomimen die nötigen Mitteilungen machen.
Noch schlimmer aber waren diejenigen daran, welche sich bei den Pferden befanden. Die Tiere hatten natürlich nicht angebunden werden können; soweit die vorhandenen Riemen, Stricke und Schnuren zureichten, hatte man ihnen die Beine gefesselt; aber dies war nicht bei allen geschehen, und so gab es außer dem Schnauben und Wiehern ein Stampfen, Schütteln und Umsichschlagen, welches ganz wohl lebensgefährlich genannt werden konnte.
Jetzt gab es noch einen entsetzlichen Donnerschlag, den stärksten von allen, aber auch den letzten; Himmel und Erde schienen nicht nur in Flammen zu stehen, sondern ein

einziges Feuermeer zu bilden; dann trat eine Stille ein, welche so plötzlich kam, daß sie geradezu unheimlich wirkte. Keiner wagte ein Wort zu sagen; die meisten glaubten, daß der Aufruhr der Elemente nur einen Augenblick ausgesetzt habe, um sofort wieder zu beginnen; dem war aber nicht so. Der Vater Jaguar stand von dem Platze auf, an welchem er gesessen hatte, ging an dem Feuer vorüber nach der Thür, sah hinaus, wo die Wasser wie ein einziger, thalbreiter Fluß vorüberrauschten, und meldete dann:

„Es ist vorüber. Der Himmel steht voller Sterne. Gott sei Dank!"

„Ja, Gott sei Lob und Dank!" seufzte Doktor Morgenstern erleichtert auf, indem er sich mit beiden Händen über das todesbleiche Gesicht wischte. „So etwas habe ich doch noch nicht erlebt. Ich habe eine Angst ausgestanden, welche gar nicht zu beschreiben ist. Da war doch jeder Donnerschlag ein Gebrüll, lateinisch Rugitus oder auch Mugitus geheißen, und jeder Blitz eine Feuersbrunst, Incendium, welche alles zu verzehren drohte!"

„Ja, dat ist wahr," stimmte Fritze bei. „Mir wundert es nur, daß wir nicht erschlagen worden sind, da wir bei dat Wetterleuchten und die vielen Blitze auch noch sechs Feuer jebrannt haben!"

„Allerdings! Die Wissenschaft hat bewiesen, daß der Blitz vom Feuer angezogen wird. Es ist ein wahres Wunder, daß es hier nicht eingeschlagen hat."

„Das war nicht wohl zu befürchten, da der Wald da droben ein sehr guter Blitzableiter war," bemerkte der Vater Jaguar. „Nun aber will ich sogleich einmal nach den Pferden sehen, ob sie sich beschädigt haben."

Er ging hinaus und hatte bis an die Knie im Wasser zu waten, wo es vorher ganz trocken gewesen war. Die Tiere ließen zwar noch Zeichen von Unruhe sehen, standen aber still an ihren Plätzen. Nennenswerte Beschädigungen waren nicht zu bemerken. Einen so guten Ausgang hatte man kaum erhoffen dürfen.

Als er von dieser Besichtigung zurückkehrte, stand Lieutenant Verano gerade im Begriff, sein Abenteuer zu erzählen. Als dieser Hammer kommen sah, wendete er sich ihm mit den Worten zu:

„Sie kommen gerade recht, Señor, um zu hören, welche Ansprüche ich an die Gewehre habe, welche Sie sich angeeignet haben."

„Angeeignet? Daß ich nicht wüßte! Ich habe sie in einstweilige Verwahrung genommen," antwortete der Deutsche in sehr zurückhaltender Weise.

„Mit welchem Rechte, wenn ich fragen darf?"

„Sie sagen ganz richtig: wenn ich fragen darf. Welches Recht haben Sie, mich zu fragen?"

„Ich bin der Beauftragte des Generals Mitre."

„Das würde ich gelten lassen, falls Sie es beweisen könnten."

„Welche Beweise verlangen Sie?"

„Eine schriftliche Vollmacht."

„Welche Zumutung! Meinen Sie, daß man solche Schriftstücke mit sich im Gran Chaco herumschleppt?"

„Das ist allerdings notwendig, wenn man als Bevollmächtigter anerkannt werden will."
„Ich gebe Ihnen mein Ehrenwort, Señor. Das wird doch hoffentlich genügen," fuhr Verano zornig auf. „Oder etwa nicht, dann – – –"
Er machte mit der Hand eine drohende Bewegung nach dem Messer.
„Lassen Sie das Ding stecken! Wer mir die Klinge zeigt, bekommt meine Faust zu fühlen. Ich erkläre Ihnen ganz gern, daß mir Ihr Ehrenwort genügt, denn Sie sind zwar ein höchst gewaltthätiger Mann, aber daß Sie sich einer ehrenrührigen Handlung schuldig gemacht hätten, das habe ich noch nicht gehört."
„So sind wir also einig?"
„Ja und auch nein. Verstehen Sie mich nur richtig. Zu glauben, daß Sie der Bevollmächtigte des Generals sind, dazu genügt mir Ihr Ehrenwort allerdings. Welche Vollmacht aber haben Sie erhalten?"
„Nach den abhanden gekommenen Gewehren zu forschen."
„Sind sie gestohlen worden?"
„Ja."
„Nun, und wenn Sie den Dieb entdecken?"
„So habe ich Bericht zu erstatten."
„Und dann?"
„Dann – –? Nun, dann wird der General das weitere verfügen."
„Schön! jetzt sind wir freilich einig. Sie haben nach gestohlenen Gewehren zu forschen, im Entdeckungsfalle Bericht zu erstatten, und dann das weitere abzuwarten. Ich habe Gewehre gefunden; ob diese aber diejenigen sind, welche – –"
„Bitte, Señor!", unterbrach ihn der Lieutenant, „sie sind es. Während Sie jetzt fort waren, habe ich mir eine Anzahl derselben angesehen. Es sind dieselben, welche heimlich aus dem Zeughause fortgeschafft worden sind. Der General hat selbst den Verlust entdeckt und sofort, ohne daß jemand davon erfuhr, die eingehendsten Nachforschungen anstellen lassen. Was sich ergab, mußte überraschen. Höchst wahrscheinlich hat der Zeugmeister sich bestechen lassen. Er gab mehrere hundert Gewehre nebst reichlicher Munition in die Hände von Leuten, welche einen Aufruhr planen. Wer an ihrer Spitze steht, war noch nicht zu erfahren; gewiß aber ist, daß der Stierfechter Antonio Perillo dabei die Hand im Spiele hat. Dieser Mann ist kurz nach dem Diebstahle, also vor einigen Monaten, mit Arbeitern und Werkzeugen und Waffen nebst Schießbedarf über den Rio Salado gegangen und später nur mit den Arbeitern und Werkzeugen zurückgekehrt. Er hat die Waffen nicht verkauft oder verteilt, sondern vergraben. Wozu hätte er sonst Spaten und Schaufeln mitgenommen? Man wollte und mußte erfahren, wo dies geschehen ist.
Und da ich den Chaco kenne und zugleich Offizier bin, wurde mir der Auftrag, auch über den Salado zu gehen, um nachzuforschen. Die Abipones sind gegenwärtig regierungsfeindlich gesinnt; an sie durfte ich mich also nicht wenden; ich suchte also die Cambas auf und traf den Häuptling mit vier Kriegern, von denen der eine zur

angegebenen Zeit weiße Männer an der Zwillingsquelle gesehen hatte. El Craneo duro war sofort bereit, mit mir nach diesem Orte zu reiten. Unterwegs trafen wir auf eine Schar von über achtzig Abipones, welche, wie mir der Häuptling sagte, vom Palmensee zu kommen schienen. Sie behandelten uns feindlich; ich wehrte mich und schoß einige von ihnen tot, wurde aber mit meinen Begleitern überwältigt, entwaffnet, ausgeraubt und nach der Quelle geschafft, wo wir heute früh ertränkt werden sollten. Diese beiden Knaben hier haben uns gerettet. Ich hörte, wo Sie die Waffen gefunden haben, und da dieselben unbedingt die gesuchten sind, bin ich überzeugt, daß Sie mir dieselben ausliefern werden."

„Nein, Señor, das werde ich nun doch nicht thun. Berichten Sie an den General; was dieser dann bestimmt, das wird geschehen. Zunächst könnten Sie weder die Gewehre noch die Munition verwerten; ich aber brauche sie höchst notwendig."

„Wozu?"

„Um die Cambas zu bewaffnen und mit ihrer Hilfe die Feinde des Generals zu schlagen. Ich weiß nämlich mehr als Sie wissen, und werde es Ihnen mitteilen."

Er erzählte ihm das bisher Erlebte. Als er das gethan hatte, war der zwar rohe und gewaltthätige, aber höchst patriotische Offizier mit Freuden bereit, auf seine Forderung zu verzichten. Er bat, sich der Schar anschließen zu dürfen, was ihm auch gewährt wurde, doch unter der Bedingung, daß er sich dem Vater Jaguar unterzuordnen habe.

Als dies erledigt war, wollte Hammer die Heldenthat der beiden Jünglinge kennen lernen. Haukaropora weigerte sich in seiner Bescheidenheit, zu erzählen, folglich mußte Anton Engelhardt den Bericht erstatten. Er that dies in der Weise, daß die Klugheit, die Umsicht und die Tapferkeit des Inka vollständig zur Geltung kamen. Er wurde nicht nur belobt, sondern sogar bewundert, doch bat ihn der Vater Jaguar, ein andres Mal erst ihn um Rat zu fragen. Der Offizier aber bekam einen Verweis dafür, daß er zwei Menschen ohne Not getötet hatte. Während man die Heldenthat der beiden jungen Freunde noch besprach, zog der alte Anciano seinen Zögling auf die Seite, umarmte ihn und sagte, unbedachtsamerweise in spanischer Sprache:

„Du bist ein Held und hast gezeigt, was du bist, el Hijo del Inka!"

Hammer stand nahe dabei, hörte diese Worte und sagte im stillen zu sich:

„Ah! Also hat meine Ahnung mich nicht getäuscht. Das Dunkel wird schon heller. Er ist ein Nachkomme der alten Herrscher von Peru – – el Hijo del Inka, der Sohn des Inka!"

Eine Urwaldschlacht

Nach dem nächtlichen Unwetter war ein heiterer Morgen angebrochen. Die Regenwasser hatten sich verlaufen; der Hochwald dampfte, und im Thale unten wogte zwischen dem Gesträuch das saftige Gras hoch wie ein Ährenfeld. Die Pferde wurden aus den Gebäuden gelassen, um sich an diesem Grün zu laben, denn von einem Aufbruche

konnte jetzt noch keine Rede sein, da die Tiere sich nach dem nächtlichen Parforceritte ausruhen mußten und man jetzt auch noch gar nicht wußte, wohin man sich zu wenden hatte. Dieses letztere mußte erst noch besprochen werden.
Die Männer nahmen von den mitgebrachten Vorräten ein Frühstück, um sich nach demselben zur notwendigen Beratung zusammenzusetzen. Dabei war zu bemerken, daß Lieutenant Verano dem alten Anciano eine mehr als gewöhnliche Aufmerksamkeit schenkte. Seine Blicke kehrten wieder und immer wieder zu diesem zurück, so daß der Indianer, welcher dies gar wohl bemerkte, endlich fragte:
„Sie betrachten mich fortwährend, Señor. Hat dies einen besondern Grund?"
„Ja," antwortete der Offizier.
„Darf ich erfahren, welchen? Komme ich Ihnen vielleicht bekannt vor? Hätten Sie mich schon einmal gesehen?"
„Sie wohl nicht. Meine Aufmerksamkeit gilt nur Ihrem langen, weißen Haare, welches mich an einen Skalp erinnert, den ich einmal gesehen habe."
„Skalp? Was ist das?"
„Die Indianer Nordamerikas haben die Gewohnheit, ihren getöteten Feinden die Kopfhaut abzuziehen und als Zeichen des Sieges und der Tapferkeit aufzubewahren. Eine solche Haut wird Skalp genannt. Es ist ganz dasselbe, was wir spanisch sprechenden Leute mit Piel del cráneo bezeichnen."
An welcher Beziehung stehe denn ich mit dieser Kopfhaut?"
„Es ist eine Ähnlichkeit. Der Skalp, von welchem ich spreche, hatte ein ebenso langes und dichtes weißes Haar, wie Sie tragen."
Anciano horchte auf. Seine Züge nahmen den Ausdruck der Spannung an, als er fragte:
„Ein ebensolches Haar? Das wäre doch höchst merkwürdig! Ich glaube nicht, daß ein Weißer sein Haar in meiner Weise trägt."
„Ich habe das allerdings auch noch nie gesehen. Übrigens hatte die Kopfhaut einem Indianer angehört."
„Wohl einem nordamerikanischen?"
„Nein, sondern einem hiesigen."
„Von welchem Stamme war er?"
„Das weiß ich nicht. Ich fragte zwar danach, doch gab mir der Besitzer des Skalpes keine genügende Antwort."
„Wo sahen Sie die Haut?"
„In Buenos Ayres."
„Bei wem?"
„Bei dem Stierkämpfer Antonio Perillo. Ich war einmal mit einem Freunde bei ihm. Er hatte sein Zimmer mit allerlei Trophäen ausgeschmückt, unter denen sich diese Haut befand."

„Antonio Perillo, der Espada! Er ist es ja, mit dem wir wahrscheinlich zusammenstoßen werden! Man sagt, daß er wiederholt im Westen gewesen sei. Hat er Ihnen mitgeteilt, auf welche Weise er zu dieser Haut gekommen ist?“
„Ja. Er hat mit einem Indianer auf Leben und Tod gekämpft und ihn besiegt. Als Andenken an diesen schweren, lebensgefährlichen Kampf hat er den Skalp seines Feindes mitgenommen.“
„Wo hat dieser Kampf stattgefunden? Sagen Sie schnell, wo!“ bat Anciano im Tone außerordentlicher Erregung.
„In der südlichen Pampa. Das war alles, was ich erfahren konnte.“
„Da unten? Da ist es freilich anders, als ich dachte.“
Er atmete bei diesen Worten hörbar und wie erleichtert auf. Sein Gesicht nahm wieder den Ausdruck der Gleichgültigkeit an, veränderte sich aber sofort wieder, als der Lieutenant bemerkte:
„Das Haar war wirklich prächtig, schöner noch als das Ihrige. Es wurde von einer Spange zusammengehalten, und der, welcher es getragen hat, muß ein sehr alter und wohl auch armer Mann gewesen sein.“
„Von einer Spange?“ rief Anciano aus, indem er eine Bewegung der Überraschung machte. „Wie sah diese Spange aus? Und warum glauben Sie, daß der Mann arm gewesen ist?“
„Weil sie von Eisen war, während ein wohlhabender Mann doch, wenn er sich solcher Zieraten bedient, solche von wertvollerem Metalle wählt. Die Spange hatte an ihrer vorderen Seite die Form einer Sonne mit zwölf Strahlen.“
„Zwölf Strahlen!“ schrie Anciano förmlich, indem er aufsprang. „Señor, diese Spange war nicht aus Eisen, sondern vom reinsten Golde. Der Besitzer hatte sie aber künstlich geschwärzt, um nicht die Habsucht andrer zu erwecken.“
„Woher wissen Sie das? Haben Sie den Mann gekannt, welchem dieser Schmuck gehörte?“
„Ob ich ihn gekannt habe! Er war mein Gebieter, ein Herrscher über – –“
Er war im höchsten Grade erregt. Seine Augen blitzten; er hatte sein Messer aus dem Gürtel gerissen und machte mit demselben Bewegungen, als ob er einen vor ihm stehenden Feind erstechen wolle. Er hätte noch mehr gesagt, vielleicht sein ganzes Geheimnis verraten; aber Haukaropora war auch aufgesprungen, legte ihm die Hand auf den Arm und unterbrach ihn in warnendem Tone:
„Still, mein Vater! Der Mann war ein Indianer, weiter nichts; aber dennoch müssen wir erfahren, ob er in rechtlichem Kampfe getötet worden ist. Wenn nicht, dann wehe seinem Mörder! Er war trotz seines Alters so stark und tapfer, daß er niemals überwunden wurde. Soll ich da glauben, daß er von diesem Antonio Perillo besiegt worden ist? Nein und abermals nein! Er ist ermordet worden.“
„Ganz gewiß, ganz gewiß!“ stimmte der Alte bei. „Wir brauchen nach dem Mörder nicht zu forschen; Perillo hat zugegeben, daß er selbst ihn getötet hat. Wir wissen, daß er

hinter uns herkommt; er wird in meine Hände fallen, und dann soll er uns Rede und Antwort geben!"
„Ja, reden soll er, und die Antwort gebe ich ihm mit diesem da!"
Der Inka schwang seinen Streitkolben, auf den sich seine Worte bezogen, um den Kopf. Er war fast noch mehr erregt, als sein Anciano, beherrschte sich aber schnell, als er sah, daß die Anwesenden ihn erstaunt anblickten, nahm eine gleichgültige Miene an, setzte sich wieder nieder und legte den Kolben neben sich hin.
Aber nicht nur diese beiden waren von der Mitteilung des Lieutenants so tief berührt worden; es gab einen dritten, welcher ihr eine ebenso große, wenn auch ruhigere Aufmerksamkeit schenkte. Dieser dritte war der Vater Jaguar. Von da an, wo der Skalp erwähnt wurde, bis zum letzten Augenblicke hatte er die Reden mit der größten Spannung verfolgt. Er saß neben dem Inka und griff jetzt nach dem Streitkolben, um denselben zu betrachten. Die Waffe war schwarz, wie von einem dunkeln Firnis überzogen. Er besah sie sehr genau, legte sie dann wieder hin, ohne eine Miene zu verziehen, und sagte:
„Ich halte es nicht für notwendig, sich jetzt über den Skalp zu ereifern. Noch wißt Ihr nicht, ob es wirklich die Kopfhaut Eures Bekannten ist. Wir werden es erst später genau erfahren."
„Nein, ich weiß es sicher," antwortete Anciano; „die Spange ist der Beweis, daß ich mich nicht irre."
„Dennoch haben wir jetzt Notwendigeres zu besprechen," entgegnete Hammer, indem er dem Alten einen verstohlenen Wink gab, zu schweigen. „Es gilt, zu beraten, wohin wir uns von hier aus wenden sollen."
„Doch jedenfalls nach dem Palmensee," antwortete der Lieutenant Verano. „Das war ja schon vorher Ihr Ziel und muß es nun erst recht bleiben, da die Verschwörer dort zusammen kommen wollen."
„Ich glaube zwar nicht, daß schon jemand von ihnen dort ist, möchte diesen See aber dennoch vermeiden. Man könnte später durch einen Zufall entdecken, daß wir dort gewesen sind, und das könnte zum Mißlingen meines Planes führen."
„Hast du denn schon einen Plan?" fragte Geronimo.
„Beinahe. Wir wissen, daß die Abipones gegen die Cambas wollen, und könnten dieses Vorhaben vielleicht schon im Keime zunichte machen. Ich sage mit Absicht: vielleicht, denn ich befürchte, daß wir zu schwach dazu sind. Die Abipones können sich schon jetzt auf dem Kriegsfuße befinden, und in diesem Falle dürfen wir bei unsrer Minderheit nicht wagen, es mit ihnen aufzunehmen."
„Das meine ich auch. Die Burschen sind zwar furchtsam und scheuen einen offenen Angriff; zu einem nächtlichen Überfalle aber sind sie stets bereit, und da habe ich vor ihren vergifteten Pfeilen den größten Respekt. Wir müssen uns verstärken, und das kann nur mit Hilfe der Cambas geschehen."
„Allerdings. Es fragt sich, ob sie ahnen, was ihnen bevorsteht."

Da antwortete der „harte Kopf“:
„Unsre Leute wissen nichts davon, daß sie überfallen werden sollen. Wir leben in Feindschaft mit den Abipones, aber daß sie jetzt einen Kriegszug gegen uns vorhaben, das war uns ganz unbekannt. Wir müssen sobald wie möglich aufbrechen, um ihnen die Nachricht zu bringen und sie vorzubereiten. Der Zug wird gegen unser größtes und reichstes Dorf gerichtet sein.“
„Woher weißt du das?“
„Die Abipones, welche uns gestern fingen, sprachen ganz offen davon. Da wir heute früh ersäuft werden sollten, so glaubten sie, ganz sicher zu sein, daß wir nichts verraten könnten.“
„Wo liegt dieses Dorf und wie weit ist es von hier entfernt?“
„Es liegt an dem Wasser, welches die Weißen den Arroyo claro nennen, und wenn wir gut reiten, können wir nach drei Tagemärschen dort sein.“
„Wie ist die Gegend beschaffen, durch welche wir müssen? Ist sie unbewohnt?“
„ES gibt Wald, offenes Feld und auch mehrere Dörfer der Abipones, welche wir aber vermeiden können, wenn wir den Ritt von hier aus unternehmen. Wollten wir aber erst den Palmensee aufsuchen, so würden wir von dort aus längere Zeit durch feindliches Gebiet zu reiten haben.“
„Hm!“ brummte der Vater Jaguar nachdenklich in den Bart. Er blickte eine Weile vor sich nieder und fuhr dann fort: „Und dennoch halte ich es für besser, erst nach dem Palmensee zu gehen. Vorhin wollte ich das vermeiden; nun ich aber genau erfahren, wohin die Gegner wollen, muß mir daran hegen, den Weg, welchen sie einzuschlagen haben, kennen zu lernen. Hältst du es denn gar nicht für möglich, vom Palmensee aus nach dem „klaren Bache“ zu gelangen, ohne von den Abipones gesehen zu werden?“
„Ihre Dörfer könnten wir umreiten, Señor, aber daß wir einzelnen von ihnen begegneten, das wäre wohl nicht zu vermeiden.“
„Einzelne sind nicht zu scheuen. Wir würden sie ergreifen und gefangen mit uns nehmen, so daß sie den Ihrigen keine Nachricht von uns gehen können. Ich habe auch noch einen andern Grund. Unser Fleischvorrat geht zu Ende, und uns drei Tage lang vom Ertrage der Jagd zu ernähren, dazu haben wir keine Zeit. Durch den dabei entstehenden Aufenthalt könnten aus den drei leicht fünf oder sechs Tage werden. Die Abipones aber besitzen, wie ich weiß, Rinder, von denen wir eins oder gar einige heimlich wegfangen können. Da kommen wir ohne Mühe und Zeitverlust zu Fleisch. Wie weit ist es von hier bis zu dem Palmensee?“
„Einen halben Tagesritt.“
„Gut, dann brechen wir um die Mittagszeit von hier auf, so daß wir am Abend dort ankommen. Es ist ja nicht notwendig, daß wir ganz bis zum See reiten. Meine Absicht geht ja nur dahin, in die Gegend desselben zu kommen. Kennst du denn den geraden Weg nach dem klaren Bache?“
„Ich kenne jeden Baum und Strauch, an dem wir vorüberkommen werden.“

„So können wir uns also auf dich verlassen. Es bleibt dabei: zu Mittag geht's von hier fort."
Es hatte keiner etwas dagegen einzuwenden, doch meinte Doktor Morgenstern Grund zu der Bemerkung zu haben:
„Ihre Absicht und Ihren Plan in allen Ehren, aber ich habe doch auch Absichten und Pläne, an die ich Sie erinnern muß. In welcher Richtung liegt denn der klare Bach, zu welchem Sie wollen?"
„Nach Nordwesten," antwortete der Häuptling.
„Ist die dortige Gegend eben oder bergig?"
„Es gibt Berge."
„Dann erhebe ich Einspruch, Señores! Sie wissen, daß ich nicht wegen der Cambas, sondern um Ausgrabungen vorzunehmen, in dieses Land gekommen bin. Die Tiere, deren Überreste ich suche, haben nicht auf den Bergen, sondern in der Ebene gelebt. Je weiter ich mich von der letzteren entferne, desto mehr schwindet mir die Hoffnung, etwas zu finden. Ich erhebe also Widerspruch, lateinisch Contradktio oder auch Repugnantia genannt."
„Ihr Widerspruch wird leider ohne Erfolg sein," antwortete der Vater Jaguar. „Wir können doch nicht Ihrer Ausgrabungen wegen die Cambas berauben oder gar ermorden lassen!"
„Ebensowenig kann ich dieser Leute wegen auf mein Mastodon oder Megatherium verzichten, welches ich finden möchte. Ich beantrage, daß die Wissenschaft berücksichtigt werde. Ist dies nicht der Fall, so thue ich – – –"
Er hielt inne.
„Nun, was wollen Sie thun?" fragte Hammer.
„Hm! Ich bleibe zurück, um meine Nachforschungen auf eigene Faust vorzunehmen."
„Ich rate Ihnen, davon abzusehen. Sie würden sehr bald in die Hände der Indianer fallen. Oder haben Sie vergessen, daß Sie sich schon einmal in Gefangenschaft befanden?"
„Ja, das ist freilich wahr; aber wenn ich nichts wage, so gewinne ich nichts. Ich habe mir nun einmal vorgenommen, ein vorweltliches Tier nach Hause zu bringen. Die Reise, lateinisch Profectio oder auch Peregyinatio genannt, hat Geld gekostet, und das will ich doch nicht umsonst ausgegeben haben."
Der „harte Kopf" hatte aufmerksam zugehört. Es war ihm nicht klar, was der kleine Mann meinte, aber er ahnte es und erkundigte sich jetzt:
„Dieser Señor spricht von Tieren und vom Ausgraben. Gehört er vielleicht zu den sonderbaren weißen Leuten, welche in der Pampa nach Knochen graben, um dieselben in die großen Städte zu bringen und dort zusammenzustellen?"
„Ja, er gehört zu ihnen," antwortete Hammer lächelnd.
„So braucht er nicht hier zu bleiben und sich in die Gefahr zu bringen, von den Abipones gefangen genommen oder gar getötet zu werden. Ich weiß, wo solche Knochen zu finden sind."

„Wo denn, wo?“ fragte der kleine Gelehrte schnell.

„Ich kenne mehrere Orte. An einem derselben werden wir vorüberkommen. Es ist der Pantano de los Huesos. Dieser Name sagt Ihnen, daß das Gewünschte dort zu finden ist.“

„Wirklich, wirklich? Ein Knochensumpf?“ erkundigte sich Morgenstern mit großem Eifer. „Welchem Tiere gehören denn die Knochen an?“

„Das weiß ich nicht. Und dann kenne ich auch nicht – –“. Er stockte für einige Augenblicke, fuhr dann aber fort: „Die Señores sind gekommen, uns gegen unsre Feinde beizustehen, und aus Dankbarkeit dafür will ich sagen, daß ich einen Ort kenne, wo ein Tier in der Erde steckt' welches so groß gewesen sein muß, wie es jetzt keins mehr gibt. Wir haben es zufällig gefunden und wollten es an einen der Weißen, welche solche Knochen suchen, gegen Geld verhandeln. Da Sie uns aber gegen die Abipones helfen wollen, werde ich es Ihnen schenken.“

„Was? Wie? Ein so großes Tier, wie es jetzt keins mehr gibt?“ fragte Morgenstern schnell. „Was ist es für eins? Vielleicht ein Glyptodon?“

„Das kann ich nicht sagen. Ich habe diesen Namen noch nie gehört.“

„Wie groß ist es denn? Wie lang und wie hoch?“

„Auch das weiß ich nicht, denn wir haben es nicht ganz gesehen.“

„Nicht ganz? O wehe! Dann sind vielleicht nur einzelne Knochen vorhanden!“

„Nein; es ist ganz. Wir haben gegraben, bis die sämtlichen Rückenknochen zu sehen waren.“

„Und dann? Dann habt ihr sie wohl durcheinander geworfen?“

„Nein, wir hatten erfahren, daß ein zerbrochenes Tier nicht so viel wert ist, wie ein unverletztes. Darum ließen wir es, wie es war, und deckten es sorgfältig mit Erde zu.“

„Bravo, bravo! Das war sehr klug, sehr gescheit gehandelt! Ich ersehe daraus, daß ihr Indianer doch nicht so dumm seid, wie man euch uns geschildert hat. Ich muß dieses Tier haben! Wo steckt es? Wo ist der Ort? Wann werden wir hinkommen? Doch sobald wie möglich?“

„Die Stelle befindet sich einen ganzen Tagesritt hinter unsrem Dorfe.“

„Das ist mir gar nicht lieb, ganz und gar nicht! Ich beantrage, sofort aufzubrechen, Señores! Ich sehe wirklich nicht ein, weshalb wir so lange hier sitzen bleiben wollen!“

„Nur langsam, langsam!“ lachte der Vater Jaguar. „Erst wollten Sie hierbleiben, und nun können Sie nicht schnell genug fortkommen. Wir haben noch so viel zu thun, daß wir vor Mittag nicht aufbrechen können.“

„Zu thun? Was denn? Ich wüßte nicht, was wir noch zu arbeiten hätten!“

„Denken Sie an die vielen Pferde, welche wir jetzt haben, und an unser Gepäck. Wir müssen das letztere den ersteren zu tragen geben, haben also Packsättel anzufertigen.“

„Packsättel? Wir haben ja weder Leder noch sonstiges Material dazu?“

„Material ist genug vorhanden. Man muß sich nach den Umständen richten. Aus Zweigen, Laubwerk, Schilf und Gras lassen sich Sättel anfertigen, welche länger als drei Tage zu gebrauchen sind. Aus Schlingpflanzen, welche hier in Hülle und Fülle zu haben sind, drehen wir Seile, womit die Sättel befestigt und die Pferde aneinander gebunden werden. Haben wir auf diese Weise eine zusammenhängende Tropa gebildet, so geht der Ritt viel leichter und schneller von statten. Wir werden sofort an die Arbeit gehen."
Der erfahrene Mann ließ junges Gezweig, Gras und Schilf sammeln, und bald waren alle Hände unter seiner Anleitung beschäftigt, die Pferde mit weichen Tragunterlagen und Halftern aus Schlinggewächsen zu versehen. Als die Tiere sich ausgeruht hatten, wurden sie beladen und so aneinander gebunden, daß sie eine zusammenhängende Tropa bildeten. Dann konnte der Aufbruch vor sich gehen. Es war gerade zur Mittagszeit, als man den Ort verließ, welcher einen so schlimmen Namen besaß und doch so vielen Schutz vor dem verderblichen Unwetter geboten hatte.
Das heutige Ziel war also der Palmensee, welcher in südwestlicher Richtung von der Ansiedelung der Niedermetzelung lag. Der „harte Schädel" ritt mit seinen vier Cambas als Führer voran; dann folgten die Pferde in einer langen Reihe, welche von den Reitern zu beiden Seiten in Ordnung gehalten wurden. Die Höhen, an denen man während der Nacht vorübergekommen war, blieben links liegen; die Gegend, durch welche man kam, konnte, obgleich man sich mitten im Chaco befand, als Campo bezeichnet werden. Sie war eben und offen. Nur hier oder da wurde der weiche Rasen von einer sandigen Stelle unterbrochen, bis man am Nachmittage wüstes Land betrat, welches, wie der Häuptling sagte, erst am Palmensee ein Ende nahm.
Der Vater Jaguar ritt heute hinter dem Zuge. Er hatte Anciano und dem Inka einen Wink gegeben, sich zu ihm zu halten. Als sie dann zu seinen beiden Seiten ritten, sagte er zu ersterem:
„Dein Mund wäre heut früh beinahe mitteilsamer geworden, als in deiner Absicht lag. Fast hättest du dein Geheimnis verraten."
„Du meinst, daß ich ein Geheimnis habe? Welches könnte das sein?" fragte Anciano.
„Ich kenne es nicht, aber ich errate es. Haukaropora ist nicht dein Sohn und auch nicht ein Enkel von dir."
„Wie kommen Sie auf diesen Gedanken, Señor? Sie haben ihn doch stets als meinen Enkel gekannt!"
„Du hast ihn als solchen bezeichnet; ich aber ahnte längst, daß euer Verhältnis ein andres sei. Du teiltest uns in deiner Aufregung mit, daß die Spange, von welcher der Lieutenant sprach, nicht von Eisen, sondern aus purem Golde sei. Es gibt noch andre Gegenstände, welche aus Eisen zu sein scheinen und doch aus Gold gefertigt sind."
„Welche, Señor?"
„Zum Beispiel der Streitkolben, den Hauka hier an seiner Seite trägt."
„Der soll aus Gold sein, Señor? Dann wären wir ja reiche Leute!"

„Pah! Verstelle dich nicht! Ich bin dein Freund, und ihr wißt, daß ihr von mir nichts zu befürchten habt. Ich mag nicht aufdringlich erscheinen; aber wenn ihr euer Geheimnis wahren wollt, so müßt ihr vorsichtiger sein. Hauka hat gestern den feindlichen Indianer mit dem Streitkolben niedergeschlagen. Die Waffe muß auf etwas Hartes oder Scharfes oder Spitziges getroffen sein, wodurch der dunkle, harzige Überzug beschädigt wurde. Die kleine Stelle glänzt goldig gelb. Seht einmal nach!"

Haukaropora nahm den Kolben zur Hand, betrachtete ihn und hing ihn dann errötend wieder an seine Stelle.

„Nun?" fragte der Vater Jaguar lächelnd. „Nicht wahr, er ist von Gold?"

Keiner von beiden antwortete. Sie wollten nicht ja sagen, aber auch nicht den Freund belügen. Dieser fuhr fort:

„Wißt ihr, wer ganz allein das Recht hatte, einen goldenen Streitkolben oder Humantschuay zu tragen? Ihr wißt es ebensogut wie ich; dennoch will ich es sagen: der Herrscher von Peru war es. Und dieser Streitkolben verrät mir, daß Hauka ein Abkömmling der Inkas ist."

„Señor, Sie irren!" entfuhr es dem alten Anciano.

„Ich irre mich nicht. Gib dir keine Mühe, mich zu täuschen! Das Geheimnis ist bei mir ebenso sicher wie in deiner eigenen Brust bewahrt. Überhaupt habt ihr ja gar nicht nötig, ein Geheimnis aus der Abstammung dieses jungen Mannes zu machen."

„O doch!"

„Warum?"

„Denken Sie an die Verfolgungen, welche wir erlitten haben!"

„Ihr? Davon weiß ich nichts. Euern Vorfahren stellte man nach mit Feuer, Schwert und Gift; das ist wahr. Seitdem haben sich die Zeiten geändert, und kein Mensch wird euch eurer Abstammung wegen nach dem Leben trachten."

„Das denken wohl Sie; wir aber sind vom Gegenteil überzeugt."

„So hast du einen besonderen Grund zur Vorsicht und Verschwiegenheit. Der Umstand, daß Hauka ein Kind des Inka ist, bringt ihn in keine Gefahr; aber gefährlich könnte ihm etwas andres werden."

„Was wäre das, Señor?"

„Wenn ihr infolge seiner Abstammung gewisse Hoffnungen hegtet, welche niemals in Erfüllung gehen können."

„Nie? Wirklich nie?"

„Niemals, sage ich euch! Ihr lebt in euern Erinnerungen und wißt nichts von der übrigen Welt, von dem Leben. Ihr träumt. Laßt diesen Traum einen Traum bleiben, da er nie zur Wirklichkeit werden kann! Das ist es, was ich euch sagen will. Weiter in euch zu dringen, habe ich weder die Absicht, noch das Recht. Ich wollte etwas andres erfahren. Was ist es mit der Spange? Ich bin überzeugt, daß du richtig geraten hast, daß der Tote, dessen Skalp Antonio Perillo besitzt, dein Bekannter war. Wer ist dieser Mann gewesen?"

Anciano zögerte zu antworten, darum fügte der Vater Jaguar hinzu:

„Ich frage in einer bestimmten Absicht und nicht etwa aus müßiger Neugierde. Eine Antwort würde für dich wahrscheinlich von Vorteil sein."
„Wollte ich antworten, so müßte ich Ihnen eben unser Geheimnis mitteilen."
„Es würde euch nichts schaden, wenn du das thätest; doch wenn du das Schweigen für besser hältst, so habe ich nichts dagegen. Sage mir wenigstens, wo der Betreffende den Tod gefunden hat."
„Ich kenne den Ort nicht genau."
„Auch nicht die Gegend im allgemeinen?"
„Die weiß ich allerdings; sie wird Ihnen aber unbekannt sein."
„Was das betrifft, so bin ich weiter herumgekommen, als du denkst."
„So sagen Sie, ist Ihnen ein Ort bekannt, welchen man die Barranca del Homicidio nennt?"
„Nicht nur bekannt, sondern ich bin zweimal dort gewesen. Ich stieg von der Salina del Condor hinauf."
„Ja, von der Salina del Condor. Sie liegt nicht weit davon, und ich war viele, viele Male dort."
„Und du bist überzeugt, daß dein Bekannter seinen Tod dort gefunden hat?"
„Ja."
„Welchen Grund hast du dazu?"
„Ich begleitete ihn bis in die Nähe und mußte zurückbleiben, um auf ihn zu warten; er wollte das so; er befahl es mir."
„Ah, er befahl es dir? Wer befiehlt, ist der Herr, und wer gehorcht, ist der Untergebene, der Diener. Du wartetest wohl vergeblich auf seine Wiederkehr?"
„Ja. Ich wartete zwei volle Tage lang. Dann wurde es mir angst um ihn. Ich ging ihm nach bis an den Ort, den er hatte aufsuchen wollen. Ich sah ihn nicht und fand ihn nicht. Ich suchte in allen Thälern und Schluchten, auf allen Bergen und Höhen. Ich ging heim und holte meine Freunde, damit sie mir helfen sollten, nachzuforschen; es war alles vergeblich. Wir suchten wochenlang und mondenlang, ohne das kleinste Zeichen von ihm zu entdecken. Er mußte verunglückt sein. Heute früh habe ich die erste Spur gefunden. Er soll im Kampfe gefallen sein; aber ich bin überzeugt, daß er ermordet worden ist."
„Glaubst du nur deshalb an einen Mord, weil du ihn für unüberwindlich gehalten hast? Oder wüßtest du noch einen weiteren Grund?"
„Ja, ich habe einen."
„Welchen?"
„Er hatte Gegenstände bei sich, welche geeignet waren, die Habsucht anzulocken."
„Welcher Art Gegenstände waren das?"
„Das darf ich nicht sagen."
„Du hast es nicht nötig, denn ich weiß es doch. Es war Gold."
„Señor!" fuhr Anciano auf. „Wie kommen Sie zu dieser Vermutung?"

„Es ist keine Vermutung, sondern die festeste Überzeugung. Der Mann trug Gegenstände bei sich, welche aus der Zeit der Inkas stammten und aus Gold oder Silber gefertigt waren."
„Wie könnten Sie das wissen?"
„Das will ich dir sagen. Ich will aufrichtiger mit dir sein, als du gegen mich bist."
Er wollte weiter sprechen, da aber bemerkte Haukaropora, welcher bis jetzt geschwiegen hatte, in eifriger Weise:
„Anciano, du beleidigst den Señor. Er ist unser Freund und verdient es nicht, daß wir ihm Mißtrauen zeigen. Wenn wir ihm alles sagen, wird er keinem Menschen etwas davon mitteilen."
„Du hast recht. Von mir wird niemand etwas erfahren," antwortete Hammer. „Aber was ihr mir mitteilen könntet, das habe ich schon beinahe erraten. Ich will euch etwas zeigen."
Er öffnete sein Lederkoller und zog einen kleinen, goldglänzenden Gegenstand hervor, den er an einer Schnur am Halse hängen hatte. Er band ihn los und reichte ihn Anciano hin. Es war eine kleine, außerordentlich kunstvoll gearbeitete Schale, welche einen Durchmesser von höchstens drei Zoll besaß.
„Ein Taubecher!" rief Anciano betroffen aus. „In dieser Schale wurde der Morgentau aus den Kelchen der Tempelblumen gesammelt und der Sonne, damit sie ihn trinken möge, zum Opfer gebracht."
„Das wußte ich nicht. Der Zweck dieser Schale war mir unbekannt," antwortete der Vater Jaguar.
„Señor, es ist ein heiliges, ein sehr heiliges Gefäß l"
„Das weißt du so bestimmt? Damit beweisest du, daß deine Vorfahren Peruaner waren."
„Ja, das waren sie," gestand der Alte.
„Die meinigen waren die Herrscher des Volkes," fügte Haukaropora hinzu. „Ich bin der einzige Nachkomme von ihnen, und nur sehr wenige treue Menschen wissen davon."
„Ich dachte es. Du besitzest die verborgenen Schätze deiner Ahnen?"
„Warum fragen Sie so?"
„Diese Opferschale sagt es mir."
„Woher haben Sie dieselbe?" fragte Anciano. „Wie sind Sie in den Besitz derselben gelangt?"
„Ich habe sie gefunden."
„Wo?"
„Zwischen der Salina del Condor und der Barranca del Homicidio."
„Dort, also dort! Welch eine Entdeckung! Wann ist das gewesen?"
„Vor fünf Jahren."
„In welcher Mondeszeit? Können Sie sich darauf besinnen?"
„Ganz genau. Es war am Tage nach dem Vollmonde."

„Das ist richtig, wie es gar nicht richtiger sein kann. Nur in der Nacht des Vollmondes pflegte dein Vater in die Schlucht hinabzusteigen."
Diese letzteren Worte waren an den Inka gerichtet. Dieser hatte sich die Schale geben lassen, betrachtete sie, küßte sie und sagte dann, indem sein Auge in feuchtem Glanze schimmerte:
„Also diese Schale hat mein Vater, der vorletzte Inka, in den letzten Stunden seines Lebens bei sich getragen! Señor, Sie bekommen sie nicht wieder; Sie müssen sie mir lassen. Ich werde Ihnen etwas viel Größeres und Wertvolleres dafür geben!"
„Behalte sie! Ich mag nichts dafür, denn sie hat in dir ihren rechtmäßigen Eigentümer gefunden."
„Ich danke Ihnen! Aber haben Sie nur diese Schale gefunden? Nichts weiter, gar nichts weiter?"
„Noch viel, viel mehr! Aber es war nichts Erfreuliches, sondern im Gegenteile etwas Schreckliches."
„Was?"
„Soll ich es wirklich sagen, so mache dich auch darauf gefaßt, Schlimmes zu hören!"
„Sprechen Sie, Señor! Ich bin stark und immer gewöhnt, an den Tod meines Vaters zu denken. War es noch etwas von ihm, was Sie fanden?"
„Nein, sondern er selbst war es."
„Er selbst? Also seine Leiche?"
„Ja."
Der Inka sah lange Zeit vor sich nieder auf den Sattel. Keine Muskel seines Gesichtes bewegte sich; aber er war bleich, sehr bleich geworden. Der alte Anciano fuhr sich mit den Händen einigemal über die Augen und schwieg auch. So ritten die drei eine ganze Weile nebeneinander hin, bis der Alte endlich das Schweigen brach und den Vater Jaguar mit bebender Stimme fragte:
„War er tot? Gab es keine Spur von Leben mehr in ihm?"
„Er war tot!"
„Und wie war er gestorben? Konnten Sie das sehen? Konnten Sie entscheiden, ob ein Mord vorlag oder ob ein ehrlicher Kampf stattgefunden hatte?"
„Es hatte keinen Kampf gegeben, weder einen ehrlichen noch einen unehrlichen. Ich hätte die Spuren desselben auch am Boden sehen müssen, da dieser von den Füßen zerstampft und aufgewühlt gewesen wäre. Es lag ein Mord vor, ein heimtückischer Meuchelmord. Der Tote hatte von hinten eine Kugel in die Brust bekommen."
„und das Haar, das Haar, sein schönes, herrliches Haar, welches viel länger war als das meinige?"
„Es war weg, war fort. Der Ermordete war skalpiert worden."
Keiner von beiden, weder der Inka noch Anciano, sprach eine Klage aus. Sie schwiegen jetzt wie vorhin, um Herr ihrer Gefühle zu werden. Dann begann der Alte wieder:

„Erzählen Sie uns, wie das gekommen ist! Wir müssen alles, alles erfahren, selbst die geringste Kleinigkeit!“

„Es ist da nicht viel zu erzählen. Weshalb ich in jene Gegend kam, und was ich da wollte, das wird euch gleichgültig sein. Ich kam nach der Salina del Condor, um mich und mein Maultier da auszuruhen, denn ich war fast die ganze helle Vollmondsnacht hindurch geritten. Während mein Maultier von dem spärlichen Grase naschte und ich, an der Erde sitzend, ein Stück Fleisch verzehrte, hörte ich Hufschlag hinter mir. Ich drehte mich um und sah einen Reiter, welcher, von der Höhe herabkommend, um eine Felsenecke bog. Als er mich erblickte, stutzte er für einen Augenblick; dann gab er seinem Tiere die Sporen und jagte weiter, an mir vorüber.“

„Er hielt gar nicht an?“

„Keinen Augenblick.“

„Und sagte auch kein Wort, keinen Gruß?“

„Keine Silbe sagte er, und auch ich hielt es nicht für nötig, ihn anzurufen. Es fiel mir auf, daß er im Vorüberreiten das Gesicht von mir abwendete, gerade so, als ob ich es nicht sehen solle.“

„Und Sie haben es auch nicht gesehen?“

„Nur zwei oder drei Sekunden lang, als er um die Ecke kam. Dann wendete er es, wie schon gesagt, von mir ab. Ich sah, daß er die gewöhnliche, landläufige Kleidung trug und mit einem Gewehre bewaffnet war. Er hatte eine Decke hinter sich aufs Pferd geschnallt; dieses Bündel war so dick, daß ich annehmen mußte, es bestehe nicht aus der Decke allein. Es schien noch andre Gegenstände zu enthalten. Welche, das konnte ich natürlich nicht wissen.“

„Kam er nahe an Ihnen vorüber?“

„Nein. Es waren wohl an die fünfzig Pferdelängen.“

„Hätten Sie ihn doch angehalten!“

„Das war bei dieser Entfernung nicht möglich. Übrigens machte er einen so unheimlichen Eindruck auf mich, daß ich froh war, als ich ihn nicht mehr sah. Man muß bei fremden Begegnungen vorsichtig sein. Gegen Mittag, als mein Maultier sich erholt hatte, ritt ich weiter, nach der Barranca del Homicidio hinauf. Ich mochte ungefähr die Hälfte des Weges zurückgelegt haben, als ich auf die Leiche stieß. Sie lag in einer Blutlache und machte mit dem skalpierten Schädel einen gräßlichen Eindruck. Ich untersuchte sie und war natürlich sofort der festen Überzeugung, daß der Mensch, den ich gesehen hatte, der Mörder sei.“

„Wie war der Tote gekleidet?“

„Ganz in Leder, so wie jetzt du es bist und wie ich es bin.“

„Das stimmt. Wir trugen stets solche Anzüge, weil leichtere im dichten Walde schnell zerreißen. Was hatte er sonst noch bei sich?“

„Nichts, gar nichts. Er war vollständig ausgeraubt worden. Aber als ich, um ihn zu untersuchen, seinen Körper hin und her wendete, sah ich etwas blinken, was unter ihm im Blute gelegen hatte. Es war diese Opferschale, welche ich seitdem stets bei mir getragen habe.“

„Nun eine Hauptsache: Was haben Sie mit der Leiche gemacht?“

„Ich konnte sie nicht liegen lassen; sie wäre eine Beute der Raubtiere geworden. Ich schaffte sie in eine nahe Felsenspalte und verschloß dieselbe mit Steinen. Das Blut löschte ich mit Sand aus. Dann aber machte ich mich auf, um den Mörder zu verfolgen.“

„Verfolgt haben Sie ihn, Señor? Schon wollte ich Ihnen den Vorwurf machen, dies unterlassen zu haben! Hatten Sie Glück dabei?“

„Nein, wie du doch schon längst gemerkt haben mußt. Als ich den Mann sah, war es am frühen Vormittage. Zu Mittag ritt ich von der Salina fort, und mehrere Stunden später fand ich die Leiche. Ich konnte beim besten Willen und bei der größten Eile an diesem Tage nur bis zur Salina zurück und eine kurze Strecke weiter kommen. Ich sah die Spur des Reiters und folgte ihr, so lange es noch Tageslicht gab; beim Mondenscheine aber war es unmöglich, die Fährte zu erkennen, denn es gab kein Gras, sondern nur Sand, Stein und Geröll. Als der Tag graute, ging es weiter. Ich brannte darauf, den Menschen einzuholen, mußte aber sehr bald einsehen, daß dies unmöglich war. Er hatte sich wohl gesagt, daß ich die Leiche finden würde, und war die ganze Nacht geritten, um einen möglichst großen Vorsprung zu bekommen. Dabei hatte er den Weg über felsiges Terrain genommen, um keine Spur zurückzulassen. Es gehörte meine ganze Übung und Aufmerksamkeit dazu, sie festzuhalten. Das erforderte aber Zeit. Hundertmal mußte ich absteigen, um das Gestein zu untersuchen, und zehnmal kehrte ich wieder um, weil ich eine falsche Richtung eingeschlagen hatte. Am Abend dieses Tages fand ich, daß noch kein halber Tag hinter mir lag. Während der darauffolgenden Nacht mußten die spärlichen Spuren vollends unsichtbar werden. Ich sah ein, daß ich ihn nicht einholen könne und gab also die Verfolgung, wenn auch im höchsten Grade ungern, auf.“

„Schade, jammerschade, Señor! Was hätten Sie mit ihm gemacht, wenn Sie ihn erreicht hätten?“

„Das wäre auf die Umstände angekommen. Die Todesstrafe wäre ihm aber auf keinen Fall erspart geblieben.“

„Wären Sie mit ihm nach der Salina zurückgekommen, so hätten Sie mich dort gefunden, und wir hätten zu Gericht über ihn gesessen. Sie hatten alle Spuren der That verwischt und so konnte ich nichts entdecken. Halten Sie es für möglich, die Spalte zu finden, in welcher Sie die Leiche begraben haben?“

„Ja. Es ist, als ob ich sie jetzt ganz deutlich vor meinen Augen hätte.“

„Ich höre, Sie wollen hinauf und über das Gebirge. Welchen Weg schlagen Sie ein?“

„Eigentlich wollte ich weiter nördlich; aber bei einem solchen Falle darf es auf einen kleinen Umweg nicht ankommen. Wenn ihr wollt, werde ich euch zu der Stelle führen.“

„Natürlich wollen wir! Der Tote darf nicht in dieser Weise liegen bleiben; er muß nach der Art und den Gebräuchen seiner Ahnen bestattet werden.“

„Du gibst also zu, daß er ein Inka, ein Nachkomme der Herrscher war?“

„Ja. Nun würde es die größte Undankbarkeit sein, es Ihnen zu verschweigen."
„Und einen verborgenen Schatz hat er gehabt?"
„Ja. Als sein Ahne mit dem meinigen und einigen Getreuen vor den Spaniern floh, gelang es ihnen, viele Kostbarkeiten mit sich zu nehmen. Diese wurden in der Barranca del Homicidio versteckt. Die Flüchtlinge und ihre Nachkommen lebten einsam in den Bergen, und zuweilen ging der Inka nach dem Versteck, um einiges Gold zu holen, welches verkauft wurde, weil sonst er und die Seinigen nicht genug zu leben gehabt hätten. Das geschah stets in einer Vollmondsnacht. Mein Herr ist von seinem letzten Gange nicht wiedergekommen."
„Kennst du das Versteck?"
„Ja."
„Bist du seitdem dort gewesen?"
„Ich war dort, habe es aber nicht geöffnet, denn ich besitze kein Recht dazu."
„Aber Hauka besitzt dieses Recht?"
„Noch nicht. Erst wenn die Erde achtzehnmal ihren Lauf um die Sonne vollendet hat, darf er sein Erbe antreten. Dies wird nach zwei Wochen der Fall sein."
„Aber wie kommt er da zu der kostbaren Streitaxt, welche er besitzt?"
„Er hat sie von seinem Vater überkommen, welcher sie damals daheimließ, als er zum letztenmal nach der Barranka ging. Wir hatten noch einige andre, kleinere Gegenstände, welche wir verkauften, um die Reise machen zu können, von welcher wir jetzt heimkehren. Daß wir auf derselben den Mörder entdecken würden, hätte ich nicht gedacht. Señor, haben Sie eine Abrechnung mit diesem Antonio Perillo?"
„Nein."
„Oder ein andrer von Ihren Begleitern?"
„Höchstens Señor Morgenstern, dem er nach dem Leben getrachtet hat."
„Dieses kleine Männlein wird nicht nach seinem Blute dürsten. Darum bitte ich, den Mörder uns zu überlassen, wenn er in unsre Hände fällt!"
„Ich habe nichts dagegen, vorausgesetzt, daß wir uns nicht irren und er es wirklich gewesen ist."
„Wenn er das Kopfhaar meines Herrn besitzt, so war er es. Und dieser Lieutenant Verano wird uns wohl nicht belogen haben."
„Gewiß nicht. Übrigens war ich, schon ehe ich von dem Skalpe hörte, überzeugt, daß Perillo der Mörder ist. Ich habe ihn da droben an der Salina nur für einige Sekunden gesehen und es sind seitdem Jahre vergangen; aber als ihn mir der Zufall kürzlich in Buenos Ayres vor die Augen führte, erkannte ich ihn sofort wieder."
„Haben Sie etwas zu ihm gesagt?"
„Ich habe ihn an die Sahna del Condor erinnert; das genügte, um sein böses Gewissen, falls es bisher geschlafen haben sollte, aufzuwecken. Er ist jetzt unterwegs nach dem Palmensee und wird uns, wenn wir nicht ganz unverzeihliche Fehler begehen, sicher in die Hände fallen. Was du dann mit ihm thun wirst, das ist deine Sache."

Damit hatte dieses so wichtige und inhaltsreiche Gespräch sein Ende erreicht. Der Vater Jaguar ritt zu dem Führer vor, um den Inka mit seinem Anciano allein zu lassen, damit diese beiden Zeit fänden, die innere und äußere Ruhe, welche sie verloren hatten, wiederzuerlangen.
Man war sehr scharf geritten. Daher kam es, daß der „Harte Schädel" schon zwei Stunden vor Abend meldete, daß man, wenn man weiter reite, den Palmensee sehr bald zu Gesicht bekommen werde.
„Wir reiten nicht ganz hin," entschied der Vater Jaguar. „Es könnten doch Abipones dort sein, und ich will nicht, daß wir gesehen werden. Wir müssen ganz unerwartet über unsre Feinde kommen. Sie dürfen keine Ahnung davon haben, daß wir uns auf ihren Empfang vorbereiten. Es genügt mir, mich in der Nähe des Ortes zu befinden, von welchem aus sie ihren Kriegszug unternehmen werden. Reiten wir von hier aus in möglichst gerader Richtung nach dem „klaren Bache", so lerne ich die Linie kennen, auf welcher sie sich während ihres Zuges bewegen werden, und das ist es, was ich für jetzt beabsichtige. Wie weit ist das erste Dorf der Abipones von hier entfernt?"
„Wenn wir so schnell reiten, wie bisher," antwortete der Häuptling, „werden wir es bald nach Einbruch der Dunkelheit erreichen."
„Das ist ganz vortrefflich. Wir reiten im Finstern vorüber und machen dann, wenn sie uns nicht mehr wahrnehmen können, Lager."
Der Ritt wurde also fortgesetzt, doch nicht in der bisherigen Richtung, welche eine südwestliche gewesen war; man bog nach Nordwesten um. Es ging wohl noch eine Stunde lang über sandige Wüste, dann gelangte man wieder über Rasen, welcher nach und nach immer dichter und kräftiger wurde. Später sah man zu beiden Seiten hochbäumige Waldung liegen. Der Führer fand mit rühmenswerter Sicherheit die von der Natur hergestellten Durchgänge, und selbst, als es Nacht geworden war, wußte er die richtigen Wege einzuschlagen.
Es war heute sternenhell, was den Marsch sehr erleichterte. Bei völliger Dunkelheit wäre es wohl schwer gewesen, die vielen Pferde in Ordnung zu halten. Vielleicht drei Viertelstunden nach Sonnenuntergang hörte man eigentümliche Töne, welche der Wind von rechts herüberbrachte. Es klang wie Katzengeschrei, untermischt mit Schlägen, als ob Teppiche ausgeklopft würden.
„Wat mag dat sein?" fragte Fritze seinen Herrn. „Dat sind keine menschlichen Stimmen."
„Von lebenden Wesen kommen diese Töne jedenfalls," antwortete Morgenstern bedächtig. „Nun entsteht die Frage, zu welcher Klasse und Ordnung diese Wesen gehören. Wenn ich die Höhe und Tiefe dieser Stimmen und ihren Farbenklang richtig beurteile, so kann ich nicht umhin, mich der Ansicht zuzuneigen, daß sie menschlichen Kehlen allerdings wohl kaum zu entstammen scheinen."
„Diese Ansicht ist falsch," belehrte ihn der Vater Jaguar, welcher jetzt in der Nähe der beiden ritt. „Die Abipones haben mobil gemacht."
„Mobil?" fragte Fritze. „Soll dat heißen, dat sie sich im Kriegszustande befinden?"

„Ja. Was wir hören, sind ihre Kriegsgesänge."
„Und die Hiebe, die es bei diese Jelejenheit zu setzen scheint?"
„Das sind die Kriegspauken, welche geschlagen werden."
„Na, sonne Pauke möchte ik mich mal betrachten."
„Es sind die einfachsten Instrumente, die man sich denken kann: ausgehöhlte Kürbisse, über deren Öffnung ein Fell gespannt ist. Wir wissen nun, daß sie zum Angriffe rüsten und also von dem Kommen der Weißen schon unterrichtet sind. Das ist wertvoll für uns. Wollen doch einmal nachforschen, wie viele Krieger ungefähr sich in diesem Dorfe befinden."
Er ließ den Zug halten und schickte zwei Kundschafter ab, Geronimo, seinen Liebling, auf den er sich verlassen konnte, und EI Picaro, den Schalksnarren, welcher auch sehr gut für solche Dienste geeignet war. Links dehnte sich die dunkle Linie des Waldes hin; rechts lag offenes Land mit Strauchwerk, zwischen dem man den Schein von fern brennenden Feuern bemerken konnte. Die beiden Kundschafter blieben fast eine Stunde lang fort, und schon wollte Hammer Sorge um sie tragen; da aber kehrten sie zurück, und zwar nicht allein, sondern in Begleitung. Diese Begleitung bestand in zwei Rindern, von denen jeder eins hinter sich herzog. Sie hatten nicht nur gekundschaftet, sondern auch für Proviant gesorgt. Das Dorf war nicht groß; es konnte höchstens hundert Einwohner haben, die Frauen und Kinder mitgerechnet, und doch hatten die beiden Lauscher wenigstens hundert bewaffnete Krieger gezählt. Man schien sich also von benachbarten Dörfern hier zu versammeln.
„Schön!" meinte der Vater Jaguar befriedigt. „Das beweist, daß wir uns auf der richtigen Route befinden. Die beiden Rinder sind uns sehr willkommen. Daß wir sie nicht bezahlt haben, macht mir keine Schmerzen, denn die Abipones haben auch nichts dafür gegeben. Sie werden nachher geschlachtet. Jetzt weiter!"
Er hatte in Beziehung auf diese Tiere recht. Die argentinische Regierung pflegt den Indianern, um sie von Raubzügen fernzuhalten, von Zeit zu Zeit Pferde und Rinder zu senden, als ein Geschenk natürlich, da man es nicht mit dem undiplomatischen Worte Tribut bezeichnen mag; dadurch lassen sich die Roten aber durchaus nicht abhalten, je nach Bedarf über die Grenze zu gehen, um mit gestohlenen Herden wieder über dieselbe zurückzukehren. Wenn man sich hier zweier Rinder bemächtigt hatte, so war das nur eine Wegnahme gestohlenen Gutes zu nennen.
Als man noch eine halbe Stunde geritten war, wurde angehalten und hinter einem Vorsprunge des Waldes Lager gemacht. Da konnte man Feuer anbrennen, ohne befürchten zu müssen, daß dieselben gesehen würden.
Die beiden Rinder wurden geschlachtet und zerlegt, um verteilt zu werden. Es erhielt ein jeder so viel, daß er mehrere Tage davon zehren konnte. Natürlich begann eine allgemeine Braterei und Schmauserei, an welcher sich nur zwei nicht beteiligten, nämlich der junge Inka und sein treuer Anciano. Sie dachten seit des Gespräches mit

dem Vater Jaguar weder an Hunger und Durst, noch an etwas andres, als nur allein an den ermordeten Inka.
Die Pferde wurden freigelassen. Obgleich die Glocke der Madrina sie zusammenhielt, versäumte Hammer es nicht, ihnen zwei Wächter zu geben. Später, als man sich gesättigt hatte, wurden die Feuer ausgelöscht, und man legte sich zur Ruhe. Drei schliefen fast gar nicht, nämlich wieder der Inka und der Anciano, und der dritte war der kleine Gelehrte, dem das versprochene Riesentier so im Kopfe spukte, daß er, obgleich oft schon halb entschlummert, immer wieder aufwachte.
Sobald der Tag zu grauen begann, wurde aufgebrochen. Von jetzt an zeigte sich das Land sehr abwechslungsreich, aber die Abwechslung war stets dieselbe: dichter Wald mit einzelnen offenen Durchbrüchen und dann wieder größere oder kleinere grasige Flächen, an deren Rändern die Dörfer lagen.
Diese letzteren bestanden durchweg aus mit Schilf und ähnlichem Materiale gedeckten Erdhütten, deren Inneres einen einzigen Raum bildete. Dabei gab es kleine Felder, auf denen Mais, Hirse, Mandioca, Bohnen, Quinoa, Tomaten, Erdnüsse, Bataten, Melonen und Kürbisse gebaut wurden.
Man hielt sich selbstverständlich von diesen Dörfern fern. Das Glück war den Weißen insofern günstig, daß ihnen weder heute noch am nächsten Tage auch nur ein einziger Abipone begegnete; er wäre freilich sofort gefangen und mitgenommen worden. Einige der Dörfer, an denen man vorüberkam, schienen leer zu stehen. Die Bewohnerschaft hatte sich des geplanten Kriegszuges wegen an besondern Orten zusammengezogen.
Am Abende des zweiten Tages war das Gebiet der Abipones zurückgelegt und am nächsten Morgen erreichte man das erste kleine Cambasdorf. Die Bewohner desselben wurden von der ihnen drohenden Gefahr benachrichtigt. Der Häuptling sandte die jungen Männer nach den verschiedensten Richtungen aus, um die waffenfähigen Leute der andern Ortschaften schleunigst nach dem großen Dorfe am „klaren Bache“ zu beordern. Die fernliegenden Dörfer hatten von den Feinden nichts zu befürchten; anders aber stand es mit denjenigen Orten, welche in der Nähe der voraussichtlichen Marschroute der Abipones lagen. Diese mußten verlassen werden, und die Bewohner zogen sich mit den Kriegern nach dem „klaren Bache“ hin, wobei sie selbstverständlich nicht versäumten, ihr ganzes Eigentum mitzunehmen, was freilich nicht viel sagen will.
Am Vormittage dieses dritten Tages gelangte der Reiterzug an ein großes, aber seichtes Wasser, dessen Ufer sehr morastig waren. Wo es eine festere Stelle gab, hatten sich Bäume und Sträucher entwickelt, sonst aber sah man nur dichtes Schilf und Rohr, welches eine Höhe von fünf Meter erreichte. Der Häuptling wendete sich an Doktor Morgenstern und sagte, indem er nach dem Wasser deutete:
„Das ist El Pantano de los Huesos, der Sumpf der Knochen, von dem ich Ihnen gesagt habe, Señor!“
„Das ist er?“ antwortete der Kleine, von den Worten des Roten wie elektrisiert. „Kann man die Knochen sehen?“

„Viele sind vermodert; diejenigen aber, welche zuletzt gefunden worden sind, werden noch daliegen.“

„So muß ich hin, sie zu betrachten. Wir müssen halten. Hören Sie, Señores, halten, halten!“

Er hielt sein Pferd an und rief die letzten Worte so laut, daß sie vom Anfang bis zum Ende des Zuges zu hören waren.

„Das geht nicht,“antwortete der Vater Jaguar.“Wir können Ihrer alten Knochen wegen nicht unsre kostbare Zeit verlieren.“

„O, die Knochen sind weit kostbarer als die Zeit, von der Sie sprechen. Wenn Sie nicht warten wollen, so komme ich nach; aber sehen muß ich die Knochen; eher zieht mich kein Elefant von hier fort!“

Hammer sah ein, daß es besser sei, eine kleine Rücksicht zu hegen, und antwortete darum.

„Gut, so bleiben Sie, aber ja nicht länger als höchstens eine halbe Stunde; dann müssen Sie doppelt schnell reiten, um uns einzuholen. Der Häuptling mag Ihnen einen seiner Leute als Führer geben.“

jetzt gab sich der Kleine zufrieden. Er bekam einen der vier Cambas, welcher den Sumpf kannte und den Ort wußte, an welchem die Knochen zu sehen waren. Selbstverständlich blieb Fritze auch mit zurück; er wäre ohne seinen lieben Herrn keinen einzigen Schritt weitergeritten. Der Zug entfernte sich und die drei waren nun allein.

Der Camba ritt auf das Wasser zu und wußte dabei alle trügerischen Stellen wohl zu vermeiden. Dort stieg er ab und band sein Pferd an einen Strauch. Dabei sagte er etwas, was jedenfalls eine Aufforderung an die beiden andern sein sollte, das gleiche zu thun, doch verstanden sie ihn nicht, da er sich seiner Sprache bediente, deren sie nicht mächtig waren. Es stellte sich nun heraus, daß dieser Mann zwar den „Sumpf der Knochen“ genau kannte, dafür aber nur sehr wenige Worte spanisch verstand.

„Dat kann jut werden,“ meinte Fritze, indem er sich vom Pferde schwang, um es anzubinden und dann seinem Herrn zu helfen, auch aus dem Sattel zu kommen. „Jetzt verstehen wir kein Chinesisch, und dieser Herr Jevatter ist nicht aufs Türkische einjeübt. lk bin bejierig, wat dat for ein inniges Verständnis ergeben wird.“

„Wir werden uns durch Pantomimen verständigen,“ tröstete ihn der Doktor. „Mit Pantomimen kommt man durch die ganze Welt. Diese Erfahrung, lateinisch Peritia geheißen, habe ich schon oft gemacht.“

„Aber wenn ik nun die richtige Pantomime am falschen Orte, oder die falsche Pantomime am richtigen Orte anwende?“

„Du scheinst in Beziehung auf Zeichen und Gestikulationen freilich noch ziemlich unerfahren zu sein. Achte nur auf mich, dann braucht dieser gute Mann nicht unsre und wir brauchen nicht seine Sprache zu verstehen.“

Als der Rote sah, daß die beiden ihre Pferde angebunden hatten, winkte er ihnen, ihm zu folgen, und schritt in das Schilf hinein, wo, wie man deutlich sah, vor ihm schon andre gegangen waren. Dabei deutete er nach rechts und links in die Schilfdichtung und sagte: „Precaucion – Cocodrilos – Vorsicht – Krokodile!“

„Wat? Hier sollen Krokodile sind?“ meinte Fritze. „Da müßte man doch wat von sie sehen. Mir soll er nicht bange machen.“

Aber kaum hatte er diese Worte gesagt, so sprang er mit einem Schreckensrufe zur Seite, denn ganz nahe neben ihm kam der Kopf eines solchen Tieres aus dem Schilfe zum Vorscheine. Es glotzte ihn aus den kleinen Augen an, und schlug die offenen Kiefer zusammen, daß es einen Ton gab, als ob zwei Bretter zusammengeklappt wurden.

„Er hat wirklich recht,“ fuhr er fort, als er sich in Sicherheit befand. „Wenn wir nur nicht für die vorsündflutlichen Knochen unsre eijenen herjeben müssen!“

„Fürchte dich nicht,“ meinte sein Herr, welcher, sobald es sich um sein Lieblingsobjekt handelte, allerdings keine Furcht kannte. „Diese Tiere sind viel zu träge, als daß sie uns belästigen könnten. Sie riechen schlecht; das ist das einzige an ihnen, was unangenehm ist.“

„Na, der Rachen mit die Zähne ist auch nicht anjenehm. Ik meinesteils will sonne Kreatur lieber riechen, als von ihr jefressen werden.“

Sie gelangten durch das Schilf auf eine Art spitze Halbinsel, welche in das Wasser hineinragte. Sie schien aus festem Lande zu bestehen, denn sie trug Bäume und Sträucher, und bildete ein scharf geschnittenes und nicht sumpfiges Ufer. Unter den Bäumen war die Erde an einigen Stellen aufgewühlt, und da lagen sie denn, die der kleine Gelehrte suchte – Knochen von allen Gestalten und Größen, teils ganz, teils zerbrochen, teilweise noch hart und fest, teilweise auch schon angefault und vom Moder angegriffen.

„Heureka!“ schrie der Kleine auf, indem er sich förmlich auf die Knochen stürzte. „Da sind sie; da liegen sie! Fritze, komm und sieh die Zeugen und Überreste einer Periode, in welcher an dich noch nicht zu denken war!“

„Dat finde ik sehr vernünftig,“ antwortete der Stralauer gelassen; „denn wenn damals an mir zu denken jewesen wäre, so könnten Sie mir heutigen Tags nun auch einsammeln und als verflossene Gigantochelonia aus die einzelnen Gliedmaßen ins Janze zusammensetzen.“

„Sei kein Thor und schwätze nicht solchen Unsinn!“ sagte Morgenstern, indem er ganz entzückt einen Knochen nach dem andern aufnahm, um ihn zu betrachten und zu betasten. „Hier öffnet sich ein großartiger Blick auf die Entwickelungsstufen der bis jetzt bestandenen und noch bestehenden Daseinsformen. Schau einmal diesen Schädelteil! Ich wette, es ist das Os occipitis eines Megatheriums. Wir werden alle diese Knochen einpacken und mitnehmen, damit ich sie, wenn wir am „klaren Bache“ angekommen sind, noch heute untersuchen und bestimmen kann. Lieber Freund, hat man diese Knochen hier an dieser Stelle gefunden oder sind sie von einem andern Orte hergeschafft worden?“

Diese Frage war an den Indianer gerichtet, welcher aber nicht mehr zu sehen war; dafür hörte man seine rufende Stimme.

„Er will uns bei sich haben. Kommen Sie!“ meinte Fritze.

„Nein, noch nicht,“ antwortete sein Herr. „Ich habe hier noch nicht alles gesehen.“

„So werde ik mal zu ihm jehen, um zu sehen, wat er zu rufen hat. Verstehen kann man ihm ja nicht.“

Er entfernte sich in der Richtung, aus welcher die Rufe des Camba zu hören waren. Der Doktor sah sich gar nicht nach ihm um. Er war mit seinen Schätzen so beschäftigt, daß er für gar nichts andres Augen hatte. Er wühlte in den Überresten und sortierte herüber und hinüber, bis er hinter sich die Stimme Fritzens hörte:

„Lassen Sie die Knöchelchens hier liejen! Da drüben jibt's eine janz andre Sorte. Dat sind die richtigen Eisbeine mit Meerrettich und Sauerkohl. Da habe ik eine Probe mitjebracht; schauen Sie sich die mal an!“

Als Morgenstern zu ihm aufblickte, sah er in seinen Händen ein wirklich riesiges und sehr gut erhaltenes Schenkelbein. Er sprang mit einem Jubelrufe auf, riß es an sich, betrachtete es mit weit geöffneten Augen erst sprachlos und schrie dann entzückt:

„Fritze, weißt du, was das ist? Weißt du es?“

„Ja; natürlich ist mich dieser Jegenstand bewußt. Wenn ik mir nicht irre, wird's wohl ein Knochen sind.“

„Du bist ein Idiot, ein reiner Idiot! Nur immer von Knochen und wieder von Knochen zu sprechen! ja, es ist ein Knochen, aber was für einer! Denke dir, Fritze, wir haben hier das Os femoris von einem Glyptodon vor uns! Welch eine Entdeckung! Dieses eine Bein ist allerdings viel, viel wertvoller als alle Knochen, welche hier beisammenliegen.“

„So? Dann will ik jratulieren, denn da drüben jibt's noch mehrere solche Beine.“

„Wirklich? Wo, wo?“

„Da drüben, wo ik eben war.“

Fritze deutete mit der Hand in die Richtung, welche er meinte; sein Herr eilte in derselben fort, indem er sagte:

„Da muß ich hin, sogleich, augenblicklich!“

„Halt!“ rief ihm der Stralauer nach. „Nicht jerade aus; Sie müssen nach links umbiegen I“

Aber der kleine, begeisterte Mann wollte keine Sekunde verlieren, sondern möglichst schnell an Ort und Stelle gelangen; darum drang er in gerader Richtung in das dichte Schilf ein. Einige Augenblicke später gab es ein nicht mißzuverstehendes Geräusch, und dann hörte man den Kleinen um Hilfe rufen. Auch Fritze war zurückgegangen, aber auf dem sichern Wege; er sah den Indianer jenseits stehen und eifrig abwinken; darauf erscholl der Hilferuf. Der treue Diener dachte nicht an die eigene Gefahr, sondern drang schnell in das Schilf ein. Als er fünf oder sechs Schritte zurückgelegt hatte, bot sich ihm ein Anblick, welcher ihn hätte vor Schreck erstarren lassen können. Das Wasser hatte eine schmale Bucht eingefressen, welche durch Rohr, Schilf und Binsen so verdeckt worden war, daß Morgenstern sie nicht bemerkt hatte. Er war hineingestürzt und steckte nun bis an den Hals im Wasser und im Schlamme. Das war nicht schlimm; gefährlicher, viel gefährlicher war ein andrer Umstand. Nämlich es arbeitete sich, von dem Geräusch des Falles herbeigerufen, ein Krokodil in die Bucht, welche glücklicherweise nur einem schmalen Graben zu vergleichen war. Dieser Mangel an der nötigen Breite hatte zur Folge, daß das Tier sich seiner Beute nur langsam nähern konnte; doch arbeitete und schob es sich mit gefräßigem Eifer weiter und weiter heran, so daß es, als Fritze kam, mit der Spitze seines Rachens nur noch drei Fuß von Morgenstern entfernt war. Dieser arbeitete zwar auch, wobei er immerfort schrie, mit den Armen und den Beinen, um der schrecklichen Gefahr zu entgehen, sank aber desto tiefer in den Schlamm ein, welcher ihn nicht loslassen wollte. Fritze verlor keinen Augenblick die Geistesgegenwart. Er hatte zum Glück sein Gewehr umhängen, während Morgenstern das seinige bei den Pferden gelassen hatte; er riß es vor, brach sich schnell bis zur Unglücksstätte Bahn, hielt die Mündung der Bestie gerade vor das Auge und drückte ab. Der Schuß krachte, das Tier schnellte vorn empor, kam um einen Fuß weiter vorwärts und blieb dann aber liegen. Fritze gab ihm auch noch den Inhalt des zweiten Laufes in das ausgeschossene Auge und rief dann, indem er tief aufatmete, aus:

„Jelungen, vollständig jelungen! Dat war jerade noch der letzte Augenblick vons vierte Rejiment! Der Walfisch sitzt fest; nun wollen wir den Jonas herausangeln. Fassen Sie mein Jewehr, und jreifen Sie fest zu! Ik ziehe Ihnen aus dat Stillverjnügen heraus.“

Morgenstern hielt den ihm zugereichten Kolben des Gewehres krampfhaft fest, und Fritze zog aus allen Kräften an dem Laufe; aber der tückische Schlamm wollte sein Opfer nicht so schnell hergeben. Da kam der Indianer und half mit. Den vereinigten Kräften gelang es nun, den verunglückten Gelehrten zu befreien.

Aber wie sah er aus, als er nun triefend und duftend vor Fritze stand! Dieser, immer resolut, nahm ihm den vorher so schön roten Poncho von den Schultern, um ihn aus- und abzuschütteln, und raisonnierte dabei in seiner drastischen und doch zugleich liebevoll besorgten Weise:

„Wat ist Sie denn einjefallen, da rinzuspringen? Dat hätte noch lange Zeit jehabt. Man muß nicht sogleich jede Jelegenheit sofort benützen! Ik habe Ihnen doch zujerufen, nicht jeradeaus, sondern nach links zu jehen!“

„Aber der Indianer winkte mir doch!“ entschuldigte sich der Paläontolog, indem er beide Arme und Hände mit den ausgespreizten zehn Fingern weit von sich streckte.

„Abjewinkt hat er, aber doch nicht zujewunken! Sie dachten mit den Pantomimen durch die janze Welt zu kommen, und wohin sind Sie jeraten? In den Milchreis, ja, aber in wat vor welchen! Nun kann ik Ihnen waschen und spülen und ausringen und an die Sonne hängen und mit Ohdekarnallje einspritzen, um Ihnen zur frühern Sauberkeit und zum alten, menschenwürdigen Odör zu verhelfen! Wissen Sie, wat ik Ihnen vorschlagen werde?“

„Was denn, mein lieber Fritze?“ fragte der Doktor kleinlaut.

„Wir haben gleiche Anzüge und sind auch von derselbigen Jestalt. Sie werden mir Ihr Habit verehren, wofür ik Ihnen dat meinige offeriere."
„Das geht nicht, Fritze. Das meinige ist ja naß und schmutzig, lateinisch mit udus und limosus ausgedrückt."
„So! Und wenn der Herr naß ist, so soll der Diener trocken sind? Dat wäre mich eine schöne Dienstboten- und Jesindewirtschaft! Wat dem Herrn recht ist, dat muß dem Diener billig sein. Ik dulde da keinen Widerspruch ins akustische Kabinet. Da hinten, wo wir vorhin waren, jibt's helles, reines Wasser. Da will ik den Schlamm schon herunterbekommen. Ik habe Ihnen bisher jehorcht; nun können Sie auch mich einmal parieren."
Er zog ihn mit sich nach der Landzunge, wo der Umtausch der Anzüge vor sich gehen sollte. Der Indianer blieb zurück und untersuchte das Krokodil. Es war tot. Fritze hätte keinen Augenblick später erscheinen dürfen, um der Retter seines Herrn zu sein.
Als er nach einiger Zeit mit ihm wiederkam, hatte er den zwar gereinigten, aber noch nassen Anzug an, während Morgenstern den trockenen trug. Dieser letztere hatte erst jetzt Zeit und Ruhe, das Krokodil genau zu betrachten; er schüttelte dem Stralauer die Hand und sagte:
„Ich verdanke dir mein Leben, Fritze; das werde ich dir nicht vergessen. Hoffentlich kann ich es dir vergelten!"
„Darauf war's nicht anjefangen. Wenn ik auch mal in den Schlamm jerate, angeln Sie mir wieder heraus; dann sind wir quitt. Wat aber wird nun mit die großen Knochens, wegen denen Sie in die Versenkung jingen?"
„Die – die – werde ich mir natürlich ansehen müssen, selbst wenn ich sie dann für einstweilen liegen lasse."
Dieser Zusatz und der Ton, in welchem er diese Worte sprach, ließen vermuten, daß seine Begeisterung um viele Grade gesunken sei. Die Nähe des Krokodilrachens war nicht ohne Einfluß geblieben. Fritze führte ihn nach dem betreffenden Orte, wo sich ihm allerdings ein Anblick bot, welchem seine augenblickliche Niedergeschlagenheit nicht zu widerstehen vermochte. Dennoch fragte er in ungewöhnlich ruhigem Tone:
„Meinst du, daß es jetzt hier Leute gibt, welche sich heute oder morgen dieser Knochen bemächtigen könnten?"
„Nein. Hier jibt's nur Indianer, und wat wollten die mit die Knochens machen? Auch weiß der Häuptling, daß Sie solche Jerippe suchen, und wird jewiß nicht dulden, daß sich seine Leute an sie verjreifen."
„So werde ich darauf verzichten, sie heute mitzunehmen. Auf alle Fälle aber kehre ich zurück, doch nicht allein, sondern in Begleitung mehrerer Leute, welche graben müssen und zugleich dafür sorgen können, daß ich nicht wieder von einer solchen Gefahr überrascht werde. Die halbe Stunde, welche uns erlaubt wurde, ist längst vorüber. Wir wollen weiterreiten."

Sie kehrten mit dem Indianer zu den Pferden zurück und trieben dieselben sodann zu solcher Eile an, daß sie die Vorangerittenen nach zwei Stunden einholten. Morgenstern sprach nicht von seinem Unfalle, und dem treuen Diener fiel es auch nicht ein, seinen Herrn durch die Erzählung desselben zu kränken.

Es war um die Mittagszeit, als die Bodenformation eine andre wurde. Es gab niedrige, aber lange, wellenförmige Erhebungen, welche die Ebene nach verschiedenen Richtungen durchschnitten und derselben das Ansehen gaben, als ob hier eine Unzahl kleiner Seen oder Teiche gelegen hätten, nach deren Austrocknung nun die frühern Dämme als Erhöhungen zu sehen seien. Diese Dämme waren meist mit Büschen bestanden, während in den tiefer liegenden einstigen Wasserbetten Gras wuchs. Hinter dieser eigenartigen Szenerie breitete sich ein endlos scheinender Streifen Waldes aus, welcher gerade an dem Punkte, auf welchen der Führer zuritt, eine Öffnung hatte. Rechts und links, so weit man zu sehen vermochte, lief dieser Wald in ebenes Land hinaus; gerade vom aber stieg er hoch empor; er schien da einen Berg zu bedecken, in dessen Inneres die erwähnte Öffnung führte. Als der Vater Jaguar dies sah, fragte er den Häuptling:

„Warum bleiben wir nicht im ebenen Lande? Können wir durch den Berg kommen?"

„Ja," antwortete der Gefragte. „Der Berg ist rund und hohl. Er birgt in seinem Innern ein Thal, welches Valle del Lago desecado genannt wird. Da können wir hindurch, während der Wald aber so dicht ist und die Bäume desselben so durch Schlingpflanzen verbunden sind, daß kein Reiter, geschweige denn eine ganze Schar, hindurch kann. Selbst ein Fußgänger müßte sich den Weg mit dem Beile oder dem Messer bahnen und würde in einem Tage höchstens so weit kommen, daß er diesen Weg in einer Viertelstunde zurücklegen könnte."

„Kann man den Wald nicht umreiten?"

„Ja; aber er ist nach beiden Seiten so lang, daß wir einen Umweg machen müßten, welcher gewiß einen ganzen Tagesritt beträgt. Durch das Thal aber reiten wir nicht eine halbe Stunde lang, und dann kommen wir noch einmal so lang durch die Breite des Waldes, hinter welchem wieder der Campo beginnt."

„Und wie weit ist's nachher bis zu deinem Dorfe?"

„Wir werden dort sein, noch ehe es dunkel geworden ist."

„Wer von hier aus nach dem Dorfe will, muß also, um keinen Umweg zu machen, durch dieses Thal des ausgetrockneten Sees gehen?"

„Ja."

„Das ist gut, sehr gut!"

„Warum?"

„Davon nachher, wenn ich das Thal gesehen habe. Ich vermute, daß wir die Lage und Beschaffenheit desselben ganz vortrefflich gegen unsre Feinde ausnutzen können."

Von weitem hatte es geschienen, als ob diese Öffnung eine Art Tunnel sei, denn die zu beiden Seiten derselben stehenden Bäume schickten sich ihre Äste zu und bildeten mit ihren Wipfeln ein geschlossenes Dach über diesem Eingange zum Thale. Aber als man näher kam, war zu sehen, daß man es mit einer Lücke zu thun hatte, welche in einen länglichen Kessel führte, den das Innere des Berges bildete.

Als die Reiter in demselben anlangten, hielt der Vater Jaguar sein Pferd an und schaute sich um. Es war allerdings sehr wahrscheinlich, daß sich hier einst ein See befunden hatte. Es gab noch heute einen kleinen Bach, welcher durch das einstige hintere Ufer kam und einen Weiher speiste, dessen helle Fläche in der Mitte des Thales lag. Die Wasser des Sees hatten das Ufer da, wo die Reiter jetzt hereingekommen waren, durchfressen und sich hinaus in die Ebene ergossen; dann war der Wald, welcher ihn umsäumt hatte, von der Höhe herabgestiegen und bedeckte nun die Seiten des Thales vollständig und so dicht, daß man nur mit Mühe zwischen den Bäumen einzudringen vermochte.

Der Vater Jaguar gebot den andern, zu warten, und umritt das ganze Thal, um den Rand desselben genau in Augenschein zu nehmen. Als er zurückkam, sagte er im Tone der Befriedigung:

„Für uns kann nichts vortrefflicher liegen als dieser Ort. Wir werden hier zu einem leichten Siege kommen."

„Wieso, Señor?" fragte Lieutenant Verano. „Meinen Sie etwa, daß wir die Feinde hier erwarten sollen?"

„Ja."

„Das würde die größte Dumm – wollte sagen, der größte Fehler sein, den wir begehen könnten."

Der Lieutenant mußte zwar anerkennen, daß der Vater Jaguar ein seltener Mensch und Charakter sei, aber es widerstrebte ihm, sich demselben unterzuordnen. Er hielt sich als Offizier als viel höher stehend als diesen Mann; er sagte sich im stillen, daß eigentlich ihm das Kommando gehöre. Er hatte zwar versprochen, sich zu fügen, allein seine gewaltthätige, eigenmächtige Natur kam bei vielen Gelegenheiten, so auch wieder hier, zum Vorscheine.

„Freut mich, daß Sie das Wort nicht ausgesprochen haben, Señor," sagte Vater Jaguar in ernstem Tone. „Ich bin nicht gewöhnt, mich in dieser Weise kritisieren zu lassen. Ich habe meine Meinung geäußert und bin nicht dagegen, daß Sie uns die Ihrige auch kundgeben. Warum halten Sie das, was ich meine, für einen Fehler?"

„Weil wir hier aufgerieben würden."

„Wieso?"

„Das fragen Sie? Señor, ich bin allerdings Offizier, was Sie freilich nicht sind. Man kann bei einem Laien nicht militärische Kenntnisse voraussetzen; aber das, wonach Sie fragen, ist eine so einfache und selbstverständliche Sache, daß ich sehr verwundert bin, Sie noch fragen zu hören."

Vielleicht hatte er die Absicht, mit diesen Worten den Vater Jaguar in der Achtung der andern herabzusetzen; dieser aber antwortete ihm, indem er ein kleines, ironisches Lächeln sehen ließ:

„Ich gestehe Ihnen aufrichtig, daß ich allerdings nicht begreife, wie wir hier aufgerieben werden könnten. Gehören wirklich so bedeutende militärische Kenntnisse dazu, dies zu wissen?“

„Eben ganz und gar nicht. Der gewöhnlichste Mensch muß es einsehen.“

„So habe ich vielleicht den großen Fehler, kein gewöhnlicher Mensch zu sein. Haben Sie also die Güte, meinem mangelhaften Begriffsvermögen zu Hilfe zu kommen!“

Der Lieutenant, welcher die Ironie nicht übersah, meinte in halb zorniger und halb überlegener Weise:

„Wenn wir uns hier im Thale aufstellen, sind wir von den ringsum liegenden Höhen eingeengt und werden, wenn der Feind hereindringt, erliegen müssen.“

„So! Das begreife ich noch immer nicht. Wir müssen erliegen, wenn der Feind hereindringt. Wenn! Merken Sie wohl: Wenn! Kann er denn herein? Der Zugang zum Thale ist, wie Sie sehen, nur so breit, daß ihn höchstens sechs oder sieben Menschen nebeneinander passieren können. Außerdem stehen da Bäume, hinter welche wir uns stecken können, um nicht von den feindlichen Kugeln oder Pfeilen getroffen zu werden. Wenn wir nur fünfzig wackere Kerls da stehen haben, so kann kein Feind herein, und wenn er tausend Mann stark sein sollte. Sehen Sie das nicht ein?“

Der Offizier antwortete nicht. Darum fuhr der Vater Jaguar fort:

„Sie sagen, wir seien von den Höhen eingeengt. Diese Höhen treten wohl auseinander, wenn der Feind hereinkommt? Oder ist es nicht so, daß er ebenso eingeengt sein würde wie wir? Dazu käme, daß stets derjenige im Vorteile ist, welcher den Posten zuerst besetzt hat. Sind Sie noch immer der Meinung, daß man Taktik und Strategie studiert haben muß?“

Verano zuckte nur die Achsel, da er doch nicht zugeben wollte, daß er unrecht gehabt hatte.

„Übrigens,“ fügte der Vaterjaguar hinzu, „ist es gar nicht meine Absicht, dem Feinde den Eintritt in dieses Thal streitig zu machen. Ich will es vielmehr haben, daß er hereinkommt.“

„Aber warum denn nur!“ fuhr der Offizier ungeduldig auf. „Das würde doch heißen, uns ihm in die Hände zu liefern.“

„Nein, sondern ihn in die unsrigen. Jetzt scheinen Sie es zu sein, welcher der Laie ist. Haben Sie wohl eine Ahnung, wann die Abipones ungefähr in dieser Gegend eintreffen werden?“

„Das kann niemand wissen.“

„Warum nicht? Es ist leicht zu erraten. Die Weißen, mit denen wir schon zusammengetroffen sind, haben Soldaten nach dem Palmensee bestellt. Sie werden nicht viel früher und nicht viel später dort eintreffen als diese. Das liegt in der Natur der Sache.

Sie sind, um ihre Spur für uns unsichtbar zu machen, über den Rio Salado zurückgegangen. Diese Absicht zu erreichen, brauchen sie zwei Tage. Wenn sie dann ebenso rasch reiten, wie wir geritten sind, haben wir zwei Tage Vorsprung. Nehmen wir an, daß sie einen Tag brauchen, um sich auszuruhen, die mobilen Indianer zu sammeln und Beratung zu halten, so ergibt sich noch ein dritter Tag. Wir haben drei Tage bis hierher gebraucht, weil wir gut beritten sind und Pferde im Überflusse haben. Den Abipones aber fehlen die Pferde. Ihre Mannschaften werden aus Kavallerie und Fußtruppen bestehen; darum brauchen sie wenigstens vier Tage bis hierher. Wir haben also den Feind frühestens in vier Tagen, von heute an gerechnet, zu erwarten. Das ist Zeit genug, um unsre Vorbereitungen in einer Weise zu treffen, welche uns den Kampf erleichtert und den Sieg sichert."

„Aber es ist keine Erleichterung des Kampfes und keine Sicherung des Sieges, sondern das gerade Gegenteil, wenn wir den Feind hier zu uns hereinlassen!"

„Aber, Señor, sehen Sie denn nicht ein, daß dies eine Falle sein soll?"

„Eine Falle?" fragte Verano erstaunt. „Dann wird es eine, in welcher wir uns selbst fangen."

Der Vater Jaguar wollte antworten, da aber fiel ihm der Doktor Morgenstern in die Rede: „Nehmen Sie es mir nicht übel, Señor Verano! Sie sind Offizier und begreifen dennoch nicht, was der Vater Jaguar meint? Das könnte scheinen, als ob Sie im Begriffe ständen, sich der Absicht zuzuneigen, diejenige Thätigkeit Ihres Geistes, welche man berechtigt ist, das Denken zu nennen, etwas weniger anzustrengen, als es nach den gegenwärtigen Verhältnissen als geboten erscheint. Die Falle oder der Fallstrick, um den es sich handelt, lateinisch Lagneus genannt, ist sehr leicht zu begreifen."

„So! Begreifen Sie ihn etwa?" fragte der Offizier zornig.

„Allerdings."

„So haben Sie doch die Güte, ihn mir zu erklären."

„Sehr gern, Señor. Ich setze den Fall, wir verstecken uns da rundum im Walde, hinter den Bäumen, lassen den Feind herein und besetzen dann den Ein- und Ausgang des Thales, so befindet er sich in unsrer Mitte und ist verloren, da er uns, die wir geschützt stehen, nicht anzugreifen vermag, während er, der keine Deckung hat, allen unsern Kugeln ausgesetzt ist. Ich hoffe, das ist Ihnen nun deutlich, lateinisch perspicuus, geworden."

Der Lieutenant war wütend. Daß der kleine, deutsche, lächerliche Kerl es wagte, ihn zu belehren, das war viel schlimmer als alles Vorhergehende. Er rief entrüstet aus:

„Was reden Sie zu mir? Habe ich Sie um Rat gefragt?"

„Allerdings. Sie haben mich aufgefordert, es Ihnen zu erklären."

„Das habe ich ganz anders gemeint. Bleiben Sie mir in Zukunft mit Ihren Erklärungen vom Leibe. Ich weiß genau, was ich zu thun habe!"

„Nein, das scheinen Sie nicht zu wissen," nahm der Vater Jaguar jetzt wieder das Wort. „Ich habe keine Lust, mich mit jemand zu streiten, und da es nicht notwendig ist, uns über den Gegenstand unsres Gespräches gleich jetzt weiter und erschöpfend zu äußern, so schlage ich vor, weiterzureiten. Wir haben vor allen Dingen danach zu trachten, noch vor Einbruch der Nacht unser Ziel, den „klaren Bach“, zu erreichen.“

Diesen Worten zufolge wurde aufgebrochen. Der Lieutenant hielt sich schmollend hinterher. Es ärgerte ihn gewaltig, daß er, der Beauftragte des Generals Mitre, eine solche Schlappe erlitten hatte.

Der Berg, welcher, von vorn gesehen, die Gestalt eines Kegels zu haben geschienen hatte, besaß nach rückwärts eine längere Ausdehnung. Er hatte die Form eines Komma, dessen in einen langen Schwanz auslaufender Teil von dem schon erwähnten Bache durchflossen wurde. Dieser Bach entsprang auf der höchsten Stelle. Dann senkte sich das Terrain wieder abwärts und ging endlich in die Ebene über.

Man hatte bisher zu beiden Seiten immer Wald gehabt, welcher auch jetzt noch nicht aufhörte, sondern sich weit in die Ebene hinein erstreckte. Er stand aber nicht mehr so dicht wie vorher, so daß man zwischen den Bäumen hindurchreiten konnte, während vorher die Ufer des Baches den Weg gebildet hatten. Das dann folgende Feld war grasig. Hier konnten die Pferde mehr ausgreifen als bisher, und so flogen sie jetzt im Galopp über den Campo hin.

War dem kleinen Gelehrten früher das Reiten schwer geworden, so hatte er sich jetzt ganz hübsch eingerichtet und saß sehr fest im Sattel. Er ritt neben Fritze Kiesewetter, seinem treuen Diener, welcher sich wo möglich stets an seiner Seite hielt.

„Wie steht es mit dem Anzuge?“ fragte er ihn. „Er ist jedenfalls noch naß, und du kannst dir leicht eine Erkältung zuziehen.“

„Dat ist nicht!“ antwortete Fritze. „Es ist allens schon vollständig trocken, und von eine Verkältung kann keine Rede sind. Als Sie den Lieutenant so schön trocken stellten, ist das Habit vor Freude auch gleich mit trocken jeworden.“

„Aber ich hatte doch recht!“

„Natürlich! Der Mensch scheint von seinem Fache oft und manchmal nichts zu verstehen!“

„Aber er wird nun zornig auf mich sein!“

„Dat ist er allerdings; ik habe es jesehen, aber wir machen uns nichts draus. Jroße Jeister, die sich nur mit Riesentieren abjeben, bekümmern sich nicht um so kleine Menschen.“

Der Doktor blickte nachdenklich vor sich nieder und sagte dann:

„Fritze, ich werde doch wohl einen Fehler gemacht haben!“

„Mit dem Lieutenant?“

„Nein, sondern mit dem Riesentiere, mit den Knochen, welche wir da hinten an dem Sumpfe gefunden haben.“

„Wieso?“

„Ich hätte sie nicht liegen lassen, sondern mitnehmen sollen.“

„Warum?“

„Weil sie mir in Verlust geraten werden. Du hast gehört, daß die Abipones hinter uns herkommen. Sie halten jedenfalls auch an dem Sumpfe an, und dann ist's jedenfalls um die schönen Knochen geschehen."
„Dat ist mich unwahrscheinlich. Wat wollen die Abipones mit die Knochen machen?"
„Diese nicht, aber die Weißen, welche bei ihnen sind."
„Hm! Meinen Sie?"
„Ja. Die Soldaten wissen, daß solche Knochen für die Wissenschaft einen großen Wert besitzen, und werden sie mitnehmen."
„Nein, dat werden sie nicht; da kann ik Ihnen trösten. Selbst wenn sie die Absicht hätten, sie mitzunehmen, würden sie sie doch einstweilen liejen lassen, um sie dann erst auf dem Rückwege aufzuklauben."
„Das ist ganz dasselbe."
„Nein, denn wir besiegen ihnen ja!"
„Ob sie als Sieger oder als Besiegte zurückkehren, das ist gleich; sie werden sie mitnehmen. Ich bin überzeugt davon."
„Wenn Sie so sagen, dann muß ik Ihnen allerdings recht jeben. Aber es ist nicht zu ändern."
„O doch."
„Wie?"
„Wenn wir beide zurückritten, um die Knochen zu holen."
„Dat jeht nicht."
„Warum?"
„Weil wir den Feinden in die Hände fallen würden."
„Gewiß nicht! Der Vater Jaguar sagte ja, daß sie nicht eher als in vier Tagen hier sein würden. So lange hätten wir also Zeit."
„Jut; aber es jeht doch nicht, denn der Vater Jaguar würde es nicht erlauben."
„Das ist gar nicht nötig. Ich werde mich hüten, ihn um die Erlaubnis zu fragen."
„Also nicht? ja, dat wäre eine andre Sache."
„Fritze, würdest du mitreiten?"
„Hm! Es kommt mich doch ein wenig unheimlich vor."
„Ich denke, du bist mir treu!"
„Herr, treu bin ik; darauf können Sie Ihnen verlassen!"
„Aber keinen Mut hast du?"
„Keinen Mut? Wat? Ik als Stralauer Kind am Rummelsburger See soll keinen Mut haben? Dat hat noch kein Mensch mich zu sagen jewagt!"
„Warum ist es dir da mit einemmal so unheimlich geworden?"
„Nicht aus Furcht, sondern von wejen des bösen Jewissens. Es kommt mich wie ein Unrecht vor, so etwas zu unternehmen, ohne vorher den Vater Jaguar zu fragen."
„Sind wir an ihn gebunden? Ist er unser Vorgesetzter?"

„Nein. Aber unter die jejenwärtige Verhältnisse halte ik es für sehr richtig, nichts ohne sein Vorwissen zu unternehmen."
„Auch wenn ich darum bitte?"
„Bitte? Herr Doktor, wenn Sie mich befehlen, so jehorche ich; wenn Sie mir aber bitten, so muß ik Ihnen erst recht den Willen thun. Es würde mich jeradezu unmöglich sein, Ihnen eine Bitte abzuschlagen."
„So ist's recht! Das nenne ich Treue, lateinisch Fidelitas geheißen! Also ich kann mich auf dich verlassen?"
„Ja. lk jehöre zu Sie und weiche nicht von Ihre Seite. Aber ist's denn wirklich jewiß, daß Sie zurück wollen?"
„Noch nicht ganz. Ich muß erst abwarten, ob die Verhältnisse meinem Vorhaben günstig sind."
„So sagen Sie mich wenigstens, wie wir die Knochens fortbringen wollen?"
„Wie soll ich das wissen? Ich möchte mich da auf deinen Scharfsinn verlassen."
„Ja, wenn mein Scharfsinn ein Roll- oder Frachtwagen wäre, so könnten wir sie darauf verladen. Hier jibt's überhaupt keine Wagens. Man kann sich höchstens der Lastpferde bedienen."
„Und da haben wir leider keine!"
„Nicht? Wat, wir hätten keine? Haben wir nicht über achtzig Pferde erbeutet?"
„Aber die gehören uns doch nicht!"
„Nicht? Wer hat dat behauptet? Wir waren dabei, als sie erbeutet worden sind. Sie sind eijentlich Jemeingut und müssen verteilt werden. Da kämen wenigstens vier Stück auf uns beide. Ik mache mich jar kein Jewissen, einige Pferde wegzunehmen. Dat ist kein Diebstahl, denn wir bringen sie doch wieder. Und Packsattels sind auch vorhanden. Wir haben also allens, wat wir brauchen."
„Und würdest du den richtigen Weg finden, damit wir uns nicht etwa verirren?"
„Glauben Sie nicht, daß ich mir verirren würde. Wo ik einmal jewesen bin, da bin ik zu Hause wie in meine Tasche. Dat ist der jeringste Kummer, den Sie Ihnen zu machen brauchen, Wenn ik ein Bedenken habe, so ist's ein janz andres."
„Welches?"
„Von wejen die Krokodilers. Wenn es sich um Knochen handelt, so jehen Sie zu forsch ins Zeug, und da können Sie leicht wieder an sonne Bestie jeraten, ohne daß ik Ihnen dann so schnell helfen kann."
„Ich nehme mich in acht. Ich verspreche es dir."
„Jut! Dann ist die Sache abjemacht. Sagen Sie es mir nur, wenn es losjehen soll! lk bin dabei."
Während dieses Gespräches war man eine tüchtige Strecke weiter gekommen. Der Campo wurde zuweilen von kleinen Wäldchen unterbrochen, denen man es ansah, daß sie von Menschenhänden angelegt worden seien. In der Ferne bemerkte man Ackerland, hinter dem einzelne Hütten erschienen. Man ritt zwischen kleineren Ansiedelungen der

Cambas hindurch. Gegen Abend kam man dann durch einen lichten Wald, welcher nicht sehr groß war. Als man ihn zurückgelegt hatte, sah man eine Lagune glänzen, an welcher mehrere langgestreckte Reihen von Hütten lagen. Sie waren zu beiden Seiten eines Baches erbaut, welcher aus dem Walde kam. Dieser Bach war der Arroyo claro, und man befand sich dem Ziele, dem Hauptdorfe der Cambas gegenüber.

Auf der Lagune bewegten sich einige Boote, deren Insassen mit Fischen beschäftigt waren. Hinter den Hütten sah man Gärten und Felder, in denen Frauen, Männer und auch Kinder arbeiteten. Vor den Hütten saßen oder standen andre, welche ihre Arbeit gethan hatten. Dieses friedliche Bild aber veränderte sich sofort, als das erste Auge die Ankömmlinge erblickte. Kaum war dies geschehen, so stieß der Betreffende einen schrillen Ruf aus, welcher von Mund zu Mund ging, und von allen wiederholt wurde. Die Fischer schossen mit ihren Booten an das Ufer. Die auf den Feldern und in den Gärten Beschäftigten flogen nach dem Dorfe, wo alle in den Hütten verschwanden, um nach wenigen Augenblicken bewaffnet wieder zu erscheinen.

Da stieß der Häuptling einen ähnlichen Ruf aus. Sie kannten denselben und wußten nun, wer der Ankömmling war, noch ehe sie seine Züge deutlich erkennen konnten. Sie jubelten laut und kamen, ihre Waffen schwingend, dem Zuge entgegengesprungen und entgegengetanzt, um die Gäste zu begrüßen.

Diese mußten, der dortigen Sitte gehorchend, anhalten, um die Ceremonie des Bewillkommnens über sich ergehen zu lassen. Diese konnte nicht sofort beginnen, denn es waren noch nicht alle Bewohner des Dorfes versammelt. Viele derselben befanden sich im Walde und mußten herbeigerufen werden. Dies geschah mit Hilfe eines Signalinstrumentes, das aus einem starken Bambusstücke bestand, in welches als Mundstück ein dünnerer hohler Zweig befestigt war. Der Mann, der in dieses Instrument blies, brachte einen grauenhaften, dumpfen Ton hervor, der aber in große Ferne zu dringen schien, denn man hörte viele Schreie, welche die Antwort bildeten, in einer Weise erschallen, der man es anhörte, daß sich die Betreffenden nicht in der Nähe befanden. Bald sah man sie aus dem Walde kommen, einzeln oder in kleinen Gruppen. Sie liefen so schnell wie nur möglich, woraus zu schließen war, daß dieses Signal nur dann gegeben wurde, wenn große Eile nötig erschien.

Nach einiger Zeit waren wohl an dreihundert Männer versammelt, welche vor den Ankömmlingen eine Doppelreihe bildeten. Hinter dieser stellten sich die Frauen auf, während die Kinder im Hintergrunde die Zuschauer bildeten.

Nun begann zunächst ein Tanz der Männer, welcher in Bewegungen der Hände und Köpfe bestand, ohne daß die Füße sich von der Stelle bewegten. Der zweite Teil bestand in einem Vor- und Rückwärtsschreiten, an welchem sich auch die Frauen beteiligten. Im dritten Teile wurden die Lanzen, Blasrohre und Messer geschwungen, wozu die Frauen ein unbeschreibliches Geschrei in der Fistellage anstimmten. Dann schien der Tanz zu Ende zu sein. Da aber deutete der Häuptling auf Hammer und rief nur den einen Namen: „Der Vater Jaguar!“ laut aus. Einen kurzen Augenblick war alles still, jedenfalls vor

Überraschung, diesen berühmten Mann hier zu haben. Dann aber brach ein Jubilieren los, daß man sich hätte die Ohren verstopfen mögen. Die Männer und Frauen sprangen wie besessen hin und her, und die Kinder folgten diesem Beispiele. Viele kamen herbei, um dem Genannten die Hand zu geben, oder ihn auch nur zu betasten. Er war noch nie hier am „klaren Bache“ gewesen, doch wußte man recht wohl, daß er andern Cambasstämmen gegen die Abipones siegreich beigestanden hatte. Als die Aufregung vorüber war, ordneten sich die Indianer, um mit ihren Gästen im Dorfe einzuziehen. Die Männer gingen zu dreien voran; dann kamen die Kinder, und darauf folgten die Ankömmlinge. Der Häuptling hatte sich an die Spitze gestellt.

Das Dorf bestand aus vielleicht achtzig Hütten, welche durchweg aus gestampfter Erde bestanden und mit Schilfdächern versehen waren. In den Gärten gab es Blumen, und auf den Feldern wuchsen neben Getreide allerlei Gemüse, von denen sich diese Leute, welche wenig Fleisch essen, meist ernähren. Hinter den Feldern gab es bis nach dem Walde hin einen ziemlich großen Plan, auf welchem Rinder und Pferde weideten. Von den ersteren konnte man vielleicht sechzig Stück, von den letzteren kaum dreißig, den ganzen Reichtum des Dorfes, zählen.

Man stieg von den Pferden. Dann hielt der Häuptling eine Rede, in welcher er seinen Untergebenen erzählte, was er erlebt hatte und daß die feindlichen Abipones im Anzuge seien. Als er geendet hatte, erhob der Vater Jaguar seine Stimme, um zu sagen, daß er beabsichtige, die mitgebrachten Pferde und Gewehre als Geschenke unter sie zu verteilen. Natürlich rief das einen allgemeinen Jubel hervor. Der Lieutenant Verano machte dann zwar eine Bemerkung darüber, daß niemand ein Recht besitze, die erbeuteten Pferde, an denen er eigentlich auch einen Anteil habe, oder gar die Gewehre zu verteilen; Hammer achtete aber gar nicht darauf.

jetzt begann es dunkel zu werden. Man entlastete die Pferde, ließ sie im „klaren Bache“ trinken und trieb sie dann nach dem Weideplane, wo sie sich erholen sollten. Von dort brachte man einige Rinder mit, welche den Gästen zu Ehren geschlachtet und verschmaust werden sollten. Feuer wurden angezündet, und beim Scheine derselben entwickelte sich ein eigenartiges Leben, welches selbst denen, die dergleichen schon oft erlebt hatten, von großem Interesse war.

Die Cambas schienen zunächst gar nicht an die Gefahr, welche ihnen von den Abipones drohte, zu denken. Sie hatten gehört, daß dieselben noch fern waren, und wußten den Vater Jaguar bei sich. Die Anwesenheit dieses Mannes ließ keine Sorge bei ihnen aufkommen.

Das Fleisch wurde ganz wie bei den Gauchos bereitet und verzehrt. Man trank dazu ein gegorenes Getränk, welches aus den Früchten des Chafiar bereitet wird. Dazu genoß man Kuchen, welchen die Frauen aus Mais- und anderm Mehl in der heißen Asche buken.

Nach diesem Essen wurde eine Beratung gehalten, an welcher alle Weißen und auch der Häuptling teilnahmen. Wohl nur den Lieutenant Verano ausgenommen, hielten alle es

für ganz selbstverständlich, daß dem Vater Jaguar die erste Stimme und auch die Entscheidung zustehe. Er wurde aufgefordert und gab seinen Plan bekannt.
Morgen früh sollten die Gewehre verteilt und die Cambas im Gebrauche derselben unterwiesen werden. Zur geeigneten Zeit sollte man nach dem Thale des ausgetrockneten Sees ziehen, hundert Cambas sollten durch den Eingang desselben marschieren, um sich dann seitwärts im Walde zu verstecken. Diese Leute mußten natürlich die Abipones kommen sehen; sie hatten zu warten, bis diese vorüber und im Thale verschwunden sein würden. Dann sollten sie aus ihrem Verstecke hervorkommen und den Eingang besetzen, damit die Abipones nicht zurück könnten.
Die andern Cambas sollten sich im Thale selbst verstecken, und zwar hinter den Bäumen, um im gegebenen Augenblicke aus dieser sichern Deckung heraus den Kampf zu beginnen. Die Einzelnheiten konnten natürlich nicht genau vorherbestimmt werden. Darum sollten die Cambas so nahe beieinander stehen, daß der eine dem andern die von dem Vaterjaguar ausgehenden Befehle leise zurufen könne. Nach diesen sollte dann ganz genau gehandelt werden.
Alle waren mit diesem Plane einverstanden, nur der Lieutenant nicht. Er hatte geschwiegen, bis alle ihre Zustimmung erteilten; dann aber sagte er, gegen den Vater Jaguar gewendet:
„Ihr Plan, Señor, ist ganz gut, nämlich wenn er gelingt. Nur zweifle ich, daß dies der Fall sein wird."
„Das muß abgewartet werden," antwortete Hammer in gleichmütigem Tone.
„Warum abwarten! Die Force eines tüchtigen Soldaten besteht im Angriffe, nicht aber im Zaudern. Der Angreifer ist stets im Vorteile, was Sie aber nicht zu wissen scheinen."
„Ich weiß es wenigstens ebenso gut wie Sie, Señor!"
„Nun, warum wollen Sie denn da nicht angreifen?"
„Ich will es ja; aber freilich erst dann, wenn ich den Feind in der Falle habe."
„Das ist falsch. Sie dürfen ihn gar nicht so weit heranlassen. Sie müssen ihm entgegengehen, um ihn zu schlagen, wo Sie ihn treffen. Oder getrauen Sie sich das nicht? Dann brauchen Sie nur mir die Führung zu übergeben; ich weiß, wie man solche Siege erkämpft."
„Mit Blut natürlich, mit sehr viel Blut! Das kann ich auch, Señor, den Abipones entgegengehen und sie schlagen."
„Auch wenn sie Ihnen an Zahl überlegen sind?"
„Auch dann. Aber es würden ihrer viele untergehen, und auch auf unserer Seite würde viel Blut fließen, und das ist es, was ich vermeiden will."
„Was! Sie wollen sie schonen?"
„Ja, sie und uns."
„Das ist falsch, grundfalsch. Das kann ich nicht zugeben; dagegen protestiere ich. Diese Hunde müssen niedergeworfen werden, vom ersten bis zum letzten. Es dürfen ihrer so wenig wie möglich entkommen!"

„Warum, Señor?"
„Das fragen Sie noch? Sind sie nicht gegen uns? Bestehlen sie uns nicht?"
„Was thun denn Sie? Gehört Ihnen ein Fußbreit von dem Lande, in welchem Sie sich befinden? Haben Sie oder Ihre Vorfahren den Indianern ehrlich bezahlt, was Sie ihnen genommen haben? Doch, streiten wir uns nicht darüber! Wollte ich auch die Abipones nicht schonen, so würden bei einem Kampfe, wie Sie ihn wollen, viele von uns zu Grunde gehen. Wenn es aber so kommt, wie ich es wünsche, so fließt kein Tropfen Blutes."
„Nur auf unsrer Seite natürlich!"
„Wie wäre das möglich? Ein einziger Blick oder auch nur eine kurze Überlegung wird den Feinden sagen, daß sie verloren sind, falls sie zur Gegenwehr greifen. Ich werde zu ihnen sprechen und ihnen menschliche Bedingungen stellen.
Daraufhin werden wir einen ehrlichen Frieden mit ihnen schließen."
„Einen Frieden? Sie sind des Teufels, geradezu des Teufels, Señor! Es darf kein Friede geschlossen werden. Man muß diese Kerls niederschießen. Je mehr von ihnen zu Grunde gehen, desto besser ist es für uns."
„Ich weiß allerdings, daß dies Ihre Meinung ist; ich aber denke anders. Sie machen es gerade so, wie diejenigen es machen, mit denen wir es zu thun haben, nämlich Antonio Perillo und Konsorten. Es ist entsetzlich, den Roten auf den Roten zu hetzen, um dabei im Trüben fischen zu können. Solange ich da bin, wird dies verhütet werden."
„Werden Sie es verantworten können?"
„Ich möchte den sehen, der es unternehmen wollte, mich darüber zur Verantwortung zu ziehen."
„Der General, der Präsident!"
„Pah! Wir befinden uns nicht in Buenos Ayres, sondern im Gran Chaco. Die Stelle, an welcher Sie sitzen, gehört dem Volke der Cambas; da hat der Präsident nichts zu sagen. Übrigens können die Cambas aus Ihren Worten ersehen, was sie von den Weißen zu erwarten haben."
„Sie mögen Frieden halten, dann geschieht ihnen nichts."
„Wer kann solchen Freunden gegenüber Frieden halten! Ihr wißt es schon so einzurichten, daß es möglichst bald zum Bruche kommt."
„Sprechen wir nicht darüber. Sagen Sie mir lieber, ob es wirklich Ihr Ernst ist, die Roten zu schonen."
„Es ist mein vollster Ernst. Warum sollte ich scherzen?"
„Nun, so mögen Sie wissen, daß ich mich dagegen sträuben werde."
„Versuchen Sie es."
„Ich werde es nicht nur versuchen, sondern wirklich thun."
„Das heißt, Sie werden unter Umständen gegen meinen Willen, gegen meine Anordnungen handeln?"
„Ja. Ich kenne hier keinen, dessen Anordnungen ich zu befolgen habe."

„So vergessen Sie, daß Sie durch uns von dem schmählichen Tode des Ersäufens errettet worden sind, und ich will Ihnen folgendes sagen. Hören Sie wohl darauf! Was ich verspreche oder drohe, das führe ich auch aus. Wenn durch Sie ein einziger Tropfen Blutes gegen meinen Willen vergossen wird, gebe ich Ihnen eine Kugel in den Kopf."
„Sie sprechen wie toll, Señor!" fuhr der Offizier auf. „Wissen Sie, wer und was ich bin?"
„Ein einfacher Lieutenant sind Sie, weiter nichts, und nebenbei ein gewaltthätiger und blutdürstiger Mensch. Ich aber bin der Vater Jaguar, dem ein braver Indianer mehr gilt als ein gewissenloser Weißer. Was ich gesagt habe, das gilt. Wollen Sie partout Blut sehen, nun, so wird das Ihrige fließen; das schwöre ich Ihnen zu!"
Er stand von seinem Platze auf und entfernte sich, um den Zorn zu bekämpfen, welcher ihn ergriffen hatte. Der Lieutenant stieß hinter ihm her noch einige großsprecherische Worte aus; da aber zog Geronimo, der Liebling des Anführers, sein Messer und sagte zu ihm:
„Señor, schweigen Sie! Höre ich noch ein einziges unehrerbietiges Wort gegen unsern Freund, so stoße ich Ihnen diese Klinge in den Leib, daß Ihnen das Reden sofort vergeht! Wenn Sie etwa stolz darauf sind, daß Sie sich Lieutenant nennen dürfen, so gehen Sie in das Vaterland des Vater Jaguar, und lernen Sie dort erkennen, daß allerdings ein dortiger Lieutenant zehnmal mehr wert ist, als bei Ihnen ein General! Mit Ihrer Charge imponieren Sie ihm nicht!"
Damit hatte die Beratung ein ganz andres Ende gefunden, als man hatte vermuten können.
Hammer war zwischen zwei Hütten hindurch und an mehreren Gärtchen entlang gegangen. Er machte diesen Spaziergang nur, um sich zu beruhigen. Der Neumond war seit einigen Tagen vorüber, und am Horizonte stand die dünne Mondsichel, um ein halbes, ungewisses Licht über den Weideplatz zu werfen, den der Vater Jaguar nun erreicht hatte. Er sah die Pferde und die Rinder, und da fiel ihm die Stellung auf, welche diese Tiere einnahmen. Die Pferde standen in Gruppen zusammen, und zwar mit den Hinterbeinen nach außen. Die Rinder bildeten ihre Kreise in der entgegengesetzten Weise, nämlich mit den Köpfen nach außen. Dies erklärt sich dadurch, daß die ersteren sich mit den Hinterhufen, die letzteren aber mit den Hörnern verteidigen. Es mußte ein Raubtier in der Nähe sein und zwar ein größeres. Da er kein Gewehr bei sich hatte, so rief er mit lauter Stimme in das Dorf zurück:
„Cuidado, Señores! Bringt die Gewehre; es ist ein Jaguar da!"
Er stieß diesen Ruf nicht aus Furcht aus. Daß er sich auch ohne Gewehr nicht fürchtete, bewies er dadurch, daß er ruhig weiterging. Nur hatte er das Dolchmesser gezogen, um im geeigneten Augenblicke die Klinge bereit zu haben. Seine laute, weithin schallende Stimme war nicht nur in das Dorf zurück-, sondern auch über den ganzen großen Weideplatz gedrungen und da an die Ohren von zwei Personen, denen das sonderbare Verhalten der Tiere noch gar nicht aufgefallen war.

Diese beiden Personen waren Anton Engelhardt und der Inka. Die Freundschaft der beiden Jünglinge war während der letzten Tage womöglich noch inniger geworden, als sie vorher gewesen war. Sie hielten, wie auch schon früher, stets zu einander. Da mußte Anton von seiner Heimat erzählen, nicht von Peru, sondern von Deutschland, woher seine Eltern stammten, von andern Ländern, von deren Bewohnern und ihren Verhältnissen. Er hatte einen sehr guten Unterricht genossen und viel gelernt; darum konnte er dem Freunde sehr wohl die gewünschte Auskunft geben. Sie hatten von den Religionen der verschiedenen Völker gesprochen, von ihren Regierungsformen, ihren Herrschern und deren Machtbefugnissen, von den Streitkräften und den Verheerungen, welche die gegenwärtigen Waffen anzurichten im stande sind. Je mehr der junge Inka gehört hatte, desto einsilbiger und nachdenklicher war er geworden. Er begann mehr und mehr einzusehen, daß der Traum, den er bisher geträumt hatte, eben nur ein Traum sei und ein solcher bleiben werde.

Es fiel ihm nicht ein, seinem alten Anciano etwas davon zu sagen. Er wollte den treuen Beschützer nicht kränken.

Heute, als die Beratung begann, hatten sie geglaubt, zu jung zu sein, um an derselben teilzunehmen. Es hätte ihnen niemand verwehrt, bei den Alten zu sitzen, um zuzuhören und auch wohl ein Wort zu sagen, dennoch hielten sie es in ihrer berechtigten Bescheidenheit für geraten, fern zu bleiben, und so hatten sie, sich Hand in Hand führend, einen Spaziergang unternommen. Sie kamen nach der Weide hinaus und gingen in nicht allzu großer Ferne vom Walde parallel mit dem Rande desselben hin. Es war ihnen nicht eingefallen, ein Gewehr mitzunehmen. Anton hatte das Messer und den Revolver mit; der Inka trug auch ein Messer im Gürtel, und dazu hing ihm sein Streitkolben, von dem er sich nie zu trennen pflegte, an der linken Seite nieder. Der erstere erzählte wie gewöhnlich, der letztere hörte still zu und warf zuweilen eine wißbegierige Frage dazwischen. Da vernahmen sie von drüben herüber eine donnernde Stimme:

„Cuidado, Señores! Bringt die Gewehre; es ist ein Jaguar da!“

„Das war der Vater Jaguar,“ sagte Anton, indem er stehen blieb und unwillkürlich seinen Revolver zog. „Sollte eine Onze, ein Tiger, in das Dorf gedrungen sein?“

„Nein,“ antwortete Haukaropora. „Die Stimme kam nicht aus dem Dorfe, sondern von der andern Seite der Weide her. Wir haben uns zu weit entfernt. Laß uns zurückkehren!“

Sie entfernten sich vom Walde, um sich dem Dorfe zu nähern, und kamen dabei an einer Rindergruppe vorüber. Als der Inka die Haltung dieser Tiere sah, sagte er:

„Wir müssen uns beeilen. Diese Ochsen stehen zur Verteidigung bereit, und da sie die Hörner tief senken, so ist der Jaguar nicht nur da, sondern er muß sich hier in der Nähe befinden.“

Sie eilten mit raschen Schritten vorwärts, dorthin, wo sechs oder sieben Pferde, die Kruppen nach auswärts gerichtet, mit zusammengesteckten Köpfen einen Verteidigungskreis bildeten. Die Tiere schnaubten und standen mit den Hinterhufen keinen Augenblick still. Haukaropora ging links, Anton aber rechts vorüber, weil er da glaubte, näher zu kommen. Eben war er um die Pferdegruppe gebogen, als er seitwärts von derselben und vor sich etwas Dunkles im Grase liegen sah. Was es war, konnte er nicht erkennen, da die Sichel des Mondes nicht hell genug schien. Er hielt den Gegenstand oder das Tier für ein junges, an der Erde liegendes Kalb oder Füllen und wollte an demselben vorüber. Da erhob es sich und nun sah er allerdings, wen er vor sich hatte: es war der Jaguar, welcher zwar aufgesprungen war, sich aber zum Sprunge sofort wieder niederduckte. Flucht wäre da das Schlimmste gewesen. Anton blieb also stehen, spannte den Revolver und zog mit der linken Hand sein Messer. Was er in diesem Augenblicke fühlte, das war eigentlich nicht Furcht, sondern eine Empfindung, für die es keine Bezeichnung gibt.

„Hauka," rief Anton, „der Jaguar!"

Eben kam der Inka um die andre Seite der Pferdegruppe. In demselben Augenblicke that der Jaguar den Sprung auf Anton zu. Dieser jagte ihm eine Kugel entgegen, wurde aber von dem Tiere niedergerissen. Er fühlte die schwere Last der Bestie auf sich liegen und roch den stinkenden Hauch derselben. Er war sicher, nun von den Krallen zerfleischt, von den Zähnen zermalmt zu werden; da aber hörte er über sich einen Krach, wie wenn man mit einer Axt auf den Hackstock schlägt; der Jaguar richtete sich halb auf und rollte dann, ohne einen Laut auszustoßen oder nur zu röcheln, zur Seite. Anton fühlte sich von der Last frei; es war ihm aber, als ob er es noch gar nicht glauben dürfe; darum blieb er noch liegen. Da beugte sich der Inka über ihn und fragte in liebevollem Tone:

„Bist du verletzt, Antonio? Hat dich seine Kralle oder sein Rachen getroffen?"

„Ich glaube nicht," antwortete der Gefragte. „Es thut mir nichts weh. Da liegt das Tier. Was ist mit ihm?"

„Es ist tot; ich habe es mit meinem Humantschuay erschlagen. Eben als du mich gerufen, sprang er auf dich ein. Du gabst ihm eine Kugel und ich sprang hinter ihm her, um ihm mit dem Kolben den Schädel einzuschlagen. Steh auf, daß wir sehen, ob du Schaden erlitten hast!"

Anton erhob sich. Es war ihm nichts geschehen. Selbst sein Anzug war vollständig unverletzt. Ob der Schuß das Tier so konsterniert hatte, daß es seine scharfen Waffen nicht sofort gebraucht hatte?

Der Gerettete drückte seinen Retter innig an sich und sagte:

„Ohne dich lebte ich jetzt nicht mehr; ich wäre zerfleischt. Wie kann ich dir danken?"

„Dadurch, daß du mich immer so liebst, wie du mir jetzt gewogen bist. Das ist mir lieber als alles. Doch laß uns nun zu den Unsrigen zurückkehren."

„Und was geschieht mit dem Tiger?"

„Den lassen wir einstweilen liegen; die Cambas mögen ihn holen."

Sie kamen aber noch nicht von der Stelle fort, eben jetzt kam der Vater Jaguar. Er hatte den Ruf Antons und den Revolverschuß gehört und war dem Bedrängten zugeeilt. Als er

den Fall übersah, bückte er sich zu dem Raubtiere nieder, untersuchte dasselbe und sagte dann:
„Ein Weibchen, ein gewiß fünfjähriges Weibchen. So einen großen Jaguar habe ich noch selten gesehen. Hauka, du bist wirklich ein junger Held, vor dem ich alle Achtung habe. Und welch ein gewaltiger Hieb! Du hast ihm den Schädel eingeschlagen. Hier nimm meine Hand! Ich muß dir die deinige drücken und schütteln, denn ich bin überzeugt, daß du einst ein tüchtiger Mann sein wirst."
Dieser Händedruck war dem jungen Inka sehr viel wert. Eine Anerkennung von diesem Manne galt ihm höher, als das Lob vieler andrer.
Die drei kehrten nach dem Dorfe zurück. Als die in demselben Befindlichen das Abenteuer erfuhren, brachen sie alle, Männer, Weiber und Kinder, auf, um den Jaguar im Triumphzuge heimzuholen. Er wurde sofort aus der Haut geschält. Das Fell gehörte natürlich dem Inka, da dieser das Tier erlegt hatte; er nahm es aber nicht an, sondern schenkte es Anton als Andenken an die Gefahr, aus welcher er von dem Freunde gerettet worden war. Haukaropora hatte schon bisher die Teilnahme der ganzen Gesellschaft genossen; von heute an bemerkte man noch viel deutlicher, daß sie ihn wirklich achteten und einem erwachsenen Manne für gleichwert hielten.
Die Bewohner des Dorfes räumten mehrere Häuser, damit ihre Gäste einmal unter Dach schlafen konnten. Die Folge davon, daß der Häuptling Boten ausgesandt hatte, war noch vor morgens zu bemerken, denn es stellten sich schon während der Nacht viele Krieger aus den näher liegenden Dörfern ein. Im Laufe des Vormittags kamen noch viel mehr und dann auch mit Sack und Pack diejenigen Familien, welche vor den Abipones hatten weichen müssen, weil ihre Wohnungen auf der Route derselben lagen.
Es wurden diejenigen Krieger ausgesucht, welche die meiste Intelligenz besaßen; diese erhielten Schießgewehre. Gewehre bekamen natürlich auch alle Häuptlinge, welche mitgekommen waren, und deren gab es nicht wenige, weil jedes Dorf einen Häuptling hat. Sie werden Kaziken genannt. Diese Leute zeigten sich sehr anstellig, so daß der Vater Jaguar am Abende des zweiten Tages sagen konnte, er sei überzeugt, daß ein jeder seine Schuldigkeit thun werde. Um diese Zeit befanden sich über sechshundert junge, rüstige Cambaskrieger in dem Dorfe. Da gab es natürlich zu backen und zu braten die Hülle und die Fülle. Die armen Leute mußten fast alles hergeben, was sie an Nahrungsmitteln im Vorrate besaßen. Mußten doch die Krieger, wenn sie auszogen, sich für mehrere Tage mit Proviant versehen, da man die Ereignisse nicht vorherzusehen vermochte. Der Vater Jaguar tröstete sie aber mit der Versicherung, daß der Besiegte gezwungen sein werde, alle Kriegskosten zu bezahlen und vielleicht auch noch mehr zu erstatten. Waren die Verbündeten doch schon jetzt in den Besitz guter Gewehre und außerdem von achtzig sehr brauchbaren Pferden gekommen.
Am nächsten Morgen verließ der Vater Jaguar mit dem Inka und dem alten Anciano das Dorf, um dem Feinde als Kundschafter entgegenzureiten. Es galt nämlich nicht nur, möglichst genau die Zeit der Ankunft der Abipones zu erfahren, sondern es war ja auch

möglich, daß sie nicht den erwarteten Weg eingeschlagen hatten. In diesem Falle mußten ganz andre Dispositionen getroffen werden, und da war es höchst notwendig, die Richtung, aus welcher sie kommen würden, auszuspähen. Er nahm gerade Hauka und Anciano mit, weil er wußte, daß diese im Kundschaften Vortreffliches leisteten. Am folgenden Morgen sollten die Krieger der Cambas dann nach dem Thale des ausgetrockneten Sees ziehen, um dort diejenige Aufstellung zu nehmen, welche er ihnen ebenso deutlich und bestimmt wie ausführlich vorgeschrieben hatte. Angeführt sollten diese Leute während seiner Abwesenheit von dem treuen und geschickten Geronimo werden, ein Umstand, welcher den Ärger des Lieutenants Verano von neuem auflodern ließ.

Als der Anführer mit seinen beiden Begleitern fortgeritten war, sagte Doktor Morgenstern zu seinem Fritze:

„Jetzt ist er nicht mehr da. In seiner Anwesenheit konnte ich unmöglich wagen, meinen Plan auszuführen. Er hat die Augen überall und hätte unser Verschwinden sofort bemerkt. Dann wäre er uns nachgeeilt, um uns zurückzuholen."

„Und dat wäre eine Blamage jewesen, die mir tüchtig jeärgert hätte," bemerkte Fritze. „Also Sie denken noch oft und manchmal daran, Ihren Plan auszuführen?"

„Ja. Je länger ich es mir überlegte, desto mehr habe ich eingesehen, daß ich sonst um diese herrlichen Knochen komme. Wirst du mich im Stiche lassen?"

„Fällt mich nicht im Traume ein! Lieber lasse ich mir selbst im Stiche, als Ihnen; dat wissen Sie ja."

„Nun gut, so wird es ausgeführt."

„Aber wann?"

„Wann denkst denn du? Am Tage wird es wohl nicht möglich sein?"

„Nein, denn dieser Jeronimo, mit die jroße Habichtsnase, würde uns nicht fortlassen. Wir können also nur des Nachts ausrücken. Da wird es auch nicht bemerkt, wenn wir die Pferde beiseite führen und auch die Sattels unbemerkt mitjehen heißen."

„Wieviel Pferde nehmen wir?"

„Zwei Reit- und drei Packpferde. Mehr brauchen wir nicht. Riemen zum Festbinden der Knochen werde ik mich auch verschaffen. Lassen Sie dat allens nur mich über. Sie wissen, daß Sie sich auf mir verjiften können."

Der schlaue Patron beschäftigte sich den ganzen Tag mit den Vorbereitungen, welche die Ausführung dieses unvorsichtigen Vorhabens nötig machte. Am Abende ging man sehr zeitig schlafen, da morgen früh ausmarschiert werden sollte, und so kam es, daß er um Mitternacht seinem Herrn sagen konnte, daß alles bereit und fertig sei. Er hatte im Laufe des Abends drei Packsättel und zwei Reitsättel nach dem Walde geschafft und dann auch die Pferde heimlich hingeführt und angebunden. Jetzt nahmen sie ihre Waffen an sich und huschten davon. Als sie bei den Pferden ankamen, sattelten sie dieselben, hingen die Packpferde aneinander, um sie nebenher zu führen, stiegen dann auf und ritten davon, natürlich in derselben Richtung, aus welcher sie drei Tage vorher

gekommen waren. Als sie das Dorf weit genug hinter sich hatten, lachte Fritze vergnügt auf und sagte:
„Wat für ein Schreck wird dat früh sein, wenn sie sehen, daß wir verschwunden sind! Ik bin bejierig, zu erfahren, wat sie dann machen werden, um sich wieder mit unsre hochzuverehrende Gejenwart zu beglücken.“
„Sie werden sich keine große Mühe geben. Übrigens ist mir das höchst gleichgültig, wenn ich nur zu meinen Knochen komme. Hoffentlich liegen sie noch an demselben Orte.“
„Wer soll sie wegjenommen haben? Es hat nicht jeder sonne Passion darauf, wie wir. Die Knochen sind noch da!“
„Aber ob wir sie finden!“
„Janz sicher.“
„Der Mond ist so dünn wie ein Messerrücken und man sieht kaum, wohin man reitet!“
„Ik verlasse mir nicht auf den Mond, sondern auf mein Jedächtnis. Ik weiß die Richtung so jenau, als ob ik hier zwanzig Jahre lang Briefträger jewesen wäre.“
Ja, die Richtung kannte er und hielt sie auch ein, aber als sie dann den Wald vor sich hatten, bildete dieser eine dunkle, zusammenhängende Masse, und es war ihnen ganz unmöglich, die Stelle zu finden, an welcher sie vor drei Tagen unter seinen Bäumen heraus und auf die freie Ebene gekommen waren. Sie mußten also absteigen und dann warten, bis die Sonne aufgegangen war. Selbst dann suchten sie längere Zeit, hielten verschiedene Stellen für die richtige und mußten mehrmals umkehren. Es war wohl schon zwei Stunden lang Tag, als sie ganz zufällig auf die Fährte des Vater Jaguar trafen, die ihnen nun als Richtschnur dienen konnte. Diese Fährte war nach so langer Zeit noch erhalten, weil hier das Gras hoch und dicht stand und die Reiter es nicht für nötig gehalten hatten, vorsichtig zu sein. Indem die beiden derselben von jetzt an folgten, kamen sie glücklich durch den Wald bis an den kleinen Bach und, dann diesen zum Führer nehmend, hinab in das Thal des ausgetrockneten Sees.
Hier ließen sie ihre Pferde trinken und ein wenig verschnaufen, und dann setzten sie ihren Weg fort. Sie sahen auch jetzt noch sehr deutlich die Spur des Vater Jaguar und seiner beiden Begleiter. Als sie das Thal hinter sich hatten, blieb Fritze nachdenklich halten, sah vom Pferde herab auf diese Spur nieder und sagte:
„Wenn ik mir nicht irre, so hat der Vater Jaguar sich jeirrt, und wenn er recht jehabt hat, so muß ik mir wejen meines Irrtums schämen.“
„Wieso? Was meinst du damit?“ fragte der Doktor.
„Er ist zu weit nach links jeritten. Der richtije Weg jeht mehr da nach rechts hinüber.“
„Du wirst dich täuschen. Der Vater Jaguar ist nicht der Mann, sich im Wege, lateinisch Via oder Trames genannt, zu irren.“
„Aber ik kann alle meine fünf Jedanken zusammennehmen, so komme ik doch auf keine andre Ahnung. Ob er sich vielleicht ein andres Ziel gesetzt hat?“

„Nein. Er nimmt an, daß die Feinde genau daher kommen, woher wir auch gekommen sind, und so versteht es sich von selbst, daß er ihnen nach dem Sumpfe der Knochen und noch weiter entgegengeritten ist.“
„Wenn dat richtig ist, so ist mich das Augenmaß vollständig verloren jegangen. Als wir hierher kamen, sind wir schnurjerade auf dieses Thal zujeritten, wir hatten es jerade der Nase nach vor uns liegen. Und wenn ik mir jetzt auf diese Spur stelle, so liegt es von mich aus zu viel nach links. Der Vater Jaguar muß also abgewichen sein.“
„Gewiß nicht. So ein Mann macht keinen solchen Fehler.“
„Dat scheint auch mich richtig zu sind. Ik denke, daß ich mir eher irre als er. Wie reiten wir also?“
„Gerade so wie er. Dann kommen wir ganz sicher nach dem Sumpfe der Knochen.“
„Jut, ik will Ihnen jehorchen. Hoffentlich kommen wir nicht nach Connewitz, anstatt nach Stötteritz.“
Sie folgten der Spur also auch noch fernerhin. Es vergingen einige Stunden, und doch kamen sie nicht an eine einzige Stelle, von welcher sie mit Bestimmtheit sagen konnten, daß sie auf ihrem Herwege an derselben gewesen seien. Dann gab es sandigen Boden und die Fährte war nicht mehr zu sehen. Sie hielten die bisherige Richtung genau fest, obgleich die Gegend ihnen vollständig unbekannt vorkam. Wieder verging eine längere Zeit; da parierte Fritze die Pferde und sagte:
„Ik habe mir doch nicht jeirrt; wir sind falsch jeritten. Wir müßten nun längst an dem Sumpfe sein.“
„Das ist wahr. Aber der Vater Jaguar kann sich doch nicht im Wege täuschen!“
„So hat er eine Absicht jehabt, einen Jrund, den Sumpf zu vermeiden.“
„Und wir haben eine kostbare Zeit verloren. Was ist zu thun, lieber Fritze? Müssen wir umkehren und etwa wieder nach dem Thale des ausgetrockneten Sees zurück?“
„Dat thue ik nicht, auf keinen Fall. Wir sind zu weit links, also brauchen wir nur nach rechts zu reiten, so kommen wir dahin, wo der Dichter oft und manchmal singt: „An der Quelle saß der Knabe.“ Und weil wir zu weit vorgekommen sind, müssen wir uns jetzt zurückhalten, in Summa also rückwärts nach rechts. Wenn wir auch dann nicht an den Sumpf kommen, so lasse ik mir in Butter braten und esse mir selbst als Kalbskotelette auf.“
Diese Berechnung war allerdings sehr richtig, und da sie derselben folgten, kamen sie nach längerer Zeit auf bekanntes Terrain, bogen auf demselben um und sahen dann die Uferbäume des Knochensumpfes vor sich liegen. Leider aber war nun der Tag fast verstrichen, und die Sonne befand sich schon im letzten Achtel ihres Tagebogens. Später erfuhren sie, warum der Vater Jaguar nach links abgewichen war.
An dem Sumpfe angekommen, stiegen sie ab und führten die Pferde, um sie dort anzubinden, vorsichtig in die Nähe der Stelle, wo sie die Knochen liegen gelassen hatten.
„Nun heißt's schnell machen,“ meinte Fritze. „In einer Stunde wird es Nacht. Bis dahin müssen wir die Fracht im Sattel haben. Dann wieder fort.“

„Nicht hier bleiben?“
„Nein. Es ist ja heute der letzte Tag, und da könnten die Abipones kommen. Dat wäre ein Jaudium for ihnen, wenn sie mir und Ihnen erwischten!“
„Ehe die kommen können, kommt der Vater Jaguar vorüber. Sobald er sie erblickt, wird er schnell wieder umkehren.“
„Dat sollte man denken; aber ik kann mir nicht darauf verlassen, da er schon einmal nicht so jeritten ist, wie wir jedacht hatten. Jehen wir an die Arbeit; aber nehmen Sie Ihnen vor die Krokodile in acht! Heute sehe ik erst, wie massenhaft sie hier vorhanden sind.“
Diese Worte Fritzes waren sehr wohl berechtigt, denn wenn man aufmerksam über die Wasserfläche, ganz besonders in der Nähe der Ufer, blickte, konnte man wohl hunderte von diesen Eidechsen sehen. Die Knochen lagen noch so da, wie sie verlassen worden waren. Die beiden Männer machten sich daran, sie in Bündel zusammenzuschnüren. Das ging aber nicht so rasch, wie Fritze es wünschte, denn sein Herr hatte ihm allerlei zu zeigen, zu erklären und hundertmal zu bitten, doch ja die größte Behutsamkeit anzuwenden, damit nichts beschädigt werde. Da gab es bald hier eine Kleinigkeit abzukratzen, bald mußte eine Stelle mit einer Handvoll Wasser gereinigt werden. Die Zeit verging und die beiden achteten nicht auf das, was in der Nähe des Sumpfes geschah. Da hörten sie plötzlich eine laute Stimme sprechen. Sie hatten im Schilfe gekauert und fuhren empor, um zu sehen, wer so unerwartet hier anwesend sein könne. Sie befanden sich hinter einem Buschwerke, welches sie verdeckte, konnten aber zwischen den Zweigen desselben hindurchsehen. Was sie da erblickten, war ganz geeignet, sie im höchsten Grade besorgt zu machen.
Da draußen kam nämlich ein ganzes Heer von Reitern und Fußgängern angezogen. Man sah, daß diese Leute in einiger Entfernung vom Sumpf Halt machen wollten. Jedenfalls beabsichtigte man die Nacht da zuzubringen, und in der Nähe des Sumpfes zu lagern. Einige Reiter, vielleicht zwölf oder vierzehn, waren ganz herangekommen, denn sie hatten von weitem die fünf Pferde gesehen, bei denen sie jetzt hielten. Einer von ihnen war ein Indianer; die andern gehörten der weißen Rasse an. Sie stiegen von ihren Pferden und begannen nach rechts und links im Schilfe nach Spuren zu suchen. Da sie höchstens vierzig Schritte entfernt waren, konnte man ihre Gesichtszüge deutlich erkennen.
„O Jerum, ist dat eine Weihnachtsbescherung!“ raunte Fritze seinem Herrn zu. „Warum haben Sie doch so lange geplaudert und gezaudert! Wir konnten längst über alle Berge sind und sitzen nun im schönsten Pfannkuchen drin. Ik habe mich's doch fast jedacht! Kennen Sie diese Kerls?“
„Leider ja,“ antwortete der Doktor, welchem es höchst ungemütlich zu werden begann. „Wenn ich mich nicht irre, so sehe ich dort jenen Antonio Perillo, der auf mich geschossen hat, und auch den Kapitän Pellejo, der uns bei der Gigantochelonia überraschte.“

„Und auch den langen, starken Menschen, welchen sie den jrößten Jambusino nannten! Herr Doktor, schauen Sie hinaus ins Land! Dat sind doch wenigstens achthundert bewaffnete Menschen. Und wer sind sie? Die Abipones! Dat ist eine Suppe, welche uns sehr jesalzen vorkommen wird. Sehen Sie, daß diese Menschen nach uns suchen! Sie denken, wo Pferde sind, müssen auch Reiters sind."
„Können wir nicht fliehen, mein lieber Fritze?"
„Wohin denn? Hinaus zu die Kerls oder hinein in dat Wasser? Dort fangen uns die Roten, und hier fressen uns die Krokodile."
„So bleiben wir hier hinter den Büschen stecken. Vielleicht finden sie uns nicht. Ist es dann dunkel, was der Lateiner caliginosus oder obscurus nennt, so fliehen wir."
„Dat bilden Sie Ihnen ja nicht ein, denn ehe fünf Minuten in die Ewigkeit jeflossen sind, haben sie uns beim Zopfe und beim Schopfe."
„Darin wird's wohl gefährlich? Nicht?"
„Jemütlich auf keinen Fall."
„Was sagen wir, wenn sie uns fragen, was wir hier wollen?"
„Jut, daß Sie diese Frage aussprechen. Sie antworten jar nichts. Dat Reden wird meine Aufjabe sind. Am allerwenigsten aber dürfen diese Leute wissen, daß der Vater Jaguar hier ist und daß die Cambas von dem Überfalle wissen. Wir sind janz allein hierher jeritten. Dabei bleiben wir, selbst wenn sie uns erst pfählen, dann spießen, nachher aufhängen, endlich verjiften und schließlich zuletzt jar ermorden wollen. Verraten wir unsre Freunde, so sind wir verloren, denn nur durch diese können wir jerettet werden. Selbst wenn wir uns verteidigen wollten, würde dat unmöglich sind, weil wir die Waffen dort bei die Pferde haben. Passen Sie auf! Jetzt haben sie unsre Spur. Alle juten Jeister! jetzt jeht der Vorhang in die Höhe! Wie wird's sein, wenn er wieder niederfällt!"
Die Suchenden waren jetzt endlich soweit gekommen, die alten Spuren von den neuen zu unterscheiden; indem sie den letzteren folgten, näherten sie sich rasch und kamen hinter den Busch. Der Gambusino schritt ihnen voran. Als er die beiden kleinen Roten erblickte, machte er eine Gebärde der Überraschung und rief dann aus:
„Ay maravilla – o Wunder! Wen treffen wir hier? Das sind ja alte, liebe Bekannte! Willkommen, Señores! Was treiben Sie denn hier? Haben Sie etwa wieder eine Riesenschildkröte gefunden? Wahrhaftig, sie haben es mit alten Knochen zu thun! Nun, die Ihrigen werden bald ebenso aussehen, wie diese hier!"
Er stieß ein höhnisches Gelächter aus, in welches die andern einstimmten. Die beiden wurden angepackt und bis hin zu ihren Pferden gezogen, wo der Boden fest und trocken, also sicherer und zuverlässiger war, als dort am Wasser. Man bildete zunächst einen Kreis um sie; dann suchte man ihre Taschen aus. Alles, was dieselben enthielten, wurde genommen. Man raubte sie jetzt also zum zweitenmal aus. Hierauf erzählte der Gambusino denen von seinen Leuten, welche damals an der Fischquelle nicht mit dabeigewesen waren, unter welchen Umständen die zwei Deutschen seine Gefangenen geworden und ihm dann wieder entkommen waren.

„Vielleicht hätten wir ihnen dort das Leben geschenkt," fuhr er fort, „denn ich begann wirklich zu glauben, daß dieser dumme Kerl unmöglich Oberst Glotino sein könne. Nun ich ihn aber hier auf dem Gebiete der Cambas finde, gibt es keinen Zweifel mehr darüber, daß wir in ihm den richtigen Mann vor uns haben. So eine Verstellung ist mir wahrlich noch nicht vorgekommen. Sie soll ihm aber nichts nützen, und heut wird ihm auch nicht wieder ein Zufall den Vater Jaguar herbeiführen, der ihn befreit. Señores, werden Sie ihn mir überlassen?"

„Ja, ja, ja," ertönte es im Kreise.

„Gut! Vorher aber soll er mir einige Auskunft geben. Ich möchte doch gern wissen, was mit dem Vater Jaguar geworden ist."

„Der ist hinter Ihrer Fährte her," antwortete Fritze schnell, damit die Fragen an ihn gerichtet werden möchten.

„Was hast du zu reden, vorlauter Bursche! Aber ich will es gestatten, denn vielleicht bist du aufrichtiger als dein Herr, welcher schon damals zu keinem Geständnis zu bringen war. Auch du hast dein Leben verwirkt, kannst es aber retten, indem du uns die Wahrheit sagst. Wußtet ihr damals vorher, daß der Vater Jaguar euch befreien würde?"

„Nein," lautete Fritzes Antwort.

„Ist er uns am andern Morgen wirklich nachgeritten?"

„Ja."

„Wie weit?"

„Das wissen wir nicht, weil er uns nicht mitnahm."

„Warum that er das nicht?"

„Er sagte, er könne uns nicht gebrauchen."

„Was wollte er denn eigentlich im Gran Chaco?"

„Er wollte mit seinen Yerbateros Thee holen."

„In welcher Gegend?"

„Das weiß ich nicht. Er war überhaupt sehr verschwiegen gegen uns, und wir erfuhren nur das eine, daß er Ihnen schnell nach wollte, um zu erfahren, wohin Sie gehen würden."

„Wieviel Leute hatte er bei sich?"

„Vielleicht zwanzig Mann."

„Wie kommt ihr aber zu diesen Pferden und Waffen? Wir hatten euch doch alles genommen."

„Er gab sie uns, weil er meinte, daß der Bankier Salido ihn dafür bezahlen würde."

„Dachte es mir! Und wie kommt ihr nun in diese Gegend?"

„Wir wissen von früher her, daß im Gran Chaco Reste von alten Tieren gefunden werden, und sind aufs Geratewohl hineingeritten. Hier haben wir auch gefunden, was wir suchten."

„Wo habt ihr Cambas getroffen?"

„Nirgends. Als wir gestern durch einige Dörfer kamen, waren sie leer."

„Warum?“ „Wie kann ich das wissen, Señor!“
Da legte ihm der riesige Gambusino die Faust schwer auf die Achsel und sagte in grimmigem Tone:
„Höre, Mensch, du bist entweder der größte Dummkopf, den es gibt, oder ein höchst verschmitzter Mensch. In beiden Fällen aber ist es nicht schade, wenn du das Schicksal deines Herrn teilst. Wir wissen nun durch dich, daß wir den Vater Jaguar hinter uns haben und nicht vor uns, wie wir bereits glauben wollten. Das ist genug. Schnürt die Kerls fest an zwei Bäume! Dann werde ich mitteilen, welchen Spaß ich euch mit ihnen mache.“
Diese letzten Worte waren an seine Umgebung gerichtet. Die beiden Deutschen wurden so, wie er es befohlen hatte, angebunden, und dann sprach er leise mit dem Gefolge, welches einen Kreis um ihn gebildet hatte. Das häßliche Gelächter, mit welchem man ihm zustimmte, ließ erraten, daß sein Entschluß ein für die Gefangenen möglichst schlimmer sei. Er trat wieder zu ihnen und sagte:
„Damit es für euch ja keine Möglichkeit gibt, uns abermals zu entkommen, habe ich euch ein zweifaches Todesurteil gesprochen. Ihr sollt gehängt und zu gleicher Zeit von den Krokodilen gefressen werden. Nur der Teufel allein kann euch da noch Hoffnung machen.“
Der Doktor wollte antworten, jedenfalls, um etwas zu seiner Verteidigung zu sagen, Fritze aber ließ ihn nicht dazu kommen, indem er schnell, und zwar in deutscher Sprache, bemerkte:
„Schweigen Sie, Herr! Es würde jedes Wort verjeblich sind.“
„Aber wenn ich diesen Menschen nicht erkläre, daß sie sich in mir irren, sind sie wirklich im stande, uns aufzuhängen!“
„Man wird auf Ihre Worte jar nicht hören.“
„Dann sind wir freilich verloren, lieber Fritze!“
„Denken Sie dat nicht! Wenn Sie uns nicht in diesem Augenblick ermorden, werden wir jerettet werden.“
„Von wem?“
„Vom Vater Jaguar.“
„Unmöglich! Er ist ja nicht da.“
„Ik habe wat jesehen.“
„Was?“
„Ihn selbst. Jrad als dieser Jambusino endete, blickte ik zufälligerweise da über den kleinen Wasserarm hinüber, und da fuhr eine Jestalt aus dem Schilfe empor, welche mich winkte und dann schnell wieder verschwand.“
„Und du meinst, daß es der Vater Jaguar gewesen ist?“
„Er war es; ik habe ihn erkannt.“
„Wahrscheinlich hast du dich geirrt. Die Sonne, lateinisch Sol genannt, ist schon untergegangen, und die Dämmerung tritt ein.“

„Dennoch habe ik mir nicht jeirrt. Es war seine hohe breite Jestalt und auch der lederne Anzug, den er trägt."
„Vielleicht ist einer der Weißen, die sich bei den Abipones hier befinden, auch so gekleidet."
„Es war keiner von ihnen. Er winkte mich heimlich zu und versteckte sich rasch wieder. Wenn er zu den Abipones jehörte, brauchte er dat nicht zu thun."
„Das ist wahr. Du meinst also, daß wir noch Grund zur Hoffnung haben?"
„Ja. Ik bin überzeugt, daß wir noch oft und manchmal jerettet werden."
Sie hatten sich in dieser Weise so ungestört aussprechen können, weil ihre Widersacher für kurze Zeit fortgegangen waren, um den Abipones zu sagen, wen man gefangen habe und welcher interessanten Scene man sich bald zu erfreuen haben werde. Die Roten hielten infolgedessen in ihren Vorbereitungen zum Lagern inne und kamen herbei, die beiden zu betrachten und zu verhöhnen. Benito Pajaro, der Gambusino, ließ sie erst einige Zeit gewähren und trieb sie dann zurück, indem er sagte:
„Gebt jetzt Raum, damit wir beginnen können. Brennt dort unter dem Alisobaume ein Feuer an! Dann könnt ihr sehen, wie diese beiden Halunken zappeln werden."
Der Aliso stand so nahe am Wasser, daß die Hälfte seiner Krone sich über demselben befand. Seine untern Äste waren so stark, daß sie das Gewicht eines erwachsenen Mannes leicht zu tragen vermochten. Man gehorchte der Aufforderung und zündete in der Nähe des Stammes ein Feuer an, durch welches die Krokodile vertrieben wurden, die ganz nahe am Ufer im Wasser gelegen hatten.
„Sie werden bald wiederkommen," rief der Gambusino dem Doktor in höhnisch tröstendem Tone zu. „Habt also keine Sorge! Ihr werdet ihre Bekanntschaft baldigst machen. Was denkt ihr wohl, was wir mit euch beginnen werden?"
Die Gefragten verschmähten es, ihm auf diese Frage eine Antwort zu geben, und so fuhr er fort:
„Wir hängen euch an den Ästen auf, welche da über das Wasser ragen, und machen die Riemen so lang, daß die Krokodile euch mit den Zähnen erreichen können. Auf diese Weise werdet ihr gehängt und gefressen zu gleicher Zeit."
Die beiden Deutschen überlief ein Schauder, und doch war diese Todesart einem ihrer Feinde nicht schrecklich genug, nämlich Antonio Perillo, dem Stierkämpfer. Dieser stand neben dem Gambusino und sagte:
„Das ist nichts, gar nichts für diese Halunken! Dieser Mensch, welcher vorgibt, ein Deutscher zu sein, ist meiner Kugel entgangen; dann gelang es ihm, aus unsrer Gefangenschaft zu entrinnen. Er hat uns also schon zweimal um das Schauspiel, ihn sterben zu sehen, betrogen, und dafür soff er uns heute entschädigen. Wenn wir ihn wirklich und regelrecht hängen, so ist er in einigen Augenblicken tot. Was nützt es da, wenn ihn dann die Krokodile fressen? Die Kerls müssen viel, viel länger in Todesangst schweben!"
„Was willst du denn da vorschlagen?" fragte der Gambusino.

„Wir hängen sie auf, ja; aber nicht am Halse, sondern unter den Armen, und lassen sie so tief herab, daß sie von den Krokodilen beinahe erreicht werden, nicht ganz, sondern beinahe. Welche Lust, wie sie zappeln werden, wenn die Bestien nach ihnen schnappen!"
„Aber wenn sie dabei noch zu hoch hängen, werden sie doch nicht zerrissen!"
„Einstweilen, einstweilen nur," lachte der Stierkämpfer. „Erst stehen sie die Angst des Todes aus, und dann, wenn wir ein Ende machen wollen, lassen wir sie an den Riemen tiefer herunter."
Dieser Vorschlag fand allgemeinen Beifall, und man schickte sich an, die nötigen Vorbereitungen zu treffen.
„Gräßlich!" flüsterte der Doktor seinem Diener zu. „Sind das Menschen? Da wollte ich doch lieber, sie würfen uns den Krokodilen sofort vor!"
„Nein," antwortete Fritze, „denn da wäre es sogleich um uns jeschehen; so aber jewinnen wir Zeit. Nur Mut, Herr Doktor, nur Mut! Ik bin überzeugt, daß der Vater Jaguar uns nicht im Stiche lassen wird. Jrad diese ausjesuchte Jrausamkeit wird unsre Rettung sind. Darauf können Sie Ihnen verlassen!"
Es war mittlerweile dunkel geworden, und das lodernde Feuer warf flackernde Schatten auf die Büsche und das Geschilf und blutrote Lichter auf die Fläche des sumpfigen Wassers, aus welchem man die Köpfe oder Schnauzen der Krokodile hervorragen sah. Man holte vier Lassos, von denen je zwei fest zusammengebunden wurden. Dann kletterten zwei Indianer auf den Baum, jeder auf einen andern starken Ast, um die Lassos da so anzubringen, daß sie sich in einer Astgabel wie auf einer laufenden Rolle bewegten. Dann kamen sie, die Enden der Lassos festhaltend, wieder herunter.
Hierauf wurden die Gefangenen von den Bäumen, an die man sie gefesselt hatte, losgemacht. Man band ihnen die Hände auf den Rücken und zog ihnen dann das eine, äußere Ende des Lassos unter den Armen durch, um es ihnen auf dem Rücken festzuknebeln. Dann wurden die andern Enden von mehreren kräftigen Männern angezogen und, als die Gefangenen in der Luft schwebten, an dem Stamme des Baumes festgeschlungen.
Da die beiden Äste über das Wasser ragten, so hingen die beiden Gefangenen natürlich auch über demselben. Sie schwangen an den Lassos hin und her, und dadurch wurden die in der Nähe befindlichen Krokodile herbeigelockt, um mit lautem Zusammenschlagen der Kinnladen nach ihnen zu schnappen.
Man hatte, dem Vorschlage des Stierfechters gemäß, die Lassos soweit angezogen, daß die Tiere die Füße der Gefangenen nicht ganz erreichen' konnten; dennoch warfen die letzteren, so oft sich ein Rachen unter ihnen öffnete, die Beine krampfhaft empor, so daß sie nicht still hingen, sondern sich an den Riemen immer in schleudernder Bewegung befanden. Es konnte sich eins der Tiere doch einmal so hoch emporschnellen, daß es mit den Zähnen sein Ziel erreichte. Falls ein Lasso riß, so war der an demselben Hängende verloren; es war ihm gewiß, augenblicklich zerfleischt zu werden.

Die Stimmung, in welcher sich die beiden Deutschen, wenn in einer solchen Lage überhaupt von einer Stimmung die Rede sein kann, befanden, läßt sich natürlich nicht beschreiben. Ob sie still waren oder schrieen, das konnte man nicht sagen, denn die Indianer stießen ein Freudengeheul aus, welches jeden andern Ton oder Laut unhörbar machte, und die Weißen stimmten in dasselbe ein. Wollte dieses Heulen je einmal aufhören, so fing es, wenn ein Krokodil zuschnappte, immer wieder von neuem an. Das währte wohl über eine halbe Stunde lang, bis die Kehlen doch ermüdeten und nun einige verlangten, daß ein Ende gemacht werden solle. Dagegen aber stimmte der Stierfechter, indem er rief:

„Nein, jetzt noch nicht, noch lange nicht! Sie müssen die Todesangst noch stundenlang empfinden."

„Aber wir haben keine Zeit, uns hierher zu stellen," warf ein andrer ein. „Wir müssen das Lager bereiten und essen."

„Wer verlangt denn, daß wir uns hierherstellen? Diese Kerls hängen gut. Thun wir also unsre Arbeit. Wenn wir dann zurückkehren, kann das Theater von neuem beginnen."

Man stimmte ihm bei. Nachdem noch einmal nachgesehen worden war, ob die Lassos auch wirklich fest am Stamme des Baumes hielten, entfernten sie sich alle, um ihren anderweiten Obliegenheiten einstweilen nachzukommen. Keiner blieb am Wasser. Dieser letztere Umstand war es, dem die so fürchterlich Gequälten ihre Rettung zu verdanken haben sollten.

Fritze hatte sich nämlich nicht geirrt, als er der Meinung gewesen war, den Vater Jaguar gesehen zu haben. Dieser war, wie schon erzählt, mit dem Inka und dem Anciano von dem Arroyo claro fortgeritten, um die nahenden Abipones zu erkundschaften. Sein Weg hatte ihn nach dem Thale des ausgetrockneten Sees geführt. Er war überzeugt, daß der Marsch der Feinde nach diesem Orte gerichtet sein werde. Ritt er ihnen in gerader Richtung entgegen, so begab er sich in die Gefahr, auf dem ebenen und meist offenen Terrain von ihnen gesehen zu werden. Darum wich er von dieser Richtung nach links ab, um den Anzug der Abipones von dieser Seite her zu beobachten. Doktor Morgenstern war mit Fritze dieser abweichenden Spur gefolgt, infolgedessen beide den bereits erwähnten Umweg gemacht hatten.

Der Vater Jaguar war bis über die Grenze, welche das Gebiet der Cambas von demjenigen der Abipones trennte, zurückgekehrt und dann auf einen weiten, baum- und strauchlosen Campo gekommen, auf welchem er glaubte anhalten zu müssen.

„Wir dürfen nicht weiter," sagte er zu seinen Begleitern. „Wenn meine Berechnung richtig ist, sind wir schon über den Punkt hinaus, an welchem die Abipones sich rechts von uns befinden müssen. Biegen wir jetzt nach dorthin ein, so steht zu erwar#ten, daß wir hinter sie gelangen und aus ihren Spuren zu ersehen vermögen, mit welcher Anzahl von Gegnern wir es zu thun haben."

„Sie haben recht, Señor,“ stimmte Anciano bei. „Biegen wir rechts ein! Die Gegend paßt sehr gut dazu, da wir hier etwaige Feinde sehen werden, sobald sie am Horizonte auftauchen.“
Man ritt also jetzt nach Süden, nicht allzu schnell, sondern in leichtem Trabe, um Zeit zur scharfen Beobachtung des Horizontes zu haben. Es war wohl zwei Stunden lang weder ein Mensch, noch die Spur von einem solchen zu sehen. Dann aber kamen die drei Reiter an eine ungemein breite Fährte, welche rechtwinklig quer über ihre Richtung lief.
„Das ist jedenfalls, was wir suchen,“ sagte der Vaterjaguar, indem er sein Pferd anhielt und aus dem Sattel sprang. „Wollen diese Spur doch einmal genau betrachten.“
Anciano und der Inka folgten seinem Beispiele. Man sah, daß sowohl Reiter als auch Fußgänger hier vorübergekommen waren, aber wieviel es gewesen waren, das konnte höchstens geschätzt, nicht aber genau bestimmt werden, da die hintern die Eindrücke der vordersten ausgetreten hatten.
„Es sind die Abipones,“ meinte Anciano. „Sie müssen sich sehr sicher fühlen, da sie so breit marschiert sind und eine so sehr unvorsichtige Fährte zurückgelassen haben. Ihre Zahl kann ich nicht sagen.“
„Und doch möchte ich dieselbe sehr gern wissen,“ sagte der Vater Jaguar. „Wenn wir ihnen nachreiten, so finden wir vielleicht einige Zeichen, welche uns als Anhalt dienen können.“
„Um ihnen folgen zu können, müßten wir wissen, wie weit wir sie vor uns haben.“
„Das ist doch nicht schwer zu sagen. Ich sehe am Grase, daß wir sie wenigstens vier Reitstunden vor uns haben. Ihre Schnelligkeit kann die unsrige zwar nicht erreichen, aber wir müssen uns trotzdem sputen, da wir gezwungen sind, vor ihnen im Thale des ausgetrockneten Sees anzukommen.“
Einige Zeit später gelangten die drei an eine Stelle, an welcher die Abipones gelagert hatten. Die Pferde waren seitwärts auf die Weide gelassen worden, und nun konnten die einzelnen Eindrücke besser auseinander gehalten werden. Der junge Inka gab sich Mühe, den Platz zu untersuchen. Der Vater Jaguar wollte ihm Gelegenheit bieten, seinen Scharfsinn zu zeigen, und fragte ihn darum:
„Nun, Hauka, wieviele Feinde werden wir vor uns haben?“
„Vielleicht fünfzig Reiter und fünfzehnmal mehr Männer, welche keine Pferde haben,“ antwortete der Jüngling mit großer Bestimmtheit.
„Deine Schätzung hat das Richtige getroffen, nicht zu viel und nicht zu wenig. Um einige Männer oder Pferde kann man sich irren; es kommt nicht darauf an.“
„Was thun wir nun?“ fragte Anciano. „Reiten wir noch weiter hinter ihnen her?“
„Nein, denn erstens gibt es keinen Grund dazu, und zweitens würde es eine Unvorsichtigkeit von uns sein. Wir wissen jetzt, woran wir sind; wir haben unsern Zweck erreicht und kehren zu unsern Cambas zurück.“
„Auf welchem Wege?“

„Auf dem wir hierhergekommen sind. Wir halten uns wieder nach Norden und reiten, sobald wir unsre Fährte erreichen, auf derselben zurück.“
Diese Absicht wurde ausgeführt, so daß die drei dann also nördlich von der Linie, und zwar parallel mit derselben, ritten, auf welcher die Abipones marschierten. Stunden vergingen und wieder Stunden. Der Weg hatte fast zwei Tage in Anspruch genommen, denn die drei waren gestern früh ausgeritten, und jetzt war der Mittag längst vorüber.
„Wir kommen noch sehr zu rechter Zeit,“ sagte Anciano nach einem längeren Schweigen. „Die Feinde erreichen heute das Thal des ausgetrockneten Sees auf keinen Fall.“
„Nein,“ stimmte Hammer bei. „Ich vermute, daß sie am Sumpfe der Knochen Nachtlager machen werden, welcher jetzt zwei Stunden südlich von uns liegt.“
„Darüber wird der Señor Doktor keine Freude haben.“
„Warum?“
„Weil sie ihm wahrscheinlich die Knochen nehmen werden, welche er sich später holen will.“
„Die werden sie ihm gern liegen lassen.“
„Nein, denn sie werden Feuer brennen, und da sind Knochen besser als Schilf, welches schnell verlodert.“
„Es fragt sich, ob sie sie finden. Sie werden wegen der Stechfliegen, von denen sie am Wasser geplagt würden, nicht in der Nähe desselben lagern. Aber halt! Was ist denn das? Sehe ich recht?“
Er hielt sein Pferd an und sah überrascht zur Erde nieder. Die drei befanden sich jetzt an der Stelle, an welcher Morgenstern und sein Diener zu der Einsicht gekommen waren, daß sie falsch geritten seien.
„Sonderbar!“ antwortete Anciano. „Da sind Reiter hinter uns hergekommen und nach Süden abgebogen!“
„Vom Thale des ausgetrockneten Sees her,“ ergänzte der Vater Jaguar.
„Wer mag das sein?“
„Es sind jedenfalls Freunde von uns, da es dort noch keine Abipones geben kann. Sie sind nach dem Sumpfe der Knochen hinüber. Was hat das zu bedeuten? Ich habe doch ganz genaue Weisungen gegeben, wie man sich verhalten soll. Welch eine Unvorsichtigkeit von diesen Cambas! Wenn sie da drüben von den Abipones bemerkt werden, so ändern diese sehr wahrscheinlich ihren Plan, und dann muß der meinige erfolglos sein.“
Haukaropora war der Spur eine kleine Strecke gefolgt. Indem er zurückkehrte, hörte er diese Worte und sagte:
„Es sind keine Cambas, welche diese Unvorsichtigkeit begangen haben.“
„Wie kommst du zu dieser Behauptung? Sollen es Weiße gewesen sein? Meine Kameraden werden es sich niemals einfallen lassen, einen solchen Fehler zu begehen.“
„Señor, es sind außer ihnen noch andre Weiße da. Ich sollte nicht sprechen, weil ich ein Knabe bin, aber wenn mich nicht alles trügt, so ist der kleine, gelehrte Mann mit seinem Diener hier geritten.“

„Doktor Morgenstern? Das wären nur zwei Personen; ich sehe aber die Spuren von fünf Pferden im Grase."
„Sie haben die Fährte noch nicht genau betrachtet. Wenn Sie das thun, so werden Sie bemerken, daß zwei Reiter drei ledige Pferde neben sich geführt haben."
Als der Vater Jaguar hierauf aus dem Sattel stieg, überzeugte er sich sehr leicht, daß der junge Inka sich nicht geirrt hatte.
„Zwei Reiter mit drei ledigen Pferden, also wohl mit Packpferden!" sagte er. „Da möchte ich allerdings auch behaupten, daß es nur diese beiden kleinen Kerle sein können, deren Unerfahrenheit und Ungeschick uns immerfort zu schaffen macht. Es ist dem Doktor wirklich zuzutrauen, daß er nicht an die Gefahr, sondern nur an diese alten Knochen denkt!"
„Ist diese unsre Vermutung richtig, so befindet er sich in großer Gefahr," sagte Anciano. „Es steht sehr zu befürchten, daß die Abipones ihn überraschen werden. Wir müssen hin, um ihm beizustehen."
Hammers Stirn legte sich in zornige Falten; er bückte sich, strich mit der Hand über das von den Pferden niedergetretene Gras und zürnte dann:
„Es ist so. Diese Menschen sind vor zwei Stunden hier gewesen. Sie werden jetzt drüben angekommen sein, und wenn wir ihnen zu ihrer Rettung folgen, so kann es sehr leicht geschehen, daß wir zu spät kommen und mit den Abipones zusammengeraten."
„So meinen Sie, daß wir sie ohne Beistand lassen?"
„Nein. Das mag ich denn doch nicht auf mein Gewissen nehmen. Ist es der Doktor, so muß ihm geholfen werden. Und es kann kein andrer sein. Er hat seinen Diener beschwatzt, mit ihm zu kommen, und dieser Fritze ist im stande, aus Liebe zu seinem Herrn die unmöglichsten Albernheiten zu begehen. Sie haben Packpferde mitgenommen, um ihnen die Knochen aufzuladen."
„So wundert es mich nur, daß Señor Geronimo ihnen erlaubt hat, sich zu entfernen. Er ist doch sonst ein höchst umsichtiger und auch strenger Mann."
„Der? Es ihnen erlaubt? Würde ihm nie einfallen! Sie haben sich heimlich entfernt, bei Nacht und Nebel, ohne daß es jemand bemerkt hat. Darum sind sie erst vor so kurzem hier gewesen. Es bleibt uns wirklich nichts andres zu thun, als nach dem Sumpfe zu reiten, um zu sehen, ob wir die Gefahr von den Unvorsichtigen abwenden können. Aber höchst vorsichtig müssen wir sein. Wir dürfen nicht gesehen werden."
Sie stiegen wieder auf und folgten nun der Spur der beiden Missethäter. Es war notwendig, Galopp zu reiten, denn der Sumpf lag zwei Reitstunden entfernt, und gerade so lange hatte man noch bis zum Anbruch der Finsternis Zeit.
Während sie so über die Ebene flogen, hielten sie die Augen scharf nach der Gegend gerichtet, aus welcher die Feinde zu erwarten waren. Es verging eine Stunde und noch eine halbe; der Sumpf konnte nicht mehr weit entfernt sein. Da deutete der Inka, welcher die jüngsten Augen besaß, nach Osten und sagte:

„Dort kommen Reiter. Sie bilden einen großen Punkt; darum sehe ich sie; sie aber bemerken uns noch nicht, da wir nur drei Personen sind.“

„Wir sind gezwungen, einen Bogen zu schlagen, um ihnen aus der Sehweite zu kommen,“ riet Hammer. „Wenn wir nun den Sumpf zwischen sie und uns bringen, werden sie uns wahrscheinlich nicht entdecken.“

„Aber Ihre beiden Landsleute, Señor?“ fragte Anciano. „Wo finden wir diese?“

„Das ist schwer zu sagen. Wir kennen leider die Stelle des Ufers nicht, an welcher sie sich befinden. Sie kann aber unmöglich entfernt von derjenigen liegen, an welcher der Doktor bei unsrer Ankunft hier zurückblieb, um sich die Knochen zeigen zu lassen.“

Nach einigen Sekunden schon war der Punkt, welchen Haukaropora gesehen hatte und für eine Schar von Reitern hielt, verschwunden. Die drei schlugen einen weiten, nach Westen gerichteten Bogen und verlängerten denselben zu einem Halbkreise, welcher sie wieder östlich führte. Da sahen sie in der Ferne Bäume stehen, dann auch die niedrigeren Sträucher, und hielten nach wenigen Minuten am westlichen Ende des Sumpfes, so, daß dieser sich zwischen ihnen und den heranziehenden Abipones befand.

Sie stiegen ab und banden ihre Pferde an. Der Vater Jaguar nahm sein Fernrohr aus der Tasche und kletterte auf einen Baum, da er von da oben aus weiter sehen konnte. Ja, da hinten kamen sie, die Abipones, voran eine Reiterschar, welche aus lauter Weißen zu bestehen schien, und hinter derselben die Indianer zu Fuße. Hammer suchte mit seinem Rohre das Schilf des Ufers ab, konnte aber niemand entdecken, da Morgenstern und Fritze in gebückter Haltung an ihrem wertvollen Funde arbeiteten.

Die Sonne verschwand hinter dem Horizonte. Der Vater Jaguar freute sich darüber, denn das, was es hier wahrscheinlich zu thun gab, ließ sich bei Nacht viel leichter als am Tage ausführen. Der junge Inka hatte auch einen Baum bestiegen. Er konnte von seinem Sitze aus mehr sehen als Hammer und rief diesem schon nach wenigen Augenblicken zu:

„Fünf Pferde, Señor! Ich sehe sie.“

„Wo?“

„Da drüben an den Bäumen hinter dem Gebüsch. Von Ihrer Stelle aus kann man sie nicht sehen.“

„Da müssen sie doch von den Abipones bemerkt werden?“

„Ja. Die Reiter galoppieren gerade auf sie los. Jetzt steigen sie bei ihnen ab.“

„O wehe! Man wird die Unglücklichen sogleich entdecken.“

Die beiden Lauscher sahen von ihren Standorten oder vielmehr Sitzen aus, daß die abgestiegenen Reiter zu suchen begannen. Ebenso sahen sie, daß die andern Ankömmlinge nicht ganz bis zum Sumpfe marschierten, sondern in gewisser Entfernung von demselben anhielten.

Leider dämmerte es jetzt so rasch, daß die fernere Beobachtung resultatlos blieb. Der Vater Jaguar stieg also, ebenso wie der Inka, vom Baume herab und sagte, unten angekommen:

„Da, wo die fünf Pferde angebunden sind, müssen sich auch die Besitzer derselben befinden. Ich werde mich hinüberschleichen."
„Das ist gefährlich," warnte Anciano.
„Ich fürchte die Abipones nicht!"
„Ich meinte nicht diese, sondern die Krokodile, welche im Schilfe versteckt sind."
„Jetzt ist es noch hell genug, diese Tiere zu sehen. Horch!"
Man hörte laute Stimmen von drüben herüberschallen.
„Die Unvorsichtigen sind erwischt worden," fuhr Hammer fort. „Ich muß erfahren, was mit ihnen geschieht."
„So gehe ich mit!" sagte Anciano.
„Und ich auch!" stimmte Hauka ein.
„Einer muß hier bei den Pferden bleiben. Anciano mag mit mir gehen."
Der Inka wagte es nicht, gegen diese Entscheidung Einspruch zu erheben; die beiden andern entfernten sich, um in geduckter Haltung durch das Schilf zu schleichen. So lange es Sträucher gab, hinter denen sie Deckung fanden, war dies nicht schwer; bald aber waren sie gezwungen, sich niederzulegen. Sie mußten sich dabei in acht nehmen, das Schilf nicht zu bewegen; die scharfen Halme desselben schnitten ihnen in die Hände, was sie jedoch nicht beachteten. Oft mußten sie, um das Terrain gut auszunutzen, durch eine übelriechende Lache kriechen, deren Jauche ihnen bis an die Ellbogen reichte; sie thaten das ohne Zögern, da es sehr wahrscheinlich ein oder gar zwei Menschenleben galt. So kamen sie näher und näher und befanden sich höchstens noch sechzig Schritte von der Stelle entfernt, an welcher Hauka die fünf Pferde angebunden gesehen hatte.
Bis jetzt waren sie so vorsichtig gewesen, die Köpfe nicht über die Spitzen des Schilfes zu erheben; nun aber galt es, den letzten Rest des Tageslichtes zu benutzen. Der Vater Jaguar hatte seinen Hut längst abgenommen und zwischen den Zähnen getragen; jetzt riß er ein Bündel Schilf aus, hielt es wie einen Fächer in die Höhe und erhob dann hinter demselben den Kopf so weit, daß er beobachten konnte, ohne selbst gesehen zu werden. Da stand der Doktor mit seinem Diener bei den Weißen, welche mit den Abipones gekommen waren, und etwas weiter zurück waren die Roten in verschiedenen Gruppen zu sehen. Fritze hielt sein Gesicht gerade nach der Stelle gerichtet, an welcher sich die beiden Lauscher befanden, während die andern alle in andre Richtung blickten, nämlich auf die beiden Gefangenen. Diesen Umstand benutzte der Vater Jaguar zu einem Wagnisse, welches leicht schlimme Folgen haben konnte, aber, wenn es gelang, den Bedrängten sagte, daß Hilfe in der Nähe sei. Er erhob sich nämlich zu seiner vollen Höhe, aber nur für einen einzigen Augenblick, gab Fritze einen Wink und ließ sich darauf schnell wieder nieder.
„Was wagen Sie, Señor!" flüsterte ihm Anciano zu. „Diese Bewegung kann uns das Leben kosten."
„Nun nicht, denn man hat sie nicht bemerkt; aber Fritze hat mich gesehen und wird seinem Herrn sagen, daß er hoffen darf."

„Was werden sie mit den beiden unbedachtsamen Menschen machen?“
„Das werden wir bald sehen, denn es scheint, daß sie Beratung halten. Ziehe Schilf aus dem Boden und stecke es vor dich hin! Dann kannst du bequem beobachten, was geschieht.“
Anciano befolgte diesen Rat. Die beiden sahen, daß der Gambusino auf seine Gefährten einsprach; aber sie konnten die Gesichter schon nicht mehr deutlich erkennen. Dann hörten sie laute, zustimmende Rufe, ohne aber die einzelnen Worte verstehen zu können. Es wurde dunkel, und man brannte unter einem Alisobaum ein Feuer an. Die beiden Gefangenen wurden in die Nähe desselben geschafft. Die Flamme warf ihren Schein auf die Gestalten und auf die Gesichter. Da entfuhr dem Vater Jaguar ein Schrei, den seine Feinde jedenfalls gehört hätten, wenn ihre eigenen Stimmen weniger laut gewesen wären.
„Was ist's? Was gibt's?“ fragte Anciano.
Hammer antwortete nicht. Sein Auge war mit einem wie glühenden Blicke auf die Männergruppe gerichtet, welche dort am Feuer stand.
„Warum riefen Sie?“ fuhr der Alte fort. „Wenn man Sie gehört hätte! Was haben Sie gesehen?“
Er hörte, daß der Vater Jaguar schwer, fast röchelnd, atmete, und wiederholte seine letzten Worte. Da endlich antwortete der Gefragte:
„Siehst du den langen, starken Menschen, der wie ein Riese unter den andern steht? Er spricht eben jetzt auf die Gefangenen ein.“
„Natürlich sehe ich ihn, denn er ist ja groß genug, Señor.“
„Aber du siehst ihn jetzt wohl zum erstenmal?“
„Nein!“
„Was? Wie? Wirklich?“ stieß er schnell hervor. „Du kennst ihn also?“
„Ja. Jeder kennt diesen Mann.“
„Wer ist er?“
„Benito Pajaro, den sie den Gambusino nennen.“
„Ah! Oh! Der – der – – der! Alle Welt kennt ihn; jeder hat ihn gesehen! Nur mir allein ist er noch nicht vor die Augen gekommen, obgleich ich ihn jahrelang gesucht, ja förmlich nach ihm geschmachtet habe!“
Er hatte bei diesen Worten seine Stimme so erhoben, daß Anciano schnell einfiel:
„Nicht so laut, Señor, nicht so laut! Sie verraten uns ja! Was ist mit Ihnen? Sie, der vorsichtigste Mann, den ich kenne, bringen uns in eine solche Gefahr! Haben Sie etwas mit dem Gambusino?“
„Ob ich etwas mit ihm habe!“
Er sprach nur diese Worte; sie kamen dumpf zwischen seinen Lippen hervor, und dann hörte der Alte ihn mit den Zähnen knirschen. Darauf blieb er still. Das warum die Zeit, in welcher die Lassos aneinander geknüpft wurden; dann stiegen, wie schon erwähnt, die

beiden Indianer auf den Baum. Als Anciano dies sah, fragte er mehr sich selbst als seinen Gefährten: „Was haben sie vor? Wozu schaffen sie die Riemen auf die Äste?“
„Ich vermute es,“ antwortete der Vater Jaguar, jetzt wieder in der ruhigen Weise, welche ihm so eigentümlich war.
„Will man die Gefangenen etwa aufhängen?“
„Ja.“
„So können wir sie nicht retten!“
„Vielleicht doch.“
„Dann wäre keine Zeit zu verlieren. Was aber vermögen wir zwei gegen so viele!“
„Wir haben Zeit. Man will die Gefangenen nicht in der gewöhnlichen Weise hängen, nämlich nicht am Halse. Wollte man das thun, so hätte man es bequemer und brauchte nicht die Äste zu wählen, welche über das Wasser ragen. Paß auf!“
Es folgte die schon beschriebene Scene. Als die beiden Gefangenen an den Ästen hingen und die Krokodile herbeigeschossen kamen, langte der Vater Jaguar unwillkürlich nach seinem Rücken, auf welchem er sein Gewehr hängen hatte, zog die Hand aber wieder zurück und flüsterte in hörbar erleichtertem Tone:
„Gott sei Dank! Ich brauche nicht zu schießen. Man will sie einstweilen noch quälen. Man hat sie so hoch gehängt, daß sie von den Bestien nicht gefaßt werden können.“
„Welche Grausamkeit, Señor! Sehen Sie nur, wie die Tiere nach ihnen schnappen! Was raten Sie uns zu thun?“
„Jetzt noch nichts. Wir müssen noch warten.“
„Bis die Armen tot sind?!“
„Wir können unmöglich schon jetzt handeln. Warten wir, was noch geschieht! Die Lage der armen Teufel ist zwar schrecklich, aber keineswegs schon lebensgefährlich. Die um die Brust gelegten Riemen drücken ein wenig; das ist auszuhalten.“
„Ich möchte am liebsten mitten unter die Halunken hineinspringen!“
„Das würde nichts helfen, sondern nur uns mit denen verderben, welche wir retten wollen. Also Geduld!“
Sie machten sich diese Mitteilungen in ziemlich lautem Tone, da die Abipones ein Geheul wie die Teufel erhoben hatten. Dies verstummte nach und nach; eine kleine Weile verging, und dann sahen die beiden, daß die Abipones mit ihren weißen Verbündeten den Platz verließen und sich um die am Baume Hängenden nicht mehr zu kümmern schienen.
„Jetzt hin, Señor!“ flüsterte Anciano dem Vater Jaguar zu. „Die Zeit zum Handeln ist da!“
Er wollte auf. Hammer drückte ihn nieder und antwortete in befehlendem Tone:
„Bleib! Willst du alles verderben?“
„Verderben? Es ist ja niemand mehr dort!“
„Siehst du denn, wo unsre Feinde sich befinden?“
„Nein; es ist ja dunkel; aber fort sind sie doch!“

„Vielleicht, ja sogar wahrscheinlich; aber wenn wir uns übereilen, können wir alles verderben. Sie lassen die Gefangenen hängen, um sie so lange wie möglich zu quälen und erst später den Krokodilen zu überlassen. Jetzt werden sie Material zusammentragen, um da draußen, wo sie lagern wollen, Feuer anzuzünden; sie sind also noch in der Nähe. Dann, wenn ihre Feuer brennen, können wir sie sehen, und dann ist die Gefahr für uns nicht so groß wie jetzt."
„Sie werden Wächter bei dem Baume lassen!"
„Denen geben wir unsre Messer. Gerade ihre Grausamkeit, die Todesqual der Gefangenen zu verlängern, läßt vermuten, daß sie sich ganz sicher fühlen. Wir haben Zeit, das versichere ich dir."
„Und ich möchte das Gegenteil behaupten, Señor. Sie müssen sich doch sagen, daß da, wo die Gefangenen sind, auch wir uns befinden!"
„Wäre dies der Fall, so hätten sie mit ihnen kurzen Prozeß gemacht. Wer weiß, was dieser Fritze ihnen gesagt hat. Wenn es sich um einen Wunsch seines Herrn handelt, kann er die größte Dummheit begehen; sonst aber ist er ein sehr pfiffiger Bursche, und ich glaube nicht, daß, als sie ihn ausfragten, es ihm eingefallen ist, ihnen die Wahrheit zu sagen."
jetzt sah man draußen auf der Ebene ein Feuer nach dem andern aufleuchten. Das Lager wurde in ziemlicher Entfernung von dem Sumpfe aufgeschlagen, und der Vater Jaguar sah zu seiner Genugthuung, daß der Baum, an dem die Gefangenen hingen, gegen das Lager hin durch ein Gesträuch gedeckt war, welches die Rettung der mit dem Tode Bedrohten außerordentlich begünstigte.
Noch immer liefen Indianer hin und her, um Schilf und Holz nach den Feuern zu tragen. Dies mußte man vorüberlassen. Noch so lange zu warten, diese Aufgabe ging fast über die Kräfte des alten Anciano. Er gestand:
„Señor, wenn es nicht bald losgeht, so werde ich auch Dummheiten machen! Ich möchte diese Hunde alle erwürgen!"
„Sei still! In mir kocht es noch weit ärger als in dir. Du hast keine Ahnung von dem, was ich seit einer Viertelstunde empfinde. Ich muß mich noch viel mehr zwingen, als du, ruhig zu sein."
„Aber wir könnten längst fertig sein! Es bedarf nur einiger Sprünge, so sind wir dort, machen die Gefangenen los und laufen mit ihnen in die Nacht hinein. Wer will uns da finden!"
„So! Das würde allerdings die Dummheit sein, von welcher du gesprochen hast! Wie willst du die beiden losmachen?"
„Losschneiden!"
„Kannst du sie mit dem Arme, mit dem Messer erlangen, da sie über dem Wasser, über den Krokodilen hängen?"
„Das ist wahr! Leider nein! Daran dachte ich nicht. Wir müssen auf den Baum, um sie emporzuziehen!"

„Da werden wir gesehen, oder die Äste brechen unter der doppelten Last, und wir stürzen unter die Krokodile, ganz abgesehen davon, daß es selbst für einen starken Mann nicht leicht ist, einen Menschen aus freier Hand so hoch emporzuziehen. Wir müssen sie in ganz andrer Weise losmachen, nämlich mit dem Lasso, und das geht nicht so schnell, wie du denkst. Und dann habe ich einen sehr triftigen Grund, diesen Gambusino nicht wissen zu lassen, daß die Gefangenen befreit worden sind; er soll vielmehr denken, daß sie von den Krokodilen heruntergerissen und verschlungen wurden."

„Warum, Señor?"

„Davon später, denn ich glaube, daß wir nicht mehr lange zu warten brauchen. Wie ich sehe, wird Fleisch verteilt. Das zieht die Leute an und hält sie jedenfalls so lange von hier fern, bis wir fertig sind."

Man sah, daß die Abipones sich alle an einem Punkte des Berges versammelten; auch diejenigen, welche noch mit Zutragen des Feuerungsmateriales beschäftigt waren, eilten dorthin. Der Rand des Sumpfes war von Beobachtern frei. Das Feuer, welches unter dem Baume brannte, hatte keine Nahrung erhalten und brannte nicht mehr hell genug, die Umgebung so zu erleuchten, daß sie vom Lager aus deutlich gesehen werden konnte. Der Vater Jaguar sprang auf und rannte auf den Baum zu; der alte Anciano folgte ihm augenblicklich. Die schon erwähnten Büsche standen zwischen ihnen und dem Lager. Nun galt es, schnell, aber auch besonnen zu handeln.

Der Vater Jaguar schlang sich seinen Lasso vom Gürtel, rollte ihn wurffertig zusammen und rief dabei den an dem Baume Hängenden mit gedämpfter Stimme zu:

„Die Hilfe ist da. Macht euch steif und unbeweglich, bis ihr den festen Boden erreicht!"

Er warf den Lasso, und zwar so geschickt, daß dasjenige Ende desselben, welches sich nicht in seiner Hand befand, sich um den Leib des Doktors schlang. Dann gebot er Anciano:

„Binde den Riemen los, an welchem er hängt, und halte ihn aber fest! Du lässest ihn in der Weise über den Ast laufen, in welcher ich den Doktor an meinem Lasso herüberziehe!"

Anciano that, wie ihm befohlen worden war. Er band den Lasso von dem Stamme los, hielt ihn aber fest, damit der Doktor nicht in das Wasser fiel; dann ließ er ihn laufen, während Hammer den zwischen Himmel und Erde Schwebenden aus der Luft und herüber an das Ufer zog. Ein Schnitt mit dem Messer, und die Arme des Geretteten waren frei. Er wollte sprechen und sich dabei den Lasso von der Brust entfernen; da aber gebot der Vater Jaguar:

„Stehen Sie still und sprechen Sie jetzt nicht. Der Lasso bleibt jetzt an Ihrem Leibe!"

Er meinte damit nicht den seinigen, den er schon losgebunden hatte, sondern denjenigen, an welchem der Doktor gehangen hatte. Jetzt wieder eine Schlinge legend, warf er sie dem Diener um den Leib, worauf Fritze in ganz derselben Weise herunter- und herübergeholt wurde. Darauf sagte er.

„Man muß denken, daß ihr von den Krokodilen herabgerissen und verzehrt worden seid; darum darf ich euch nicht losbinden und auch nicht losschneiden, sondern ich muß die Lassos so entzwei machen, daß es scheint, als ob sie abgerissen worden seien."
Er sägte nahe an den Körpern der Geretteten die Riemen in der Weise auseinander, daß er sie mit der Messerschneide aufschabte und dann vollends zerriß. Dann wurden sie wieder an den Baumstamm befestigt, wie sie vorher an denselben gebunden gewesen waren. Die abgerissenen Enden hingen nun ganz in der Weise von den Ästen über dem Wasser herab, daß es genau so aussah, als ob diejenigen, welche daran gehangen hatten, von den Krokodilen herabgezerrt worden seien.
Dies war weit schneller geschehen, als man es beschreiben kann, und während es geschah, hatte der Vater Jaguar auch ein sehr scharfes Auge mit auf das Lager gehabt. Dort fiel es jetzt keinem Menschen ein, sich um die Gefangenen zu bekümmern. Man war mit dem Essen beschäftigt, und erst als dies vorüber war, bemerkte man zufällig, daß das Feuer unter dem Baume nicht mehr brannte. Der Gambusino schickte einen Mann hin, um es von neuem anzuzünden; kaum aber hatte dieser den ihm gewordenen Befehl erfüllt, so kam er eiligst herbeigelaufen und meldete:
„Señores, denken Sie sich, was geschehen ist! Die Krokodile haben unsre Gefangenen gefressen!"
Niemand wollte dieses glauben und als der Mann es wiederholte, sprangen alle auf, um, die Weißen natürlich voran, sich zu überzeugen, ob es wahr sei. An Ort und Stelle angekommen, sah man bei dem Scheine des wieder brennenden Feuers die beide Lassoenden von den Ästen hängen. Darunter lagen die Krokodile und glotzten mit stieren Blicken nach dem Ufer hin.
„Wahrhaftig, sie sind weg, sind fort!" rief Antonio Perillo, der Stierkämpfer. „Wer hätte das gedacht? Wie kann das geschehen sein?"
„Die Krokodile sind doch jedenfalls hoch genug gesprungen, um sie fassen zu können," antwortete der Kapitän Pellejo.
„Schwerlich!" meinte der Gambusino. „So hoch, wie diese Kerls hingen, kann sich kein Krokodil in die Höhe schnellen. Sollte sich jemand hier befunden haben, der sie abgeschnitten hat?"
„Abschneiden? Wer konnte so weit hinüberlangen?"
„Hm! Das ist wahr. Zieht doch einmal die Lassos von den Ästen herunter! Wir werden gleich sehen, ob es mit dem Messer geschehen ist."
Man holte die Enden herab und unterwarf sie einer sehr genauen Untersuchung. Der Vater Jaguar hatte seine Sache ausgezeichnet gemacht, denn die Ansicht aller ohne Ausnahme ging dahin, daß die Lassos zerrissen worden seien.
„So sind diese Tiere doch so hoch gesprungen!" meinte der Gambusino. „Sie müssen großen Hunger gehabt haben. Und geschmeckt hat es ihnen jedenfalls ausgezeichnet, denn sie liegen da, als ob sie noch mehr haben wollten. Nun, so oder so, wir sind die Feinde los; sie haben ihren Lohn!"

„Was das betrifft," sagte Perillo ärgerlich, „so freue ich mich keineswegs darüber, daß das gar so schnell gegangen ist. Sie sollten länger hängen, viel länger! Und ich wollte dabei sein, wenn sie zerrissen wurden! Wäre das Feuer nicht ausgegangen, so hätten sich die Bestien mehr gescheut und wären nicht so zudringlich geworden. Das hätte ich bedenken sollen!"

Dieser gewissenlose Mensch ging wirklich ganz enttäuscht von dannen, und die andern folgten ihm in der festen Überzeugung, daß die beiden Gefangenen in Wirklichkeit von den Krokodilen zerfleischt und verschlungen worden seien.

Diese letzteren waren indessen von ihren beiden Befreiern nicht durch das Schilf, denn das war jetzt bei der Dunkelheit gar nicht nötig, sondern im Gegenteile sehr gefährlich, sondern um den Sumpf herum nach der Stelle geführt worden, an welcher der Inka auf sie wartete. Als dieser sie kommen sah, sagte er:

„Endlich, Señores! Da ich so lange Zeit warten mußte, befürchtete ich schon, daß es sehr schlimm stehe. Nun freut es mich doppelt, zu sehen, daß die Rettung gelungen ist."

Die Befreiten hatten bis jetzt geschwiegen; nun aber meinte der Doktor, indem er tief Atem holte, in deutscher Sprache zu dem Vater Jaguar:

„Sie haben uns vorhin das Sprechen verboten; jetzt werden wir wohl reden können. Das war schrecklich! Nein, das war mehr als schrecklich; das war ganz unbeschreiblich entsetzlich! Mir zittert jedes Glied meines Leibes noch im gegenwärtigen Augenblicke!"

„Und mich auch!" stimmte Fritze bei. „Erst war ik ziemlich juten Mutes; aber als ik am Baume hing und unter mich die Krokodilers so schadenfroh lächeln sah, da jab ik mir verloren."

„Hatten Sie mich gesehen?" fragte der Vater Jaguar.

„Ja," entgegnete Fritze, „ik sah Sie einen Augenblick; dann waren Sie wieder verschwunden; aber ik hatte Ihnen doch erkannt und dachte bei mich selbst, daß Sie uns nicht verlassen würden."

„Sie sehen, daß Ihr Vertrauen gerechtfertigt worden ist. Jetzt sagen Sie mir vor allen Dingen, ob Sie darüber, wie Sie an den Sumpf gekommen sind, ausgefragt wurden!"

„Natürlich hat man uns kriminalisiert; ik habe aber nichts jestanden."

„Fragte man nach mir?"

„Janz besonders. Man wollte partout wissen, wo Sie Ihnen befinden; ik habe die hochgeehrten Herren so irre jeführt, daß sie denken müssen, Sie kommen erst noch hinterdrein."

Er berichtete über das Verhör, welches man mit ihm angestellt hatte. Darauf sagte Hammer, welcher bisher in zornigem Ton gesprochen hatte, in etwas milderer Weise:

„So haben Sie glücklicherweise doch nicht lauter Fehler gemacht. Wie aber sind Sie denn auf die unglückselige Idee gekommen, nach dem Sumpfe zurückzukehren?"

„Daran bin ich schuld," antwortete der kleine Gelehrte. „Ich konnte die Knochen nicht vergessen. Sie lagen mir im Kopfe; ich wollte und mußte sie haben, und so ruhte ich nicht

eher, als bis Fritze einwilligte, mit nach dem Sumpfe, lateinisch Palus genannt, zurückzukehren."
„Dachten Sie denn nicht an die Gefahr? Sie wußten doch, daß die Abipones kommen würden."
„Wir glaubten, noch vor ihrer Ankunft fertig zu sein."
„Welche Unvorsichtigkeit! Sie werden mir unterwegs erzählen, wie das alles geschehen ist. Jetzt habe ich zunächst an noch andres zu denken. Wir müssen aufbrechen. Sie haben keine Pferde mehr. Da Sie jedenfalls sehr angegriffen sind, werden Sie reiten müssen. Ich gehe mit Anciano zu Fuße nebenher."
„Nein, ich laufe, Señor," bemerkte der Inka. „Ich bin jung und nur ein Knabe; Sie aber und mein Anciano haben – – –"
„Laß es gut sein!" unterbrach ihn Hammer. „Es bleibt bei dem, was ich gesagt habe. Ich habe meine Gründe dazu."
Erst jetzt band er dem Doktor und dessen Diener die Lassoenden unter den Armen los. Er warf sie nicht weg, sondern steckte sie ein, damit sie nicht etwa von den Abipones gefunden würden, denn dann hätten diese erkannt, daß ihre Gefangenen nicht zerrissen, sondern befreit worden seien.
Es war anzunehmen, daß die Feinde in gerader Linie nach dem Thale des ausgetrockneten Sees reiten würden. Damit sie nicht seine Spur bemerken möchten, hielt der Vater Jaguar es für geraten, sich in gehöriger Entfernung, aber doch immer parallel mit dieser Linie zu halten. Es wurde aufgebrochen, die beiden Deutschen und der Inka zu Pferde; der Vater Jaguar ging mit Anciano mit langen, ausgiebigen Schritten voran, um den andern den Weg anzugeben.
Als nach einiger Zeit die Mondessichel erschien, wurde es heller, als es vorher gewesen war, und so bemerkte der alte Anciano, in welch gebückter und nachdenklicher Haltung der Vater Jaguar jetzt an seiner Seite dahinschritt. Den sonst so rüstigen, kräftigen Mann schien irgend etwas schwer und tief niederzudrücken. Viertelstunde um Viertelstunde verging, ohne daß er ein Wort sagte, und nur zuweilen war ein eigentümlicher, knirschender Ton zu vernehmen, als ob seine Zähne hart aufeinander getroffen hätten. Darum unterbrach der Alte endlich das Schweigen, indem er in mildem Tone fragte:
„Sie haben einen Gedanken, der Ihnen viel zu schaffen macht. Wollen Sie ihn mir mitteilen, Señor?"
„Ja, du sollst ihn erfahren, Anciano," antwortete der Deutsche. „Ich denke, daß er morgen so öffentlich sein wird, daß alle ihn wissen werden. Ich habe diesen Gambusino während einer ganzen Reihe von Jahren mit Schmerzen gesucht, ohne ihn ein einziges Mal getroffen zu haben."
„Das ist sonderbar! Hätten Sie mir diesen Wunsch mitgeteilt, so wäre er Ihnen schon längst in Erfüllung gegangen."
„Eine solche Mitteilung hätte nichts gefruchtet, denn ich wußte nicht, daß der Gambusino derjenige ist, den ich suche."

„Aber jetzt wissen Sie es?“
„Ja. Ich habe ihn wiedererkannt. Ich habe ihn nicht nur heute mit dem Auge, sondern schon vorher mit dem Ohre erkannt. Ich kenne nicht nur seine Gestalt, sondern auch seine Stimme. Als wir uns zuerst da unten am Rio Salado trafen und eine Stunde später die beiden, die wir heute vom Tode errettet haben, aus der Hand der Abipones befreiten, da hörte ich eine laute, befehlende Stimme. Ihr Klang machte, daß ich mitten in der größten Eile halten blieb; aber wir hatten Wald zur Rechten und zur Linken, wodurch die Stimme eine andre Klangfarbe erhielt. Dennoch war es mir dann immer, als ob derjenige, dem sie gehörte, der Mann sei, den ich so lange vergeblich gesucht habe. Es war der Gambusino, und heute, da ich ihn gesehen habe, weiß ich genau, daß mein damaliger Gedanke begründet war.“
„Er ist ein Feind von Ihnen?“
„Mein größter Feind, aber ich bin auch der seinige. Ich habe eine Rechnung mit ihm auszugleichen, und die Quittung wird mit Blut geschrieben – – morgen schon, wie ich hoffe!“
„Es ist also Blut gegen Blut?“
„Ja. Er hat meinen Bruder ermordet droben im Norden. Wie das geschehen ist, das will ich jetzt nicht erzählen. Es war entsetzlich, so entsetzlich, daß mir das Haar darüber weiß geworden ist. Ich verfolgte ihn; ich erfuhr, daß er sich nach Südamerika gewendet hatte. Argentinien war seine Heimat. Ich kam hierher, um ihn zu suchen. Ich durchritt das Land; ich befuhr alle Flüsse; ich überkletterte alle Berge, ohne ihn zu treffen, heute aber habe ich ihn und nun soll er mir nicht wieder aus dem Auge kommen, als bis ich fertig mit ihm geworden bin.“
„So nehmen Sie den einen und ich nehme den andern!“
„Wen?“
„Den Stierkämpfer. Ich werde ihn nach dem Skalpe fragen, den er dem Lieutenant Verano gezeigt hat. Meinen Sie, Señor, daß die beiden morgen in unsre Hände geraten?“
„Ich bin überzeugt davon. Laß mir jetzt meine Gedanken! Wenn man an solche vergangene Stunden denkt, läßt man sich nicht gern von der Gegenwart stören.“
Sonderbarerweise waren jetzt, zu derselben Stunde, die beiden, von denen hier gesprochen wurde, mit ihren Gedanken bei demjenigen, der soeben in seinem Innern das Todesurteil über den Gambusino gefällt hatte. Dort am Sumpfe waren die Feuer ausgegangen; die Roten und die Weißen schliefen, weil morgen mit dem Frühesten aufgebrochen werden sollte. Ein Wächter stand bei den Pferden; aber er war es doch nicht allein, welcher wachte, sondern es gab außer ihm noch drei, welche von dem Schlafe nichts wissen wollten, nämlich der Gambusino, der Stierfechter und der Kapitän Pellejo.
Dieser letztere stand zu den beiden andern in ganz demselben Verhältnisse, in welchem sich der Lieutenant Verano dem Vater Jaguar gegenüber fühlte: er war Offizier; die beiden andern waren nicht Militärs, und so glaubte er höher zu stehen als sie, wenigstens

in Beziehung auf die Angelegenheit, in welcher sie sich jetzt im Gran Chaco befanden. Er war während der letzten Zeit oft mit ihnen in Streit geraten und hatte immer nachgeben müssen, weil der Einfluß des Gambusino auf die Abipones größer als der seinige war. Das hatte ihn tief verdrossen und mißtrauisch gemacht. Er begann, die beiden, welche nachgerade Gehorsam von ihm verlangten, zu beobachten, und da bemerkte er denn verschiedenes, was ihm auffiel. Er verglich dieses mit jenem, eins ihrer Worte mit dem andern und kam schließlich zu dem Verdachte, daß sie es nicht ehrlich mit dem gegenwärtigen Unternehmen meinten. Er zog sich von ihnen zurück; sie bemerkten das und vergalten ihm seinen Verdacht mit dem ihrigen. Sie hörten auf, ihn bei ihren Beratungen zu fragen; sie wichen seinen Ansichten und Vorschlägen aus und hatten immer miteinander heimlich zu thun, wobei er bemerkte, daß ihre Augen auf ihm ruhten. Darum begann er sich unsicher zu fühlen und beschloß endlich, ein klares, offenes Wort mit ihnen zu reden.

Heute, als die beiden Gefangenen von dem Baume verschwunden waren, und man den Lagerplatz wieder aufgesucht hatte, saß er bei den Soldaten, welche sich am Palmensee zusammengefunden hatten und für deren Anführer er sich hielt. Sie waren alle beritten. Da trat der Gambusino mit Perillo zu ihnen und sagte:

„Señor Kapitän, wir werden morgen das große Dorf der Cambas erreichen und sofort angreifen; ich werde Ihnen jetzt Ihre Instruktion erteilen."

„Meine Instruktion?" fragte Pellejo verwundert. „Eine Instruktion hat man doch nur von dem Vorgesetzten entgegenzunehmen!"

„Sie meinen nicht, daß ich der Ihrige bin?"

„Nein."

„Wer hat da wohl den Befehl über die Krieger, welche wir bei uns haben, zu führen?"

„Eigentlich ich, da ich unter den Anwesenden den höchsten militärischen Rang bekleide."

„Ich wußte, daß dies Ihre Ansicht ist, und habe bis jetzt geschwiegen. Nun es aber morgen zum Kampfe kommt, muß ich Sie aufklären. Ich bitte Sie, zu lesen!"

Er zog eine kleine Blechkapsel aus der Tasche, öffnete sie, nahm ein zusammengefaltetes Papier aus derselben, schlug es auseinander und gab es dem Kapitän. Dieser las es beim Scheine des Feuers, an welchem er saß, wurde bleich im Gesicht und gab es ihm wieder zurück.

„Nun," fragte der Gambusino, „wer ist der Kommandierende?"

„Ich habe mich überzeugt, daß ich Ihnen zu gehorchen habe."

„Nicht nur Sie allein, sondern auch alle Ihre Untergebenen. Sagen Sie es ihnen! Nachdem Sie mich anerkannt haben, werde ich von meiner Autorität den ersten Gebrauch machen, indem ich Sie für einstweilen Ihrer Verpflichtungen enthebe. Sie begleiten uns weiter, werden sich aber, bis ich etwas andres befehle, in allem vollständig passiv verhalten."

„Señor!" fuhr der Kapitän auf. „Von wem ist Ihnen ein solches Verhalten vorgeschrieben?"

„Ich bin Ihnen keine Rechenschaft schuldig. Sie haben zu gehorchen. Thun Sie das nicht, so wissen Sie, was geschieht. Wir befinden uns auf dem Kriegsfuße!“
„Schön, Señor! Ich werde kein Wort verlieren, sondern gehorchen,“ rief der Hauptmann, indem er aufstand und, kaum im stande, seinen Zorn zu beherrschen, das Feuer verließ. Er schritt ein Stück in die Nacht hinein und überlegte. Woher so plötzlich dieses Verhalten des Gambusino? Hatte es einen allgemeinen oder heute einen besondern Grund? So fragte er sich, ohne daß er im stande war, sich eine Antwort zu erteilen. Als er später zurückkehrte, war das Feuer erloschen. Dennoch bemerkte er, daß der Gambusino und der Stierkämpfer sich nicht an ihren Plätzen befanden. Er legte sich neben seinem Korporal nieder und fragte diesen, als er bemerkte, daß er noch nicht eingeschlafen war, leise:
„Wo ist der neue Oberst oder gar General?“
„Er ging nach dem Sumpfe und wird dort mit Perillo sitzen, um ungestört Pläne machen zu können.“
„Was geschah, als ich fort war?“
„Nichts weiter, als daß er auch uns seine Vollmacht zeigte.“
„Sie ist echt.“
„Ja, sie ist vom Vizepräsidenten der Konföderation unterschrieben und besiegelt. Wir müssen ihm gehorchen.“
„Und ich habe euch nichts mehr zu befehlen?“
„Señor Kapitän, ich sagte, daß wir gehorchen müssen. Wir sind Soldaten, und der Ungehorsam würde uns den Kopf kosten.“
„Das ist Treue! Wer hätte gedacht, daß es so komme!“
Er hüllte sich in seine Decke und versuchte zu schlafen. Er hatte ganz vergessen, daß er jetzt selbst Empörer, Aufrührer war und also gar kein Recht besaß, auf seinen Untergebenen zornig zu sein. Er hatte hier eine Rolle spielen wollen, um später schnell zu avancieren, und war nun so plötzlich kalt gestellt worden. Das ließ ihn nicht ruhen. Er dachte an den Gambusino und an Perillo. Diese beiden hatten jedenfalls etwas gegen ihn vor. Ob es möglich war, dies zu erfahren? Warum nicht? Vielleicht zeigte sich der Zufall günstig. Er hob den Kopf, um zu lauschen. Alle schliefen; auch sein Nachbar, der Korporal, war jetzt eingeschlafen. Er wickelte sich aus der Decke und kroch fort, langsam und unhörbar, nach dem Sumpfe hin. Es dauerte lange, ehe er die Bäume des Ufers im Mondenscheine stehen sah. Er erreichte sie, ohne die Gesuchten zu bemerken, und kroch auf gut Glück weiter, am Rande hin, immer möglichst im Schutze der Sträucher und des Schilfes. Nach einiger Zeit hörte er leise Stimmen. Noch einige Ellen weiter, und er sah sie sitzen, eng nebeneinander, auf einem trockenen Grasplätzchen. Ein Wisch hohen Schilfes erhob sich ganz in ihrer Nähe. Er wagte es, hinzukriechen und sich dort auf den Boden niederzustrecken. Wenn die beiden zufällig aufstanden, mußten sie ihn sehen. Sie sprachen leise, aber doch so, daß er sie', wenn er scharf aufmerkte, wohl verstehen konnte. Eben sagte der Gambusino:

„Es ist mir immer, als ob ich es nicht glauben solle. Die Lassos waren zwar abgerissen, aber so ein fünfzehnfach zusammengeflochtener Riemen hält doch viel, sehr viel aus. Ein Krokodil kann dem, den es packt, das Bein abbeißen; aber einen Lasso zu zerreißen, das erscheint mir als unmöglich."

„Ich nehme es, wie es gekommen ist, und mache mir keine Gedanken darüber," antwortete Perillo. „Wer könnte die beiden befreit haben! Der es gethan hat, müßte ein ebenso kühner wie schlauer Mensch sein."

„Es gibt einen solchen!"

„Du meinst den Vater Jaguar?"

„Ja."

„Er ist ja doch nicht hier! Der Kleine hat es ja gesagt."

„Glaube ich nicht an den Tod dieses Kleinen, so glaube ich auch seinen Worten nicht. Ist er der Oberst oder nicht? Wir halten ihn für Glotino. Wenn er dieser ist, so besitzt er jedenfalls Klugheit genug, uns zu täuschen. Er sagte, der Vater Jaguar sei uns nachgeritten. Wenn dies nun eine Lüge ist? Wenn er uns nun vorangeritten wäre? Er kannte ja unser Ziel."

„Höre, das wäre eine verteufelte Sache! Wir müßten da gewärtig sein, daß wir, anstatt anzugreifen, überfallen werden. Dieser Vater Jaguar hat den Cambas schon einmal gegen die Abipones beigestanden, wenn auch in einer andern Gegend. Die Kerls, welche er bei sich hat, fürchten den Teufel nicht."

„Wir müssen vorsichtig sein. Ist er schon hier, so stellt er uns sicherlich eine Falle."

„Wir hätten aber doch eine Spur von ihm finden müssen."

„Eigentlich haben wir eine."

„Welche denn? Ich weiß nichts von ihr."

„Und doch ist sie so deutlich, daß sie gar nicht deutlicher sein kann. Ich meine nämlich die leeren Dörfer und Hütten, welche wir auf unserm jetzigen Zuge getroffen haben."

„Das nennst du eine Spur?"

„Natürlich! Die Bewohner sind geflohen. Warum? Aus Furcht vor uns. Sie müssen also gewußt haben, daß wir kommen. Wer aber hat ihnen das gesagt?"

„Das weiß ich freilich nicht."

„Der Vater Jaguar ist es gewesen. Ich weiß das freilich nicht genau, sondern ich vermute es nur, aber ich möchte behaupten, daß diese Vermutung eine sehr begründete ist."

„Hast du diesen Gedanken erst jetzt bekommen? Du hast ihn vorher doch nicht ausgesprochen."

„Es kam mir verschiedenes verdächtig vor. Vor allen Dingen war es doch auffallend, daß alle unsre Waffenverstecke ausgeleert waren; da sie aber auch ganz zufälligerweise von Indianern entdeckt worden sein konnten, brachte ich diesen Umstand nicht in Beziehung zu dem Vaterjaguar. Heute nun kann ich, wenn ich näher darüber nachdenke, nicht glauben, daß unsre beiden Gefangenen durch die Krokodile von den Lassos

gerissen worden sind, und was ich bisher nur vermutete, ist mir zur Gewißheit geworden: der Vater Jaguar ist da!"
„Wie aber hat er es angestellt, diese beiden loszubekommen? Die Riemen hingen doch noch am Baume."
„Das begreife ich auch nicht; dieser Mensch aber bringt Sachen fertig, welche für andre Leute geradezu unmöglich sind. Ich kenne ihn. Er wurde von den Indianern „Blitzende Hand" genannt; das hatte Bezug auf seine erstaunliche Fertigkeit im Schießen; er ist aber in andern Dingen ebenso gewandt."
„Wenn deine Berechnung richtig ist, so befinden wir uns in der größten Gefahr. Wir müssen gewärtig sein, daß er die Cambas schon gegen uns zusammengerufen hat und nun mit ihnen irgendwo steckt, um uns plötzlich zu überfallen."
„Das möchte ich nicht behaupten, da er dazu keine Zeit gehabt hat. Desto sicherer aber ist es, daß er sich mit seinen Leuten, die stets bei ihm sind, in der Nähe befindet und uns beobachtet. Ja, es ist nicht nur möglich, sondern sogar sehr wahrscheinlich, daß er hier irgendwo am Sumpfe steckt. Ist dies der Fall, so wird er unser Lager umschleichen, um unsre Stärke kennen zu lernen, und dann noch während der Nacht fortreiten, um die Cambas zu benachrichtigen. Wir müssen uns auf alle Fälle beeilen. Wenn wir mit dem Anbruche des Morgens aufbrechen, so kommen wir am Abende am „klaren Bache" an und können das Dorf noch während der Nacht überfallen."
„Aber wenn die Cambas gerüstet sind?"
„Dann ist unser Kriegszug vergeblich gewesen, und die Hoffnungen, welche wir an denselben geknüpft haben, werden sich nicht erfüllen."
„Damnacion! Er hat uns so viele Mühe und auch all unser Geld gekostetıWirwürden als arme Leute zurückkehren, und statt durch den Putsch, welchen wir beabsichtigen, mit einem Schlage reich zu werden, müßten wir uns Bettler nennen."
„Wir spielen Va banque. Verlieren wir, so bleibt uns nichts übrig, als von vorn anzufangen. Ich gehe wieder in die Berge, um eine Gold- oder Silberader zu entdecken, und du mußt wieder zu deinem früheren Geschäft als Stierkämpfer greifen."
„Dann wirst du eines schönen Tages im Gebirge umkommen, und mich erwartet dasselbe Schicksal in der Arena. Ich habe es jetzt in Buenos Ayres gemerkt, daß ich nicht mehr der Alte bin. Meine Knochen sind weich und meine Gelenke steif geworden. Nein, es fällt mir nicht ein, wieder zum alten Metier zu greifen."
„Was aber wolltest du sonst anfangen? Etwa mit mir auf Abenteuer gehen?"
„Damit man eines schönen Tages mein Gerippe in den Cordilleren findet? Nein, ich weiß etwas andres, etwas viel, viel besseres."
„Was?"
Der Gefragte zögerte eine ganze Weile; dann antwortete er in geheimnisvollem Tone:
„Ich habe zu keinem Menschen davon gesprochen, und es sollte nie jemand davon erfahren; da die gegenwärtigen Verhältnisse aber so stehen, sollst du es hören. Auch ganz abgesehen von dem Vater Jaguar, kommt es jedenfalls zum Kampfe mit den Cambas, und

keiner von uns weiß, ob er aus demselben entkommen wird. Ich kann verwundet und sogar getötet werden. In diesem Falle wäre es jammerschade, wenn mein Geheimnis mit mir sterben sollte. Du bist mein bester Kamerad, und so will ich es dir mitteilen."
„Du machst mich im höchsten Grade neugierig. Der feierliche Ton, in welchem du sprichst, läßt erraten, daß es sich um etwas ganz Ungewöhnliches handelt."
„Das ist es auch! Ich spreche nämlich von Reichtümern, von einem Schatze, welcher ungeheuer groß zu sein scheint."
„Von einem Schatze? Höre, fast möchte ich denken, daß du im Traume redest!"
„Ich träume nicht, sondern was ich dir sage, ist die volle, reine Wirklichkeit. Ich kann es dir durch einen Gegenstand beweisen, welchen du sehr genau kennst."
„Welcher ist das?"
„Der lange, weiße Haarschopf, den du bei mir gesehen hast."
„Ach, der Skalp des Indianers, welcher dich überfallen wollte, aber von dir getötet wurde?"
„Derselbe. Doch ist die Geschichte anders, als ich sie bisher erzählte. Dir kann ich die Wahrheit sagen, da du schon oft ähnliches gethan hast. Nämlich nicht ich wurde von dem Indianer überfallen, sondern er von mir."
„Qué diablos! Ist die Sache so! Da will ich dir denn aufrichtig sagen, daß ich deine Erzählung nicht etwa geglaubt habe. Du hattest damals gar nichts bei dir, was die Habsucht eines Indianers anlocken konnte. Ich dachte mir immer, daß die Begebenheit sich anders, als du sie erzähltest, abgespielt habe. Also du hast ihn überfallen, und sein Haar steht im Zusammenhange mit dem Schatze, von welchem du sprichst? Soll ich etwa annehmen, daß jener Indianer der Besitzer dieses Schatzes gewesen ist?"
„Ja."
„Demonio! Erkläre dich deutlicher! Du kannst ihm den Schatz unmöglich abgenommen haben, da du nicht reich bist. Warum hast du es nicht gethan?"
„Weil er ihn nicht bei sich hatte. Es waren nur einige Gegenstände, welche zu dem Schatze gehörten, die ich bei ihm fand."
„Hat er dir denn gesagt, wo sich das übrige befindet?"
„Nein."
„So weißt du also gar nicht, wo dieser dein berühmter Schatz zu suchen ist?"
„Ja und nein, ich weiß es und weiß es doch auch nicht."
„Sprich nicht in Rätseln!"
„Ich meine, daß ich zwar die Gegend kenne, aber die betreffende Stelle nicht."
„So brauchst du dir auf den Schatz ganz und gar nichts einzubilden. Was nützt mir ein Schatz, den ich nicht finden kann? Vielleicht existiert er gar nur in deiner Phantasie."
„Er existiert in Wirklichkeit; ich kann es beschwören."
„Wo denn?"
„Droben in den Bergen und zwar jedenfalls in einer Schlucht, welche man die Barranca del Homicidio nennt."

„Die kenne ich genau. Es geht von ihr die Sage, daß dort die letzten Inkas ermordet worden sind."
„So ist es. Und ich nehme an, daß diese Inkas vor ihrem gewaltsamen Ende ihre Schätze dort versteckt haben."
„Hm! Ich habe oft gehört, wie reich die Inkas gewesen sind. Alles, was die Herrscher berührten, hat von reinem Golde sein müssen. Die Spanier sollen damals ganze Schiffsladungen von Gold und Silber heimgeschafft haben. Doch was hilft das unnütze Reden! Erzähle!"
„Schwöre mir vorher, daß du keinem andern ein Wort davon sprechen willst!"
„Von solchen Sachen spricht man nicht; aber wenn ich dich damit beruhigen kann, so soll es mir auf einen Schwur nicht ankommen. Also ich schwöre, gegen jedermann über diese Angelegenheit zu schweigen!"
„So sollst du alles hören. Ich kam damals von Chile herüber, wo ich bei mehreren Stiergefechten mitgewirkt und mir einige Prämien erworben hatte; aber wie gewonnen, so zerronnen; du weißt ja, wie ich bin. Ich aß gut, trank noch besser, spielte viel und hatte kein Glück; ich verlor alles, und als ich die Rückreise antrat, mußte ich, um nur herüberzukommen, mich an einen Kaufmann, welcher nach Mendoza wollte, als Diener vermieten. Ich sage dir, daß er nie dort angekommen ist; warum, das kannst du dir ja denken."
Er stieß ein hämisches Lachen aus. Er hatte natürlich diesen Kaufmann ermordet, um zu dem Eigentum desselben zu kommen. Nach einer kleinen Pause fuhr er fort:
„Ich war also ganz allein, als ich die diesseitigen Hänge des Gebirges erreichte. Es war des Abends, als ich an der Barranca del Homicidio ankam. Da du auch dort gewesen bist, so weißt du, daß es eine höchst unwirtliche Gegend ist. Gern wäre ich noch bis zur Salina del Condor weitergeritten, aber es war denn doch zu weit, und der Weg da hinunter ist so schlecht, daß man selbst beim hellsten Mondenschein verunglücken oder wenigstens ihn verfehlen kann. Ich suchte mir also einen Felsen, um hinter ihm Schutz gegen den rauhen Nachtwind zu finden, band mein Maultier an einen Stein fest und legte mich zum Schlafen nieder."
„Konntest du denn schlafen?" fragte der Gambusino mit eigenartiger Betonung.
„Warum sollte ich das nicht?"
„Des Kaufmanns wegen, welcher nie in Mendoza angekommen ist."
„Du meinst, daß er mir verwundet und blutig im Traum erschienen sei? Ich bin kein Kind oder altes Weib. Wer tot ist, kommt nicht wieder. Dennoch wollte an jenem Abende der Schlaf nicht gleich kommen; dafür aber kam ein andrer.",
„Ah, ich vermute! Der Indianer, oder nicht?"
„Ja. Der Vollmond stand am Himmel, und kein Wölkchen war zu sehen. Ich hörte Schritte und lauschte. Ein Mann kam, ohne mich und mein Maultier zu sehen, ganz nahe an dem Felsblocke vorüber, hinter dem ich lag. Er blieb stehen und schaute nach dem Monde. Dabei bekam ich sein Gesicht zu sehen. Er war ein Greis, aber ein sehr rüstiger

und sehr schöner Greis. Er trug einen langen Bogen und einen Köcher auf der Schulter, und ein Messer stak in seinem Gürtel; andre Waffen hatte er nicht und schien überhaupt gar nichts andres bei sich zu haben. Auffallend war sein langes, weißes und sehr dichtes Haar, welches ihm hinten bis an die Oberschenkel vom Kopfe hing und, wie ich später bemerkte, durch eine Spange zusammengehalten wurde. Er stand lange da, ohne sich zu bewegen, starrte den Mond an und flüsterte dabei leise Worte, als ob er betete. Es schien, als ob er warten wolle, bis der Mond den höchsten Punkt seines Bogens erreicht habe; dann ging er weiter."

„Und du folgtest ihm heimlich?" fragte der Gambusino.

„Ich wollte es thun, brachte es aber nicht fertig. Der scharfe Rand der Barranca befand sich nämlich gar nicht fern von mir. Der Mann ging auf denselben zu und war dann verschwunden. Ich kroch leise bis hin zur Schlucht und blickte hinab. Ich sage dir, daß mir bei dem, was ich sah, ein Grauen ankam. Die Felswand stieg beinahe senkrecht hinab; sie schien nicht die kleinste Stelle zu haben, an welcher ein menschlicher Fuß festen Halt fassen könne, und doch glitt der weißhaarige Mann mit einer Sicherheit da hinab, als ob eine bequeme Treppe hinunterführe. Sein Haar glänzte im Monde, bis ich es nicht mehr sehen konnte, so groß war die Tiefe, in welche er hinunterstieg. Wer war der Mann? Seinen Zügen nach jedenfalls ein Indianer. Was wollte er hier? Warum wartete er, um den gefährlichen Weg anzutreten, nicht bis es Tag geworden war? Wo hatte er sein Maultier? Oder war er so arm, daß er keins besaß? Du kannst dir denken, daß ich diese und andre Fragen gern beantwortet haben wollte; darum blieb ich am Rande der Schlucht auf der Lauer liegen, um auf seine Rückkehr zu warten. Ich lag die ganze Nacht; er kam nicht wieder; aber am Morgen, eben als die Sonne im westlichen Tieflande aufstieg, sah ich ihn jenseits langsam emporklettern. Er hatte jetzt ein Paket auf dem Rücken hängen. Als er oben angekommen war, breitete er die Arme gegen die Sonne aus, als ob er sie begrüßen wolle, und ging dann weiter. Ich beobachtete ihn, ohne daß er mich sehen konnte. Von der Höhe, auf welcher er sich ebenso wie ich mich befand, ging eine felsige Lehne allmählich abwärts; er schritt dieselbe hinunter und bog dann um den Fuß einer zweiten Höhe, worauf er mir aus den Augen verschwand."

„Du bist ihm natürlich sofort nach?" fragte der Gambusino.

„Ja. Ich mußte unbedingt wissen, wer der Mann war, und was er nächtlicherweile aus der Barranca geholt hatte, denn das Paket, welches er jetzt trug, hatte er am Abende nicht gehabt. Ich band mein Maultier los, stieg auf und ritt ihm nach. Ich brauchte dabei keinen Umweg zu machen, denn die Richtung, welche er eingeschlagen hatte, führte nach der Salina del Condor, wohin auch ich wollte. Ich war sehr schnell die Lehne hinab und bog dann um die Stelle, hinter welcher er verschwunden war. Von da lief ein ziemlich steiler Abhang in ein schmales Thal hinunter. Der Indianer war schon unten. Er schien es eilig zu haben, denn er ging schneller, als mein Maultier bis jetzt gegangen war. Ich spornte es also an. So folgte ich ihm in das Thal, durch dasselbe auf eine Ebene, dann wieder über einen felsigen Abhang in ein zweites Thal, in welchem ich ihm so nahe kam, daß er den Hufschlag Meines Tieres hörte. Er blieb einen Augenblick stehen, um sich umzublicken. Als er mich sah, eilte er viel schneller weiter, als er bisher gegangen war. Er wollte mir ausweichen. Ich gab meinem Tiere die Sporen, daß es zu galoppieren begann. Er hörte das und blickte nach rechts und nach links, um einen Ausweg zu entdecken, aber die Seitenwände des Thales waren gerade hier so senkrecht eingeschnitten, daß er nicht hinauf konnte. Jedoch da öffnete sich das Thal, noch ehe ich ihn ganz erreicht hatte, und er wollte sich seitwärts wenden. Ich rief ihm zu: „Bleib stehen, sonst schieße ich!“

„Er hörte nicht; darum schickte ich die Kugel des einen Laufes hinter ihm her. Ich traf ihn nicht, wollte ihn überhaupt nicht treffen; er hörte die Kugel neben sich auf den Felsen schlagen und mochte nun doch denken, daß es geraten sei, meinem Befehle zu gehorchen. Er blieb also stehen und drehte sich nach mir herum. Das Doppelgewehr noch in der Hand, kam ich an ihn heran. Da fragte er mich: „Señor, was habe ich Ihnen gethan, daß Sie auf mich schießen?“

„Warum läufst du davon, wenn ich dir Halt gebiete?“ antwortete ich.

„Da richtete er sich hoch auf, schüttelte sein langes, weißes Haar wie der Löwe seine Mähne und entgegnete in einem Tone, als ob er ein König sei: „Wer hat hier zu gebieten? Sie etwa?“

„Dabei funkelten mich seine Augen nur so an; aber sie waren es nicht allein, welche funkelten, denn das Paket, welches er auf dem Rücken trug, bestand aus einem Bastnetze, zwischen dessen Maschen es wie reines, pures Gold hervorschimmerte. Und bei der Bewegung, welche er gemacht hatte, gab die glänzende Bürde einen leisen Ton von sich, wie er nur vom Golde hervorgebracht wird. Wie es so schnell kam, das weiß ich auch jetzt selbst noch nicht; kurz und gut, ich richtete mit einer blitzschnellen Bewegung den zweiten Lauf auf ihn und drückte ab. Der Schuß krachte, und der Mann stürzte zu Boden.“

„Vorn durch die Brust geschossen?“ fragte der Gambusino.

„Nein, sondern von hinten in das Herz getroffen. Als ich den Lauf auf ihn richtete, machte er nach der Seite hin eine schnelle Drehung um sich selbst, damit ich ihn nicht treffen solle; aber mein Auge war schneller als er; ich folgte seiner Bewegung und schoß ihn von hinten nieder. Das Netz glitt von seinem Rücken und fiel neben ihm hin, wobei es sich öffnete; einige Stücke des Inhaltes rollten heraus. Es waren kleine, goldene Gefäße und andre Gegenstände, deren Zweck ich nicht zu erraten vermochte. Der Indianer war tot, und diese Sachen gehörten mir. Ich wickelte sie in die Decke, welche ich hinter mir an den Sattel zu schnallen pflegte – –“

„Und bist natürlich nach der Barranca zurückgeritten?“ fiel der Gambusino ihm ins Wort.

„Nein. Ich hatte seit fast zwei Tagen kein Wasser gehabt, und mein Maultier mußte trinken, wenn es nicht liegen bleiben sollte. Daher mußte ich zunächst nach der Salina del Condor, in deren Nähe, wie du weißt, einige Quellen sind; dann erst wollte ich wieder

nach der Barranca zurück, um den Ort zu suchen, von welchem der Indianer die Kostbarkeiten geholt hatte."
„Vorher aber nahmst du ihm seinen Skalp?"
„Ja. Wie ich auf den Gedanken kam, dies zu thun, kann ich freilich nicht sagen. Ich hatte daheim eine Sammlung von allerlei Kleinigkeiten, Andenken an meine früheren Reisen und Erlebnisse, und als ich so vor dem Toten stand und sein Haar betrachtete, fielen mir die Indianerskalpe ein, welche man in so vielen Sammlungen findet, und ich dachte, daß dieser Schopf es wohl wert sei, mitgenommen zu werden. Ich schnitt die Kopfhaut also vom Schädel los und wickelte sie mit in die Decke."
„Hm! Also auf diese Weise bist du zu der Haut gekommen!" sagte der Gambusino langsam und in nachdenklichem Tone. „Ich hätte sie wohl nicht mitgenommen."
„Warum nicht?"
„Weil sie zur Verräterin an dir werden kann."
„Möchte wissen, wie!"
„Eben durch ihre Seltenheit. Hast du etwa schon viele Personen gesehen, welche ihr Haar in dieser Weise tragen? Und nun noch dazu eine solche Fülle schönen, langen, grauen Haares! Dieser Indianer hat Verwandte und Bekannte, welche ihn vermißt und nach ihm geforscht haben. Wenn nun einer derselben erfährt, daß du dich im Besitze dieses Skalpes befindest? Vielleicht gibt es Mitwisser des Geheimnisses von dem Schatze. Ich würde zu keinem Menschen von der Kopfhaut sprechen und sie noch viel weniger jemand zeigen."
„Pah! Es sind seit jenem Ereignisse Jahre vergangen; ich habe nichts mehr zu befürchten."
„Dennoch fordere ich dich zur Vorsicht auf. Ich denke da an einen alten Indianer, welcher sein Haar ganz ähnlich trägt und einsam droben in den Bergen haust. Diese Ähnlichkeit der Haartracht läßt ganz wohl den Gedanken aufkommen, daß er zu jenem Toten in irgend welcher Beziehung gestanden hat. Dieser Mann zum Beispiel dürfte durch Zufall von deinem Skalpe hören, und dann wäre es, falls er den Toten gekannt hat, um dich geschehen."
„Wie heißt der Mann?"
„Er ist über hundert Jahre alt und wird darum allgemein der alte Anciano genannt. Er ist trotz dieses Alters noch so rüstig und gewandt wie ein Vierziger und hat sich durch seine Kühnheit und Verschlagenheit berühmt gemacht."
„Ich kenne ihn nicht, und er geht mich nichts an. Ist er arm oder reich?"
„Arm."
„So weiß er von dem Schatze nichts, und deine Warnung ist überflüssig."
„Mag sein. Es war eben nur so ein Gedanke von mir. Erzähle jetzt weiter! Ich bin begierig, zu erfahren, wie dein Abenteuer sich weiter entwickelt hat."
„Es kam leider ganz anders, als ich erwartet hatte. Ich wollte an der Salina mein Maultier tränken, selbst auch trinken und dann nach der Barranca zurückkehren. Aber als ich bei der Salina anlangte und um die Ecke bog, sah ich einen Menschen dasitzen, welcher mich

verwundert anstarrte. Jedenfalls war er von unten gekommen und wollte hinauf in die Berge; dies machte mein ganzes Vorhaben zunichte. Zurück durfte ich nicht, denn er wäre mir gewiß gefolgt und hätte den Toten gesehen. Mich zu ihm setzen, fiel mir noch viel weniger ein, da er mich nicht genau sehen durfte, um mich später nicht verraten zu können. Ich ritt also an ihm vorüber."

„Dumme Sache! Warum hast du ihn nicht niedergeschossen?"

„Dieser Gedanke kam mir auch; aber er hatte, als er mich sah, schnell zum Gewehre gegriffen, und seine Kugel wäre jedenfalls schneller als die meinige gewesen."

„Hat er dich deutlich sehen können?"

„Nein; wenigstens denke ich das. Ich stutzte nur einen Augenblick und wendete mein Gesicht dann schnell von ihm ab. Im Galopp durch die Salina jagend, kam ich eine halbe Stunde später unterhalb derselben auf einem Platze an, wo es auch ein Wasser gibt. Da hielt ich für kurze Zeit an und ritt dann weiter. Eine Ahnung sagte mir, daß der Mann mich verfolgen werde."

„Woher diese Ahnung? Du hattest ja gar nicht mit ihm gesprochen."

„Eben das mußte ihm auffallen. Wenn er dann die Leiche fand, mußte er mich für den Mörder halten."

„Wie sah er aus? Du hast ihn natürlich scharf betrachtet?"

„Nein, denn da hätte ich ihm mein Gesicht länger zukehren müssen, was ich aus gutem Grunde vermeiden wollte. Seine Züge konnte ich nicht erkennen, doch sah ich so viel, daß er nicht mehr jung war, denn sein Haar war grau."

„Und seine Gestalt?"

„Er saß an der Erde; darum konnte ich mir kein Urteil über seine Figur bilden; er schien mir aber nicht klein zu sein."

„Ha! Du bist unvorsichtig gewesen. Dieser Mann kann in jedem Augenblicke auftauchen und dich zur Rechenschaft ziehen. Du hättest dich zu ihm setzen sollen, um ihn dann in einem geeigneten Augenblicke niederzuschießen."

„Das habe ich mir später auch gesagt, und heute bereue ich sehr, es nicht gethan zu haben, denn es hat den Anschein, daß der Kerl mich genauer angesehen hat, als ich dachte."

„Wieso? Bist du ihm etwa später wieder begegnet?"

„Es scheint so. Es wurde mir eine Drohung ins Gesicht geworfen, welche sich nur auf dieses Ereignis beziehen konnte."

„Von wem?"

„Vom Vater Jaguar."

„Valgame Dios! Von dem? Hat dieser Mensch etwa seine Hand auch hier im Spiele?"

Perillo erzählte von jenem Zusammentreffen in der Restauration in Buenos Ayres, wo Der Vater Jaguar ihn an die Salina del Condor erinnert hatte, worauf der Gambusino so laut, daß die Schläfer beinahe aufwachten, ausrief:

„Er ist's gewesen; jedenfalls war er's! Nimm dich vor ihm in acht! Wie war der Mann, den du auf der Salina getroffen, gekleidet?“
„Ganz in Leder. Dazu hatte er einen breitrandigen Hut auf dem Kopfe.“
„Es stimmt; es stimmt! Genau so geht der Vater Jaguar, wenn er sich nicht in einer Stadt befindet. Jetzt haben wir einen Grund mehr, ihn baldigst wegzuräumen. Ich bin überzeugt, daß er, nachdem er den Indianer gefunden hat, hinter dir drein geritten ist. Erzähle weiter!“
„Ich bin damals einen Tag und eine Nacht geritten, ohne länger als einige Minuten anzuhalten, und habe mir alle Mühe gegeben, meine Spur unsichtbar zu machen. Der Erfolg zeigt, daß mir dies gelungen ist. Natürlich war ich ganz begierig darauf, die Barranca nach Gold zu untersuchen, mußte dies aber unter diesen Umständen auf einige Wochen verschieben. Diese Zeit brachte ich in Chiccana zu, wo ich so glücklich war, einen Althändler zu finden, welcher mir die goldene Beute abkaufte und leidlich bezahlte, ohne viel danach zu fragen, wie ich zu diesen Gegenständen gekommen war. Die Summe, welche ich erhielt, verlockte mich, nach Salta zu gehen. Dort fand ich Gelegenheit zum Spiele und verlor so viel, daß mir kaum das verblieb, was ich brauchte, um mich für den Ritt nach der Barranca auszurüsten.“
„Er war aber ohne Erfolg?“
„Leider! Als ich an die Stelle kam, wo ich den Indianer erschossen hatte, war keine Spur mehr von ihm zu sehen. Die Kondors hatten sogar seine Knochen verschleppt. Dann in der Barranca angekommen, habe ich sie Fuß für Fuß, Zoll für Zoll durchsucht, ohne das geringste zu finden. Auch so oft ich später wieder hingekommen bin, ist mein Nachforschen vergeblich gewesen. Und doch bin ich überzeugt, daß dort Kostbarkeiten verborgen liegen, welche einst den Herrschern von Peru gehört haben.“
„Das ist allerdings leicht möglich. Du hast deine Nachforschungen jedenfalls nicht sorgfältig genug angestellt. Zu so etwas gehört ein Scharfsinn, welcher eine weit längere Übung und Schulung durchgemacht hat, als die deinige ist.“
„Das habe ich mir auch schon gesagt, und darum denke ich, in dir den rechten Mann gefunden zu haben. Du würdest also bereit sein, mit hinauf nach der Schlucht zu gehen?“
„Ja. Und je eher wir dies thun können, desto besser wird es sein. Man soll nicht zaudern, wenn es sich um so wertvolle Sachen handelt. Der Zufall könnte gar zu leicht einen andern hinführen, welcher das entdeckt, was du trotz aller Mühe nicht gesehen hast. Sollte unser Zug gegen die Cambas aus irgend einem Grunde eine andre Wendung nehmen, als wir erwarten, so sind wir arme Leute geworden und können nichts besseres thun, als schleunigst nach den Bergen zu reiten, um uns die Schätze deines toten Indianers anzueignen.“
„Meinst du denn, daß wir sie finden werden?“
„Ich halte es mehr für wahrscheinlich als für unwahrscheinlich. Deutliche Spuren, nach denen wir uns richten könnten, werden wir freilich nicht finden, aber es gibt doch einen oder gar einige Anhaltepunkte, welche uns von Nutzen sein werden.“

„Welche sind das?“
„Durch diese Frage lieferst du eben den Beweis, daß du nicht erfahren und scharfsinnig genug bist. Man muß scharf nachzudenken verstehen. Jener Indianer stieg auf der einen Seite in die Schlucht hinab und kam auf der andern wieder empor. Warum das? Warum kam er nicht auf der ersteren zurück?“
„Jedenfalls deshalb, weil auf der andern Seite der Weg leichter war.“
„Keineswegs. Wer in der Nacht einen so halsbrecherischen Abstieg wagt, der frägt am allerwenigsten dann am Tage nach der Schwierigkeit des Terrains. Nein; er ist jenseits emporgestiegen, weil er dort gearbeitet hat. Dort unten liegt der Ort, den wir suchen. Als er fertig war, hat er es nicht für nötig gefunden, dadurch, daß er zurückkehrte, einen Umweg zu machen, sondern ist von der Stelle, an welcher der Schatz liegt, stracks bergan geklettert. Das ist das eine, und wenn wir erst dort sind und ich die Örtlichkeit genau in Augenschein nehme, so werden sich auch noch andre Fingerzeige ergeben.
Nur fragt es sich natürlich, welche Ansprüche du machst, und welche du dann mir zu machen erlaubst.“
„Du meinst, welche Teile auf mich und dich kommen sollen?“
„Ja.“
„Ich habe die Sache entdeckt und darf also mehr fordern. Zwei Drittel für mich und eins für dich!“
„Ja, du bist der Entdecker, hast aber nichts gefunden und wirst ohne meine Hilfe auch niemals etwas finden. Warum da doppelt so viel, wie ich erhalten soll, für dich? Teilen wir! Das ist das einfachste und gerechteste.“
„Darüber läßt sich noch sprechen. Wir haben ja Zeit.“
„Ja, wir haben Zeit, wie es scheint; aber es wird sich schon morgen entscheiden, ob wir gegen die Cambas glücklich sind oder nicht. Im letzteren Falle geht es sofort in die Berge, und dann möchte ich bald wissen, woran ich bin. Jetzt möchte ich einen Rundgang machen, um mich zu überzeugen, ob wir hier sicher liegen. Ich kann mich je länger desto weniger nicht von dem Gedanken losmachen, daß dieser Vater Jaguar sich doch hier in der Nähe befindet und uns umschleicht.“
Als der Lauscher diese Worte hörte, hielt er es, um nicht entdeckt zu werden, für geraten, sich schleunigst zurückzuziehen. Er verließ also den Ort, an welchem er lag, genau auf dem Wege, auf welchem er gekommen war, kroch an dem Schilfe hin und schlich sich dann nach seiner Lagerstelle. Da alle fest schliefen, kam er dort an, ohne daß seine Abwesenheit bemerkt wurde.
Hätte er nicht so viel Sorge vor der Entdeckung gehabt, so wäre er Zeuge einiger weiterer Äußerungen geworden, welche sich auch mit auf ihn selbst bezogen. Nämlich als der Gambusino sich bei seinen letzten Worten erheben wollte, um seinen Rundgang zu beginnen, hielt ihn Antonio Perillo noch zurück und sagte:

„Warte noch einen Augenblick! Gesetzt den Fall, daß der Vater Jaguar wirklich hier ist und morgen unser Vorhaben zu schanden macht, so willst du sofort nach den Bergen. Wen aber nehmen wir mit?“
„Welch eine Frage!“ fuhr der Gambusino auf. „Wen wir mitnehmen wollen! Keinen Menschen natürlich.“
„So meinst du, daß wir allein reiten?“
„Ja.“
„Ich halte es aber für besser, einige Begleiter mitzunehmen.“
„Warum?“
„Wegen der Gefährlichkeit der Gegend.“
„Du bist doch früher auch allein dort gewesen!“
„Daß ich niemand bei mir hatte, war Zufall. Zudem wissen wir nicht, was uns bevorsteht. Vielleicht erfordert die Hebung des Schatzes so viel Arbeit, daß wir sie gar nicht allein zu verrichten vermögen.“
„Jener Indianer aber hat sie ganz allein verrichtet!“
„Weil es seine Absicht war, nur. einzelne Gegenstände, nicht aber den ganzen Schatz mitzunehmen. Wir brauchen also höchst wahrscheinlich Arbeitskräfte.“
„Mit denen wir teilen müßten !“
„Nein.“
„Wie? Nicht? Kein Mensch würde uns helfen, ohne seinen Anteil zu verlangen.“
„Das ist wohl richtig; aber es würde niemand etwas bekommen.“
„Wie meinst du das?“
„Das errätst du nicht? ja, ein jeder würde nach gethaner Arbeit etwas erhalten, nämlich eine Kugel oder einen Messerstich.“
„Ah, denkst du so! Das ist freilich etwas andres. Damit wäre ich sofort einverstanden.“
„Schön! Also gehen wir nicht allein?“
„Nein. Wenn du so willst, so können wir Hilfskräfte mitnehmen, ohne sie bezahlen zu müssen.“
„So ist es geraten, gleich jetzt diejenigen zu bestimmen, welche wir auffordern werden, uns zu begleiten. Etwa die Soldaten, welche sich bei uns befinden?“
„Fällt mir nicht ein!“
„Oder einige Abipones?“
„Auch nicht.“
„Wen sonst?“
„Warum denn überhaupt von denen, die jetzt bei uns sind, welche auswählen? Der Weg nach der Mordschlucht ist weit, und wir legen ihn viel leichter und schneller zurück, wenn wir ganz allein reiten. Die Weißen will ich übrigens schon deshalb nicht mitnehmen, weil ich sie dann nicht gern erschießen mag. Müssen einige Indianer ins Gras beißen, so nehme ich mir das viel weniger zu Herzen. Und die Abipones können wir aus dem Grunde nicht brauchen, weil wir durch Gegenden kommen werden, in

denen Indianerstämme hausen, die ihnen feindlich gesinnt sind. Wir würden dadurch uns selbst in Gefahr begeben. Wir reiten allein bis über die Grenze der weißen Bevölkerung und engagieren uns dann eine Schar Roter, mag der Stamm, zu welchem sie gehören, heißen, wie er will. Brauchen wir sie dann nicht mehr, nun, so genügen einige Schüsse, uns von ihnen zu befreien. Man kann diesen Zweck übrigens auch auf noch andre Arten und Weisen erreichen."

„Ganz richtig; aber es fragt sich nur, ob es uns gelingen wird, von unsern jetzigen Begleitern loszukommen."

„Warum sollte das nicht gelingen? Wir sprechen jetzt überhaupt nur von dem Falle, daß wir von den Cambas geschlagen werden. Je mehr von unsern Leuten da fallen, desto lieber kann es uns sein. Die übrigen werden nach allen Richtungen davonlaufen und sich sehr wahrscheinlich gar nicht um uns kümmern."

„Ich denke aber doch, daß wenigstens die Soldaten sich zu dem Anführer halten werden, und der bist du, wie du ihnen heute abend gesagt hast. Wie werden wir sie los? Nehmen wir den Fall, daß dieser Kapitän Pellejo, welcher sich vorhin so beleidigt fühlte, sich an uns klammert."

„Dann bekommt der Kerl eine Kugel. Es ist eigentlich lächerlich, mit solcher – fast möchte ich es Sicherheit nennen, anzunehmen, daß unser jetziger Zug verunglücken wird. Das rätselhafte Verschwinden unsrer Gefangenen hat uns besorgt gemacht und auf dumme Gedanken gebracht. Wir haben eine Maus in einen Elefanten verwandelt. Warten wir ganz ruhig ab, was morgen geschieht. Was darauf folgt, das wird sich finden."

Er erhob sich jetzt von seinem Platze, um die Umgebung zu durchforschen, konnte aber nichts bemerken, woraus er auf die Anwesenheit eines Feindes hätte schließen müssen. Darum legte er sich befriedigt und beruhigt nieder.

Kaum graute der nächste Tag, so wurden die Schläfer geweckt, da sehr zeitig aufgebrochen werden sollte. Diejenigen Abipones, welche als Führer dienten, weil sie die Gegend kannten, wußten genau, in welcher Richtung das Thal des ausgetrockneten Sees zu suchen war. Sie schlugen dieselbe ein. Sie befanden sich an der Spitze des Zuges, und der Gambusino hielt sich mit Antonio Perillo zu ihnen, um etwaige Spuren sofort zu entdecken. Er ritt bald nach rechts, bald nach links von der geraden Linie ab, konnte aber nichts Befremdendes entdecken, weil der Vater Jaguar so vorsichtig gewesen war, sich mit seinen Begleitern weiter südlich zu halten.

Da von achthundert Kriegern nur fünfzig beritten waren, kam beinahe der Mittag heran, bevor in der Ferne der undurchdringliche Wald erschien, welcher das Thal des ausgetrockneten Sees nach beiden Seiten flankierte. Als der Gambusino die dunkle Linie desselben erblickte, winkte er den „tapfern Arm", den Häuptling der Abipones zu sich heran und fragte:

„Ist das der Wald, in welchem das Thal liegt, durch welches wir müssen?"

„Ja, Señor," antwortete der Rote.

„Und wir können nicht zur Seite ausweichen?"

„Wir können es, wenn wir den Wald ganz umgehen; aber das würde viele, viele Zeit erfordern."
„Die haben wir nicht übrig, denn wir müssen heute abend beim Dorfe der Cambas ankommen, um in der Nacht über dasselbe herfallen zu können. Indiesem Thale gibt es Wasser?"
„Fließendes Wasser, welches sich in einen kleinen See ergießt."
„So machen wir da Halt, um uns auszuruhen."
Diese Worte hörte auch der Hauptmann Pellejo, welcher jetzt an die Spitze des Zuges gekommen war und mit nachdenklichem Blicke den Wald musterte. Als Militär fühlte er sich zu der Bemerkung veranlaßt:
„Señor, das vor uns liegende Terrain fordert uns zur Vorsicht auf. Wir können weder nach rechts noch nach links weichen und müssen durch ein Thal, dessen Wände wohl nicht niedrig sind. Wie nun, wenn der Feind uns in demselben erwartet?"
„So würde ich mich außerordentlich über diese seine Unvorsichtigkeit freuen," antwortete der Gambusino in wegwerfendem Tone. „Wir würden in das Thal dringen und ihn, der nicht entkommen könnte, einfach niederrennen."
„Das ist leichter gesagt als gethan, und ich möchte raten, in diesem –"
„Ich habe noch keinen Menschen um Rat gefragt, auch Sie nicht!" fiel ihm der andre barsch in die Rede. „Behalten Sie Ihre Meinung gefälligst so lange für sich, bis ich Sie auffordere, mir dieselbe mitzuteilen!"
Der Hauptmann wendete sich entrüstet ab, ohne aber ein Wort zu entgegnen, und der Zug setzte sich wieder in Bewegung. Nach einiger Zeit sah man eine Fährte, welche von links herkam und gerade nach dem Thale führte. Es war diejenige des Vater Jaguar, welcher natürlich nach dem Thale gemußt hatte, ohne eine Möglichkeit zu haben, seine Spur unkenntlich zu machen. Der Gambusino stieg vom Pferde, untersuchte sie und sagte.
„Es hat hier einige Pferde und auch einen oder zwei Fußgänger gegeben, doch ist dies kein Grund, uns bedenklich zu machen. Diese Leute kommen von Süden her, während wir von Osten kommen; sie können also gar nichts von uns wissen."
Infolge dieser Ansicht ritt und marschierte man getrost weiter, ohne, was doch geboten gewesen wäre, Kundschafter voranzusenden. Hauptmann Pellejo erkannte das als einen großen Fehler, doch schwieg er zunächst; aber als man sich dem Walde so weit genähert hatte, daß man den Eingang zum Thale sich öffnen sah, konnte er doch nicht umhin, warnend zu bemerken:
„Ich würde doch einige Leute voransenden, um nachsehen zu lassen, ob das Thal für uns sicher ist."
„Und ich habe Ihnen bereits gesagt, daß ich nur wünsche, daß es voller Cambas wäre," antwortete der Gambusino. „Wenn Sie sich fürchten, so bleiben Sie zurück."
„Ja, wer sich fürchtet, mag umkehren," stimmte Antonio Perillo ein. „Wir brauchen keine Feiglinge bei uns."

„Señor, meinen Sie damit mich?“ fuhr der Offizier auf.
„Denken Sie, was Sie wollen!“
„Gut, dann denke ich mir nur das eine, daß es feig ist, ahnungslose Menschen niederzuschießen, um ihnen ihre alten Inka-Kostbarkeiten abzunehmen und dann vor dem ersten Manne, den man an der Salina del Condor sitzen sieht, feig davonzujagen.“
Diese zornigen Worte waren ihm kaum entfahren, so bereute er, sie ausgesprochen zu haben; doch waren sie nun nicht wieder zurückzunehmen. Der Gambusino und Antonio Perillo starrten ihn betroffen an. Der erstere faßte sich am schnellsten und antwortete lachend:
„Sie sprechen wohl im Traume? Was wollen Sie mit einer so unverständlichen Rede?“
„Das werden Sie später jedenfalls erfahren,“ erwiderte der Hauptmann, indem er sein Pferd ab und auf die Seite wendete. „Von mir werden Sie keinen Rat mehr hören.“
Er sah die beiden nicht wieder an; sie aber warfen sich im Weiterreiten bedeutsame Blicke zu, und der Gambusino flüsterte Perillo zu:
„Dieser Schurke hat uns gestern abend belauscht. Es ist gar nicht anders möglich. Was meinst du, was wir thun?“
„Ihn schweigsam machen, und zwar sobald wie möglich, bevor er Gelegenheit findet, das, was er gehört hat, auszuplaudern.“
„Richtig! Er lebt heut seinen letzten Tag! Im Grunde genommen hatte er mit seiner Mahnung zur Vorsicht gar nicht unrecht; aber soll ich das dadurch zugeben, daß ich seinen Rat befolge? Meine Person werde ich auf keinen Fall in Gefahr bringen. Wir bleiben am Eingange des Thales halten und lassen unsre Leute hineinmarschieren. Dann wird es sich ergeben, ob es von den Cambas besetzt ist.“
Diese Absicht wurde ausgeführt. Er ritt mit Perillo und dem „tapfern Arme“ voran, bis sie den Eingang erreichten, und blieb dann halten, um die andern an sich vorüber zu lassen. Der „tapfere Arm“ aber gab der Schar, indem er sich rückwärts wendete und den Arm hoch emporhob, ein Zeichen, noch zu warten, und galoppierte dann zwischen den Thalwänden hinein. Als er nach kurzer Zeit zurückkehrte, meldete er:
„Es ist kein Mensch im Thale. Wir können getrost weiter.“
„Dann vorwärts!“ kommandierte der Gambusino, indem er sein Pferd auf die Seite drängte, um, mit Perillo dort wie ein Feldherr haltend, den Kriegszug an sich vorüber zu lassen. Der Häuptling ritt voran; ihm folgten seine Abipones, hinter denen die weißen Soldaten kommen sollten. – – –
Der „tapfere Arm“ hatte sich außerordentlich geirrt, als er das Thal für unbesetzt hielt, und sollte seinen Irrtum nur zu bald erkennen.
Wie bereits erwähnt, hatte der Vater Jaguar, als er das Cambasdorf verließ, um auf Kundschaft zu reiten, seinem Geronimo den Befehl übergeben und diesem die nötigen Bestimmungen zurückgelassen. Geronimo war zur bestimmten Zeit mit den sechshundert Cambas aufgebrochen und bis an das Thal des ausgetrockneten Sees marschiert, ohne aber, wie es vorher beabsichtigt gewesen war, in dasselbe einzudringen.

Der um- und vorsichtige Mann sagte sich, daß wenn er die Rückkehr der Kundschafter im Thale selbst erwarte, dies dort Spuren geben müsse, welche die heranrückenden Abipones unmöglich übersehen konnten. Dazu kam das Verschwinden Morgensterns und seines Dieners. Die Spuren dieser beiden in Verbindung mit dem bisher Erlebten sagten ihm, daß sie nach dem Sumpfe zurückgekehrt seien, um die vorweltlichen Knochen zu holen. Wie leicht konnten diese beiden mit den Abipones zusammentreffen und von ihnen gezwungen werden, alles zu verraten. Darum hielt Geronimo es für geboten, das Thal vor der Rückkehr des Vater Jaguar nicht zu betreten. Er lagerte sich mit seinen Cambas so gut es ging draußen vor demselben längs des Baches, da nur dort der dazu nötige Raum vorhanden war. Natürlich aber stellte er einen Posten an den Ausgang des Thales, welches dieser, hinter einem Felsen stehend, vollständig überblicken konnte.

Heute früh nun, als die Sonne noch nicht lang aufgegangen war, meldete dieser Wächter das Nahen dreier Reiter und zweier Fußgänger. Geronimo ging nach dem erwähnten Felsen und sah diese fünf, welche vorn durch den Eingang gekommen waren und sich nach hinten, gerade auf den Ausgang zu, bewegten. Er vermochte sie noch nicht genau zu unterscheiden; dann aber, als sie sich genugsam genähert hatten, verkündigte er mit lauter, froher Stimme:

„Es ist der Vater Jaguar mit Hauka und seinem Anciano. Sie bringen die beiden Deutschen mit."

Diese Kunde wurde mit allgemeiner Freude aufgenommen, denn es hatte doch in der Möglichkeit gestanden, die Feinde eher als den Vater Jaguar zu sehen. Dieser letztere sah sich, indem er das Thal passierte, nach beiden Seiten scharf um und bemerkte gar wohl, daß die Thalränder noch nicht besetzt waren. Er hätte das für einen Ungehorsam nehmen können, doch kannte er seinen Geronimo so genau, daß er sich sagte, es müsse ein triftiger Grund zu dieser Unterlassung vorhanden sein. Als er am Ende des Thales angekommen war, sah er ihn hinter dem Felsen stehen und rief ihm schon von weitem zu:

„Ich will doch hoffen, daß die Krieger alle da sind?"

„Alle," antwortete Geronimo.

„Wo?"

„Da, hinter mir am Bache."

„Warum vermeidet ihr das Thal?"

„Weil diese deine beiden gelehrten Landsleute uns ausgerissen sind. Ich befürchtete, sie würden von den Abipones ergriffen werden und gegen dieselben plaudern. Darum hielt ich es für besser, deine Rückkehr zu erwarten. Ist das richtig oder falsch gewesen?"

„Richtig. Ich muß dich loben."

Er war jetzt bei ihm angekommen und reichte ihm die Hand. Die Weißen drängten sich herbei, ihren zurückgekehrten Anführer zu begrüßen. Morgenstern und Fritze schlichen sich kleinlaut zur Seite. Es wäre ihnen lieb gewesen, für jetzt verschwinden zu können,

um nicht durch Fragen belästigt zu werden; aber es gab einen, der nichts Eiligeres zu thun hatte, als sofort an sie heranzutreten und ihnen lachend zuzurufen:
„Aber, Señores, was ist Ihnen denn eingefallen, daß Sie uns so ohne allen Abschied verlassen haben! Wir machten uns viel Sorge um Sie. Wie leicht konnten auch Sie von einer Riesenschildkröte verschlungen werden! Sie scheinen mit solchen uralten Tieren nun einmal kein Glück zu haben!"
Doktor Parmesan, der Chirurg, war es, der sie auf diese Weise empfing. Morgenstern zog es vor, zu schweigen; Fritze aber antwortete:
„Selbst wenn wir verschlungen worden wären, hätten wir keine Angst gehabt. Sie wären doch jedenfalls gekommen, um uns dem Tiere aus dem Leibe zu schneiden."
„Ja, das hätte ich sicher gethan, vorausgesetzt, daß ich zu rechter Zeit von Ihnen benachrichtigt worden wäre. Sie wissen ja, mir ist kein Schnitt und keine Operation zu schwer; ich säble alles herunter! Natürlich sind Sie am Sumpfe der Knochen gewesen, Señor?"
„Ja. Eigentlich wollten wir hinauf in den Mond reiten, da aber sein erstes Viertel noch nicht voll. ist, hätte es uns am nötigen Platze gemangelt."
„Da Sie sich in so fröhlicher Stimmung befinden, muß es Ihnen unterwegs sehr gut gegangen sein. Und wir befürchteten schon, daß Sie in die Hände der Abipones gefallen seien. Aber ein kleiner dunkler Punkt scheint doch dabei vorhanden zu sein: Wo sind denn nun eigentlich die Pferde, welche Sie mitgenommen haben?"
„Die sind von der Riesenschildkröte gefressen worden, von welcher Sie glaubten, daß sie uns verspeist habe. Wollen Sie Ihre berühmte Operation noch ausführen, so können Sie die armen Tiere vielleicht noch retten."
Mit diesen Worten wendete er sich schnell ab und folgte seinem Herrn, welcher sich unter einem Baume, wo niemand sich befand, niedergesetzt hatte. Er nahm neben ihm Platz und sagte, jetzt natürlich in deutscher Sprache:
„So jeht es in der Welt: Wer den Schaden hat, braucht nicht für den Spott zu sorjen. Dieser Chirurjius wollte mir wahrscheinlich ärjern; aber es fällt mich jar nicht ein, mir in Harnisch bringen zu lassen. Freilich, daß wir die Pferde verloren haben, dat kann mir leid thun. Wat mir wundert ist, daß der Vater Jaguar uns eijentlich noch jar nicht richtig ausjezankt hat. Ist Ihnen dat nicht aufjefallen?"
„Warte nur! Er wird es schon nachholen, sobald er Zeit dazu findet."
„Leider wird dat wohl richtig sind. Aber grämen Sie Ihnen nicht! Ik werde allens auf mir nehmen. Ik werde sagen, dat ik es bin, der die Jeschichte anjestiftet hat. Mir haben die Riesenknochen im Kopfe jelegen, und ik habe nicht jeruht, bis Sie mit mich davonjeritten sind."
„Das geht nicht, Fritze. Ein solches Opfer kann ich von dir nicht annehmen."
„Warum nicht?"
„Es ist gegen meine Ehre, lateinisch Honor genannt. Ich könnte mich nicht mehr selbst achten."

„Wat? Wie? Wer verlangt es, daß Sie Ihnen selbst achten? Kein Mensch! Die Hauptsache ist, daß ik Ihnen achte und daß Sie auch von andern jeachtet werden. Wat aber Sie selbst von sich denken, dat ist von die allerjrößte Gleichjültigkeit. Ja, Sie haben überhaupt jar nichts von Ihnen zu denken! Ik bin Ihr Diener und Sie bezahlen mir. Und dafür soll ik nichts thun und sagen dürfen?“
„Laß es gut sein, lieber Fritze! Man würde deinen Worten doch keinen Glauben schenken. Freilich, wenn ich gewußt hätte, wie es kommen würde, so wäre es nicht geschehen. Es war eine Dummheit, die wir wohl schwerlich wieder gut machen können.“
„Nicht? Dat fragt sich sehr. Wir sind auch noch da. Ik weiß jenau, wie wir unsre Ehre wieder herstellen können.“
„Nun, wie?“
„Durch Tapferkeit.“
„in dem Kampfe, welcher zu erwarten ist?“
„Ja.“
„Du meinst, daß wir an demselben teilnehmen sollen?“
„Natürlich! Oder wollen Sie tapfer sein, wenn er vorüber ist?“
„Das würde nicht gut möglich sein. Ich bin nicht furchtsam; aber ein tapfrer Mensch ist zugleich ein blutiger Mensch, und Blut, lateinisch Sanguis genannt, möchte ich doch nicht gern vergießen.“
„So? Sie wollen die Menschen schonen, welche uns über den Zähnen der Krokodile aufjehängt haben? Es ist keine Sünde, sondern jeradezu eine Pflicht, solche Subjekte von der Erde zu vertiljen. Ik jebe Sie mein Wort, daß ik so viele von ihnen erstechen werde, wie mir vor die Hände kommen!“
„Ja, wenn dabei nur dieses entsetzliche Blutvergießen zu vermeiden wäre!“
„Nichts ist leichter als das. Schlagen Sie die Kerls tot! Erwürjen Sie ihnen! Dabei wird kein Blut verjossen.“
„Das ist wahr. Ich bin nicht zum Kriegshelden geboren; aber wenn ich daran denke, was dieser Gambusino, dieser Antonio Perillo und die andern schon mit mir beabsichtigten, so zuckt es mir freilich im Pugnus, wie lateinisch die Faust genannt wird.“
„So ist's recht; so muß es sind! In die Faust muß es zucken. Seien sie jescheit und foljen Sie mich; ik werde mit einem juten Beispiele vorangehen. Auch ik erinnre mir nicht, jemals ein Menschenfresser jewesen zu sind; aber solche Halunken müssen aus dieses Leben in dat jenseitije verschwinden!“
Während Fritze sich in dieser Weise Mühe gab, die Kampflust seines Herrn anzuregen, saßen die Weißen mit den hervorragenden Häuptlingen der Cambas beisammen, um zu erfahren, was Der Vater Jaguar erkundschaftet hatte. Als sie von ihm darüber aufgeklärt worden waren, fügte er hinzu:
„Ich bin überzeugt, daß sie uns in die Hände laufen werden. Wir brauchen uns keineswegs zu beeilen, denn nach meiner Ansicht können sie vor Mittag nicht hier eintreffen. Es bleibt dabei, daß hundert Mann von uns durch das Thal gehen und

draußen vor demselben sich am Waldesrande verstecken. Geronimo wird diese Leute anführen. Im Thale selbst befehlige ich. Ich werde in der Mitte des Randes Stellung nehmen. Jedenfalls lagern sie sich, um auszuruhen. Dann komme ich hervor und gehe zu ihnen, um die Anführer aufzufordern, sich zu ergeben."

„Das darfst du nicht, Karlos, das darfst du nicht!" entgegnete Geronimo schnell. „Das wäre mehr als verwegen; das würde tollkühn sein!"

„Nicht im mindesten! Ich weiß genau, was ich thue."

„Das denkst du jetzt; später aber kommt es anders!"

„Nein, gewiß nicht. Es sind Militärs dabei, welche gewiß Ehrgefühl haben und solchen Halunken, wie die beiden Anführer sind, sicher nicht gehorchen."

„Welche Anführer meinst du?"

„Benito Pajaro, den Gambusino, und Antonio Perillo. Ich habe die Entdeckung gemacht, daß der Gambusino der größte Schurke ist, den es geben kann, und werde es euch später ausführlich mitteilen. Wenn die Weißen, die er jetzt kommandiert, dies erfahren, werden sie sich augenblicklich von ihm lossagen. Deshalb muß ich mit ihnen sprechen. Hören sie mich an, so hoffe ich, daß es gar nicht zum Kampfe kommt."

„Wenn sie dich aber nicht hören wollen oder dir nicht glauben?"

„So mag geschehen, was geschehen soll, ich habe dann meine Pflicht gethan."

„Sie werden dich natürlich nicht fortlassen, sondern dich festnehmen!"

„Pah! Man nimmt mich nicht so leicht gefangen! In diesem Falle würde ich den Gambusino und Antonio Perillo augenblicklich niederschießen, und diese Schüsse werden für euch das Zeichen sein, loszubrechen."

„Und dabei stehst du mitten unter ihnen! Nein, es ist zu kühn, zu verwegen!"

„Nicht nur zu kühn und zu verwegen, sondern noch etwas Schlimmeres," fiel Lieutenant Verano ein. „Ich habe dem Señor Jaguar meine Meinung bereits gesagt, bin aber von ihm zurückgewiesen worden. Wozu diese Kerls schonen, noch dazu, wenn sich einer von uns dabei in die offenbarste Lebensgefahr begeben muß! Das sind sie alle nicht wert. Schießt sie nieder, wie sie kommen, und laßt keinen von ihnen am Leben! Das sind sie wert, Schonung aber nicht. Ich halte es, wenn nicht für eine Dummheit, so doch für eine große Unklugheit, sie als Menschen zu behandeln. Die Abipones sind wilde Tiere, und die Weißen, welche sich bei ihnen befinden, sind Schufte, und gegen Schufte und reißende Tiere darf man keine Nachsicht haben, sonst sticht und schneidet man sich in das eigene Fleisch. Was mich betrifft, so werde ich schießen, so bald die Kerls kommen."

„Nein, sondern das werden Sie bleiben lassen, weil ich es Ihnen verboten habe und jetzt wieder verbiete," antwortete der Vater Jaguar in strengem Tone. „Sie haben meine Meinung bereits gehört. Ich hoffe, daß es mir glückt, die beiden bisher feindlichen roten Stämme mit einander zu versöhnen; außerdem möchte ich den Gambusino und Antonio Perillo lebendig fangen, würde aber sehr wahrscheinlich beides nicht erreichen, wenn geschossen wird, bevor ich es befohlen habe."

„Und wenn ich dennoch schieße?"

Hammer zog die Brauen finster zusammen und antwortete:
„So kommt das dann fließende Blut über Sie, und ich habe Ihnen bereits gesagt, daß es mir in diesem Falle gar nicht darauf ankommt, Ihnen eine Kugel in den Kopf zu geben."
„Das heißt, mich zu ermorden?"
„Nein, sondern zu bestrafen. Handeln Sie gegen meinen Willen, so sind Sie ein Mörder, und ich brauche mir kein Gewissen daraus zu machen, Sie niederzustrecken. Übrigens braucht es ja gar nicht so weit zu kommen; es gibt noch andre Mittel, meinem Willen Geltung zu verschaffen."
„Welche?"
„Ich lasse Sie einfach binden und so weit fortschaffen, daß Sie weder durch Schüsse noch durch voreilige Rufe uns zu schaden vermögen."
„Das werden Sie wohl unterlassen, Señor, denn ich bin Offizier!"
„Hier nicht! Wir haben Ihnen das Leben gerettet. Sie sind ein Mensch, der uns Dankbarkeit schuldet; weiter können Sie für uns nichts sein. Und wenn Sie in der bisherigen Weise fortfahren, mich vermuten zu lassen, daß Sie meinen Plan in Frage stellen werden, so zwingen Sie mich, das zu thun, was ich Ihnen angedroht habe."
„Dann schweige ich, Señor. Ich habe keine Lust, mich wie einen Verbrecher binden und forttransportieren zu lassen."
Bei diesen Worten wendete er sich ab und schritt unmutig von dannen. Als er außer Hörweite gekommen war, ballte er die Faust und murmelte zornig vor sich hin:
„Einem solchen Menschen gehorchen zu müssen! Alle die Kerls vergöttern ihn, und er gebärdet sich mir gegenüber wie ein General, der einen Rekruten vor sich hat. Die Indianer schonen zu wollen, welch ein Blödsinn! Aber ich werde dennoch thun, was ich will. Niedergeschossen müssen sie werden. Ist's vorüber, dann können sie es nicht ändern, diese menschenfreundlichen Schwachköpfe. Also der erste Schuß soll das erste Zeichen zum Beginne des Kampfes sein. Dieser erste Schuß wird aus meinem Gewehre kommen."
Der Vater Jaguar erläuterte nun seinen Plan in eingehender Weise und ging, als er damit fertig war und ein jeder nun wußte, was er zu thun hatte, zu dem Baume, unter welchem Doktor Morgenstern und Fritze noch immer saßen. Sie hatten es vorgezogen, entfernt zu bleiben, um nicht nach ihrem Abenteuer gefragt zu werden.
„Es ist die Zeit gekommen, unsre Stellungen einzunehmen," sagte er zu dem kleinen Gelehrten. „Ich werde Ihnen die Ihrige anweisen."
„Dat ist schön!" antwortete Fritze an Stelle seines Herrn. „Und wissen Sie, wohin wir so jern postiert sein wollen?"
„Nun?"
„Dorthin, wo es am jefährlichsten ist."
„Warum? Woher diese plötzliche Kühnheit?"
„Plötzlich? Jott bewahre. Ik bin niemals plötzlich kühn, sondern ik bin stets tapfer. Und heut wollen wir die Scharte auswetzen, welche in uns hineinjesprungen ist. Uns mang

die Krokodile aufzuhängen! Dat muß jerächt und jerochen werden. Ik werde unter ihnen hineinfahren, wie die Katze unter die Sperlinge, und der Herr Doktor will mich dabei hilfreich beistehen."
„Unter die Feinde hineinfahren? Das werden Sie nicht."
„Warum nicht?"
„Weil Sie keine Gelegenheit dazu haben werden. Meinen Sie, daß ich Sie zu denjenigen Personen beordern werde, welche an dem etwaigen Kampfe teilzunehmen haben?"
„Natürlich!"
„Das kann mir nicht einfallen. So lange Sie sich bei uns befinden, haben Sie nichts als Dummheiten gemacht, und ich müßte gewärtig sein, daß Sie auch heute nichts Gescheites zu wege bringen."
„Herr Hammer, wollen Sie mir an meiner Ehre beschädigen? Ik will Rache haben!"
„Die sollen Sie haben, aber nicht durch die direkte Teilnahme am Kampfe. Ich gebe Ihnen einen Posten, an welchem Sie höchst wahrscheinlich keinen Schaden anrichten können. Ich sage höchst wahrscheinlich, denn gewiß ist es keinenfalls, daß Sie nicht auch da etwas Unmögliches aushecken."
„So! Wo soll sich dieser Posten denn befinden?"
„Bei den Pferden, welche wir nicht mit in das Thal nehmen können. Sie müssen hier zurückbleiben, und sollen dieselben bewachen."
„Bei die Pferde!" rief Fritze ganz enttäuscht aus. „Hirten sollen wir sind, aber keine Helden! Wat sagen Sie dazu, Herr Doktor?"
„Daß ich mich nur ungern füge," antwortete der Genannte. „Wir wollten kämpfen und wären gewiß so tapfer gewesen wie jeder andre."
„Möglich," meinte der Vater Jaguar gleichmütig; „aber nach allem, was ich bisher von Ihnen gesehen und erfahren habe, könnte Ihre Tapferkeit den Freunden gefährlicher werden als den Feinden. Gerade darum trage ich Ihnen ein so friedliches Geschäft auf."
„Und meinen Sie, daß wir zwei eine so große Anzahl von Rossen zusammenhalten können? Ich weiß nicht, ob ich behaupten darf, das Talent dazu zu besitzen."
„Sie werden nicht allein sein, denn ich erteile fünf oder sechs Cambas den gleichen Auftrag. Hoffentlich kann ich mich, wenigstens dieses Mal, auf Sie verlassen, Herr Doktor?"
„Jawohl. Obgleich wir viel lieber als Krieger jekämpft hätten, werden wir, da Sie es so gern wollen, diese unsre Pflicht, lateinisch Officium genannt, erfüllen."
„Gut! Sie haben nichts weiter zu thun, als darauf zu achten, daß keins der Pferde nach dem Thale läuft. Schwer kann Ihnen das nicht werden, da Sie auf die Unterstützung der Cambas rechnen können."
Er ging. Es war aber klar, daß er nur die Absicht hegte, sie von dem Schauplatze des Zusammenstoßes fernzuhalten. Er traute ihnen nicht, sondern befürchtete, daß sie leicht wieder auf einen Schwabenstreich geraten könnten. Das fühlte Fritze sehr wohl, und er ärgerte sich so darüber, daß er seinem Herzen unbedingt Luft machen mußte.

„Sie haben doch studiert, Herr Doktor?“ fragte er.
„Ja.“
„Und. sind auf einer Universität jewesen?“
„Auf dreien sogar.“
„Und jetzt sollen Sie die Pferde hüten! Lassen Sie dat Ihnen jefallen?“
„Was soll ich dagegen thun?“
„Welche Frage! Fühlen Sie denn nicht, daß Sie beleidigt sind? Während der dümmste Indianer mit der Flinte oder dem Messer in der Hand jejen den Feind jeht, wird ein studierter Mann und Zoolog zu die Pferde jeschickt!“
Die Erinnerung an den Zoologen war ein diplomatischer Kniff, welcher sofort die beabsichtigte Wirkung hervorbrachte. Der Doktor runzelte die Stirn und antwortete:
„Von dieser Seite habe ich diese Angelegenheit freilich noch nicht betrachtet. Es will allerdings den Anschein haben, als ob eine kleine Berechtigung zu dem Gedanken vorläge, daß ich nicht im vollsten Maße dasjenige besitze, was man mit dem Worte Mut bezeichnet.“
„Es hat nicht nur den Anschein, sondern es ist wirklich so!“
„Das wäre beinahe eine Beleidigung!“
„Beinahe? Es ist wirklich eine, und zwar die jrößte, die es für einen Mann jibt.“
„Dann müßte ich um Satisfaktion bitten!“
„Natürlich! Sie müssen sich mit diesem Beleidiger schießen oder schlagen. Ik wäre sehr jern bereit, mir Ihnen oft und manchmal als Sekundanten anzubieten, wenn ik nur überzeugt sein könnte, daß die Sache auch wirklich zu stande kommt.“
„Warum sollte sie nicht?“
„Warum? Darum! Der Vater Jaguar würde uns auslachen, Ihnen sowohl wie auch mir. Und wat könnten wir denn thun? Nichts, jar nichts! Aber es jibt einen andern Weg, uns Jenugthuung zu verschaffen und den Vater Jaguar zu zwingen, Abbitte zu leisten.“
„Welchen?“
„Wir thun so, als ob er uns jar nichts jesagt hätte. Wir lassen die Pferde Pferde sind und jehen mit in den Kampf.“
„Das wird er bemerken!“
„Nein, denn wir werden so klug sind, es heimlich zu thun.“
„Aber wir haben keine Waffen!“
„Ist auch jar nicht nötig. Sie wollen ja doch kein Blut verjießen. Wenn wir uns im Walde einen tüchtijen Knüppel abbrechen, haben wir Waffen jenug. Damit stellen wir uns nicht etwa hinten an, sondern vor, wo es tüchtig zu hauen jibt. Wenn der Vater Jaguar nachher sieht, wat wir jeschafft haben, so ist er moralischerweise jezwungen, Ihnen um Verzeihung zu bitten. Jefällt Ihnen dieser Plan?“
„Er scheint nicht übel zu sein. Beleidigt bin ich wirklich in hohem Grade, und meine gekränkte Ehre bedarf der Wiederherstellung, lateinisch Instauratio genannt.“
„Ja! Und diese Instauratio finden Sie bei den Pferden nicht. Machen Sie also mit?“

„Ich würde gern, sehr gern mitthun; aber ich habe dem Vater Jaguar doch versprochen, bei den Pferden zu bleiben.“

„Dat war ja nur Vorwand von ihm. Um die Pferde handelt es sich jar nicht, denn für die sind die Cambas da. Wir sollen nur vom Kampfe fernjehalten werden. Wat for eine Blamage! Wat müssen die Roten von Sie und von mich denken!“

„Alle Teufel, das ist wahr!“ meinte Morgenstern mit bedeutend mehr Feuer als bisher. „Die Indianer müssen uns wirklich für alte Weiber halten. Fritze, ich billige deinen Plan; ich mache mit!“

„Jut! Wir werden wie die Löwen fechten und, wenn es sein muß, wie die Tiger unterjehen. Wehe dem, welcher an meinem Mute zweifelt; sein letzter Lebenstag hat ausjeschlagen!“

Somit war also die kleine Verschwörung gegen den Befehl des Vater Jaguar zu stande gebracht.

Ungefähr eine Stunde vor Mittag wurde Aufstellung genommen. Die Weißen setzten sich mit achtzig Cambas zunächst in Bewegung, um unter Geronimos Anführung draußen vor dem Thale sich zu verstecken. Die grasige Mitte des Thalkessels durfte nicht betreten werden, damit die Abipones keine Spur sehen möchten. Die Krieger bewegten sich, einer hinter dem andern, an dem Rande des Kessels unter den Bäumen hin und blieben auch, als sie das Thal verließen und sich rechts nach dem Walde wendeten, stets so hinter den Büschen, daß man von außen ihre Spuren nicht sehen konnte. Erst als der letzte von ihnen sich wohl zweihundert Schritte weit von dem Eingange entfernt hatte, blieben sie stehen, um die Ankunft der Feinde zu erwarten und dann ihre Pflicht zu thun. Sie sollten im Falle eines friedlichen Ausgleiches durch einen Boten abgeholt werden, sonst aber, sobald sie im Thale einen Schuß hörten, schnell hervorbrechen, um den Eingang desselben zu verschließen und mit Gewalt zu bewachen und zu verteidigen.

Die übrigen, lauter Rote, zählten über fünfhundert Mann. Sie hatten den Rand des Thales rundum zu besetzen, die eine Hälfte rechts und die andre links. Darum mußten sie zwei Abteilungen baden, deren eine nach rechts, die andre nach links abbog. Der Vater Jaguar befand sich auf der rechten Seite; darum gesellten Morgenstern und Fritze sich zu denen, welche die linke Seite offenbar zu besetzen hatten.

Die beiden kleinen Ungehorsamen drängten sich in ihrem Eifer so weit vor, daß sie, als die lange Linie sich nach einiger Zeit entwickelte und ein jeder seine Stellung genommen hatte, sich an der Spitze derselben befanden. Sie standen also ganz vorn, nahe dem Eingange des Thales, ohne daß der Vater Jaguar ihre Anwesenheit ahnte.

Außer ihnen gab es noch einen Weißen, welcher nicht mit Geronimo hinausmarschiert war, nämlich den Lieutenant Verano. Als man sich allgemein in Bewegung gesetzt hatte, war der Vater Jaguar zu ihm gekommen, um ihn zu fragen:

„Sie wissen, Señor, was ich Ihnen gesagt habe. Wollen Sie sich dennoch an unsrer Aufstellung beteiligen?“

„Ja.“

„So ersuche ich Sie, von jetzt an an meiner Seite zu bleiben.“

„Warum das?"
„Weil Sie Offizier sind und Ihr militärischer Rat mir von Nutzen werden kann."
„Sie haben sich doch vorher nicht um meinen Rat gekümmert!"
„Weil es keine Gelegenheit gab, mir denselben zu nutze zu machen."
„Ach so! Ich verstehe, Señor. Nicht mein Rat ist es, den Sie in Beschlag nehmen wollen, sondern es gilt meiner Person, welche unter Ihrer Aufsicht stehen soll, weil Sie mir nicht trauen. Nun, ich will nicht widerstreben und gehe mit Ihnen."
Er hielt sich neben dem Vater Jaguar und blieb, als dieser die Mitte der rechten Stellung erreicht hatte, bei ihm stehen. Sein Gesicht hatte einen so gleichgültigen Ausdruck, daß es sehr leicht täuschen konnte, doch war er fest entschlossen, im passenden Augenblicke den verhängnisvollen Schuß zu thun.
Fritze drüben auf der andern Seite ließ sich von einem der Cambas ein Messer geben und schnitt zwei starke Knüppel aus einem Strauche, von denen er einen seinem Herrn gab.
„So," sagte er mit vergnügtem Lächeln, „wer mit diesem Ausrufe- und Erinnerungszeichen einen Hieb auf den Kopf bekommt, der findet sicher keine Zeit, sich extra dafür zu bedanken."
Die Roten wußten nicht, welche Aufgabe die beiden erhalten hatten, und waren ihnen darum nicht hinderlich gewesen, mit ihnen zu gehen. Fritze brannte vor Begierde, seine hölzerne Waffe in Anwendung zu bringen, und auch der Doktor wünschte sehr, bald beweisen zu können, daß es ihm keineswegs an Mut gebreche. Darum kamen ihnen die Minuten, welche sie warten mußten, fast wie Stunden vor, und Fritze meinte schließlich, indem er die dichten Büsche betrachtete, welche sich hinter ihm zur Höhe zogen:
„Mich wird die Zeit zu lang und die Jeduld zu kurz. Wat meinen Sie? Könnten die Abipones nicht ein wenig rascher laufen?"
„Allerdings. Diese gespannte Erwartung ist unangenehm."
„Wenn wir wüßten, ob sie bald kommen! Gleich neben uns ist der Einjang zum Thale. Könnten wir da auf die Höhe steigen, so müßten wir die Feinde kommen sehen."
„Das ist wahr. Aber die Büsche scheinen zu dicht zu stehen."
„Wollen's doch mal versuchen. Wir sind kleine Kerls und kommen wohl leichter durch als andre, welche wie Ihre Gigantochelonia jebaut sind."
„Sprich nicht wieder von diesem Tiere; ich mag nichts von demselben hören!"
Fritze kroch voran, um Bahn zu brechen, und sein Herr folgte ihm. Es war sehr schwer, durch das feste Dickicht zu kommen, aber doch nicht unmöglich. Nach längerer Anstrengung erreichten die beiden, freilich mit ziemlich zerfetzten Anzügen, die Höhe des Felsens, welcher die eine Seite des Einganges bildete. Oben standen auch Bäume und Sträucher; aber die auswärts nach der Ebene gerichtete Seite des Felsens war ziemlich kahl. Kaum oben angelangt und die Blicke nach Osten gerichtet, sahen sie die Erwarteten kommen, langsam, so wie Fußgänger marschieren, welche sich nicht übermäßig ermüden wollen.

„Da sind sie! Jott sei Dank, da sind sie endlich!“ rief Fritze aus, indem er vor Freude seine Hände wie ein Kind zusammenschlug. „Wat sagen Sie dazu, Herr Doktor?“
„Mir ist's lieb, daß sie kommen. Das Warten hat mir nicht gefallen.“
„Mich auch nicht. Sie jehen ihrem Verderben entjejen. Wehe, wenn ick losjelassen! sagt Schiller im Liede von die Glocke, wat sich freilich auf dat Feuer bezieht; aber ick bin ebenso fürchterlich, wenn ick einmal losjelassen werde. Zweimal haben sie uns ermorden wollen; dat letztemal sojar doppelt, mit die Lassos und mit die Krokodile. Heut jeben wir ihnen dafür die Verdienstmedaille mit Brillanten auf die Köpfe. Sie kommen immer näher und bald werden wir ihre lieben Gesichter sehen können.“
Von da oben aus, wo die beiden Lauscher hinter den Sträuchern lagen, konnte man nicht nur weit hinaus in die Ebene blicken, sondern auch nach innen das ganze Thal übersehen. Dieses letztere lag so still, ruhig und unbelebt da, als ob sich kein einziges menschliches Wesen in der Nähe befinde. Draußen kamen die Abipones immer näher, voran die fünfzig Reiter. Schon konnte man die einzelnen Gesichter unterscheiden.
„Können Sie die Leute sehen?“ fragte Fritze. „Sehen Sie, wer an der Spitze reitet? Kennen Sie ihn, den obersten aller Halunken?“
„Ja; es ist der Gambusino.“
„Und rechts neben ihm?“
„Antonio Perillo, der Stierkämpfer, welcher schon in Buenos Ayres nach mir geschossen hat.“
„Dafür wird heut ein wenig nach ihm jeschossen werden, wat ihm wohl weniger jut bekommen dürfte. Und neben ihm links?“
„Der Häuptling der Abipones.“
„Auch so ein Halunke, der nur Freude hat, wenn er ehrliche Leute am Lasso hängen sieht. Vielleicht hänge ick ihn nachher auch ein wenig auf. Aber wir müssen leiser reden, sonst hören sie uns, wenn sie da unten anjekommen sind.“
Diese Mahnung war ganz am rechten Platze, denn die Felsen, welche das Thor zum Thale bildeten und auf deren einem sich die beiden befanden, waren höchstens zwanzig Ellen hoch. Wie bereits erwähnt, hielt der Zug am Thore an und der Häuptling ritt ein Stück in das Thal hinein, um zu untersuchen, ob dasselbe leer sei. Seine Untersuchung war eine höchst oberflächliche. Da er keinen Menschen sah, so nahm er an, daß überhaupt keiner vorhanden sei und kehrte zurück, um dies zu melden. Dann setzte er sich an die Spitze seiner Roten, um sie in den Kessel des ausgetrockneten Sees einzuführen.
Sie folgten ihm bis an den kleinen See, welcher in der Mitte lag, und breiteten sich an dem Ufer desselben aus. Keiner von ihnen ahnte, daß er sich in einer Falle befand, aus welcher es kein Entrinnen gab. Als der letzte der Roten durch den Eingang geschritten war, folgten die Reiter.
„Der Gambusino will den letzten machen,“ flüsterte Fritze dem Doktor zu. „Schade, daß wir zu hoch hier liejen! Ick möchte ihm jar zu jerne einen Klapps auf die Nase jeben!“

Er schwang seinen Knüppel und Morgenstern machte mit dem seinigen auch eine Bewegung, als ob er zuschlagen wolle. Der Busch, hinter welchem sie lagen, hatte seine Wurzeln jahrelang tief in den Boden eingeschlagen; davon und durch den Einfluß des Wetters war der Boden rissig und brüchig geworden. Gerade unter ihnen hielt der Gambusino auf seinem Pferde; jetzt drängte sich dasselbe näher an den Felsen; der Reiter war nicht mehr zu sehen; darum schob sich Morgenstern neugierig noch weiter vor, wobei er leise fragte:

„Ob er schon durch den Eingang ist?"

Die Antwort auf diese Frage sollte ihm ganz anders werden, als er gedacht hatte und ihm lieb sein konnte. Er hatte sich nämlich zu weit vorgeschoben und dem lockern Boden zu viel Vertrauen geschenkt; dieser letztere kam ins Rutschen und zwar so schnell, daß von einem rechtzeitigen Zurückweichen gar keine Rede mehr sein konnte; der Doktor rutschte mit.

„Halt, Halt! Um Jottes willen!" rief Fritze vor Angst so laut, daß man es weithin hörte. „Wohin soll die Reise jehen? Doch nicht etwa da hinunter! Dat jebe ick nicht zu!"

Er faßte seinen Herrn an den beiden Beinen, um ihn zu halten; da aber die Erde nun auch unter ihm nachgab, kam auch er ins Rutschen, und so glitten, rollten und kugelten sie, ohne daß sie losließen, bald hier an einen Busch bald dort an einen Baumstamm stoßend, den Felsen, welcher auf dieser Seite glücklicherweise nicht steil war, hinab und blieben gerade vor dem Pferde des Gambusino liegen.

Dieser war mit Antonio Perillo und dem Hauptmann Pellejo noch allein zurück, da die andern Weißen schon innerhalb des Einganges verschwunden waren. Er hörte den Angstruf des Dieners über sich, blickte empor und sah die beiden verunglückten Lauscher von oben heruntergeflogen kommen. Sie blieben, wie bereits gesagt, gerade vor ihm liegen und vergaßen infolge der kräftigen Stöße, welche sie erlitten hatten, für kurze Zeit das Aufstehen.

„Wer ist denn das?" fragte er erstaunt. „Wo kommen die her? In ganz roter Kleidung! Die sollte ich doch kennen!"

„Qué sorpresa!" antwortete Antonio Perillo. „Ich will des Teufels sein, wenn das nicht unsre Gefangenen sind, welche wir gestern vergeblich aufgehängt haben."

„Du hast recht; sie sind es. Sonderbare Menschen! Gestern verschwanden sie, ohne eine Spur zu hinterlassen, und heut fallen sie gerade vom Himmel herunter. Heda, ihr Halunken, seid ihr tot oder lebt ihr noch?"

Er stieß sie vom Pferde herab mit seinem Gewehrkolben so derb an, daß sie aus ihrer augenblicklichen Betäubung erwachten. Fritze nahm sich am schnellsten zusammen; er befühlte seine Glieder und hob, als er dieselben unzerbrochen fand, seinen Herrn auf.

„Wie ist's abgelaufen?" fragte er ihn, die Todfeinde gar nicht beachtend. „Hat Ihr Körper jut zusammenjehalten, oder sind ein paar Gelenke zerrissen?"

Der Doktor befühlte sich auch und antwortete dann:

„Es scheint nichts zerbrochen zu sein, aber der Kopf brummt mir wie eine Pauke, lateinisch Tympanum genannt."
„Dat jibt sich wieder. Wie sind Sie nur ins Rollen jekommen?"
„Ganz so wie du, der du doch auch –"
„Schweigt!" fuhr sie der Gambusino an. „Jetzt habe nur ich mit euch zu sprechen, und zwar ein sehr ernstes Wort. Wo seid ihr denn gestern abend hingekommen?"
„Hierher," antwortete Fritze.
„Das sehe ich! Aber wer hat euch losgebunden?"
„Niemand."
„Lüge nicht! Von selbst konntet ihr nicht loskommen."
„O doch, sehr leicht!"
„Auf welche Weise?"
„Wir haben uns losgebissen."
„Mensch, wenn du so gute Laune hast, daß es dir beikommt, Scherz mit mir zu treiben, so will ich dich bald in eine andre Stimmung bringen! Ich will wissen, wer euch befreit hat!"
„Und ich kann nichts anders antworten, als was ich schon gesagt habe. Wir haben uns selbst losgemacht."
„Auf welche Weise?"
„Fällt mir nicht ein, dies zu verraten!"
„Wenn du nicht reden willst, werde ich dir den Mund öffnen!"
„Auch dann sage ich nichts. Wenn ich es erklärte, und ihr hängt uns wieder auf, könnten wir dann nicht herunter, denn ihr würdet euch besser vorsehen."
„Ist das etwa wieder Hohn? Ich weiß, wer euch befreit hat. Ist's nicht der Vater Jaguar gewesen?"
„Seid jetzt nicht so neugierig! Später werden wir es euch erzählen."
Er nahm seinen Herrn bei der Hand und eilte mit ihm fort, zum Felsenthor hinein. Antonio Perillo zog seine Pistole und wollte ihnen nach, um sie zum Stehenbleiben zu zwingen, aber der Gambusino meinte, indem er höhnisch auflachte:
„Laß sie nur! Sie entgehen uns nicht. Sie scheinen nicht zu wissen, daß sich die Krieger schon hier befinden und werden arg erschrecken, wenn sie dieselben sehen."
„Mir fällt ein Stein vom Herzen!" fiel Perillo in das Gelächter ein. „Jetzt werden wir bald erfahren, was wir über ihr rätselhaftes Verschwinden zu denken haben und es wird uns das Vergnügen, sie noch einmal aufhängen zu können. Reiten wir ihnen nach!"
Sie folgten den Vorangeflohenen. Der Hauptmann Pellejo machte den Letzten. Als sie das Thor hinter sich hatten, sahen sie den Doktor und seinen Diener eben rechts hinter den nächsten Büschen verschwinden. Zu gleicher Zeit aber sahen sie noch etwas oder vielmehr noch jemand, das heißt, einen Menschen, welcher nicht verschwand, sondern erschien. Er trat soeben am linken Rande des Thales unter den Bäumen hervor. Wer ihn einmal gesehen hatte, der mußte ihn stets und überall wieder erkennen.

„Todos los diablos!“ rief der Gambusino. „Das ist der Vater Jaguar!“
Er hielt unwillkürlich sein Pferd an, und die andern beiden thaten mit den ihrigen dasselbe. Da sahen sie hinter dem Vater Jaguar ein leichtes Rauchwölkchen erscheinen, und im nächsten Augenblicke krachte ein Schuß. Was nun geschah, kann unmöglich im zehnten, ja nicht im fünfzigsten Teile der Zeit erzählt werden, in welcher es sich abspielte.
Der Vater Jaguar war von allen, welche auf das Nahen der Feinde warteten, der ruhigste gewesen. Er wußte, woran er war. Und dann, als der Häuptling der Abipones im Thale erschien und allen Cambas das Herz klopfte, bewahrte er dieselbe Ruhe. Er lehnte am Stamme eines Baumes und beobachtete durch das Gebüsch, welches er vor sich hatte, den Anmarsch der Feinde. Aber eben dieses Gebüsch, welches so dicht sein mußte, daß es ihn verbarg, verhinderte ihn, genau zu sehen. Er konnte die Gesichtszüge der einzelnen, oft sogar selbst ihre Gestalten, nicht erkennen. Er sah erst die Roten kommen, dann die weißen Reiter, und als hierauf der Zuzug stockte, weil der Gambusino, Perillo und Pellejo draußen geblieben waren, glaubte er, daß nun alle im Thale versammelt seien. Darum sagte er zu dem Lieutenant Verano:
„Bleiben Sie stehen, bis ich wiederkomme. Sollte ich aber schießen, so können Sie mit Ihren Kugeln so viele Abipones niederstrecken, wie Ihnen beliebt.“
Er trat aus dem Gesträuch hervor, um sich nach dem Mittelpunkte der Feinde zu begeben. Zwar sah er in diesem Augenblicke erst den Gambusino mit seinen beiden Begleitern erscheinen; aber er konnte unmöglich wieder zurück. Verano aber hielt seine Zeit für gekommen. Er hob sein Gewehr, legte es an, zielte auf den Häuptling der Abipones und drückte ab. Der Schuß krachte und der Häuptling stürzte, durch den Kopf getroffen, am Wasser nieder. Eine halbminutenlange Pause des Entsetzens folgte; dann erhoben die Abipones ein Geheul, welches von den Wänden des Thales widerhallte. Der Vater Jaguar wendete sich, als der Schuß hinter ihm krachte, blitzschnell um. Er sah den Lieutenant mit noch erhobenem Gewehre stehen und stand nach einigen raschen Sprüngen neben ihm.
„Schurke, Verräter, Mörder!“ donnerte er ihn an. „Ist das der Gehorsam, den ich von dir forderte!“
„Ich habe keinem Menschen zu gehorchen,“ antwortete der Mann trotzig.
„Auch Gott nicht, welcher den Mord verboten hat? Und du bist nicht ein einfacher, sondern ein Massenmörder!“
„Ich habe nur den Häuptling erschossen!“
„Nein, denn dein Schuß ist das Signal zu sechshundert andern. Horch!“
Von beiden Seiten des Thales krachten die Schüsse der Cambas unter den Bäumen hervor. Man sah die Abipones in Masse niederstürzen, und vom am Eingange rief eine laute, donnernde Stimme:
„Flieht, rettet euch! Ihr seid von allen Seiten umzingelt!“

Es war der Gambusino, welcher diese Worte mit solcher Stimme rief, daß sie über das ganze Thal hin schallten. Dann warf er sein Pferd herum und jagte hinaus. Antonio Perillo und der Kapitän Pellejo folgten ihm. Dies geschah, während der Vater Jaguar seine letzten Worte zu dem Lieutenant gesprochen hatte; darum fuhr er ergrimmt fort: „Schon sind wenigstens hundert tot, und dort entkommen diejenigen, die ich haben wollte und haben muß. Ich habe dir gesagt, wie ich einen solchen Mord bestrafen würde; du aber hast nicht auf meine Warnung gehört. Hier, nimm deinen Lohn!"
Er riß den Revolver hervor, hielt ihn dem Lieutenant blitzschnell an die Schläfe und drückte ab. Der Ungehorsame brach augenblicklich tot zusammen. Dann warf der gewaltige Mann einen schnellen Blick über das Thal. Eben krachte eine neue Salve der Cambas, welche zehnfach gefährlich waren, weil sie von den Abipones nicht gesehen werden konnten und die letzteren stürzten zu zehn und zwanzig zusammen. Was sollte er thun? Den Gambusino und Antonio Perillo, auf welche es hier ankam, entkommen lassen oder hier bleiben, um dem Morden Einhalt zu thun? Da eben kam Geronimo mit den Seinen durch den Eingang gestürmt; das brachte ihn schnell zur Entscheidung. Er rannte auf eins der Abiponespferde zu, welche, von den Schüssen erschreckt, scheu im Thale herumrannten, und sprang auf. Zu gleicher Zeit mit ihm kam der alte Anciano mit geschwungenem Gewehre gesprungen, warf sich auf ein zweites und rief ihm dabei zu:
„Señor, Antonio Perillo, der Mörder meines Inka, entkommt. Ich muß ihm nach, muß ihn haben!"
„Ich reite mit," antwortete er. „Halte dich zu mir!"
Sie jagten nebeneinander nach dem Eingange zu. Dort hielt der Vater Jaguar sein Pferd für einen Augenblick an und rief seinem Geronimo zu:
„Hast du die drei fliehenden Reiter gesehen?"
„Ja. Wir konnten sie nicht halten, da wir keine Pferde hatten."
„Nach welcher Seite haben sie sich gewendet?"
„Nach links, vom Thale aus."
„Thu schnell dem Blutvergießen Einhalt! Der Kampf mag ruhen, wenigstens bis ich wiederkomme!"
Dann schoß er mit dem alten Anciano zwischen den beiden Felsen hindurch und riß sein Pferd nach links herum, wo er die Spuren der Flüchtigen im Grase sah.
Von dem Augenblicke an, wo der Gambusino seine Warnung ausgerufen und das Thal verlassen hatte, bis zum gegenwärtigen Moment waren höchstens zwei Minuten vergangen und doch waren die Gestalten der drei Reiter schon fast am nördlichen Horizonte zu sehen. So sehr beeilten sie sich und so groß war ihre Furcht vor dem Vater Jaguar!
„Wir holen sie nicht ein, denn wir haben fremde Pferde, welche nichts taugen," knirschte der Anciano.
„Wir holen sie ein, denn wir müssen sie haben. Gib deinem Gaul das Messer! Mag er immer sterben, wenn er dich nur bis zu ihnen trägt!"

Die beiden standen, um ihre Last zu verringern, mit vorgebeugten Oberkörpern hoch in den Bügeln und trieben ihre Pferde durch Schläge und Sporen an. Der Zwischenraum verringerte sich, aber nicht rasch genug. Da zog der Vater Jaguar sein Messer und stach seinem Pferde die Spitze desselben in das Fleisch. Er, der Tierfreund, welcher sich sogar hütete, einem Wurme Schmerzen zu bereiten, quälte jetzt das Pferd, um seinen Todfeind zu erreichen, den er so lange Jahre vergeblich gesucht hatte und nun wieder aus den Augen verlieren sollte. Anciano bediente sich desselben Mittels, und die armen Tiere strengten ihre Kräfte auf das äußerste an. Sie flogen nur so über den ebenen, grasigen Plan, parallel mit dem Rande des Waldes, welcher sich von dem Thale des ausgetrockneten Sees aus nach Norden erstreckte. Der Zwischenraum verringerte sich mehr und mehr und die Fliehenden verloren zusehends den Vorsprung, den sie gehabt hatten.
„Wenn man ihnen ihre Pferde unter den Beinen wegschießen könnte!" seufzte Anciano.
„Leichtigkeit!" antwortete der Vater Jaguar.
„Leichtigkeit? Ich halte es für unmöglich."
„So hast du mich noch nicht schießen sehen."
„Dann bitte ich dich dringend, es doch zu thun!"
„Fällt mir nicht ein!"
„Warum?"
„Weil es die größte Dummheit wäre, welcher ich mich schuldig machen könnte."
„Das begreife ich nicht. Wir könnten sie doch sofort festnehmen!"
„Nein, sondern sie würden uns gerade im Gegenteile entkommen. Sie würden sich zu Fuße in den Wald retten und dieser ist so dicht, daß wir die Verfolgung sogleich aufgeben müßten. Ich begreife überhaupt nicht, warum sie nicht schon längst die Pferde preisgegeben und sich in den Wald gerettet haben. So lange sie im Sattel bleiben, bin ich sicher, sie einzuholen. Wir müssen also versuchen, sie vom Walde abzubringen und in den offenen Campo hinauszutreiben."
Er hielt sein Pferd mehr nach links, bis er dicht am Waldesrande dahinjagte, und Anciano folgte diesem Beispiele. Da ereignete sich vor ihnen etwas, was nur wenige Augenblicke in Anspruch nahm und sie dennoch mit Grauen erfüllte.
Die drei Verfolgten ritten nämlich nicht neben, sondern in verschiedenen Abständen hinter einander. Der Hauptmann Pellejo war voran, denn er hatte das beste Pferd; dann kam Antonio Perillo, und endlich folgte der Gambusino, dessen Pferd am ermüdetsten war, weil es einen so schweren Reiter zu tragen hatte. Bei jedem mal, daß er sich umsah, bemerkte er, daß die Verfolger ihm wieder näher gekommen waren. Wenn das nur noch fünf Minuten so fortging, so hatten sie ihn eingeholt, denn er sah nicht nur, sondern er fühlte auch, daß ihn sein Pferd nur noch eine kurze Strecke zu tragen vermochte. Sollte er sich verloren geben? Nein! Lieber ein Menschenleben opfern! Er zog also sein Messer und stieß die Klinge desselben dem Pferde bis an das Heft in den Leib. Das verwundete Tier nahm seine letzte Kraft zusammen und jagte mit verdoppelter Geschwindigkeit

weiter. Der Gambusino jagte infolgedessen an Antonio Perillo vorüber und holte dann den Hauptmann ein.
„Señor, Euer Pferd!" herrschte er diesen an. „Springt herab; ich muß es haben!"
„Was fällt Ihnen ein!" antwortete der Offizier. „Soll ich mich etwa fangen lassen?"
„Ich habe keine Zeit, mit dir zu verhandeln. Fahre hin, du Schwachkopf!"
Er hatte das Gewehr zu diesem Zwecke schon in der Hand gehalten und schoß Pellejo, ehe dieser sich zu wehren vermochte, eine Kugel in die Seite. Der Getroffene wankte, griff aufschreiend mit beiden Händen in die Luft, wollte sich vergeblich halten und stürzte vom Pferde. Der Gambusino hatte dasselbe im Nu beim Zügel, hielt an, schwang sich hinüber und jagte dann weiter.
„Haben Sie es gesehen?" rief Anciano dem Vater Jaguar zu. „Er hat seinen Gefährten erschossen!"
„Um zu dessen Pferd zu kommen. Es soll ihn aber nichts nützen, daß er einen Mord mehr auf sein Gewissen geladen hat."
Sie erreichten jetzt die Stelle, an welcher Pellejo lag. Er war nicht tot und rief ihnen zu:
„Ich kann Sie aufklären. Erbarmen Sie sich meiner!"
Sie verstanden im Vorüberjagen diese Worte, konnten sie aber nicht beachten, da ihnen an Pellejo weniger lag als an den beiden andern. Der Gambusino hatte jetzt das bessere Pferd; da er aber viel schwerer war als der bisherige Reiter, so blieb er nicht im Vorsprung, sondern die beiden Pferde jagten Kopf an Kopf nebeneinander hin. Jetzt sah er sich wieder um und erschrak.
„Cascaras!" schimpfte er grimmig. „Die Schufte sind uns auf den Fersen und wollen uns vom Walde abbringen. Ich habe den Kapitän vergeblich getötet, denn wir müssen in den Wald, sonst sind wir verloren. Stecke alles, was du in den Satteltaschen hast, zu dir und dann herab von den Pferden und ins Gesträuch hinein!"
Perillo sagte kein Wort, denn er wußte, daß der andre recht hatte. Sie leerten die Satteltaschen, lenkten ihre Pferde schräg dem Walde zu, sprangen, als sie diesen erreicht hatten, ab und jagten in das Dickicht hinein. Perillo wollte rasch tiefer eindringen; der Gambusino aber hielt ihn am Arme zurück und gebot:
„Bleib! Hier sind wir so sicher wie in Abrahams Schoß. Meinst Du, daß dieser Vater Jaguar sich heranwagt und unsern Kugeln aussetzt? Dazu ist er viel zu schlau. Nur ein unerfahrener Knabe könnte das thun."
Sie standen also hinter dem vorderen Gebüsch, hielten ihre Gewehre schußbereit und lauschten angestrengt zurück, ob sie die Nahenden sehen oder hören würden. Sie bekamen aber nichts zu sehen und es blieb draußen so still und ruhig, als ob kein Mensch da vorhanden sei.
„Siehst du, daß ich recht habe," meinte der Gambusino. „Sie hüten sich sehr, heranzukommen."
„Dann scheinen wir gerettet zu sein. Ich begreife überhaupt nicht, warum wir uns so einschüchtern ließen; wir waren drei Personen und sie nur zwei. Sie konnten sich auch

draußen nicht an uns wagen, denn wenn sie in Schußweite herangekommen wären, hätten wir sie von den Pferden schießen können."

„Das sagst du, weil du diesen Vater Jaguar nicht kennst. Er besitzt nicht nur so außerordentliche Körperkräfte, daß selbst ich im Ringkampf mit ihm unterliegen würde, sondern ist auch der beste Schütze, den ich kenne. Man hat nie gehört, daß er einen Fehlschuß gethan hat und damals, als ich ihn kennen lernte, war seine Büchse als die weittragendste bekannt. Er hat sie jedenfalls noch. Hätten wir ihn draußen erwartet, so wären wir von seinen Kugeln viel eher erreicht worden, als er von den unsrigen. Das ist so sicher, daß ich es beschwören kann. Es gab für uns nur den einen Rettungsweg, den wir auch eingeschlagen haben, nämlich uns hier in den Wald zu flüchten, in welchen er uns nicht folgen kann, da wir da vollständige Deckung haben und jeden Feind, welcher seine Annäherung durch das dabei unvermeidliche Geräusch verraten müßte, niederschießen würden."

„Du magst recht haben. Wir können hier ruhig abwarten, bis die beiden Kerls sich entfernt haben, und reiten dann weiter."

„Weiterreiten? Darauf müssen wir verzichten."

„Wieso?"

„Weil wir keine Pferde haben werden."

„Sie stehen doch draußen! Wir sehen sie von hier. Sie sind, als wir absprangen, nur eine kleine Strecke weiter gelaufen."

„Das weiß ich wohl, denn ich sehe sie ebenso gut wie du. Aber denke ja nicht, daß der Vater Jaguar so dumm sein wird, sie uns zu lassen. Wir werden den größten Teil des weiten Weges nach der Barranca del Homicidio zu Fuße zurücklegen müssen. Horch! Da siehst du, daß ich recht gehabt habe."

Es waren nämlich draußen soeben zwei Schüsse gefallen, worauf die beiden Pferde, von den Kugeln Hammers getroffen, tot niederstürzten. Der Gambusino hatte den Vater Jaguar ganz richtig beurteilt. Dieser letztere wußte ganz genau, wie er unter den gegenwärtigen Verhältnissen zu handeln hatte. Als die beiden Flüchtlinge von ihren Pferden sprangen und im Walde verschwanden, hatte der alte Anciano fröhlich ausgerufen:

„Sie sehen ein, daß wir sie einholen werden und verstecken sich in den Büschen. Jetzt haben wir sie. Wir müssen ihnen nach, schnell hinter ihnen her!"

Er wollte sein Pferd zu möglichst noch größerer Eile antreiben, um die Stelle, an welcher die beiden verschwunden waren, schnell zu erreichen; aber Hammer, welcher eng neben ihm ritt, griff ihm in die Zügel, und es gelang ihm, die Pferde nach einigen Sätzen anzuhalten.

„Was fällt dir ein!" sagte er. „Willst du direkt in den Tod reiten? Wir müssen anhalten."

„Anhalten?" fragte der Alte erstaunt. „Dann entgehen sie uns ja! Sie werden trotz der Dichtheit des Waldes so tief in denselben eindringen, daß es uns unmöglich ist, sie zu finden."

„Nein, das werden sie nicht. Ich wette, sie sind am Rande des Gebüsches stehen geblieben, um uns, mit den Gewehren in den Händen, zu erwarten. Wenn wir uns ihnen nähern, bekommen wir ihre Kugeln."

„Das ist wahr, Señor; daran dachte ich nicht. Aber sollen wir diese Halunken entkommen lassen?"

Der Vater Jaguar antwortete nicht sofort. Sein Gesicht nahm den Ausdruck grimmiger Entsagung an. Er blickte eine Weile finster vor sich nieder und sagte dann, indem das zornige Knirschen seiner Zähne zu hören war:

„Es bleibt uns wohl nichts andres übrig, als unverrichteter Sache zurückzureiten."

„Aber ich will und muß diesen Antonio Perillo, diesen Mörder haben!"

„Und ich will und muß den Gambusino erreichen; aber wenn wir uns zur Unvorsichtigkeit hinreißen lassen, werden sie uns bekommen, anstatt wir sie."

„Gibt es denn kein Mittel, keinen Weg, Señor? Sie sind so erfahren, so listig. Sie sind niemals um eine Auskunft verlegen. Sollten Sie gerade jetzt, wo es sich um alles handelt, wo wir schon so nahe am Ziele waren, von Ihrem Scharfsinne verlassen werden?"

„Nein, doch nicht so ganz, wie du denkst," antwortete Hammer, indem sein Gesicht sich wieder aufzuheitern begann. „Wir müssen sie laufen lassen, aber doch nur einstweilen. Wir kennen den Ort, an welchem sie sich jetzt befinden, und werden ihrer Fährte folgen."

„Aber dies können wir doch nicht jetzt, sondern erst später thun!"

„Allerdings. Jetzt müssen wir nach dem Thale zurückkehren, wo meine Anwesenheit zunächst notwendiger sein wird als hier."

„Dann kommen die beiden Schurken hervor, setzen sich auf ihre Pferde und reiten davon, sie erhalten dadurch einen Vorsprung, welchen wir nicht einholen können."

„Sie werden nicht reiten können, sondern gehen müssen. Dafür sorge ich jetzt."

Er legte sein Doppelgewehr an und richtete es nach der Stelle, an welcher die Pferde der Flüchtlinge standen. Die beiden Kugeln trafen so genau, daß die Tiere sofort niederstürzten. Dann fuhr er fort, indem er gleich wieder lud:

„Übrigens ist es vielleicht gar nicht nötig, daß wir ihren Spuren mühsam folgen. Hast du gehört, was Hauptmann Pellejo uns zurief, als wir an ihm vorüberjagten?"

„Ja."

„Er scheint in die Pläne seiner Kumpane eingeweiht zu sein und wird sich rächen wollen, indem er sie uns verrät. Vielleicht ist er nicht zu Tode getroffen. Wenn er noch lebt, werden wir vielleicht Wichtiges von ihm hören. Laß uns also umkehren."

Er wendete sein Pferd um, ohne noch einmal zurückzublicken. Anciano aber folgte ihm nicht eher, als bis er die Faust drohend gegen die Stelle geschüttelt hatte, an welcher die entkommenen Feinde zu vermuten waren. Er, der sonst so ruhige und bedächtige Greis, zitterte fast vor Grimm darüber, daß die erst so viel versprechende Verfolgung ein solches Ende genommen hatte.

Als sie sich im Galoppe der Stelle näherten, wo Pellejo vom Pferde gestürzt war, sahen sie, daß er seinen Oberkörper mühsam erhob und ihnen zuwinkte. Er lebte also noch. Sie hielten bei ihm an und stiegen von ihren Pferden. Er lag in einer Blutlache und hielt die Hand auf die Wunde, als ob er dadurch das entfliehende Leben zurückhalten könne. Der Vater Jaguar sah es seinem todesbleichen Gesichte und den schon starr werdenden Augen an, daß jede Hilfe hier vergeblich sei; dennoch kniete er bei dem Verwundeten nieder und schnitt die Kleidung desselben auf, um die Wunde zu untersuchen.

„Geben Sie sich keine Mühe, Señor," sagte Pellejo mit schwacher Stimme. „Ich fühle, daß die Kugel im Leben sitzt. Haben Sie gesehen, daß ich von dem Gambusino meuchlerisch vom Pferde geschossen wurde?"

„Ja. Er, der Ihr Verbündeter war, ist zum Mörder an Ihnen geworden. Ich sehe, daß es keine Rettung für Sie gibt. Sie haben nur noch wenige Minuten zu leben. Wollen Sie Ihr Gewissen erleichtern? Haben Sie einen Wunsch, den ich Ihnen vielleicht erfüllen kann?"

„Einen Wunsch – –? ja!" antwortete der Gefragte, indem sein Auge für einige Sekunden neues Leben bekam.

„So teilen Sie ihn mir mit!"

„Rache!"

„An dem Gambusino?"

„Ja. Rächen Sie meinen Tod, Señor!"

„Ich will es thun. Auch ich habe eine schwere Rechnung mit dem Gambusino und werde den an Ihnen begangenen Mord dazu addieren. Aber unterstützen Sie mich. Kennen Sie die Pläne dieser beiden Männer?"

„Ja," antwortete Pellejo, indem er die Hand wieder auf die Wunde drückte, um das Blut aufzuhalten und so einige Minuten länger leben zu können. „Meine Augenblicke sind gezählt, aber sie werden ausreichen, Ihnen mitzuteilen, was ich erlauscht habe. Der Gambusino und Perillo wollten durch den jetzigen Kriegszug und das darauf folgende Pronunciamiento reich werden. Sie hofften, reiche Beute zu machen. Darauf müssen sie nun verzichten. Dafür aber wollen sie sich den gewünschten Reichtum nun aus den Bergen holen."

„Ach! Kennen Sie den Ort?"

„Ja. Er liegt in der Nähe der Salina del Condor."

„Kennen Sie den Namen?"

„Ich kenne ihn; aber ich bin schon so schwach, daß – daß ich mich erst noch besinnen muß."

„War es vielleicht die Barranka del Homicidio?"

„Ja, ja, die war es!" antwortete der Sterbende lebhafter als bisher.

„Soll es denn dort Schätze geben?"

„Große Reichtümer aus der Inkazeit!"

„Woher weiß das der Gambusino?"

„Antonio Perillo erzählte es ihm. Dieser hat einen Indianer belauscht, der in einer Vollmondnacht in die Barranka stieg und am nächsten Morgen mit Kostbarkeiten beladen wieder herauf kam."
„Wann ist das gewesen?"
„Das weiß ich nicht, denn es wurde nicht mit erwähnt."
„Hat Perillo denn die Kostbarkeiten gesehen?"
„Nicht nur gesehen. Er ist dem Indianer nach und hat ihn ermordet, um ihn zu berauben. Sogar seine Kopfhaut hat er mitgenommen."
Der alte Anciano hatte geschwiegen; jetzt ließ er einige dumpfe, unverständliche Worte hören. Der Vater Jaguar fragte weiter:
„Ist Perillo später wieder in der Barranka gewesen?"
„Ja. Er hat nach den Schätzen gesucht, aber nichts gefunden. Nun will er jetzt mit dem Gambusino hinauf, weil dieser erfahrener und scharfsinniger ist."
„Sie wissen das genau?"
„Ganz genau. Ich hörte es von ihnen selbst. Ich belauschte sie gestern, ohne daß sie es ahnten und – – –" '
Er hatte nur in kurzen Absätzen gesprochen und die Worte oft einzeln und mühsam hervorgestoßen; seine Stimme war dabei immer schwächer geworden. Jetzt riß es ihm mitten in der Rede die Hand von der Wunde weg; er bäumte sich mit einem gurgelnden Schrei empor und sank dann wieder nieder. Seine Augen schlossen sich; er röchelte leise und immer leiser; seine Glieder streckten sich in krampfhaften Zuckungen aus – – er war tot.
„Vorüber!" sagte der Vater Jaguar indem er sich aufrichtete. „Er war ein Empörer, ein Verräter und hat hier den gerechten Lohn gefunden. Seine letzten Worte sind von der größten Wichtigkeit für uns."
„Ja," nickte Anciano ernst. „Sie bestätigen, daß Antonio Perillo der Mörder meines Herrschers ist. Wäre bisher ein Irrtum möglich gewesen, so könnte nun jetzt keine Rede mehr von einem solchen sein. Der Thäter ist mir heute entkommen; aber ich werde mich wie ein Hund auf seine Fährte legen und weder am Tage noch des Nachtsruhen, bis ich ihn ergriffen habe."
„Was seine Fährte betrifft, so werden wir dieselbe nicht berücksichtigen. Es würde vielmehr ein großer Fehler von uns sein, wenn wir uns auf eine so langwierige und mühsame Suche begeben wollten, während wir doch nun ganz genau wissen, wohin sich die beiden wenden werden. Da wir erfahren haben, daß die Barranca del Homicidio das Ziel ihrer Wanderung ist, brauchen wir ja nur dorthin zu reiten, um sie dort zu erwarten."
„Aber wenn sie eher dort ankommen als wir?"
„Das steht nicht zu erwarten, weil sie keine Pferde haben."
„Sie können aber durch irgend einen Zufall zu zwei Tieren kommen!"
„Wenn wir uns mit allen möglichen Zufällen abgeben wollten, so wäre es am besten, wir ließen sie gleich laufen und bekümmerten uns gar nicht mehr um sie. Unter hundert ist

auf neunundneunzig zu wetten, daß wir eher dort ankommen als sie, und danach handeln wir. Sollte aber keiner der neunundneunzig Fälle, sondern nur gerade der hundertste eintreten, so trifft uns keine Schuld, wir haben unsre Pflicht gethan und es ist selbst dann noch immer die Möglichkeit vorhanden, daß wir dennoch unsern Zweck erreichen. Brechen wir also nach dem Thale auf!"
„Was thun wir mit dieser Leiche?"
„Unter andern Umständen würde ich sie hier an Ort und Stelle begraben; jetzt aber habe ich keine Zeit dazu. Wir wissen nicht, was während unsrer Abwesenheit geschehen ist, und haben also keine Zeit zu verlieren. Das Pferd nehmen wir natürlich mit."
Das Pferd, welches der Gambusino geritten und dann aufgegeben hatte, war vor Überanstrengung gestürzt und eine Weile wie tot hegen geblieben. Nun aber hatte es sich wieder aufgerafft und fraß von dem Grase, welches hier ziemlich üppig stand. Der Vater Jaguar fing es leicht ein und untersuchte es. Er erkannte, daß es sich bei einiger Ruhe und Schonung sehr wahrscheinlich wieder erholen würde, und band daher die Zügel desselben mit denen des seinigen zusammen.
Indessen hatte der alte Anciano sich an der Leiche des Hauptmannes zu schaffen gemacht. Dieser hatte Waffen und verschiedene andre brauchbare Gegenstände bei sich getragen, von denen vorauszusetzen war, daß der Gambusino und Perillo sich ihrer bemächtigen würden. Darum nahm der Alte sie lieber zu sich. Darauf bestiegen sie ihre Pferde wieder und kehrten nach dem Thale des ausgetrockneten Sees zurück.
Als sie dort ankamen, wurden sie von einer Cambasschar empfangen, welche den Eingang des Thales zu beaufsichtigen hatte. Der „harte Schädel" befehligte sie. Von dem Vater Jaguar befragt, wie es im Thale stehe, antwortete dieser:
„Es steht gerade so, wie wir erwartet haben, Señor Wir sind Sieger geblieben."
„Das versteht sich ganz von selbst, denn uns zu besiegen, war für die Abipones gar keine Möglichkeit vorhanden. Wenn ich fragte, so geschah es um dieser letzteren willen. Ihr habt nach meiner Entfernung doch nicht wieder geschossen?"
„Noch einigemal, Señor."
„Warum?" fuhr Hammer auf. „Das ist der reine Mord!"
„Sie waren und sind unsere Feinde und hätten uns, wenn sie Sieger geblieben wären, bis auf den letzten Mann getötet."
„So müßt ihr sie ja fast alle erschossen haben! Ich befahl doch Geronimo, dem Morden Einhalt zu thun. Komm, Anciano, wir wollen sehen!"
Die beiden ritten durch den Eingang in das Thal. Was sie da sahen, war für einen christlichen Sinn weit mehr als nur betrübend. Die Cambas, welche vorher unter den Bäumen verborgen gewesen waren, hatten ihre Verstecke verlassen, um ihren Gegnern sich und ihre Übermacht zu zeigen. Sie hatten, jetzt vor den Bäumen sitzend und ihre Waffen noch immer bereit haltend, den ganzen Rand des Thales rundum eingenommen. Rechts, wo vorher der Vater Jaguar postiert gewesen war, befand sich jetzt Geronimo mit seinen weißen Gefährten. Doktor Morgenstern und sein Fritze waren auch dabei.

Die Abipones befanden sich noch am Ufer des kleinen Sees; sie wagten es nicht, einen Vorstoß zu unternehmen, und hatten ihre Toten und Verwundeten zusammengetragen. Der Augenschein lehrte, daß wohl mehr als die Hälfte von ihnen gefallen waren. Das erregte den Zorn des Vaterjaguar. Er galoppierte zu Geronimo hin, schwang sich aus dem Sattel und fragte in scharfem Tone:

„Wie kommt es, daß ich so viele Leichen sehe, von den Verwundeten gar nicht zu sprechen? Ich hatte dir doch gesagt, daß bis zu meiner Rückkehr nicht mehr geschossen werden sollte!“

„Ich trage nicht die Schuld, daß es anders gekommen ist,“ antwortete Geronimo. „Man gehorchte mir nicht, und ich habe geradezu drohen müssen, ehe man Einhalt that.“

„Dann wollen wir den Übriggebliebenen wenigstens nicht die härtesten Bedingungen stellen. Leider hat Lieutenant Verano den Oberhäuptling der Abipones erschossen; wir werden also mit den Unterhäuptlingen zu verhandeln haben. Sende einen Boten an sie! Sie mögen zu mir kommen. Ich sichere ihnen freies Geleit zu. Aber ohne Waffen müssen sie sein.“

Während der Bote abging, wendete sich Hammer, natürlich in deutscher Sprache, an Morgenstern:

„Ich hatte Ihnen doch angedeutet, draußen vor dem Thale bei den Pferden zu bleiben. Wie sind Sie denn eigentlich auf die entgegengesetzte Seite des Thales und noch dazu in die Hände der Feinde gekommen?“

Der Kleine antwortete:

„Infolge unsrer Tapferkeit, lateinisch Fortitudo oder auch Strenuitas genannt.“

„Also Ungehorsam! Es ist doch sonderbar, daß Ihre Tapferkeit stets Ihre Gefangennahme zur Folge hat! Es muß sich also bei Ihnen beiden um eine ganz unglückliche Art von Fortitudo oder Strenuitas handeln.“

„Janz jewißlich nicht,“ fiel da Fritze schnell ein. „Es ist die richtige Tapferkeit jewesen. Erinnern Sie Ihnen doch einmal jenau! Sind wir heut jefangen jewesen?“

„Allerdings.“

„Ja, wo denn?“

„Der Gambusino brachte Sie getrieben!“

„Wie? Er hätte uns jetrieben jebracht? Dat is falsch! Wir haben ihn vielmehr anjelockt und hinter uns herjebracht. Wir haben ihm in die Falle jeführt.“

„Verteidigen Sie sich nicht auf eine so lächerliche Weise! Er ist ja wieder aus der Falle entkommen, und daran sind nur Sie beide schuld. Ich werde aber in Zukunft dafür sorgen, daß Sie uns einen solchen Schaden nicht wieder bereiten können.“

Er wäre vielleicht noch schärfer mit ihnen verfahren, aber es kamen jetzt die Unterhäuptlinge der Abipones herbei, und vom Eingange her näherte sich der „harte Schädel“, und so war es Zeit, die Verhandlung zu beginnen, zumal der Nachmittag sich zur Rüste zu neigen begann.

An dieser Verhandlung nahmen nur die Weißen und die Häuptlinge teil. Der Vaterjaguar hielt einige begütigende Reden, in denen er die Forderungen der Cambas zu mäßigen suchte und den Abipones bewies, daß ihre Freundschaft mit dem Gambusino und seinem Anhange ihnen nur Unglück gebracht habe und daß es für sie am geratensten sei, mit ihren roten Brüdern in Eintracht und Frieden zu leben. Seine Worte brachten nach beiden Seiten den beabsichtigten Eindruck hervor und dann begann eine Art Handel in Beziehung der Kriegsentschädigung, welche die Abipones den Cambas zu zahlen hatten. Es ging dabei sehr erregt her, doch brachte der Vater Jaguar nach einiger Zeit die beabsichtigte Einigung zu stande.

Die Cambas hatten heute keinen Mann verloren, Grund genug, ihre Forderungen nicht zu übertreiben. Die Abipones waren durch die große Zahl ihrer Toten und Verwundeten hart bestraft. Sie mußten alle ihre Waffen abgeben und dann Frieden schwören. Es war dem Vater Jaguar gelungen, eine Straflieferung von Pferden und Rindern zu hintertreiben, da die Abipones diese Tiere doch, um sie den Cambas bringen zu können, den weißen Ansiedlern vorher hätten rauben müssen.

So war der Krieg zum Nutzen der Cambas beendet. Diese jubelten und fanden kaum Worte, dem Vater Jaguar ihre Dankbarkeit zu bezeigen. Die Abipones aber waren selbstverständlich im höchsten Grade niedergeschlagen. Sie saßen klagend bei ihren Leichen und kühlten mit Wasser die Wunden ihrer Blessierten. Heute blieben alle, Sieger und Besiegte, im Thale. Morgen sollten die letzteren waffenlos abziehen, natürlich nur die Gesunden und Leichtverwundeten, während die Schwerverwundeten von den Cambas gepflegt würden und dann nachkommen sollten.

Kein Mensch freute sich darüber, daß so viel Blut geflossen war, in der Weise, wie Don Parmesan Rui el Iberio, denn er glaubte, nun das Licht seiner chirurgischen Kenntnisse und Geschicklichkeiten leuchten lassen zu können. Er wendete sich an die Häuptlinge der Abipones, um die Erlaubnis zu erhalten, ihre Kranken behandeln zu dürfen, wurde aber kalt und ohne Dank abgewiesen, da diese Roten sich auf die Behandlung der Wunden weit besser als mancher weiße Arzt verstehen. Er kehrte darum ganz erbost von ihnen zurück und sagte zu Morgenstern, dem er sich am liebsten mitzuteilen pflegte:

„Sind diese Kerls nicht Prügel wert, Señor? Sie weisen mich ab, obgleich ich ihnen meine Hilfe angeboten. Sie meinen doch auch, daß ich viele ihrer Blessierten gerettet hätte?“

„Ich bin überzeugt davon,“ antwortete der Gefragte in höflicher Weise.

„Ja, viele, viele hätte ich gerettet! Ich sah sie liegen, blutend und mit zerschossenen Gliedern. Diese Glieder müssen herunter, sonst kommt der Brand dazu. Und wer kann sie kunstgerechter herunterbringen als ich? Sie sind doch vollständig überzeugt, Señor, daß ich alles, alles heruntersäble?“

„Ich bezweifle es nicht im mindesten.“

„Dann wollte ich, daß Sie einen Schuß in den Arm, in das Bein oder in den Leib bekommen hätten. Sie sollten staunen, mit welcher Virtuosität ich Ihnen die Kugel und alle Knochensplitter aus der Wunde ziehen und nötigenfalls das verletzte Glied abschneiden würde. Es ist wirklich jammerschade, daß niemals ein verständnisinniger Mann einen Schuß bekommt!“

Morgenstern entfernte sich schnell, da es ihm in der Nähe dieses Mannes nicht ganz geheuer war. Der Abend brach herein und mit ihm kamen Gäste, nämlich die Frauen und größeren Kinder der Cambas. Sie wußten, für welche Zeit man den Kampf vermutet hatte, und kamen nun, den Ausgang desselben zu erfahren, erst einzeln und verzagt, dann aber in hellen Haufen. Auf den versprochenen Sieg rechnend, hatten sie reichlich Speise und Trank mitgebracht, um denselben zu feiern, und da doch Friede geschlossen war, so durften auch die Besiegten an dem Mahle teilnehmen. Es brannten viele Feuer, an denen Freunde und Feinde in den verschiedensten Gruppierungen lagerten oder sich bewegten.

Obgleich von einer Gefahr keine Rede mehr sein konnte, hatte der Vater Jaguar doch einen Doppelposten an den Eingang des Thales postiert. Es war das mehr eine Folge der Gewohnheit. Das mochten die beiden Indianer, denen dieser Auftrag geworden war, auch denken, denn als sie einige Zeit allein gestanden hatten, wurde ihnen die Zeit lang und sie kehrten, ohne daß der Vater Jaguar dies bemerkte, an ihr Feuer zurück. Dieser Ungehorsam, den man geneigt sein könnte, eine bloße, kleine Nachlässigkeit zu nennen, sollte von schweren Folgen sein.

Der Gambusino hatte nämlich mit Antonio Perillo wohl eine Stunde lang im Gebüsch gelegen, ehe er es wagte, den Kopf aus demselben zu stecken, um sich umzusehen.

„Ich sehe niemand,“ sagte er.

„So sind sie fort,“ meinte sein Genosse.

„Das möchte ich doch nicht als so gewiß annehmen. Wie nun, wenn sie in der Nähe in den Büschen stecken, um zu warten, bis wir hervorkommen!“

„Dann müßten wir doch die Pferde sehen.“

„Nein. Der Wald ist zwar sehr dicht, aber der Rand desselben hat doch hie und da eine dünnere Stelle, wo man zwei Pferde verstecken kann.“

„Wenn du so übermäßig vorsichtig sein willst, können wir bis zum jüngsten Tage hier stecken bleiben!“

„Gar so lange doch nicht ganz. Jetzt möchte ich nicht hinaus auf den freien Campo treten; ich könnte sogleich eine Kugel bekommen. Aber wenn es finster geworden ist, gibt es kein Wagnis dabei. Es ist dann sogar möglich, daß wir nach dem Thale des ausgetrockneten Sees zurückkehren.“

„Bist du toll!“

„Gar nicht!“

„Sollen wir uns ergreifen lassen?“

„Fällt mir gar nicht ein. Es ist mir nur ein Gedanke gekommen, den ich für einen sehr glücklichen halte.“

„Welcher?“

„Wir haben keine Pferde und können auch auf viele Tagereisen weit keins bekommen. Im Thale aber gibt es welche."
„Die du dir holen willst?"
„Nicht alle, sondern nur zwei."
„Das wäre Tollkühnheit!"
„Wenn ich finde, daß es zu verwegen ist, werden wir es lassen. Ich hoffe aber, daß es viel, viel leichter sein wird, als du denkst."
„Schwerlich!"
„Pah! Wir wissen genau, daß die Cambas Sieger sind, und ich befürchte, daß sie unsere Verbündeten bis auf den letzten Mann aufgerieben haben. Nach einem solchen Erfolge sind die Roten wie betrunkene Kinder. Sie werden schreien und jubeln, essen und trinken und an nichts anders denken, als daß sie uns überwunden haben. Da vergißt man es vielleicht, den Eingang zum Thale zu bewachen. Und stellt man ja einen Wächter hin, so läuft er entweder fort, um mitzujubeln, oder er wird von mir und dir sehr leicht unschädlich gemacht, worauf es sehr schlimm zugehen müßte, wenn wir nicht zu zwei Pferden kämen."
„Und wenn dieselben nicht gesattelt sind?"
„Dummkopf! Schau da hinaus! Siehst Du denn nicht, daß der Vater Jaguar unsre Pferde zwar erschossen, aber ihnen nicht das Sattel- und Zaumzeug genommen hat? Finden wir zwei ungesattelte Pferde, so reiten wir hierher, um das zu finden, was wir brauchen."
Perillo brachte noch einige Einwendungen vor. Er wollte sich nicht wieder in eine so große Gefahr wie die heut überstandene begeben; aber der Gambusino widerlegte ihm alles, was er vorbrachte. Darüber wurde es Abend und die beiden verließen vorsichtig ihr Versteck. Sie wendeten sich nicht am Waldesrande zurück, da sie da leicht auf den befürchteten Hinterhalt stoßen konnten, sondern schlichen sich eine Strecke weit in den Campo hinein und bogen erst dann, als sie den Wald nicht mehr sehen konnten, nach rechts ab, in welcher Richtung das Thal des ausgetrockneten Sees vor ihnen lag.
Um dasselbe zu erreichen, brauchten sie jetzt viermal so viel Zeit, als am Nachmittage, da sie es zu Pferde als Flüchtlinge verlassen hatten. Sie konnten es nicht verfehlen, weil sie sich dem Walde nach und nach wieder näherten und endlich an demselben hinschritten. Noch ehe sie in der Finsternis den Eingang sehen konnten, hörten sie den Lärm, welcher durch denselben aus dem Thale drang.
„Horch!" sagte der Gambusino, indem er lauschend stehen blieb. „Ich habe mich nicht geirrt. Man bejubelt den Sieg. Daß es so kommen mußte! Meine Ahnung, daß der Vater Jaguar uns voraus sei, war also doch ganz richtig."
„So hättest du dich danach richten sollen. Pellejo hatte doch recht, als er uns zu größerer Vorsicht aufforderte."
„Schweig und sprich mir nicht von diesem Menschen! Er wollte kommandieren. Es hat so sollen sein und ist nun nicht zu ändern. Bleib jetzt einmal hier stehen! Ich will voranschleichen, um zu rekognoscieren."

Er huschte fort. Als er nach ungefähr zehn Minuten zurückkehrte, berichtete er in freudigem Tone:
„Es ist so, wie ich dachte. Kein Mensch steht Wache. Wir können hinein, ohne bemerkt zu werden. Komm!“
Er nahm den andern bei der Hand und zog ihn mit sich fort. Als sie das Felsenthor des Thales erreichten, glänzte ihnen der Schein von vielen Feuern entgegen, so daß sie sich ganz zur Seite im Schatten des Felsens halten mußten. Der Gambusino deutete auf den letzteren und sagte:
„Hier war es, wo uns die beiden kleinen roten Kerls von oben herab vor die Füße flogen. Ich ließ sie leider laufen, weil ich glaubte, daß sie uns sicher seien. Nun sind sie uns wieder entkommen!“
„Schadet nichts. Ich freue mich jetzt, daß wir sie nicht getötet haben.“
„Warum?“
„Weil sie doch vielleicht das sind, wofür sie sich ausgeben. So oft wir sie trafen, haben sie sich so kindisch albern benommen, daß es mir heute unmöglich ist, noch zu glauben, daß der eine Oberst Glotino sein soll.“
„Je länger ich mir den Kerl und seine Streiche vergegenwärtige, desto mehr kommt es auch mir so vor, als ob wir uns geirrt hätten. Wir haben uns durch eine Ähnlichkeit täuschen lassen. Glotino würde niemals und aus keinem Grunde selbst nach dem Chaco gehen, sondern einen tüchtigen Offizier schicken. Wenn mir diese beiden Roten wieder über den Weg laufen sollten, so wird es mir gar nicht einfallen, sie als voll zu behandeln. Ich bedrohe keineswegs mehr ihr Leben. Was sie von mir zu befürchten haben, das sind einige derbe Ohrfeigen, die ich ihnen dafür geben werde, daß sie es wagen, mir wieder und immer wieder wie Ungeziefer über den Weg zu laufen. Dann werden sie sich wohl fern von mir halten. Jetzt aber haben wir keine Zeit, von diesen Knirpsen zu sprechen. Da schau einmal, wie gut wir es getroffen haben!“
Er deutete nach dem Innern des Thales, wo beim Scheine der Feuer alle dort befindlichen Personen leidlich zu erkennen waren.
„Schau da nach links hinüber! Kennst du ihn?“ fuhr er fort.
„Der Vater Jaguar!“
„Ja. Wenn ich diesem Hunde eine Kugel geben könnte!“
Er hob sein Gewehr empor, als ob er es anlegen wolle. Der andre fiel ihm in den Arm und warnte heftig:
„Schieße nicht, schieße nicht; du würdest uns verraten!“
Der Gambusino ließ das Gewehr wieder sinken und antwortete:
„Hattest du wirklich Angst, daß ich schießen würde? Fällt mir nicht ein! Meine Kugel würde ihn nicht einmal erreichen, und wir müßten augenblicklich fliehen, während wir uns doch zwei Pferde holen wollen. Sie laufen ja in Masse hier herum.“
Dieses letztere war allerdings richtig. Wie bereits erwähnt hatten die Cambas ihre Pferde unter der Aufsicht einiger Männer am Bache draußen vor dem Thale gelassen. Jetzt war

es da draußen dunkel, und da der Kampf vorüber war, hatte man die Pferde in das Thal gelassen, wo sie sich nach allen Richtungen frei herumtrieben. Der Vater Jaguar hatte das gestattet, weil er überzeugt war, daß vorn am Eingange ein Doppelposten stehe. Hätte er geahnt, wer an Stelle desselben jetzt dort anwesend war!

Während die beiden Lauscher ihre Augen auf die Pferde richteten, welche in ihrer Nähe weideten, meinte Antonio Perillo:

„Wir haben doch schießen hören, und doch hat es allen Anschein, als ob gar kein Kampf stattgefunden habe."

„Wieso? Es ist sogar ein furchtbares Feuer gewesen, welches man auf die Abipones eröffnet hat. Siehst du denn nicht die Menge von Leichen, welche dort am See liegen?"

„Aber wo sind die andern Abipones hin?"

„Entflohen natürlich."

„Unmöglich! Der Vater Jaguar hatte doch da draußen einen Hinterhalt gestellt, welcher wohl an die hundert Mann zählte. Es gelang uns nur mit Not, diesen Leuten zu entgehen. Sie haben den Eingang besetzt. Wie konnten da die Abipones entkommen?"

„Hm! Was du da vorbringst, hat guten Grund. Sollten sie wirklich alle aufgerieben worden sein? Dann müßte man doch viel mehr Leichen sehen."

„Man wird sie in das Wasser geworfen haben."

„Denke das ja nicht! Es wird den Cambas nicht im Traume einfallen, sich dadurch dieses kostbare Wasser zu verderben, denn – – –"

Er hielt inne, beschattete seine Augen mit der Hand, blickte scharf nach einem der Feuer und fuhr dann in heftigem Tone fort:

„Demonio! Ich habe mir bis jetzt noch keine Mühe gegeben, die Gesichtszüge zu erkennen. Jetzt aber sehe ich, daß Abipones mit den Cambas zusammen an den Feuern sitzen."

„Ist das möglich?"

„Nicht möglich, sondern wirklich. Sieh nur scharf hin."

Antonio Perillo überzeugte sich, daß der Gambusino recht hatte, und fragte:

„Wie kann so etwas geschehen? Man sollte es nicht glauben!"

„Es ist leicht zu begreifen. Die Abipones waren umzingelt. Sie hätten selbst den letzten Mann verloren. Um ihr Leben zu retten, haben sie um Gnade flehen müssen."

„Gnade? Das sieht keinesweges so aus. Sie sind ja nicht gefesselt; sie essen mit und bewegen sich wie freie Leute."

„Tempesta! Das ist wahr! Daran ist dieser Schurke, der Vater Jaguar, schuld. Er hat Frieden zwischen den Abipones und den Cambas geschlossen."

„Den aber die Abipones jedenfalls teuer bezahlen müssen!"

„Glaube dies ja nicht! Dieser Mensch ist klug. Durch eine schwere Kontribution würde er die Rachgier erwecken und die Feindschaft vergrößern. Ich wette, daß den Abipones alles geschenkt und vergeben worden ist. Man wird ihnen gesagt haben, daß sie durch ihre Verluste hart genug gestraft worden seien."

„Eine solche Milde kann ich mir nicht als möglich denken.“
„Aber ich, da ich die Schlauheit dieses Vater Jaguar kenne. Er will dadurch die Todfeinde zu Verbündeten machen, und ich glaube es nicht nur, sondern ich sehe es hier mit diesen meinen eigenen Augen, daß ihm dies gelungen ist. Die Abipones sind gewonnen und werden als Freunde behandelt. Wir können von heute an nicht mehr im Trüben fischen. Mit dem geplanten Pronunciamiento ist's vorüber, und es ist nur gut, daß wir beide ein neues Ziel und einen neuen Zweck haben. Wir wollen auch sofort darauf hin arbeiten, indem wir uns mit Pferden versorgen und dann die Gegend verlassen, welche für mich so unglückbringend geworden ist, wie kaum eine zweite. Da haben wir zwei Tiere ganz nahe; sie scheinen nicht schlecht zu sein. Nehmen wir sie, ich das rechts und du das links; aber vorsichtig! Bücke dich zum Boden nieder!“
Sie legten sich in das Gras und krochen auf die beiden Pferde zu, welche zwar keine Sättel, aber doch die Zäume trugen. Bei ihnen angekommen, richteten sie sich auf, zogen die festgeknüpften Zügel aus den Backenriemen, nahmen die Enden derselben in die Hände, bückten sich wieder nieder und krochen zurück, die Pferde langsam hinter sich herziehend. Draußen vor dem Felsenthore angekommen, sagte der Gambusino, indem er froh aufatmete:
„Siehst du nun, daß es sehr leicht gegangen ist! Dadurch, daß wir uns beritten gemacht haben, ersparen wir eine Fußwanderung von vielen Tagen. Jetzt holen wir uns die Sättel; dann umreiten wir diesen undurchdringlichen Wald, der uns so außerordentlich unbequem liegt, und hernach, wenn wir ihn hinter uns haben, geht's hinüber nach Tucuman, wo wir mit der Diligence bis Salta fahren. Das geht schneller als im Sattel, weil an jeder Station die Pferde gewechselt werden.“
„Und von Salta aus?“
„Nehmen wir Maultiere, da in den Bergen wegen der dünnen Luft nicht mit Pferden auszukommen ist.“
„Das weiß ich gar wohl; aber woher nehmen wir das Geld für die Maultiere? Bei dem Zwecke, welchen wir verfolgen, können wir uns keine mieten, sondern müssen welche kaufen, und ich sage dir, daß ich nicht genug bei mir habe, einen alten Ziegenbock, geschweige denn ein gutes Maultier zu kaufen.“
„Da laß dir ja nicht bange sein. Ich bin zwar auch nicht bei vollen Taschen, aber ich habe in Salta einen Freund, welcher mich sehr gern mit allem Nötigen versehen wird.“
„Wer ist das? Vielleicht kenne ich ihn auch.“
„Er heißt Rodrigo Sereno.“
„Meinst du etwa den Spediteur draußen vor der Stadt, an der Straße, welche nach Injuy führt?“
„Ja. Er hat zugleich ein großes Gasthaus, verleiht Pferde und Maultiere und treibt noch zehn oder zwanzig andre Geschäfte.“
„Den kenne ich allerdings. Wenn er dein Freund ist, brauchen wir freilich nicht bange zu sein.“

„Ich sage ja, er wird mir geben, was ich brauche. Jetzt laß uns aufsteigen. Wir haben in dieser Nacht einen weiten Ritt."
Sie schwangen sich auf die Pferde und galoppierten fort, in der Richtung nach ihren erschossenen Pferden, um sich die Sättel derselben zu holen.
Später kamen zwei Cambas nach dem Eingange, um den Doppelposten abzulösen. Als sie die beiden untreuen Wächter nicht sahen, nahmen sie zwar deren Stelle ein, kamen aber nicht auf den Gedanken, dem Vater Jaguar zu melden, daß das Felsenthor eine ganze Zeit lang unbeaufsichtigt gewesen sei. Als er dann später kam, den Posten zu inspizieren, fand er alles in Ordnung und ahnte nicht, daß etwas geschehen war, wodurch seine ganze Berechnung zu nichte gemacht werden mußte. Man entdeckte nicht einmal, daß zwei Pferde fehlten, da dieselben den Abipones gehört hatten und also von den Cambas nicht vermißt wurden.
Die letzteren blieben bis weit über Mitternacht munter. Die Freude, einem so grauenhaften Überfalle entgangen zu sein, ließ sie nicht schlafen. Und die Weißen, denen sie ihre Rettung zu verdanken hatten, mußten mit ihnen munter bleiben.
Von den letzteren war niemand so grämlicher Laune als Doktor Morgenstern und sein Fritze. Sie saßen abseits im Dunkeln und sprachen, nur mit ihrem Ärger beschäftigt, nur selten ein Wort miteinander. Warum? Das konnte man eben jetzt hören, als Fritze seinem Herrn zuraunte:
„Inwiefern könnte es denn eine so jroße Dummheit jewesen sind?"
„Weiß ich's?" antwortete Morgenstern. „In Jüterbogk im Gesangvereine werde ich anders anerkannt."
„Dat mag die Möglichkeit sind; aber hier im Gran Chaco wird mehr verlangt als nur eine jute, wohljefällige Baritonstimme. Da muß man vor allem Haare auf die Zähne haben und ein jehörijes Quantum Tapferkeit besitzen."
„Sind wir denn nicht tapfer gewesen?"
„Nein."
„Nicht? Wir haben uns doch nicht nur in die vorderste Reihe gestellt, sondern sind sogar auf den Felsen gestiegen, um den Feind aus erster Hand zu haben. Ist das nicht tapfer?"
„Hm! Soll ik aufrichtig sind?"
„Natürlich!"
„Jut! Ik denke foljendermaßen: Ik mag mich's nach rechts oder nach links überlejen, so kommt es mich jetzt vor, als ob wir nicht tapfer, sondern voreilig gewesen wären."
„Voreilig, lateinisch praeproperus genannt? Wieso denn, mein Lieber?"
„Weil wir so rasch nach vorn jeeilt sind; dat ist doch voreilig, zumal wir keine Erlaubnis dazu hatten."
„Erlaubnis brauche ich nicht. Ich bin ein freier Mann!"
„Ik auch. Dennoch aber habe ik mir herbeijelassen, Ihr Diener zu sind und Ihre Befehle zu erfüllen. Es kommt auf jewisse Verhältnisse an. Im Gran Chaco muß man sich anders benehmen als in Stralau am Rummelsburjer See. Dort bin ik dem Vater Jaguar über; hier

aber ist er mich über, und darum finde ik es jeraten, mir nach seine Weisung zu verhalten."

„Aber du bist es ja doch gewesen, welcher den Vorschlag gemacht hat, von den Pferden fort und in das Thal zu gehen!"

„Es fällt mir jar nicht ein, dies fälschlicherweise zu leugnen. Meine Absichten sind die besten und tapfersten jewesen. Ik wollte mir hervorthun und auch Sie Jelegenheit jeben, Ihnen Ruhm und Ehre zu erwerben. Aber konnte ik wissen, daß der Felsen hier so locker und so mürbe ist wie ein Eierkuchen? Konnte ik ahnen, daß er mir so verräterisch hinunterschicken würde, bis jerade vor die Fußzehen dieses Jambusino? Wäre dat nicht jewesen, so wäre er nicht aufmerksam jeworden, sondern in dat Thal jekommen, und jefangen jenommen worden. Da muß ik dem Vater Jaguar vollständig recht jeben."

„Wenn du die Sache so darstellst, kann ich dir nicht widersprechen. Wir sind wirklich blamiert!"

„Ja, wir sind blamiert, trotz die schönen Knüppels, welche wir uns abjeschnitten hatten. Sie sind eben liejen jeblieben, während wir hinunterjekollert sind. Umjekehrt wärs besser jewesen. Wir konnten oben bleiben und die Prügel hinunterschicken. Aber da es jeschehen, ist's nicht mehr zu ändern."

„Zu ändern freilich nicht. Aber es geht mir doch zu Herzen. Könnten wir die Blamage nicht von uns abwaschen? Könnten wir es nicht wieder gut oder wett machen? Könnten wir nicht eine tapfere That begehen, welche unsre befleckte Ehre, lateinisch Dignitas oder Honor geheißen, wieder zu reinigen vermag? Ich schäme mich beinahe vor den andern."

„Und ik schäme mir vor mir selber, die andern jehen mir nichts an. Also Ihre Ehre wollen Sie reinigen? Womit? Mit eine tapfere That? Wollen Sie eine Prüjelei mit dem Monde anfangen?"

„Scherze nicht in dieser Weise! Es ist mir vollständig ernst. Man hat ein Vorurteil gegen die Gelehrten. Man behauptet, sie seien zwar in ihren Büchern, aber nicht im Leben zu Hause. Durch mein Pech habe ich Veranlassung gegeben, zu glauben, daß dieses Vor-ein richtiges und begründetes Urteil sei. Darum möchte ich beweisen, daß ich gar wohl in das Leben und sogar in den gefährlichen Gran Chaco passe. Nenne mir eine kühne That, Fritze, und ich führe sie sofort aus!"

„Und ik helfe Sie dabei. Aber es wäre unnötig, darüber nachzudenken; wir würden doch nichts Passendes finden. Hier in diese Jejend fliejen die Thaten in der Luft herum; sie kommen von selbst. Nehmen wir die erste beste, die wir treffen, fest, um sie aus- und durchzuführen! Dann wird man wieder Respekt vor uns haben."

„Gut, ich bin dabei. Also die erste kühne That, welche uns in den Weg kommt, wird ausgeführt. Hier ist meine Hand. Schlage ein, Fritze!"

„Ja, ik schlage ein; sie wird ausjeführt und sollten wir dabei eine Gigantochelonia versäumen."

„Nein," fiel Morgenstern schnell ein. „So weit würde ich mich von meiner Tapferkeit doch nicht hinreißen lassen. Ein vorweltliches Riesentier geht mir über alles."
„Selbst über die heutige Blamage?"
„Ja, selbst über diese. Übrigens werden wir bald zu einem solchen freudigen Ziele gelangen. Du weißt doch, daß der Häuptling mir ein Riesentier versprochen hat."
„Ob er es halten wird?"
„Jedenfalls. Wo nicht, so würde ich ihn zum Kampfe auf Leben und Tod herausfordern, und dies würde zugleich die tapfere That sein, mit welcher ich meine verwundete Ehre herstellen könnte."
„Wenn ik an Ihre Stelle wäre, würde ik den Häuptling noch einmal fragen, zumal er soeben hier vorüberjehen wird."
Es paßte wirklich so, daß der „harte Schädel" jetzt auf die beiden zugeschritten kam. Sie standen auf, und Morgenstern fragte ihn, ob er sich seines Versprechens noch erinnere.
„Ja," antwortete er. „Ich habe noch nie einem Freunde eine Lüge gesagt."
„So gibt es also wirklich ein solches Riesentier?"
„Ja. Es liegt einen Tagesritt hinter dem Dorfe des klaren Baches. Ich schwöre es Ihnen zu."
„Und Sie wollen es mir verkaufen?"
„Nicht verkaufen, sondern schenken, Señor. Ihre Kameraden haben uns einen großen Dienst erwiesen und vielen von uns das Leben und das Eigentum gerettet. Wie könnte ich da Bezahlung für die Knochen verlangen. Der Transport derselben wird Ihnen so schon ein großes und vieles Geld kosten."
„Und wann werden Sie mir das Tier zeigen, Señor?"
„Morgen noch nicht, weil es da noch viel zu ordnen gibt; aber übermorgen bin ich gern bereit, mit Ihnen nach der Stelle zu reiten."
„Was ist's für ein Tier? Ein Glyptodon, ein Megatherium oder vielleicht ein Mastodon?"
„Darauf kann ich nicht antworten, denn ich habe diese Namen noch nie vernommen. Sie werden es sehen und dann wissen, wie Sie es zu nennen haben."
Nach diesen Worten entfernte er sich, um sich bei dem Vater Jaguar niederzusetzen. Dieser fragte ihn, was er mit dem kleinen Manne verhandelt habe, und als er es erfuhr, sagte er, indem ein unternehmendes Lächeln über sein Gesicht glitt:
„Dieser Doktor lebt und stirbt für seine Riesentiere. Er ist ein guter Mensch, und obgleich er mir schon manchen schlimmen Dienst erwiesen hat, möchte ich ihm eine frohe Überraschung bereiten. Wie weit habt ihr das Tier ausgegraben?"
„So weit, daß man den Kopf und die Knochen des Rückens bis zu denen des Schwanzes sah. Dann deckten wir es wieder
ZU."
„Sehr fest, so daß es nur schwer auszugraben ist?"
„Nein, sondern leicht, weil wir es verkaufen wollten."
„Wie lange würde man zubringen, um das Gerippe vollständig freizulegen?"

„Wenn acht oder zehn Männer daran arbeiten, ist es in einigen Stunden geschehen, obgleich das Tier im harten Kalkboden steckt.“
„Habt ihr Werkzeuge dazu?“
„Ja, Werkzeuge nach unsrer, wenn auch nicht nach eurer Art; aber sie sind fast ebenso gut, wie die eurigen.“
„Und übermorgen willst du ihn an die betreffende Stelle führen?“
„Ja.“
„Gut! Willst du mir morgen zehn Männer mit den nötigen Werkzeugen mitgeben? Ich möchte hinreiten und dafür sorgen, daß er das Tier ganz ausgegraben findet. Aber er darf vorher nichts davon wissen. Es soll eben eine Überraschung für ihn werden.“
„Sie sollen haben, was Sie brauchen. Auch einen Führer, der die Stellen genau kennt, ebenso Riemen, um die einzelnen Knochen zusammenzubinden. Stützen, um das Gerippe an Ort und Stelle aufzurichten, können Sie sich dort abschneiden. Es wächst da Bambus und hohes Gebüsch in Menge.“
Das Versprechen, daß er übermorgen das Riesentier zu sehen bekommen solle, ließ den Doktor nicht schlafen. Er war übrigens nicht der einzige, welcher wachte. Die Abipones schliefen auch nicht, teils aus Aufregung über die erlittene Niederlage, teils wegen den Schmerzen, welche ihre Wunden ihnen bereiteten. Es starben während der Nacht noch mehrere von ihnen.
Am andern Morgen erteilte der Vater Jaguar seinem Geronimo die nötigen Verhaltungsmaßregeln und ritt dann mit zehn Cambas fort, ohne zu sagen, wohin er zu gehen beabsichtige und wann er wiederkehren werde. Er glaubte sich im Thale entbehrlich, da er in Geronimo einen zuverlässigen Vertreter hatte.
Zunächst war über die Frage zu entscheiden, wo und wie die Leichen beerdigt werden sollten. Es waren ihrer so viele, daß zum Vergraben derselben außerordentlich viele Arbeitskräfte und auch eine lange Zeit gehörte. Darum kam man auf Geronimos Vorschlag darin überein, daß sie draußen vor dem Thale verbrannt werden sollten. Man schaffte die Toten hinaus und errichtete aus ihren Körpern und dürrem Holze hohe Scheiterhaufen, welche in Brand gesteckt wurden. Als das vorüber war, war der Mittag vergangen, und die gesunden und leichtverwundeten Abipones mußten abziehen. Sie wären zwar gern noch bei ihren Schwerverwundeten zurückgeblieben, aber man traute ihnen denn doch nicht so recht, obgleich sie entwaffnet worden waren. Sie erhielten das Versprechen, daß man ihre Zurückgelassenen gut verpflegen werde, und marschierten dann ab, denn ihre Pferde waren ganz selbstverständlich als Beute zurückbehalten worden. Ihre Messer hatte man ihnen mitgegeben, da sie dieselben unterwegs unmöglich entbehren konnten.
Nun wollten die Cambas nach vollendetem Kriegszuge nach ihren verschiedenen Dörfern und Wohnsitzen zurückkehren. Dabei mußte man der verwundeten Abipones gedenken, welche nicht transportabel waren. Es wurde beschlossen, daß eine Anzahl von Cambas aus dem Hauptdorfe mit ihnen im Thale des ausgetrockneten Sees bleiben

sollten, um sie da zu pflegen, bis sie stark genug seien, das Thal zu verlassen. Zu diesem Zwecke sollten Hütten aus Laub und Zweigen errichtet werden. Mit all diesen Auseinandersetzungen und Vorbereitungen war man nach Verlauf der ersten Nachmittagsstunden fertig. Dann wurde zum allgemeinen Aufbruche geschritten, an welchem sich nur die Kranken und deren Wärter nicht beteiligten. Die Folge dieses späten Aufbruches war, daß der Zug erst nach angebrochener Dunkelheit das Cambasdorf am klaren Bache erreichte. Die Krieger zogen dort als Sieger ein und wurden als solche empfangen und gefeiert. Es verstand sich ganz von selbst, daß man vor allen Dingen die Weißen ehrte, denen man ja doch die Rettung aus so großer Gefahr zu verdanken hatte.

Die Feier des Sieges bestand auch hier wieder in einem Schmause, welcher bis tief in die Nacht hinein währte. Am nächsten Morgen forderte der Häuptling den Doktor zu dem versprochenen Ritte auf. Die Weißen beteiligten sich ohne Ausnahme an demselben, und auch mehrere Cambas ritten mit. Natürlich nahm Morgenstern seine Werkzeuge an sich, und der Häuptling verhinderte ihn nicht daran, weil er ihm doch nicht sagen konnte, daß dieselben unnütz seien.

Der Weg führte nach Norden, durch Wälder und Wüsten, bis man gegen Abend einen Salzsee erreichte, welcher in einer thonigen Ebene lag, und von Wald und Gebüsch umgeben war.

„Ist es hier?“ fragte Morgenstern, welcher vor Aufregung beinahe fieberte, den Häuptling.

„Ja, in der Nähe,“ antwortete dieser.

„So führen Sie mich hin, schnell, schnell!“

„Haben Sie Geduld! Es ist für heute zu spät. Die Sonne ist schon hinter den Bäumen verschwunden, und in wenigen Minuten wird es dunkel sein. Da können Sie doch nicht graben. Wir müssen bis morgen warten.“

„Ist dies der Fall, so vergehe ich vor Aufregung. Wissen Sie, daß ich eigentlich das Recht habe, heute, gerade heute die betreffende Stelle zu sehen, wenn ich auch keine Zeit zum Nachgraben finde?“

„Warum?“

„Weil heute mein Geburtstag ist, lateinisch Natalis genannt.“

„Ihr Geburtstag? Wer hat das gewußt! Doch, da es so steht, Señor, will ich ein übriges thun und Ihnen die Stelle zeigen. Aber nicht jetzt sogleich, denn wir brauchen alle Hände, um noch vor der Dunkelheit genug Holz zum Feuer zu sammeln. Dann, wenn wir für alles gesorgt haben, sollen Sie den Ort beim Scheine einer Fackel sehen, damit ich Ihnen eine Geburtstagsfreude bereite.“

Man begann Holz zu sammeln, und zwar sehr langsam, denn man war heute eingeweiht in das, was geschehen solle. Der Häuptling hatte es allen außer Morgenstern und Fritze gesagt. Es galt, die völlige Dunkelheit abzuwarten, um die Überraschung vorzunehmen.

Morgenstern suchte mit allem Eifer nach dürrem Holze, damit der ersehnte Augenblick baldigst eintrete. Dabei bemerkte er nicht, daß es in der Umgebung des Lagerplatzes Huf- und Fußspuren gab, welche unmöglich von ihm und seinen Gefährten herrühren konnten. Ebensowenig beobachtete er, daß der Häuptling mit Geronimo auf längere Zeit verschwunden war. Sie hatten sich zum Vaterjaguar begeben, um diesem mitzuteilen, daß heute ganz zufälligerweise der Geburtstag des kleinen Vorsündflutlers sei, eine Kunde, welche gar nicht besser zu ihrem Vorhaben passen konnte.
Endlich war Holz genug vorhanden und es wurde ein Feuer angezündet. Erst jetzt bemerkte Morgenstern, daß die beiden Personen fehlten.
„Es ist doch grad, als ob man sich gegen mich verschworen hätte," klagte er gegen seinen Diener. „Nun, da alles in Ordnung ist, fehlt der Häuptling, und doch weiß er, daß ich unmöglich länger warten kann."
„Fassen Sie Ihnen in Jeduld!" tröstete Fritz. „Wat lange währt, wird jut. Dat heißt mit andern Worten: je länger Sie warten, desto jrößer wird dat Tier, welches aus der Unterwelt vor Ihre Augen kommen soll. Sehen Sie, da kommen die beiden und die Besichtijung wird losjehen. Ik werde mir übrijens an derselben nicht beteiligen."
„Warum nicht?"
„Weil die Kreatur erst morjen ausjegraben wird. Wat ist da heut zu sehen? Ein Stück Erdboden und so 'ne Rarität habe ik schon oft jesehen."
Der Häuptling kam allerdings mit Geronimo zurück, aber die Neu- oder Wißbegierde des Kleinen wurde trotzdem noch nicht befriedigt, da die beiden behaupteten, daß man vorher erst essen müsse, eine Zumutung, welche Morgenstern mit Entsetzen erfüllte. Er ahnte nicht, daß seines Geburtstages wegen noch erst eine Vorbereitung zu treffen sei. Man aß; er aber brachte keinen Bissen über die Lippen. Da krachte aus nicht zu großer Entfernung ein Schuß. Morgenstern sprang erschrocken auf und rief:
„Was war das? Wer schießt da? Sollten etwa wieder Abipones in der Nähe sein?"
„Nein, Señor," antwortete Geronimo. „Dieser Schuß ist das Zeichen, daß die Zeit gekommen ist, in welcher Sie die Stelle sehen sollen, welche Sie zu betrachten wünschen. Geben Sie mir Ihren Arm! Ich werde Sie führen."
Er ergriff ihn beim Arme und ging mit ihm voran; die andern folgten paarweise. Den Arm Fritzens hatte der Häuptling in den seinigen genommen. So ging es mit würdevollen, ja feierlichen Schritten zwischen mehreren Buschgruppen hindurch, bis man sich vor einem Dunkel befand, wo Geronimo stehen blieb und mit lauter Stimme sagte:
„Señor, heute an Ihrem Geburtstage befinden Sie sich an einem Orte, an welchem Ihr Liebling sich vor vielen tausend Jahren an seinem Sterbetage niederlegte, um in Ihren zärtlichen Armen zu neuem Leben zu erwachen. La enhora buena, la enhora buena!"
„La enhora buena – wir gratulieren!" stimmten alle andern ein.
Zu gleicher Zeit sah man vorn ein kleines Flämmchen leuchten. Es huschte hin und her und auf und nieder; andre Flämmchen erschienen, bei deren Schein man ein breites und wohl vier Ellen hohes Bambusgestell bemerkte, an welchem die aus dürren

Bambusstücken gefertigten Buchstaben und Worte befestigt waren: „Zum Geburtstage!" Die Buchstaben wurden entzündet und brannten einige Minuten, so daß man die Worte deutlich lesen konnte.
„Welche Überraschung, Fritze!" rief der Doktor aus, indem er sich zu seinem Diener umwendete. „Hier im Gran Chaco bereitet man mir zum Geburtstage ein Feuerwerk. Aber das Riesentier wäre mir doch noch lieber."
„Hm!" brummte Fritze mißtrauisch. „Wenn dat nur kein Ulk ist, der damit ein Ende nimmt, daß man Sie Ihre eigene werte Persönlichkeit als Riesentier bezeichnet. Ik habe sonen Animus. Ach, wat ist dat?"
Die Buchstaben waren verbrannt und der Bambusrahmen verschwand. Dann leuchteten rechts und links wieder kleine Lichtpünktchen auf, welche sich schnell vergrößerten und zu hohen Flammen anwuchsen. Es brannten ungefähr sechzehn Schritt voneinander zwei riesige Feuer und zwischen denselben sah man das weiße, vollständige Gerippe eines riesigen Tieres stehen, welches von starken Bambusschößlingen gestützt wurde. Seitwärts stand lächelnd der Vater Jaguar mit den zehn Cambas, welche ihm geholfen hatten, dieses Werk zu vollenden. Morgenstern aber sah weder diesen noch jene; sein Auge hing starr an dem Skelette; seine Brust rang nach Atem; er streckte beide Arme aus; er wollte sprechen, rufen, brachte aber kein Wort hervor, bis er endlich mit Aufbietung aller seiner Kräfte in gellendem Tone und silbenweise schrie:
„Ein Me-ga-the-ri-um! – Ein-Rie-sen-faul-tier!" –
Die beiden Worte waren heraus und nun schien der Bann, welcher auf ihm lastete, gebrochen zu sein. Er sprang auf das Gerippe zu, umarmte die starken Schenkel und küßte die andern Knochen; er streichelte den Schädel wie den Kopf eines lieben Kindes und bückte sich zur Erde nieder, um die an den Zehen befindlichen, ungeheuren Sichelkrallen zu liebkosen und rief und schwatzte dabei allerhand Zeug durcheinander, daß man hätte glauben mögen, er sei verrückt geworden. Die andern ließen ihn ruhig gewähren; Fritze aber bekam Angst, trat zu ihm hin, schüttelte ihn am Arme und rief ihm zu:
„Besinnen Sie Ihnen l Nehmen Sie Ihnen zusammen! Wegen so eines Riesentheriums braucht man den Verstand noch nicht zu verlieren!"
Da schlug der Doktor die Arme um ihn, drückte ihn an sich und antwortete:
„Mein lieber, lieber Fritze, ich bin wahrhaftig nicht verrückt, sondern glücklich, und endlich glücklich. Du hast keine Ahnung, was so ein Faultier zu bedeuten hat!"
„Na, wat dat betrifft, so kann es mich grad als Faultier nicht sehr imponieren, weil ik mein Lebtag für Faulheit nicht sehr einjenommen jewesen bin."
„Sieh nur diesen schönen, runden Schädel!" rief der Doktor entzückt, ohne auf das unfreundliche Urteil seines Untergebenen zu achten.
„Ja, rund und dick ist er, aber viel zu klein für die andre Jestalt. Dat ist ein Kindskopf auf dem Leibe eines Riesen."
„Die schönen, zylindrischen Backzähne!"

„Es sind ihrer zu wenig. Da habe ik ja mehr!“

„Ein Megatherium darf nur so wenige haben. Es hat auch keine Eck- und Schneidezähne.“

„Da hat man zu jener Zeit wohl janz anders jekocht als heutzutage? Bei unsrer Küche könnte dat riesigste Faultier ohne diese Zähne nicht bestehen.“

„Die kurzen, breiten Füße!“

„Dat sollen Füße sind? Ziehen Sie ihm doch seidene Strümpfe an!“

„Die herrlichen, langen Sichelkrallen!“

„Ja, wenn ik mich solche wachsen ließ, würde man mir auch sehr bald als Riesenfaultier betrachten.“

„Diese Länge! Sie beträgt wenigstens vier und einen halben Meter bei einer Höhe von dritthalb Meter. Ist das nicht erstaunlich?“

„Erstaunlich ist bloß, daß Sie es bei diese Höhe und Länge dennoch ein Riesenfaultier nennen. Ein Faultier ist viel zu träge, um so lang zu wachsen.“

Diese drastischen Bemerkungen erreichten ihren Zweck: Sie ernüchterten den Paläontologen so, daß er jetzt zornig ausrief:

„Du hast nicht das mindeste Verständnis für solche Verhältnisse und Schönheiten!“

„Nein, dat besitze ik wirklich nicht. Unter Schönheit verstehe ik einen janz andern Jedanken oder Begriff. Die Schönheit hat für mir eine andre Form und Jestalt. Ik kann eine Rose für schön halten, aber ein Riesenfaultier, wenn es noch dazu bloß aus seinem eijenen Jerippe besteht, dat kann ik niemals schön nennen.“

„Vor der Sündflut war es schön, verstanden! Und denke dir, daß nicht das kleinste Knöchelchen fehlt, während kein einziges Museum bis jetzt ein vollständiges Megatherium besessen hat!“

„Auch diese Vollständigkeit kann mir nicht bejeistern, denn sie kommt auch bei andern Jeschöpfen vor. Da sehen Sie doch einmal mir jenauer an! Bei mich fehlt auch nichts; selbst dat kleinste Knöchelchen ist da, und noch dazu mit Fleisch und schöner Haut überzogen!“

„Fritze, du bist ein Idiot. Dir kann man das Herrlichste bieten, ohne daß du Geschmack daran findest. Du bist für die Wissenschaft verloren.“

„Wenn sie von weiter nichts als von Riesenfaultieren handelt, so kann sie mich allerdings oft und manchmal jestohlen werden. Wat werden Sie denn nun mit diesem toten Monstrum anfangen?“

„Welche Frage! Ich schaffe es fort.“

„Wohin?“

„Heim, nach Hause.“

„Auch jut. Wenn dat die Sündflut jewußt hätte, so konnte sie dat Jerippe gleich dazumal nach Jüterbogk schwemmen. Damit hätte sie uns viele Mühen und Kosten erspart. Wollen Sie es vor Jeld sehen lassen?“

„Nein. Ich werde es einer Universität, einem berühmten Museum schenken, wo man seinem Namen dann den meinigen hinzufügen wird."
„Da haben Sie aber ja die Jüte, zu bitten, daß nicht etwa auch der meinige mit anjehängt wird. Mit so'nen Riesenfaultier will Fritze Kiesewetter auf keinen Fall verewigt werden. Wenn Sie dat Vieh mit heim nehmen wollen, muß dies per Schiff jeschehen. Wie aber wollen Sie es bis an die See bringen? ja, wenn es noch laufen könnte!"
„Es wird auseinander genommen und jeder Knochen sorgfältig einzeln verpackt. Dabei mußt du natürlich helfen."
„Sehr jern. Nur wenn Sie mir auseinandernehmen wollten, würde ik mir weigern, behilflich zu sind. Wann soll diese Arbeit losjehen?"
„Am liebsten sofort, aber das ist leider unmöglich, da es vorher sehr vieles zu beschaffen gilt. Man muß das aus der nächsten Stadt besorgen."
„Das würde Tucuman sein," sagte der Vater Jaguar, indem er herbeitrat. „Ich stelle mich Ihnen dabei zur Verfügung, Herr Doktor."
„Wieso, Herr Hammer?" fragte der Kleine.
„Wir reiten übermorgen nach Tucuman. Dort kann ich Ihnen alles Nötige besorgen. Einige Cambas, welche wir mitnehmen, können Ihnen dann die Sachen bringen."
„Verstehen Sie sich denn auf solche Einkäufe?"
„Ich denke wohl," lächelte der Vater Jaguar. „Sehen Sie sich dieses Megatherium genau an! Besitzt irgend ein Teil oder auch das kleinste Teilchen eine falsche, unrichtige Lage?"
„Nein. Es ist alles so genau am Platze, als ob die Sündflut erst gestern gewesen wäre."
„So sage ich Ihnen, daß dieses Gerippe, als wir es ausgruben, einen wirren Haufen von Knochen bildete."
„Wie? Sie haben es ausgegraben?"
„Ausgegraben und zusammengestellt. Sie meinen doch nicht etwa, daß es seit der Sündflut hier zwischen den Büschen gestanden hat?"
„Dann – sind – Sie ja – ein ganz ausgezeichneter Geolog und Paläontolog!" rief der Kleine aus, indem er zwischen den Wörtern Pausen des Erstaunens machte.
„Wenn auch das nicht; aber wenn ich ein Megatherium fehlerlos zusammenzusetzen verstehe, bin ich wahrscheinlich auch im stande, Ihnen in Tucuman alles einzukaufen und zu senden, was zum Präservieren und Verpacken dieser Knochen gehört."
„Davon bin ich vollständig überzeugt. Also Sie reisen von hier ab? Schon übermorgen?"
„Ja."
„Wohin?"
„Hinauf nach der Barranca del Homicidio."
„Wie gern möchte ich mit! Aber Sie sehen ein, daß mir dies nun vollständig unmöglich ist. Meine Anwesenheit ist hier ungeheuer notwendig, und auch Fritze muß hier bleiben."
„Ich begreife es und werde Sie den Cambas empfehlen, auf deren Freundschaft Sie sich verlassen können."

Nach diesen Worten entfernte er sich und gab auch den andern einen Wink, den Gelehrten und seinen Diener jetzt bei dem Skelette allein zu lassen.
Es fiel Morgenstern gar nicht ein, sich zu bedanken oder auch nur zu fragen, wie der Vater Jaguar denn eigentlich auf den Gedanken gekommen sei, das Megatherium für ihn auszugraben. Er war so sehr mit seinem wertvollen Funde und dessen Einzelheiten beschäftigt, daß er zunächst für etwas andres gar keine Gedanken hatte. Er betrachtete und betastete die einzelnen Knochen zum zehnten- und zum hundertstenmal und sprach dabei unaufhörlich erklärend auf Fritze ein, welcher die Feuer immerfort schüren mußte, damit das Faultier ja im hellsten Lichte strahle.
Der Vater Jaguar aber sagte zu Geronimo, als sie mit den andern nach dem Lagerplatz zurückgekehrt waren und sich dort niederließen:
„Ich habe meinen Zweck erreicht. Dieser Gelehrte wird uns mit seinem Diener keinen Schaden mehr machen. Die beiden bleiben hier fest kleben. Ich glaube, sie ließen sich von zehn Pferden nicht fortziehen. Wir können also ruhig hinauf in die Berge, ohne befürchten zu müssen, daß sie uns wieder einen ihrer Eulenspiegelstreiche spielen."
„Und du willst nicht direkt nach Salta, sondern über Tucuman?"
„Ja. Über Salta müßten wir reiten; der weite Weg würde die Pferde ermüden, wodurch wir nur langsam vorwärts kämen. In Tucuman aber verkaufen wir die Pferde und fahren mit der Diligence weiter. Das geht wie ein Wetter, weil die Pferde oft gewechselt werden. In Salta aber nehmen wir Maultiere, welche in den Bergen unvermeidlich sind."
„Von wem?"
„Von Rodrigo Sereno, welcher stets die gutgepflegtesten Tiere hat. Auf diese Weise kommen wir mit einem solchen Vorsprunge vor dem Gambusino in die Berge, daß wir genug Zeit finden, alle unsre Vorbereitungen so zu treffen, daß weder er noch Antonio Perillo uns entgehen kann."
„Nimmst du auch Cambas mit?"
„Fällt mir nicht ein. Aber der alte Anciano und Hauka werden dabei sein."
„Eigentlich sollte doch die Hälfte von uns im Chaco bleiben, um da Thee zu sammeln!"
„Das können diese Leute später nachholen. Jetzt brauche ich sie, um die beiden größten Halunken, welche die Erde trägt, zu fangen."
„Und Don Parmesan, der Chirurg?"
„Diesen Menschen können wir nicht gebrauchen. Ich werde es so einzurichten wissen, daß er hier bei Morgenstern und Fritze bleibt."
So waren also die Rollen verteilt, und man legte sich nieder, um zu schlafen, da frühzeitig nach dem Dorfe zurückgekehrt werden sollte. Morgenstern hätte gewiß vor freudiger Aufregung nicht geschlafen; aber da er schon gestern kein Auge zugethan hatte, fand er heute doch für einige Stunden Ruhe. Die Sonne war jedoch noch nicht aufgegangen, so stand er schon wieder bei seinem Megatherium, um die einzelnen Dimensionen desselben auszumessen und sorgfältig in sein Notizbuch einzutragen.

Er erschrak förmlich, als er hörte, daß aufgebrochen werden sollte. Am liebsten wäre er hier geblieben, aber da dies denn doch nicht möglich war, mußte er sich von *seinem Schatze trennen. Aber er brachte es doch so weit, daß vorher über dem Skelette ein Schutzdach aus Bambus und Schilf errichtet wurde, damit es nicht durch Wind und Regen leiden möge. Dann begann man den Rückweg nach dem Dorfe am klaren Bache, welches am Abende erreicht wurde.

jetzt, da Morgenstern das Megatherium nicht mehr vor sich sah, war er im stande, sich auch mit andern Dingen zu beschäftigen. Er konnte nun auch daran denken, daß es ein sehr reiches Geschenk seitens der Cambas an ihn sei, und daß er dem Vater Jaguar eine sehr schöne und freudige Überraschung zu verdanken habe. Er holte also das Versäumte ein, indem er sich bei diesem und dem Häuptlinge auf das herzlichste bedankte, und erhielt von dem letzteren die Versicherung, daß die Cambas gern nach Kräften bereit sein würden, das Riesenfaultier nach einem Orte zu bringen, von welchem aus der Transport desselben nach einem Hafenorte leicht zu ermöglichen sei. Als davon gesprochen wurde, daß der Vater Jaguar mit seiner Gesellschaft morgen früh nach den Cordilleras aufbrechen werde, hatte derselbe gar nicht nötig, Don Parmesan einen Wink zu geben, daß er ihn nicht gern bei sich sehe, denn der Chirurg kam zu Morgenstern und fragte:

„Señor, Sie reiten morgen nicht mit den andern?“

„Nein.“

„Sie bleiben also hier, um mit Ihrem vorweltlichen Tiere nach gebildeten Gegenden aufzubrechen?“

„Ja.“

„Ich habe eingesehen, daß meine Kunst im Chaco und in den Bergen weit weniger geachtet wird als in den Städten und in der Pampa. Sie wissen, ich bin ein berühmter Chirurg und verstehe jeden Bruch und jede Verletzung zu heilen; ich säble alles herunter; aber wenn man sich meiner Hilfe nicht bedient, so ist alle meine Wissenschaft und Fertigkeit ohne Nutzen. Darum habe ich mich entschlossen, dem Vaterjaguar für diesmal meine Gesellschaft zu entziehen. Ich bleibe auch hier, um dann mit Ihnen nach Gegenden zurückzukehren, in denen Menschen wohnen, welche die Wissenschaft und ihre jünger zu würdigen verstehen. Sind Sie damit einverstanden?“

„Jawohl. Ihre Gesellschaft ist mir sehr angenehm, peramoenus oder pergratus, wie der Lateiner sagt.“

Don Parmesan meldete seinen Entschluß dem Vater Jaguar. Dieser sprach einige Worte des Bedauerns aus, daß er auf einen solchen Gefährten verzichten müsse, war aber innerlich froh, daß es ganz ohne sein Zuthun so gekommen war.

Als die Gesellschaft am andern Morgen aufbrach, waren alle Bewohner des Dorfes versammelt, um sich nochmals für die Rettung zu bedanken und von den Scheidenden Abschied zu nehmen. Eine Abteilung von Kriegern gab ihnen unter der Führung des Häuptlings eine Strecke weit das Ehrengeleit, und zwei Cambas ritten ganz mit bis

Tucuman, um die Gegenstände zu bringen, welche der Vater Jaguar dort für Morgenstern kaufen sollte. Der letztere hatte dem ersteren alles auf einem Zettel bezeichnet und ihm auch das Geld dafür eingehändigt.

Gegen Mittag kam das Ehrengeleit zurück, und dann ritt der Häuptling nach dem Thale des ausgetrockneten Sees, um dort die verwundeten Abipones und deren Pfleger zu besuchen. Er nahm einige seiner Leute mit, und da Morgenstern nichts zu thun und also Langeweile hatte, bat er, sich mit Fritze anschließen zu dürfen, was ihnen auch sehr gern gewährt wurde. Sie fanden alles im besten Zustande; seit ihrer Abwesenheit war nichts geschehen, was die am See Zurückgebliebenen hätte beunruhigen können. Nur einen Umstand gab es, welcher das Bedenken des Cambas erregte, der den Befehl über die andern führte. Er erkundigte sich nämlich bei dem Häuptlinge, wieviel Pferde von den Abipones und den Weißen erbeutet worden seien, und sagte, als er die Zahl erfuhr:

„Da fehlen zwei. Es sind nur fünfzig Reiter gewesen, welche fünfundfünfzig Pferde gehabt haben. Diejenigen des Gambusino und von Perillo sind erschossen worden, also müßten wir dreiundfünfzig erbeutete Pferde haben; du sagst aber, daß es nur einundfünfzig seien. Wo sind die beiden fehlenden?“

„Es wird auf einem einfachen Irrtum beruhen,“ meinte der Häuptling.

„Nein, denn es sind dreiundfünfzig Sättel dagewesen. Es fehlen zwei Pferde, welche des Abends oder des Nachts abhanden gekommen sind.“

„Wohin sollten sie sein!“

„Der Gambusino hat sie geholt.“

„Sage nicht das!“ rief der „harte Schädel“ erschrocken aus.

„Wie wäre er in das Thal gekommen, da am Eingange desselben stets ein Doppelposten gestanden hat?“

„Frage diese Posten, ob sie ihre Pflicht gethan oder etwa mit bei den Feuern gesessen haben! Mir fällt etwas auf, was ich mir nur dadurch erklären kann, daß der Gambusino die beiden Pferde heimlich entführt hat.“

„Was?“

„Da ich wußte, daß die Leiche des erschossenen Hauptmanns Pellejo draußen auf dem Campo lag, so ritt ich, als ihr fort wart, hinaus, um zu überlegen, ob ich sie unter die Erde bringen oder nur mit Zweigen überdecken solle. Ich fand sie und scharrte sie im Sande ein. Eine Strecke weiter lagen die Pferde des Gambusino und Perillos, welche der Vater Jaguar erschossen hatte. Ich sah, daß ihnen die Sättel fehlten. Ist das nicht auffällig zu nennen?“

„Nein, denn Perillo und der Gambusino haben sie ihnen jedenfalls abgeschnallt und dann mitgenommen, um sie zu brauchen, sobald sie zu neuen Pferden kommen werden.“

„Dann hätten sie doch auch das Zaumzeug mitgenommen!“

„War dies denn noch da?“

„Ja, und zwar bei beiden Pferden.“

„Das ist freilich unbegreiflich, denn wer den Sattel braucht, der braucht den Zaum noch notwendiger; ja, man kann ohne Sattel eher reiten als ohne Zügel.“

„Ich finde es nicht unbegreiflich, sondern leicht erklärlich. Die Pferde, welche wir erbeuteten, trugen die Zäume und Zügel noch. Es fehlen zwei von ihnen. Der Gambusino hat sie geholt, und weil sie Zäume hatten, so brauchte er dann den erschossenen Pferden nur die Sättel abzunehmen.“

„Wie aber kann er in das Thal gekommen sein, da der Eingang desselben von zweien unsrer Krieger besetzt war!“

„Diese Wächter haben ihren Posten verlassen gehabt. Erkundige dich nur, denn ich habe dir etwas noch wichtigeres zu sagen. Als ich nach der Leiche ritt, sah ich verschiedene Spuren im Grase. Ich fand die Fährte, welche die beiden Flüchtlinge und ihre Verfolger zurückgelassen hatten. Ich fand auch die Spur des Vater Jaguar und des alten Anciano, welche sie bei ihrer Rückkehr gemacht hatten; sie führte nahe am Walde hin. Dann aber sah ich die Fährte zweier Fußgänger, welche da begann, wo sich die Flüchtlinge versteckt hatten, eine Strecke hinaus in den Campo führte und dann nach dem Thale zeigte. Hierauf gab es noch zwei Pferdespuren, welche aus dem Thale kamen und, von den andern Fährten etwas entfernt, nach der Stelle führten, wo die toten Pferde lagen. Dort war angehalten worden und abgestiegen, worauf diese Doppelspur dann immer am Walde entlang nach Norden weiter lief. Diese Reiter haben den Wald umreiten wollen. Was sagst du dazu?“

jetzt machte der Häuptling ein sehr bedenkliches Gesicht. Er schüttelte den Kopf, sann eine Weile nach und meinte dann:

„Wenn das so ist, dann ist der Gambusino mit Antonio Perillo Im Thale gewesen, um dort die beiden Pferde zu holen.“

„Das sage ich auch. Und noch eins behaupte ich, nämlich daß der Vater Jaguar in großer Gefahr schwebt, denn der Gambusino wird ihm nun zuvorkommen. Wann ist der Jaguar fort?“

„Heute früh.“

„So hat der Gambusino einen Vorsprung von drei Tagen, ein Vorsprung, welcher gar nicht eingeholt werden kann.“

„Vielleicht doch, denn der Vater Jaguar ist nach Tucuman, um von dort aus mit der Diligence zu fahren, während der Gambusino jedenfalls durch die Wälder und Wüsten nach Salta ist.“

„O, auch er ist klug. Wie nun, wenn er auch nach Tucuman geritten ist?“

An diesem Falle schwebt der Jaguar freilich in größter Gefahr. Ich muß ihm einen Boten nachsenden. Vorher aber will ich mich erkundigen, wer die Posten gewesen sind, welche am Thaleingange Wache gestanden haben.“

Er stieg auf sein Pferd, um schnell davonzureiten; seine roten Begleiter thaten dasselbe, und Morgenstern folgte mit Fritze diesem Beispiele. Man mußte durch den Wald langsam reiten; aber dann, als er zu Ende war, wurden die Pferde angetrieben, daß sie

wie Pfeile über die Ebene flogen. Wenn dem Vater Jaguar ein Bote nachgeschickt werden sollte, so hatte man keine Zeit zu verlieren.
Der Häuptling sprengte mit seinen Indianern voran; die beiden Deutschen folgten hinterdrein. Das, was sie gehört hatten, ging ihnen im Kopfe herum. Während sie eng nebeneinander dahinritten, sagte Morgenstern:
„Fritze, wie lange meinst du wohl, daß mein Megatherium unter dem Schutzdache stehen kann, bevor es Schaden leidet?"
„Jedenfalls monate-, vielleicht auch sogar jahrelang."
„Wirklich?"
„Janz jewiß! Warum fragen Sie?"
„Weil ich einen Gedanken habe, den ich nicht wieder loswerden kann."
„Welchen?"
„Den Gedanken an die Gelegenheit zu einer tapfern That. Weißt du, wir sprachen davon!"
„Ik entsinne mir. Sobald sich die Jelejenheit zu eine solche That zeigt, wollten wir sie ausführen, um unsre Ehre wiederherzustellen."
„Nun, die Gelegenheit ist da."
„Welche?"
„Der Vater Jaguar befindet sich in einer großen Gefahr, lateinisch Periculum genannt."
„Dat habe ik jehört, aber wat haben wir damit zu thun?"
Der schlaue Fritze zeigte sich jetzt so schwerhörig, weil er sich nicht wieder sagen lassen wollte, daß er seinen Herrn verleitet habe.
„Das kannst du mich fragen!" wunderte sich Morgenstern. „Wir haben ihm viel, sehr viel, sogar unser Leben zu verdanken, und jetzt fragst du, was wir mit der Gefahr zu thun haben, in welche er geraten wird? Ich kenne dich nicht mehr!"
„Dafür aber kenne ik mir. Meinen Sie etwa, daß wir ihn befreien?"
„Ja."
„Da müßten wir ihm nachreiten?"
„Allerdings."
„Aber der Häuptling will ihm doch einen Boten nachsenden. Da sind wir doch überflüssig."
„Nein. Wie nun, wenn der Bote ihn nicht mehr in Tucuman antrifft? Er wird umkehren, weil er meint, seine Pflicht gethan zu haben."
„Wir aber würden dem Vater Jaguar nachreisen?"
„Ganz selbstverständlich. Wir würden nicht ruhen, bis wir ihn gefunden und aus den Händen des Gambusino befreit hätten. Meinst du nicht auch?"
„Ja. Wenigstens ik würde nicht eher ruhen."
„Ich auch nicht. Oder denkst du, daß du tapfrer und aushaltender bist als ich?"
„Nein, dat habe ik noch nie jedacht und denke es auch in diesem Momente nicht."
„So sag, ob du einverstanden bist!"

„Hm! Ik möchte wohl, wenn nur eins nicht wäre."
„Was?"
„Dat Megatherium."
„Das geht dich nichts an; das ist meine Sache. Wenn ich es einstweilen stehen lasse, brauchst du dich nicht zu grämen; es bleibt uns ja gewiß."
„Ja, fortlaufen wird es nicht. Thun Sie, wat Sie wollen. Ik richte mir janz nach Sie."
„So ist es ausgemacht: Wir reiten nach Tucuman."
„Wird der Häuptling uns fortlassen?"
„Kann er uns halten? Hat er uns etwas zu befehlen?"
„Nein, aber er kann leicht einen Grund haben, uns festzuhalten."
„Das dulde ich nicht."
„Ik auch nicht. Aber es ist iar nicht nötig, widerspenstig zu sein und Jewalt zu jebrauchen. Wir erreichen unsern Zweck mit List viel eher und leichter."
„Wieso?"
„Wir brauchen nur zu sagen, daß Sie verjessen haben, dem Vaterjaguar verschiedenes zu sagen, wat Sie noch für dat Megatherium brauchen. Darum wollen wir mit dem Boten jern nach Tucuman reiten, um es zu holen. Dajejen kann ja kein Mensch wat haben."
„Das ist wahr. Du bist ein Schlaukopf. Also es ist sicher: wir reiten nach Tucuman."
„Ja, wenn es sich herausstellt, daß die Jeschichte von der Jefahr, in welcher der Jaguar schwebt, wirklich wahr ist."
Leider stellte es sich heraus, daß der Indianer im Thale des ausgetrockneten Sees sich nicht geirrt oder verrechnet hatte. Die beiden Posten wurden ermittelt und gaben zu, daß sie den Eingang verlassen und ihre zwei Stunden am Feuer in der Gesellschaft der andern zugebracht hatten. Der Häuptling hatte keinen Grund, die beiden Deutschen von dem Ritte abzuhalten, und so jagten die drei Reiter noch vor Mitternacht zum Dorfe hinaus, der Richtung nach Tucuman zu. – – –

In der Mordschlucht

Salta, oder wie die argentinische Stadt vollständig heißt, San Miquel de Salta, liegt in einer, von mehreren Bergwässern durchflossenen Ebene des Thales von Lerma, ist ziemlich gut bevölkert und treibt einen lebhaften Speditionshandel nach Bolivia. Einer der bedeutendsten Spediteure der Stadt war Señor Rodrigo Sereno, dessen Etablissement vor dem nördlichen Thore von Salta lag und vielleicht noch heute liegt. Es bestand aus weiten Stallungen und Lagerhäusern, vor denen gerade an der Straße das langgestreckte Hauptgebäude lag, dessen eine Seite die Wohnung des Besitzers und seiner Familie bildete, während die andre Seite dem öffentlichen Verkehre und vornehmlich der Aufnahme von Reisenden und andern Gästen diente.

Es war am späten Abende. Die Stadtbesucher hatten das Lokal schon verlassen, und die fremden Gäste waren schlafen gegangen. Señor Rodrigo saß allein in der Stube und zählte das Geld, welches er heute eingenommen hatte. Da ließen sich draußen nähernde Schritte hören. Sofort warf er ein Tuch über das Geld und stand auf, um den Tisch zu verlassen, damit man nicht bemerke, wo und womit er beschäftigt gewesen war. Man kann in jenen Gegenden nicht vorsichtig genug sein. Sein Gesicht nahm einen zuwartenden, zurückhaltenden Ausdruck an. Da wurde die Thür geöffnet, und es traten zwei Männer ein, bei deren Anblick sein Gesicht sich augenblicklich wieder aufhellte.
„Buenas tardes – guten Abend!“ grüßten sie und reichten ihm die Hände, die er ihnen, ihren Gruß erwidernd, kräftig schüttelte. Es war der Gambusino und sein Gefährte Antonio Perillo.
Der erstere ließ sein Auge forschend durch die Stube schweifen, blieb mit dem Blicke an dem Tische und dem Tuche hängen, ging hin, hob dasselbe auf und fragte lachend:
„Geld gezählt und vor uns versteckt, Señor Rodrigo? Seit wann haltet Ihr mich für einen Menschen, dem man nicht trauen kann?“
„Redet nicht,“ antwortete der Wirt, „ihr wißt doch nur zu gut, daß ihr nicht gemeint seid. Als ich Schritte hörte, wußte ich nicht, wer eintreten werde. Seid willkommen; setzt euch, und befehlt, was ich euch bringen soll!“
„Zu essen, was Ihr habt, und zwei Flaschen Wein. Dann macht uns so viel Proviant zusammen, wie zwei Männer brauchen, welche über eine Woche in die Berge wollen, ohne zu wissen, ob sie sich von der Jagd ernähren können.“
Der Wirt verschwand und kehrte bald mit dem Essen und dem Weine zurück. Dann ging er wieder und brachte nach kurzer Zeit einen Korb, welcher mit allerlei haltbaren Eßwaren gefüllt war. Er schien auf die Verproviantierung solcher Leute eingerichtet zu sein. Nun setzte er sich zu ihnen, welche wortlos aßen und tranken, und sah zu, wie es ihnen schmeckte. Aber er war kein Freund von langem Schweigen; darum fragte er schon nach einer kleinen Weile:
„Woher, Señores?“
„Aus Tucuman,“ antwortete der Gambusino.
„Mit der Diligence?“
„Ja. Soeben erst angekommen.“
„Ihr werdet heut bei mir bleiben?“
„Nur die halbe Nacht, dann reiten wir weiter.“
„Seid ihr denn beritten?“
„Nein; aber wir denken, daß Ihr zwei gute Maultiere für uns haben werdet.“
„Das versteht sich. Für Señores, wie ihr seid, habe ich stets das Nötige bereit.“
„Wie teuer das Stück?“
„Ihr zahlt nicht mehr als zwanzig Bolivianos.“
Das waren achtzig Mark für ein gutes, starkes, fußsicheres und schwindelfreies Maultier, gewiß ein sehr niedriger Preis.

„Aber wenn wir nun kein Geld haben?“ lachte ihm der Gambusino in das Gesicht.
„So ist es auch nicht anders, als wenn ihr welches hättet. Ihr seid mir noch nie etwas schuldig geblieben.“
„Gut! Wir zahlen also, wenn wir wiederkommen. Sorgt für ein gutes Lager, denn die Diligence hat uns arg zusammengeschüttelt, und sagt uns vor allen Dingen noch, wo die Mojosindianer jetzt zu treffen sind!“
„Wollt ihr zu diesen? Verwegene und unternehmende Kerls! Möchte mich ihnen aber nicht anvertrauen.“
„Weil sie Euch nicht kennen; ich aber bin befreundet mit ihnen.“
„Ihr werdet sie in der Gegend des Guanacothales finden, wo sie gegenwärtig jagen.“
„Das ist mir unlieb, denn ich muß dabei Zeit versäumen, weil ich nach einer andern Richtung wollte.“
„Wohin?“
„In die Berge. Das möge Euch genügen. Ihr bekommt Euer Geld, auch ohne daß Ihr wißt, wohin wir reiten.“
„Das weiß ich. Verzeihung, Señores, ich wollte nicht zudringlich sein.“
Damit war die kurze Unterhaltung zu Ende. Die Gäste aßen ihre Portionen auf und legten sich dann in einer Ecke nieder, wo er ihnen aus Decken und weichen Fellen ein Lager bereitet hatte. Er zählte sein Geld vollends, schob es klirrend in die tiefe Tasche und verschwand dann durch die Thür, um sich auch niederzulegen. Es war dunkel in der Stube geworden. Die Schläfer schnarchten; eine halbe Stunde nach der andern verging; es wurde Mitternacht und dann ein Uhr. Da trat der Wirt wieder ein, mit dem Lichte in der Hand; er ging zu den beiden Schlafenden und weckte sie:
„Señores, erwacht! Die Zeit des Aufbruches ist gekommen.“
Sie standen auf, bekamen jeder eine kleine Kalabasse Mate zu trinken und einen warmen Brotkuchen zu essen. Dann ließen sie sich vom Wirte in den Hof führen, in welchem die beiden Maultiere standen. Sie waren trefflich aufgeschirrt und in den Satteltaschen steckte der Proviant, welchen der Gambusino bestellt hatte. Der Wirt beleuchtete die Tiere von allen Seiten und fragte dann:
„Seid ihr zufrieden, Señores? Das Geschirrzeug leihe ich euch. Ihr könnt es mir wiederbringen, sobald es euch paßt.“
„Die Tiere sind gut, Señor Rodrigo,“ antwortete der Gambusino. „Das Riemenzeug bringen wir nach einer Woche, höchstens einige Tage später zurück. Lebt wohl!“
„Lebt wohl! habt eine glückliche Reise!“
Sie ritten davon, und Sereno sah ihnen mit einer Miene nach, als ob er ein sehr gutes Geschäft gemacht habe. Er hatte dem Gambusino schon oft Pferde oder Maultiere, auch Geld und andres geborgt und den Betrag immer mit guten Zinsen zurückerhalten. Als der Hufschlag in der Stille der Nacht verhallt war, ging er wieder schlafen.
Am nächsten Abende war es fast genau so, wie am vorhergehenden, nur daß sich mehr als nur zwei Gäste einstellten. Sereno hatte eben sein Geld gezählt und eingeschlossen,

so hörte er die Fußtritte vieler Menschen vor der Thür. Diese wurde geöffnet, und es traten sechsundzwanzig wohlbewaffnete Männer ein, welche alle vom Kopfe bis zu den Füßen ganz gegen Landessitte in Leder gekleidet waren und breitkrempige Hüte trugen. Nur zwei von ihnen hatten keine Hüte. Sie gingen barhäuptig und hatten ihr Haar sehr lang über dem Rücken hinabhängen. Ihren Gesichtszügen nach schienen sie Indianer zu sein. Der eine war jung; der andre aber schien ungewöhnlich alt zu sein.

Die andern waren Weiße von ausnahmslos kräftiger Gestalt. Der Wirt erinnerte sich, diesen oder jenen von ihnen schon einmal gesehen zu haben, konnte sich aber nicht besinnen, wann und wo. Der Stärkste und Längste von ihnen hatte weißes Kopf- und Barthaar und schien von den andern als Anführer respektiert zu werden. Sie machten den Eindruck von Männern, welche zu leben verstehen, Niemanden ohne Grund beleidigen, aber selbst auch für jede Beleidigung sofort einen Messerstich oder eine Kugel haben.

Trotz der großen Zahl der Gäste verursachten sie bei ihrem Eintritte und Ablegen ihrer Waffen nicht den geringsten Lärm; dann schoben sie sich zwei Tische und die dazu nötigen Stühle zusammen und setzten sich. Hierauf sagte der riesige Weiße, mehr höflich bittend als befehlend:

„Señor Rodrigo, geben Sie uns Wein, für je zwei Mann eine Flasche!“

Der Wirt verbeugte sich höflichst bei dieser Bestellung, welche ihm etwas zu verdienen gab, doch mehr aus wirklichem Respekt, den ihm der Besteller einflößte, als aus Eigennutz, und antwortete dabei:

„Sie kennen meinen Namen, Señor. Sollten wir uns vielleicht schon einmal gesehen haben?“

„Ich erinnere mich nicht, doch pflege ich mich nach dem Namen der Leute, bei denen ich einkehre, vorher zu erkundigen.“

„Dann darf ich wohl auch nach dem Ihrigen fragen, damit ich weiß, wie ich Sie zu nennen habe?“

„Ich heiße Hammer, doch verlange ich nicht, daß Sie mich bei diesem Namen nennen.“

Das war so stolz und abweisend gesagt, daß der Wirt schnell hinter der Thür verschwand, um den bestellten Wein zu bringen. Als er dann diesen und die Gläser auf den Tisch gesetzt hatte, fragte der Weiße:

„Können wir binnen einer Stunde gut gebratenen Asado con cuero bekommen?“

„So viel Sie wollen, Señor.“

„Nur so viel, wie sechsundzwanzig hungrige Männer essen können. Und dann lassen Sie Ihre Maultiere in den Hof, denn wir werden sie uns ansehen, um sechsundzwanzig Stück zu kaufen.“

Sechsundzwanzig Stück! Und zwar sofort bezahlen, ganz sicher nicht borgen! Dazu sechsundzwanzig Braten in der Haut und dreizehn Flaschen Wein. Welch ein Geschäft! Rodrigo Sereno duckte sich vor Hochachtung zusammen, daß es aussah, als ob er eine halbe Elle kleiner geworden sei. Dann fuhr er hinaus in die Küche und weckte sein ganzes

Personal, damit der Braten so schnell wie möglich fertig werde und es die Maultiere so blank putze, daß nicht ein Stäubchen mehr an ihnen hafte. Dann kehrte er in die Gaststube zurück, um, in der Nähe der zusammengeschobenen Tische sitzend, der Winke seiner Gäste gewärtig zu sein.

Sie saßen nachdenklich und schweigend, und keiner sprach ein Wort. Das konnte der neugierige und mitteilsame Rodrigo auf die Länge der Zeit nicht aushalten. Er fuhr in immer wachsender Ungeduld auf seinem Stuhle hin und her und fragte endlich, freilich in höflichstem Tone, dessen seine Stimmwerkzeuge fähig waren:

„Señores, es ist sicher, daß Sie hier in Salta fremd sind, denn sonst müßte ich Sie kennen. Darf ich vielleicht erfahren, woher Sie heute kommen?"

„Von Tucuman," antwortete der Weiße kurz.

„Aber doch nicht mit der Diligence?"

„Nein," antwortete der Weiße noch kürzer.

Es war ihm anzusehen und anzuhören, daß er keine weitere Frage hören wollte; aber der Wirt mochte um keinen Preis das nun einmal begonnene Gespräch fallen lassen. Er wünschte etwas, wenn auch nicht viel, über diese Señores zu erfahren; darum machte er, ja keine Frage mehr aussprechend, die Bemerkung:

„Ja, der Ankunftstag der Diligence ist gestern gewesen. Es kehrten bei mir zwei Señores ein, welche mit ihr gefahren waren, zwei bekannte und sehr berühmte Señores. Sie würden sich wundern, wenn Sie ihre Namen hörten."

Die andern schwiegen, aber der lustige Picaro, welcher nicht gern eine Gelegenheit zu einer Schalkhaftigkeit vorübergehen ließ, antwortete:

„Wir würden uns nicht über ihre Namen wundern, sondern nur darüber, dieselben von Ihnen zu hören; denn Sie scheinen der schweigsamste Mann der ganzen argentinischen Staaten zu sein."

„O, gar so schlimm steht es nun nicht mit meiner Zurückhaltung. Ich spreche zwar sehr wenig, aber solchen Señores gegenüber würde Schweigsamkeit zur Grobheit werden. Darum will ich Ihnen sagen, daß einer der Señores der berühmte Stierkämpfer Antonio Perillo war."

Nur allein mit seiner Mitteilung beschäftigt, bemerkte er gar nicht, welchen Eindruck dieselbe auf seine Gäste machte. Sie sahen einander an, blickten sich Schweigen zu, und dann meinte der Weiße in gleichgültigem Tone:

„Wenn sie diesen Perillo einen berühmten Mann nennen, so mögen Sie dies auf Ihre Rechnung hin thun. Ich habe noch berühmtere Leute gekannt, als er ist."

„Ihr Wort in Ehren, Señor; ich will Ihnen ja nicht widersprechen, aber ich weiß nur zwei Männer, welche noch berühmter als Perillo sind."

„Wer ist das?"

„Der Vater Jaguar und der Gambusino, der eigentlich Benito Pajaro heißt."

„Kennen Sie denn diese Señores?"

„Den Vater Jaguar habe ich leider noch nicht gesehen; aber der Gambusino war oft bei mir. Er war es ja, welcher mit dem Stierkämpfer bei mir einkehrte."
„So? Wirklich? Woher kamen sie?"
„Von Tucuman mit der Diligence. Es war die gegenwärtige Zeit. Sie kauften zwei Maultiere nebst Proviant für eine Woche, und ich weckte sie eine Stunde nach Mitternacht, weil sie da abreisen wollten."
„Wohin?"
„Zu den Mojosindianern, welche sich jetzt in der Gegend des Guanacothales aufhalten."
„Jedenfalls haben Sie sich geirrt, Señor. Es ist nicht der Gambusino gewesen."
„Er war es. Ich kann es beschwören. Ich habe den beiden die Zeche, den Proviant und auch die Maultiere borgen müssen, weil sie kein Geld bei sich trugen, was übrigens nicht viel zu sagen hat. Da muß ich sie doch kennen.,"
„Hatten sie denn Eile?"
„Ja. denn sonst hätten sie sich nicht schon um ein Uhr wecken lassen."
jetzt wurde der Wirt in die Küche gerufen, und das gab den Gästen Zeit, ihre Meinungen ungehört von ihm auszutauschen. Der Weiße war natürlich kein andrer, als der Vater Jaguar. Er sagte, zwar in unterdrücktem Tone, aber daß es alle hörten:
„Sollte man es glauben! Ich wollte es bezweifeln, aber dieser schwatzhafte Wirt ist seiner Sache sicher. Was meinst du dazu Geronimo?"
„Der Gambusino und Antonio Perillo müssen sehr schnell zu Pferden gekommen sein," antwortete der Gefragte. „Das ist die einzige Lösung dieses Rätsels."
„Das sage ich auch. Wie gut, daß wir hier eingekehrt sind, und wie gut, daß wir nicht auf die nächsten Diligencewagen warteten, sondern Relaispferde nahmen! Der Gambusino ist uns einen vollen Tag voraus; aber wir werden dennoch eher an Ort und Stelle ankommen, weil er erst zu den Mojos will und also einen Umweg machen wird. Und zugleich ist es ein großer Vorteil für uns, zu wissen, aus welcher Richtung er kommen wird. Wir haben ihn vom Guanacothale her zu erwarten."
„Was mag er bei den Mojosindianern wollen?" fragte einer.
„Seltsame Frage!" antwortete Hammer. „Was er dort will, ist sehr leicht zu erraten. Er will mit Antonio Perillo in der Mordschlucht nach einem Schatze suchen. Dazu gehörte Zeit, viel Zeit, während welcher der Proviant leicht ausgehen kann. Dieser muß durch die Jagd erneuert werden, und dazu sind die Mojos engagiert. Ferner gehört dazu ein genügender Schutz, das Fernhalten jeder Störung, jeder Begegnung mit einem Reisenden, Jäger oder andern Menschen, welcher die beiden überraschen und ihre Absicht erraten könnte. Darum werden sie Mojosposten ausstellen, welche alle Störung abhalten müssen."
„Aber da können doch diese Posten selbst leicht erraten, was die beiden beabsichtigen."
„Mögen sie das, es schadet nichts, wenn der Gambusino nur seinen Zweck erreicht. Er schießt die Mojos, die ihn beschützen mußten, einfach nieder und verschwindet dann

mit dem Schatze auf Nimmerwiedersehen, um nicht der Rache ihrer Anverwandten zu verfallen."
„Das wäre eine Niederträchtigkeit, die ihres gleichen sucht! Er ist ein gewissenloser Mensch; aber so etwas sollte man ihm doch nicht zutrauen."
„Nicht?" fragte der Vater Jaguar. „Ich habe es bisher verschwiegen, aber nun will ich es euch sagen. Er hat an meinem Bruder genau ebenso gehandelt. Mein Bruder war Gambusino oder Prospektor, wie die Goldsucher in den Vereinigten Staaten genannt werden. Er hatte einen ungewöhnlich reichen Fund gemacht. Da kam dieser Gambusino, ermordete ihn auf eine entsetzliche, unmenschliche Weise und verschwand mit dem Golde. Das hat mein dunkles Haar gebleicht. Ich folgte der Fährte dieses Menschen, welche nach Argentinien führte, konnte ihn aber nicht zu sehen bekommen. Erst jüngst ist er mir in die Arme gelaufen, ich habe ihn und er hat mich erkannt, und nun sind die Stunden eines von uns beiden gezählt, entweder die meinigen oder die seinigen."
„Die seinigen, die seinigen!" rief es im Kreise, und die Fäuste fielen dröhnend auf die Tische nieder.
„Still!" gebot der Vater Jaguar. „Keinen Lärm! Niemand braucht zu hören, wovon wir reden. Er hat das Gold meines Bruders verpraßt und sucht nun nach neuen Schätzen, die ihm nicht gehören. Er soll das, was er findet, aus meiner Hand bekommen!"
jetzt trat der Wirt wieder ein, und ihm folgten einige Bedienstete, welche auf Platten den duftenden Asado con cuero brachten. Die Gäste aßen und tranken schweigend und zeigten dabei so ernste Gesichter, daß dem Wirte der Mut entfiel, ein neues Gespräch anzuknüpfen. Als das Mahl zu Ende und auch der Wein getrunken war, begaben sich die Männer in den Hof, um sich die Maultiere zeigen zu lassen. Sie hatten in Tucuman die hier in den Bergen unbrauchbaren Pferde verkauft und mußten sich nun von neuem beritten machen. Tiere und Sattelzeug gab es bei Rodrigo Sereno mehr als genug.
Bei dem Scheine brennender Lichter und Laternen wurde die Auswahl getroffen. Dann fragte der Vater Jaguar nach dem durchschnittlichen Preise.
„Vierzig Bolivianos das Stück, Señor," antwortete der Wirt. „Sie werden zugeben, daß dies der niedrigste Preis ist, zu welchem man ein Maultier hier haben kann."
„Können Sie auch Proviant für uns auf acht Tage schaffen?"
„Ja."
„So besorgen Sie das, und kommen Sie dann in die Stube!"
Der Wirt nahm das Schweigen als Einwilligung und freute sich im stillen, heut für ein Maultier doppelt so viel als gestern zu erhalten. Das bedeutete einen Aufschlag von über zweitausend Mark. Die Sättel wurden auch in die Stube geschafft, weil die Taschen dort mit Proviant gefüllt werden sollten. Dies war nach Verlauf von einer Stunde geschehen, und dann forderte der Vater Jaguar den Wirt auf, ihm die Rechnung niederzuschreiben. Rodrigo Sereno holte ein Stück Kreide und schrieb die einzelnen Posten auf den Tisch. Sein Gesicht glänzte vor Wonne, als er die Summe zog. Da aber fragte der Weiße:
„Wieviel hat der Gambusino gestern für ein Maultier angerechnet bekommen?"

„Auch vierzig Bolivianos, Señor.“
„So ist er entweder sehr dumm gewesen, oder Sie halten mich für dumm genug, dies zu glauben. Ich bezahle die Hälfte, zwanzig Bolivianos, und zwar in blanken Goldstücken sofort auf den Tisch. Ist Ihnen dies zu wenig, so werden wir noch in dieser Nacht bei einem andern billiger kaufen.“
„Señor, es ist mir unmöglich, Ihnen die Tiere zu einem solchen Preise zu lassen,“ beteuerte der Wirt mit wie zum Schwure erhobener Hand. „Ich würde über zehn Bolivianos am Stück verlieren.“
„Schweigen Sie doch!“ fuhr ihn der Weiße an. „Sie halten uns für fremd im Lande. Sie wollten aber wissen, wer ich bin, und so will ich es Ihnen sagen: ich bin der Vater Jaguar!“
Da fuhr der Wirt um zwei Schritt rückwärts und rief mit stammelndem Munde:
„Qué maravilla! Der – Va-ter – Ja-gu-ar – – –!“
Er starrte den Genannten mit weit geöffneten Augen an und schien alle Bewegungsfähigkeit verloren zu haben.
„Nun, gilt's? Zwanzig Bolivianos für das Maultier?“ drang Hammer in ihn.
„Ja – ja –“ antwortete er, wie abwesend; „sogar für – fünfzehn sollen Sie – – es haben – – da Sie der – Vater Jaguar sind.“
„Nein, nicht fünfzehn; ich gebe zwanzig, hier ist die Summe, welche Sie zu bekommen haben.“
Ergriff in den Gürtel, zog eine Handvoll Goldstücke hervor und zählte ihm die schuldige Summe auf den Tisch. Rodrigo Sereno bedankte sich, als ob er träume, und steckte das Geld auch wie im Traume in die Tasche. Nachdem jeder einen Sattel genommen hatte, begaben sich die Gäste wieder in den Hof. Der Wirt folgte ihnen und rief heimlich alle seine Leute herbei. Da standen sie und sahen, wie die Fremden sich auf die Maultiere schwangen und dann in die Nacht hinausjagten. Nun erst bekam die Stimme Serenos ihren ursprünglichen Klang zurück. Er warf sich in die Brust und rief den Seinen zu:
„Heut ist meinem Hause eine große Ehre widerfahren. Wißt ihr, wer der weißhaarige Señor war, welcher trotz seines Alters nicht in den Sattel stieg, sondern aus freier Hand in denselben sprang? Der Vater Jaguar ist's gewesen, der Vater Jaguar! Bei Gott, wenn er darauf eingegangen wäre, hätte ich ihm die Maultiere alle zu nur zehn Bolivianos das Stück verkauft. Der Vater Jaguar! Merkt es euch, und erzählt es morgen allen, die euch in der Stadt begegnen!“
Er brauchte diesen Befehl eigentlich gar nicht auszusprechen, denn die guten Leute wären am liebsten gleich jetzt, mitten in der Nacht, mit der Kunde fortgeeilt, daß der weitberühmte Mann mit fünfundzwanzig Begleitern bei ihrem Herrn eingekehrt sei und eine große Summe in lauter vollwichtigen Goldstücken bezahlt habe. So aber mußten sie leider schlafen gehen.
Und schon am nächsten Morgen, als man kaum aufgestanden war, gab es auch wieder fremde Gäste. Rodrigo Sereno war eben erst von seinem Lager aufgestanden und schlürfte gemächlich seinen Mate aus der silbernen Röhre, da traten zwei kleine, überaus

rot gekleidete Menschen ein, welche bis an die Zähne bewaffnet waren. Der eine fragte sofort, als er die Thür geschlossen hatte:
„Sind Sie der Wirt Rodrigo Sereno, Señor?“
„Ja, Señores,“ antwortete der Gefragte.
„So sind wir in das richtige Haus, lateinisch Domus oder auch Aedificium genannt, gekommen; haben Sie Maultiere zu verkaufen?“
„Gern, so viele Sie brauchen.“
„Und außerdem kann man bei Ihnen zu essen und zu trinken bekommen?“
„Alles, was die Señores wünschen. Setzen Sie sich nieder und teilen Sie mir Ihre Befehle mit!“
Er rückte ihnen zwei Stühle am Tische bequem und forderte sie durch eine Handbewegung auf, sich auf denselben niederzulassen. Seine Worte hatten einen Ton, welcher ein klein wenig ironisch klang. Er schien die kleinen Männer trotz der Waffen, welche sie trugen, nicht für voll anzusehen. Sie schienen dies entweder gar nicht zu bemerken oder wenigstens nicht zu beachten, verlangten heißen Mate und ein Gebäck dazu und machten es sich dann auf den Stühlen bequem, welche er seinen Gästen hinstellte.
Als er ihnen das Verlangte gebracht und vorgesetzt hatte, nahm er bei ihnen in der Weise Platz, wie man es bei Leuten thut, die man nicht ganz für seinesgleichen hält, musterte sie mit einem von oben herab gerichteten Blicke und sagte:
„Darf man vielleicht erfahren, ob die Señores sich hier in Salta aufzuhalten gedenken?“
„Wir kaufen Maultiere, also wollen wir fort,“ antwortete Fritze Kiesewetter.
„Wo kommen Sie her?“
„Aus Tucuman.“
„Auch aus Tacuman? Und natürlich auch nicht mit der Diligence?“
„Nein. Wir haben Postpferde geritten. Aus Ihrer Frage geht hervor, daß noch andre von dorther gekommen sind, und zwar auch nicht mit der Diligence?“
„Ja. Gestern abend kam eine ganze Gesellschaft hier an, und vorgestern trafen auch schon zwei Männer ein. Wo wollen Sie hin, Señores?“
„Zunächst hinauf nach der Salina del Condor. Aber wir kennen den Weg nicht. Ist es wohl möglich, hier einen Führer zu bekommen, auf den man sich verlassen kann?“
„Warum nicht? Wenn Sie ihn gut bezahlen, will ich Ihnen sofort einen besorgen. Ich habe einen Knecht, welcher früher einigemal da oben gewesen ist und sich wohl bestimmen lassen wird, Ihr Führer zu sein. Sie werden ihn bei den Maultieren finden, die Sie sich ansehen können, sobald es Ihnen beliebt.“
Der Peon, von welchem er sprach, war jedenfalls kein zuverlässiger Knecht, sonst hätte er ihn nicht so bereitwillig hergegeben. Als die beiden Reisenden dann mit diesem Manne sprachen, erklärte er, daß er gern mit ihnen reiten werde, und stellte auch so günstige Bedingungen, daß sie ohne Handel auf dieselben eingingen. Desto teurer aber waren die Maultiere, welche sie kauften. Sie mußten für das Stück fünfzig Bolivianos

bezahlen, also über noch einmal so viel, als der Wirt gestern und vorgestern erhalten hatte. Dazu kamen die Sättel und die Proviantvorräte, welche sie sich mitnahmen. Während die letzteren im Zimmer eingepackt wurden, fragte Doktor Morgenstern den Wirt im Laufe des Gespräches:

„Señor, Sie sprachen von Leuten, welche gestern und vorgestern aus Tucuman hier angekommen seien. Kannten Sie dieselben vielleicht?"

„Allerdings. Es waren Männer von sehr berühmten Namen."

„Darf ich diese Namen erfahren?"

„Warum nicht? Ich bin sogar stolz darauf, Ihnen mitteilen zu können, daß solche Señores bei mir verkehren. Am vorgestrigen Abend hatte ich den weitbekannten Gambusino Benito Pajaro mit noch einem Herrn als Gäste bei mir."

„Den Gambusino? So sind wir also auf der richtigen Spur, lateinisch Semita oder auch Vestigium genannt. Der andre ist jedenfalls Antonio Perillo gewesen?"

„Ja, er war es. Kennen Sie denn diese Señores?"

„Besser, als Sie vielleicht denken. Und wer waren die Herren, welche gestern hier einkehrten?"

Der Wirt betrachtete die beiden jetzt abermals mit einem forschenden Blicke, wobei sein Gesicht einen weniger geringschätzenden Ausdruck annahm. Wer den Gambusino so gut kannte, der konnte nach seiner Ansicht denn doch kein so ganz gewöhnlicher Mensch sein. Dann antwortete er fragend:

„Sie sprachen von einer Spur. Wollen Sie vielleicht dem Gambusino nach?"

„Ja."

„Und wissen Sie, wohin er ist?"

„Sehr genau."

„So müssen Sie sich sputen, denn er schien große Eile zu haben. Noch weit größere Eile aber hatten die gestrigen Señores. Das waren über zwanzig Personen, welche von dem berühmten Vater Jaguar angeführt wurden. Den werden Sie wohl schwerlich kennen."

„Warum nicht? Wir gehören ja zu seiner Gesellschaft und wollen ihr nach."

„Was? Sie gehören zu ihm und wollen doch auch dem Gambusino folgen? Daraus ist zu schließen, daß der Vater Jaguar mit dem Gambusino zusammentreffen will?"

„Sie erraten es. Es handelt sich nämlich um eine sehr interessante Angelegenheit, lateinisch Negotium genannt, welche für uns von großer Wichtigkeit ist. Nämlich – – –"

Der kleine Mann stand im Begriff, dem Wirte eine voreilige Mitteilung zu machen. Fritze, welcher weit vorsichtiger war, fiel ihm schnell in die Rede:

„Es betrifft nämlich eine Silberader, welche droben in den Bergen aufgefunden worden sein soll, und alle die genannten Señores, auch wir beide, reiten hinauf, um dieselbe, falls etwas Wahres daran ist, oft und manchmal auszubeuten."

„Da gratuliere ich Ihnen," meinte der Wirt, und zwar jetzt im Tone der Hochachtung. „Ein Unternehmen, an welchem sich der Vater Jaguar und der Gambusino beteiligen, muß auf alle Fälle ein rentables werden. Ich hoffe, daß Sie, so oft Sie hier vorüberkommen, sich meiner erinnern und bei mir einkehren. Empfehlen Sie mich dem Vater Jaguar. Ich achte und bewundere ihn, wie ich Ihnen gleich beweisen werde. Nämlich, da Sie zu ihm gehören, will ich Ihnen die Maultiere billiger lassen, als Sie dieselben bezahlt haben; das Stück soll nicht fünfzig, sondern dreißig Bolivianos kosten; ich zahle Ihnen den Überschuß heraus."

Die beiden waren nicht wenig über dieses Verfahren verwundert und der Doktor steckte das Geld, welches der Wirt zurückgab, nur zögernd wieder in die Tasche. Aber Rodrigo Sereno handelte mit guter Berechnung. Er sagte sich, daß diese beiden Männer dem Vater Jaguar mitteilen würden, wieviel sie bezahlt hatten, und dann war anzunehmen, daß keiner von der ganzen Gesellschaft wieder hier einkehren werde. Der Schaden des Wirtes mußte sich dann weit höher belaufen, als die Summe, welche er jetzt wiedergab. Die beiden Deutschen gaben ihm das Versprechen, seiner zu gedenken und ihn auch der vorausgegangenen Gesellschaft bestens zu empfehlen. Dann, als ihre Vorbereitungen alle beendet waren, bestiegen sie die erkauften Maultiere und ritten mit dem Peon, welcher sie in die Berge führen sollte, zum Thore hinaus.

Wer von Osten aus die Anden ersteigt, um westwärts nach Chile oder Peru zu kommen, hat verschiedene Gebirgsstufen zu erklimmen, die sich infolge der Verschiedenheit ihrer Höhe auch durch eine Unähnlichkeit ihres Klimas unterscheiden.

Die erste Stufe besteht aus den Yungas, welche bis 1600 Meter ansteigen. Hier herrscht die ganze Üppigkeit der Tropenregion mit ihren weiten, undurchdringlichen Urwäldern, welche zuweilen von saftigen Grasfluren, die man Pajonales nennt, unterbrochen werden. Die Medio Yungas erreichen als zweite Stufe eine Höhe von durchschnittlich 2900 Meter. Hier herrscht noch das Klima der gemäßigten Zone, und man kommt durch ungeheure Wälder, welche besonders reich an Cinchona-Arten sind. Darauf folgen die Cabezeras de los valles bis 3300 Meter Höhe. Sie sind gegen die Stürme des oberen Gebirges geschützt und infolge dessen auch noch reich an den verschiedensten Vegetationsformen. Bis hierher erstreckt sich der geschlossene Baumwuchs, also der Wald, während auf der nächsten Stufe Bäume nur vereinzelt und zwar nur in besonders geschützter Lage anzutreffen sind. Diese nächste Stufe, welche Puna genannt wird, steigt bis zu 3900 Meter Höhe empor. Man trifft auf derselben außer den vereinzelten Bäumen nur Kräuter und Gräser (Gentiana, Valeriana, Yareta u. s. w.) an, welche den Tieren als Weidefutter dienen. Es herrscht hier eine große Trockenheit, welche nur in der Regenzeit unterbrochen wird. Die nun folgende Stufe wird Puna brava genannt und umfaßt bis zu den höchsten Bergesspitzen alles, was über 3900 Meter liegt. Diese Höhen sind reich an wertvollen Erzen; hier führen die Pässe zwischen den Bergesriesen über das Gebirge. In dieser Region verwandelt sich selbst im hohen Sommer der Regen sehr oft in Schnee und Hagel; im Winter aber herrschen wütende Schneestürme, welche denjenigen Reisenden, die so kühn sind, in dieser Jahreszeit den Übergang über die Anden zu wagen, meist das sichere Verderben bringen.

Da, wo jenseits der argentinischen Grenze auf bolivianischem Gebiete die Puna an die obere Cabezera grenzt, zieht sich ein ziemlich dichter Wald von Cinchona Calisaya-Bäumen an den östlichen Berghängen hinab. Auf den freien Stellen, welche dieser Wald umschließt, befinden sich die Wohnstätten der Mojosindianer. Etwas höher, jenseits der Punagrenze, liegt das Guanacothal, welches eine Abteilung dieser Indianer jetzt zur Jagd aufgesucht hatte. Und noch weiter oben, beinahe in der Puna brava gelegen, breitet auf einem kleinen Hochplateau die Salina del Condor ihre salzigen Wasser aus, höher noch liegt die Mordschlucht. Nahe an ihr führt ein Pfad vorüber, welcher über einen Paß von Chile herüberkommt, hinab zur Salina del Condor steigt und dann über die argentinische Grenze hinab nach Salta leitet. In der Nähe der genannten Grenze vereinigt sich mit diesem Pfade ein zweiter, welcher weiter nördlich her von Peru herüberkommt. Der Ausdruck Pfad ist hier eigentlich falsch angewendet, denn von dem, was wir unter Pfad und Weg oder gar Straße verstehen, ist hier keine Rede. Das Saumtier schreitet über Felsen und Steingetrümmer, durch Thäler und Schluchten, ohne eine Spur, aus welcher ein wirklich ausgetretener Weg entstehen könnte, zu hinterlassen. Nur der erfahrene Jäger oder Führer kennt die Gegend; der unerfahrene Reisende aber verliert sehr leicht die Richtung und kann dann tage- und wochenlang zwischen den Bergen umherirren, ohne den Weg, den Paß zu finden, der ihn zum Ziele bringen sollte. Selbst der Kenner kann, wenn er nicht scharf aufpaßt, die Stelle, an welcher die beiden erwähnten Saumpfade zusammenstoßen, leicht übersehen und infolgedessen den falschen einschlagen.
In diesem Falle befand sich der Peon aus Salta, welcher die beiden Deutschen nach der Salina del Condor bringen sollte. Er war wohl in Gesellschaft hier oben gewesen, hatte sich aber nicht so sehr um die Einzelheiten der Gegend bekümmert, wie es erforderlich gewesen wäre zur Erlangung der Kenntnisse, welche ein zuverlässiger Führer besitzen muß.
Es war mittag, und schon seit dem frühen Morgen hatte er sich auf eine ganz eigentümliche Weise verhalten. Er war von der heute eingeschlagenen Richtung oft abgewichen und nach rechts oder links eingebogen, um dann wieder nach links oder rechts umzubiegen. Er beobachtete die Gegend mit verlegenem Blicke und gab sich dabei Mühe, diese Verlegenheit nicht bemerken zu lassen. Gab es einmal eine sichtbare Spur, daß ein Mensch hier geritten sei, so nahm sein Gesicht einen zuversichtlicheren Ausdruck an, um denselben aber bald wieder zu verlieren, wenn er einsehen mußte, daß er sich in dieser Gegend doch noch nicht befunden habe.
Dem Doktor fiel dieses Verhalten nicht auf; Fritze aber war scharfsinniger und hatte es gar wohl bemerkt. Darum sagte er jetzt, natürlich in deutscher Sprache, zu seinem Herrn:
„Dieser Mensch scheint seiner Sache nicht jewiß zu sind. Haben Sie ihm dat nicht auch schon anjesehen?“
„Nein.“

„Dann passen Sie doch mal auf! Er wird immer unsicherer. Sie müssen doch bemerkt haben, daß wir oft nach der Seite abgewichen sind?"
„Das habe ich gesehen; aber wir sind ja immer wieder zurückgekehrt."
„Eben dieses hat mir aufmerksam jemacht. Wenn er nach rechts reitet und nachher wieder nach links, so muß eins von beiden falsch sind. Der alte Onkel hat sich wahrscheinlich verirrt."
„Das wäre höchst unangenehm, inamoenus, wie der Lateiner sagt. Wenn dieser Peon unser Führer sein will, muß er doch den Weg kennen."
„Eigentlich ja; aber es wird wohl uneigentlich sind. Sehen Sie ihn mal an! Wild jenug sieht er freilich aus, jescheit aber nicht."
Damit hatte er sehr recht. Der Peon hatte das Aussehen eines Banditen; aber von Intelligenz war in seinem Gesichte keine Spur zu entdecken.
Die drei Reiter befanden sich jetzt an einer Stelle, wo sich zwei schmale Thäler vor ihnen öffneten; das eine führte nach links und das andre geradeaus. Der Peon blieb halten, um sich zu besinnen. Er schaute bald nach links und bald vor sich hin und wußte sichtlich nicht, wohin er sich wenden solle. Da verlor Fritze endlich die Geduld und sagte:
„Warum halten Sie an, Señor? Es scheint, Sie haben den Weg verloren?"
„Wie kommen Sie auf diesen Gedanken?" antwortete der Führer in beleidigtem Tone. „Meinen Sie, ich wüßte nicht, wo ich bin?"
„Das meine ich nicht. Sie wissen jedenfalls ganz genau, daß Sie sich in den Anden befinden; aber auf welchem Punkte derselben, das zu wissen, ist wohl schwieriger."
„Ich kenne den Weg so genau, wie mich selbst, und habe mich überhaupt im Leben noch nie verirrt."
„So wissen Sie also noch nicht, wie es einem Verirrten zu Mute ist? Ich denke, daß Sie das jetzt erfahren werden."
„Wollen Sie mich beleidigen, Señor? In diesem Falle lasse ich Sie hier halten und reite zurück!" bemerkte er in drohendem Tone.
„Zurückreiten? Das würden Sie wohl nicht fertig bringen," antwortete Fritze gleichmütig.
„Warum nicht?"
„Weil das Maultier, auf welchem Sie sitzen, uns gehört. Sie würden also nur zurücklaufen können."
„Und wenn ich es nicht hergebe?"
„Reden Sie nicht solch dummes Zeug! Sie sehen, daß wir bewaffnet sind. In dieser Gegend pflegt man auf Diebe zu schießen, ohne zu fragen, ob ihnen das oft und manchmal angenehm ist. Sobald Sie wenden, um zurückzureiten, bekommen Sie meine Kugel. Das merken Sie sich! Und nun vorwärts, wenn Sie den Weg wirklich so genau kennen, wie Sie behaupten!"
Der Peon hatte keineswegs das Aussehen eines furchtsamen Menschen, ließ sich aber doch durch das energische Verhalten des kleinen Deutschen einschüchtern und bog in das Thal ein, welches nach links führte. Die andern folgten ihm.

Dieses Thal hatte viele Schlangenwindungen; es führte bald in der einen und bald nach der andern Richtung; dabei schien es endlos zu sein und verengte sich mehr und mehr, bis es zur tiefen, schmalen Schlucht wurde, welche man mit einem nordamerikanischen Cañon vergleichen konnte.
Der Peon ritt jetzt langsamer und immer langsamer voran. Er sah ein, daß er noch niemals hier gewesen sei, denn eine so lange Schlangenschlucht war ihm noch nie vorgekommen. Er ging mit sich zu Rate und kam schließlich doch zu der Einsicht, daß es jedenfalls besser sei, seinen Irrtum jetzt und freiwillig einzugestehen, als desselben später mit Heftigkeit überführt zu werden. Darum hielt er endlich an und sagte:
„Sie haben mich vorhin irre gemacht. Ich hätte nicht nach links einbiegen, sondern geradeaus reiten sollen. Das war der richtige Weg. Kehren wir also um, Señores!“
„Habe es gedacht!“ brummte Fritze unmutig. „Nun müssen wir den weiten Weg zurück! Aber wissen Sie denn auch genau, daß dieser der falsche und jener dann der richtige ist?“
„Ja. Wenden Sie getrost um! Wir sind zu weit nach links gekommen und müssen also mehr nach rechts hinunter.“
„Wenn es richtig ist, will ich es loben, denn ich denke mir, daß – – –“
Er hielt mitten im Satze inne und lauschte.
„Was gibt's?“ fragte der Doktor. „Hörst du etwas?“
„Ja. Es war mir, als ob da vor uns ein Jeräusch jewesen wäre. Horch!“
Er hatte sich nicht geirrt, denn das Geräusch wiederholte sich und kam näher. Es klang wie Hufschlag.
„Sollte ich mich dennoch auf dem richtigen Wege befunden haben?“ fragte der Peon, indem sein besorgtes Gesicht sich aufheiterte.
„Wenn dies wäre, so hätten Sie es jedenfalls nur dem Zufalle zu verdanken,“ antwortete Fritze. „Ich aber möchte behaupten, daß alle Ihre beiden Wege falsch sind, obgleich Sie nur diesen für falsch, den andern aber für richtig gehalten haben. Sie wissen offenbar schon seit heute früh nicht, woran Sie sind. Nun aber werden wir hoffentlich erfahren, in welcher Gegend der Neuen Welt wir uns befinden.“
Die Schlucht machte vor ihnen abermals eine Biegung. Um die Ecke, welche dadurch gebildet wurde, kamen drei Reiter. Dem vordersten sah man es an, daß er ein Maultiertreiber, ein Arriero war. Hinter ihm kam ein hoch beladenes Packtier, welchem ein Reiter folgte, welcher der Besitzer des Gepäckes zu sein schien. Er war in die Tracht des Landes gekleidet, von hoher Gestalt und sehr gut bewaffnet. Sein Haar und Bart waren blond, und die Augen, welche er überrascht auf die drei Reiter vor sich richtete, hatten die helle Farbe der Nordländeraugen. Hinter ihm ritt der dritte, welcher jedenfalls auch ein Arriero war. Der mittlere Herr kam jedenfalls über das Gebirge und hatte die beiden andern als Treiber und Führer gemietet.
Sie hielten an, und beide Parteien musterten sich einige Sekunden lang, ohne ein Wort zu sagen. Dann rief der hintere Reiter, indem er seine Worte an den Peon richtete:

„Ist's möglich, oder irre ich mich? Ist das nicht Malzeso, der Peon von Rodrigo Sereno in Salta?“
„Der bin ich allerdings,“ antwortete der Angeredete. „Kennen Sie mich?“
„Ja.“
„Von woher?“
„Von Salta her. Ich pflege bei Ihrem Herrn einzukehren und habe Sie da gesehen. Sind Sie etwa der Führer der Señores, welche sich da bei Ihnen befinden?“
„Der bin ich allerdings.“
„Cielo! Wie kommen Sie dazu, fremden Reisenden den Weg über das Gebirge zeigen zu wollen! Das zu thun, ist doch nur ein erfahrener Arriero im stande!“
„Ich kenne das Gebirge besser, als Sie meinen,“ antwortete der Peon gekränkt. „Überdies wollen wir keineswegs über dasselbe hinüber.“
„So bleiben Sie auf dieser Seite? Das ist etwas andres. Aber Sie haben doch die Grenze der Puna bereits überschritten, und dieser Weg führt nach der Puna brava, nicht aber nach einem bewohnten Orte. Darf ich fragen, wohin Sie wollen?“
„Dahin, woher Sie jedenfalls kommen, nämlich nach der Salina del Condor hinauf.“
„Nach der Salina? Dios! Sie meinen, daß wir von dort herunterkommen?“
„Jedenfalls.“
„Da irren Sie sich gewaltig, Señor. Wir kommen von Peru herüber und wollen nach Salta. Sie befinden sich also auf einem falschen Wege.“
„Können Sie dies als gewiß behaupten?“
„Natürlich! Es gibt hier nur zwei Wege. Der eine ist der, auf welchem wir uns befinden, und der andre kommt von Chile herüber, geht an der Sahna del Condor vorbei und trifft mit dem ersteren auf einem Punkte zusammen, welcher über eine halbe Tagereise hinter Ihnen liegt.“
„Das stimmt allerdings; das weiß ich auch!“
„Und doch scheinen Sie nicht zu wissen, daß Sie irre geritten sind! Wie früh sind Sie heute aufgebrochen?“
„Mit Sonnenaufgang.“
„So hatten Sie erst die richtige Richtung und haben dann aber die Stelle übersehen, an welcher die beiden Wege zusammentreffen. Anstatt sich nach links zu wenden, sind Sie immer weiter geritten.“
„Das ist's, was ich dachte!“ rief Fritze jetzt dem Peon zu. „Wir mußten nach links, und doch haben Sie bis jetzt behauptet, daß wir uns mehr nach rechts halten müßten. Infolgedessen haben wir einen Umweg gemacht, den wir gar nicht wieder einholen können. Ich glaube, daß wir drei Viertel eines Tages verloren haben.“
„Nein, so viel nicht, Señor,“ wendete sich der Arriero höflich an ihn. „Der Weg, welchen Sie hätten einschlagen sollen, zieht sich westlich von hier in die Berge hinauf. Wenn Sie gerade nach Sonnenuntergang reiten, werden Sie ihn in drei Stunden erreichen.“

„Hm!“ brummte Fritze nachdenklich. „Es ist ein Glück für uns, daß wir Ihnen begegnet sind. Wenn es auf diesen unsern Führer angekommen wäre, so hätten wir leicht unsern Untergang finden können, denn er wollte hier umkehren und sich dann noch weiter nach rechts wenden. Auch klingt es sehr tröstlich, wenn Sie sagen, daß wir binnen drei Stunden den richtigen Weg erreichen können, aber ob wir den Weg zu diesem Wege finden, das ist die Frage. Wie ich sah, gibt es da hinauf einen Wechsel zwischen Bergen und Höhen, Thälern und Schluchten, die wohl nicht alle zu passieren sind.“
„Das ist wahr. Es kommt nur einer, der die Gegend kennt, hinauf.“
„Das befürchtete ich. Wir beide sind hier fremd, und unser Führer ist, wie Sie gesehen haben, nicht klüger als wir. Und selbst wenn wir den dreistündigen Ritt glücklich vollbrächten, so fragt es sich, ob wir den Weg, den wir suchen, finden würden. Hier gibt es keine Straßen, und was man einen Weg nennt, das ist etwas ganz andres als ein Weg. Ich wette, daß wir ihn gar nicht sehen würden.“
„Das ist sehr wahrscheinlich,“ lachte der Arriero. „Es wird Ihnen nichts andres übrigbleiben, als umzukehren und mit uns bis dahin zurückzureiten, wo die beiden Wege sich vereinigen. Dann werde ich Ihnen genau beschreiben, wie Sie reiten müssen.“
„Kennen Sie denn den Pfad hinauf nach der Salina del Condor?“
„So genau, daß ich ihn in der finstersten Nacht finden würde.“
„Das ist sehr gut, hilft uns aber nichts. Wir haben drei Viertel des Tages verloren, und wenn wir umkehren, verlieren wir noch viel, viel mehr!“
„Haben Sie es denn so notwendig? Ist Ihre Zeit so kurz bemessen?“
„Freilich. Wir wollen an der Salina del Condor mit Leuten zusammentreffen, von denen Sie vielleicht auch einige kennen, wenigstens den Namen nach. Wir gehören nämlich zu einer Truppe, deren Anführer der Vater Jaguar ist.“
„Der Vater Jaguar? Den kenne ich nur zu gut. Er ist der berühmteste Mann des Gebirges, und ich bin einigemal mit ihm zusammengetroffen. Der ist also da oben in der Salina?“
„Ja.“
„Zur Jagd?“
„Ja, zur Jagd,“ antwortete Fritze. Und langsam fügte er hinzu: „aber nicht zur Jagd auf Tiere, sondern auf Menschen.“
„Qué cosa! Auf Menschen? Will er etwa einen Bösewicht bestrafen?“
„Ja.“
„Wen?“
„Sie erlauben, daß ich diese Frage unbeantwortet lasse. Der Vater Jaguar wünscht nicht, daß von derselben vorher gesprochen wird.“
„Ich nehme es Ihnen nicht übel. Also um ein solches Abenteuer handelt es sich! Und da sollen Sie auch dabei sein?“
„Ja.“
„Und wenn Sie umkehren, gelangen Sie nicht zur rechten Zeit nach der Salina? Das ist freilich höchst fatal für Sie. Wenn es sich um den Vater Jaguar handelt, ist jeder ehrliche

Mann zu jedem Dienste bereit; aber ich kann Ihnen leider nicht helfen. Ich könnte Sie zwar bis Sonnenuntergang auf den rechten Weg bringen, aber wir sind von diesem Señor engagiert worden, ihn bis Salta zu begleiten, und so wiederhole ich, was ich vorhin sagte: Es ist am besten, Sie kehren mit uns um."
Der blonde Fremde hatte aufmerksam zugehört und dabei den Doktor und dessen Diener mit prüfendem Blicke betrachtet. Jetzt zog er seine Uhr hervor, sah nach der Zeit und fragte dann den Arriero, welcher bisher gesprochen hatte:
„Sie kennen also die Gegend so genau, daß Sie diese Señores von hier aus auf den richtigen Weg bringen könnten?"
„Ja."
„Und das würde bis zur Dämmerung geschehen sein?"
„Ja."
„Der Weg da oben trifft nach Salta zu mit unsrem gegenwärtigen zusammen?"
„Ja."
„Nun, so können wir ja diesen Señores helfen, ohne daß Sie mich zu verlassen brauchen. Sie machen ihren Führer und ich reite mit. Es ist mir gleich, ob ich von hier aus oder von einer andern Stelle aus nach Salta komme. Die Zeit, welche ich dadurch versäume, beträgt nur drei Stunden, welche wir morgen wieder einbringen können; diese Herren aber würden mehr als einen Tag versäumen. Haben wir sie beim Einbruch des Abends auf den richtigen Weg gebracht, so werden sie uns vielleicht erlauben, die nächste Nacht mit ihnen zu lagern; morgen früh reitet dann jeder seines Weges weiter."
Dieses mehr als freundliche Anerbieten war den Verirrten so willkommen, daß der Doktor sein Tier an dasjenige des Fremden trieb, ihm die Hand entgegenstreckte und voller Freude ausrief:
„Señor, was Sie uns da so freiwillig anbieten, würden wir nie zu erbitten wagen. Auch würden wir Ihre Offerte zurückweisen, wenn wir uns nicht in einer Lage befänden, welche uns dringend gebietet, dieselbe anzunehmen. Halten Sie uns nicht für rücksichtslos, wenn wir Ihre Freundlichkeit nicht von uns weisen! Daß dieselbe keine vielleicht Unwürdigen trifft, mag Ihnen mein Stand und Name sagen. Erlauben Sie mir, mich Ihnen vorzustellen! Ich bin – – –"
Da hob der Fremde abwehrend die Hand und unterbrach ihn in freundlichem Tone: –
„Bitte, das will ich jetzt nicht wissen. Unwürdigen würde ich nicht gefällig sein; Sie hören also, wie ich über Sie denke. Und wenn man einem Menschen einen kleinen Dienst erweist, so ist das noch lange kein Grund, daß derselbe seine sämtlichen Verhältnisse zu enthüllen hat. Sagen wir uns morgen, wenn wir scheiden, wer und was wir sind; es ist nicht nötig, dies schon heute zu wissen."
Er schüttelte die Hand des Doktors und wendete sich dann an den Arriero, ihn fragend:
„Reiten wir weiter vorwärts, oder müssen wir umkehren?"
„Wir müssen zurück," antwortete der Gefragte. „Die Schlucht ist vor uns noch außerordentlich lang; es würde ein großer Umweg sein."

„Dann also zurück! Gibt es da oben einen Ort, an welchem man bis morgen lagern kann?"
„Ich kenne eine passende Stelle und denke, daß wir unterwegs auch Holz genug zu einem Feuer finden werden."
Der Fremde kehrte also mit seinen beiden Arrieros und dem Packtiere um, und die Verirrten ritten hinter ihnen her. Den Zug beschloß der Peon, welcher kein weiteres Wort zu sagen gewagt hatte und jetzt eine wahre Armesündermiene zeigte.
Noch war keine Viertelstunde vergangen, so hatte man das obere Ende der Schlucht erreicht. Sie mündete auf eine kleine Ebene, von wo aus ein freier Blick auf die westlich sich erhebenden Berge gewonnen wurde. Der Arriero blieb halten, um sich zunächst zu orientieren. Er betrachtete die Gestalt jeder einzelnen Höhe, jedes einzelnen Berges, prüfte die Thaleinschnitte zwischen denselben und sagte dann zu dem blonden Fremden:
„Ich sehe, wie wir reiten müssen. Der Weg wird gar nicht so beschwerlich sein, wie ich vorher dachte, und ich bin auch überzeugt, daß wir noch vor Einbruch der Dunkelheit einen Ort erreichen, wo wir bequem lagern und schlafen können."
Nach dieser Versicherung, welche allen willkommen war, setzte er sein Maultier wieder in Bewegung. Die Ebene sank in ein schmales Thal hinab, welches sich nach und nach verbreiterte und zwischen hohe, schroff aufgebaute Berge hineinzog. Die Spitzen dieser Berge waren kahl; an den Hängen gab es hier und da eine grüne Stelle, noch von der Regenzeit her; Wasser aber war nirgends zu sehen. Da und dort stand ein Busch, bei welchem die Arrieros und der Peon anhielten, um dürres Gezweig zu sammeln.
Der Doktor hätte sehr gern mit dem so außerordentlich gefälligen Fremden ein Gespräch begonnen, und dem kleinen Fritze Kiesewetter drückte es fast das Herz ab, mit einem Herrn reiten zu müssen, ohne erfahren zu haben, wer und was er sei, woher er komme und wohin er wolle; aber dieser Mann schien leider der Ansicht zu sein, daß es verdienstlicher sei, Unbekannten Hilfe zu erweisen. Er ritt vor ihnen her und schien nur Augen für das großartige Gebirgspanorama, das sich vor ihnen ausbreitete, zu haben. Da er von ihnen für einen Südamerikaner gehalten wurde, sagte Fritze in deutscher Sprache:
„Hatte ik's nicht jesagt, daß wir in die Irre jeritten seien! Wenn diese jefälligen Leute nicht jekommen wären, so hätte dieser Peonenonkel uns wohl jar nach Lappland und an den Nordpol jeführt."
Da der Sprecher nicht weit hinter dem Fremden ritt, so hörte dieser Fritzens Worte. Er hatte bei den ersten derselben aufgehorcht; jetzt drehte er sich um und sagte im reinsten Hochdeutsch:
„Gar so weit nach Norden wäre Ihre Reise wohl nicht gegangen; aber Sie hätten in dieser Einsamkeit wohl schwerlich bald einen Menschen gefunden, welcher Sie hätte zurechtweisen können. Daß ich Ihnen begegnet bin, freute mich schon bisher; nun ich aber höre, daß Sie Deutsche sind, freut es mich doppelt."
Er hatte während dieser Worte sein Tier so gelenkt, daß er nun neben ihnen ritt. Das Gesicht Morgensterns glänzte vor Freude, als er darauf antwortete.

„Ja, wir sind Deutsche, Señor. Sie beherrschen unsre Muttersprache in einer Weise, daß ich Ihnen mein Kompliment machen muß. Diejenigen, von denen Sie sie lernten, sind jedenfalls auch geborene Deutsche gewesen?"
„Allerdings," nickte der Fremde lächelnd. „Ich lernte sie von meinem Vater und meiner Mutter."
„Also sind Sie ein Deutscher?"
„Ich bin stolz darauf, es zu sein."
„Drüben oder hüben geboren?"
„Drüben im Vaterlande."
„Ich auch, ich auch! Sie wollten vorhin nicht hören, wer ich bin; nun Sie aber wissen, daß wir Landsleute sind, werden Sie mir doch wohl erlauben, mich Ihnen vorzustellen. Ich heiße Morgenstern, Doktor Morgenstern aus Jüterbogk und bin nach Argentinien gekommen, um paläontologische Studien zu treiben."
„Und ik," fiel Fritze ein, „ik heiße Fritze Kiesewetter aus Stralau am Rummelsburger See und befinde mir hier, um mir an diese Studien zu beteiligen. Wir haben es schon zu einer Gigantochelonia und nachher jar zu einem Megatherium jebracht."
„Von diesen Dingen verstehe ich nichts," gestand der Blonde. „Was meinen Namen betrifft, so heiße ich Engelhardt, und mein Stand – – eigentlich besitze ich keinen mehr; ich habe ihn vor kurzem aufgegeben. Ich bin, was man so Rentier nennt."
„Sie leben also von Ihrem Jelde? Dat kann ik noch nicht. Wollte ik von meine Ersparnisse leben, so könnte ik mir nach drei Tagen als „wandelndes Skelett" sehen lassen. Dürfen wir fragen, ob Sie in dieses schöne Arjentinien wohnen?"
„Ich wohnte bisher in Lima, also in Peru, habe mein Geschäft verkauft und will nun nach Deutschland hinüber."
„Haben Sie Ihr Jeschäft jut bezahlt bekommen?"
„Leidlich gut, den jetzigen Verhältnissen angemessen," antwortete Engelhardt, verwundert über die Frage, welche eigentlich eine sehr zudringliche war.
„Dat freut mir außerordentlich. Für mein Jeschäft hat mich noch kein Mensch wat jeboten, und so kann ich es mich deutlich vorstellen, wie schön es sein muß, wenn man wat Ordentliches dafor bekommt."
„Was sind Sie denn eigentlich?"
„Noch immer jeborener Stralauer, weiter nichts. Ik beschäftige mir mit allem, wat mich in die Hände kommt. Gejenwärtig bin ik der Famulus des Herrn Doktors und ziehe mit ihm in den Kampf gejen die beiden jrößten Schurken, welche die Erde trägt."
„Wer ist das?"
„Dat ist ein Kerl, den man den Jambusino nennt, und dat ist ferner ein Stierfechter, welcher Antonio Perillo heißt."
„Diesen letzteren Namen habe ich schon gehört und auch gelesen. Der Mann ist in Lima aufgetreten; da ich aber den Zirkus nicht besuchte, habe ich ihn nicht gesehen. Warum nennen Sie diese Männer die größten Schurken?"

„Um Ihnen dat zu erklären, müßte ik eine Erzählung leisten, welche von jetzt an bis morjen abend währen würde. Dieser Perillo kennt uns nicht, und wir haben ihm niemals wat zujefügt, und dennoch trachtet er uns schon seit längere Zeit nach dat Leben."
„Ist's möglich! Vielleicht irren Sie sich?"
„Wir uns irren? Kein Jedanke! Der Herr Doktor war kaum ans Land jestiegen und zu Salido jekommen, so machte Perillo einen Mordversuch auf ihm."
„Salido, sagen Sie? Wo war das? In welcher Stadt?"
An Buenos Ayres."
„Meinen Sie etwa den Bankier?"
„Ja, denselbigen."
„So kennen Sie ihn also?"
„Ja, wir kennen ihn sehr gut," fiel jetzt der Doktor ein. „Ich war ihm empfohlen und genoß seine Gastfreundschaft, indem ich bis zu meiner Abreise von Buenos Ayres bei ihm wohnte."
„Ist das schon lange her?"
„Nur kurze Zeit, einige Wochen."
„Wurde da bei Salido mein Name nicht genannt?"
„Engelhardt sprach diese Frage mit sichtlicher Spannung aus. Der Doktor antwortete nachdenklich:
„Als Sie vorhin sagten, daß Sie Engelhardt heißen, war es mir ganz so, als ob ich diesen Namen schon einmal gehört haben müsse; aber wo – – hm – – hm!"
„Wohl drüben im Vaterlande. Da gibt es ja der Engelhardts genug."
„Nein, sondern hier in Argentinien; aber es fällt mir schwer, mich auf den Ort zu besinnen. Fritze, weißt denn du nicht, wo wir einem Engelhardt begegnet sind?"
„Einem Engel – – Engel – –" sann der Stralauer nach; dann richtete er seinen Oberkörper straff auf, sah den Blonden mit einem Blicke, in welchem sich die größte Spannung aussprach, an und rief: „Ik hab's, ik hab's! lk glaube nicht, dat ik mir irre! Sie wohnten in Lima und haben Ihr Geschäft verkauft. War dat nicht oft und manchmal ein Bankierjeschäft?"
„Nicht nur oft und manchmal, sondern stets."
„Sie haben eine Frau, oder, wollte ik lieber sagen, eine Jemahlin?"
„Ja."
„Und zwei Jungens, wat man höflicherweise Söhne nennt?"
„Auch das stimmt."
„Der eine war bei Salido auf Besuch?"
„Ja."
„So ist's janz so, wie ik mir dachte! Wir haben ihn nicht Herr Engelhardt, sondern stets nur Anton jenannt. Herr Doktor, darum konnten Sie Ihnen nicht auf den Namen besinnen. Bejreifen Sie denn nicht, daß dieser Herr Engelhardt der männliche Teil von die Eltern unsres Antons ist?"

Der Doktor öffnete den Mund, sah erst Fritze und dann Engelhardt fragend an, ließ sein Auge wieder und wieder von dem einen auf den andern schweifen und antwortete dann, indem er mit dem Kopfe schüttelte –

„Du irrst dich, Fritze. Was du sagst, ist ganz unmöglich.

Der Vater unsres Anton ist zwar auch Bankier und mag vielleicht auch Engelhardt heißen, kann aber nicht mit diesem Herrn hier identisch sein."

„Warum nicht?"

„Weil der Vater Antons sein Geschäft noch besitzt und auch jetzt nicht über die Anden kommen würde. Das siehst du doch wohl ein."

„Nein, dat kann ik nicht einsehen."

„Würde der Vater von Peru über die Anden nach Argentinien gehen, wenn er weiß, daß sein Sohn, lateinisch puer oder filius geheißen, zu derselben Zeit unterwegs hinüber nach Peru ist?"

„Wie?" fragte da Engelhardt hastig. „Anton soll unterwegs sein?"

„Ja."

„Mein Sohn? Das muß ein andrer Anton, ein andrer Engelhardt sein. Sprechen Sie von dem Knaben, welcher bei Salido auf Besuch war?"

„Ja, denn einen andern Anton Engelhardt kennen wir nicht. Er ist ein Verwandter von Salido."

„Natürlich, denn Salido ist sein Onkel, und ich bin sein Vater."

„Wirklich?" fragte da Fritze. „Sie sind der Vater vom richtigen Anton, den wir meinen?"

„Ja, ja und dreimal ja!"

„Aber warum laufen Sie denn da von Lima fort? Warum bleiben Sie nicht zu Hause, wohin Sie jehören? Sie haben doch jewußt, daß Ihr Sohn von Buenos Ayres aufjebrochen ist, um über die Anden heimzukommen!"

„Ich habe gewußt, daß es geschehen sollte, nicht aber, daß es geschehen ist. Ich habe Salido telegraphiert, daß er Anton nicht fortlassen, sondern noch bei sich behalten solle, weil ich selbst kommen wolle, ihn abzuholen!"

„So sind wir rascher jewesen, als die Depesche, welche zu spät jekommen ist. Dat Telejramm ist einjetroffen, als wir schon fort jewesen sind. Aber dann bejreife ik nicht, warum Ihnen Salido nicht schnell zurücktelejraphiert hat!"

„Das begreifen sie nicht? Sie wissen doch jedenfalls, daß zwischen Peru und Chile ein Krieg ausgebrochen ist?"

„Kein Wort!"

„So haben Sie wohl außerhalb der Welt gelebt?"

„Nein, sondern jrad mitten drin, mitten im Gran Chaco, wo wir von dem, wat außerhalb jeschehen ist, kein Wort erfahren haben."

„Peru ist durch Chile von aller Verbindung mit Argentinien abgeschnitten. Mein Telegramm war, wie ich nun erfahre, eins der letzten, welche befördert wurden; die

Antwort Salidos aber ist nicht nach Lima gekommen. So bin ich bis heut der festen Überzeugung gewesen, daß Anton sich noch bei ihm befindet."

Die drei Deutschen waren, während die andern weiter ritten, halten geblieben. Der Gegenstand ihres erregten Gespräches nahm sie so gefangen, daß sie für nichts andres Gedanken hatten. Der Doktor warf nur zuweilen eine Bemerkung, einen Satz dazwischen; zwischen Engelhardt und Fritze aber flogen die Fragen und Antworten mit größter Schnelligkeit und ohne die Pause auch nur eines Augenblickes hin und her.

„So also ist dat jekommen!" meinte Fritze. „Krieg zwischen Peru und Chile, ein Telejramm herüber, dat andre aber nicht hinüber, infolgedessen der Anton futsch und Sie als kinderloser Waisenvater mitten in den Anden! Warum sind Sie denn nicht in Lima jeblieben? Warum haben Sie Ihr Jeschäft verkauft?"

Engelhardt war ein reicher Geschäftsmann, mit welchem Fritze sich nicht vergleichen konnte; dennoch examinierte der letztere den ersteren in der ihm eigenen Weise, und der erstere gab willig Antwort, weil sein Vaterherz ihm nicht Zeit ließ, an das Gegenteil zu denken. Er antwortete:

„Das verstehen Sie höchst wahrscheinlich nicht, aber ich will es Ihnen dennoch sagen. Die Verhältnisse lagen so, daß ich durch den Krieg mein ganzes Vermögen verlieren konnte; da sich nun glücklicherweise eine Gelegenheit bot, sehr günstig zu verkaufen, habe ich dieselbe augenblicklich benutzt. Aber nicht nur das Geschäft, sondern überhaupt alles, was ich drüben besaß, habe ich veräußert, und so wurde es mir möglich, auf das schnellste ein Land zu verlassen, dessen politische Verhältnisse einen sichern Besitz und ein ruhiges Genießen nicht gestatten. Ich telegraphierte an Salido, daß ich kommen würde, und zwar auf dem Landwege über die Anden, weil ich in Salta, Tucuman und Cordova noch geschäftliche Verwickelungen zu lösen habe. Meine Frau hat mit dem andern Sohne den Seeweg vorgezogen, wozu ich meine Einwilligung gab, weil ich ein gutes, neues Schiff fand, dessen Kapitän ein Bekannter, ja ein Freund von mir ist. In Buenos Ayres werde ich mit ihnen zusammentreffen. Dort hoffte ich natürlich, auch Anton zu treffen. Nun ist er fort! Mein Gott, wer hätte das gedacht! Wo mag der Knabe sein? Unter welchen Menschen mag er sich befinden!"

Man sah, daß er sich in großer Aufregung befand. Fritze legte ihm die Hand auf den Arm und antwortete in beruhigendem Tone:

„Denken Sie etwa, daß Salido ihn unzuverlässigen Menschen überjeben hat? Können Sie sich dat denken?"

„Was das betrifft, so ist Salido vorsichtig, und ich gebe gern zu, daß er sein möglichstes gethan haben wird; aber er ist nicht Herr der Verhältnisse. Wer weiß, was unterwegs geschieht. Und wenn mein Sohn glücklich über die Anden kommen sollte, was dann? Er findet uns nicht, denn wir sind fort. Man wird ihn zwingen, Soldat zu werden, denn er ist für sein Alter sehr gut entwickelt und – – –"

„Machen Sie Ihnen keine Sorjen!“ fiel ihm der Stralauer in die Rede. „Ihr Anton kommt jar nicht über die Jrenze. Die Leute, bei denen er sich befindet, sind schon so jescheit, ihm unter die jejenwärtigen Verhältnisse nicht hinüber zu lassen.“
„Woher wissen Sie das? Wie können Sie das behaupten?“
„Weil ik diese Leute kenne.“
„So? Sie kennen sie? Wirklich?“
„Ja, ik kenne sie sehr jenau; ik kenne sie so jut wie mir selber.“
„So sagen Sie schnell, wer diese Leute sind, und wo sie sich jetzt befinden!“
„Dat sollen Sie so rasch erfahren, wie es mich möglich ist. Sehen Sie sich einmal meinen Herrn hier an! Kennen Sie ihm?“
„Sonderbare Frage! Er hat mir ja vorhin seinen Namen genannt.“
„Jut, so sehen Sie nun auch einmal mir an! Kennen Sie mir auch?“
„Fritze Kiesewetter aus Stralau!“
„Am Rummelsburjer See, nicht zu verjessen. Und nun passen Sie auf! Wir beide sind eben diejenigen Leute, an welche Sie sich zu halten haben, wenn Sie mit Ihrem Anton reden wollen.“
„Sie? Sie? Wäre es möglich? Sie wissen, wo er ist?“
„Ja. Er jehört zu uns. Er befindet sich beim Vater Jaguar, der über zwanzig tapfre Männer bei sich hat. Sie sehen also ein, daß Sie Ihnen keine Sorje zu machen brauchen. Ihr Sohn kann jar nicht besser aufjehoben sein; dat kann ik Sie mit meinem Ehrenwort versichern.“
Der Ausdruck der Besorgnis wich aus Engelhardts Gesicht; er schlug erfreut die Hände zusammen und rief aus:
„So ist es, so? Bei dem Vater Jaguar befindet er sich? Also droben an der Salina del Condor, welche gar nicht weit von hier liegt?“
„Ja, da oben. Der Vater Jaguar sollte ihm über dat Jebirge bringen, wird ihm aber nun in Ihre Hände lejen.“
„Welch ein Zufall, oder vielmehr welch eine Schickung!“
„Es ist kein Zufall,“ nahm da der Doktor das Wort. „Ich bestätige, daß Ihr Sohn sich hier in der Nähe befindet und daß Sie ihn vielleicht schon morgen begrüßen können; das haben Sie aber nicht einem Zufalle, sondern Ihrem gütigen Herzen zu verdanken. Wären Sie an uns vorübergeritten, ohne uns aus unsrer Verlegenheit zu helfen, so würden Sie die Trennung von Ihrem Sohne länger zu beklagen haben. In Ihrem eigenen Herzen also liegt der Grund der Freude, welche Sie jetzt empfinden. Ich nehme aufrichtig an derselben teil.“
„Sie haben ihn also schon in Buenos Ayres gesehen, ihn also auch von dort aus begleitet?“
„Er reiste mit dem Vater Jaguar voraus. Wir folgten und trafen mit der Truppe am Rio Salado zusammen.“
„Und dann?“
„Dann sind wir durch den Gran Chaco geritten.“

„Durch diese wilde, gefährliche Gegend? Ist Ihnen da kein Unfall begegnet?“
„O, mehr als einer!“
„Auch meinem Sohne?“
„Diesem nicht, denn er hat unter einem vortrefflichen Schutz, lateinisch Patrocinium oder auch Tutela geheißen, gestanden. Er hat sich sogar ganz im Gegenteile durch Heldenthaten ausgezeichnet, von denen wir Ihnen gern erzählen werden.“
„So erzählen Sie, erzählen Sie gleich jetzt! Ich bin zu begierig, zu erfahren, was er unterwegs und auch schon in Buenos Ayres erlebt hat.“
Der Doktor war bereit, dieser Aufforderung nachzukommen; aber der bedächtigere Fritze legte seinen Widerspruch ein, indem er sagte:
„Nicht jetzt, nicht jetzt, meine Herren. Sehen Sie doch, wie weit wir zurückjeblieben sind! Da oben halten die andern und warten auf uns. Reiten wir also weiter! Wir können unterwegs auch sprechen, und wenn wir lagern, haben wir jenug Zeit, alles zu erzählen, wat jeschehen ist.“
Die beiden mußten ihm recht geben, und so folgten sie ihm, als er sein Maultier in rasche Bewegung setzte. Das Thal wand sich zwischen zwei Bergen empor und schien sich dann wieder abwärts zu senken. Droben hielten die beiden Arrieros mit dem Peon, um die Zurückgebliebenen zu erwarten. Als dieselben nachgekommen waren, ging es mit verdoppelter Schnelligkeit vorwärts, bald durch tiefe Senkungen und bald über Höhen, die so steil waren, daß sie von Pferden gar nicht überwunden hätten werden können. Die Sonne sank hinter den Bergen, und der Arriero, welcher den Führer machte, trieb zu noch größerer Eile an. Droben in den Lüften schwebte ein Condor. Der Arriero deutete zu ihm empor und sagte:
„Der sucht sein Nest auf; thun auch wir dasselbe, denn ehe eine halbe Stunde vergangen ist, wird es dunkel sein.“
„Ist denn der gesuchte Pfad noch nicht bald erreicht?“ fragte Engelhardt.
„In wenigen Minuten werden wir dort sein.“
„und der Ort, an welchem wir übernachten wollen?“
„Ist dann auch nicht weit. Nur liegt er leider nicht nach Süden, der Seite, nach welcher wir morgen reiten werden, sondern nach Norden, was wieder einen Zeitverlust ergibt.“
„Also nach der Salina del Condor zu?“
„Ja.“
„So werden wir keinen Zeitverlust haben, denn ich werde morgen früh nicht direkt nach Salta zu aufbrechen, sondern vorher nach der Salina reiten.“
„Warum, Señor? Bedenken Sie, welchen Umweg Sie da machen! Sie müssen einen guten Grund dazu haben, wenn ich nicht davon abraten soll.“
„Der Grund ist der stichhaltigste, den es nur geben kann. Nämlich mein Sohn, den ich in Buenos Ayres zu sehen glaubte, befindet sich hier an der Salina del Condor. Warum, das werden Sie noch erfahren.“
„So stimme ich bei, denn so eine Ursache muß ich gelten lassen.“

Nur einige Minuten später gelangte man auf einen ebenen sandigen Plan, welcher halb durchquert wurde. Dann hielt der Führer an, deutete auf den Boden nieder und sagte dann:

„Señores, sehen Sie die Spuren hier im Sande? Sie sind alt und auch schon halb verweht, kaum mehr zu erkennen. Das ist der Weg nach der Salina. Wir werden ihm noch eine Strecke folgen, aber schnell. Der Weg ist gut; treiben wir unsre Tiere an!"

Er setzte sein Maultier in Galopp, und die andern thaten mit den ihrigen dasselbe. Sie flogen rasch über den Plan und dann am Fuße eines Berges hin, dessen Seite aus tief zerklüfteten Felsen bestand. Dann parierte der Arriero sein Tier, deutete auf eine breite aber nicht sehr hohe Öffnung im Gestein und sagte:

„Hier ist der Ort, an welchem wir übernachten werden, Señores, eine Art Höhle, welche zwei Eingänge hat. Der Wind trifft hier nicht an, und wenn wir ein Feuer anzünden und uns in unsre Decken hüllen, werden wir gerade so gut und angenehm schlafen, als ob wir uns im Innern eines Rancho befänden."

Man stieg ab, um die Höhle zu untersuchen. Sie hatte keinen Hintergrund, sondern bestand aus zwei ungefähr zwanzig Schritt voneinander in der Felsenwand befindlichen Eingängen oder Öffnungen, welche durch einen nach innen gebogenen leeren Raum verbunden waren. Sie besaß also ungefähr die Gestalt eines Halbringes, dessen Enden sich nach außen öffneten. Vor der Höhle wuchs niedriges aber dichtes Punagras, welches den Maultieren eine vortreffliche Weide bot. Man schirrte sie ab und fesselte ihnen die Beine in der Weise, daß sie zwar frei grasen, aber sich nicht weit entfernen konnten.

Die kurze Zeit des noch übrigen Tageslichtes wurde benutzt, die Höhle zum Lager einzurichten, indem man die Recadosättel aufschlug, damit sie als Bettstellen dienen sollten. Als die Decken darüber gebreitet worden waren, bildeten sie Lagerstätten, die man sich in dieser Wildnis gar nicht besser wünschen konnte. Als man dann die Satteltaschen geöffnet hatte, um zu den in denselben befindlichen Vorräten zu gelangen, war es dunkel geworden, und das Feuer wurde angebrannt. Es war unterwegs so viel Material für dasselbe gesammelt worden, daß es einige Stunden brennen konnte.

Nun wurde zunächst gegessen, und als dies vorüber war, brannten sich die Männer Cigaretten an, welche der Doktor aus Salta mitgebracht hatte und von denen auch Engelhardt noch einen kleinen Vorrat besaß. An der einen Seite des Feuers, welches natürlich in der Höhle brannte, saßen die beiden Arrieros und der Peon, welche spanisch miteinander sprachen, auf der andern die drei Deutschen, die sich ihrer Muttersprache bedienten, denn der vorsichtige Fritze hielt es für geraten, zunächst nur Engelhardt wissen zu lassen, was im Laufe der letzten Zeit geschehen war und was nun infolgedessen droben an der Salina und in der Mordschlucht geschehen sollte. Er und der Doktor erzählten dem Bankier abwechselnd, was sich seit jenem Tage in Buenos Ayres ereignet hatte, und es ist selbstverständlich, daß Engelhardt ein Zuhörer war, welcher dem Berichte das allergrößte Interesse schenkte. Einen Wächter draußen auszustellen, daran dachte keiner. Wäre der Vater Jaguar mit hier gewesen, er hätte, schon aus Gewohnheit, sicher nicht versäumt, diese Vorsichtsmaßregel zu treffen.

Leider wäre dieselbe keineswegs grund- oder zwecklos gewesen, denn während die sechs Männer, welche sich in der Höhle befanden, an keine Störung, am allerwenigsten aber an eine feindliche, dachten und drei von ihnen von den Thaten des Vater Jaguar sprachen, waren ihnen gerade die grimmigsten Feinde dieses berühmten Mannes so nahe, daß sie dieselben beinahe mit den Händen hätten greifen können.

Der Gambusino hatte sich mit Antonio Perillo, wie bereits erwähnt, nach dem Guanacothale gewendet, um einige der dort jagenden Mojosindianer für seinen Ritt nach der Mordschlucht zu engagieren. Er hatte zwar Mundvorrat in Salta mitgenommen, aber keineswegs so viel, wie unter Umständen gebraucht werden konnte. Es war seine feste Absicht, so lange in der Mordschlucht zu bleiben, bis das Versteck gefunden sei. Dies konnte aber mehrere Tage, ja wochenlang dauern, und in diesem Falle mußte der mitgebrachte Proviant ausgehen. Es waren dann Leute nötig, welche jagen mußten, um Fleisch herbeizuschaffen, und dazu sollten die Mojos dienen. Außerdem war, um nicht von zufällig Vorüberkommenden überrascht zu werden, es nötig, zwei Wächter aufzustellen, einen ober- und einen unterhalb der Mordschlucht, eine Aufgabe, deren sich die Mojos auch zu unterziehen hatten.

Selbstverständlich aber mußte es diesen Indianern verboten sein, selbst in die Schlucht zu kommen. Mit welchen Gründen sollte ihnen dies plausibel gemacht werden? Wie konnte man ihnen überhaupt die so geheimnisvolle und vielleicht lange währende Anwesenheit zweier Menschen in der Mordschlucht erklären? Der Gambusino sann darüber nach und sagte dann zu Perillo:

„Diese Halunken sind zu scharfsinnig, als daß wir ihnen mit gewöhnlichen Finten kommen dürfen. Wir müssen nach einem Grunde suchen, welcher mit der Religion zusammenhängt; das ist die einzige Art und Weise, sie sicher zu mystifizieren. Fällt dir nichts ein?“

„Warum nicht? Was sagst du zu einem Gelübde?“

„Wahrhaftig! Da triffst du gleich das allerbeste. Wir haben in großer Todesnot das Gelübde gethan, etwas Gott Wohlgefälliges, worauf wir schon noch kommen werden, in der Mordschlucht vorzunehmen, wobei wir ungestört und einsam bleiben müssen. Die Roten sind alle außerordentlich abergläubisch; sie werden so voller Scheu und Ehrfurcht sein, daß sie sicherlich nicht auf den Gedanken kommen, uns etwa zu belauschen.“

„Aber wenn wir dann finden, was wir suchen, so können wir es ihnen doch nicht verbergen, denn wer weiß, was und wieviel wir zu schleppen haben. Da werden sie erkennen, daß wir sie getäuscht haben, und uns aus Rache alles abnehmen!“

„Schwachkopf! Habe ich dir nicht schon da unten am Sumpfe der Knochen gesagt, wie wir sie unschädlich machen werden? Sind wir glücklich, so müssen sie alle sterben. Das wird uns nicht viel Arbeit machen, da es vollständig genügt, wenn wir ihrer nur sechs oder acht engagieren.“

Die beiden gewissenlosen Menschen waren von den Mojos freundlich aufgenommen worden und hatten dem Häuptlinge derselben ihren Wunsch mitgeteilt. Er war nicht nur auf denselben eingegangen, sondern sogar bereit gewesen, sich selbst an dem Ritte nach der Mordschlucht zu beteiligen. Das war ihnen freilich höchst unangenehm; da aber eine Zurückweisung für ihn eine große Beleidigung gewesen wäre und er dann gewiß auch seinen Leuten die Teilnahme versagt hätte, so waren sie wohl oder übel gezwungen, darauf einzugehen.

Sie brachen dann mit ihm und noch sieben Mojos vom Guanacothale nach der Mordschlucht auf, welche so fern lag, daß sie in einem Tage nicht erreicht werden konnte. Gegen Abend des ersten Tages waren sie bis an den Saumpfad gekommen, welcher hinauf nach der Salina del Condor führte.

Sie folgten demselben, bis es dunkel war, und dann wollte der Gambusino an der ersten besten Stelle Lager machen; da aber meinte das „spitze Messer“, der Häuptling:

„Der scharfe Nachtwind wird sich bald erheben, und dann ist es gut, wenn man sich an einem Orte befindet, wo er einen nicht treffen kann.“

„Weißt du denn einen solchen?“

„Ja. Es ist eine Höhle, welche gar nicht weit von hier liegt, eine Höhle mit zwei Eingängen.“

„So führe uns hin!“

Sie ritten also weiter, das „spitze Messer“ voran und die andern hinter ihm drein. Nach einiger Zeit blieb er plötzlich halten, flüsterte den andern zu, ja kein Geräusch zu machen und beugte sich weit vor, um, wie man sah, etwas zu beobachten.

„Was hast du? Siehst du vielleicht etwas Verdächtiges?“ fragte ihn der Gambusino mit leiser Stimme.

„Ja,“ antwortete er. „Ich sehe den Schein eines Feuers, welches in der Höhle brennt.“

„So befinden sich Menschen drin?“

„Ja, denn wo ein Feuer ist, müssen auch Menschen sein, die es angezündet haben.“

„Wer mag es sein?“

„Ich werde es sehen. Haltet mein Tier; bleibt hier und seid still!“

Er glitt aus dem Sattel und huschte weiter. Es dauerte über eine Viertelstunde, bevor er zurückkehrte; da meldete er:

„Vor und seitwärts der Höhle weiden Maultiere, und drinnen sitzen sechs Männer am Feuer.“

„Indianer?“ fragte der Gambusino.

„Es sind Weiße.“

„Wie bewaffnet?“

„Sehr gut.“

„Was treiben sie?“

„Sie sprechen miteinander. Drei reden spanisch, und die andern drei haben eine Sprache, von der ich kein Wort verstehe.“

„Das ist auffällig, höchst auffällig. Ich werde selbst nachsehen."
Als er abstieg, meinte Antonio Perillo:
„Ich gehe mit."
„Ist nicht nötig; einer ist genug."
„Aber zwei sehen und hören mehr."
Er verließ auch den Sattel, und der Gambusino hinderte ihn nicht daran. Sie schlichen vorwärts. Der Lichtschein war ihr Wegweiser, so daß sie die Höhle, obgleich sie dieselbe nicht kannten, unmöglich verfehlen konnten. Als sie in der Nähe derselben angekommen waren, legten sie sich nieder und krochen weiter, bis sie den einen Eingang fast erreicht hatten.
„Wenn einer zufällig herauskommt, wird er uns sehen?" raunte Perillo dem Gambusino zu.
„Nein, außer er fällt über uns weg. Hier ist es dunkel, drin aber hell; das blendet beim Heraustreten. Komm noch weiter heran!"
Sie schoben sich noch ein wenig fort und lagen dann so, daß sie in die Höhle sehen konnten. Sie erblickten die beiden Arrieros und den Peon; die andern drei konnten sie nicht sehen, aber sie hörten sie sprechen. Nach einigen Augenblicken zog der Gambusino seinen Gefährten zurück, bis sie sich so weit entfernt hatten, daß sie sich wieder aufrichten durften.
„Hast du ihn erkannt?" fragte Perillo.
„Wen?"
„Den Knecht des Wirtes in Salta."
„Ja."
„Aber die beiden andern kenne ich nicht."
„Es sind Arrieros, wie du schon an ihrer Kleidung siehst. Ich habe sie schon gesehen, kenne aber ihre Namen nicht. Hast du eine Ahnung, was das für eine Sprache ist, welche die drei andern sprechen? Französisch ist es nicht, Portugiesisch und Englisch auch nicht."
„Es klingt wie Deutsch. Ich habe in Buenos Ayres oft Deutsche miteinander sprechen gehört."
„Demonio! Deutsch! Sollte etwa –"
„Wer? Was?"
„Still jetzt! Wir müssen sie unbedingt sehen. Die Höhle hat noch ein Loch. Wenn wir dorthin gehen, erblicken wir sie wahrscheinlich, weil sie an der andern Seite des Feuers sitzen. Komm!"
Sie schlugen einen Bogen, um nicht in den Bereich des Feuerscheins zu gelangen, und näherten sich dann von der andern Seite dem zweiten Eingange, ebenso kriechend wie vorher.

Die Vermutung des Gambusino erfüllte sich; die drei Deutschen waren zu sehen. Engelhardt saß so, daß er den Lauschern das Gesicht voll zukehrte, natürlich aber ohne sie zu bemerken; der Doktor und Fritze waren im Profil zu sehen.
Der Gambusino griff nach dem Arme Perillos und drückte denselben in seiner Aufregung so, daß der Stierkämpfer hätte laut aufschreien mögen. Sein Atem ging hörbar, fast röchelnd; doch beherrschte er sich und gab Perillo einen Wink, sich mit zu entfernen. Als sie in Sicherheit gelangt waren, schimpfte er, indem er mit den Zähnen knirschte:
„Verwünscht seien diese beiden Kerle! Hast du sie erkannt?“
„Natürlich! Ich hatte also recht, als ich sagte, daß es die deutsche Sprache sei.“
„Wie kommen diese Menschen hierher in diese Höhle?“
„Der Teufel ist ihr Führer gewesen!“
„Das muß so sein! Er führt sie uns immer in den Weg. Wir haben uns zwar geirrt, als wir den einen für Glotino hielten, aber sie sind uns doch gefährlich, denn sie laufen uns grad dann, wenn wir etwas Wichtiges vorhaben, allemal in den Weg.“
„O, das ist noch lange nicht das Gefährlichste!“
„Was denn?“
„Am bedenklichsten ist jedenfalls der Umstand, daß stets da, wo sie sind, sich auch der Vater Jaguar befindet.“
„Das ist wahr. Ich will doch nicht hoffen, daß der Teufel auch ihn herbeigeführt hat!“
„Was das betrifft, so ist dem Teufel und diesem Vaterjaguar alles zuzutrauen. Hast du die Sättel gezählt, welche in der Höhle lagen?“
„Ja. Es waren sechs Reitsättel. Daraus ist mit Sicherheit zu schließen, daß sich nur diese sechs Personen hier befinden. Den Vater Jaguar haben wir also wenigstens jetzt noch nicht zu befürchten.“
„Was thun wir? Reiten wir etwa weiter? Ich möchte wenigstens diesen beiden kleinen Deutschen endlich einmal einen Denkzettel anhängen.“
Der Gambusino blickte eine Weile sinnend vor sich nieder und antwortete dann:
„Ich habe einen Gedanken – –“
„Wohl den, sie wieder laufen zu lassen?“
„Kann mir nicht einfallen. Sie sind uns eigentlich ungefährlich, und wenn ich auch nicht so dumm bin, mir eines Menschenlebens wegen schwere Gedanken zu machen, so halte ich es doch für überflüssig, sie zu töten, wenn es nicht grad notwendig ist. Wenn wir sie festnehmen, so besitzen wir in ihnen zwei Geiseln gegen den Vaterjaguar, wenn er sich wirklich hier befinden sollte.“
„So meinst du, daß wir uns mit ihnen herumschleppen sollen?“
„Hm! Unbequem würde es sein; aber ich habe einen Grund, es dennoch zu thun.“
„Welchen?“
„Sie sind reich.“
„Meinst du?“

„Ja. Wer solche Reisen macht, muß reich sein. Aber es gibt noch einen zweiten Grund. Kennst du den dritten, den blonden Deutschen, welcher bei ihnen sitzt?“
„Nein.“
„Und bist doch in Peru drüben, in Lima gewesen!“
„Ist er von dort?“
„Ja. Ich kenne ihn. Ich habe ihn wiederholt gesehen; er aber kennt mich jedenfalls nicht. Hast du einmal den Namen Engelhardt gehört?“
„Meinst du etwa den steinreichen Bankier in Lima, den Millionär?“
„Ja.“
„Ist der es etwa?“
„Ja, er ist's. Es gibt gar keinen Zweifel, denn ich kenne ihn genau. Denke, welch ein Lösegeld!“
„Hei, das ist ein herrlicher Gedanke! Falls aus unsrem Schatze nichts wird, könnten wir uns durch diesen Engelhardt entschädigen. Er müßte zahlen, sein halbes Vermögen hergeben, um wieder frei zu sein.“
„Wieder frei? Damit er uns dann verraten kann? Dummheit! Erst zahlt er, und dann – – verschwindet er. Bist du dabei? Selbst wenn wir deinen Schatz finden, können wir das Lösegeld dieses Burschen noch mitnehmen.“
„Du hast recht, vollkommen recht. Also wir nehmen ihn und die beiden Kleinen?“
„Ja.“
„Und was wird mit den andern?“
„Weggeputzt.“
„Und die Indianer? Was werden die dazu sagen? Wie werden sie sich verhalten?“
„Denen stopfen wir den Mund mit den beiden Kleinen.“
„Wieso?“
„Wir nehmen den Bankier für uns, ohne ihnen aber zu sagen, was für ein fetter Bissen er ist, und versprechen ihnen als ihren Anteil die Kleinen, von denen wir sagen, daß sie ungeheuer reich seien.“
„Das geht. Später können wir ja immer noch thun, was wir wollen.“
„Ja, später nehmen wir natürlich alles für uns, und sie bekommen nichts.“
„Aber die Arrieros und der Peon? Wenn wir sie festhalten, sind sie uns beschwerlich, ohne daß wir etwas bekommen, und lassen wir sie laufen, so verraten sie alles.“
„Wir nehmen sie nicht fest und lassen sie auch nicht laufen.“
„Was denn sonst?“
„Drei Kugeln oder Messerstiche.“
„Diablillo! Du machst kurzen Prozeß; aber es ist ganz richtig so. Es fragt sich nur, ob die Indianer mitmachen werden.“
„Ich bin überzeugt davon und werde mit ihnen reden. Warte hier, bis ich wiederkomme!“
Er entfernte sich vorsichtig, während Perillo sich niederlegte und an die Erde schmiegte, um nicht gesehen zu werden, indem er ihn erwartete. Als der Gambusino zurückkehrte,

kam er nicht allein, sondern brachte den Häuptling und sechs Indianer mit; der siebente war bei den Tieren geblieben, um dieselben zu bewachen.
„Sie sind einverstanden," flüsterte er Perillo zu. „Der Bankier für uns und die Kleinen für sie. Aber töten wollen sie niemand. Wir müssen also die Arrieros und den Peon auf uns nehmen; darum habe ich dir dein Gewehr mitgebracht."
„Gib her! Von wessen Kugeln die Kerls fallen, ob von den unsrigen oder von denen der Roten, das bleibt sich gleich. Wann soll es losgehen?"
„Sofort."
„Und wie?"
„Wir beide schleichen uns hinüber auf die Seite, wo die Arrieros sitzen, und die Indianer huschen an die diesseitige Öffnung der Höhle. Sobald unsre Schüsse fallen, dringen sie in dieselbe ein und werfen sich auf die Deutschen, welche sofort entwaffnet und gebunden werden. Es ist alles verabredet und muß gelingen. Du brauchst dich nicht zu sorgen. Komm!"
Sie begaben sich nach der andern Seite und näherten sich dem Eingange so weit, daß sie ihre Opfer sitzen sehen konnten.
„Ich nehme die beiden Arrieros und du den Peon," flüsterte der Gambusino seinem Mordgenossen zu. „Wir schießen sie durch die Köpfe; das ist das Allersicherste. Wenn ich „drei" sage, drückst du ab. Bist du bereit?"
„Ja," antwortete Perillo, indem er sein Gewehr anlegte.
„So ziel gut! Also – eins – zwei – drei!"
Er rief das letzte Wort mit lauter Stimme und drückte dann schnell hintereinander seine beiden Läufe ab. Die drei armen, nichts ahnenden Menschen stürzten, durch die Köpfe getroffen, nieder. Zu gleicher Zeit erhoben die Indianer ein markdurchdringendes Geheul und drangen in die Höhle ein. Das geschah alles in der Zeit von einigen Augenblicken, so daß die Deutschen niedergerissen und gebunden waren, ehe sie nur den Gedanken an eine Gegenwehr zu fassen vermochten. Dann machten sich die Roten über die Erschossenen her, um ihnen alles abzunehmen, was bei ihnen zu finden war. Darauf schafften sie die vollständig entkleideten Leichen hinaus ins Freie, um selbst auch dort zu bleiben und zu warten, welche Befehle der Gambusino ferner noch erteilen werde. Auch der Häuptling begab sich wieder hinaus, wohl ohne dazu einen andern, besonderen Grund zu haben als den Respekt, den er vor dem Gambusino hegte.
Dieser schürte das Feuer heller und stellte sich dann mit Perillo so vor die Gefangenen, daß diese, die sich von ihrem Schrecken noch nicht erholt hatten, ihre Feinde deutlich sehen konnten.
„Willkommen hier oben in den Bergen, Señores!" redete er sie in höhnischem Tone an. „Ich bin ganz entzückt, Sie hier zu sehen. Es scheint mir beschieden zu sein, mich immer wieder an Ihrem Anblicke erquicken zu dürfen. Wie geht es Ihnen?"

„Sehr gut, Señor,“ antwortete Fritze, der sich zuerst gefaßt hatte, und nun in dieser Weise antwortete, um dem Gambusino die Freude zu verderben, ihn kleinlaut und erschreckt zu sehen.
„Gut? Sogar sehr gut? Sie befinden sich also wohl?“
„Ja. Wenn es Ihnen so ums Herz wäre, wie mir, könnte man Sie beneiden.“
„Ihr Herz geht mich weniger an als Ihr Geldbeutel. Wie steht es mit diesem? Sind Sie reich?“
„Sehr.“
„So können Sie ein Lösegeld zahlen?“
„Ja.“
„Aber Sie haben kein Geld mit?“
„Leider ist es so. Es liegt bei meinem Bankier.“
„Das thut nichts. Sie werden mir eine Anweisung geben. Wie steht es mit Ihrem Gefährten?“
Damit war Doktor Morgenstern gemeint, welchem vor Schreck die Sprache abhanden gekommen zu sein schien. Er schwieg; aber Fritze antwortete für ihn:
„Der arme Teufel hat weiter nichts, als was in seiner Tasche steckt, eine Handvoll Bolivianos; das ist alles.“
„So muß er sterben. Ich könnte ihn nur gegen ein Lösegeld freigeben.“
„Fällt ihm nicht ein, zu sterben, da er weiß, daß ich oft und manchmal für ihn bezahle.“
„Auch dieses Mal?“
„Ja. Wie hoch soll die Summe sein?“
„Zehntausend Bolivianos für beide; das ist die geringste Summe, die ich fordern darf.“
„Schön! Sollen sie haben! Geben Sie mir Tinte, Feder und gutes, weißes Papier, so soll die Anweisung sofort geschrieben werden!“
„Nur langsam! Es hat keine so große Eile. Ich muß doch auch mit diesem Señor sprechen.“
Er pflanzte sich breitspurig vor Engelhardt auf und fragte ihn:
„Kennen Sie mich vielleicht, Señor Engelhardt?“
„Nein,“ antwortete der Gefragte, welcher sein Herz erleichtert fühlte, da es sich nicht um sein Leben, sondern nur um ein Lösegeld zu handeln schien.
„Nicht? Nun, das schadet nichts, denn Sie werden mich kennen lernen, und wenn Sie sich so bereitwillig zeigen, wie dieser kleine Señor, welcher keinen einzigen von den zehntausend Bolivianos abgehandelt hat, so wird unsre Bekanntschaft eine für beide Teile sehr angenehme sein.“
„Wieviel verlangen Sie für meine Freiheit?“
„Das wird sich finden, nachdem ich erfahren habe, wie hoch sich Ihr Besitz beläuft. Ich pflege nämlich nach Prozenten desselben zu rechnen und – –“

Er wurde unterbrochen, und zwar von dem Häuptlinge, welcher hastig hereintrat und ihm einen Wink gab, auf die Seite zu kommen. Als er diesem Winke gefolgt war, flüsterte ihm das „spitze Messer“ zu:

„Wir sind nicht sicher; wir werden belauscht. Einer meiner Leute hat eine Gestalt gesehen, welche an der Erde herbeigekrochen kam.“

„Vielleicht irgend ein Tier!“

„Nein, Señor; es war ein Mensch, denn als er sah, daß er bemerkt worden war, sprang er auf und lief davon.“

„Habt ihr ihn nicht verfolgt?“

„Wer kann das in der Finsternis, welche draußen herrscht? Der Mann ist in einem einzigen Augenblicke verschwunden gewesen.“

„Qué disgusto! So müssen wir augenblicklich fort. Wer weiß, wer sich hier herumtreibt.“

„Gewiß der Vater Jaguar,“ antwortete Antonio Perillo, welcher so nahe stand, daß er die Meldung des Häuptlings gehört hatte.

„Nein, dieser sicher nicht, denn wenn er es wäre, so würde er nicht zögern, über uns herzufallen, um die Gefangenen zu befreien. Aber mag es sein, wer es will; er soll uns nichts anhaben; wir führen ihn irre.“

Er trat das Feuer aus, damit es nicht zum Verräter werden möge, und erteilte noch einige leise Befehle. Einige Indianer holten die Maultiere der Gefangenen und Erschossenen zusammen, und andre nahmen die gefesselten Deutschen auf und trugen sie nach der Stelle, wo der Indianer die Tiere bewachte. Dort gab es ein kurzes Durcheinander, und dann hörte man, daß sich der Trupp entfernte, aber nicht in der Richtung der Salina del Condor, sondern in die entgegengesetzte. Der vorher so belebte Platz lag wieder still und lautlos da.

Wirklich lautlos? Doch nicht ganz, denn gar nicht weit von der Höhle, wo sie hart an die Felswand geschmiegt gelegen hatten, erhoben sich zwei Gestalten, eine sehr lange und eine kürzere, denen das lose Haar weit über den Rücken hinabhing, und der Lange sagte mit unterdrückter Stimme zu dem Kleineren:

„Sie haben dich gesehen; darum sind sie fort. Wie leicht konnten sie dich ergreifen, o Herrscher!“

„Mich niemals, lieber Anciano,“ antwortete Haukaropora, der Sohn des Inka. „Sie haben eine falsche Richtung eingeschlagen, um uns irre zu leiten; aber wir lassen uns nicht täuschen. Unsre Füße sind schneller, als die Hufe ihrer Pferde. Sie reiten sicher nach der Salina. Laß uns ihnen dorthin voraneilen, um dem Vater Jaguar ihr Nahen zu verkünden!“

Die beiden Nachkommen der alten Peruaner verschwanden im Dunkel der Nacht. Aus ihren Worten ging hervor, daß sie von dem Vater Jaguar als Kundschafter ausgesandt worden waren, um ihm die Annäherung des Gambusino zu melden. Dieser letztere war eher als der erstere in Salta gewesen; er hatte einen Vorsprung von einem Tage gehabt; da er aber erst zu den Mojosindianern geritten war, während der Vater Jaguar mit seinen

Leuten das Ziel direkt hatte aufsuchen können, so war dieser weit eher als der Gambusino an demselben angekommen. Hammer hatte sich das sehr wohl berechnet; er wußte genau, daß die Erwarteten erst später kommen konnten, und so ließ er, als er an der Mordschlucht ankam, seine Schar am Rande derselben lagern, ohne diejenigen Vorsichtsmaßregeln zu treffen, von denen er sonst gewiß nicht abgesehen hätte.

Der Name Barranca del Homicidio, also Mordschlucht, war ein unheimlicher, und die Umgebung dieses Ortes, die ganze Gegend, stand im Einklange mit dem Eindrucke, welchen diese Bezeichnung machte. Die Vormittagssonne verschwendete ihre Wärme an ein Bild trostloser Einsamkeit. Leblos und kahl erhoben sich im Westen die Riesen des Gebirges; öde standen rings die Felsenhöhen in der Nähe und weder an ihren Hängen noch in den Thälern war eine Spur von Vegetation zu bemerken.

Was die Schlucht selbst betraf, so fiel sie so steil in die Tiefe hinab, daß nur Fußgänger aber nicht Reiter, und selbst erstere nicht leicht, hinabkommen konnten. Auch hier gab es, weder an den Seiten noch auf dem Grunde der Schlucht, irgend eine Art von Pflanzenwuchs, und nur am Rande derselben, da wo die Reiter abgestiegen waren, sah man einige halb aus der Erde gerissene Wurzeln, deren Stengel von früher Dagewesenen als Feuerungsmaterial benutzt worden waren. Hier oben gab es nur glatten Fels, auf welchem selbst die Hufe der Maultiere kaum eine Spur zurücklassen konnten; die Tiefe aber war angefüllt von Gesteinstrümmern, welche sich im Laufe der Zeit von den Wänden abgelöst hatten und hinuntergestürzt waren. Nicht weit von den Lagernden, vielleicht fünfzig Schritt von der Schlucht entfernt, lag ein großer Felsblock, welcher auf der der Schlucht abgewendeten Seite überhing und so einen Raum zum Unterschlüpfen bildete, in welchem eine Person bequem Schutz gegen Wind und Wetter finden konnte.

Der Vater Jaguar sagte zu seinem Geronimo, indem er auf diesen Fels deutete –

„Unter diesem Steine hat Antonio Perillo gelegen, als er den Inka belauschte, ehe er ihn dann am folgenden Morgen weiter unten ermordete. Als mir der sterbende Pellejo erzählte, was er am Sumpfe der Knochen heimlich gehört hatte, sprach er von diesem Felsen. Perillo hatte unter demselben übernachten wollen, als der Inka vorüberkam."

„Ja," antwortete Geronimo, indem er mit der Hand in die Tiefe deutete, „da drüben am jenseitigen Rande ist der Inka am andern Morgen erschienen und emporgestiegen; dort muß also der Schatz aufbewahrt sein."

Die beiden sprachen jetzt offen, so daß die andern alle es hörten, von dem Schatze und bedienten sich dabei des Wortes Inka, denn der alte Anciano und Haukaropora hatten während der letzten Tage zu ihnen offen von ihrem Geheimnisse, welches bis dahin nur der Vater Jaguar außer ihnen gekannt hatte, gesprochen. Anciano hörte, welche Vermutung Geronimo aussprach, und sagte infolgedessen:

„Sie haben ganz richtig vermutet, Señor. Dort drüben, wo man nur mit Anstrengung aufwärts steigen, von oben nach unten aber mit Gefahr für seine Glieder gelangen kann, ist die Stelle, nach welcher der Gambusino und Perillo suchen wollen."

„Du kennst sie natürlich?" fragte Hammer.

„Ja."
„Auch Hauka?"
„Nein. Für ihn ist sie bisher ein Geheimnis gewesen, da er erst seit kurzer Zeit das Alter erreicht hat, in welchem er nach dem Willen seines Vaters das Geheimnis vollständig erfahren soll."
„Er erfährt es von dir?"
„Ja."
„So bist du ganz in dasselbe eingeweiht?"
„Nur soweit es notwendig ist, um Hauka den Weg zu zeigen."
„Liegt der Schatz vergraben in der Erde? Ich meine, ob man ein Loch gegraben und dann wieder zugeschüttet hat?"
„Nein; er befindet sich in einer Höhle, in einem alten Stollen, welchen unsre Vorfahren gegraben haben, um nach Gold oder Silber zu suchen. Sie haben aber nichts gefunden, und als sie dann gar einen breiten, unterirdischen Querspalt erreichten, welcher so tief war, daß man keinen hinuntergeworfenen Stein den Boden desselben erreichen hörte, gaben sie das Graben auf und schütteten den Eingang des Stollens zu. Die Lage desselben blieb aber bekannt, und als der Vorfahre Haukaroporas floh, wendete er sich mit den Treuen, die bei ihm waren, hierher und verbarg alles, was er von seinen Schätzen gerettet hatte, in dem Stollen. Die Feinde folgten ihnen später und überfielen sie. Alle wurden getötet, außer zweien, welche entkamen; der eine war der Inka und der andre mein Ahne. Das Geheimnis erbte sich auf die Nachkommen dieser beiden, bis auf Haukaropora und mich, fort. Ich weiß, wo die Höhle liegt, bin aber noch nie im Innern derselben gewesen, da nur mein Herr, der Vater Haukaroporas, das Recht hatte, dieselbe zu betreten. Heute werde ich ihm den Eingang zeigen, und wenn er es mir erlaubt, darf ich dabei zum erstenmal sehen, welche Gegenstände die Höhle birgt."
„Natürlich erlaube ich es dir, mein alter, treuer Anciano," fiel da Haukaropora ein. „Du bist mein zweiter Vater, und was mir gehört, das ist auch dein Eigentum."
„Ich danke dir," antwortete der Alte erfreut. „Ich bedarf nichts und wünsche mir nichts als die Fortdauer deiner Liebe. Dennoch habe ich einen großen Wunsch, um dessen Erfüllung ich dich bitte."
„Welchen? Sage ihn!"
„Du sollst die Höhle nur nach der Erreichung eines gewissen Alters betreten, eines Alters, in welchem die Unvorsichtigkeit der ersten Jugend überwunden ist. Das hat einen sehr triftigen Grund. Der Stollen ist nämlich nicht ohne Gefahr zu betreten. Worin diese Gefahr besteht, das weiß ich nicht. Dein Vater, mein früherer Herr, wollte es mir noch mitteilen; da er aber ermordet worden ist, hat er keine Zeit gefunden, dies zu thun."
„So hast du gar keine Ahnung davon?"
„Eine Ahnung allerdings, aber keine Gewißheit. Du weißt, daß unsre Vorfahren ein Feuer herzustellen verstanden, welches jahrhundertelang verborgen sein und ruhen kann, dann aber, wenn es flüssig gemacht wird, mit unwiderstehlicher Gewalt alles zerstört,

was es ergreift. Vielleicht gleicht es dem jetzigen Schießpulver, von welchem unser Volk nichts wußte, bis es dasselbe bei den Spaniern sah. Aus einigen Andeutungen deines Vaters vermute ich, daß die Höhle von einem solchen Feuer bewacht wird, welches jeden Unberechtigten, der den Stollen betritt, vernichten soll."

„Dann ist es allerdings gefährlich, sich dem Schatze zu nahen!"

„Ja. Und darum möchte ich dich bitten, auch den Vater Jaguar mitzunehmen. Seine Augen sind die schärfsten und erfahrensten von allen, so daß er dieses verborgene Feuer jedenfalls eher entdecken wird als wir."

„Er soll mitgehen. Ich hätte ihn auch ohnedies darum gebeten. Und auch mein lieber Freund Antonio mag bei uns sein, damit er zu den ersten gehört, welche den Schatz sehen. Oder fürchtest du dich vor der Gefahr des verborgenen Feuers?"

Diese Frage war an Anton Engelhardt gerichtet, welcher sogleich antwortete:

„Ich fürchte mich nicht. Wie das Pulver, so wird auch euer Feuer erst dann gefährlich sein, wenn es angezündet wird, also wenn man es mit andrem Feuer in Berührung bringt, und dies zu thun, werden wir uns doch hüten."

„Wenn wir vorsichtig sind, haben wir jedenfalls nichts zu befürchten," stimmte der Vater Jaguar bei. „Ihr wollt die Höhle also schon heut aufsuchen?"

„Ja," nickte Anciano.

„Noch vor der Ankunft unsrer Feinde?"

„Noch vor derselben."

„Ich möchte raten, zu warten. Wir würden Spuren zurücklassen, durch welche wir leicht unsre Anwesenheit verraten könnten."

„Haben wir denn nicht Zeit, diese Spuren so zu vertilgen, daß sie nicht zu bemerken sind, Señor? Der Gambusino kann vor morgen nicht da sein, und jetzt haben wir erst Vormittag."

„Und doch ist es besser, zu warten. Wir wissen nicht, welchen Fund wir machen. Er kann leicht ein derartiger sein, daß die Ausführung unsrer jetzigen Vorsätze nicht möglich ist."

„Sie mögen recht haben; aber wir wissen nicht, wieviel Indianer der Gambusino mitbringt. Einige Häuptlinge der Mojos sind meine Freunde, während ich mit andern verfeindet bin. Es steht eher zu erwarten, daß es zwischen uns und ihnen zum Kampfe kommt, als nicht. Wenn ich dabei getötet würde, so könnte ich meinem jungen Herrn den Ort dann nicht zeigen und die ganze Erbschaft würde verloren gehen."

„Du brauchst dich nur am Kampfe nicht zu beteiligen!"

„Señor, was trauen Sie mir zu!" rief da der Alte aus. „Wir wollen den Mörder meines ermordeten Herrn ergreifen, und ich sollte dabei meine Arme und meine Waffen ruhen lassen? Verlangen Sie von mir alles, aber nur dieses nicht!"

„Gut! Ich kann begreifen, was du denkst und fühlst. Du magst also deinen Willen haben. Aber ehe wir nach dem Stollen suchen, müssen wir an andres und notwendigeres denken. Wir sind gezwungen, vielleicht länger als einen oder einige Tage hier zu bleiben.

Für uns ist Proviant genug vorhanden, aber wir müssen auch für unsre Maultiere sorgen. Wasser und Gras gibt es nur unten an der Salina del Condor für sie; leider dürfen wir dort nicht lagern, weil unsre Gegner über die Sahna kommen werden. Wir müssen also nach einem andern Orte suchen, und wenn er noch so sehr entlegen von hier wäre, wo unsre Tiere trinken und weiden können. Selbst wenn dies nicht der Fall wäre, dürften wir nicht hier an der Mordschlucht bleiben. Wir müssen uns verbergen."

„Was das betrifft, da brauchen Sie sich keine Sorge zu machen, Señor. Eine Reitstunde von hier liegt ein tiefes Loch, in welchem es immerfort Wasser gibt, an dessen Rande Gras wächst. Ich und Haukaropora sind wohl die einzigen Menschen, welche diesen Ort kennen. Ich werde Sie hinführen."

„Ein tiefes Bergloch? Können denn da unsre Tiere hinab?"

„Für Pferde würde der Abstieg unmöglich sein; unsre Maultiere aber kommen gewiß hinunter. Wir wissen freilich nicht, ob wir sie zur etwaigen Verfolgung unsrer Feinde hier in der Nähe bedürfen."

„Dies abzuwarten, haben wir genugsam Zeit. Es gilt zunächst, zu erfahren, ob die Mojosindianer, welche mit dem Gambusino kommen werden, mit dir verfeindet oder befreundet sind. Im ersteren Falle wird es wohl nicht ohne Kampf abgehen; sind sie aber im guten bekannt mit dir, so hoffe ich, daß du sie bewegen kannst, zu uns überzugehen. Erst dann, wenn das entschieden ist, können wir uns einen bestimmten Plan bilden. Fürs erste kannst du, wenn wir uns ein wenig ausgeruht haben, die andern nach dem Bergloche führen; ich bleibe mit Haukaropora und Anton, die mit in die Höhle sollen, hier, um deine Rückkehr zu erwarten."

Es läßt sich denken, daß auch die andern Mitglieder der Gesellschaft sich außerordentlich gern an der Aufsuchung des Schatzes beteiligt hätten, doch sprachen sie diesen Wunsch nicht aus, sondern fügten sich in die getroffene Anordnung und ritten nach einer Weile unter der Anführung des alten Anciano fort, um den verborgenen Wasser- und Weideplatz aufzusuchen. Der Vater Jaguar sah ihnen nach, bis sie verschwunden waren und wendete sich dann an Haukaropora, welcher mit Anton Engelhardt am Rande der Schlucht saß und nachdenklich in dieselbe hinabblickte:

„Getraust du dir, den Stollen zu finden, ohne daß Anciano dir die Stelle zeigt?"

„Nein," antwortete der Sohn des Inka. „Mein Vater hat den Eingang jedenfalls so unkenntlich gemacht, daß ihn kein Mensch entdecken kann."

„Wollen einmal sehen. Nun ich weiß, daß in der Schlucht etwas verborgen ist, halte ich es nicht für unmöglich, die Stelle zu finden. Ich werde es versuchen und jetzt hinabsteigen. Bleibt indessen hier! Es steht zwar nicht zu erwarten, daß jemand kommen wird, aber ihr dürft doch immerhin die Augen offen halten. Ihr könnt von hier aus die Gegend übersehen. Solltet ihr die Annäherung eines Menschen bemerken, so ruft ihr mich; ich werde eure Stimme hören."

Er stieg mit gewandten Schritten die steile Felsenböschung hinab. Sie folgten ihm mit ihren Blicken, bis er unten angekommen war, und dann meinte Hauka, indem er verneinend den Kopf schüttelte:

„Er findet den Ort nicht. Er ist ein berühmter Mann, berühmter als alle, die ich kenne, aber die Stelle wird selbst für ihn unkenntlich sein.“

„Hast du nicht sein Lächeln gesehen, als du dies behauptetest?“ fragte Anton. „Er scheint überzeugt zu sein, daß er die Höhle entdeckt, und ich glaube, daß dies wirklich geschieht. Heute wirst du reich werden, sehr reich, jedenfalls noch viel reicher, wie ich bin oder vielmehr wie mein Vater ist. Haben deine Vorfahren denn wirklich so viel Gold und Silber gehabt, wie erzählt wird und wie man in den Büchern liest?“

„Nicht nur so viel, sondern noch viel, viel mehr. Damals, als die Inkas von den Spaniern überfallen und ausgeraubt wurden, haben viele, viele Reiche des Landes ihre Kostbarkeiten vergraben oder in andrer Weise versteckt, und nach ihrem Tode hat niemand gewußt, wo es verborgen ist. So liegen nun Millionen und aber Millionen in der Erde versteckt, welche keinem Menschen - - Schaden bringen können.“

„Schaden? Wolltest du nicht Nutzen sagen?“

„Nein, sondern Schaden. Die großen Reichtümer meines Volkes sind schuld, daß es untergegangen ist. Wäre es arm gewesen, so hätten die Spanier, als sie nach Peru kamen, sich entfernt, ohne wiederzukommen. Weißt du, wie der unglücklichste aller meiner Ahnen betrogen worden ist?“

„Nein.“

„Als er gefangen war, wurde er in einen großen, weiten Saal gebracht, und Pizarro, der Eroberer, zog mit der Spitze seines Schwertes, so hoch er reichen konnte, einen Strich um die vier Wände hin und versprach ihm die Freiheit, wenn er den Saal bis an den Strich hinauf mit Gold und Silber füllen werde. Der Inka kam dieser Forderung nach, aber der Spanier hielt nicht Wort. Der Saal wurde zum zweitenmal bis an den Strich gefüllt, und auch da hielt der Lügner sein Versprechen nicht. Er war ein Christ, der dann die Lehre von der Wahrheit und von der Liebe gewaltsam im Lande verbreiten ließ. Du siehst, daß der Reichtum mein Volk ins Verderben gebracht hat.“

„Ja, zwei große Säle voller Gold und Silber! Sollte man dies für möglich halten !“

„Du wunderst dich? Dann weißt du nichts von den Schätzen, welche in den beiden Sonnentempeln zu Kuzko und Tschukitu, in den Tempeln von Huanakauri, Katscha, Vilikanota und an den vielen andern heiligen Orten, welche Huakas genannt wurden, zu finden waren. Im Sonnentempel zu Kuzko gab es über viertausend Priester und Diener. Alle Thüren hatten massiv goldene Pfosten, und die Fensteröffnungen waren mit Smaragden und andern Edelsteinen ausgekleidet. Alle Wände waren mit Goldplatten getäfelt. Da standen die Bildsäulen der Götter und Göttinnen aus purem Golde und diejenigen der Inkas aus reinem Silber. Es gab da unzählige Gefäße und Gerätschaften, alle aus denselben edlen Metallen gefertigt. Aus den fünf Quellen der umliegenden Berge führten goldene Röhren das Wasser in goldene oder silberne Becken, zum Trinken, zum

Reinigen der Gefäße und zum Baden der Opfertiere. Soll ich dir noch mehr erzählen? Hast du eine Zahl, ein Maß für den Wert solcher Reichtümer?"
„Nein, nein! halt ein; es wird mir angst dabei! Wenn du von solchen Gebäuden, Bildsäulen und Gefäßen redest, muß es bei euch große Künstler gegeben haben."
„Es hat sie gegeben, obgleich unsre Kunst eine andre als die eurige war."
„Und die Wissenschaft?"
„Ich bin ein Knabe, in der Einsamkeit der Berge aufgewachsen, und kann nicht von dem sprechen, was ihr Wissenschaft nennt. Aber gelehrte Leute hatten auch wir. Denke nur an die Kippu-Kamayoks, von denen du wohl gehört haben wirst."
„Ja, das waren eure Schriftgelehrten; aber eure Schrift bestand nicht aus Buchstaben und Wörtern wie die unsrige, sondern aus Schnüren, in welche Knoten geknüpft wurden. Wie ist es möglich, solche Schnüre so zu lesen, wie wir unsre Bücher, Zeitungen und andern Schriften lesen!"
„Das war freilich eine nicht leichte Kunst, und nicht jeder konnte wie bei euch das Lesen und Schreiben erlernen. Ein solcher Kippu konnte nur von einem Schriftgelehrten, welcher Kamayok genannt wurde, geknüpft oder gelesen werden. Es wurden nur die zuverlässigsten Leute zu Kippu-Kamayoks gewählt, und in jedem Dorfe fanden sich Kippuverwalter, welche ihre Kunst nur auf ihre Nachkommen vererbten. Mein alter Anciano stammt aus einer solchen Familie und würde heut noch jeden Kippu, den er fände, lesen und entziffern können."
„Kannst du das auch?"
„Ja, denn ich bin der Nachkomme der Herrscher, welche vor allen Dingen diese Kunst verstehen mußten. Bring mir ein Schnurbündel, und ich lese es dir so vor, wie du die Worte eines Briefes vom Papiere liesest. Mein Vater hat mich in allem unterrichtet, was ein Inka wissen muß, denn er glaubte, unser Reich könne wieder erstehen und ich würde –"
Er hielt inne und blickte still vor sich nieder. Seine sonst so ernsten Züge nahmen jetzt den Ausdruck tiefer Trauer an. Dann holte er tief Atem und fuhr fort:
„Er glaubte es vordem, später aber nicht mehr, wie mir Anciano jetzt erst mitgeteilt hat. Auch ich habe stets die Hoffnung gehegt, daß das Tote wieder lebendig werden könne, nun aber, seit ich dich kenne, habe ich diese Hoffnung aufgegeben."
„Seit du mich kennst?" fragte Anton betroffen. „So meinst du, ich sei schuld daran?"
„Ja, doch ohne daß du es beabsichtigt hast. Ich kannte nur meine Berge und die Wildnis der Wälder; ich hatte immer nur von meinem Volke, nicht aber von andern Völkern gehört. Da lernte ich dich kennen, und du erzähltest mir von vielen Nationen und Reichen; ich weiß erst jetzt, wie groß die Erde ist, und wie klein dagegen ein Mensch, ein einsamer Knabe, obgleich seine Ahnen einst mächtige Sonnensöhne waren. Ich habe geträumt und bin erwacht und würde, selbst wenn ich heute alle Reichtümer der Erde da unten in der Schlucht vorfände, nie wieder in den trügerischen Traum zurückverfallen. Die Geschichte meines Volkes ist zu Ende; die Vergangenheit geht mich

nichts mehr an, und ich will nun nur noch vorwärts blicken. Ich möchte lernen, was du gelernt hast; ich möchte ein Mann werden, wie diejenigen waren oder sind, von denen du mir erzähltest. Darum werde ich meine Berge verlassen und dahin gehen, wo dieser Wunsch Erfüllung findet. Der Vater Jaguar soll mir raten, und was er sagt, das werde ich thun. Das könnte ich nicht, wenn ich arm wäre; darum freut es mich, jetzt das Vermögen und das Vermächtnis meines Vaters vor mir zu haben. Hätte es nicht diesen Zweck, so würde ich alles Gold und Silber, welches meiner wartet, verachten, denn es wäre leicht möglich, daß es auch mir das brächte, was es meinen Ahnen gebracht hat, das Verderben, den Tod, den Untergang."

Er hatte sehr langsam und in verschiedenen Absätzen gesprochen. Jetzt stand er auf und entfernte sich, als ob er in der Einsamkeit über das Gesagte weiter nachdenken wolle. Anton folgte ihm nicht; er fühlte trotz seiner Jugend, daß der Freund an einem bedeutsamen Wendepunkte stehe und seine Entschlüsse aus seinem eigenen Innern schöpfen müsse. Darum blieb er sitzen und wartete ruhig, bis er wiederkommen würde. Als dies nach einiger Zeit geschah, hatte das Gesicht des Inka einen beinahe heiteren Ausdruck angenommen. Er reichte dem jungen, weißen Freunde die Hand und sagte:

„Du willst jetzt nach Lima und dann in das Land deiner Väter nach Deutschland hinüber, um noch mehr zu lernen. Ich weiß von dir, welch ein Land dies ist und welch ein Volk da wohnt. Würdest du mich mit hinübernehmen?"

„Gern, gar zu gern!" antwortete Anton, indem er überrascht aufsprang. „Hast du diese Worte im Ernste gesprochen?"

„Ja; aber ich will vorher mit dem Vater Jaguar und mit Anciano reden. Ohne den treuen Alten ginge ich nicht fort von hier."

„Er geht mit; er geht mit. Er betrachtet dich als seinen Gebieter und wird thun, was du bestimmst."

„Aber er ist so alt und versteht die Sprache deines Vaterlandes ebensowenig, wie ich sie verstehe."

„Er ist so rüstig wie ein junger Mann, und während der langen Reise auf dem Schiffe werdet ihr von mir so viel Deutsch lernen, als ihr für die erste Zeit dort nötig habt."

In diesem Augenblicke kam der Vater Jaguar aus der Schlucht gestiegen, und zu gleicher Zeit hörten sie das Getrabe eines Maultieres. Anciano kam um die nächste Berghalde gebogen und hielt dann vor ihnen an. Von seinem Tiere springend, sagte er:

„Ich habe sie alle gut untergebracht, und nun wollen wir hinabsteigen, um die Höhle zu öffnen."

„Der Vater Jaguar war bereits unten, um zu versuchen, ob er sie auch ohne dich fände," benachrichtigte ihn Hauka.

„Wirklich?" fragte der Alte, indem er sich an Hammer wandte. „Sie haben nachgeforscht? Höchst wahrscheinlich aber ohne Erfolg?"

„Bist du denn deiner Sache gar so sicher?"

„Ja, Señor."

„Nun, so wollen wir sehen, ob ich mich irre. Ich glaube nämlich, den Eingang zum Stollen gefunden zu haben.“
„Wo?“
„Hinten im Hintergrunde der Schlucht.“
„Das können Sie leicht sagen, da Sie erfahren haben, daß sich das Versteck dort befindet.“
„Pah! Steigen wir hinab! Dann will ich euch die Stelle zeigen.“
Sie fesselten ihren Maultieren die Füße und machten sich dann an den Abstieg. War dieser beschwerlich, so zeigte sich, als sie unten angelangt waren, das Gehen nicht weniger unbequem. Es war, als ob hier ein Berg zusammen- und in lauter kleine Stücke zerbrochen sei, so wirr und tief oder hoch lagen die verschieden großen Trümmer auf- und übereinander.
Der Vater Jaguar schritt voran, über Stock und Stein, wie man sich auszudrücken pflegt, ohne nach rechts oder nach links zu blicken, bis beinahe an die hintere Wand der Schlucht. Da gab es eine Stelle, wo die rechte Seitenwand derselben einige Meter weit vortrat. Dadurch entstand eine Spitze, welche mit der Felsenwand zwei stumpfe Winkel bildete. Hammer schritt nach dem hintern Winkel, zeigte mit der Hand dort auf den Boden nieder und sagte im Tone der größten Sicherheit:
„Hier ist die Stelle. Habe ich recht, Anciano, oder nicht?“
Der Alte machte ein Gesicht, in welchem sich das größte Erstaunen aussprach, und antwortete:
„Ja, hier ist's, Señor. Aber wie können Sie das wissen? Wie konnten Sie das entdecken? Sind Sie allwissend geworden?“
„Dazu gehört keine Allwissenheit.“
„Nicht? So begreife ich wenigstens Ihre Feinde, wenn dieselben behaupten, daß Sie ein außerordentlich gefährlicher Mensch sind. Wie nun, wenn Sie früher, ohne daß wir eine Ahnung hatten, das Versteck entdeckt und ausgeräumt hätten!“
„Das war auf keinen Fall zu befürchten. Ich hätte hier stundenlang stehen oder sitzen können, ohne zu bemerken, um was es sich handelt. Daß ich den Ort gefunden habe, verdanke ich ganz allein dem Umstande, daß ich gewußt habe, daß sich in der Schlucht ein Schacht, ein Stollen befindet.“
„Aber wie konnten Sie die Stelle desselben finden? Haben Sie sich denn auch überzeugt, daß Sie sich nicht irren?“
„Nein, denn das ist nicht nötig, weil du mir jetzt beweisen wirst, daß ich recht habe. Die Höhle konnte sich natürlich nicht in der Mitte, also auf der Sohle der Schlucht, sondern sie mußte sich an einer Seite, und zwar im Hintergrunde derselben befinden. Der Stollen mußte in den Felsen gehauen sein. Er war verschüttet und maskiert worden, nicht durch die Natur, sondern durch die Hand eines Menschen, also künstlich. Ich brauchte also nur nach einer Stelle zu suchen, an welcher im Gegensatze zur Unregelmäßigkeit dieses Steinwirrwarrs eine Spur von Regelmäßigkeit auf eine Arbeit von Menschenhänden schließen ließ. Und das war hier der Fall.“

„Wieso?"
Der Vater Jaguar deutete auf mehrere Steine, welche nahe an der Felsenwand lagen, und antwortete:
„Bilden diese vier Steine nicht die Ecken eines ganz regelmäßigen Quadrates?"
„Allerdings."
„Sind sie nicht von ganz gleicher Größe und Schwere, nicht zu schwer für einen kräftigen Mann, aber auch nicht so leicht, daß sie durch irgend einen Zufall verschoben oder gar ganz entfernt werden könnten?"
„Auch das ist richtig, Señor."
„Warum liegen in dem Vierecke, welches sie bilden, nur leichte Steine, keiner größer als eine Männerfaust?"
„Wissen Sie das denn?"
„Ja. Wenn diese kleinen Steine größer und schwerer wären, würden sie die Decke des Schachtes eindrücken, welche von den vier großen Steinen an den Ecken gehalten wird."
Der alte Anciano schüttelte staunend den Kopf und meinte:
„Es ist so, genau so, wie Sie sagen, Señor!"
„Ich wußte es. Die Sache wird durch das einfachste Nachdenken erklärt. Das Loch mußte zugedeckt werden. Ein großes Felsstück war dazu nicht zu brauchen, weil ein einzelner Mensch es nicht hätte entfernen können, um den Stollen zu öffnen. Bretter oder dergleichen gab und gibt es hier nicht; man hat also irgend eine Decke oder ein Fell genommen, über das Loch gebreitet und auf die vier Ecken vier Steine gelegt, welche von einem Manne fortgerollt werden können, aber doch schwer genug sind, das Fell zu halten und auch die kleinen Steine, welche man auf dasselbe gelegt hat, um das Menschenwerk zu verbergen, und dem Orte ein natürliches Aussehen zu geben."
„Sehr richtig, sehr richtig, Señor! Auch das mit dem Fell stimmt ganz genau. Das Loch ist in frühern Zeiten unter den oben liegenden Steinen mit einzelnen Holzstangen zugedeckt gewesen; diese sind aber morsch geworden, und als mein Herr kam, um den Stollen zu besuchen, fand er die Bedeckung desselben eingestürzt. Um einen neuen Verschluß zu haben, blieb ihm, da er nichts andres hatte, nichts übrig, als sein Maultier zu erschießen und die Haut desselben mit Hilfe dieser vier Steine über das Loch auszuspannen. Er schüttete dann kleine, leichte Steine darauf, und diese Decke hat sich lange Jahre und, wie Sie sehen, bis heute bewährt. Es kann sich sogar ein Mann darauf stellen, ohne daß sie auch nur im mindesten nachgibt. Ihr Scharfsinn ist wirklich außerordentlich! Wollen wir jetzt öffnen?"
„Ja, denn es gibt nichts, was uns davon abhalten könnte."
Die vier Personen kauerten sich nieder, um die Lage kleiner Steine zu entfernen. Diese war nicht hoch und bald kam unter ihr das Fell zum Vorscheine, welches die Härte und Steifheit eines Eisenbleches angenommen hatte. Es wurde von den erwähnten vier Steinen ausgespannt und festgehalten. Als dieselben fortgeschoben waren, konnte man die Haut wegnehmen, und da kam ein Loch zum Vorscheine, welches so groß war, daß

ein starker Mann hineinkriechen konnte. Es führte senkrecht hinab. Darum meinte der Vater Jaguar:
„Das ist doch kein Stollen, sondern ein Schacht!"
„Nur der Eingang geht gerade hinab," antwortete Anciano, indem er einen kleinen Stein hinunterwarf.
„Hören Sie, daß er nicht tief fällt? Das Loch ist gerade so tief, wie ein Mann hoch ist; dann macht es einen Winkel und führt ein wenig abwärts wagerecht in den Felsen hinein. Ich werde hinuntersteigen."
„Wie steht es mit der Beleuchtung?"
„Für diese hat mein Herr gesorgt. Es liegen Kerzen unten, welche wir selbst aus Talg gegossen haben."
Er ließ sich langsam in das Loch hinab. Als er mit den Füßen den Boden desselben erreicht hatte, konnte er mit den ausgestreckten Händen den obern Rand erfassen. Hammer reichte ihm einige Zündhölzer hinab, worauf man bald die Kerzenflamme unten erscheinen sah. Haukaropora stieg, von oben und unten unterstützt, da er kleiner war, nach; ihm folgte Anton Engelhardt, worauf der Vater Jaguar den vierten machte.
Dieser letztere mußte sich bücken, um in den wagerechten Stollen zu gelangen, doch wurde derselbe bald höher, so daß man aufrecht stehen konnte. Nach wenigen Schritten verbreitete er sich und bildete eine Art kleines Gemach, in welchem die vier Personen gerade Platz fanden. Sie sahen sich in demselben um, fanden aber nichts als einen kleinen Holzpflock, welcher in eine Ritze eingetrieben war. An demselben hing eine vielleicht 30cm lange, stricknadelstarke Schnur. Sie war dreifarbig und hatte mehrere Knoten; mehrere viel kürzere und dünnere Schnüre waren an ihr festgeknüpft; auch diese zeigten verschieden entfernte Knoten.
„Ein Kippu!" rief Anciano, indem er das kleine Schnurbündel vom Pflocke nahm und, es mit dem Lichte beleuchtend, aufmerksam betrachtete. Die Farben waren ziemlich verblichen, aber doch noch zu erkennen.
„Kannst du es entziffern?" fragte der Vater Jaguar,
„Ja, Señor. Dieser Kippu ermahnt uns, keine andre Kerze anzubrennen, als bis wir den zweiten Kippu gelesen haben. Es ist also noch einer da, wohl weiter hinten. Gehen wir!"
Auch Haukaropora untersuchte den Kippu und bestätigte die Lösung des Alten. Sie schritten weiter vor, die beiden Männer jetzt tief gebückt, weil der Stollen niedriger wurde. Er war sehr trocken; nur drückte die Luft ein wenig auf die Lungen. Nach ungefähr fünfzig Schritten wurde er nicht nur wieder höher, sondern auch viel breiter als vorher und bildete einen stubenartigen Raum, welcher vier Ellen hoch, sieben Ellen breit und ebenso tief sein mochte. Den Hintergrund bildete nicht die Felsenwand, sondern eine dunkel gähnende Kluft, welche senkrecht in eine unbekannte Tiefe fiel. Aber nicht diese breite Felsenspalte war es, auf welche man zunächst achtete, sondern die Aufmerksamkeit der vier Personen wurde von den Gegenständen, welche sich in diesem Raum befanden, aufs mächtigste angezogen.

Es glänzte rechts und links wie pures Gold und Silber. Da standen und lagen auf Unterlagen, weiche bankartig aus Steinen hergestellt worden waren, allerlei Gegenstände, deren Metall- und Kunstwert jedes Auge blenden mußte. Da gab es Götterfiguren, in Kindergröße aus blinkendem Golde hergestellt, Herrscherstatuen, in derselben Größe aus massivem Silber gearbeitet, Gefäße in den verschiedensten Formen und Größen, Waffen aller Art, Schmucksachen, Sonnen, Monde und Sterne. Ja, das war ein Reichtum, welcher nur von einem Inka oder einem königlichen Prinzen abstammen konnte, denn im alten Peru gehörte alles Gold dem Herrscher. Ohne seine Erlaubnis durfte kein andrer Gold oder Silber verwenden.

Diese Metalle auszuführen, war bei Todesstrafe verboten. Alles Silber und Gold mußte nach der Hauptstadt geliefert und dem Könige zu Füßen gelegt werden. Da gab es Jahre, in denen sichern Angaben nach über zwölftausend Zentner Silber und über viertausend Zentner Gold in der Schatzkammer des Inka zusammenliefen, denn das edelste der Metalle wuchs in zahlreichen Adern des Gebirges und fand sich in erstaunlicher Menge im Sande der Flüsse und wurde durch billige oder gar nichts kostende Fronarbeit gewonnen.

Anton Engelhardt war wie geblendet; Anciano und Haukaropora standen in staunender Andacht da, halb die hier befindlichen Reichtümer bewundernd und halb durchschauert von einem Gefühle ehrfurchtsvoller Pietät für die einstigen Götter und Herrscher ihres Volkes. Der Vater Jaguar war am wenigsten befangen. Die Sorge um seine Sicherheit überwog bei ihm den Eindruck dieser Schätze. Er hatte dem Alten das Licht aus der Hand genommen, um an dunkeln Stellen nach dem Sitze der schon erwähnten Gefahr zu suchen. Seine Nachforschung hatte Erfolg.

Nämlich unten, in der Nähe des Bodens liefen an den Steinbänken schmale, thönerne Rinnen hin, welche mit einer weißgelben, wachsartigen Masse gefüllt waren; aus dieser ragten in gewisser Entfernung dochtartige Fäden hervor, welche in Gestalt von kurzen Lichtstümpfen mit derselben Masse umgeben waren.

„Das muß das gefährliche Feuer sein,“ sagte er zu Anciano, indem er auf diese Rinnen deutete, „von denen dein toter Gebieter gesprochen hat. Und diese mit Dochten versehenen Spitzen sind die Lichte, von denen wir keins anbrennen sollen, bevor wir den zweiten Kippu gelesen haben. Wo aber mag dieser Kippu sein? Wir müssen ihn suchen.“

Sie brauchten gar nicht lange zu forschen, denn er hing gleich vorn am Eingange an der Wand. Er hatte nicht die einfache Gestalt des ersten Schnurbündels, sondern bestand aus einem sehr kunstvoll gearbeiteten Geflechte, welches als Handgriff diente, und an dessen Seiten mehrere Reihen von Schnüren fransenartig herabhingen. Diese Schnüre hatten verschiedene Farben; sie waren von verschiedener Länge und in viel hundert Knoten von verschiedener Größe geknüpft. Der Alte griff schnell zu, um dieses Kunstwerk der Schriftknüpferei zu betrachten. Er that dies eine ziemlich lange Zeit und erklärte dann:

„Dieser Kippu ist ein sehr langer und ausführlicher Brief, den ich aber hier nicht lesen kann, weil die Farben gelitten haben und das Licht der Kerze nicht hinreichend ist.“
„Aber draußen im Lichte der Sonne könntest du ihn lesen?“ fragte der Vater Jaguar.
„Ich denke es.“
„So müssen wir hinaus.“
„Schon fort von diesen Schätzen, welche wir so gern noch bewundern wollen?“
„Ja. Ihr dürft nicht eher einen dieser Gegenstände anrühren, als bis wir den Inhalt dieses Kippu kennen. Die Gefahr, mit welcher die Hebung dieser Schätze verbunden ist, ist uns noch unbekannt. Jede falsche Bewegung, jeder falsche Griff kann uns den Tod bringen. Ich warne euch also. Wollt ihr bleiben, so bleibt; ich aber entferne mich und steige nicht eher wieder herab, als bis ich den Inhalt dieses Briefes genau kennen gelernt habe.“
Der alte Anciano schien, geblendet von dem Golde und Silber, dennoch bleiben zu wollen; da nahm Hauka ihm den Kippu aus der Hand, untersuchte ihn, soweit es hier unten möglich war, und erklärte dann:
„Dieser Kippu enthält das Vermächtnis meines Vaters, des ermordeten Inka. Er ist mir teurer als alles, was sich außer ihm hier befindet, und darum mag das Gold und Silber hier liegen bleiben, bis ich ihn gelesen habe. Ich gehe an das Tageslicht.“
. Das entschied. Die vier Personen verließen den unterirdischen Raum und begaben sich durch den Stollen nach dem Eingange zurück, um in das Freie zu gelangen. Auf dem Boden des Schachtes, da, wo derselbe in den Stollen überging, lagen mehrere Talglichte, welche Haukas Vater zum jeweiligen Gebrauche da niedergelegt hatte. Anciano löschte sein halb abgebranntes Licht aus und gab es wieder mit hinzu, ehe er sich hinausschwang.
Draußen setzten sich die vier auf die Steine, und Anciano und der junge Inka nahmen die Schnüre vor, um dieselben zu entziffern. Das ging freilich nicht so schnell wie bei dem ersten und so einfachen Kippu. Es waren der Farben und Knoten, der Nebenschnüre so viele, und die ersteren waren so verblichen, daß, wenn zwei von ihnen einander ähnlich gewesen waren, sie jetzt kaum voneinander unterschieden werden konnten. Es verging eine Viertelstunde nach der andern; aus der halben wurde dann eine ganze Stunde; nachher verlief noch eine halbe, und doch waren die beiden Dechiffrierer über die Bedeutung einzelner Knoten und Schnüre noch nicht im Klaren oder miteinander einig. Der Vater Jaguar war vielleicht um elf Uhr mit seinem Trupp an der Schlucht angekommen; dann hatte es zwei Stunden gedauert, bis Anciano von dem neuen Lagerplatze zurückgekehrt war; jetzt zeigte die Uhr schon über drei am Nachmittage; darum sagte Hammer:
„Es wird jetzt gefährlich, länger hier zu. bleiben. Kommt zufälligerweise jemand da oben am Rande der Schlucht vorüber, so sieht er uns hier unten am offenen Schachte sitzen, und unser Geheimnis ist verraten. Wir wollen also das Loch lieber verschließen und dann hinaufgehen. Dort könnt ihr eure Arbeit fortsetzen, und wir werden nicht überrascht, weil wir jede Annäherung schon von weitem bemerken müssen.“

Man konnte nicht anders, als ihm beistimmen. Darum wurde die Haut wieder über den Eingang gebreitet und mit den vier schweren Steinen belegt und befestigt; als man sie dann mit kleinerem Gestein und Grus bedeckt hatte, war anzunehmen, daß kein Fremder, selbst wenn er hierher kommen sollte, das darunter befindliche Loch entdecken könne. Hierauf stiegen wir wieder hinauf zu ihren Maultieren, wo Hauka und der Inka sogleich ihre Arbeit fortzusetzen begannen.
Es war, als ob ihr Scharfsinn hier oben findiger sei, als unten in der düsteren Schlucht, denn noch war keine halbe Stunde vergangen, so erklärten beide, daß sie jetzt über die Bedeutung jedes Knotens einig und im klaren seien.
„Darf ich vielleicht den Inhalt erfahren?“ fragte der Vater Jaguar.
„Ja, Señor,“ antwortete Hauka. „Es ist, wie ich schon sagte, das Vermächtnis meines Vaters, lautet aber anders, als Sie gedacht haben werden, und auch ich gedacht habe. Anciano, lies es vor!“
Der Alte gehorchte. Er kniete aus Ehrerbietung vor dem letzten Willen seines einstigen Herrn nieder, ließ Knoten nach Knoten, Schnur nach Schnur durch die Finger gleiten und entzifferte dabei langsam und in abgerissenen Sätzen folgendes:
„Haukaropora, meinem Schrie, dem letzten Inka. – – – Siehst du diesen Kippu, so bin ich tot. – – – Auch Völker sterben. – – – Das unserige ist tot, wie ich gestorben bin. – – –Hoffe nicht, daß es wieder aufleben wird. – – – Du wirst niemals Herrscher sein. – – – Es starb an seinem Golde und Silber. Willst du an dem deinigen sterben? – – – Wäre es arm gewesen, so lebte und wirkte es noch. Sei du arm, so wirst du leben und wirken. – – – Sei nicht reich an Metallen, sondern werde reich am Geiste und im Herzen, so wirst du glücklicher sein, als alle deine Ahnen. – – – Ich bitte dich; ich befehle dir nicht. Dieses Gold gehört dir; nimm es, oder nimm es nicht. – – – Nimmst du es, so wirst du sein Sklave; verschmähst du es, so wirst du frei. – – – Du hast den goldenen Streitkolben der Inkas. Verkaufe ihn, so hast du genug, um zu lernen und ein Mann zu werden, den Arbeit ehrt; Genuß im Nichtsthun aber schändet. – – – Willst du das Gold, so nimm es; doch hüte dich dabei vor dem Feuer in den Rinnen! – – –Willst du Ehre und wahres Glück, so gib das Metall der Erde wieder, der es geraubt worden ist; dann wirst du den wahren Reichtum erlangen. Brenne da die erste Kerze des schlafenden Feuers an und eile aus der Höhle! – – Nun wähle, aber wähle gut! Du besitzest das Blut der Herrscher; beherrsche also dich selbst; es wird dir gelingen. – – Ich bin bei dir und ich bleibe bei dir. Mach, daß meine Seele sich über dich freut. – – – Dann schaut mein Geist wonnig auf dich nieder, bis du mir folgest dahin, wo weder Gold noch Silber gilt, sondern nur die Schätze des Herzens gewogen werden. – – –Handle als mein Sohn, denn ich bin dein Vater!“
Der alte Anciano hatte so gelesen, daß die Pausen zwischen den einzelnen Sätzen immer länger geworden waren. Jetzt blickte er, auf den Knieen liegen bleibend, erwartungsvoll zu seinem jungen Herrn auf. Dasselbe that Anton, den der Inhalt des Vermächtnisses tief ergriffen hatte. Der Vater Jaguar war voller Bewunderung für die Anschauung, zu welcher sich der Tote emporgeschwungen gehabt hatte; aber seiner praktischen Natur

sagte das Opfer nicht zu, welches dieser von seinem Sohne erwartete. Haukaropora stand hoch aufgerichtet da und blickte in die Sonne. Seine Ahnen hatten sie verehrt, zu ihr gebetet. Jetzt wollte sie hinter den Gipfeln der Berge verschwinden. So war auch der Glanz des Inkareiches verschwunden und dieses selbst untergegangen. Der letzte Rest dieses Glanzes strahlte unten in der Felsenkammer, wo die Statuen der Götter und Herrscher standen, beim Scheine einer armseligen Kerze. Sollte dieser letzte Schimmer auch erlöschen? In dem ernst-schönen Angesichte des Jünglings regte sich kein Zug. Er blickte in die Sonne, ohne daß die Augen ihm schmerzten, bis das höchste Bergeshaupt sie deckte; dann wendete er sich zu Anciano, nahm ihm den Kippu aus der Hand, verbarg denselben unter das lederne Jagdhemd auf der Brust und sagte:

„Stehe auf, mein Vater! Es gibt keinen Inka mehr. Die Söhne der Sonne gingen dahin mit ihrem Reiche, und ich gehorche dem Geiste meines Vaters, welcher geglaubt hat, ich sei stark genug, das Richtige zu wählen. Ich gebe das Gold der Erde zurück, denn es bringt nur als Lohn der Arbeit Segen, und meine Arbeit soll erst noch beginnen."

Da sprang der Alte auf, ergriff seine beiden Hände und rief im Tone inniger Rührung und Liebe aus:

„Sei gepriesen für diesen Entschluß, mein Sohn, ich habe von dir nichts andres erwartet. Du bedarfst keiner schillernden Schätze, denn der größte Schatz, den es gibt, ruht in deiner Brust."

Der Vater Jaguar aber fragte:

„Wie? Du willst dem Inhalte des Stollens da unten entsagen? Das war es doch, was du meintest?"

„Ja."

„Das kann nur das Ergebnis einer vorübergehenden Stimmung sein. Bedenke, was du von dir wirfst, und welch ein Leben vor dir liegt, wenn du die Erbschaft deines Vaters antrittst!"

„Sein Vermächtnis liegt nicht da unten in der Höhle, sondern hier auf meinem Herzen."

Er deutete nach der Stelle, an welcher er den Kippu verborgen hatte.

„So willst du in Wirklichkeit das verzehrende Feuer dort unten anbrennen und die Reichtümer zerstören?"

„Ja."

„Das ist Wahnsinn! Wenn du sie nicht willst, so muß ich dich darauf aufmerksam machen, wie Gutes du mit ihnen thun, wie viele Menschen du mit ihnen glücklich machen kannst. Dich selbst magst du berauben, andere aber nicht!"

„Das Erbe gehört nicht ihnen, sondern mir; ich thue mit ihm, was ich will. Ich vernichte es, weil ich wünsche, meinen Nebenmenschen andre und bessere Gaben zu bringen."

„Überschwenglichkeit! Ich werde mich einem solchen Beginnen widersetzen!"

Er sagte das im drohenden Tone. Da nahm Haukaropora seinen goldenen Streitkolben von der Erde, wo er gelegen hatte, auf, richtete sich stolz empor und antwortete:

„Señor, ich achte und ich liebe Sie, aber in dieser Sache gibt es nur einen Willen, und das ist der meinige. Diesen Kolben werde ich nach dem Wunsche meines Vaters verkaufen, um leben und lernen zu können; wollten Sie sich mir wirklich widersetzen, so würden Sie mich zwingen, ihn vorher im Kampfe mit Ihnen zu erproben!“
Hammer warf den Kopf stolz zurück. Er wollte eine scharfe, vielleicht ironische Antwort geben, that dies aber doch nicht, sondern erwiderte in milderem Tone:
„So war es nicht gemeint, mein junger Inka. Dein Entschluß ist heroisch und bewundernswert, wenn du den Wert des Geldes kennst. Ich bezweifle aber, daß dies der Fall ist. Übrigens ist das, was du sagst, noch nicht gethan.“
„Ich werde es aber sofort thun! Ich steige jetzt hinab in den Stollen und zünde das Feuer an.“
„Um uns zu verraten und den Mörder deines Vaters entkommen zu lassen? Ich kenne euer Feuer nicht, befürchte aber, daß es eine Explosion hervorbringt. Das Gestein wird auseinander fliegen. Wenn dann der Gambusino mit Perillo kommt, so werden sie, wenn sie die Spuren sehen, sich augenblicklich davonmachen.“
Hauka sah ihm eine Weile forschend ins Gesicht und antwortete dann –
„Sie haben recht, Señor; ich muß noch warten. Zwar könnten wir diese Männer auf eine andre Weise und an einem andern Orte fangen; aber da die Mordschlucht die beste Falle für sie ist, so darf ich Ihrem Plane nicht entgegen handeln.“
„Das meine ich auch,“ nickte Hammer befriedigt. „Ich habe sogar die Absicht, dir Gelegenheit zu geben, uns nicht nur durch diese Unterlassung, sondern durch eine sofortige Thätigkeit nützlich zu sein. Es ist nämlich nötig, vorher genau zu erfahren, wann die Feinde kommen; wir brauchen also einen tüchtigen Kundschafter. Willst du diesen Posten übernehmen?“
„Ja, sehr gern,“ antwortete Hauka, der sich geschmeichelt fühlte, einen so wichtigen Auftrag zu bekommen. Er ahnte nicht, daß der Vaterjaguar zugleich die Absicht verfolgte, ihn von hier zu entfernen, damit er ja keine Zeit und Gelegenheit fände, seinen, wie er meinte, übereilten Vorsatz auszuführen. Darum fuhr Hammer fort:
„Du mußt aber sofort aufbrechen, weil du nicht reiten darfst und der Weg zu Fuß sehr weit ist. Reitend würdest du Gefahr laufen, entdeckt zu werden; zu Fuß aber kannst du leicht nach allen Richtungen gelangen.“
„Ich bin bereit, Señor. Sagen Sie mir nur, wie weit ich gehen soll!“
„Zunächst zurück bis zur Salina del Condor, an welcher der Gambusino vielleicht heute abend schon ankommen und lagern wird.“
„Und wenn er nicht kommt?“
„So steht zu erwarten, daß er in einer Doppelhöhle lagert, welche von der Salina rückwärts in der Richtung nach dem Guanacothale liegt, von woher die Mojosindianer kommen müssen.“
„Ich kenne diese Höhle und werde mitgehen,“ fiel da der alte Anciano ein. „Erlauben Sie das, Señor?“

„Sehr gern, ich habe nichts dagegen einzuwenden, denn vier Augen sehen mehr als zwei."
„Und wo werden wir Sie bei unsrer Rückkehr treffen?"
„Da Eure Ankunft erst morgen früh zu erwarten ist, so werde ich diese Nacht bei den Gefährten zubringen, am Morgen aber wieder hier sein, um Euern Bericht zu hören. Nach ihm haben wir uns dann zu richten."
Er erhielt von Anciano eine Beschreibung des Weges nach dem Bergloche und ritt dann mit Anton Engelhardt und den beiden Maultieren der Peruaner davon. Diese letzteren aber stiegen zu Thale, indem sie die Richtung nach der Salina del Condor einschlugen.
Sie kamen dort nach Einbruch der Dunkelheit an und gingen dann, da sie niemand fanden, weiter, um die Höhle aufzusuchen. Als sie dieselbe zu später Abendstunde erreichten, wurden sie, wie bereits erwähnt, Zeugen der Ermordung des Peon und der beiden Arrieros, worauf sie nach der Salina zurückeilten. Dort warteten sie und fanden nach einer Weile ihre Vermutung bestätigt, denn der Gambusino langte mit den Indianern dort an. Da er aber wegen Mangel an Holz kein Lagerfeuer machen konnte, so vermochten sie nichts zu sehen. Auch zu lauschen gab es nichts, da die Feinde sich sehr still verhielten, und darum blieben sie nur so lange, als geraten war, wenn sie mit Tagesanbruch wieder bei der Mordschlucht sein wollten.
Dort trafen sie den Vater Jaguar bereits ihrer wartend und berichteten ihm das Ergebnis ihres Kundschafterganges. Das war viel und doch nicht viel. Sie wußten, daß drei Männer erschossen worden und drei leben geblieben waren. Sie wußten auch, daß sich bei den letzteren die zwei kleinen, rot gekleideten Deutschen befanden, was Hammer sehr in Harnisch brachte; aber wer der dritte war, das wußten sie nicht. Da sie vor allen Dingen sehen sollten, ob die heranziehenden Indianer mit ihnen befreundet seien oder nicht, so mußten sie sich hinter einem nahen, felsigen Hügel postieren, um dieselben bei ihrer Ankunft zu beobachten, während Hammer zurückritt, um die Gefährten näher heranzuholen und ihnen die ganz unerwartete Mitteilung zu machen, daß der unvermeidliche deutsche Gelehrte mit seinem Diener ihnen wieder nachgefolgt und dabei abermals in die Hände des Gambusino gefallen sei.
Dieser letztere kam am frühen Vormittage mit Antonio Perillo, den acht Indianern und seinen drei Gefangenen angeritten und machte an dem Rande der Schlucht Halt. Er führte, sobald die Maultiere entlastet waren, sofort die Arrangements aus, welche er für nötig hielt. Die Habgier trieb ihn, sofort eine Untersuchung der Schlucht vorzunehmen, und da die Gefangenen doch auch Wert für ihn hatten und er sie den Indianern nicht anvertrauen wollte, so mußten sie mit in die Schlucht genommen werden. Man gab ihnen also die Füße frei, daß sie hinabklettern konnten. Unten aber, und zwar im Hintergrunde angekommen, wurden ihnen die Füße wieder gefesselt; man band sie an Steine, damit sie sich auch nicht einmal durch Wälzen von der Stelle bewegen konnten. Dann entfernten sich der Gambusino und Perillo, allerdings nicht weit, um ihre Nachforschung zu beginnen. Die Indianer waren oben zurückgeblieben, da ihnen verboten worden war, die Schlucht zu betreten.

Zufälligerweise waren die Gefangenen gerade nach der vorspringenden Felsenspitze, in deren hinterem Winkel der Eingang zum Stollen lag, gebracht und an drei von den vier erwähnten großen Steinen gebunden worden. Sie lagen natürlich an der Erde, Doktor Morgenstern genau auf dem Steingries, welcher die verborgene Maultierhaut bedeckte. Als sie ihre Peiniger so weit entfernt sahen, daß sie von ihnen nicht gehört werden konnten, sagte Fritze Kiesewetter:

„Da sind wir nun bei unsrem Ziele anjelangt, aber als Jefangene. Wenn der Vater Jaguar schon da ist, werden wir uns bald wieder auf unsre freien Füße befinden."

„Das gebe Gott!" seufzte Engelhardt. „Es handelt sich um unser Leben, denn ich bin überzeugt, daß diese Schufte uns ermorden werden, sobald sie das Lösegeld empfangen haben."

Er riß vor Grimm an seinen Fesseln und zerrte an dem Steine, an welchem er hing. Dabei zog er denselben nach und nach von der Stelle, an welcher er lag.

„Das glaube ich nicht," antwortete der Doktor. „Sie haben uns schon einigemal gefangen genommen, ohne einen Mord, lateinisch Homicidium genannt, an uns zu begehen."

„Weil uns der Vater Jaguar immer rasch herausjeholt hat," erklärte Fritze. „Läßt er uns diesmal sitzen, so ist's oft und manchmal um uns jeschehen."

„Gefangen zu sein, während ich meinen Sohn in der Nähe weiß!" knirschte der Bankier. „An Händen und Füßen gefesselt und an einen Stein gebunden, wie ein wildes Tier!"

Er zog wieder an dem Steine, welcher auf einer Ecke der Haut lag, und jetzt weiter verrückt wurde, so daß dieselbe nachgab. Sie begann sich langsam unter Doktor Morgenstern zu senken. Darum meinte dieser:

„Ich scheine weich zu liegen, obgleich meine Unterlage aus Steinen besteht, denn sie gibt nach. Ich sinke tiefer."

„Und, ich wollte, ich könnte auch sinken, tief in die Erde hinein!" fuhr Engelhardt grimmig fort. „Hätte ich nur eine Hand frei, ich wollte mich bald meiner Fesseln entledigen, und dann wehe den Halunken!"

Er zog, zerrte und riß, daß der Stein immer weiter rutschte.

„Jeben Sie sich keine Hoffnung hin!" antwortete Fritze. „Wen dieser Jambusino fesselt, der kommt nicht los; ik kenne das. Nicht wahr, Herr Doktor, wir haben das erlebt?"

„Leider ja," antwortete der Gefragte. „Wir sind sogar noch schlimmer daran gewesen als jetzt. Wir haben schon am Baume gehangen und – – Herr-Himmel-Jemineh – –!"

Er schrie vor Schreck laut auf, denn Engelhardts Stein war jetzt vom Felle heruntergerutscht; dieses gab nach, und der kleine Gelehrte fuhr mit den Beinen und dem Oberleibe in das Loch.

„Wat ist denn los? Wohin wollen Sie verreisen?" fragte Fritze. „Soll dat etwa eine Abfahrt in die Unter- oder Urwelt sein?"

„Scherze nicht!" jammerte der Kleine. „Ich stecke in einem fürchterlichen Loche, lateinisch Puteus genannt; ich schwebe über einer entsetzlichen Tiefe, lateinisch Vorago oder Barathrum geheißen, und wenn der Strick zerreißt, so bin ich verloren!"

Der kleine Gelehrte wog wohl nicht mehr als neunzig Pfund, und da der Stein, an welchem er mit dem Stricke befestigt war, weit über die Schwere eines Zentners hatte, so wurde er von diesem festgehalten. Dennoch zeterte er so laut, daß der Gambusino und Perillo es hörten. Sie kamen herbei und waren nicht wenig erstaunt, ihren Gefangenen halb in der Erde verschwunden zu sehen. Sie zogen ihn heraus, und dabei kam ein Teil der Haut zum Vorscheine.
„Was ist das?“ fragte Perillo. „Ein Leder, mit welchem dieses Loch bedeckt ist! Am Ende haben wir – – –“
„Schweig!“ raunte ihm der Gambusino zu. „Wir sind am Ziele. Das haben wir dem Zufalle zu verdanken. Die Gefangenen brauchen nicht zu sehen, was wir hier treiben. Schaffen wir sie fort!“
Sie schleppten die drei Gefesselten eine genügende Strecke fort, um unbeobachtet zu sein, und kehrten dann wieder nach dem Loche zurück, um seine und desselben Umgebung zu untersuchen. Sie fanden das ganze Fell und entfernten es. Sie warfen Steine in das Loch und hörten, daß dasselbe nicht tief war. Darum ließ sich der Gambusino hinab. Schon nach einigen Augenblicken rief er herauf:
„Wir sind am rechten Orte! Es ist gelungen! Hier liegen Talglichte. Komm schnell herab, während ich eins anbrenne.“
Als Perillo unten ankam, war das Licht schon in Brand gesteckt. Sie achteten des Umstandes nicht, daß auch ein halbes dalag, welchem man es leicht ansehen konnte, daß es erst vor kurzem im Gebrauch gewesen war, und drangen langsam in den horizontalen Stollen ein. Indem sie vorsichtig weiterschritten, teilten sie sich ihre Bemerkungen und Hoffnungen mit. Sie befanden sich in einer fieberhaften Aufregung, welche sich fast bis zum Wahnsinn steigerte, als sie endlich die hintere Kammer erreichten und den Inhalt derselben erblickten. Sie standen zunächst wie sprachlos da und ließen ihre wonneglänzenden Augen über alle diese Gegenstände schweifen. Dann rief der Gambusino:
„Entdeckt, entdeckt! Hier liegen Millionen. Das hast du mir zu danken.“
„Nein, sondern du mir, mir, mir!“ entgegnete Perillo. „Laß uns abschätzen. Hier stecken viele Lichter in diesen Rinnen, jedenfalls, damit man bei ihrem Glanze diese ungeahnten Reichtümer besser funkeln sehen kann. Soll ich sie anbrennen?“
„Ja, denn bei diesem einen Talgstummel ist gar nichts, gar nichts zu sehen.“
Perillo riß dem Gambusino das Licht aus der Hand und hielt es an einen der bereits beschriebenen Dochte, welcher zunächst wie ein ganz gewöhnlicher Docht anbrannte. Das kleine Flämmchen hatte zunächst einen ruhigen, hellen Schein; dann begann es zu flackern, wobei es eine blaue Farbe annahm; hierauf sprühte es plötzlich nach allen Seiten Funken, an denen sich die andern Dochte entzündeten, und schoß alsdann gar zu einer bis an die Decke reichenden Feuergarbe auf. Ein scharfer, unausstehlicher Geruch oder vielmehr Gestank verbreitete sich in dem Raume. Schon brannten zehn, fünfzehn,

zwanzig und noch mehr Lichter in den Rinnen. Sie flackerten, glühten, sprühten, pufften und lärmten.
„Was ist das?“ fragte Perillo ganz betroffen. „Wer hat schon einmal solche Lichter gesehen?“
„Was es ist?“ antwortete der Gambusino. „Unser Verderben ist es, wenn wir nicht augenblicklich fliehen, Diese Lichter sind für unberufene Eindringlinge angebracht. Also müssen –“
Er wurde von einem Knalle unterbrochen, nach welchem den Lichtern feurige Schlangen entfuhren, welche wie zuckende Blitze in der Kammer umherfuhren und die Kleider der beiden Männer sogleich in Brand setzten.
„Fort, augenblicklich fort!“ schrie er und eilte in den Stollen hinein, um so schnell wie möglich das Freie zu erreichen. Perillo folgte ihm. Ihre Anzüge brannten. Sie nahmen sich aber nicht Zeit, sie zu löschen, stießen rechts und links mit den Köpfen oben in dem Stollen an. Noch hatten sie den Schacht nicht erreicht, so gab es einen lauten Knall, unter welchem die Erde erbebte.
„Ich brenne, ich verbrenne!“ schrie Perillo.
„Ich auch,“ antwortete der Gambusino, indem er vorwärts stürmte.
„Rette mich! Lösche meine Flammen!“
„Habe keine Zeit. Fort, fort, der Felsen explodiert!“
Er stürmte vorwärts, erreichte den Schacht und schwang sich hinaus ins Freie. Perillo folgte ihm auf dem Fuße. Unten im Gange hatten ihre Anzüge mehr geglimmt als gebrannt; jetzt aber in der freien Luft entstanden helle Flammen, welche sofort über ihnen zusammenschlugen. Vor Entsetzen brüllend warfen sie sich nieder und wälzten sich auf dem Boden herum, um die Flammen zu ersticken. Da that es im Innern einen zweiten Knall, einen dritten, vierten, fünften und sechsten, einer immer stärker als der andre. Die Schlucht schien förmlich hin und her zu schaukeln; es war, als ob alle ihre Felswände zusammenbrechen wollten. Dann schoß ein schwerer, dicker, dunkler Rauch aus dem Schachtloche hervor, begleitet von einem Zischen wie von hundert Lokomotiven, worauf ein dumpfes Poltern folgte, wie von unter der Erde dahinpolternden Kegelkugeln. Hierauf wurde es still, aber der Rauch schoß noch fort aus dem Loche und hüllte das ganze hintere Thal in stinkende Wolken, welche keine Gestalt, keinen Gegenstand erkennen ließen. Desto deutlicher aber hörte man das Schmerzgebrüll der beiden noch immer sich am Boden windenden und wälzenden Menschen,
Und der Vater Jaguar mit seinen Leuten?
Er hatte mit ihnen, sie herbeiführend, eine Stelle erreicht, welche nur noch zehn Minuten von der Schlucht entfernt war, als ihm Anciano und der Inka entgegenkamen. Ersterer meldete:
„Señor, es ist das „Spitze Messer“, der Häuptling der Mojos, mit sieben Mann, ein sehr guter Freund von mir. Soll ich mit ihm reden?“

„Ja; aber natürlich nur auf eine Weise, daß der Gambusino es nicht bemerkt.“
„Der kann es weder sehen noch hören, denn er ist nach seiner Ankunft mit Perillo und den drei Gefangenen sofort in die Schlucht hinab.“
„Meinst du, daß das „Spitze Messer“ mit sich reden lassen wird?“
„Ja. Ich bin überzeugt, daß er sofort zu uns übergeht, wenn er mich sieht und zudem erfährt, daß Sie bei mir sind.“
So lauf voran; wir kommen langsamer nach, damit du einige Worte mit ihm reden kannst, ehe er uns sieht.“
Anciano eilte fort, und die andern folgten ihm, fest überzeugt, heute gewiß zum Ziele zu gelangen. Noch ehe sie die Schlucht erreichten, kam ihnen der Alte wieder entgegen. Er führte den Häuptling der Mojos an der Hand und rief dem Vater Jaguar zu:
„Hier ist er, Señor, hier ist er. Er freut sich, den berühmten Vater Jaguar, den er noch nie gesehen hat, kennen zu lernen, und will sich gern auf unsre Seite schlagen.“
„Hast du nur die sieben Mann bei dir?“ fragte Hammer den Häuptling.
„Ja, Señor.“
„Die zwei kleinen Gefangenen kennen wir. Wer ist der dritte?“
„Ein reicher Señor aus Lima, welcher Engelhardt heißt und Bankier ist.“
„Mein Vater, mein Vater!“ schrie da Anton auf, indem er von seinem Maultiere sprang. „Aber es ist nicht möglich. Warum könnte er herübergekommen sein?“
„Um seinen Sohn in Buenos Ayres zu sehen.“
„So ist er's doch; er ist's! Hinab, hinab, ihn zu erretten!
Sein Gewehr schwingend, eilte er der Schlucht zu und war gleich darauf am Rande derselben verschwunden. Die andern wollten ihm nach, doch der Vater Jaguar gebot:
„Halt! Nicht alle hier hinab. Sechs Mann reiten um die Schlucht und stellen sich jenseits auf, damit da drüben niemand entkommen kann.“
Daraufhin galoppierten sechs Reiter fort. Die übrigen ließen sich aber nun nicht länger halten; sie sprangen aus den Sätteln und kletterten, Hammer und die Indianer mit ihnen, so schnell wie möglich in die Schlucht hinab. Noch waren sie nicht unten, so sahen sie zwei brennende Gestalten aus der Stollenöffnung kommen; sie hörten deren Gebrüll und darauf mehrere Explosionen.
„Die Hunde haben den Schatz entdeckt und das Feuer angezündet,“ rief der Vater Jaguar ergrimmt. „Jetzt ist der Schatz verloren!“
Alle rannten, so schnell sie konnten, nach dem von Rauch erfüllten hinteren Teile der Schlucht, ihnen voran Anton und der Inka, der ihm am schnellsten gefolgt war. Die beiden Knaben sahen die Gefangenen liegen und sprangen zu ihnen hin.
„Mein Vater, mein Vater!“ rief Anton, indem er sich neben seinem Vater niederwarf, um ihn zu umarmen und zu küssen, und dann seine Fesseln zu durchschneiden.
Niemand hatte ein Auge für diese Begrüßungsscene, denn die Blicke aller waren auf die hintere Felsenwand gerichtet, an welcher zwei Gestalten mühsam und unter vor Schmerz zuckenden Bewegungen emporklimmten. Der Gambusino und Perillo waren

es. Sie hatten die Nahenden bemerkt und trotz ihrer halb verbrannten Leiber an die Flucht gedacht, welche nur nach dieser Richtung möglich zu sein schien. Aber da erschienen jetzt die sechs Reiter oben, und der Vater Jaguar rief befriedigt:
„Haltet ein! Laßt die Schurken immer steigen! Sie werden oben in Empfang genommen."
Er wendete sich zu den Gefangenen, um zunächst Engelhardt zu begrüßen, und dann die beiden Kleinen im Tone des Zornes zu fragen:
„Welcher Teufel hat Sie uns denn abermals nachgeschickt? Konnten Sie es denn selbst bei Ihrem Riesentiere nicht aushalten?"
„Nein," antwortete der allezeit fertige Fritze. „Der Riesenspitzbube, den wir fangen wollten, war noch viel jrößer."
„Aber er hat euch wieder gefangen, anstatt ihr ihn!"
„Dat war nur Verstellung von uns. Wir thaten nur so, um ihm hierher und in dat Loch zu bringen, wo er oft und manchmal in Brand jeraten ist."
„Flunkere nicht, Bursche!"
„Herr, ik bin aus Stralau am Rummelsburger See, wo nie jeflunkert wird. Fragen Sie meinen Herrn! Der hat ihm voran in dat Loch jesteckt."
„Jawohl!" bestätigte der Privatgelehrte. „Die Erde that sich unter mir auf, und ich verlor den Grund und Boden, lateinisch Solum genannt – – –"
„Sie sind ein unverbesserlicher Faselhans," unterbrach ihn Hammer, „und fassen jedes Ding, lateinisch Res genannt, beim falschen Ende an. Meine Geduld mit Ihnen, lateinisch Placabilitas, Clementia und auch Mansuetudo geheißen, ist nun zu Ende. Ich mag von Ihnen nichts mehr wissen!"
Morgenstern stand mit offenem Munde da, als er unerwartet lateinische Brocken an den Kopf geworfen bekam. Hammer aber hatte seine Worte zuletzt nicht mehr ernst gemeint und wendete sich, innerlich lachend, von dem Verblüfften ab.
Der Gambusino und Perillo hatten jetzt die Höhe erstiegen und sahen da zu ihrem Entsetzen die sechs Männer stehen, von denen sie wieder zurück- und hinabgetrieben wurden. Unten angekommen, wurden sie zu dem Vater Jaguar gebracht. Sie widerstrebten nicht, denn der fürchterliche Schmerz, den ihre entsetzlichen Brandwunden verursachten, machte jeden Widerstand völlig unmöglich. Ihr Anblick war grauenhaft. Alle ihre Kleidungsstücke waren ihnen bis auf einige Zunderfetzen vom Leibe gebrannt, und schwere, unheilbare Wunden bedeckten alle ihre Glieder. Es gehörte gar nicht das Auge eines erfahrenen Arztes dazu, um einzusehen, daß diese Verletzungen tödlich seien.
„Benito Pajaro, kennst du mich noch?" fragte Hammer den Gambusino.
„Ja," antwortete dieser, von Qualen gefoltert. „Ich bin der Mörder deines Bruders. Töte mich, aber so rasch wie möglich!"
„Das wäre eine Wohlthat für dich. Wieviel Menschen hast du auf deinem Gewissen? Erst gestern abend wieder drei! Gott hat gerichtet; ich bin gerächt und greife ihm nicht vor. Du bist frei und kannst gehen, wohin du willst."

„Töte mich, töte mich!“ forderte der Gefangene im dringendsten Tone, denn auch er sah ein, daß ein schneller Tod eine Gnade für ihn sei.
„Nein!“ antwortete Hammer fest.
„So fahre selbst auch zum Teufel, und sei verflucht!“
Indem er diese grausigen Worte aussprach, entriß er dem unvorsichtig neben ihm stehenden Anton Engelhardt das geladene Doppelgewehr, legte blitzschnell auf den Vater Jaguar an, drückte ab und jagte dann sich selbst, ehe man es verhindem konnte, die zweite Kugel durch den Kopf. Zum Tod getroffen, brach er zusammen; er hatte als beispielloser Bösewicht gelebt und als solcher geendet, aber doch seine letzte Absicht nicht erreicht, denn Hammer war ebenso schnell, wie auf ihn gezielt worden war, zur Seite gesprungen und der Kugel entgangen. Ohne ein Wort darüber zu verlieren, deutete er auf Antonio Perillo und sagte zu Haukaropora:
„Hier steht der Mörder deines Vaters. Er ist dein.“
„Er gehört auch mir!“ fiel da der kleine Gelehrte ein. „Er hat in Buenos Ayres auch meine Ermordung, lateinisch Truddatio, geplant.“
Niemand hörte auf ihn. Der Inka sah dem Stierkämpfer finster in das angst- und schmerzverzerrte Gesicht und sagte dann:
„Ich will nicht hart, sondern gnädig sein. Er soll nicht lange Qualen erleiden, sondern rasch sterben.“
Er legte sein Gewehr auf den Mörder an. Da sank dieser vor ihm in die Kniee und flehte ihn an:
„Nicht töten, nicht töten! Laß mich leben!“
„Gut, so lebe noch, um nach zwei oder drei Tagen wie ein Hund zu sterben,“ antwortete Hauka, indem er sein Gewehr senkte und sich verächtlich von ihm wendete.
Kein Mensch bekümmerte sich um den Feigling, welcher zwischen den Steinen zusammenbrach und da wimmernd liegen blieb. Man wollte gern erfahren, welche Vernichtung das Feuer in der unterirdischen Kammer angerichtet hatte. Es hatte die Decke derselben zersprengt und da einen Riß in den Felsen getrieben, durch welchen noch jetzt der Rauch ausströmte. Dadurch war eine Art Ventilation entstanden, welche den Stollen von schädlichen Gasen reinigte, und es ermöglichte, daß man schon nach einer Stunde denselben betreten konnte. In die Schatzkammer aber vermochte niemand den Fuß zu setzen; der Boden derselben war verschwunden und durch die Gewalt der Explosionen mit allen Schätzen, welche sich da befunden hatten, in den gähnenden Schlund des erwähnten Felsenspaltes gedrückt und geschleudert worden. Alle sprachen ihr lebhaftestes Bedauern über diesen großartigen und, wenigstens für lange Zeit, unersetzlichen Verlust aus; Haukaropora aber sagte ruhig lächelnd zum Vaterjaguar:
„Sie sehen, Señor, daß die Vorsehung mir recht gegeben hat. Das Erbe ist fort; das Vermächtnis meines Vaters, des Inka, aber trage ich wohlverwahrt hier auf der Brust. Sein letzter Wunsch und Wille wird in Erfüllung gehen.“

Der Schacht wurde mit Steinen verschüttet; dann stiegen die Männer nach oben, um da zu lagern und das Geschehene zu besprechen. Am meisten hatten sich Anton und sein Vater zu erzählen, da sie so lange getrennt gewesen waren. Als der letztere hörte, welchen Plan der Inka in Beziehung auf seine Zukunft gefaßt hatte, erbot er sich, ihm den massiv goldenen Streitkolben abzukaufen und nach deutschem Gelde für das Pfund 1400 Mark zu zahlen, was bei der Schwere der Waffe eine Summe ergab, durch deren Benutzung sich der Abkömmling der Sonnensöhne eine sichre Zukunft zu gründen vermochte.
Man blieb bis zum andern Morgen oben lagern. Während der ganzen Nacht war das Wimmern und Stöhnen Antonio Perillos zu hören; nach Tagesanbruch fand man ihn zusammengekrümmt und tot zwischen den Steinen liegen. Die Leichen der beiden Mörder wurden unter dem Geröll begraben; dann brachen die Reiter auf, um über Salta und Tucuman zu den befreundeten Cambas zurückzukehren. Engelhardt und sein Sohn hatten eigentlich von Tucuman aus einen andern Weg, schlossen sich aber gern den Freunden an, welche bei den Cambas natürlich einen sehr freundlichen Empfang fanden. Dort hatte der Doktor Parmesan Rui el Iberio auf sie gewartet. Als er erfuhr, was geschehen war, rief er bedauernd aus –
„Wie schade, daß ich nicht mit den beiden deutschen Gelehrten nachgekommen bin! Die beiden verbrannten Mörder wären am Leben geblieben, denn ich hätte die große und einzig dastehende Operation gemacht, ihnen die versengte Haut vom Körper zu schneiden und dadurch der unterbrochenen Transsudation Luft zu machen. Sie wissen ja, ich säble alles herunter."
Der Aufenthalt bei den Cambas wurde benutzt, dem Doktor Morgenstern beim Zerlegen und Verpacken seines Riesentieres beizustehen. Die einzelnen Teile sollten auf Packpferden transportiert werden. Dann zog die Hälfte der Truppe des Vater Jaguar in die Wälder, um Paraguaythee zu sammeln, während die andern unter Anführung Hammers, Engelhardt, seinen Sohn, Morgenstern und Fritze nach Buenos Ayres begleiteten. Der Inka war mit seinem Anciano auch dabei, da der letztere seine Bereitwilligkeit erklärt hatte, die Seereise mit ihm zu unternehmen.
Jahre sind seitdem vergangen. Leider soll der Name der deutschen Stadt nicht genannt werden, in welcher Doktor Morgenstern seinen Studien lebt. Er ist durch sein Megatherium berühmt geworden und unternimmt mit seinem treuen Fritze zuweilen eine Reise in ferne Gegenden, um das Skelett eines Urmenschen zu entdecken. Nächstens wird er zu diesem Zwecke nach Sibirien gehen. Der Inka hat Tharandt besucht und ist Jäger geworden, in welchem Berufe ihn der nun uralte Anciano noch immer rüstig unterstützt. Engelhardt lebt als Rentier am schönen grünen Rhein, wo Anton mit seinem Bruder eine bedeutende Weinhandlung gegründet hat.
Alle diese Personen korrespondieren lebhaft und freundschaftlich mit einander, und keiner dieser Briefe wird geschrieben und gelesen, ohne daß wenigstens ein Teil seines

Inhaltes sich auf die gemeinschaftlichen Erlebnisse bezieht, denn das Haupt- und Lieblingsthema ist und bleibt bei ihnen für alle Zeit
„Das Vermächtnis des Inka."